21世纪会计系列规划教材

通用型

Auditing Theory and Practice

审计学

理论与案例

（第三版）

李晓慧 韩晓梅 / 主编

东北财经大学出版社

Dongbei University of Finance & Economics Press

大连

图书在版编目（CIP）数据

审计学：理论与案例 / 李晓慧，韩晓梅主编 . —3 版 . —大连：东北财经
大学出版社，2017.9

（21世纪会计系列规划教材·通用型）

ISBN 978-7-5654-2910-1

Ⅰ. 审…　Ⅱ. ①李…②韩…　Ⅲ. 审计学–教材　Ⅳ. F239.0

中国版本图书馆 CIP 数据核字（2017）第 203165 号

东北财经大学出版社出版

（大连市黑石礁尖山街217号　邮政编码　116025）

网　　址：http：//www.dufep.cn

读者信箱：dufep@dufe.edu.cn

大连东泰彩印技术开发有限公司印刷　东北财经大学出版社发行

幅面尺寸：185mm×260mm　字数：665千字　印张：28.5　插页：1

2017年9月第3版　　　　　　　　2017年9月第4次印刷

责任编辑：王　莹　　　　　　　　责任校对：佳　璇

封面设计：冀贵收　　　　　　　　版式设计：钟福建

定价：48.00元

第三版前言

目前，高校教学改革不断深化，慕课、微课、翻转课堂、行动学习项目、实践课等形式不断翻新，我们在审计教学中也增加了这些改革的元素，但我们不求花样翻新，主要追求教学改革的实质：让学生由被动学习转变为主动学习。为了提高学生自学、主动学习的能力，也为了使审计课堂教学更加活跃，我们在《审计学：理论与案例》（第三版）修订中，力争把最前沿的审计理论和实务以及准则规定贯穿在教材之中，并用多种多样的形式为老师和学生提供丰富的教学资料，使本教材呈现以下特征：

1. 从案例分析中激发学习者学习审计理论的兴趣

对于审计理论和相关术语的学习和理解是许多审计学习者最头疼的事情。本教材无论是开篇的引例，还是课后的案例讨论，都让学习者从身边的故事和典型的事例入手，饶有兴致地领悟审计相关理论。这种富有启发性和探究理论源头的学习方式有助于提高学习者学习审计理论及其相关知识的积极性和主动性。

2. 以实例分析提升学习者对审计知识点的理解与运用能力

在很多审计教材中，审计术语、基本原理等都是由大段文字抽象地表述的，长长的文字让人抓不住重点。在本书中，我们找出一些容易混淆、难以理解的概念、原理和方法，大量引入针对某一个知识点或理论的选择题、判断题、简答题等实例分析，帮助学习者在系统认识审计理论和方法的基础上，提升其对审计知识点的理解与运用能力。

3. 以历史沿革和准则变迁展现审计专业理论与术语的内涵

审计基础理论伴随着经济社会的发展而不断丰富和完善。许多审计理论和术语几经变革，其内涵和外延不断扩大。因此，本教材与时俱进，融合了审计理论和准则的最新变化，尤其是新审计报告准则的相关内容，力求使学习者站在历史的视角，跟进审计准则变化，了解最前沿的审计理论和术语。这不仅让审计理论及其相关知识有了深厚的历史支撑，也让学习者能够了解审计理论和审计准则的发展是如何推进的。

4. 引入行动学习理念和方法，让学习者在质疑和讨论中加深对审计的认识

行动学习法又称"干中学"，就是通过行动来学习，即通过让受训者参与一些实际工作项目或解决一些实际问题来发展他们的领导能力，从而协助组织对变化作出更有效的反应。行动学习建立在反思与行动相互联系的基础之上，是一个计划、实施、总结、反思进而制订下一步行动计划的循环学习过程。我们在"审计学基础"课堂上引入行动学习的理念和方法，就是让学生带着对审计理论及其相关知识的疑问不断讨论和探究，加深对审计理论的认识。

5. 有助于提升学习者的国际化水平

本书在每章设计了英汉对照的关键词汇，让学习者在学习专业课程的同时熟练掌握审计中的专业英文词汇，提高阅读审计英文资料以及与国外相关人员进行专业沟通交流的能

力，真正提升学习者的国际化水平。

在《审计学：理论与案例》教材的建设过程中，第一章、第三章、第四章、第五章、第十二章和第十三章由韩晓梅教授执笔、李晓慧教授审校；第二章、第六章、第七章、第八章、第九章、第十章、第十一章和第十四章由李晓慧教授执笔、韩晓梅教授审校。

我们借鉴了审计学研究领域最前沿的理论和实务，也把修订后的审计准则及其指南、企业内部控制基本规范及配套指引的相关要求和解读贯穿于整个教材。因此，我们向所有在审计学领域不断求索的学者和中国审计准则、内部控制基本规范及配套指引的制定者致敬并鸣谢，对扶持和资助本教材建设的中央财经大学及其会计学院、南京理工大学及其经济管理学院的领导和同事，对多年来一直给予支持并提出许多宝贵建议的人们，以及为本书出版付出热情和精力的东北财经大学出版社的编辑们表示衷心的感谢。

由于时间有限，本教材难免存在一些不足，欢迎同行和读者批评指正，帮助我们今后修改完善。

编　者

2017 年 7 月

目　录

第一章 审计概论

【学习目的】
1. 理解审计的产生与发展；
2. 掌握审计的定义及其种类；
3. 掌握审计模式的演进；
4. 了解审计在公司治理和 IT 治理中的作用。

引例：维护普通投资者的利益为什么需要审计师

公司 A 投资建设了一个电信网络 X，花了 1 亿美元；公司 B 投资建设了一个电信网络 Y，也花了 1 亿美元。在电信运营业互相整合的大气候下，公司 A 花了 10 亿美元的高价从公司 B 中买了网络 Y，公司 B 花了 10 亿美元的高价从公司 A 中买了网络 X。表面上，公司 A 和公司 B 都没有吃亏，但实际上，这两家公司的财务报表如同魔术师表演般出现奇迹般的变化：

就公司 A 而言，投资网络 X 花了 1 亿美元，卖了 10 亿美元，在当期形成 9 亿美元的投资收益。对于新买入的网络 Y，按照固定资产进行长期摊销，如果摊销期为 10 年，则当年只需摊销 1 亿美元，最终公司 A 财务报表上多实现利润 8 亿美元。

就公司 B 而言，同样也将在财务报表上多实现利润 8 亿美元。

为什么公司 A 肯花 10 亿美元去买一个 1 亿美元的网络，公司 B 也肯花 10 亿美元去买另外一个 1 亿美元的网络呢？背后的真相是：利润能如此简单地被创造出来。上市公司一旦尝到甜头，会对主营业务越来越没有兴趣，反而会千方百计地设计新的交易。如公司 A 和公司 B 在以后的 9 年中，由于每年有 1 亿美元的摊销，要想在今后保持高利润，就需要寻找更大的类似交易。新的交易不断被创造出来，财务报表利润不断被制造出来，投资者可能也会在短期内陶醉在虚拟的利润中，并满足股价的上涨。但长久而言，得到的好处是有限的，因为这些创造的利润根本不会产生新的现金流，甚至现金流还是负的（因为只要公司账面上有利润，就必须支付企业所得税，这笔钱是要实实在在从公司流出去的）。在这个过程中真正不承担风险又得到好处的是那些拿到高额奖金的 CEO 们和幕后股价的操纵者，这些内部人还能"先知先觉"、全身而退，把一个亏损累累的公司留给大部分还在梦中的普通投资者。

现实经济生活中实际的操作会更加复杂。例如，可能会有三家公司 A、B、C，分别有网络 X、Y、Z。A 买 B 的网络，B 买 C 的网络，C 买 A 的网络，互相之间没有直接的关系和利益冲突，会更隐秘，更有欺骗性。如果不是审计师这样的专业人士，人们从财务报表上是根本察觉不到的。因此，市场经济中需要审计师来为普通的投资者解读、翻译和鉴证财务报表，使他们也能够及时感知公司真实的财务状况，提高其投资决策的效率。

资料来源　佚名. 财务造假五大案例 [EB/OL]. [2012-09-04]. http://www.kj968.com/bencandy.php? aid=12945&fid=81&page=1.

第一节 审计的沿革

一、历史上的审计活动

（一）古代的政府审计

审计的最初形态是政府审计，据说埃及王室（公元前 3 000 年）已经设有书记官对国库的财务收入和支出进行审计（监督）。"一个书记官在纸上记录运到仓库的银、粮食及其他物品的量，另一个书记官在储藏地检查搬运用的容器是否倒空，第 3 个人通过核对前 2 个人的记录进行审计。管理仓库的书记官根据正规的出库命令支出物品，记录出库的事实，并保管命令作为证据。其他书记官或上司对他所进行的收入、支出和库存存量的记录实施定期审计。"①

古希腊和古罗马时代，已有官厅审计机构，对有关国家收入和支出的记录和计算进行审计。

我国在西周（公元前 1066—公元前 771 年）就设有"宰夫"一职，行使就地稽查的职权。秦汉时期，统一模式的审计基本确立。

古代的政府审计主要是对政府的收支账目进行审核，其目的是保证国家财产得以妥善保管不受损失。

（二）中世纪的庄园审计

欧洲的庄园随着封建制度的确立形成于 9—10 世纪，13 世纪达到全盛，尔后随着货币经济的发展而逐渐没落。庄园主接受国王的封地，担负管理庄园的责任，并向国王提供财务和劳役。庄园主为了巩固自己的经济基础，任命数名庄园官吏执行管理、监视庄园的经营业务。庄园官吏基本有总管、管家和庄头三种。庄头是庄园经营中最重要的基层管理者，他具体负责庄园的经营，安排各项农活，分配劳役，保证耕种和收割按时完成和不造成损失和浪费；照料牲畜，维修农具；并在市场上卖掉剩余农产品；还根据地租账收取地租，根据庄园主的许可开支费用，并负有记录账簿的责任。

在庄园的经营中，庄园主和庄头之间存在委托受托关系，也存在利益冲突。庄园主为了避免庄头可能会少报农业的自然增收或多报可能的损失，设计了激励约束制度。同时，为了检查和确认庄头的行为，设立了监视制度，其中主要是由庄园主任命的审计人一年一次对庄头编制的账簿进行审计。一般，每年 9 月 29 日的米迦勒节是庄头接受审计的日子，庄头在包括总管在内的审计团面前，宣读自己记录的账簿内容（由于大部分人是文盲，这种听账的审计方式一直持续到 13 世纪中叶）。采用直接检查后，审计人将庄头记录的账簿和其他有关的庄园账簿核对，如有出入，审计人自己加以订正。审计人如发现有应付未付的属于庄园主的财务时，可以把庄头置于示众台上或关入监狱，直到付清欠款为止。审计人具有很大的监督权限，经审计人审计的账簿与审计人的报告一起，要在庄园主和经庄园主任命的庄园的受托责任人面前宣读，包括审计人在内的三者间需要进行质问答疑。庄园主向审计人提供必需品等方式来支付审计费用。

庄园审计和古代政府审计一脉相承，是对反映庄园财政收支的会计账簿进行审计，

---

① STONE W E. Antecedents of the accounting profession [J]. The Accounting Review, 1969（April）: 285.

从审计技术上看审计只是确认会计账簿是否正确，但实质上是确认庄头是否忠实地履行了对庄园主的受托责任，除了保证庄园主财产的安全外，还要保证庄园经营的正常进行。

（三）中世纪的行会审计

中世纪的欧洲城市手工业者按照各自的行业结成行会，是城市手工业者和商人保障自身利益的行业内部组织，行会最早产生于 10 世纪的意大利，10—12 世纪相继在法国、英国和德国出现。据审计史研究文献记载，14 世纪中叶伦敦市的杂货商行、16 世纪中叶伦敦合金工匠行会中，都曾实行过审计。①行会审计的基本情况是：

（1）审计人员由行会成员选举，选出的审计人员组成一个小组，有组织地进行审计。行会的理事须将金钱收支业务记录在"行会账户"的账簿中，期末将该账簿提交总会并接受审计人员的审计。

（2）行会每年定期实施审计，尤其是在行会理事 1 年任期届满时，必须检查该理事在任期中有无不正当的支出。

（3）行会对审计人员实行一定的制约：对不能在锁定期内完成审计的审计人员处以重金罚款，并要求审计人员必须拥有个人财产。

行会审计与庄园审计相似，也是对反映行会财务收支的账目进行审核，审计的目的是确认负责行会财产管理和业务处理的理事有无违反行规的行为。

二、注册会计师审计的发展

（一）西方注册会计师审计

注册会计师审计起源于 16 世纪的意大利。当时地中海沿岸的商业城市已经比较繁荣，而威尼斯是地中海沿岸国家航海贸易最为发达的地区，是东西方贸易的枢纽，商业经营规模不断扩大。由于单个的业主难以向企业投入巨额资金，为适应筹集大量资金的需要，合伙制企业便应运而生。合伙经营方式不仅提出了会计主体的概念，促进了复式簿记在意大利的产生和发展，也产生了对注册会计师审计的最初需求。尽管当时合伙制企业的合伙人都是出资者，但是有的合伙人参与企业的经营管理，有的合伙人则不参与，所有权与经营权开始分离。这样，那些参与经营管理的合伙人有责任向不参与经营管理的合伙人证明合伙契约得到了认真履行，利润的计算与分配是正确、合理的，以保障全体合伙人的权利，进而保证合伙企业有足够的资金来源，使企业得以持续经营下去。因此，在客观上产生了与任何一方均无利害关系的第三方，他们对合伙企业进行监督、检查。人们开始聘请会计专家来担任查账和公证的工作。这样，在 16 世纪意大利的商业城市中出现了一批具有良好的会计知识、专门从事查账和公证工作的专业人员，他们所进行的查账与公证，可以说是注册会计师审计的起源。

注册会计师审计虽然起源于意大利，但它对后来注册会计师审计的发展影响并不大。英国在创立和传播注册会计师审计的过程中发挥了重要作用。

注册会计师审计产生的"催产剂"是 1721 年英国的"南海公司事件"。当时的"南海公司"以虚假的会计信息诱骗投资人，其股票价格一时扶摇直上。但好景不长，"南海公

---

① BROWN R. A history of accounting and accountants［M］//BOYD E. History of auditing. NY：Cosimo Classics，2005：78-87.

司"最终未能逃脱破产倒闭的厄运，使股东和债权人损失惨重。英国议会聘请会计师查尔斯·斯奈尔（Charles Snell）对"南海公司"的会计账目进行审查，并提出一份确认该公司存在虚假会计记录和舞弊行为的"查账报告书"，从而宣告了独立会计师——注册会计师的诞生。

18世纪初至19世纪中叶，英国的产业革命推动了资本主义经济的发展。随着产业规模日益扩大，企业大量涌现，相继出现以发行股票筹集资本为特征的股份公司。公司的所有权与经营管理权呈现出更具现代意义的明显分离。股份公司的兴起在客观上产生了由独立会计师对公司财务报表进行审计，以保证财务报表真实可靠的需求。为了监督经营者的经营管理，防止其徇私舞弊，保护投资者、债权人利益，避免"南海公司事件"重演，英国政府于1844年颁布《公司法》，规定股份公司必须设监事审计制度，监事负责审查公司的会计账目，经过审计的财务报告才能向股东代表大会报告。公司的监事一职一般是由股东代表担任，由于他们大多对会计业务并不熟悉，难以有效监督，最终使这种监督制度流于形式。1845年英国又对《公司法》进行了修订，规定股份公司的账目必须经董事以外的人员审计。这一规定无疑对独立审计起到了推动作用，独立会计师业务得到了迅速发展，执业会计师队伍迅速扩大。到1853年，在苏格兰爱丁堡创立了世界上第一个执业会计师的专业团体——爱丁堡会计师协会。该协会的成立，标志着注册会计师职业的诞生。与此同时，英国实行了特许会计师制度，凡取得会计师资格必须经过严格的考试；会计师从事的主要业务是审计，此外也兼办编制财务报表、税务代理、财务和管理咨询等业务。英国成为当时世界注册会计师审计发展的中心。这一时期英国注册会计师审计的主要特点是：注册会计师审计的法律地位得到了法律确认；审计的目的是查错防弊，保护企业资产的安全和完整；审计的方法是对会计账目进行详细审计；审计报告使用人主要为企业股东等。

20世纪初期，随着美国工业化的急剧推进，全球经济发展中心逐步移向美国。受英国会计师事业的影响，美国注册会计师审计也出现持续发展的局面。美国南北战争结束后，英国巨额资本流入美国，促进了美国经济的发展。为了保护广大投资者和债权人的利益，英国的注册会计师远涉重洋到美国开展审计业务，同时美国在原有基础上也很快形成了美国的注册会计师队伍。1887年，美国公共会计师协会（The American Association of Public Accountants）成立，1916年，该协会改组为美国注册会计师协会，后来成为世界上最大的注册会计师职业团体。注册会计师审计逐步渗透到社会经济领域的不同层面。更为重要的是，在20世纪初期，由于金融资本对产业资本更为广泛的渗透，企业同银行利益关系更为紧密，银行逐渐把企业资产负债表作为了解企业信用的主要依据。这样，以证明企业偿债能力为主要目的的资产负债表审计，在美国迅速发展起来。这一时期，美国注册会计师审计的主要特点是：审计对象从会计账目扩大到资产负债表；审计的主要目的是通过对资产负债表数据的检查，判断企业信用状况；审计方法从详细审计初步转向抽样审计；审计报告使用人除企业股东外，扩大到了债权人。

从1929年到1933年，资本主义世界经历了历史上最严重的经济危机，大批企业倒闭，投资者和债权人蒙受了巨大的经济损失。这在客观上促使企业利益相关者从只关心企业财务状况转变为更加关心企业盈利水平，而此时，美国企业的筹资倾向也从由银行取得贷款转入证券市场，产生了对企业利润表进行审计的客观要求。美国1933年《证券法》规定，上市公司必须接受注册会计师审计，向社会公众公布注册会计师出具的审计报告。这种以利润表为中心的财务报表审计成为美国以立法形式规定的一种强制性审计。在这一时期，注册会计师审计的主要特点是：审计对象转为以资产负债表和利润表为中心的全部财务报表及相关财务资料；审计的主要目的是对财务报表发表审计意见，以确定财务报表的可信性，查错防弊转为次要目的；审计的范围已扩大到测试相关的内部控制，并以控制测试为基础进行抽样审计；审计报告使用人扩大到股东、债权人、证券交易机构、税务、金融机构及潜在投资者；审计准则开始拟定，审计工作向标准化、规范化过渡；注册会计师资格考试制度广泛推行，注册会计师专业素质普遍提高。

第二次世界大战以后，经济发达国家通过各种渠道推动本国的企业向海外拓展，跨国公司得到空前发展。国际资本的流动带动了注册会计师审计的跨国界发展，形成了一批国际会计师事务所。如普华永道（PricewaterhouseCoopers，PwC）、安永（Ernst & Young，EY）、毕马威（KPMG）、德勤（Deloitte Touche Tohmatsu，DT）等国际性会计师事务所，为国际投资的发展提供了良好的环境。与此同时，审计技术也在不断发展：抽样审计方法得到普遍运用，风险导向审计方法得到推广，计算机辅助审计技术得到广泛采用。

（二）中国注册会计师审计

中国注册会计师审计出现的时间较晚。20世纪初期，中华民国成立后，随着民族工商业的逐渐兴起，注册会计师审计应运而生。1918年6月，谢霖上书北洋政府财政部和农商部，要求推行注册会计师制度。同年9月，北洋政府农商部颁布了《会计师暂行章程》，并于9月7日向谢霖颁发了第一个注册会计师证书。其后，谢霖的正则会计师事务所、潘序伦的立信会计师事务所、奚玉书的公信会计师事务所及徐永祚的徐永祚会计师事务所被誉为当时的四大会计师事务所。之后，北洋政府又先后颁布《会计师注册章程》、《会计师复验章程》和《会计师章程》等法规，对注册会计师审计的执业范围、内容和规则作了一些规范。1925年在上海成立了会计师公会，随后在天津、武汉、广东、浙江、南京、山东等地的会计师公会相继成立。1933年，又成立了"全国会计师协会"。1929年，国民政府颁布的公司法以及后来的有关税法和破产法的实施，确立了会计师的法律地位，对我国早期会计师事业的发展起到了一定的推进作用。至1947年，全国已拥有注册会计师2 619人，并建立了一批会计师事务所。

中华人民共和国成立之初，注册会计师审计在经济恢复工作中发挥了积极作用。但后来由于推行苏联的高度集中的计划经济模式，中国的注册会计师审计便悄然退出了经济舞台。

党的十一届三中全会以后，我国实行"对外开放、对内搞活"的方针，把工作重点转移到社会主义现代化建设上来，商品经济得到迅速发展，为注册会计师制度的恢复重建创造了客观条件。随着外商来华投资日益增多，1980年12月14日财政部颁布了《中华人民共和国中外合资经营企业所得税法实施细则》，规定外资企业财务报表要由注册会计师进行审计，这为恢复我国注册会计师制度提供了法律依据。1980 年 12 月 23 日，财政部发布《关于成立会计顾问处的暂行规定》，标志着我国注册会计师职业开始复苏。1981 年 1 月 1 日，"上海会计师事务所"宣告成立，成为中华人民共和国第一家由财政部批准独立承办注册会计师业务的会计师事务所。我国注册会计师制度恢复后，注册会计师的服务对象主要是三资企业。这一时期的涉外经济法规对注册会计师业务作了明确规定。1984 年 9 月 25 日，财政部印发《关于成立会计咨询机构问题的通知》，明确了注册会计师应该办理的业务。1985 年公布的《中华人民共和国会计法》第二十条规定："经国务院财政部门或者省、自治区、直辖市人民政府财政部门批准的注册会计师组成的会计师事务所，可以按照国家有关规定承办查账业务。"这是中华人民共和国成立以来第一次以法律形式对注册会计师的地位和任务作出的规定，标志着我国注册会计师事业进入一个新的发展时期。

1986 年 7 月 3 日，国务院颁布《中华人民共和国注册会计师条例》，同年 10 月 1 日起实施。1988 年 11 月 15 日，财政部领导下的中国注册会计师协会正式成立。1993 年 10 月 31 日，第八届全国人大常委会第四次会议审议通过了《中华人民共和国注册会计师法》（以下简称《注册会计师法》），自 1994 年 1 月 1 日起实施。在国家法律、法规的规范下，我国注册会计师行业得到了快速发展，截止到 2010 年 12 月 31 日，全行业共有事务所 7 785 家（含分所 795 家），其中具有证券期货审计资格的事务所 53 家，注册会计师 96 498 人，行业从业人员近 30 万人，全行业实现业务收入 375 亿元人民币，收入增长超过了 18%。

1996 年 10 月 4 日，中国注册会计师协会加入亚太会计师联合会，并于 1997 年 4 月亚太会计师联合会第四十八次理事会上当选为理事。1997 年 5 月 8 日，国际会计师联合会（IFAC）全票通过，接纳中国注册会计师协会为正式会员。按照国际会计师联合会章程的规定，中国注册会计师协会同时成为国际会计师准则委员会的正式会员。目前，中国注册会计师协会已与 50 多个国家和地区的会计师团体建立了友好关系。

（三）注册会计师审计发展不同阶段的特征

我们总结了国内外注册会计师发展的不同特征，概括出注册会计师审计发展不同阶段的特征（见表 1-1）。

表 1-1　　　　　　　　注册会计师审计发展各阶段的主要特点

时间	阶段	审计对象	审计目的	审计方法	其他	报表使用人
1844 年到 20 世纪初	详细审计	会计账目	查错防弊	对会计账目进行详细审计	注册会计师审计的法律地位得到了法律确认	股东
20 世纪初到 1933 年	资产负债表审计	账目及资产负债表	判断企业信用状况	从详细审计初步转向抽样审计		股东、债权人

续表

时间	阶段	审计对象	审计目的	审计方法	其他	报表使用人
1933年到第二次世界大战	财务报表审计	以资产负债表和利润表为中心的全部财务报表及相关财务资料	对财务报表发表审计意见，以确定财务报表的可信性，查错防弊转为次要目的	测试相关的内控，广泛采用抽样审计	审计准则开始拟定，审计工作向标准化、规范化过渡，注册会计师资格考试制度广泛推行	社会公众，包括股东、债权人、证券交易机构、税务部门、金融机构及潜在投资者等
第二次世界大战后				抽样审计方法得到普遍运用，制度基础审计方法得到推广，计算机辅助审计技术得到广泛应用	业务扩大到代理纳税、会计服务、管理咨询等领域	

【实例1-1】（判断题）审计抽样在资产负债表审计阶段已经被广泛运用。（　　　）

分析：×。在资产负债表审计阶段，审计方法从详细审计初步转向抽样审计，只有到了财务报表审计阶段，伴随着内部控制的发展运用，审计抽样才得以广泛运用。

第二节　审计及审计模式

一、审计的定义及分类

（一）审计的定义

审计经过不断地发展和完善，到今天已经成为一套比较完备的科学体系。人们对审计的概念进行了深入的研究，最具代表性的是美国会计学会（AAA）在颁布的《基本审计概念说明》中，把审计描述为："为确定关于经济行为及经济现象的结论和所制定的标准之间的一致程度，而对与这种结论有关的证据进行客观收集、评定，并将结果传达给利害关系人的系统的过程。"

国际会计师联合会（IFAC）下设的国际审计与鉴证准则理事会（IAASB）将注册会计师的审计目标定义为："财务报表审计的目标是，使注册会计师（有时也指其所在的会计师事务所，下同）能够对财务报表是否在所有重大方面按照确定的财务报告框架编制发表意见。"

美国注册会计师协会（AICPA）在《审计准则公告》第1号中，对审计目标的描述是："独立审计师对财务报表审计的目标是，对财务报表是否按公认会计原则在所有重大方面公允地反映财务状况、经营成果和现金流量发表意见。"

《中国注册会计师审计准则第1101号——注册会计师的总体目标和审计工作的基本要求》认为，审计的目标是提高财务报表与其使用者对财务报表的信赖程度，这一目的可以通过注册会计师对财务报表是否在所有重大方面按照适用的财务报告编制基础编制发表审计意见得以实现。

【实例1-2】（判断题）财务报表审计可以提高财务报表的可靠性。（　　）

分析：√。财务报表审计可以提高财务报表的可信性，即提高报表使用者对财务报表的信赖程度。

（二）审计的分类

为了能正确理解与掌握不同的审计形态，有必要按照一定的标准，对审计予以科学的分类。审计分类的标准很多，例如：按审计主体的不同，可分为政府审计、内部审计和注册会计师审计；按审计范围的不同，可分为全面审计和局部审计，综合审计与专题审计；按审计的时间不同，可分为事前审计、事中审计和事后审计，期中审计和期末审计，定期审计和不定期审计；按审计地点不同，可分为就地审计和送达审计；按审计动机，可分为法定审计和任意审计等。

1. 按审计目的和内容分类

（1）财务报表审计（Financial Statements Audit）

财务报表审计，是对被审计单位的财务报表（如资产负债表、利润表、股东权益变动表和现金流量表）、财务报表附注及相关附表进行的审计。这种审计的目的在于查明被审计单位的财务报表是否按照一般公认会计准则（在我国是指适用的《企业会计准则》和相关会计制度，下同），公允地反映其财务状况、经营成果和现金流量情况。

财务报表审计是近代股份公司出现后，由于公司的所有权和经营权的分离，以及股份的社会化而逐渐发展起来的一种审计方式。在西方国家，从名义上讲，财务报表审计是保护股东权益的一种手段，但从实际效果看，财务报表审计所涉及的范围包括了与被审计单位有财务联系的各个方面。例如，在美国注册会计师协会颁布的《审计准则说明书》中，就详细规定了审计人员所应考虑的有关事项。财务报表审计是现代审计中理论最完备、方法最先进的一种审计方式，本书在论述审计基本原理和技术方法时，主要以财务报表审计为主展开。

（2）合规审计（Compliance Audit）

合规审计，是为查明和确定被审计单位财务活动或经营活动是否符合有关法律、法规、规章制度、合同、协议和有关控制标准而进行的审计。由注册会计师或税务审核人员就企业所得税结算申报书是否遵从税法规定申报而进行的审计，是合规审计的典型例子。我国开展的财经法纪审计，如对严重违反国家现金管理规定、银行结算规定、成本开支范围、税法规定等行为所进行的审计，也是一种合规审计。其主要目的是检查财经纪律执行情况，揭露违法乱纪行为，如偷税漏税、乱挤乱摊成本、擅自提价涨价、滥发实物奖金、公款旅游、请客送礼、贪污盗窃、投机倒把、行贿受贿等。由于违反财经纪律手段的特殊性，审计机构应采取不同的审计对策。按照有关规定，审计机关对违反财经纪律的单位和个人有权予以经济制裁；对严重违法乱纪人员，有权向有关部门建议予以行政纪律处分；对触犯国家刑律的，有权提请司法机关依法惩处。开展财经法纪审计对于维护财经纪律的严肃性，保证和推动改革开放的深入进行，保护国家、企业和个人三者的正当权益有特殊意义。

（3）经营审计（Operational Audit）

经营审计是为了评价某个组织的经济活动在业务、经营、管理方面的业绩，找出改进的机会并提出改善的建议，而对一个组织的全部或部分业务程序与方法进行的检查。经营审计的独立性要求不像财务报表审计那么严格，此外，内部审计人员、政府审计人员或注册会计师都可以执行经营审计。经营审计的结果以一定的报告形式传达给用户，但这种报告的形式与内容随着约定任务的情况不同而有着非常大的差别。经营审计的用户通常是被审计单位，而且经营审计报告很少被第三方所利用。

2. 按审计主体分类

审计按不同主体划分为政府审计、内部审计和注册会计师审计，并相应地形成了三类审计组织机构，共同构成审计监督体系。

（1）政府审计

政府审计是由政府审计机关代表政府依法进行的审计。政府审计主要监督检查各级政府及其部门的财政收支和公共资金的收支、运用情况。目前世界各国政府建立的审计机构，因领导关系不同而大体分为三种类型：①由议会直接领导并对议会负责；②在政府内建立审计机构并对政府负责，政府则对议会负责；③由财政部门领导，在财政部门内部设审计机构兼管财政监督，实行财政、审计合一制度。我国审计机关由政府领导，分中央和地方两个层次。

最初的政府审计是随着国家管理事务中经济责任关系的形成，为了促使经济责任的严格履行而诞生的。现代意义上的政府审计是近代民主政治发展的产物。按照民主政治的原则，人民有权对国家事务和人民财产的管理进行监督。因此，各级政府机构和官员在受托管理属于全民所有的公共资金和资源的同时，还要受到严格的经济责任制度的约束。这种约束方式就表现为政府审计机关对受托管理者的经济责任进行监督。因此，政府审计担负的是对全民财产的审计责任。

政府审计的主要特点是法定性和强制性。拥有和管理国有资产的单位，都必须依法接受政府审计的监督。政府审计作出的审计决定，被审计单位和有关人员必须执行。政府审计机关的审计监督不受其他行政机关、社会团体和个人的干涉。注册会计师审计与政府审计的区别见表1-2。

（2）内部审计

内部审计是由各部门、各单位内部设置的专门机构或人员实施的审计。它是随着企业规模扩大、内部分层管理的出现而逐步形成的。早期的内部审计诞生于19世纪中叶的英国。第二次世界大战后，由于市场经济竞争更加激烈，促使企业更加重视内部经济管理，内部审计得到迅速发展。国际内部注册会计师协会（IIA）1999年对内部审计的定义指出：内部审计是一种独立、客观的保证与咨询活动，目的是为机构增加价值并提高机构运作效率。它采取系统化、规范化的方法来对风险管理、内部控制及治理程序进行评估和改善，从而帮助机构实现目标。

我国目前的内部审计部门一般由本部门、本单位的主要负责人领导，业务上接受当地政府审计机构或上一级主管部门审计机构的指导。由于内部审计机构隶属于本单位，其独立性不充分，与外部审计相比，具有一定的局限性。注册会计师审计与内部审计的区别见表1-3。

表 1-2   **注册会计师审计与政府审计的区别**

项目	注册会计师审计	政府审计
审计方式	受托审计	强制审计
审计对象	一切营利及非营利单位	各级政府及其部门的财政收支情况和公共资金的收支、运用情况
审计监督的性质	根据其审计结论发表独立、客观、公正的审计意见，以合理保证审计报告使用人确定已审计的被审计单位财务报表的可靠程度	根据审计结果发表审计处理意见，如被审计单位拒不采纳，政府审计部门可以依法强制执行
审计实施的手段	由中介组织——会计师事务所进行，是有偿审计	行政监督，政府行为，无偿审计
审计的独立性	双向独立，既独立于第三关系人（审计委托人），又独立于第二关系人（被审计单位）	政府审计机构隶属于国务院和各级人民政府领导，因此在独立性上体现为单向独立，即仅独立于审计第二关系人（被审计单位）
法律和审计准则	《注册会计师法》和中国注册会计师协会制定的审计准则	《中华人民共和国审计法》和审计署制定的国家审计准则

表 1-3   **注册会计师审计与内部审计的区别**

项目	注册会计师审计	内部审计
审计的独立性	双向独立	受本部门、本单位直接领导，仅强调与所审的其他职能部门相对独立
审计方式	受托进行	根据本部门、本单位经营管理的需要自行安排实施
审计内容和目的	主要围绕财务报表进行，对财务报表发表审计意见	主要是检查各项内部控制的执行情况等，提出各项改进措施
审计职责和作用	需要对投资者、债权人及社会公众负责，对外出具的审计报告具有鉴证作用	只对本部门、本单位负责，只能作为本部门、本单位改进管理的参考，对外不起鉴证作用，并对外界保密

（3）注册会计师审计

注册会计师审计又称民间审计。一般认为的民间审计是注册会计师接受委托，对被审计单位的会计报表及相关资料进行独立审查，并出具审计报告的行为，其实质是确立或者解除被审计单位的受托经济责任。

注册会计师可承办的审计业务有：审查企业财务会计报表，出具审计报告；验证企业资本，出具验资报告；办理企业合并、分立、清算事宜中的审计业务，出具有关报告；法律、法规规定的其他审计业务。我国注册会计师可承办的其他鉴证业务有：预测性财务信息的审核、内部控制审核以及基建工程预算、结算、决算审核等。注册会计师提供的会计咨询、相关服务则包括：对财务信息执行商定程序、代编财务信息、税务服务、管理咨询以及其他会计服务等。

注册会计师审计的主要特征是：

①具有独立性。注册会计师审计与政府审计、内部审计相比，独立性不同。也就是说政府审计、内部审计在独立性上体现为只独立于被审计单位；而注册会计师审计的独立性则表现为既独立于审计的委托人，又独立于被审计单位。具体来说，这种独立性又可表现为与政府审计、内部审计不同的受托有偿审计，审计内容根据业务约定书而定，审计结论为审计报告等具体内容。

②受托有偿审计。注册会计师审计独立于审计委托人和被审计单位，只能接受委托形成与被审计单位的审计关系，不可强制审计。因为注册会计师审计机构是独立的业务经营单位，要以业务收入抵补其支出，只能进行有偿服务。

③审计内容根据业务约定书而定。注册会计师审计是一个独立的第三方，只有接受委托才可对被审计单位进行审计，其审计内容必然要视委托单位的需要依照业务约定书的说明而定。如果审计业务约定书没有说明，就不属于应审计的内容。

④审计结论为以审计报告形式表达的审计意见。注册会计师是独立的第三方，只能根据大量的审计证据发表独立、客观、公正的审计意见，以合理保证审计报告使用人确定已审计的被审计单位会计报表的可靠程度，为审计委托者确立或解除被审计单位的经济责任提供参考。

【实例1-3】（单选题）×市国有资产管理委员会作为 XYZ 大型国有企业的股权持有者代表，对 XYZ 企业 2016 年财务决算审计工作进行公开招标。中天华信会计师事务所投标后被选定为本次审计的主审机构。本次审计的类别属于（　　　）。

A．政府审计　　　　　　　　　　B．经营审计
C．注册会计师审计　　　　　　　D．内部审计

分析：C。从执行审计的主体来看，本次审计的主体是会计师事务所，因此属于注册会计师审计。对财务决算工作进行审计，仍属于财务报表审计，而非经营审计。

二、审计模式沿革

一百多年来，虽然审计的根本目标没有发生重大变化，但审计环境的不断变化和审计理论水平的不断提高，促进了审计技术方法的不断发展和完善。截至目前，一般认为，审计模式的演进经历了账项基础审计（Accounting Number-based Audit）、制度基础审计（System-based Audit）、风险导向审计（Risk-oriented Audit）三个阶段。

（一）账项基础审计

账项基础审计存在于 19 世纪中叶到 20 世纪 40 年代。在这一时期，由于英国的法律规定所有股份公司和银行必须聘请注册会计师审计，致使英国注册会计师审计得到了迅速发展，并对当时欧洲、美国及日本等国家和地区产生了重要影响，而且，英国的审计模式在当时占据着主导地位。早期的英国注册会计师审计没有成套的方法和理论，只是根据揭弊查错的目的，以公司的账簿和凭证作为审查的出发点，对会计账簿记录进行逐笔审查，

检查各项分录的有效性和准确性，以及账簿的加总和过账是否正确，总账与明细账是否一致，以获取审计证据，达到揭弊查错的审计目的。因此，该种审计模式又被称为详细审计。详细审计阶段注册会计师审计已经由任意审计转为法定审计；审计对象是会计账簿；审计目的是以揭弊查错、保护企业资产的安全和完整为主；审计报告的使用人也主要为公司的股东。详细审计阶段是审计发展的第一阶段，在审计史上占据着十分重要的地位，详细审计中账项基础审计的精华方法一直沿用至今。

一方面，账项基础审计是在当时被审计单位规模较小、业务较少、账目数量不多以及审计技术和方法不发达的特定审计环境下产生的。由于注册会计师可以花费适当的时间对被审计单位的账簿记录进行详细审查，所以，在一定程度上和一定的时期内可以实现揭弊查错的审计目标。另一方面，以现代审计环境的视角来看，账项基础审计不对内部控制的存在及有效性进行了解和测试，虽然可以对缺乏内部控制或内部控制极度混乱的企业高效率地开展工作，验证有关凭证的真实性和合法性。但是，围绕账表事项进行详细审查，又费力又耗时，且无法验证账项、交易的完整性，使得注册会计师不能保证发现存在的重大舞弊，很难得出可靠的审计意见，审计结论存在很大隐患。

所以，经历一段时期之后，随着企业规模的日渐增大和审计范围的不断扩大，对被审计单位的账目记录进行详细审查的成本越来越高，客观上要求对账项基础审计进行改进。注册会计师审计开始转向以财务报表为基础进行抽查；审计方式由顺查法改为逆查法，即先通过审查资产负债表有关项目，再有针对性地抽取凭证进行详细检查。在此阶段，抽查的数量很大，但由于采取判断抽样为主，注册会计师仍难以有效地揭示企业财务报表中可能存在的重大错弊。

（二）制度基础审计

制度基础审计存在于20世纪40年代到20世纪70年代这一期间。20世纪40年代以后，随着社会和经济的发展，企业规模不断扩大，业务急剧增加，会计账目越来越多。企业为了管理的需要，开始建立内部控制制度。财务报表的外部使用者越来越关注企业的经营管理活动，日益希望注册会计师全面了解企业内部控制情况，审计目标逐渐从查错揭弊发展到对财务报表发表意见。早期的账项基础审计模式在日益复杂的经济环境面前显得越来越不可行，过多的人工成本降低了注册会计师的边际收益率。为了保证审计质量，提高审计效率，必须寻找更为可靠的、更有效的审计方法。1938年的美国麦克森·罗宾斯公司倒闭事件，成为审计史上最大的案件，该事件不仅削弱了公众对审计的信任，也暴露出审计方法和程序方面存在的弊端。

经过长期的审计实践，注册会计师发现企业内部控制制度与企业会计信息的质量具有很大的相关性。如果内部控制制度健全有效，财务报表发生错误和舞弊的可能性就小，会计信息的质量就较高，从而，审计测试的范围就可以相应缩小；反之，就必须扩大审计测试的范围，抽查更多的样本。因此，顺应审计环境的要求，为了提高审计效率、降低审计成本、保证审计质量，账项基础审计发展为制度基础审计。制度基础审计要求注册会计师对委托单位的内部控制制度进行全面了解和评价，评估审计风险，制订审计计划，确定审计实施的范围和重点，规划实质性程序的性质、时间和范围，在此基础上实施实质性程序，获取充分、适当的审计证据，从而提出合理的审计意见。

　　与账项基础审计相比，制度基础审计在制订审计计划时，不仅考虑审计的时间资源和人力资源，还考虑内部控制制度的健全和有效性。通过了解和评价被审计单位的内部控制制度，发现其薄弱之处，有重点、有目标的进行重点审计。制度基础审计注重剖析产生财务报表结果的各个过程和原因，减少了直接对凭证、账表进行检查和验证的时间和精力，改变了以往的详细审计方法，使得抽样审计有了一定的基础。这不但调整了工作重点，保证了审计质量，还提高了审计工作的效率，节约了审计时间和费用。但是，制度基础审计也存在一些不足之处：第一，有时进行控制测试并不能减轻实质性程序的工作量，工作效率并不能得到有效提高；第二，内部控制的评价存在很强的主观性和随意性，容易产生偏差，对审计规划产生不利影响；第三，运用制度基础审计模式很难有效地规避三类审计风险：误报、违法舞弊和经营失败；第四，使用范围受限制，当被审计单位内部控制制度不健全或者内部控制制度设置健全，但执行不好时，就不宜采用制度基础审计模式。

　　（三）风险导向审计

　　1. 传统风险导向审计

　　在经历了账项基础审计和制度基础审计之后，审计模式和方法进入了风险导向审计阶段。审计风险受到企业固有风险因素的影响，如管理人员的品行和能力、行业所处环境、业务性质、容易产生错报的财务报表项目、容易受到损失或被挪用的资产等导致的风险；又受到内部控制风险因素的影响，如账户余额或各类交易存在错报，内部控制未能防止、发现或纠正的风险；还会受到注册会计师实施审计程序未能发现账户余额或各类交易存在错报风险的影响。因此，注册会计师仅以内部控制测试为基础实施抽样审计很难将审计风险降至可接受的水平，抽取样本量的大小也很难说服政府监管部门和社会公众。为了从理论和实践上解决制度基础审计存在的缺陷，注册会计师职业界很快开发出了审计风险模型，我们称之为传统的审计风险模型：

　　审计风险=固有风险×控制风险×检查风险

　　在传统的审计风险模型中，审计风险是由会计师事务所风险管理策略所确定的，谨慎行事的会计师事务所往往将其确定为较低水平。固有风险和控制风险则与企业有关，注册会计师可以通过了解企业及其环境以及评价内部控制对两者作出评价，在此基础上确定检查风险，并设计和实施实质性程序，以将审计风险控制在会计师事务所确定的水平。审计风险模型的出现，从理论上解决了注册会计师以制度为基础采用抽样审计的随意性，又解决了审计资源的分配问题，即要求注册会计师将审计资源分配到最容易导致财务报表出现重大错报的领域。从国外文献看，早在1983年，美国审计准则委员会就把这一审计思想写入了审计准则公告第47号，要求注册会计师在充分评估固有风险和控制风险的基础上确定检查风险，最终将审计风险控制在可接受的水平。同时，还要求将重要性原则与审计风险模型一同运用，以降低审计风险，并明确注册会计师应当承担的责任。从方法论的角度讲，注册会计师以传统的审计风险模型为基础进行的审计可称为风险导向审计方法（Risk-oriented Audit Approach），一般称为传统风险导向审计。

　　2. 现代风险导向审计

　　20世纪80年代以后，世界经济急剧变化，科学技术日新月异，各种文化相互渗透，市场竞争日益激烈，人类开始迈入较为成熟的信息社会和知识经济时代。在这种情况下，企业与其所面临的多样的、急剧变化的内外部环境的联系日益增强，内外部经营风险很快会转化为财务报表错报的风险。这种环境的快速变化使注册会计师逐渐认识到被审计单位并不是一个孤立的主体，它是整个社会的一个有机组成部分。如果将被审计单位隔离于其所处的广泛经济网络之外，注册会计师就不能有效地了解被审计单位的交易及其整体绩效和财务状况。

按照传统风险导向审计方法，注册会计师是否实施审计程序，何时实施以及在多大范围内实施，完全取决于对检查风险的评估。注册会计师在运用传统风险导向审计方法时，通常难以对固有风险作出准确评估，往往将固有风险简单地确定为高水平，转而将审计资源投向控制测试（如果必要）和实质性测试。由于忽略对固有风险的评估，注册会计师往往不注重从宏观层面上了解企业及其环境（如行业状况、监管环境及目前影响企业的其他因素；企业的性质，包括产权结构、组织结构、经营、筹资和投资；企业的目标、战略以及可能导致财务报表重大错报的相关经营风险对企业财务业绩的衡量和评价）；而仅从较低层面上评估风险，容易犯"只见树木不见森林"的错误。也就是说，传统风险导向审计方法注重对账户余额和交易层次风险的评估。但企业是整个社会经济生活网络中的一个细胞，所处的经济环境、行业状况、经营目标、战略和风险都将最终对财务报表产生重大影响。如果注册会计师不深入考虑财务报表背后的东西，就不能对财务报表项目余额得出一个合理的期望。而且，当企业管理当局串通舞弊时，内部控制是失效的。如果注册会计师不把审计视角扩展到内部控制以外，就很容易受到蒙蔽和欺骗，不能发现由于内部控制失效所导致的财务报表存在的重大错报和舞弊行为。因此，随着企业财务欺诈案的不断出现，国外一些会计师事务所在20世纪90年代对传统风险导向审计方法进行了改进。改进后的风险导向审计方法具有以下特征：一是注重对被审计单位生存能力和经营计划进行分析，从宏观上把握审计面临的风险；二是注重运用分析性程序，以识别可能存在的重大错报风险；三是在评价内部控制有效的情况下，减少对接近预期值的账户余额进行测试，注重对例外项目进行详细审计；四是扩大了审计证据的内涵。注册会计师形成审计结论所依据的证据不仅包括实施控制测试和实质性测试获取的证据，还包括了解企业及其环境获取的证据。我们将改进后的风险导向审计方法称为现代风险导向审计，或称为风险导向战略系统审计（Risk-oriented Strategic-systems Audit）。

风险导向战略系统审计方法是对传统风险导向审计方法的改进，两者本质的区别在于审计理念和审计技术方法的不同。与传统风险导向审计方法相比，风险导向战略系统审计方法获取审计证据的领域更广，但在执行审计工作时仍然保留了许多传统做法，例如运用审计风险模型，按照风险评估基础分配审计资源，实施审计程序，依据获取的审计证据对财务报表形成意见；只不过后者将审计学、系统理论和经营战略结合起来，更加重视企业面临的风险。传统风险导向审计方法通过综合评估固有风险和控制风险以确定实质性程序的范围、时间和程序，由于固有风险难以评估，审计的起点往往为企业的内部控制（如果没有必要测试内部控制，审计的起点则为财务报表项目）；风险导向战略系统审计方法通过综合评估经营控制风险以确定实质性程序的范围、时间和程序，审计起点为企业的经营战略及其业务流程。如果企业风险不重要但控制很有效，则将实质性程序集中在例外事项上。

风险导向战略系统审计方法的优点是，便于注册会计师全面掌握企业可能存在的重大风险，有利于节省审计成本，克服因缺乏全面性的观点而导致的审计风险。但该方法也存在局限性：一是会计师事务所必须建立功能强大的数据库，以满足注册会计师了解企业的战略、流程、风险评估、业绩衡量和持续改进的需要；二是注册会计师（至少对审计项目承担责任的注册会计师）应当是复合型的人才，有能力判断企业是否具有生存能力和合理的经营计划；三是由于实施的实质性程序有限，当内部控制存在缺陷而注册会计师没有发现或测试内部控制不充分时，注册会计师承担的审计风险就会大大增加。

【实例1-4】（多选题）以下有关审计模式的表述中，正确的有（　　　）。

A．审计方法从账项基础审计发展到风险导向审计，都是注册会计师为了适应审计环境的变化而作出的调整

B．风险导向审计是以审计风险的防止或发现并纠正为重心

C．制度基础审计是以基于内部控制的抽样审计为重心

D．账项基础审计是以发现和防止资产负债表错弊为重心

分析：ACD。风险导向审计是以重大错报风险的识别、评估和应对为导向，将审计风险降低至可接受的低水平，而不是对审计风险的防止、发现或纠正，故选项B不正确。

第三节　审计与公司治理、IT治理

一、公司治理中审计的职能

（一）公司治理

自20世纪70年代美国的水门事件以来，公司治理就成为人们关注的焦点。安然、帕玛拉特事件后，由于世界经济中企业破产、欺诈和管理不善层出不穷，社会公众、顾客和媒体的影响力日益增加，资本市场的全球化以及信息技术飞速发展，公司治理更成为一个热点问题。

普遍接受的公司治理定义并不存在，多伦多股票交易市场给出的定义是"公司治理是用以指导和管理商业活动和公司事务的过程和结构，其目标在于增加股东价值，包括确保经营的财务能力。过程和结构确定了权力的分配，并且建立了为董事会、管理者履行股东义务的机制"。经合组织（OECD）认为"公司治理可以理解为关系结构，股东核心成员的职责协调，设定的董事会成员和管理者能够最大程度地增强企业竞争力以完成公司的主要目标"。

实质上，公司治理集中处理公司所有权和控制权分离所带来的困境，这可能包括董事会和股东之间的代理关系，公司代理人和股东之间的代理关系。目前，人们对公司治理的认识从更广义的角度出发，认为公司治理是协调公司与所有利益相关者之间的利益关系，保证公司决策科学化，以维护各方利益最大化。其实现途径是通过完善的治理结构，构建起科学的治理机制，最终在共同治理中使公司决策科学化，实现公司利益相关人的利益最大化。

（二）审计在公司治理中的职能定位

在现代企业中，广义的公司治理强调公司内外的共同治理，在公司的共同治理中，图

1-1 描述了审计在公司治理中的职能定位。

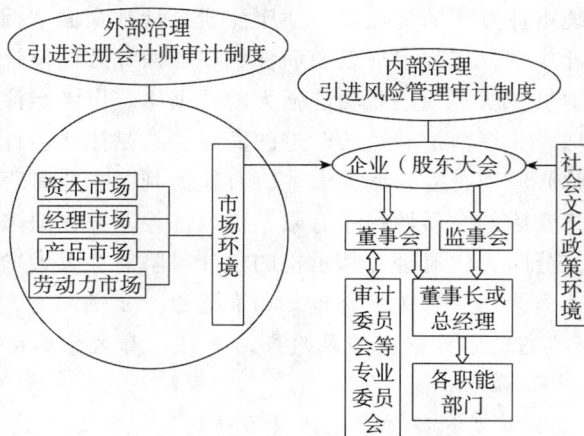

图 1-1　审计在公司治理中的职能定位

由图 1-1 可知，企业的外部治理在运行时，市场这只"看不到的手"将会发挥作用：资金在资本市场中由低效益领域流向高效益领域；经理人在经理市场会因企业业绩变化而提升经理人价值，或被赶出经理市场（如利用收购、兼并等）；产品的适销对路或积压会把企业推向大发展或濒临破产；劳动力也会追逐利益而流动。但这些市场的敏感反应必然借助于注册会计师的审计，"年度审计是公司治理的一个基石……审计提供了外部的客观的审查，该过程中需要准备和提供财务报表"，注册会计师审计担负着过滤会计信息风险、确保会计信息质量、降低会计信息识别成本的责任，被利益相关者视为重要的利益保障机制（程新生，2005），从而有利于提高公司的透明度，减少因外部治理运行中的信息不对称而引发的一系列后果（逆向选择和道德风险）。为此，各国在与上市公司治理相关的规定中都明确了外部注册会计师审计在公司治理中的职能定位，如中国《上市公司治理准则》第五十四条规定：审计委员会的主要职责是：①提议聘请或更换外部审计机构；②监督公司的内部审计制度及其实施；③负责内部审计与外部审计之间的沟通；④审核公司的财务信息及其披露；⑤审查公司的内控制度。

企业的内部治理运行时，有关配置和行使控制权，监督和评价董事会、经理层和职工，以及设计和实施激励机制等制度至关重要，但更为重要的是这些制度如何执行。众所周知，制度执行的关键在于评价，评价的关键又在于咨询，审计在公司内部治理中就承担了咨询的职责，即从企业发展战略的视角评价、鉴证企业全面风险管理，并站在战略高度，具体到企业运营中各个流程和环节提出具有建设性的建议，这不仅有利于企业形成"自上而下"和"自下而上"相协调的制度执行机制，也能够促使企业形成自我纠正、自我完善、不断提升的内部治理机制。在现实经济生活中，公司内部治理结构设计容易，但运行难，这不仅需要董事会、高级经理和风险所有者（Risk Owners）之间的良好沟通，更需要对公司内部治理进行独立的鉴证活动，以确保风险管理活动是有效的并且沟通是准确的，这就需要引入审计制度。审计在公司治理中发挥如下作用：

（1）评价。针对公司内部治理的关键环节（单独或整体），如识别风险、计量风险、风险排序以及风险管理等予以评价，以明确风险预警信号、关键风险点以及风险管理和应对策略等是否切实可行，企业整体风险管理流程设计是否合理，运行是否有效。

（2）鉴证。拓展传统的财务审计仅仅鉴定和证明受托人履行财务责任的情况，对受托人履行管理责任情况，即业务活动和管理业绩也予以鉴定和证明。

（3）咨询。审计不仅要对企业风险管理活动予以评价，还要针对企业风险管理中存在的问题，提出具有针对性（Specific）、可测量性（Measurable）、可实施性（Actionable）、责任到人（Responsibility）、及时性（Timely）①的评价意见和改善建议，协助管理层更有效地进行风险管理活动，减少或降低阻碍企业战略目标实现的任何障碍。

（4）报告或沟通。在公司治理中，向董事会报告的机制是保障企业有效和高效运行的政策、方法、程序、技术手段的总称。无论内部审计还是外部审计，当企业出现重大风险事项时，审计人员应及时向董事会报告或沟通。

正是依赖于审计的评价、鉴证、咨询和报告的功能，公司内部治理才在不断修正中形成向管理层提供全面的指导、权限和监督的动态循环，有利于公司治理效率的提高。

二、IT 治理下的审计变革

（一）IT 技术对审计的影响

1.数据的集中存储，增加了计算机舞弊的风险

尽管信息技术的广泛普及使得日常账务处理更加及时、可靠，人为干预因素大大降低，但是这也容易引起电子数据被篡改、破坏或丢失而引起的审计风险。由于数据被集中存储于中央服务器中，拥有特殊技能的人能够入侵中央数据库，操纵交易数据。同时，信息技术下的数据被存储于磁性介质中，企业舞弊者在篡改电子数据时不留痕迹，增加了舞弊风险。

2.会计核算软件本身的影响

由于现行会计软件评审机制存在缺陷，审计软件的开发与发展滞后于会计核算软件的发展。现行会计软件的评审侧重于软件功能的构成要素及会计处理方法的合理性，忽视了审计线索的保全性；侧重于会计软件运行的结果与手工一致，忽略了对软件开发过程内部控制系统的评价。同时审计软件对于大量数据的采集、转换与分析还存在不足，尤其对大型企业集团、股份公司的现代化核算方式还存在不适应之处；联网审计模式、方法还有待探索。这显然与会计信息系统的网络化、分布化、复杂化不同步，给审计工作带来了一定的困难和风险。同时，由于软件本身的漏洞，技术的高门槛可能使得审计师更难找到审计证据，增加了固有风险。而被审计单位目前采用的会计核算软件五花八门，有专业软件，也有通用软件。这些软件大多采取了不同的数据库平台和数据库结构，使得审计人员比较难整理和分析财务数据。会计核算软件的数据接口和标准不统一，增加了检查风险，进而增加了审计风险。

3.对审计提出了高要求

由于对于一个庞大的信息系统，很难制定出相应的审计技术、方法和测试指标，且很难对系统的安全性、稳定性、逻辑处理正确性作出准确的判断；同时，审计证据和审计轨迹趋于电子化、网络化，更具复杂性，这些都对审计人员的计算机水平以及相关技术培训

---

① 2004 年 9 月，国际内部审计师协会（IIA）发布的《全面风险管理中内部审计角色》的职位说明书中提出的 SMART（Specific，Measurable，Actionable，Responsibility，Timely）标准。

提出了更高的要求。

信息技术时代，随着信息传递速度的加快，投资者数量的增加，人们也对审计结果提出了更高的期望，人们期望审计结果能够指导他们进行成功的投资。审计师的工作能力与投资者的期望之间必然存在差距。同时，投资者还希望能够从审计师处获得非审计信息，为了满足投资者的需要，审计师也要参加一些非审计项目，但非审计业务还是对独立性提出了挑战。

（二）COBIT 与连续审计

1969 年，国际信息系统审计与控制协会（Information System Audit and Control Association，ISACA）成立，这是到目前为止 IT 审计领域唯一的国际组织。目前，ISACA 在 100 多个国家和地区设立了 160 多个分会，制定和颁布了 IT 审计准则、实务指南等，用于规范和指导 IT 审计师的工作。该协会举办一年一度的 CISA 考试，由通过该资格考试的人员按照 IT 准则、实务指南等进行 IT 审计。

ISACA 指出，IT 治理是一个内涵丰富的术语，包括信息系统、技术及连通性、商业活动、法律相关事宜以及所有利益相关者（公司董事、高级管理人员、业务流程的执行人员、IT 的使用者以及审计人员等）。为推动 IT 治理的理论与实践，ISACA 于 1998 年成立了 IT 治理协会（IT Governance Institute），强调 IT 治理是董事会和高级管理层的责任，是公司治理的一部分。该协会深化了 IT 治理的内涵，认为 IT 治理是一个由关系和过程所构成的体制，用于指导和控制企业，通过平衡信息技术与过程的风险、增加价值来确保实现企业的目标，包括领导、组织结构及业务流程以确保信息技术能支持、扩展组织的战略和目标。信息技术的兴起和企业对核心竞争力的追求，推动了 IT 在信息处理、存储、交换等方面的应用。IT 审计是指为了提高信息系统的安全性、可靠性和有效性，审计师以客观、公正、独立的立场对审计对象进行科学检查及综合评价，并向委托方提出建议的过程。IT 审计的对象是以计算机网络为核心的信息系统，并覆盖信息系统从计划、分析、设计、编程、测试、运行、维护到该系统报废为止的全过程。它是一项以管理为核心，以法律为保障，以技术为支撑的系统综合工程。

1996 年，ISACA 推出了用于"IT 审计"的知识体系——COBIT（Control Objectives for Information and Related Technology），即信息和相关技术控制目标，它已经成为众多国家的政府部门、企业对 IT 的计划与组织、采购与实施、服务提供与服务支持、监督与控制等进行全面考核与认可的业界标准。作为 IT 治理的核心模型，COBIT 包含 34 个信息技术过程控制，并归集为四个控制域，即 IT 规划和组织（Planning and Organization）、系统获得和实施（Acquisition and Implementation）、交付与支持（Delivery and Support）以及信息系统运行性能监控（Monitoring）。

自 1996 年 COBIT 1.0 颁布以来，COBIT 已经经历了 1998 年的 2.0 版本、2000 年的 3.0 版本、2005 年的 4.0 版本、2007 年的 4.0 版本和 2011 年的 5.0 版本。COBIT 既为外部审计提供参考框架，也为公司内部治理提供 IT 审计的依据。COBIT 不仅可以帮助确定每一 IT 过程的具体审计目标，而且其审计指南建议了每一 IT 过程具体的审计步骤，并对如何开展审计测试提供了操作规范和方法，对审计报告的出具也相应提供了规范。内部审计人员和外部审计人员均将其应用于财务报告审计、经营和合规审计（Tuttle &

Vandervelde，2007），而且，依据 COBIT 出具的信息系统审计报告，更容易得到管理层的肯定，COBIT 控制框架对信息系统审计有很好的启示和指导作用。

随着信息技术的进步、电子商务的发展以及管理决策对信息实时性需求的日益增强，传统审计模式面临挑战，基于 IT 的连续审计（Continuous Auditing，CA）模式应运而生。随着 SOX 法案的颁布和相关监管部门的推动，普及 CA 的时代即将到来。自 20 世纪 70 年代中期提出 CA 概念以来（Kunkel，1974），连续审计的定义也不断发生变化，Alles 等（2007）认为 CA 是"一个连续地根据审计师规定的标准进行交易和控制测试，来识别异常（例外）情况，以供审计师执行额外程序"。CA 的目标就是使审计更及时、更全面、更精确、成本更低。随着实时数据库技术、网络技术、会计信息系统、XBRL 等技术和标准的发展，加上 SOX 法案 404 条款和 409 条款的相关规定，使得连续审计最近在内部审计领域蓬勃发展。

实施连续审计必须具备七大要素，即 Web 服务器、连续审计环境、数字审计代理、连续审计协议、可靠的系统、安全的系统、长期报告。

（三）IT 治理对审计过程的影响

1.IT 审计与业务审计融合是信息化环境下审计工作的必然要求

一方面，从 IT 审计的角度，凡是与业务审计有交叉的审计领域，如果不与业务审计结合起来进行，审计将难以深入和有效地进行。例如，IT 治理审计是 IT 审计中的难点之一，如果 IT 治理的审计不结合公司治理审计，是难以深入进行的。另一方面，从业务审计的角度，有些审计领域如果不与 IT 审计结合，也难以深入分析和准确判断，最明显的领域是信息化环境下对业务流程、内部控制和业务数据处理的分析与复核。业务审计人员精业务，不懂系统；IT 审计人员懂系统，不精业务。这两者不融合，是无法深入审计的。在 SOX404 的内控合规中，已经考虑到 IT 与业务的融合。对业务系统的应用控制测试（ITAC），不仅融合了业务审计和 IT 审计内容，而且由业务审计人员和 IT 审计人员共同完成。

2. 信息技术对审计过程的影响

信息技术在企业中的应用并不改变注册会计师制定审计目标、进行风险评估和了解内部控制的原则性要求，基本审计准则和财务报告审计目标在所有情况下都适用。因为系统的设计和运行对审计风险的评价、业务流程和控制的了解、审计工作的执行以及需要收集的审计证据的性质都有直接的影响。注册会计师必须更深入了解企业的信息技术应用范围和性质。信息技术对审计过程的影响主要体现为：

（1）对审计线索的影响。在信息技术环境下，从业务数据的具体处理过程到财务报表的输出都由计算机按照程序指令完成，数据均保存在磁性介质中，从而会影响到审计线索。

（2）对审计技术手段的影响。随着信息技术的广泛应用，注册会计师需要掌握相关信息技术，把信息技术当作一种有力的审计工具。

（3）对内部控制的影响。随着信息技术的发展，虽然完善内部控制的目标并没有发生改变，但在高度自动化的信息环境中，被审计单位的各项业务活动和相关业务流程引发了新的风险，从而使具体控制活动的性质有所改变。

（4）对审计内容的影响。在信息化的会计系统中，被审计单位的各项会计事项都是由计算机按照程序自动处理的，信息系统的特点及固有风险决定了信息化环境下审计的内容包括对信息化系统的处理和相关控制功能的审查，信息技术对审计内容的影响越来越大。

（5）对注册会计师的影响。信息技术在被审计单位的广泛应用要求注册会计师一定要具备相关信息技术方面的知识，注册会计师必须对系统内的风险和控制都非常熟悉，然后对审计的策略、范围、方法和手段作出相应的调整，以获取充分、适当的审计证据，支持发表的审计意见。

【实例1-5】（多选题）在信息技术环境下，下列项目中不会改变的有（　　）。

A. 审计目标　　　　　　　　　　B. 审计程序
C. 审计时间　　　　　　　　　　D. 对内部控制了解的原则性要求

分析：AD。信息技术在企业中的应用并不改变审计人员制定审计目标以及进行风险评估和了解内部控制的原则性要求。

问题与案例

一、思考题

1. 如何理解审计的定义？
2. 风险导向审计是对账项基础审计、制度基础审计的扬弃吗？为什么？
3. 审计在公司治理中发挥哪些作用？
4. 简述信息技术对审计过程的影响。

二、行动学习讨论

把学生分成若干组（每组最好是10人以内），要求他们利用头脑风暴的方法，对以下问题提出不同的看法，尽量多地列示在行动学习讨论的白板上。

讨论问题：风险导向审计产生的原因。

讨论与板书要求：①每个人都要发言，但每次只能一人发言；②追求数量、追求创意；③有人发言时不许质疑、不许批评、不许打断；④板书要按发言人的原话列示。

三、案例讨论

最近你无意中听到两个注册会计师的谈话，内容如下：

CPA1：要想知道公司财务报告的所有使用人的特定需要是不可能的，比方说，我怎么能够知道工会或者银行会如何利用我所审计公司的财务报告呢？

CPA2：可是你必须知道财务报告用户的需要，否则你无法判断某一个特定的交易事项的会计处理是否对用户非常重要。

CPA1：但是我无法知道他们所有人的需要。我只好将注意力偏向股东或者银行的信贷部门。他们是更重要的报表使用人。此外，对报表的公允表达最终负责的是管理层，我只负责对他们编制的财务报表发表意见，又不是我自己编制报表，你不要对我们审计人员期望太高了。

CPA2：是公众的期望，而非我的期望。我可不希望因为没有达到用户的要求而被告上法庭。但是我完全同意你的看法，要想知道所有用户的需要是相当困难的，而且，每种用户需要的信息似乎都不同，你无法满足每一个人。如果利润高了，员工会要求加工资，税务局要求收取更多税,管理人员就希望将利润报告得低一点。我看我们只能运用会计准则来做判断,只要符合会计准则,我们就可以假设它符合用户需要。

CPA1:这点我倒是同意的。行了,去吃饭吧。

要求:

1. 为什么审计人员要了解可能使用审计报告的各种用户以及他们的需要呢?

2. 评价 CPA2 的结论:因为无法确知所有使用人的需求,结果就只能依赖会计准则判断财务报表是否得以公允表达。

3. 请指出以下四种报表使用人的信息需求,并说明其可能存在的潜在冲突。

(1)现有的股东。

(2)潜在的投资者。

(3)企业内部的工会组织。

(4)银行信贷部经理。

关键词汇

审计　Audit

庄园审计　Manor Audit

行会审计　Guild Audit

账项基础审计　Account-based Audit

制度基础审计　System-based Audit

风险导向审计　Risk-oriented Audit

风险导向战略系统审计　Risk-oriented Strategic-systems Audit

合伙人　Partner

主任会计师　Chief Accountant

项目经理　Auditor-in-charge

高级审计师　Senior Auditor

助理审计人员　Assistant Auditor

注册会计师　Certified Public Accountant(CPA)

注册内部审计师　Certified Internal Auditor(CIA)

会计师事务所　Accounting Firm

独资　Sole Proprietorship

合伙制　Partnership System

特殊普通合伙制　Special Ordinary Partnership

公司制　Corporate System

有限责任公司制会计师事务所　Limited Liability Company(LLC)

有限责任合伙制会计师事务所　Limited Liability Partnership(LLP)

审计质量　Audit Quality

审计收费　Audit Fees

审计任期　Audit Tenure

审计期望差距　The Audit Expectation Gap

业绩差距　Performance Gap

合理性差距　Reasonableness Gap

审计市场　Audit Market

连续审计　Continuous Auditing（CA）

第二章　审计监管体系

【学习目的】

1. 熟悉不同的政府审计机构模式；
2. 了解审计师资格、内部审计师执业资格和注册会计师资格；
3. 掌握政府审计、内部审计和注册会计师审计的业务范围；
4. 了解政府审计、内部审计和注册会计师审计的发展趋势；
5. 掌握审计监督体系中政府审计、内部审计和注册会计师审计的协调。

引例：王颖要继续学习什么

2011 年，王颖以优异的成绩毕业于国内一所重点大学的会计学专业，经过千辛万苦的笔试、面试，被中国民生银行总行的审计部招录在风险管理岗位上工作，其主要的工作职责有：①负责对信贷、零售、会计、资金、市场风险等各业务条线的审计、评价和监督；②负责参与经营机构内部控制审计，开展新巴塞尔相关项目的验证和审计；③负责对相关专业的非现场审计预警信息的排查和核实，并开展非现场数据分析；④负责建立相关业务条线审计问题库，负责审计发现问题的督促整改，并进行后续审计；⑤负责收集各业务条线经营管理信息，包括文件制度、经营数据、不良资产信息等。王颖开始工作后，发现自己四年大学学习的审计相关课程不够用，大学里的审计都是以财务报表审计为主来学习的，具体工作却涉及信贷、零售、会计、资金、市场风险等各业务条线审计的方方面面，而且还出现对新巴塞尔相关项目的验证和审计等新兴业务。为了适应工作，比她早入职的同事无论学历多高，都在边工作边学习考取各种资格，有的已获得审计师中级专业技术资格，有的已考取国际注册内部审计师，有的正在参加中国注册会计师或 ACCA 资格等考试。她深刻地认识到刚走出校门天真地认为这辈子不用再参加考试、也不用为了找工作再考证的想法多么不切实际，为了更好地工作，她需要终身学习，而且是在顾家又顾工作的同时要抽时间学习，以便在最短时间内获取一些资格证书，但她需要继续学习或获取什么呢？这需要认真筹划和思考。

第一节　政府审计

一、政府审计机关

政府审计，是指审计机关依法独立检查被审计单位的会计凭证、会计账簿、财务会计报告以及其他与财政收支、财务收支有关的资料和资产，监督财政收支、财务收支真实、合法和效益的行为。

纵观世界上各个国家和地区的政府审计机关，根据最高审计机关的独立性不同，可以分为以下四种类型：

1. "立法模式"审计机关

其最高审计机关隶属于立法机关，一般为议会或国会。在"立法模式"下，审计部门依据法律赋予的权力独立行使审计权，直接对议会或国会（立法部门）负责，并向议会或国会报告工作。"立法模式"下审计机关着重强调向议会或国会报告及预算的否决权，一般只有调查权和建议权，没有处理权。这一类型政府审计机关的主要代表国家有英国、美国和澳大利亚等。

2．"司法模式"审计机关

其最高审计机关一般为审计法院，拥有司法权，有的国家审计人员享有司法地位，强化了国家审计的职能，增强了国家审计的权威性。正是由于"司法模式"下的政府审计机关具有独特的司法权，因此其权威性在四大模式中最高。这一类型政府审计机关的主要代表国家有法国、西班牙和意大利。

3．"行政模式"审计机关

其最高审计机关隶属于政府行政部门，根据政府所赋予的职责和权限实施审计，对政府负责。行政模式的审计机关的独立性和权威性相对而言较弱。这一类型政府审计机关的主要代表国家有瑞典、俄罗斯和中国等。

4．"独立模式"审计机关

其国家审计机关独立于"立法""司法""行政"三权之外，按照国家法律所赋予的职责独立开展工作。一般而言，其组织形式是会计检察院或者审计院。"独立模式"下的政府审计机关比较看重建议权，独立性最强。这一类型政府审计机关的主要代表国家有德国和日本。

我国政府审计制度建立于20世纪80年代，我国选择行政模式的政府审计制度，有利于及时全面组建政府审计机关。1983年9月13日审计署正式成立，我国统一领导、分级审计的行政审计体制形成。我国政府审计最高审计机关——中华人民共和国审计署隶属于政府，在国务院总理领导下，主管全国的审计工作。审计署下设机构既包括署内各职能司（厅），也包括审计特派员办事处、派出审计局。派出审计局作为地方审计机关接受双重领导：行政上隶属地方政府，工作中接受上级审计机关的业务指导。

二、审计师资格及其获取

中国审计师资格属于审计工作领域职称系列的资格，参加全国审计专业技术资格考试后可获取初级、中级和高级审计师资格。

全国审计专业技术资格考试一般安排在每年10月中旬举行，报名时间约为4月上旬。审计专业技术资格考试由审计署和人事部共同负责。审计署负责拟定考试科目，编写考试大纲，组织考试命题，实施考试工作，统一规划并组织或授权组织培训等工作。人事部负责审定考试科目、考试大纲和试题，会同审计署对考试工作进行检查、监督、制定和确定考试合格标准。各地的考试工作由当地审计部门和人事部门共同负责，具体职责分工，由各地协商确定。对于审计专业技术初级资格和中级（审计师）资格实行全国统一考试制度。考试制度实行后，不再进行相应职务任职资格的评审工作。按规定通过全国统一考试获得资格的人员，表明其已具备担任相应审计专业技术职务的水平和能力，用人单位可根据工作需要，按照德才兼备的原则择优聘任。对于高级审计师，自2006年以来，各个省、自治区逐步实行考评结合的高级审计师考评制度。

参加审计专业技术初、中级资格考试人员应具备教育部门认可的中专以上学历。根据人事部办公厅《关于部分专业技术人员资格考试安排和考试工作有关问题的通知》（国人厅发〔2004〕45号）文件精神，应届毕业生参加本年度审计专业初级资格考试的，报名时尚未获得学历证书的应届毕业生，应持能够证明其在考试年度可毕业的有效证件（如学生证等）和学校出具的应届毕业证明，到指定报名点办理报名手续。参加中级资格考试人员除具备报考条件中规定的基本条件外，还必须具备下列条件之一：

（1）取得大学专科学历，从事审计、财经工作满5年；

（2）取得大学本科学历，从事审计、财经工作满4年；

（3）取得双学士学位或研究生班毕业，从事审计、财经工作满2年；

（4）取得硕士学位，从事审计、财经工作满1年；

（5）取得博士学位。

凡遵守《中华人民共和国宪法》和各项法律，具有良好职业道德和敬业精神，并符合下列条件之一者，均可报名参加高级审计师考试：获得博士学位，取得审计师或相关专业中级专业技术资格后，从事审计工作满2年；获得硕士学位，取得审计师或相关专业中级专业技术资格后，从事审计工作满4年；大学本科毕业，取得审计师或相关专业中级专业技术资格后，从事审计工作满5年；大学专科毕业，取得审计师或相关专业中级专业技术资格后，从事审计工作满6年。对虽不具备上述条件规定的学历、任职资格或从事审计工作年限，但审计工作业绩突出的人员，其破格报名条件由各省、自治区、直辖市审计、人事部门根据本地实际情况制定，并报审计署、人事部备案。

审计专业技术初、中级资格考试科目与内容均为"审计专业相关知识"（包括宏观经济学基础、企业财务管理、企业财务会计、法律）和"审计理论与实务"（包括审计理论与方法、企业财务审计）。初、中级资格考试采用同一套考试大纲。根据对初、中级审计人员知识水平和业务能力的不同要求，两个考试科目各部分内容分为初、中级资格共同考试内容和中级资格单独考试内容。高级审计师考试科目和内容有"经济理论与宏观经济政策"（包括社会主义市场经济理论研究、金融理论研究、财政理论研究、财务会计和财务管理理论研究）和"审计理论与审计案例分析"（包括审计理论研究、审计技术方法）。

参加考试的人员须在1个考试年度内通过全部科目的考试。审计专业技术资格考试后成绩合格者，由人力资源和社会保障局颁发，人力资源和社会保障部统一印制，人力资源和社会保障部、审计署联合用印的相应级别审计专业技术资格证书，该证书全国范围内有效。

三、政府审计业务范围

《中华人民共和国国家审计准则》（审计署〔2010〕第8号令，以下简称政府审计准则）第七条规定"审计机关对依法属于审计机关审计监督对象的单位、项目、资金进行审计。审计机关按照国家有关规定，对依法属于审计机关审计监督对象的单位的主要负责人经济责任进行审计"。第八条规定"审计机关依法对预算管理或者国有资产管理使用等与国家财政收支有关的特定事项向有关地方、部门、单位进行专项审计调查"。实务中，为充分发挥政府审计监督的作用，加大审计监督力度，政府审计的业务范围主要包括：

1. 对财政资金运用实行跟踪审计

基于"财政资金运用到哪里，审计就跟进到哪里[①]"，审计机关对取得财政资金的单位和项目接受、运用财政资金的真实、合法和效益情况，依法进行审计监督。

2. 建设项目审计

政府投资的建设项目，是指全部使用预算内投资资金、专项建设基金、政府举借债务筹措的资金等财政资金的建设项目；以政府投资为主的建设项目，是指未全部使用财政资金，但财政资金占项目总投资的比重超过 50%，或者虽未超过 50%但政府拥有项目建设、运营实际控制权的建设项目。

3. 专项审计调查

对于预算管理或者国有资产管理使用等与国家财政收支有关的特定事项，符合下列情形的，可以进行专项审计调查：涉及宏观性、普遍性、政策性或者体制、机制问题的；事项跨行业、跨地区、跨单位的；事项涉及大量非财务数据的；其他适宜进行专项审计调查的。

4. 党政主要领导干部经济责任审计

对包括地方各级党委、政府、审判机关、检察机关的正职领导干部或者主持工作一年以上的副职领导干部；中央和地方各级党政工作部门、事业单位和人民团体等单位的正职领导干部或者主持工作一年以上的副职领导干部；上级领导干部兼任部门、单位的正职领导干部，且不实际履行经济责任时，实际负责本部门、本单位常务工作的副职领导干部等在内的党政主要领导干部经济责任审计（在任期间和离任时审计）。

5. 国有企业领导人员经济责任审计

对包括国有和国有控股企业的法定代表人进行的国有企业领导人员经济责任审计（在任期间和离任时审计）。

6. 对国际组织、外国政府及其机构援助、贷款项目进行审计

根据中国政府及其机构与国际组织、外国政府及其机构签订的协议和上级审计机关的要求，审计机关确定对国际组织、外国政府及其机构援助、贷款项目进行审计。

四、政府审计发展趋势

新中国成立至改革开放初期，审计工作经历了从沿袭革命根据地的做法设立审计机构，到财政检查（监察）机构取代审计机构，再到社会主义审计制度得以确立的变迁过程。1982 年，《中华人民共和国宪法》明确提出在我国建立独立的审计监督制度；1983年，审计署正式成立；两年多后，地方各级审计机关逐步建立，全国审计工作重新得到恢复和发展。

人们对政府审计职能的认识，基本经历了从严肃财经纪律，到健全宏观管理体制，再到权力制约，直到目前强调充分发挥审计的预防、揭示和抵御的"免疫系统"功能的过程。伴随着政府审计功能的变迁，目前政府审计发展呈现出如下趋势：

1. 全面推进绩效审计

随着经济发展从量的扩张向质的提高转变，为实现经济发展速度和结构、质量、效益相统一，绩效审计成为政府审计的主流，即对于公共资金通过绩效审计揭露问题、促进管

---

① 2009 年温家宝在第十一届全国人民代表大会第二次会议上所作的政府工作报告中提出。

理、推动改革、规范秩序、提高效益。一是强调经济性审计，以促使经济发展投入的资源（人力、物力、财力）经济合理地利用；二是强调效率性审计，以促使使用一定的资源取得更大的成果，或使用更少的资源取得预定成果；三是效果性审计，以促使计划和方案的实施取得预期效果或实现预定目标。

2. 深入开展经济责任审计

为加强对权力的制约和监督，《党政主要领导干部和国有企业领导人员经济责任审计规定》不仅明确了地方各级党委和政府主要领导干部、党政工作部门、审判机关、检察机关、事业单位和人民团体等单位主要领导干部、国有企业领导人员作为审计对象，也拓展了经济责任审计内容，要求对领导干部在任期间和离职时都要进行经济责任审计。审计内容不仅包括了财政收支和财务收支真实、合法和效益情况，还加强了对以下情况的关注：①贯彻落实科学发展观，推动经济社会科学发展情况；②遵守有关经济法律法规，贯彻执行党和国家有关经济工作的方针政策和决策部署情况；③制定和执行重大经济决策情况；④与领导干部履行经济责任有关的管理、决策等活动的经济效益、社会效益和环境效益情况；⑤遵守有关廉洁从政（从业）规定情况等。

经济责任审计结果将作为考核、任免、奖惩被审计领导干部的重要依据，经济责任审计结果报告应当归入被审计领导干部本人档案。

3. 加强专项审计调查和跟踪审计

对于预算管理或者国有资产管理使用中涉及宏观性、普遍性、政策性或者体制、机制问题的事项，跨行业、跨地区、跨单位的事项，涉及大量非财务数据的事项等，可以作为专项审计调查项目予以安排。

4. 不断提高政府审计透明度

随着公共财政职能转变以及社会民主增强，政府审计公告已成为制度。政府审计依据、实施审计的时间、审计时空范围等基本情况，被审计单位的基本情况及其审计总体评价结论，审计发现的主要问题，审计处理情况及建议，审计发现问题的整改情况等内容都将被公告，提高了政府审计透明度，增强了审计的监督作用。

5. 逐步完善政府审计准则

1996年，审计署发布了38个审计规范。2000年，审计署修订、发布了《中华人民共和国国家审计基本准则》和一系列通用审计准则、专业审计准则。2004年，审计署颁布了《审计机关审计项目质量控制办法（试行）》。2010年9月1日修订的政府审计准则颁布，自2011年1月1日起实施。政府审计准则的日益完善不仅有利于完善我国审计规范，推动审计事业发展，也与国际通行做法相衔接，便于加强国际审计交流与合作。

6. 强化政府审计的免疫机制和长效机制

在监督财政财务收支真实、合法基础上，全面推进绩效审计，深入开展经济责任审计，加强专项审计调查和跟踪审计，严肃查处重大违法行为，注重从体制、机制、制度和政策层面发现和分析问题并提出审计建议，加大公布审计结果力度，促进被审计单位整改，较好地发挥了审计监督的建设性作用。但政府审计发挥其职能不能仅仅依靠"审计风暴"的威慑力，应当建立起审计的免疫和长效机制，具体体现在：①事前审计着眼预防，彰显审计免疫系统的"预警功能"；②事中审计指向明确，彰显审计免疫系统的"保护功能"；③全程查错纠弊跟踪审计，彰显审计免疫系统的"清除功能"；④立足服务、促进机制和制度的审计建设性，彰显审计免疫系统的"修补功能"，这样，审计才能强化免疫机制和长效机制。

第二节　内部审计

一、内部审计机构

国际内部审计师协会（Institute of Internal Auditors，IIA）自 1947 年到 2001 年先后 8 次定义内部审计，历时 55 年，内部审计从会计分离出来成为一个独立的职业，进入高层管理辅助领导决策。内部审计发生了翻天覆地的变化，既体现了时代特色，容纳了传统的保证服务，又增加了咨询服务，将增加价值和传统的改进机构运作效率同时作为内部审计活动的目的。2001 年 IIA 第八次定义内部审计为："内部审计是一种旨在增加组织价值和改善组织营运的独立、客观的确认和咨询活动，它通过系统化、规范化的方法来评价和改善风险管理、内部控制和治理程序的效力，以帮助实现组织目标。"中国内部审计基本准则规定："内部审计是一种独立、客观的确认和咨询活动，它通过运用系统、规范的方法，审查和评价组织的业务活动、内部控制和风险管理的适当性和有效性，以促进组织完善治理、增加价值和实现目标。"

目前，我国企业内部审计的组织机构设置，主要有五种情况：第一种隶属于董事会或董事会下设的审计委员会领导；第二种是受本单位最高管理者直接领导；第三种是受本单位总会计师的领导；第四种隶属于监事会领导；第五种与纪检、监察合署办公。这五种模式中前两种模式符合有关规定，其余都不符合规定。因为根据《审计署关于内部审计工作的规定》，"内部审计机构在本单位主要负责人或者权力机构的领导下开展工作"；根据《内部审计具体准则第 23 号——内部审计机构与董事会或最高管理层的关系》的规定，"内部审计机构与董事会或最高管理层的关系是指内部审计机构由于隶属于董事会或最高管理层，而形成的协助其工作并向其报告的组织关系"。

企业内部审计机构从职能上讲应当隶属于审计委员会，从行政上讲应当隶属于公司最高管理层，为此，企业内部审计机构应当与董事会或最高管理层保持良好关系，协助董事会或最高管理层履行职责，实现董事会、最高管理层与内部审计在组织治理中的协同作用。审计机构和企业审计委员会、管理层、治理层的关系可以描述如下：

（一）内部审计机构与董事会（或审计委员会）

如果内部审计机构隶属于董事会（或审计委员会）领导，内部审计与董事会（或审计委员会）的关系是：接受其领导和监督，协助其工作，并向其进行工作报告；如果内部审计不隶属于董事会（或审计委员会）领导，则应协助其工作，并向其抄送工作报告。

内部审计机构通过在审计活动中采取系统化、规范化的方法来帮助董事会（或审计委员会）实现其目标，但是，如果没有适当的交流，委员会是无法相信这一点的。审计执行主管应该考虑在下列方面与审计委员会进行交流。

（1）审计委员会应该定期与审计执行主管单独会谈，讨论敏感事项。

（2）针对与确定的审计任务和范围相关的审计活动的结果，每年提供一个总结性报告或评估情况。

（3）定期向审计委员会和管理层提交报告，总结审计活动的结果。

（4）不断向审计委员会报告内部审计的新趋势和新的成功实务。

（5）与外部审计师一起讨论委员会信息需求的满足情况。

（6）复核提交给审计委员会的信息的完整性和准确性。

（7）确认内部审计师和外部审计师之间工作的协调是有效率和有效果的。判断内部和外部审计师的工作有无重复性，并指出出现重复的原因。

（二）内部审计机构与企业董事会、管理层

从行政上讲，内部审计机构作为企业的一个重要职能部门，接受企业管理层的领导，但内部审计机构对企业管理层起到监督和咨询的作用，这主要是通过：

（1）内部审计机构应至少每年向高级管理层提交一次工作报告。工作报告应突出重要的审计发现和建议，应向高级管理层和董事会通报已批准的审计工作项目计划、人员配置计划、财务预算在执行中出现的任何重要偏离及其原因。

（2）内部审计机构应当向董事会、管理层报告重要的审计发现和建议。重要的审计发现是指那些根据审计执行主管的判断，可能对机构产生不利影响的情况。如果审计师发现存在包括处理违章、违法、差错、低效率、浪费、无效、利益冲突和控制系统的薄弱环节等重要审计发现时，内部审计机构必须向董事会和管理层报告重要的审计发现和建议，不论它们是否已得到了令人满意的解决。

（3）将高级管理层对所有重要发现和建议所做的决定通知董事会。管理层的职责是对重大的审计发现和建议所应采取的适当改进措施作出决定。当考虑到成本费用和其他原因，高级管理层决定将不采取审计报告中指出的整改措施，并承担由此引起的风险时，审计机构应当将高级管理层对所有重要发现和建议所做的决定通知董事会。

（4）在高级管理层和董事会决定不采取行动纠正报告中所指出的重要问题并承担由此而产生的风险时，审计执行主管应考虑将原先已报告的重要审计发现和建议再向董事会报告是否恰当，这一点在机构、董事会、高级管理层或其他方面有变动时，尤其必要。

（三）内部审计机构与监事会

内部审计与监事会工作上有交叉，其关系是内部审计机构应在授权范围内配合监事会的工作。监事会发挥对企业生产经营的监督权利，主要是依赖于内部审计机构为其提供审计结果。内部审计组织构建如图 2-1 所示。

二、内部审计师资格及其获取

《中华人民共和国审计法实施条例》（国务院令〔2010〕第 571 号）第十一条规定："审计人员实行审计专业技术资格制度，具体按照国家有关规定执行。审计机关根据工作需要，可以聘请具有与审计事项相关专业知识的人员参加审计工作。"对于内部审计来讲，审计专业技术资格除了初级、中级和高级审计师外，还包括：

1.国际注册内部审计师（CIA）

国际注册内部审计师（Certified Internal Auditor，CIA）是内部审计领域的专业资格，国际审计界唯一公认的职业资格。CIA 需经国际内部审计师协会（IIA）组织的考试取得。

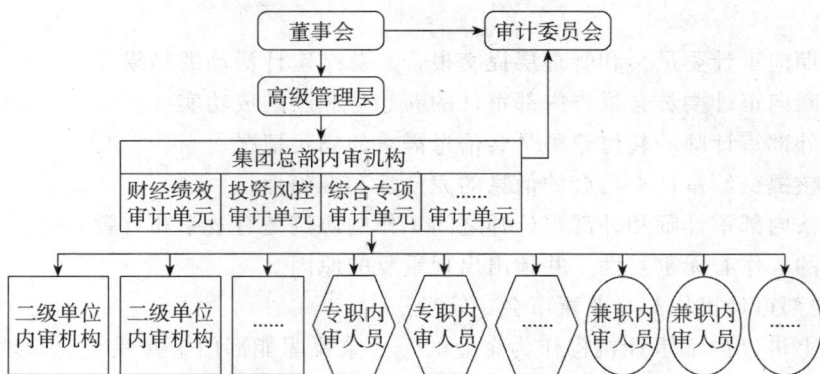

图 2-1　内部审计组织构建

在中国，具备下列条件之一方可报名参加 CIA 考试：①具有本科及本科以上学历；②具有中级及中级以上专业技术资格；③持有注册会计师证书或非执业注册会计师证书；④全日制本科院校审计、会计及相关专业四年级学生。报考资格的审查和确认由设立考点的各省、自治区、直辖市和计划单列市内部审计（师）协会及其下属机构负责，并报中国内部审计协会备案。

国际注册内部审计师考试科目和范围主要包括：①内部审计在治理、风险和控制中的作用。具体包括：遵守国际内部审计师协会的属性标准；以风险为基础制订计划，确定内部审计活动的优先次序；理解内部审计在公司治理中的作用；执行其他内部审计任务和职责；治理、风险和控制的知识要点；计划审计业务。②实施内部审计业务。具体包括：实施审计业务；实施具体业务；监督业务结果；舞弊知识要点；业务工具。③经营分析和信息技术。具体包括：经营过程；财务会计与财务管理；管理会计；规章、法律和经济；信息技术。④经营管理技术。具体包括：战略管理；管理技术；中国的经济环境；中国的内部审计环境。第一、二、三部分考试采用中、英文两个语种，报考人员可任选其中一种，第四部分考试为中文语种。

只有所有考试科目全部合格，且具有 2 年（含 2 年）以上审计、会计工作及相关工作经历的人员，才能获得国际注册内部审计师证书，该证书由国际内部审计师协会和中国内部审计协会制发。

2. 内部控制自我评估专业资格（CCSA）

内部控制自我评估专业资格证书考试是为内部控制自我评估的从业人员而设置的，它是由国际内部审计师协会提供的第一项专业证书。CCSA 考试能够提供内部控制自我评估所需要的技巧及内部控制自我评估的方法，并为内部控制自我评估的初始从业人员提供指南。

在中国，具备下列条件之一方可报名参加 CCSA 考试：①具有本科及本科以上学历；②具有中级及中级以上专业技术资格；③持有注册会计师证书或非执业注册会计师证书。

内部控制自我评估专业资格考试内容主要包括：①内部控制自我评估基础知识（5% ~ 10%）；②内部控制自我评估程序整合（15% ~ 25%）；③内部控制自我评估流程的要素（15% ~ 25%）；④经营目标和组织绩效（10% ~ 15%）；⑤风险识别和评估（15% ~

20%）；⑥控制理论及其应用（20%～25%）。考试方式为闭卷笔试。语种为英文。

三、内部审计业务范围及其目标

《国际内部审计实务标准》第 300 条 "工作范围" 中界定：内部审计的范围必须包括对该组织内部控制系统的适用性和有效性，及其完成所指定职责时对其实施效果进行的检查和评价，内部审计的业务范围应当拓展到对整个机构和组织风险管理及其绩效的评价和咨询领域。

根据中国内部审计工作规范，内部审计业务范围包括：

（1）对本单位及所属单位（含占控股地位或者主导地位的单位，下同）的财政收支、财务收支及其有关的经济活动进行审计；

（2）对本单位及所属单位预算内、预算外资金的管理和使用情况进行审计；

（3）对本单位内设机构及所属单位领导人员的任期经济责任进行审计；

（4）对本单位及所属单位固定资产投资项目进行审计；

（5）对本单位及所属单位内部控制制度的健全性和有效性以及风险管理进行评审；

（6）对本单位及所属单位经济管理和效益情况进行审计；

（7）法律、法规规定和本单位主要负责人或者权力机构要求办理的其他审计事项。

不同的企业或组织，其内部审计业务范围不同，但内部审计通常包括以下一项或多项活动：

（1）对内部控制的监督。内部审计应当包括评价控制、监督控制的运行以及对控制提出改进建议。

（2）对财务信息和经营信息的检查。内部审计包括对确认、计量、分类和报告财务信息和经营信息的方法进行评价，并对个别事项进行专项咨询，包括对交易、余额及程序实施细节测试。

（3）对经营活动的评价。内部审计包括对被审计单位的经营活动（包括非财务活动）的经济性、效率和效果进行评价。

（4）对遵守法律法规情况的评价。内部审计包括评价被审计单位对法律法规、其他外部要求以及管理层政策、指令和其他内部要求的遵守情况。

（5）风险管理。内部审计有助于被审计单位识别和评估其面临的重大风险，并改进风险管理和控制系统。

（6）治理审计。内部审计包括评估被审计单位为实现下列目标而建立的治理过程：道德和价值观；业绩管理和经营责任；向被审计单位的适当部门传达风险和控制的信息；治理层、注册会计师、内部审计人员和管理层之间沟通的有效性。

四、内部审计发展趋势

现代内部审计始于美国。1941 年被认为是现代内部审计的开始。在 1940 年以前，在美国，内部审计只是外部会计公司的一个助手。1941 年，Victor Z. Brink 完成了他在纽约大学的博士学位的论文，该论文阐述了包括内部审计性质和范围在内的内部审计突破性的研究成果。Brink 指出内部审计应该作为公司管理层的服务者，而不是作为外部审计（外部会计公司审计）的助手。Brink 凭借这篇论文成为美国 "内部审计" 这个学科的 "开山鼻祖"。同年，北美公司的内部审计部门主任 John B. Thurston 出版了《内部审计的原理和技术》。Brink 还于 1942 年出版了美国第一本全面的、系统的论述"内部审计"方面的书——《内部审计原理和实务》。1978 年，国际内部审计师协会（IIA）正式颁布了《内部审计实务准则》，这是"内部审计准则"的雏形。1999 年 6 月，国际内部审计师协会及其下属的研究基金在反复进行讨论、研究、向各方征求意见后，正式颁布了《内部审计实务框架》。

近几年，为适应全球经济运行模式的变化，各国有关机构的内部审计也在积极寻求变革，其主要特征是从以检查、评估为主要内容的符合性审计向以增值和改革机构运行状况为主要内容的增值型审计转变，具体表现为：

（1）创建独立性、权威性强的内审组织。随着公司治理结构的逐步完善，内部审计向隶属董事会和审计委员会的模式化方向发展。这种模式的主要特征是独立性，内部审计负责人直接对高级管理层的董事长负责，并向董事长、董事会、内部审计委员会报告工作，其他各部门和个人不得干涉内审工作。内部审计部门的审计计划是独立的企业计划，并由董事会批准实施，可以对企业各部门、有关人员进行审计；能够直接与董事会交流信息；对审计意见，被审计者要在限期内予以落实并向审计部门反馈实施情况；内审部门负责人的任免，由董事会办公会议确定。

（2）内部审计职能价值化。内部审计逐步走向风险管理审计，日益凸显出对组织贡献的附加价值，呈现出内部审计职能价值化的特征。内部审计适应公司治理、风险管理的发展，逐步成为企业流程的再造者、公司变革方案的落实者、风险管理的再管理者以及企业发展的高级顾问，这些都促使企业内部审计部门成为一个直接创造价值的部门。内部审计的增加价值功能主要体现在：一是直接价值，即通过内部审计的过程和结果，帮助企业预防和减少损失，促使企业价值得到相应增加。二是间接价值，内部审计结果直接与对员工的奖惩挂钩，这种威慑作用会创造"威慑价值"；同时通过沟通审计发现的问题以及提出的建议，促使管理协调并解决信息不对称和缓解内部控制的问题，进一步优化内部审计资源配置，为企业创造"潜在价值"。

这种变化体现在内部审计不再仅是"独立的问题发现者，而应成为推动改革的使者"，内部审计活动将改善机构运行的状况和推动改革的具体行动作为主要内容。如杜邦公司通过审计作用的四象限图，将以前消极的以"发现和评价"为主要内容的内部审计活动向积极的"防范和解决方案"的内部审计活动转变，从事后发现内部控制薄弱环节转向事前的防范，从单纯强调内部控制转向积极关注利用各种方法来改善公司的运营业绩。

（3）内部审计内容多元化且强制性的内容增多。内部审计内容以风险评估为主，涉及组织的所有领域的每个环节、每个系统。具体为：一是在全球一体化和市场竞争日趋激烈的情况下，内部审计工作的重点就是风险存在的领域，对企业所有重大风险进行识别、分析和应对，使内部审计成为组织风险管理的重要手段；二是内部审计评估组织经营管理的全过程；三是内部审计评估组织的发生因素，主要是人员、任务、管理三个基本组织部分，包括政策与目标、组织与权责、产品与生产、市场与销售、资金与财务、研究与开发、信息与商务、控制与管理等各个系统；四是审计的类型，主要包括经营审计、绩效审计、遵循性审计、质量审计、财务控制审计、财务报表审计以及计算机审计和舞弊审计等。

第三节　注册会计师审计

一、注册会计师协会

1853 年，苏格兰的几个会计师组建了爱丁堡会计师公会（Society of Accountants in Edinburgh），并于 1854 年获得皇家特许正式注册登记，成为世界上第一个会计师职业团体。从此以后，各个国家都成立了自己的注册会计师职业团体。

中国注册会计师协会（以下简称 CICPA）成立于 1988 年 11 月。其主要职责是：①审批和管理本会会员，指导地方注册会计师协会办理注册会计师注册；②拟定注册会计师执业准则、规则，监督、检查实施情况；③组织对注册会计师的任职资格、注册会计师和会计师事务所的执业情况进行年度检查；④制定行业自律管理规范，对会员违反相关法律法规和行业管理规范的行为予以惩戒；⑤组织实施注册会计师全国统一考试；⑥组织、推动会员培训和行业人才建设工作；⑦组织业务交流，开展理论研究，提供技术支持；⑧开展注册会计师行业宣传；⑨协调行业内、外部关系，支持会员依法执业，维护会员合法权益；⑩代表中国注册会计师行业开展国际交往活动；指导地方注册会计师协会工作；承担法律、行政法规规定和国家机关委托或授权的其他有关工作。

CICPA 分别于 1996 年 10 月和 1997 年 5 月加入亚太会计师联合会（CAPA）和国际会计师联合会（IFAC），并与 50 多个境外会计师职业组织建立了友好合作和交往关系。

CICPA 最高权力机构为全国会员代表大会，全国会员代表大会选举产生理事会。理事会选举产生会长、副会长、常务理事会，理事会下设 12 个专门委员会和 1 个专业委员会。常务理事会在理事会闭会期间行使理事会职权。协会下设秘书处，为其常设执行机构。12 个专门委员会为战略委员会、行业信息化委员会、审计准则委员会、职业道德准则委员会、财务委员会、惩戒委员会、申诉与维权委员会、教育培训委员会、注册管理委员会、执业责任鉴定委员会、会计师事务所内部治理指导委员会、《中国注册会计师》编辑委员会；1 个专业委员会即专业技术指导委员会。

二、会计师事务所

会计师事务所是注册会计师依法承办业务的机构。目前，世界上最大的 4 家会计师事务所（简称"四大"）影响着世界的审计，因为它们在许多国家开展日常的审计工作，并且拥有世界上大多数会计职业团体的会员资格，它们的年收入高达数十亿美元。"四大"指的分别是普华永道（PwC）、安永（EY）、毕马威（KPMG）、德勤（Deloitte）。

（一）会计师事务所的组织形式

纵观注册会计师行业在各国的发展，会计师事务所主要有独资、普通合伙制、有限责任公司制、特殊普通合伙制（有限责任合伙制）四种组织形式。

1.独资会计师事务所

独资会计师事务所由具有注册会计师执业资格的个人独立开业，承担无限责任。它的优点是，对执业人员的需求不多，容易设立，执业灵活，能够在代理记账、代理纳税等方面很好地满足小型企业对注册会计师服务的需求，虽承担无限责任，但实际发生风险的程度相对较低。缺点是由于个人所拥有的资本有限，且融资较为困难，无力承担大型业务，缺乏发展后劲；由于承担无限责任，难以通过其他途径分散风险，业主个人承担风险大。

2. 普通合伙制会计师事务所

普通合伙制会计师事务所是由两位或两位以上注册会计师组成的合伙组织。"所有的合伙人"（不论出资形式、不论自己是否执行企业事务）对"所有企业债务"（不论是一般的企业债务还是某一个合伙人因故意或者重大过失引起的企业债务）均以各自的财产承担无限连带责任。它的优点是，在风险的牵制和共同利益的驱动下，促使事务所强化专业发展，扩大规模，提高规避风险的能力。缺点是建立一个跨地区、跨国界的大型会计师事务所要经历一个漫长的过程。同时，任何一个合伙人执业中的失误或舞弊行为，都可能给整个会计师事务所带来灭顶之灾，使之一日之间土崩瓦解。

3. 有限责任公司制会计师事务所

有限责任公司制会计师事务所（Limited Liability Companies，LLCs）是由注册会计师认购会计师事务所股份，并以其所认购股份对会计师事务所承担有限责任。会计师事务所以其全部资产对其债务承担有限责任。它的优点是，可以通过公司制形式迅速聚集一批注册会计师，建立大型会计师事务所，承办大型业务。缺点是降低了风险责任对执业行为的高度制约，弱化了注册会计师的个人责任。

4. 特殊普通合伙制会计师事务所

特殊普通合伙制会计师事务所是指一个合伙人或者数个合伙人在执业活动中因故意或者重大过失造成合伙企业债务的，应当承担无限责任或者无限连带责任，其他合伙人以其在合伙企业中的财产份额为限承担责任。合伙人在执业活动中非因故意或者重大过失造成的合伙企业债务以及合伙企业的其他债务，由全体合伙人承担无限连带责任。这与国际上的"有限责任合伙制"（Limited Liability Partnership）事务所在产生背景、法律规定、责任分担、适用范围等方面不完全等同，但二者的要义和核心是一致的，即在会计师事务所规模较大、合伙人人数众多且分工细化的条件下，最大限度地保护无过错合伙人，避免因某一或某些合伙人的不当执业行为对其他合伙人的合法权益造成重大损害，从而促进会计师事务所健康稳定发展。

从国际惯例来看，会计师事务所的执业登记都由注册会计师行业主管机构统一负责。会计师事务所必须经过行业主管机关或注册会计师协会的批准登记并由注册会计师协会予以公告。独资会计师事务所和合伙制会计师事务所经过这个程序即可开业，有限责任公司制会计师事务所一般还应当进行公司登记。

【实例 2-1】（单选题）在特殊普通合伙会计师事务所中，甲合伙人因接受上市公司贿赂而出具了虚假的审计报告，法院判决企业承担赔偿责任。追究事务所责任时，以下表述中正确的是（　　）。

A. 甲合伙人承担无限责任或无限连带责任，其他合伙人以其在事务所的财产份额为限承担有限责任

B. 全体合伙人承担无限责任

C. 全体合伙人以在事务所的财产份额为限承担有限责任

D．甲合伙人以在事务所的财产份额承担有限责任

分析：A。因为在特殊普通合伙会计师事务所中，一个合伙人或者数个合伙人在执业活动中因故意或者重大过失造成合伙企业债务的，应当承担无限责任或者无限连带责任，其他合伙人以其在合伙企业中的财产份额为限承担责任。合伙人在执业活动中非因故意或者重大过失造成的合伙企业债务以及合伙企业的其他债务，由全体合伙人承担无限连带责任。

（二）会计师事务所的组织结构

一个典型的国际会计师事务所的组织结构包括：

1.合伙人/董事

合伙人/董事是公司的所有者，他们广泛参与审计计划的制订、审计结果的评价以及审计意见类型的决定；负责与客户保持联系、解决可能的争端、出席客户的股东大会、回答任何与财务报表以及与审计报告相关的问题。另外，他们可能也对新员工进行培训，检查审计工作底稿，监督审计师签署审计报告等。

2.项目经理

项目经理监督由高级审计师负责的工作，负责决定对特殊审计项目实施针对性审计程序以及保持审计项目符合审计准则和事务所质量控制要求，并将审计客户名录编制成册。项目经理至少要有5年的从业经历，并且具有广泛的、最新的有关税收、会计准则和政府立法等方面的知识，一般专长于某一特殊的行业或领域。

3.高级审计师

高级审计师对审计现场工作负责，如对审计人员进行指导，检查工作底稿和时间进度，帮助起草审计报告等，通常要求有至少两年审计师审计的从业经验。

4.助理审计师（初级审计师）

开始审计师职业的第一职位就是助理审计师，其工作常常是一些常规性的、细节性的审计工作。

三、注册会计师资格及其获取

注册会计师是指取得注册会计师证书并在会计师事务所执业的人员，通常是指项目合伙人或项目其他成员。注册会计师证书一般是由职业团体认证或政府机构认证，经过专业培训达到执业许可要求才能够获取的。在世界不同的国家和地区，注册会计师的称谓不同，如在澳大利亚、中国香港、日本、韩国、新加坡、美国等称为"公共审计师"或"注册会计师"（CPA）；在加拿大、新西兰、英国、苏格兰等称为"特许会计师"（CA）。不同的国家和地区对外部审计师的年龄、户籍、学历和资格考试的通过等方面的要求也不同（见表2-1），如欧盟要求审计师至少有3年执业经历，而美国只要求一两年。

注册会计师对公开上市公司和非公开上市公司公布的财务报表的审计负主要责任，这种鉴证职能一般通过国家制定的商法或公司法授权，但在有些情况下（如美国和加拿大），一些省和州政府对于审计师的资格认证拥有相当大的控制权。

四、注册会计师业务范围

目前会计师事务所为客户提供的服务可以分为两大体系：一是鉴证服务；二是相关服务。

表 2-1 　　　　　　　　　　　　世界上主要审计师称谓与资格取得的条件

序号	资格名称	所属协会	资格取得的条件
1	CPA（注册会计师）	中国注册会计师协会	考试划分为专业阶段和综合阶段：专业阶段主要测试考生是否具备注册会计师执业所需要的专业知识，是否掌握基本技能和职业道德规范。专业阶段考试设会计、审计、财务成本管理、公司战略与风险管理、经济法、税法 6 个科目。综合阶段主要测试考生是否具备在职业环境中运用专业知识，保持职业价值观、职业道德与态度，有效解决实务问题的能力。职业能力综合测试由两张试卷组成：以鉴证业务为核心的试卷一；以技术咨询和业务分析为核心的试卷二。每张试卷的考试时间均为 3.5 小时。要经过两个阶段考试，有 2 年执业经验
2	ACCA（特许公认会计师）	英国特许公认会计师公会（ACCA）	循序渐进分为 3 个阶段通过，主要包括会计、高级会计、审计、公司法、税法、财务管理、高级财务管理、管理会计、管理学和管理信息系统等 14 门专业考试，且必须在财务会计、财务管理、管理、税务和审计等相关领域内取得 3 年工作经验，并符合 ACCA 会员资格要求达到的能力和素质方面的最低要求。3 年工作经验可以在考试前、考试期间或考试后取得
3	CIA（国际注册内部审计师）	国际内部审计师协会（IIA）	所有考试科目全部合格，具有 2 年（含 2 年）以上审计、会计工作及相关工作经历，即可获得 CIA 资格
4	CGA（加拿大注册会计师）	加拿大注册会计师协会（CGA）	在考试期限规定的 6 年内学员获得了学士或学士以上学位；通过全部 CGA 考试；有 2 年或 2 年以上会计相关工作经验，就可获取 CGA 资格
5	ASCPA（澳大利亚注册会计师）	澳洲会计师公会（CPA Australia）	（1）成为 CPA 协会的会员（ASA），并在 1 年内参加会员指南系列研讨会（MOW）；（2）参加 CPA 课程并通过 5 个分项的考试；（3）具备 3 年以上接受指导的行业工作经验
6	ACA（英格兰皇家特许会计师）	英格兰及威尔士特许会计师协会（ICAEW）	具有一定资格的人员与具有培训资格的机构签订 3 年的工作培训合同，成为 ICAEW 的注册学生。在合同期内完成以工作为基础的学习要求和道德教育培训要求，同时获得专业工作经验和技术，并通过 ICAEW 的两个阶段的全部考试后，即可申请成为 ICAEW 的会员；获得 ACA 资格
7	日本公认会计师	日本公认会计师协会（JICPA）	经过 2 次共 14 门考试，在第一次考试前后积累两年经验，并参加 JICPA 提供的 3 年执业会计师教育课程学习

注：根据各个会计师公会的官网汇总而来。

（一）鉴证服务

会计师事务所为客户提供鉴证服务包括：

（1）财务报表审计业务。财务报表审计业务是审计师对财务报表是否在所有重大方面符合既定的财务报表框架发表意见，其目的是增强潜在报表使用者对企业历史财务报表的信任度。

（2）财务报表审阅业务。财务报表审阅业务是审计师通过询问、分析程序和有限检查来获取证据对所审阅信息是否不存在重大错报提供有限保证，并以消极方式提出结论。

（3）特殊目的的审计业务。审计师可能为出具特殊目的审计报告而检查历史财务信息，如对按照其他会计方法（如客户对所得税申报的处理方法、收付实现制会计、政府立法部门对财务报告的规定）而不是按照国际会计准则或国内会计准则编制的报表、财务报表组成部分、合同遵循性、简要财务报表出具审计报告。

（4）历史财务信息之外的其他鉴证业务。历史财务信息之外的其他鉴证业务包括：对预期财务报表鉴证业务、对非财务信息（如公司治理、统计、环境信息）鉴证业务、对系统和流程（如公司治理、《萨班斯-奥克斯利法案》规定的内部控制、信息系统等）的鉴证业务和对某一行为（如企业责任、人力资源等）鉴证业务。

（二）相关服务

并非所有的会计师事务所从事的业务都是基于鉴证框架的鉴证业务，会计师基于其会计和审计方面的优势，以及在审计中积累起来的对行业及其企业经营管理的了解和熟悉，逐步从过去单一从事审计鉴证服务向多元化、全方位的增信服务转变，为客户提供更多有增信价值的相关服务业务，主要有：

（1）对财务信息执行商定程序。对财务信息执行商定程序，是注册会计师对特定财务数据、单一财务报表或整套财务报表等财务信息执行与特定主体商定的具有审计性质的程序，并就执行的商定程序及其结果出具报告。

（2）代编财务信息。代编财务信息，是注册会计师运用会计而非审计的专业知识和技能，代客户编制一套完整或非完整的财务报表，或代为收集、分类和汇总其他信息。

（3）税务服务。税务服务包括税务代理和税务筹划。税务代理是注册会计师接受企业或个人委托，为其填制纳税申报表，办理纳税事项。税务筹划是由于纳税义务发生的范围和时间不同，注册会计师从客户利益出发，代替纳税义务人设计可替代的或不同结果的纳税方案。其始于所得税的纳税筹划，现已扩展到财产税、遗产税等诸多税种。

（4）管理咨询。管理咨询服务是注册会计师与非注册会计师激烈竞争的一个领域。从20世纪50年代起，注册会计师的管理咨询服务收入开始增长，并保持了强劲的增长势头。其原因主要是：首先，管理咨询服务是增值服务。其次，企业内部结构重组给注册会计师带来了无限商机。最近几年，大型会计师事务所越来越明显地成为管理咨询服务的主要提供者。管理咨询服务范围很广，主要包括对公司的治理结构、信息系统、预算管理、人力资源管理、财务会计以及经营效率、效果和效益等提供诊断及专业意见与建议。

（5）会计服务。注册会计师提供的会计咨询和会计服务业务，除了代编财务信息外，还包括对会计政策的选择和运用提供建议、担任常年会计顾问等。注册会计师执行的会计咨询、会计服务业务属于服务性质，是所有具备条件的中介机构甚至个人都能够从事的非法定业务。

【实例2-2】（单选题）下列有关注册会计师执行的业务提供的保证程度的说法中，

正确的是（　　　）。

　　A．鉴证业务提供高水平保证

　　B．代编财务信息提供合理保证

　　C．对财务信息执行商定程序提供低水平保证

　　D．财务报表审阅提供有限保证

分析：D。鉴证业务包括审计业务、审阅业务和其他鉴证业务，审阅业务和一些其他鉴证业务提供的是有限保证，故选项A不正确；选项BC不属于鉴证业务，没有保证程度这一说；选项D正确。

五、注册会计师审计发展趋势

伴随着中国注册会计师执业准则的国际趋同，注册会计师审计的发展趋势呈现出如下特征：

（1）由"程序至上"审计转变为用脑子审计。注册会计师针对不同情况和对象，使用脑子专业判断执行什么审计程序和如何执行，而不是机械地走审计程序。

（2）风险评估贯穿于审计的整个过程。审计的起点不再是账簿或报表，而是全面了解被审计单位及其情况；审计重心从以审计测试为中心转移到以风险评估为中心。风险评估在初始业务活动中就先于审计测试首先被执行，然后针对风险评估中识别和发现的风险的属性及其影响，注册会计师安排不同的进一步的审计测试，同时在审计测试中又不断验证、补充和完善风险评估。

（3）审计程序具有针对性与综合性。在审计实务中，注册会计师针对不同被审计单位的环境以及基本情况，或者同一被审计单位在不同审计期间由于环境以及基本情况的变化，在综合评价被审计单位经营风险的基础上，"因人而异"地选择和执行针对性的审计程序。针对性的审计程序具有"不可预见性"，也具有"适应性"。同时，针对性的审计方案应当是不同针对性审计程序的综合运用，即注册会计师在选择运用检查、观察、询问、分析程序、函证、重新计算等具体程序获取证据时，由于各种具体审计程序都有其自身的局限性和适用条件，必须根据具体情况"扬长避短"综合运用各种审计程序，以获取"一环扣一环"的审计证据链条，增进审计结论或意见的可信性。

（4）审计证据范围扩大。注册会计师要大量获取被审计单位所处政策面、市场面、技术面以及被审计单位组织架构层面的相关信息，审计证据的范围正在经历着从财务信息到非财务信息，从内部证据为主到大量获取外部证据的转变。

（5）注册会计师业务范围不断拓展。为使注册会计师深度服务于社会经济各个方面，注册会计师的业务范围由以财务报表审计为主拓展到非财务报表其他财务信息的审计；由对财务信息的审计业务拓展到对非财务信息的鉴证业务；由对非财务信息的鉴证业务拓展到非鉴证业务。

第四节　审计监督的协调

一、政府审计、内部审计与注册会计师审计的对比

在审计监督体系中，政府审计、内部审计和注册会计师审计既相互联系，又各自独

立、各司其职，泾渭分明地在不同的领域实施审计。它们各有特点，相互不可替代，因此不存在主导和从属的关系。从发展的观点来看，随着政治的逐步民主化，以监督国家经济活动为主要特征的政府审计将会得到加强；随着企业规模的逐步扩大化和内部管理的科学化，内部审计将得到更大的发展；随着经济的逐步市场化，注册会计师审计将在整个审计监督体系中占据日益重要的地位。

注册会计师审计、内部审计以及政府审计的对比见表2-2。

表2-2　　　　　　　　注册会计师审计、内部审计以及政府审计的对比

种类	审计主体	审计对象	审计目标	监督的性质	方式	独立性	经费或收入来源	遵循的准则
政府审计	政府审计机关	政府及其部门的财政收支及公共资金的收支、运用情况	对单位的财政收支或者财务收支的真实、合法和效益依法进行审计	行政性监督	强制执行	单向	经费列入预算，由本级人民政府予以保证	《审计法》和审计署制定的国家审计准则
内部审计	各部门、各单位内设的审计部门	本单位的财务收支及经营管理活动	对组织内部的经营活动和内部控制的适当性、合法性和有效性进行审计	内部监督	自行安排	相对	无偿	审计署制定的内部审计准则
注册会计师审计	注册会计师	所有的营利或非营利企业	对会计报表的合法性和公允性依法进行审计	民间监督	受托	双向	审计收入来源于客户	《注册会计师法》和审计准则

二、政府审计、内部审计与注册会计师审计的协调

在审计监督体系中，政府审计、内部审计和注册会计师审计的工作可以相互利用，其协调的基础是审计技术和方法具有一致性，获取的审计证据可以相互借鉴。

（一）内部审计与外部审计的协调

内部审计利用政府审计和注册会计师审计工作的目的在于：确保充分的审计范围；减少重复审计，提高审计效率；共享审计成果，降低审计成本；提高内部审计人员素质，改进内部审计机构工作；维护组织利益。

企业应当在适当管理层的支持和监督下，由内部审计机构负责人具体组织实施内部审计与外部审计的协调工作。内部审计机构负责人定期对内外部审计的协调工作进行评估，并根据评估结果及时调整、改进协调工作。

内部审计机构在外部审计为本组织提供审计服务时，通过定期会议、不定期会面或其他沟通方式做好协调工作。协调工作主要包括：与外部审计机构及人员的沟通；配合外部审计工作；评价外部审计工作质量；利用外部审计工作成果。

内部审计机构在需要利用外部审计工作成果，以减少重复工作、提高审计效率时，可以采用审核、观察、询问等一般方法以及与有关方面沟通、协调的特殊方法对外部审计工

作质量进行评价。评价应重点关注的内容有：外部审计机构及人员的独立性；外部审计人员的专业胜任能力；外部审计人员的职业谨慎性；外部审计机构的信誉；外部审计所用审计程序及方法的适当性；外部审计所用审计依据的有效性；外部审计范围和内容与内部审计机构要求的一致性。

内部审计与外部审计协调首先从制订审计计划开始，考虑双方的工作，以确保充分的审计范围，最大限度减少重复性工作；在必要的范围内互相交流相关审计工作底稿，以便在审阅后相互评价工作质量，利用对方的工作成果；相互交流审计报告和管理建议书；在具体审计程序和方法上相互沟通，达成共识，以促进双方的合作。

【实例 2-3】（判断题）在审计监督体系中，政府审计、内部审计和注册会计师审计既相互联系，又各自独立、各司其职，在不同领域实施审计，他们各有特点，相互不可替代，但注册会计师审计接受政府审计的领导。（　　　）

分析：×。尽管政府审计对注册会计师审计实施一定的监督，但政府审计、内部审计和注册会计师审计不存在主导和从属关系，各自独立、各司其职，在不同领域实施审计，不存在领导和被领导关系。

（二）注册会计师审计利用内部审计工作

注册会计师审计作为一种外部审计，要对其内部审计的情况进行了解并考虑是否利用其工作成果，这是由于：内部审计是单位内部控制的一个重要组成部分；内部审计和外部审计在工作上具有一致性；利用内部审计工作成果可以提高工作效率，节约审计费用。

在注册会计师审计中，如果注册会计师认为内部审计可能与其审计相关时，注册会计师应当确定是否利用以及在多大程度上利用内部审计人员的工作。

首先，注册会计师应当确定内部审计人员的工作是否可能足以实现审计目的，这时注册会计师应当考虑以下因素：

（1）内部审计的客观性。这主要从以下几个方面评价：内部审计在被审计单位中的地位，以及这种地位对内部审计人员保持客观性能力的影响；内部审计人员是否不承担任何相互冲突的责任；治理层是否监督与内部审计相关的人事决策；管理层或治理层是否对内部审计施加任何约束或限制；管理层是否根据内部审计的建议采取行动，在多大程度上采取行动，以及如何采取行动。

（2）内部审计人员的专业胜任能力。这主要从以下几个方面评价：内部审计人员是否属于相关职业团体的会员；内部审计人员是否经过充分技术培训且精通内部审计业务；是否存在有关内部审计人员任用和培训的既定政策。

（3）内部审计人员在执行工作时是否可能保持应有的职业关注。注册会计师在了解和评价内部审计人员应有的职业关注时，可以从以下方面展开：①内部审计人员是否制订恰当的审计计划；②工作中是否认真执行内部审计标准；③内部审计工作是否实施必要的检查、复核与记录；④是否执行必要的审计程序，合理保证发现本单位的错误与舞弊；⑤发现错误与舞弊是否及时地进行报告。注册会计师还应当考虑是否存在适当的审计手册、工作程序和工作底稿。

（4）内部审计人员和注册会计师之间是否可能进行有效的沟通。内部审计人员与注册会计师之间有效的沟通表现在：双方在审计期间每隔一段适当的时间举行会谈；内部审计人员可以通过相关内部审计报告向注册会计师提供建议，并允许其接触相关内部审计报告；内部审计人员告知注册会计师其注意到的、可能影响注册会计师工作的所有重大事项；注册会计师告知内部审计人员可能影响内部审计的所有事项。

如果内部审计人员的工作是注册会计师在确定实施审计程序的性质、时间安排和范围时考虑的因素，注册会计师事前需要就下列事项与内部审计人员达成一致意见：内部审计工作的时间安排；内部审计涵盖的范围；财务报表整体的重要性以及实际执行的重要性；选取测试项目拟采用的方法；对所执行工作的记录；复核和报告程序。

如果注册会计师拟利用内部审计人员的特定工作，注册会计师应当评价内部审计人员的特定工作及实施的审计程序是否足以实现审计目的。应当注意：内部审计工作是否由经过充分技术培训且精通业务的人员执行；内部审计人员的工作是否得到适当的监督、复核和记录；内部审计人员是否已获取充分、适当的审计证据，使其能够得出合理的结论；内部审计人员得出的结论是否恰当，编制的报告是否与已执行工作的结果一致；内部审计人员披露的例外或异常事项是否得到恰当解决。

尽管内部审计工作的某些部分可能对注册会计师的工作有所帮助，但注册会计师必须对与财务报表审计有关的所有重大事项独立作出职业判断，而不应完全依赖内部审计工作。通常，审计过程中涉及的职业判断，如重大错报风险的评估、重要性水平的确定、样本规模的确定、对会计估计和会计政策的评估等，均应当由注册会计师负责执行。同时，注册会计师也应当对发表的审计意见独立承担责任，其责任不因为利用内部审计工作而减轻。

【实例 2-4】（单选题）下列各项中，注册会计师在评价内部审计的客观性时需要考虑的是（　　）。

A. 内部审计活动是否经过适当的监督和复核

B. 被审计单位是否存在有关内部审计人员的任用和培训政策

C. 内部审计是否具有与其履行职责相应的组织地位

D. 被审计单位是否存在适当的审计手册

分析：A。如果注册会计师拟利用内部审计人员的特定工作，注册会计师应当评价内部审计人员的特定工作及实施的审计程序是否足以实现审计目的。应当注意：内部审计工作是否由经过充分技术培训且由精通业务的人员执行；内部审计人员的工作是否得到适当的监督、复核和记录；内部审计人员是否已获取充分、适当的审计证据，使其能够得出合理的结论；内部审计人员得出的结论是否恰当，编制的报告是否与已执行工作的结果一致；内部审计人员披露的例外或异常事项是否得到恰当解决。这些方面都与审计工作结果的客观性有关。

问题与案例

一、思考题

1. 分析我国政府审计模式，陈述其优势和劣势以及可以改进的地方。

2. 对比涉及审计工作的各种职称和资格，分析从事审计工作应当具备的核心技能和知识是什么。

3.同样执行经济责任审计，分析内部审计和政府审计的不同。

4.简述政府审计、内部审计和注册会计师审计的发展趋势。

5.简述在审计监督体系中政府审计、内部审计和注册会计师审计的不同及其协调。

二、行动学习讨论

把学生分成若干组（每组最好是10人以内），要求他们利用头脑风暴的方法，对以下问题提出不同的看法，尽量多地列示在行动学习讨论的白板上。

讨论问题：政府审计、内部审计和注册会计师审计各自审计的范围。

讨论与板书要求：①每个人都要发言，但每次只能一人发言；②追求数量、追求创意；③有人发言时不许质疑、不许批评、不许打断；④板书要按发言人的原话列示。

三、案例讨论

华兴公司 2016 年经历的审计事项

王华作为华兴公司审计部经理，他说2016年太忙了，忙得有些时候不得不想办法应付了事，他历数了2016年华兴公司经历的审计事项：

1.2016年1—3月，今明会计师事务所对华兴公司2015年财务报表进行年报审计，并对其内部控制进行审计。

2.2016年4月起，审计署对华兴公司拥有正在参与建设的国家重点建设项目——××水电站工程进行跟踪审计。

3.2016年5月，华兴公司下属子公司的董事长张凤退休离岗，内部审计机构组织对张凤进行离任审计。

4.2016年6—7月，今明会计师事务所对华兴公司2016年半年报进行审计；华兴公司内部审计机关对其2015年审计的下属的子公司及其分支机构进行后续审计。

5.2016年8—9月，证监会对华兴公司的内部控制建设和运行情况进行专项检查。

6.2016年10月，华兴公司内部审计机构对公司合同执行情况进行专项审计。

7.2016年11月起，华兴公司内部审计机构开始组织整个公司的内部控制自我评估工作。

8.2016年12月起，华兴公司内部审计机构开始参与对整个公司及其全体员工绩效考核和评价工作。

要求：

1.结合华兴公司外部审计的事项，分析内部审计机关如何参与和协调注册会计师的年报审计工作和建设项目的政府审计工作。

2.对张凤进行离任审计是否可以利用注册会计师进行？内部审计机关和注册会计师在执行离任审计时有什么不同？

3.无论是证监会、注册会计师或是内部审计机关，都会对内部控制进行评价，他们的工作是否重复？如何协调？

4.王华作为华兴公司审计部经理，应当具备什么样的认识以及如何做才能在历经所有审计事项中减少重复工作，减少形式上应对，真正发挥审计的监督和咨询作用？

关键词汇

审计监督体系　Audit Supervision System

国家审计　Government Audit

内部审计　Internal Audit

民间审计　Folk Audit

财务审计　Financial Audit

财务报表审计　Financial Statement Audit

合规审计　Compliance Audit

经营审计　Operational Audit

合伙人/董事　Partner/Director

高级审计师　Senior Auditor

助理审计师　Assistant Auditor

鉴证业务　Assurance Engagement

审阅　Review

相关服务业务　Related Services

执行商定程序　Agreed-upon Procedures

编制　Compilation

管理咨询　Management Consultancy

第三章　审计师的职业道德

【学习目的】

1. 了解国际、美国及我国职业道德准则的变革;
2. 掌握审计师的专业胜任能力;
3. 掌握审计独立性及其影响因素;
4. 熟悉如何实践审计职业道德。

引例：安达信公司的毁灭

安达信（Arthur Andersen）成立于 1913 年，由美国芝加哥大学教授阿瑟·安达信先生创建，自成立以来，一直以其稳健诚信的形象被公认为同行业中的"最佳精英"。1979 年，安达信成为全球最大的会计专业服务公司，合伙人多达 1 000 多人。20 世纪 90 年代以后，与普华永道（PWC）、毕马威（KPMG）、安永（EY）、德勤（DT）一道成为全球五大会计师事务所。到 2001 年，安达信在全球 84 个国家和地区拥有 4 700 名合伙人、85 000 名员工，业务收入高达 93 亿美元。

从安然公司成立时起，安达信就开始担任其外部审计工作。20 世纪 90 年代中期，安达信与安然公司签署了一项补充协议，安达信包揽安然公司的内部审计工作。不仅如此，安然公司的咨询业务也全部由安达信负责。2001 年，安然公司向安达信支付的费用达 5 200 万美元，其中 2 500 万美元是审计费用，2 700 万美元是顾问费用，这种做法被指存在利益冲突。

安然事件发生后，安然公司承认自 1997 年以来通过非法手段虚报利润达 5.86 亿美元，在与关联公司的内部交易中不断隐藏债务和损失，管理层从中非法获益。这一消息传出，立刻引起美国资本市场的巨大动荡，媒体和公众将讨伐的目光对准负责对安然公司提供审计和咨询服务的安达信公司。人们纷纷指责其没有尽到应有的职责，并对其独立性表示怀疑。

安达信的一名合伙人在得知美国证券交易监督委员会将对安然公司展开调查后，下令销毁很多有关安然公司的文件和电子邮件，这种行为被指有违职业操守，并涉嫌妨碍司法调查。

在安然公司承认 1997—2001 年虚报利润 5.86 亿美元时，安达信发表声明，称安然公司未向安达信提供有关财务资料。

在有报道说安然公司因为向安达信支付咨询费用，所以安达信忽略了安然公司潜在的利益冲突时，安达信的首席执行官贝拉尔迪诺对此予以坚决否认，并说安达信为安然公司所做的工作在任何情况下都是恰当的，安然公司的董事会和股东对安达信的工作是了解的。

在有媒体指责安达信销毁与安然公司有关的财务资料时，安达信首席执行官召开记者招待会时称，销毁安然公司文件的行为仅仅是会计师的个人行为，并不能代表整个公司的行为，他的这种行为也与安达信的价值观和职业道德相背离。

2002 年 6 月 15 日，法院开庭审理安达信一案，陪审团一致认定安达信阻碍政府调查的罪名成立。2002 年 10 月 16 日，美国休斯敦联邦地区法院对安达信妨碍司法调查作出判决，罚款 50 万美元，并禁止它在 5 年内从事业务。安然事件曝光后，安达信的声誉严重受损，业务量也大幅度下降。安达信在陪审团作出决定后就宣布从 2002 年 8 月 31 日起停止开展上市公司的审计业务，此后，2 000 多家上市公司客户陆续离开安达信。同时，安达信关闭了美国各地绝大多数办事处，员工人数也从 2.8 万人下降到不足 2 000 人，面临破产。

第一节　审计职业道德准则与专业胜任能力

一、职业道德准则的沿革

道德是社会为了调整人们之间以及个人和社会之间的关系所提倡的行为规范的总和，它通过各种形式的教育和社会舆论的力量，使人们具有善和恶、荣誉和耻辱、正义和非正义等概念，并逐渐形成一定的习惯和传统，以指导或控制自己的行为。职业道德是某一职业组织以公约、守则等形式公布的，其会员自愿接受的一系列道德标准、行为规范以及价值观。通过建立职业道德准则，专业人士能在法律规范之外加强自律。

注册会计师职业道德，是指注册会计师职业品德、职业纪律、专业胜任能力及职业责任等的总称。20 世纪初，社会经济迅速发展，注册会计师这一职业随着股份公司的出现而迅速发展起来。审计在股份有限公司的发展中起到了举足轻重的作用，由此，注册会计师的职业道德问题也逐步为人们所重视。信息不对称和会计信息复杂性的加剧使得公众越来越依赖于注册会计师所提供的"保证"。但许多审计案件的发生使人们发现，审计案件中所存在的一些问题，并非完全是由于技术上或程序上的失误造成的，审计人员的日常行为和工作态度有时往往会成为问题的症结所在。因此，人们除了关注审计技术及程序的发展外，也开始关注审计人员的自身行为，并由此产生了注册会计师职业道德问题。

（一）国外职业道德准则的沿革

国际会计师联合会（IFAC）为了协调各国间职业道德规范，制定和颁布了《职业会计师道德守则》（Code of Ethics for Professional Accountants）。IFAC 道德委员会于 1996 年 7 月发布了《职业会计师道德守则》，并先后于 1998 年 1 月、2001 年 11 月、2006 年 7 月和 2009 年 7 月对该准则进行了修订。2009 年修订的职业会计师道德守则较 2006 年，在以下方面强化了独立性要求：①将独立性要求从上市公司扩展到所有涉及公众利益的实体；②对事务所特定员工跳槽至涉及公众利益的被审计单位并担任特定职位，作出冷却期的要求；③将合伙人轮换要求扩展至所有关键审计合伙人；④强化对审计客户提供非鉴证服务的部分规定；⑤如果对某一涉及公众利益的审计客户的全部收费连续 2 年超过事务所全部收费的 15%，要求在发表审计意见之前或之后进行复核；⑥禁止将关键审计合伙人的薪酬或业绩评价与其向审计客户推销的非鉴证服务直接挂钩。

《职业会计师道德守则》适用于以下三类人群：

（1）所有职业会计师。职业会计师是指国际会计师联合会的成员组织的会员，不论其是在公共业务（包括个人执业者、合伙所或公司），还是工业部门、商业部门、政府部门或教育部门工作。适用于所有职业会计师的职业道德规范包括公正性和客观性、道德冲突的解决、专业胜任能力、保密、税务服务、跨国活动、宣传等。

（2）执行公共业务的职业会计师。执行公共业务的职业会计师是指向客户提供专业服务的合伙人或类似职业人员、执业机构的雇员，不论其专业服务类别（如审计、税务或咨询），以及在执业机构中负有管理职责的职业会计师。适用于执行公共业务的职业会计师的职业道德规范包括鉴证业务的独立性、专业胜任能力以及与利用非会计师有关的责任、收费和佣金、与公共会计师业务不相容的活动、客户的资金、与其他执行公共业务的职业会计师的关系、广告与招揽。

（3）受雇的职业会计师，适当时也可适用于执行公共业务的职业会计师。受雇的职业会计师，是指受雇于工业、商业、公共或教育部门的职业会计师。适用于受雇的职业会计师的职业道德规范包括忠诚的冲突、对同行的支持、专业胜任能力、信息的表述等。

（二）国内职业道德准则的沿革

为了保证中国注册会计师行业的健康发展、树立良好的职业形象，中国注册会计师协会一直非常重视注册会计师的道德教育和道德标准建设。1992年9月30日，中国注册会计师协会依据《中华人民共和国注册会计师条例》颁布了《中国注册会计师职业道德守则（试行）》。1996年12月26日，中国注册会计师协会依据《中华人民共和国注册会计师法》正式颁布了《中国注册会计师职业道德基本准则》，以替代《中国注册会计师职业道德守则（试行）》。考虑到基本准则只对注册会计师职业道德作了原则性的规定，需要进一步制定具体准则以对如何遵循职业道德的要求加以具体指导。中国注册会计师协会制定和发布了《中国注册会计师职业道德规范指导意见》，从2002年7月1日起实施。

2009年10月，中国注册会计师协会发布了《中国注册会计师职业道德守则》和《中国注册会计师协会非执业会员职业道德守则》。《中国注册会计师职业道德守则》包括五个组成部分，即《中国注册会计师职业道德守则第1号——职业道德基本原则》、《中国注册会计师职业道德守则第2号——职业道德概念框架》、《中国注册会计师职业道德守则第3号——提供专业服务的具体要求》、《中国注册会计师职业道德守则第4号——审计和审阅业务对独立性的要求》和《中国注册会计师职业道德守则第5号——其他鉴证业务对独立性的要求》。《职业道德守则》于2010年7月1日起施行。

2009年发布的《职业道德守则》主要有以下特点：一是全面规范了注册会计师的职业道德行为。《职业道德守则》涵盖了注册会计师业务承接、收费报价、专业服务工作的开展等所有环节可能遇到的与保持职业道德相关的情形，分别提出了明确的要求。二是突出强调了注册会计师行业的社会责任。《职业道德守则》特别强调注册会计师的独立性问题，对注册会计师如何保持独立性、如何处理与审计客户的利益冲突，切实做到独立、客观、公正执业，给予了详尽指导和要求，并对涉及公众利益的审计项目（比如上市公司审计等），向注册会计师提出了更高的职业道德要求。三是为注册会计师解决职业道德遇到的问题提供了方法指导。《职业道德守则》就如何识别对职业道德产生不利影响的情形，如何评价各种情形对职业道德的影响和危害程度，以及如何采取有效的防范措施解决这些不利影响等，给予了具体的方法指导。四是实现了与国际会计师职业道德守则的全面趋同。《职业道德守则》涵盖了国际会计师职业道德守则对注册会计师的所有要求和内容，是我国继审计准则国际趋同后，在职业道德准则方面实现趋同的重大行动，体现了我国对国际准则持续全面趋同的主张和承诺。

此外，为了规范非执业会员从事专业服务时的职业道德行为，促使其更好地履行相应的社会责任，维护公众利益，中注协发布了《中国注册会计师协会非执业会员职业道德守则》。该守则从职业道德基本原则、职业道德概念框架、潜在冲突、信息的编制和报告等方面作出规定。

二、专业胜任能力

2005 年 6 月，中国注册会计师协会发布了《关于加强行业人才培养工作的指导意见》（以下简称《指导意见》），明确提出了加强行业人才培养的指导思想、总体思路和具体措施，在业内外引起了强烈反响。《指导意见》强调依据注册会计师胜任能力框架体系的要求，构建资格前教育、继续教育培训和在职学位教育相结合的科学的人才培养体系和培养机制，全面指导注册会计师教育、考试、培训等人才建设工作。因此，建立科学的注册会计师胜任能力框架体系，以此为标准加强注册会计师队伍职业能力的教育显得十分重要。

为了全面贯彻落实《中国注册会计师协会关于加强行业人才培养工作的指导意见》，满足行业做大做强和国际化战略对提高注册会计师胜任能力的要求，为注册会计师行业人才的培养、选拔和继续教育提供重要指导，中国注册会计师协会于 2007 年 10 月颁布了《中国注册会计师胜任能力指南》（以下简称《指南》）。

（一）专业胜任能力框架

《指南》中指出，注册会计师应当具有专业知识，职业技能，职业价值观、道德与态度，能够胜任承接的工作。如果注册会计师缺乏足够的知识、技能和经验而提供专业服务，就难以完成客户委托的业务，实际上构成了一种欺诈。因此，注册会计师不得承接、从事他所不能胜任或不能按时完成的业务。同样，如果对某项业务整个会计事务所都无法胜任或不能按时完成的话，会计师事务所应当拒绝接受委托。

实际上可以把专业知识，职业技能，职业价值观、道德与态度这三个方面作为注册会计师专业胜任能力应该包含的一个基本能力框架。

1. 专业知识

注册会计师应当具备足够的专业知识，以便能够在日益复杂、不断变化的职业环境中胜任工作。

注册会计师应该具有的专业知识包括：会计、审计、财务、税务、相关法律、组织和企业、信息技术以及其他相关知识。

专业知识可用以培养职业技能。培养终身学习的技能、态度和价值观与学习知识本身同样重要。注册会计师需要具备的专业知识是不断变化和扩展的，从事特定环境或行业所需要的专业知识也存在差异，注册会计师应当持续更新其专业知识。注册会计师获取专业知识至少应当通过学历教育阶段。

2. 职业技能

注册会计师应该具有的职业技能包括：

（1）对变革和发展的应对能力。这个能力包括持续学习能力、对变革的适应能力、自我发展能力、自我管理能力。

（2）沟通能力。这个能力包括口头及书面沟通能力、说服他人技巧、讲演、谈判能力。

（3）决策能力。这个能力包括战略洞察力、分析能力、智力能力、挑战性思维、良好的判断力。

（4）协作能力。这个能力包括团队建设能力、领导与被领导能力、处理人际关系的能力以及指导、监督和授权能力。

（5）市场开拓能力。这是指注册会计师在执业的过程中能够建立信誉，提供超越客户期望的工作成果，同客户保持良好的关系，并能把握时机拓展业务领域。

（6）战略管理能力。这是指注册会计师应有商业前瞻眼光，能够制订综合性战略计划，确立目标，并能根据行业内最佳实务标准改进工作、确定任务和时间，同时具有安排优先顺序的能力。

3. 职业价值观、道德与态度

职业价值观、道德与态度是指会计人员作为专业人士应具有的专业态度和行为规范。其包括：

（1）正直诚信。这是注册会计师应具备的最基本的品质，它使得会计人员值得信赖，使得雇主和客户在面对重大问题时对会计人员提供的信息具有信心。

（2）社会责任。注册会计师应关注公众利益和具有社会责任感。它要求注册会计师认识到在商业环境中遵守职业道德的重要性，保证所作出的决定自始至终保护公众的利益。

（3）职业道德。注册会计师应在执业时保持形式及实质上的独立性，遵守职业规范，避免利益冲突，具备专业胜任能力，承担对社会公众、同行及客户的责任。

（4）职业审慎。注册会计师在执业过程中必须遵循审慎态度，保持健康的职业怀疑精神，并采取适当的措施以消除或证实这种怀疑。这要求审慎选择客户、深入了解客户业务、严格遵循职业道德和专业标准的要求。

（5）良好的职业风范。注册会计师应表现出与专业人士的职业特点相符合的仪表和行为方式，自觉维护注册会计师令人信赖的职业形象。

（6）追求卓越。注册会计师应当为所服务部门的成长和发展作出贡献。它要求会计人员胜任本职工作，对自己的专业发展负责并不断地学习，永不落伍，以确保会计人员了解市场的发展及其对他们所服务的企业或客户的影响。

（二）专业胜任能力的获取

获取执业胜任能力首先需要高水平的普通教育，以及与专业相关学科的专门教育、培训和考试，而且，无论是否有明确规定，一般都要求有一段时间的工作经验，这是培养注册会计师的一般模式。如果注册会计师没有能力实施专业服务的某些特定部分，可以向其他注册会计师、律师、精算师、工程师、地质专家、评估师等专家寻求技术建议，但该注册会计师对专业服务负有最终责任。

专业胜任能力也需要注册会计师对本职业的发展以及质量控制程序的采用保持持续的关注。

（三）专业胜任能力的保持

保持专业胜任能力需要不断了解注册会计师职业，包括会计准则、审计准则以及其他相关法律、法规的要求。飞速发展的社会经济环境使得新问题、新方法、新制度、新法规大量涌现，注册会计师的业务领域也在不断拓展和深化，这就要求注册会计师不断接受后续教育，更新和提高专业知识，保持和发展专业技能，不断提高业务能力。为保证专业服务符合有关规定，会计师事务所应当引入质量控制政策和制度。

注册会计师如果不能保持和提高专业胜任能力，就难以完成客户委托的业务，也就从根本上无法满足社会公众对注册会计师行业的需求。

第二节　独立性

一、对独立性的理解

（一）独立性的内涵

独立性包括实质上和形式上的独立性：①实质上的独立。实质上的独立是一种内心状态，使得注册会计师在提出结论时不受损害职业判断的因素影响，诚信行事，遵循客观和公正原则，保持职业怀疑态度。②形式上的独立。形式上的独立是一种外在表现，使得一个理性且掌握充分信息的第三方，在权衡所有相关事实和情况后，认为会计师事务所或审计项目组成员没有损害诚信原则、客观和公正原则或职业怀疑态度。

维护注册会计师的独立性目前甚至已成为整个资本市场有效性的保证。独立性要求注册会计师具有实质上的独立性和形式上的独立性。不仅注册会计师在完成自身职责时应保持独立性态度，而且也应该使得报表使用者对审计师的独立性具有充分的信心。

（二）独立性概念框架

独立性概念框架是指解决独立性问题的思路和方法，用以指导注册会计师：①识别对独立性的不利影响。②评价不利影响的严重程度。③必要时采取防范措施消除不利影响或将其降低至可接受的水平。独立性概念框架的思路和方法如图 3-1 所示。

按照独立性要求，会计师事务所和注册会计师有义务识别和评价可能对独立性产生不利影响的各种环境和关系，并采取适当的行动消除这些威胁，或运用防范措施将其降至可接受水平。除职业道德守则中的禁止性规定外，如果对独立性产生的不利影响超出可接受水平，则必须采取防范措施。如果无法通过防范措施将不利影响降低至可接受水平，则会计师事务所和注册会计师不应拥有该利益或关系，或不能提供该服务；如果通过采取防范措施能够将不利影响降低至可接受水平，该利益、关系或服务才是被允许的。针对职业道德守则中规定的被禁止的利益、关系或服务，没有防范措施可以有效消除相关不利影响或将其降低至可接受水平。因此，无论会计师事务所规模大小，注册会计师都不可能通过采取防范措施将可能产生的不利影响降低至可接受水平，因而须严格遵守职业道德守则中的禁止性规定。

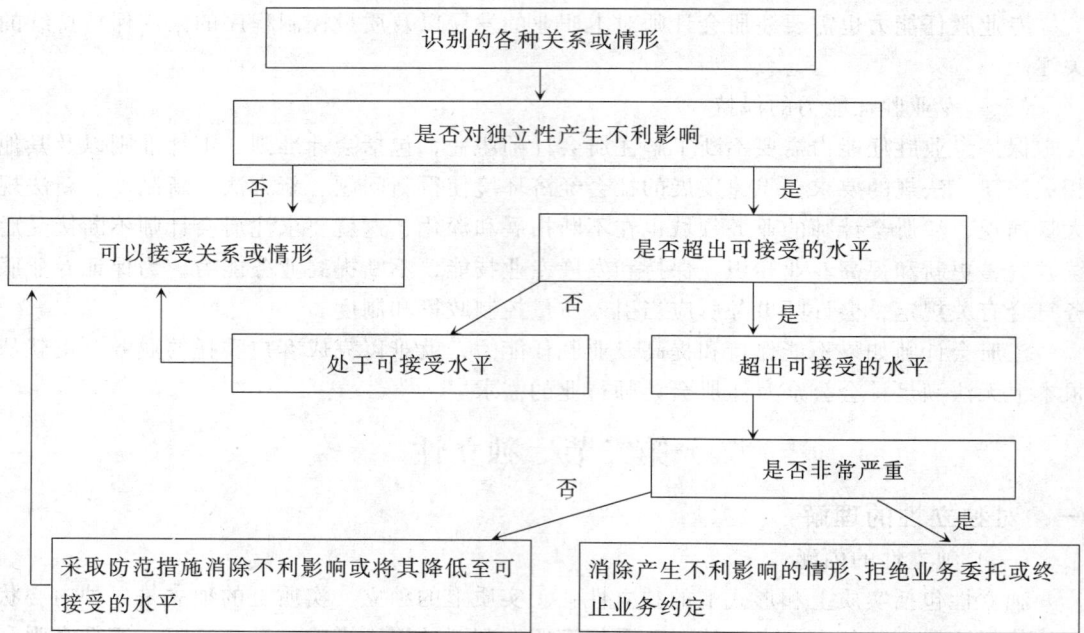

图 3-1 独立性概念框架的思路和方法

（三）网络事务所、公众利益实体、关联实体

1. 网络事务所

网络事务所是指由会计师事务所与其他事务所或实体（如咨询公司）构成的联合体。不同的事务所或实体之所以以"联合体"的形式构成网络事务所，旨在增强各自提供专业服务的能力。判断一个联合体是否形成网络时，注册会计师应当运用下列标准：一个理性且掌握充分信息的第三方，在权衡所有相关事实和情况后，是否很可能认为这些实体形成网络。当联合体中各会计师事务所签署审计报告时，如果使用了同一品牌（如将该品牌作为该会计师事务所名称的一部分或与其一同列示），该联合体应被视为网络。同样，如果联合体所属会计师事务所在签署审计或审阅报告以外的其他鉴证报告时使用了同一品牌，一般而言，报告的使用者会感觉这些事务所属于同一网络。如果同属于一个会计师事务所联合体中的部分会计师事务所具有以下任一情形，则这些会计师事务所将构成网络：（1）共享收益或分担成本；（2）共享重要的专业资源；（3）共享所有权、控制权或者管理权；（4）共享统一的质量控制政策和程序；（5）共享同一经营战略；（6）使用同一品牌。该联合体中其余的会计师事务所如不具有以上任一情形的，则不属于该网络。

如果某一会计师事务所被视为网络事务所，则应当与网络中其他会计师事务所的审计客户保持独立。会计师事务所应当评价由网络事务所的利益和关系产生的所有不利影响的严重程度。

2. 公众利益实体

公众利益实体包括上市公司和下列实体：（1）法律法规界定的公众利益实体，比如中国证券监督管理委员会所规定的上市公司；（2）法律法规规定按照上市公司审计独立性的要求接受审计的实体，比如国务院国有资产监督管理委员会所规定的中央企业）。

如果其他实体拥有数量众多且分布广泛的利益相关者（包括其管理层、股东、顾客、供应商、债权人、政府、特殊利益集团和媒体等），注册会计师应当考虑将其作为公众利益实体对待。需要考虑的因素包括：实体业务的性质，如金融业务、保险业务等；实体的规模，如水务集团、天然气集团等；员工数量。

3. 关联实体

关联实体包括以下种类：（1）母公司。母公司是指直接或间接控制被审计单位的实体，母公司应当被视为关联实体，且当被审计单位对其重要时，该母公司应当被包含在审计客户的定义中。（2）被审计单位的子公司。被审计单位的子公司是指由被审计单位控制的实体，无论该实体对于被审计单位是否重要，均被包含在审计客户的定义中。（3）姊妹公司。姊妹公司是指与被审计单位处在同一控制下的企业，当两者对其控制实体（母公司）来说均重要时，该姊妹公司应当被包含在审计客户的定义中。（4）投资者。当一个企业（投资者）在被审计单位拥有直接经济利益，该企业（投资者）对被审计单位具有重大影响，且该投资对于企业（投资者）而言也重要时，该企业（投资者）应当被包含在审计客户的定义中。（5）被投资企业。当被审计单位在某企业（被投资企业）拥有直接经济利益且对其具有重大影响，同时该投资对于被审计单位而言也重要时，被投资企业应当被包含在审计客户的定义中。

在注册会计师审计上市公司的情况下，审计客户包括该客户的所有"关联实体"。在审计客户不是上市公司的情况下，审计客户仅包括该客户直接或间接控制的关联实体。如果认为客户存在的关系或情形涉及其他关联实体，且与评价会计师事务所独立性相关，审计项目组在识别、评价对独立性的不利影响以及采取防范措施时，应当将其他关联实体包括在内。

二、影响独立性的因素

可能对独立性产生不利的情形包括经济利益、自我评价、过度推介、密切关系和外界压力等。

1. 经济利益

如果注册会计师在鉴证客户中拥有经济利益，注册会计师应当从以下三个方面评价经济利益对独立性的威胁：一是拥有经济利益人员的角色；二是经济利益是直接还是间接的；三是经济利益的重要性。可能影响独立性的经济利益情况主要包括：

（1）与鉴证客户存在专业服务收费以外的直接经济利益或重大的间接经济利益。直接经济利益包括：拥有客户的股权或者金融工具；与客户或客户员工共同成立了合资企业；在客户的股东或客户投资的企业中拥有财务利益。重大的间接经济利益包括会计师事务所成为与客户有利益关系的担保者或某项资产的管理者。

（2）收费主要来源于某一鉴证客户。如果会计师事务所合伙人的业务收入大部分来自对同一个客户鉴证业务收取的费用，独立性会受到威胁。如果为客户提供专业服务的费用在很长一段时间内未予支付，尤其是在审计报告发表之前大部分费用未予支付，独立性也可能受到威胁。

如果会计师事务所连续两年从某一属于公众利益实体的审计客户及其关联实体收取的

全部费用占其从所有客户收取的全部费用的比重超过 15%，该会计师事务所应当聘请其他会计师事务所，执行发表审计意见前复核或发表审计意见后复核。在实务中，其他会计师事务所可能不愿意为此类复核承担责任，因而可能难以找到执行此类复核的其他会计师事务所。

（3）鉴证业务项目组成员与鉴证客户存在重要、密切的商业关系，如向鉴证客户或董事、经理提供贷款或担保。如果鉴证小组成员从客户公司获得贷款或贷款担保，该客户是专门从事贷款业务的公司，且该贷款是按正常程序、条款和要求进行的，则独立性不会受到威胁。独立性不受影响的贷款类型包括：住房抵押、银行透支、汽车贷款及信用卡。会计师事务所通过与一家投资银行共同组成服务团队的形式，向潜在客户提供审计、公司财务顾问等一揽子专业服务也被视为商业关系。当该投资银行为该会计师事务所的审计客户时，根据《中国注册会计师职业道德守则第 4 号——审计和审阅业务对独立性的要求》第五章第六十一条的规定，会计师事务所不得介入此类商业关系。

（4）过分担心失去某项业务。

（5）鉴证业务项目组成员正在与鉴证客户协商受雇于该客户。

（6）会计师事务所与客户就鉴证业务达成或有收费的协议（法院或政府公共管理机构制定的除外）。

（7）注册会计师在评价所在会计师事务所以往提供专业服务时，发现了重大错误，这种情形归类为因自身利益导致的不利影响。

经济利益的不利影响存在与否及其严重程度取决于拥有经济利益的人员的角色、经济利益是直接的还是间接的，以及经济利益的重要性。其中，会计师事务所、审计项目组成员或其主要近亲属在审计客户中拥有经济利益，其所产生的不利影响更为严重。立即处置这些经济利益的要求反映了减少或消除该不利影响的紧迫性，以确保那些与审计结果有利害关系的人员无法参与该审计。因此，如果审计项目组某成员或其主要近亲属不能立即处置该经济利益，则应当将该成员调离审计项目组。

2. 自我评价

会计师事务所和注册会计师应当考虑自我评价对独立性的影响。可能影响独立性的情况主要包括：

（1）会计师事务所在对客户提供财务系统的设计或操作服务后，又对系统的运行有效性出具鉴证报告。

（2）会计师事务所为客户编制原始数据，这些数据构成鉴证业务的对象。

（3）鉴证业务项目组成员担任或最近曾经担任客户的董事或高级管理人员。

（4）鉴证业务项目组成员目前或最近曾受雇于客户，并且所处职位能够对鉴证对象施加重大影响。

（5）会计师事务所为鉴证客户提供直接影响鉴证对象信息的其他服务。如果税务建议的有效性取决于某项特定会计处理或财务报表列报，并且审计项目组对于相关会计处理或财务报表列报的适当性存有疑问，税务建议的结果或执行后果也将对被审计财务报表产生重大影响，则会计师事务所不得为审计客户提供此类税务建议。在审计客户属于公众利益实体的情况下，如果评估结果单独或累积起来对被审计财务报表具有重大影响，则会计师事务所不得向该审计客户提供这种评估服务。如果会计师事务所最初认为该项评估服务对财务报表不具有重大影响，因而开始提供该项服务，但后来发现继续提供该服务将会产生重大影响，则会计师事务所不得同时提供该评估服务和审计服务。如果职业道德守则不允许会计师事务所为其审计客户提供某项服务（比如，向属于公众利益实体的审计客户提供与财务会计系统相关的内部审计服务），则会计师事务所不能以分包商的身份向审计客户提供职业道德守则禁止的服务。

3. 过度推介

会计师事务所和注册会计师应当考虑过度推介对独立性的影响。可能影响独立性的情况主要包括：

（1）会计师事务所推介审计客户的股份。

（2）在鉴证客户与第三方发生诉讼或纠纷时，注册会计师担任该客户的辩护人。

4. 密切关系

会计师事务所和注册会计师应当考虑密切关系对独立性的影响。可能影响独立性的情况主要包括：

（1）项目组成员的近亲属担任客户的董事或高级管理人员。

（2）项目组成员的近亲属是客户的员工，其所处职位能够对业务对象施加重大影响。

（3）客户的董事、高级管理人员或所处职位能够对业务对象施加重大影响的员工，最近曾担任会计师事务所的项目合伙人。

（4）注册会计师接受客户的礼品或款待。

（5）会计师事务所的合伙人或高级员工与鉴证客户存在长期业务关系。

5. 外界压力

会计师事务所和注册会计师应当考虑外界压力对独立性的威胁。可能损害独立性的情况主要包括：

（1）会计师事务所受到客户解除业务关系的威胁。

（2）审计客户表示，如果会计师事务所不同意对某项交易的会计处理，则不再委托其承办拟议中的非鉴证业务。

（3）客户威胁将起诉会计师事务所。

（4）会计师事务所受到降低收费的影响而不恰当地缩小工作范围。

（5）由于客户员工对所讨论的事项更具有专长，注册会计师面临服从其判断的压力。

（6）会计师事务所合伙人告知注册会计师，除非同意审计客户不恰当的会计处理，否则将影响晋升。

三、维护独立性的措施

会计师事务所和鉴证小组成员有责任考虑执业环境、对独立性的威胁和能够消除威胁或将其降至可接受水平的防范措施。这一决策过程应当作出书面文件记录。所采取防范措施的性质因环境不同而不同，通常应当考虑哪些是掌握所有相关信息（包括所采取的防范措施）的、理性的、有知识的第三方可以合理推定为不能接受的。这种考虑将受到诸如威胁的重要性、鉴证业务的性质、鉴证报告的预期使用者及会计师事务所的结构等因素的影响。

会计师事务所和鉴证小组应当选择适当的防范措施，以消除那些对独立性并非明显不重要的威胁，或将其降至可接受水平。防范措施可以分为三类：

（1）由职业、法律或规章产生的防范措施。其具体包括：进入该职业的教育、培训和经验要求；继续教育要求；执业准则和监督、惩戒程序；会计师事务所质量控制制度的外部复核；有关会计师事务所独立性要求的法律。

（2）鉴证客户内部的防范措施。鉴证客户内部的防范措施包括：在鉴证客户的管理层委托会计师事务所时，由管理层以外的人员批准或同意这一委托；鉴证客户内有能够胜任管理决策的员工；强调鉴证客户对财务报告公允性作出承诺的政策和程序；能够确保在对非鉴证业务进行委托时作出客观选择的内部程序；有为会计师事务所的服务提供适当监督与沟通的公司治理结构，例如审计委员会。

（3）会计师事务所的防范措施。会计师事务所的防范措施包括总体防范措施和具体防范措施。会计师事务所自身制度和程序中可能包括总体上的防范措施。

维护独立性的总体防范措施主要包括：会计师事务所的高级管理人员重视独立性，并要求鉴证小组成员保持独立性；制定有关独立性的政策和程序，包括识别威胁独立性的因素、评价威胁的严重程度以及采取相应的维护措施；建立必要的监督及惩戒机制以促使有关政策和程序得到遵循；及时向所有高级管理人员和员工传达有关政策和程序及其变化；制定能使员工向更高级别人员反映独立性问题的政策和程序。

在承办具体鉴证业务时，会计师事务所应当维护其独立性。维护独立性的具体防范措施主要包括：①安排鉴证小组以外的注册会计师进行复核。②定期轮换关键审计合伙人。关键审计合伙人是指项目合伙人、实施项目质量控制复核的负责人，以及审计项目组中负责对财务报表审计所涉及的重大事项作出关键决策或判断的其他审计合伙人。其他审计合伙人还可能包括负责审计重要子公司或分支机构的项目合伙人。③与鉴证客户的审计委员会或监事会讨论独立性问题。④向鉴证客户的审计委员会或监事会告知服务性质和收费范围。⑤制定确保鉴证小组成员不代替鉴证客户行使管理决策或承担相应责任的政策和程序。⑥将独立性受到威胁的鉴证小组成员调离鉴证小组。

当维护措施不足以消除损害独立性的因素的影响或将其降至可接受水平时，会计师事务所应当拒绝承接业务或解除业务约定。

【实例 3-1】（简答题）上市公司甲公司系 ABC 会计师事务所的常年审计客户。2016年 4 月 1 日，ABC 会计师事务所与甲公司续签了 2016 年度财务报表审计业务约定书。XYZ 会计师事务所和 ABC 会计师事务所使用同一品牌，共享重要专业资源。ABC 会计师事务所遇到下列与职业道德有关的事项：

（1）ABC 会计师事务所委派 A 注册会计师担任甲公司 2016 年度财务报表审计项目合伙人。A 注册会计师曾担任甲公司 2010 年度至 2014 年度财务报表审计项目合伙人，但未担任甲公司 2015 年度财务报表审计项目合伙人。

（2）2016 年 9 月 15 日，甲公司收购了乙公司 80% 的股权，乙公司成为其控股子公司。A 注册会计师自 2015 年 1 月 1 日起担任乙公司的独立董事，任期 5 年。

（3）B 注册会计师系 ABC 会计师事务所的合伙人，与 A 注册会计师同处一个业务部门。2016年3月1日，B注册会计师购买了甲公司股票5 000股，每股10元，由于尚未出售该股票，ABC会计师事务所未委派B注册会计师担任甲公司审计项目组成员。

（4）丙公司系甲公司的母公司，甲公司审计项目组成员C的妻子在丙公司担任财务总监。

（5）甲公司审计项目组成员D曾在甲公司人力资源部负责员工培训工作，于2016年2月10日离开甲公司，加入ABC会计师事务所。

（6）2016年2月25日，XYZ会计师事务所接受甲公司委托，提供内部控制设计服务。

要求：针对上述第（1）至（6）项，逐项指出是否损害独立性，以及因什么损害独立性，并简要说明理由，请填写表3-1。

分析：

表3-1　　　　　　　　　　　　**损害独立性的理由**

事项	是否损害独立性/因什么损害独立性	原因
事项1	是，因密切关系	如果审计客户属于公众利益实体，执行其审计业务的关键审计合伙人任职时间不得超过5年。在任期结束后的2年内，该关键审计合伙人不得再次成为该客户的审计项目组成员或关键审计合伙人。A注册会计师在2014年任期结束后，未满2年，即再次担任审计合伙人，不符合职业道德守则的规定
事项2	是，因自我评价和自身利益	如果由于合并或收购，某一实体成为审计客户的关联实体，会计师事务所应当识别和评价其与该关联实体以往和目前存在的利益或关系，并在考虑可能的防范措施后确定是否影响独立性，以及在合并或收购生效日后能否继续执行审计业务。而A注册会计师担任乙公司的独立董事，将因自我评价和自身利益产生非常严重的不利影响，导致没有任何防范措施能够将其降低至可接受的水平
事项3	是，因自身利益	当其他合伙人与执行审计业务的项目合伙人同处一个分部时，如果其他合伙人或其主要近亲属在审计客户中拥有直接经济利益或重大间接经济利益，将因自身利益产生非常严重的不利影响，导致没有防范措施能够将其降低至可接受的水平
事项4	是，因密切关系	如果审计项目组成员的主要近亲属是审计客户的董事、高级管理人员或特定员工，或者在业务期间或财务报表涵盖的期间曾担任上述职务，只有把该成员调离审计项目组，才能将对独立性的不利影响降低至可接受的水平。上市公司的母公司属于上市公司的关联实体，应当包括在事务所的审计客户的范畴内
事项5	否	D虽然曾在甲公司工作，但他是在人力资源部负责员工的培训工作，不能对甲公司的财务报表施加重大影响，因此不存在自我复核的情况
事项6	是，因自我评价	XYZ事务所与ABC会计师事务所属于同一网络事务所，如果某一会计师事务所被视为网络事务所，应当对网络中其他会计师事务所的审计客户保持独立。XYZ事务所提供内部控制设计属于承担管理层职业的内部审计服务，将因自我复核而对独立性产生严重的不利影响，导致没有防范措施能够将其降低至可接受的水平

第三节　审计职业道德的实践

一、注册会计师职业道德基本原则

注册会计师为实现执业目标，必须遵守一系列前提或基本原则。这些基本原则包括诚信、独立性、客观和公正、专业胜任能力和应有的关注、保密、良好的职业行为。

（一）诚信

注册会计师应当在所有的职业活动中，保持正直、诚实守信。注册会计师如果认为业务报告、申报资料或其他信息存在下列问题，则不得与这些有问题的信息发生牵连：

（1）含有严重虚假或误导性的陈述。

（2）含有缺乏充分依据的陈述或信息。

（3）存在遗漏或含糊其辞的信息。

注册会计师如果注意到已与有问题的信息发生牵连，应当采取措施消除牵连。

（二）独立性

注册会计师执行审计和审阅业务以及其他鉴证业务时，应当从实质上和形式上保持独立性，不得因任何利害关系影响其客观性。

会计师事务所在承办审计和审阅业务以及其他鉴证业务时，应当从整体层面和具体业务层面采取措施，以保持会计师事务所和项目组的独立性。

（三）客观和公正

注册会计师应当公正处事、实事求是，不得由于偏见、利益冲突或他人的不当影响而损害自己的职业判断。

如果存在导致职业判断出现偏差，或对职业判断产生不当影响的情形，注册会计师不得提供相关专业服务。

（四）专业胜任能力和应有的关注

1.专业胜任能力

注册会计师应当通过教育、培训和执业实践获取和保持专业胜任能力。注册会计师应当持续了解并掌握当前法律、技术和实务的发展变化，将专业知识和技能始终保持在应有的水平，确保为客户提供具有专业水准的服务。在应用专业知识和技能时，注册会计师应当合理运用职业判断。

2.应有的关注

注册会计师应当保持应有的关注，遵守职业准则和职业道德规范的要求，勤勉尽责，认真、全面、及时地完成工作任务。注册会计师应当采取适当措施，确保在其领导下工作的人员得到应有的培训和督导。注册会计师在必要时应当使客户以及业务报告的其他使用者了解专业服务的固有局限性。

（五）保密

注册会计师应当对职业活动中获知的涉密信息保密，不得有下列行为：

（1）未经客户授权或法律法规允许，向会计师事务所以外的第三方披露其所获知的涉密信息。

（2）利用所获知的涉密信息为自己或第三方谋取利益。

注册会计师应当保密的涉密信息包括：拟接受的客户或拟受雇的工作单位向其披露的涉密信息；所在会计师事务所的涉密信息。

注册会计师在社会交往中应当履行保密义务，警惕无意中泄密的可能性，特别是警惕无意中向近亲属或关系密切的人员泄密的可能性。注册会计师还应当采取措施，确保下级员工以及提供建议和帮助的人员履行保密义务。

在终止与客户的关系后，注册会计师应当对以前职业活动中获知的涉密信息保密。如果获得新客户，注册会计师可以利用以前的经验，但不得利用或披露以前职业活动中获知的涉密信息。

在下列情形下，注册会计师可以披露涉密信息：

（1）法律法规允许披露，并取得客户的授权。

（2）根据法律法规的要求，为法律诉讼、仲裁准备文件或提供证据，以及向监管机构报告所发现的违法行为。

（3）法律法规允许的情况下，在法律诉讼、仲裁中维护自己的合法权益。

（4）接受注册会计师协会或监管机构的执业质量检查，并答复询问和调查。

（5）法律法规、执业准则和职业道德规范规定的其他情形。

在决定是否披露涉密信息时，注册会计师应当考虑下列因素：

（1）客户同意披露的涉密信息，是否为法律法规所禁止。

（2）如果客户同意披露涉密信息，是否会损害利害关系人的利益。

（3）是否已了解和证实所有相关信息。

（4）信息披露的方式和对象。

（5）可能承担的法律责任和后果。

（六）良好的职业行为

注册会计师应当遵守相关法律法规，避免发生任何损害职业声誉的行为。注册会计师在向公众传递信息以及推介自己和工作时，应当客观、真实、得体，不得损害职业形象。

注册会计师应当诚实、实事求是，不得有下列行为：

（1）夸大宣传提供的服务、拥有的资质或获得的经验。

（2）贬低或无根据地比较其他注册会计师的工作。

二、职业道德概念框架的内涵

职业道德概念框架是指解决职业道德问题的思路和方法，用以指导注册会计师：（1）识别对职业道德基本原则的不利影响；（2）评价不利影响的严重程度；（3）必要时采取防范措施消除不利影响或将其降低至可接受的水平。职业道德概念框架适用于会员处理对职业道德基本原则产生不利影响的各种情形，其目的在于防止会员认为只要守则未明确禁止的情形就是允许的。

职业道德守则中的禁止性规定来源于对职业道德概念框架的运用，即针对被禁止的利益、关系或服务，已经运用职业道德概念框架进行考虑并得出如下结论：没有防范措施可以有效消除相关不利影响或将其降低至可接受的水平。因此，无论会计师事务所规模大小，注册会计师都不可能通过采取防范措施将可能产生的不利影响降低至可接受的水平，因而应当严格遵守职业道德守则中的禁止性规定。同样，职业道德守则中并未禁止的利益、关系或服务，并不意味着它们是被允许的，需要运用职业道德概念框架进行评估。如果对独立性产生的不利影响超出可接受的水平，则必须采取防范措施。

如果无法通过防范措施将不利影响降低至可接受水平，则会计师事务所和注册会计师不应拥有该利益或关系，或不能提供该服务；只有采取防范措施将不利影响降低至可接受水平，该利益、关系或服务才是被允许的。

当职业道德守则中列举的防范措施前面注明"防范措施包括"或"防范措施主要包括"时，表明这些防范措施仅包含职业道德守则认可的、在一般情况下适用的或在特定情况下可能有效的防范措施，而并未涵盖可以实施的所有防范措施。在特定情况下，注册会计师可以实施其他防范措施，但需对拟实施的其他防范措施是否能将不利影响降低至可接受水平进行职业判断，确定某一防范措施的有效性。如果职业道德守则规定应当采取某项防范措施，则该防范措施必须予以采用。

三、注册会计师职业道德的具体运用

对职业道德基本原则产生不利影响的因素包括：自身利益、自我评价、过度推介、密切关系和外在压力。以下从专业服务委托、利益冲突、应客户要求提供第二次意见、收费、专业服务营销、礼品和款待、保管客户资产、对客观和公平原则的要求等方面说明职业道德的具体运用。

（一）专业服务委托

1. 接受客户关系

在接受客户关系前，注册会计师应当确定接受客户关系是否对职业道德基本原则产生不利影响。注册会计师应当考虑客户的主要股东、关键管理人员和治理层是否诚信，以及客户是否涉足非法活动（如洗钱）或存在可疑的财务报告问题等。

客户存在的问题可能对注册会计师遵循诚信原则或良好职业行为原则产生不利影响，注册会计师应当评价不利影响的严重程度，并在必要时采取防范措施消除不利影响或将其降低至可接受的水平。

防范措施主要包括：

（1）对客户及其主要股东、关键管理人员、治理层和负责经营活动的人员进行了解。

（2）要求客户对完善公司治理结构或内部控制作出承诺。

如果不能将客户存在的问题产生的不利影响降低至可接受的水平，注册会计师应当拒绝接受客户关系。如果向同一客户连续提供专业服务，注册会计师应当定期评价继续保持客户关系是否适当。

2. 承接业务

注册会计师应当遵循专业胜任能力和应有的关注原则，仅向客户提供能够胜任的专业服务。

如果项目组不具备或不能获得执行业务所必需的胜任能力，将对专业胜任能力和应有的关注原则产生不利影响。注册会计师应当评价不利影响的严重程度，并在必要时采取防范措施消除不利影响或将其降低至可接受的水平。

防范措施主要包括：

（1）了解客户的业务性质、经营的复杂程度，以及所在行业的情况。

（2）了解专业服务的具体要求和业务对象，以及注册会计师拟执行工作的目的、性质和范围。

（3）了解相关监管要求或报告要求。

（4）分派足够的具有胜任能力的员工。

（5）必要时利用专家的工作。

（6）就执行业务的时间安排与客户达成一致意见。

（7）遵守质量控制政策和程序，以合理保证承接能够胜任的业务。

3.客户变更委托

（1）以投标方式接替前任注册会计师的工作。

如果应客户要求或考虑以投标方式接替前任注册会计师，注册会计师应当从专业角度或其他方面确定是否承接该业务。由于客户变更委托的表面理由可能并未完全反映事实真相，根据业务性质，注册会计师可能需要与前任注册会计师直接沟通，核实与变更委托相关的事实和情况，以确定是否适宜承接该业务。

注册会计师应当在必要时采取防范措施，消除因客户变更委托产生的不利影响或将其降低至可接受的水平。防范措施主要包括：

①当应邀投标时，在投标书中说明，在承接业务前需要与前任注册会计师沟通，以了解是否存在不应接受委托的理由。

②要求前任注册会计师提供已知悉的相关事实或情况，即前任注册会计师认为，后任注册会计师在作出承接业务的决定前，需要了解的事实或情况。

③从其他渠道获取必要的信息。

（2）在前任注册会计师工作的基础上工作。

如果采取的防范措施不能消除不利影响或将其降低至可接受的水平，注册会计师不得承接该业务。

注册会计师在与前任注册会计师沟通前，应当征得客户的同意，最好征得客户的书面同意。前任注册会计师应当遵循保密原则。如果不能与前任注册会计师沟通，注册会计师应当采取适当措施，通过询问第三方或调查客户的高级管理人、治理层的背景等方式，获取有关对职业道德基本原则产生不利影响的信息。

（二）利益冲突

注册会计师应当采取适当措施，识别可能产生利益冲突的情形。这些情形可能对职业道德基本原则产生不利影响。

注册会计师与客户存在直接竞争关系，或与客户的主要竞争者存在合资或类似关系，可能对客观和公正原则产生不利影响。

注册会计师为两个以上客户提供服务，而这些客户之间存在利益冲突或者对某一事项或交易存在争议，可能对客观和公正原则或保密原则产生不利影响。

注册会计师应当根据可能产生利益冲突的具体情形，采取下列防范措施：

（1）如果会计师事务所的商业利益或业务活动可能与客户存在利益冲突，注册会计师应当告知客户，并在征得其同意的情况下执行业务。

（2）如果为存在利益冲突的两个以上客户服务，注册会计师应当告知所有已知相关方，并在征得他们同意的情况下执行业务。

（3）如果为某一特定行业或领域中的两个以上客户提供服务，注册会计师应当告知客户，并在征得他们同意的情况下执行业务。

（4）分派不同的项目组为相关客户提供服务。

（5）实施必要的保密程序，防止未经授权接触信息。

（6）向项目组成员提供有关安全和保密问题的指引。

（7）要求会计师事务所的合伙人和员工签订保密协议。

（8）由未参与执行相关业务的高级员工定期复核防范措施的执行情况。

如果客户不同意注册会计师为存在利益冲突的其他客户提供服务，注册会计师应当终止为其中一方或多方提供服务。如果防范措施无法消除不利影响或将其降低至可接受的水平，注册会计师应当拒绝承接某一特定业务，或者解除一个或多个存在冲突的业务约定。

（三）应客户要求提供第二次意见

如果第二次意见不是以前任注册会计师所获得的相同事实为基础，或依据的证据不充分，可能对专业胜任能力和应有的关注原则产生不利影响。如果被要求提供第二次意见，注册会计师应当评价不利影响的严重程度，并在必要时采取防范措施消除不利影响或将其降低至可接受的水平。

防范措施主要包括：

（1）征得客户同意与前任注册会计师沟通。

（2）在与客户沟通中说明注册会计师发表专业意见的局限性。

（3）向前任注册会计师提供第二次意见的副本。

如果客户不允许与前任注册会计师沟通，注册会计师应当在考虑所有情况后决定是否适宜提供第二次意见。

（四）收费

会计师事务所在确定收费时应当主要考虑下列因素：专业服务所需的知识和技能；所需专业人员的水平和经验；各级别专业人员提供服务所需的时间；提供专业服务所需承担的责任。在专业服务得到良好的计划、监督及管理的前提下，收费通常以每一专业人员适当的小时收费标准或日收费标准为基础计算。

收费是否对职业道德基本原则产生不利影响，取决于收费报价水平和所提供的相应服务。注册会计师应当评价不利影响的严重程度，并在必要时采取防范措施消除不利影响或将其降低至可接受的水平。

防范措施主要包括：

（1）让客户了解业务约定条款，特别是确定收费的基础以及在收费报价内所能提供的服务。

（2）安排恰当的时间和具有胜任能力的员工执行任务。

在承接业务时，如果收费报价过低，可能导致难以按照执业准则和职业道德规范的要求执行业务，从而对专业胜任能力和应有的关注原则产生不利影响。如果收费报价明显低于前任注册会计师或其他会计师事务所的相应报价，会计师事务所应当确保：在提供专业服务时，遵守执业准则和职业道德规范的要求，使工作质量不受损害；让客户了解专业服务的范围和收费基础。

或有收费可能对职业道德基本原则产生不利影响。除法律法规允许外，注册会计师不得以或有收费方式提供鉴证服务，收费与否或收费多少不得以鉴证工作结果或实现特定目的为条件。注册会计师对或有收费采取的防范措施主要包括：

（1）预先就收费的基础与客户达成书面协议。

（2）向预期的报告使用者披露注册会计师所执行的工作及收费的基础。

（3）实施质量控制政策和程序。

（4）由独立第三方复核注册会计师已执行的工作。

注册会计师收取与客户相关的介绍费或佣金，可能对客观和公正原则以及专业胜任能力和应有的关注原则产生非常严重的不利影响，导致没有防范措施能够消除不利影响或将其降低至可接受的水平。因此，注册会计师不得收取与客户相关的介绍费或佣金。

注册会计师为获得客户而支付业务介绍费，也可能对客观和公正原则以及专业胜任能力和应有的关注原则产生非常严重的不利影响，导致没有防范措施能够消除不利影响或将其降低至可接受的水平。因此，注册会计师不得向客户或其他方支付业务介绍费。

（五）专业服务营销

注册会计师通过广告或其他营销方式招揽业务，可能对职业道德基本原则产生不利影响。在向公众传递信息时，注册会计师应当维护职业声誉，做到客观、真实、得体。

注册会计师在营销专业服务时，不得有下列行为：

（1）夸大宣传提供的服务、拥有的资质或获得的经验。

（2）贬低或无根据地比较其他注册会计师的工作。

（3）暗示有能力影响有关主管部门、监管机构或类似机构。

（4）作出其他欺骗性的或可能导致误解的声明。

注册会计师不得采用强迫、欺诈、利诱或骚扰等方式招揽业务。注册会计师不得对其能力进行广告宣传以招揽业务，但可以利用媒体刊登设立、合并、分立、解散、迁址、名称变更和招聘员工等信息。

（六）礼品和款待

如果客户向注册会计师（或其近亲属）赠送礼品或给予款待，将对职业道德基本原则产生不利影响。

注册会计师不得向客户索取、收受委托合同约定以外的酬金或其他财物，或者利用执行业务之便，谋取其他不正当的利益。

注册会计师应当评价接受款待产生不利影响的严重程度，并在必要时采取防范措施消除不利影响或将其降低至可接受的水平。如果款待超出业务活动中的正常往来，注册会计师应当拒绝接受。

（七）保管客户资产

除非法律法规允许或要求，注册会计师不得提供保管客户资金或其他资产的服务。保管客户资金或其他资产可能对职业道德基本原则产生不利影响，尤其可能对客观和公正原则以及良好职业行为原则产生不利影响。

注册会计师如果保管客户资金或其他资产，应当符合下列要求：

（1）将客户资金或其他资产与其个人或会计师事务所的资产分开。

（2）仅按照预定用途使用客户资金或其他资产。

（3）随时准备向相关人员报告资产状况及产生的收入、红利或利得。

（4）遵守所有与保管资产和履行报告义务相关的法律法规。

如果某项业务涉及保管客户资金或其他资产，注册会计师应当根据有关接受与保持客户关系和具体业务政策的要求，适当询问资产的来源，并考虑应当履行的法定义务。

如果客户资金或其他资产来源于非法活动（如洗钱），注册会计师不得提供保管资产服务，并应当向法律顾问征询进一步的意见。

（八）对客观和公正原则的要求

在提供专业服务时，注册会计师如果在客户中拥有经济利益，或者与客户董事、高级管理人员或员工存在家庭和私人关系或商业关系，应当确定是否对客观和公正原则产生不利影响。

注册会计师应当评价不利影响的严重程度，并在必要时采取防范措施消除不利影响或将其降低至可接受的水平。防范措施主要包括：

（1）退出项目组。

（2）实施督导程序。

（3）终止产生不利影响的经济利益关系或商业关系。

（4）与会计师事务所内部较高级别的管理人员讨论有关事项。

（5）与客户治理层讨论有关事项。

如果防范措施不能消除不利影响或将其降低至可接受的水平，注册会计师应当拒绝接受业务委托或终止业务。

在提供鉴证服务时，注册会计师应当从实质上和形式上独立于鉴证客户，客观公正地提出结论，并且从外界看来没有偏见、无利益冲突、不受他人的不当影响。在执行审计和审阅业务以及其他鉴证业务时，为了达到保持独立性的要求，注册会计师应当分别遵守《中国注册会计师职业道德守则第4号——审计和审阅业务对独立性的要求》和《中国注册会计师职业道德守则第5号——其他鉴证业务对独立性的要求》的规定。

【实例3-2】（简答题）上市公司甲公司系 ABC 会计师事务所的常年审计客户，从事房地产开发业务。XYZ 公司是 ABC 会计师事务所的网络事务所。在对甲公司 2016 年度财务报表执行审计期间存在下列事项：

（1）2016 年 4 月，ABC 会计师事务所兼并了 DEF 事务所之后，以"强强联手，服务最优"为主题在多家媒体刊登广告，宣传两家会计师事务所的合并事宜。

（2）2016 年 10 月，甲公司收购了乙公司 25%的股权，乙公司成为甲公司的重要联营公司。审计项目组经理 A 注册会计师在收购生效日前一周得知其妻子持有乙公司发行的价值 1 万元的企业债券，承诺将在收购生效日后一个月内出售该债券。

（3）甲公司拟进军新的产业，聘请 XYZ 公司作为财务顾问，为其寻找、识别收购对象。双方约定服务费为 10 万元，该项收费对 ABC 会计师事务所不重大。

（4）2016 年 12 月，审计项目组成员 B 注册会计师通过银行按揭，按照市场价格 500 万元购买了甲公司出售的公寓房一套。

（5）甲公司聘请 ABC 会计师事务所为其提供税务服务，服务内容为协助整理税务相关资料。ABC 会计师事务所委派审计项目组以外的人员提供该服务，不承担管理层职责。

（6）甲公司的子公司丁公司从事咨询业务。2016 年 2 月，丁公司与 XYZ 公司合资成立了一家咨询公司。

要求：

针对上述第（1）至（6）项，逐项指出 ABC 会计师事务所的做法是否适当，如不适当则简要说明理由，请填写表 3-2。

分析：

表 3-2   **ABC 会计师事务所的做法评价**

事项	是否适当	原因
事项1	否	违反了职业道德中专业营销的相关规定
事项2	否	乙公司被甲公司收购后成为甲公司的关联实体，项目经理的妻子持有企业债券，会因直接利益关系对独立性产生不利影响，应当在收购生效日前处置该直接利益
事项3	否	作为财务顾问，为其寻找、识别收购对象时可能承担了管理职责，会因自我评价或过度推荐而对独立性产生不利影响
事项4	否	500 万元对 B 注册会计师来讲金额大，可能因自身利益对独立性产生严重不利影响，应当将 B 注册会计师调离审计项目组
事项5	是	委派审计项目组以外的人员提供税务服务，且不承担管理层职责，不损害独立性
事项6	否	属于职业道德规范禁止的商业关系，会因外部压力或自身利益对独立性产生不利影响

三、提升职业道德的措施

（一）加强注册会计师的后续教育

注册会计师因经济社会的需要而产生，也必然随经济社会的发展而发展。21 世纪，知识经济与网络社会对经济社会生活的方方面面将产生重大影响，一些新的领域也将逐步纳入注册会计师的执业视野，同时传统的执业领域也会有新的发展，很多的相关行业知识都需要注册会计师了解和掌握。此外，注册会计师除了为企业财务会计报告的可靠性提供评价和保证，为依据财务信息进行决策者提供鉴证服务外（而且从发展趋势上看，这种保证并不仅限于财务报表或财务信息，而是更多地与制度、程序和政策相关），还要参与、帮助企业建立财务、管理制度等，为客户提供咨询服务，使客户获得遵守法律方面的评价和使客户、使用者、社会公众得到信息可靠性的保证。注册会计师在提供这些服务过程中的态度和行为，对行业自身和国家经济的健康运行有重大影响，因此，只有不断提高专业水准、服务质量和诚信水平，才能保持自己的优势地位。

（二）完善监管机制

首先，加强注册会计师行业监管离不开政府的参与，政府的积极作用应该表现在对会计师事务所的执业状况加强监管，而不是干涉或影响会计师事务所的独立审计。目前，我国政府对注册会计师行业实施监管的部门主要有各级财政部门、中国注册会计师协会、中国证券监督管理委员会、审计署等，诸多的政府监管部门"齐抓共管"并不意味着监管效率的提高，相反，由于涉及各个监管部门监管权限的安排和各自利益的分配，这些监管机构之间很难形成一个强有力的拳头，反而会造成监管的盲区。因此，有必要整合监管部门，形成稳定的政府部门承担行政监管，注册会计师协会承担自律监管的监管体系。

其次，加强注册会计师协会自律建设，促使注册会计师行业内的道德自我净化。注册会计师协会是由注册会计师组成的自律性的社会团体，在行业的建设和发展中担负着服务、监督、管理、协调的责任。有必要在中国注册会计师协会及地方注册会计师协会设立职业道德监管机构，聘请来自实务界和理论界的专业人员，以保障监管部门的专业性和权威性。只有建立注册会计师职业道德水平追踪制度，加强职业道德准则的案例研究，才能保持注册会计师提高职业道德水准的外在驱动力。

（三）完善相关法律体系

"法律是最低层次的道德，道德是最高层次的法律"这一经典名言体现了法律法规和道德规范之间的相互关系。对于注册会计师而言，职业道德是注册会计师法律制度正常运行的社会和思想基础，注册会计师法律制度是促进注册会计师职业道德规范形成和遵守的重要保障。在我国当前的社会经济形势下，当务之急就是要进一步修订和完善《中华人民共和国证券法》《中华人民共和国注册会计师法》（以下简称《注册会计师法》）及其实施细则，并尽快出台中介机构法律责任的有关规定，以便从立法上明确和界定中介机构的一系列相关问题，从而减少注册会计师法律责任中的不确定性因素，真正形成人人平等、统一、透明的法律制度。在《注册会计师法》的修订上，也要注意与时俱进，也就是要根据当前不断变化的形势和注册会计师的执业环境，对现行的《注册会计师法》中那些已经明显过时的规定予以修订。如按照现行《注册会计师法》的规定，会计师事务所的组织形式主要有 2 种，即有限责任制和合伙制。实践证明，有限责任制形式有很多不足，其中很突出的一点就是使很多出具了虚假、不实审计报告的会计师事务所及其注册会计师逃避责任追究。同时，根据我国目前仍然缺位的民事赔偿机制，投资者因虚假信息而导致的损失却无法得到相应的赔偿。而推行合伙制则有助于建立健全注册会计师违约或违法民事赔偿机制，使会计师事务所及其注册会计师能进行自我监督，从而保证审计的质量，维护证券市场的正常运行。

同时，要不断地加强执法力度和违法、违规行为的处罚力度，对于注册会计师的违法违规行为应坚决予以打击，以体现法律的威慑力，从而起到规范注册会计师行业和提高注册会计师职业道德水平的作用。

（四）净化注册会计师执业环境

净化注册会计师执业环境有一个十分重要的工作要做，那就是合理划分大、中、小型会计师事务所的服务重点，这有利于发挥不同规模会计师事务所的特长和优势，集中精力发展各自的"拳头产品"，形成各自的核心竞争力，避免无序竞争、"小马拉大车""高射炮打蚊子"等不良现象，促进形成各类会计师事务所各得其所、协调发展的良性发展格局。

我们可以先重点扶持大型会计师事务所，因为大型会计师事务所在人才、品牌、规模、技术标准、执业质量和管理水平等方面居于行业领先地位，能够为我国企业"走出去"提供国际化综合服务的会计师事务所。目前像金融、能源、通信等行业关系国计民生的重点骨干企业，鉴于经营规模庞大、业务机构覆盖全国、在海外上市或有海外业务，而国内一直没有与这些大企业规模相匹配的事务所（"门不当，户不对"），会计人才和业务能力跟不上，审计业务基本上被"四大"包揽。为了满足国内大型、特大型企业集团服务需求，以及行业应对日益激烈的国际竞争的需要，2007年6月，中注协发布和实施《关于推动事务所做大做强的意见》与《事务所内部治理指南》，全面启动事务所做大做强战略，大力发展培育能够为大型企业和企业集团提供综合服务的事务所，以及能够服务于中国企业走出去战略，提供跨国经营综合服务的国际化事务所。其目标是让中国会计师事务所在欧美资本市场的竞争力和影响力显著增强，力争至2020年前，有2家中国品牌会计师事务所的收入规模和市场影响迈入世界十强方阵，有3家迈入世界前30强方阵。

中型会计师事务所可以走重组和强强联合之路，这是发达国家注册会计师行业的成功经验，也是会计师事务所做大做强的必然选择。以证券期货资格会计师事务所为例，2002年注册会计师行政职能划转时，此类会计师事务所为105家，经过近几年的优化重组和强强联合，目前减少到54家。预计，在未来2~3年，具备证券期货资格的会计师事务所还会继续减少（目标降至35家左右），促进行业优质资源向大型会计师事务所集聚。这也意味着目前中等规模的事务所可能还需要进一步合并，特别是鼓励执业质量优良、治理机制科学、发展势头良好的中型会计师事务所强强联合，发展成为大型会计师事务所。通过强强联合，理论上可以减少事务所相互争夺人才和业务的冲突，降低交易成本，壮大资本实力，聚集人才资源，在业务范围、客户市场、业务地区、业务承揽渠道等方面更容易做到业务组合多元化，使本土的会计师事务所有能力承接大单，实现规模效应。总之，通过不断地完善会计师事务所的组织结构，达到净化注册会计师执业环境的终极目标。

（五）提高注册会计师的自身素质

在市场经济蓬勃发展的大潮中，注册会计师应该人人做到"君子爱财，取之有道。视之有度，用之有节"。绝不为钱财，降低自己的人格。要培养这种高尚的人格，提高注册会计师的自身素质就显得尤为重要。但是盲目地提高自身素质也是不可取的，我们要坚持以下三个原则：

（1）要借鉴、继承中国传统的道德规范。继承和弘扬中华民族优秀传统道德，是中国注册会计师道德建设鲜明的道德标志。欧阳修说过："不修其身，虽君子而为小人；能修其身，虽小人而为君子。"只要广大注册会计师提高认识，通过不断的学习，注意自我修养，道德水平一定会得到提升。

（2）要符合社会主义的道德规范。道德作为关系社会每一层面的思想意识和行为规范，如何通过自身的特殊功能参与社会根本任务的完成，这无疑是道德存在的价值所在。充分体现注册会计师的职业道德精神，倡导和弘扬社会主义的注册会计师道德规范绝不是某个人的主观意愿，而是充分体现了社会主义市场经济发展内在要求的客观必然。

（3）要兼具国际会计普遍道德的一致性。随着我国经济日益全球化，要求我国的会计准则与国际惯例接轨，而注册会计师道德也应符合国际标准的普遍道德准则，这是注册会计师道德的共性要求。会计政策、会计准则逐步协调化，势必要求注册会计师有相同的职业水平及职业道德标准。否则，就无法保证独立、客观、公正地反映统一的经济事项，就会使通用的商业语言失去作用。

在坚持以上三个原则的同时提高自身素质，才能有效地改善注册会计师职业道德水平较低的问题。

问题与案例

一、思考题

1. 回顾我国有关审计职业道德的准则的沿革。

2. 如何理解执业胜任能力？

3. 哪些因素会影响审计独立性？

4. 如何维护审计独立性？

5. 举例说明审计职业道德概念框架的具体运用。

二、行动学习讨论

把学生分成若干组（每组最好是10人以内），要求他们利用头脑风暴的方法，对以下问题提出不同的看法，尽量多地列示在行动学习讨论的白板上。

讨论问题：市场经济中审计师职业道德冲突的表现。

讨论与板书要求：①每个人都要发言，但每次只能一人发言；②追求数量、追求创意；③有人发言时不许质疑、不许批评、不许打断；④板书要按发言人的原话列示。

三、案例讨论

诚信会计师事务所讨论职业道德的事项

李浩作为诚信会计师事务所的合伙人，在2017年参加了事务所内部如下关于职业道德的讨论和论证：

1. 诚信会计师事务所承接了A银行的审计项目，审计项目组成员张颖的父亲有一学生在A银行担任信贷部主管。张颖的父亲想通过其学生从A银行获得比一般利率低10%的房贷。按照正常规定，此项优惠仅适用于A银行员工。

2. 诚信会计师事务所承接了某国内大型房地产企业B的审计项目。审计项目组经理李方的太太，购买了一份理财产品，此产品主要投资于企业B的信托融资项目资金信托计划，主要还款来源为企业自有资金。

3. C律师事务所是诚信会计师事务所的审计客户，由于两家事务所均有为拟上市公司提供上市服务的经验。他们决定将双方的服务结合在一起，向潜在客户递交联合服务建议书，提供审计和法律一揽子服务，双方的收益根据约定的条款进行分配。

4. 在诚信会计师事务所的帮助下，审计客户D公司开发出一种软件产品，以简化递延所得税的计算。诚信会计师事务所和审计客户D公司打算将其产品和服务结合在一起，以双方名义捆绑销售，即如果有企业购买该软件，诚信会计师事务所将会提供培训及咨询服务。

5. 诚信会计师事务所合伙人王莽，由于其同时为注册会计师且具有律师执业资格，并在审计及经济法方面有丰富的知识和经验，他不仅成为E客户的主审会计师，而且成为事实上首席法律顾问，在E客户涉及法律纠纷时，参与诉讼报告等的起草。

6. 诚信会计师事务所承接F公司的IPO项目审计，F公司希望出具预测性财务信息审核报告，该报告是属于自愿披露信息类别，该公司利用此报告的用意是利用比较乐观的预测信息可以在股票发行询价和定价过程中取得更多优势，以吸引投资者。

7. 诚信事务所受某大型钢铁企业委托，对其财务报告进行审计。审计报告用于申请银行贷款，银行方面要求公司提供其产品生产、销售等情况的详细报告，公司为取得贷款也同意提供。注册会计师认为由于有关钢铁企业的生产、库存以及销售数量、成本数据均为商业秘密，间接地形成国家秘密，因此建议其在财务报表附注中减少或隐去具体数量、成本等相关涉密信息。

8. 诚信会计师事务所承接了一个证券公司的年度审计，在对一个营业分支机构的审计过程中发现，该证券营业部所属的银行账号下有较大的账外现金流入及银行转账的情况，经核实，这些资金活动与其所从事的业务并无直接关系，涉及洗钱的活动，因此，审计项目经理通过分管合伙人的同意和授权，向其总部管理层进行了报告，但其总部的管理层为其辩护，并没有采取进一步措施，也没有向当地证监局进行汇报，该事务所最终将相关问题直接报告给当地证监局，同时提供取得的相关证据，考虑其所审计的证券公司存在违法和缺少诚信的问题，解除了与该证券公司的审计业务。

9. 诚信会计师事务所已经为G公司出具了2016年年度审计报告。由于G公司是一家外商投资企业，根据当地有关政府部门就外商投资企业联合年检的要求，企业需要在网上年检系统进行网上申报，申报信息可能包括财务、外汇及税务等有关信息。此时，G公司委托并授权诚信会计师事务所申报有关财务数据，并书面确认对有关财务数据的真实性、合法性、准确性和完整性承担责任。

10. 诚信会计师事务所对Y企业按照收付实现制基础编制的现金收入和支出表出具了审计报告，报告中增加限制条款为：财务报表是为了向××银行申请贷款需提供现金流量信息而按照收付实现制基础编制的，可能不适用于其他目的。因此，本报告仅供A公司以及××银行使用，不得用于其他目的。

要求：

假定你是合伙人李浩，请你逐一分析以上10个事项是否违背职业道德的规定，解释原因并说明将如何正确处理。

关键词汇

职业道德　Professional Ethics

道德困境　Ethical Dilemma

职业会计师道德守则　Code of Ethics for Professional Accountants

中国注册会计师职业道德守则　Chinese CPA Code of Ethics

专业胜任能力　Professional Competence

职业技能　Professional Skills

职业价值观　Professional Values

正直诚信　Integrity

社会责任　Social Responsibility

独立性　Independence

实质上的独立　Essentially Independent

形式上的独立　Formal Independence

经济利益　Economic Interests

自我评价　Self-evaluation

过度推介　Excessive Available

关联关系　Relationship

外界压力　External Pressure

鉴证客户　Customer Assurance

客观和公正　Objectivity and Impartiality

应有的关注　Due Attention

保密　Secrecy

专业服务委托　Professional Services Entrusted

客户变更委托　Customer Change Commission

利益冲突　Conflicts of Interest

或有收费　Contingencies Charges

礼品和款待　Gifts and Hospitality

第四章　审计准则体系

【学习目的】

1. 了解中国政府审计准则框架；
2. 了解中国政府审计准则的基本内容；
3. 掌握中国内部审计准则框架；
4. 熟悉中国内部审计基本准则的基本内容；
5. 掌握中国注册会计师审计准则框架；
6. 掌握中国注册会计师鉴证业务基本准则的基本内容；
7. 掌握质量控制准则的基本内容。

引例：从审计准则完善的角度看银广夏事件

2001 年 8 月，《财经》杂志发表"银广夏陷阱"一文，直言不讳地指出银广夏公司虚构财务报表，专家意见认为，天津广夏出口德国诚信贸易公司的为"不可能的产量、不可能的价格、不可能的产品"。此时，"银广夏"事件开始浮出水面。经证监会立案稽查，银广夏公司自 1998 年至 2001 年累计虚增利润 77 156.70 万元。至此，银广夏 2000 年全年涨幅高居深沪两市第二，被称为"中国第一蓝筹股"的神话戛然而止。

银广夏倒台后，素来享有"经济警察"美誉的注册会计师的信誉出现了前所未有的危机。在 1999 年和 2000 年，当时可以列入国内注册会计师行业前五强的深圳"中天勤"会计师事务所连续两年为银广夏公司出具了无保留意见的审计报告。银广夏造假案披露后，财政部吊销了中天勤事务所和有关注册会计师的执业资格，两名签字注册会计师也受到了刑事处罚。

考虑到从银广夏事件至今，中国注册会计师职业准则经历了两次大的变革。尽管我们不能以偏概全地认为在当时制度基础审计的方法是无效的，或者忽略了审计失败案中的人为因素（张连起，2001），但是我们可以通过审计准则与职业道德守则中完善的内容来分析导致中天勤审计失败的原因。

在银广夏事件中，中天勤事务所在负责银广夏上市公司审计业务的同时也为其提供相关的财务咨询服务，这在一定程度上使会计师事务所与上市公司发生了利益联系，影响了审计的独立性，进而影响了审计质量，这正是导致中天勤审计失败的原因之一。

在银广夏事件中，注册会计师对审计风险的判断存在明显不足，集中表现在以下两个方面：一是未有效执行分析性测试程序，轻信银广夏鼓吹的二氧化碳超临界萃取技术，没有发现或报告 2000 年年度主营业务收入大幅增长而生产用电的电费却反而降低的情况。二是形式上走审计程序，没有保持应有的谨慎。由于从中央到地方领导人视察而高估银广夏的实力，加之对老客户的"信任"，注册会计师把风险抛诸脑后，表面上虽然执行了独立审计准则规定的程序，可实际上所收集的证据根本不能达到"合理保证被审计单位财务报表不存在重大错报"的目标，如 1999 年度在对银广夏公司应收德国诚信贸易公司账款进行函证时，对于收到由客户提交的、来自德国捷高公司北京办事处的回函传真件，没有实施进一步的追加审计程序或替代测试，即对该项应收账款予以确认；盘点表显示期末产成品中有卵磷脂 24 322.73 千克，而 1999 年年末产成品存货中无卵磷脂，2000 年的注册会计师工作底稿中的生产统计表及出口报关单均显示当年生产卵磷脂 200 吨都已经销售，期末存货又从何而来？

本案发生后，在行业内外，对审计准则的质疑之声此起彼伏，指责独立审计准则是导致注册会计师审计失败的重要原因，认为由于独立审计准则没有引入风险导向审计，致使签字注册会计师履行了必要的审计程序却没有发现银广夏管理层的舞弊行为。事实果真如此吗？中国注册会计师审计准则会如何改善呢？

资料来源　张帆．"中天勤"审计失败与独立审计准则［J］．现代商业，2011（15）．

第一节　政府审计准则体系

一、政府审计准则框架

（一）我国国家审计准则建设历程

为了适应社会经济环境的变化，促进国家审计的规范化，提高国家审计质量，我国在国家审计准则建设方面进行了积极的探索。

1.国家审计准则的初步建立阶段

1996 年，审计署制定并颁布了 38 个审计规范，其中包括《国家审计基本准则》《审计机关审计方案编制准则》《审计证据准则》《审计机关审计工作底稿准则》《审计机关审计事项评价准则》《审计机关审计报告编审准则》以及一系列的办法和规定，标志着我国国家审计准则体系的初步建立。

2.国家审计准则的逐步完善阶段

2000 年 1 月，审计署发布了《中国国家审计准则序言》，修订、颁布了《中华人民共和国国家审计基本准则》；同年 8 月，审计署发布了《审计机关审计方案准则》、《审计机关审计证据准则》、《审计机关审计工作底稿准则》和《审计机关审计复核准则》等四项准则。2001 年 8 月，审计署发布了《审计机关专项审计准则》、《审计机关公布审计结果准则》、《审计机关审计人员职业道德准则》、《审计机关审计档案工作准则》和《审计机关国家建设项目审计准则》等五项准则；2003 年 12 月，审计署发布了《审计机关审计重要性与审计风险评价准则》、《审计机关分析性复核准则》、《审计机关内部控制测评准则》、《审计机关审计抽样准则》和《审计机关审计事项评价准则》等五项准则。这个阶段的审计准则体系继承了 1996 年颁布实施的国家审计准则的基本框架，并加以完善，是原有审计准则框架的深化和发展，但是并没有突破原来的基本框架。

3.国家审计准则进一步完善阶段

2010 年 9 月，审计署颁布了《中华人民共和国国家审计准则》，并于 2011 年 1 月 1日起实施。新国家审计准则充分借鉴了国际政府审计准则的内容和外国审计机关有益做法，参考《审计机关审计项目质量控制办法（试行）》的体系结构，将原有国家审计基本准则和通用审计准则规范的内容统一纳入新国家审计准则，形成一个完整单一的国家审计准则。改变了修订前的国家审计准则体系结构比较零散，相关准则间的内容存在交叉，不便于审计人员系统学习和掌握的缺陷，标志着我国国家审计准则的建设日臻完善。

（二）我国国家审计准则框架

《中华人民共和国国家审计准则》（以下简称《国家审计准则》）是根据《中华人民共和国审计法》（以下简称《审计法》）、《中华人民共和国审计法实施条例》（以下简称《审计法实施条例》）和其他有关法律法规制定的，分为总则、审计机关和审计人员、审计计划、审计实施、审计报告、审计质量控制和责任及附则共7章，200条。

在审计准则的下一层次还有审计指南，进一步细化相关审计业务操作的具体要求。据此构建起由宪法、审计法和审计法实施条例、审计准则和审计指南等不同级次规定组成的审计法律规范体系。

二、政府审计准则基本内容

（一）关于《国家审计准则》的适用

1.《国家审计准则》的适用范围

《国家审计准则》是审计机关和审计人员履行法定审计职责的行为规范，是执行审计业务的职业标准，是评价审计质量的基本尺度，适用于各级审计机关和审计人员执行的各项审计业务和专项审计调查业务。同时，其他组织或者人员接受审计机关的委托、聘用，承办或者参加审计业务，也应当适用《国家审计准则》。但审计机关和审计人员配合有关部门查处案件、与有关部门共同办理检查事项、接受交办或者接受委托办理不属于法定审计职责范围的事项，不适用《国家审计准则》，应当按照其他有关规定和要求办理。

2.《国家审计准则》条款的具体应用

考虑到我国各级审计机关的实际情况和具体审计项目之间的差异，为增强《国家审计准则》的适用性，将使用"应当"和"不得"词汇的条款规定为约束性条款，即各级审计机关和审计人员执行审计业务都必须遵守的职业要求；而使用"可以"词汇的条款为指导性条款，是对良好审计实务的推介。审计机关和审计人员未遵守约束性条款的，应当说明原因，并在审计记录中加以记载。《国家审计准则》第三条、第十一条和第一百一十一条对此作了规定。

（二）关于审计人员的独立性和职业道德要求

1.审计人员的独立性

依法独立行使审计监督权是审计工作的基本要求。《宪法》、《审计法》和《审计法实施条例》从审计机关组织和领导体制、审计职责和权限、审计经费和审计人员履行职务的保护等方面，对审计机关和审计人员依法独立行使审计监督权作出规定。《国家审计准则》第十六条至第二十三条主要明确了审计人员保持独立性的要求，规定了审计机关针对可能损害审计独立性的情形应当采取的措施，并对审计机关聘请外部人员的相关要求作了规定。

2.审计职业道德要求

各级审计机关十分重视加强审计职业道德建设，在长期审计实践中形成了具有审计职业特色的道德规范和要求。国际审计组织和许多外国审计机关也制定了审计职业道德规范和守则。在立足我国审计工作实际情况，借鉴国际政府审计职业道德规范内容的基础上，《国家审计准则》第十五条明确了严格依法、正直坦诚、客观公正、勤勉尽责、保守秘密五项基本审计职业道德，并规定了审计人员遵守各项基本职业道德的要求。

（三）关于审计计划

1. 年度审计项目计划的编制程序和要求

年度审计项目计划是审计机关对年度审计工作作出的统筹部署和安排，对依法履行审计监督职责，保障审计工作科学和有序运行有着十分重要的作用。为了加强对编制年度审计项目计划工作的指导，确保计划的科学性和可行性，在总结我国年度审计项目计划管理经验的基础上，《国家审计准则》第三章从调查审计需求、对初选审计项目进行可行性研究和评估、配置审计项目资源，以及年度审计项目计划审定、调整和执行情况检查等方面，明确了年度审计项目计划编制和执行的要求。同时，为更好地指导审计机关确定专项审计调查项目计划，《国家审计准则》第三十六条对开展专项审计调查的项目提出了指导性原则，即对于预算管理或者国有资产管理使用中涉及宏观性、普遍性、政策性或者体制、机制问题的事项，跨行业、跨地区、跨单位的事项，涉及大量非财务数据的事项等，可以作为专项审计调查项目予以安排。

2. 审计工作方案的编制

根据审计实践，审计机关统一组织多个审计组共同实施一个审计项目或者分别实施同一类项目，一般需要编制审计工作方案，以加强对这些项目组织实施工作的管理，便于审计结果的汇总和综合利用，确保年度审计项目计划的执行。审计机关业务部门应当根据年度审计项目计划形成过程中调查审计需求、进行可行性研究的情况，开展进一步调查，对审计目标、范围、重点和项目组织实施等进行确定，编制审计工作方案，按照审计机关规定的程序审批后，在实施审计起始时间之前下达至项目实施单位。《国家审计准则》第四十七条至第五十一条对此作了规定。

（四）关于审计实施

1. 审计实施方案的编制要求

为增强审计实施方案的科学性和可操作性，发挥其指导作用，在总结我国审计实践经验并借鉴外国政府审计有益做法的基础上，《国家审计准则》第四章第一节将编制审计实施方案作为项目审计实施的第一个环节加以规定。

一是明确了编制审计实施方案的实质性要求。根据全面审计、突出重点的审计工作基本要求，运用审计风险理论和重要性原则需做到：首先，要求审计组调查了解被审计单位及其相关情况，包括相关内部控制及其执行情况和信息系统控制情况。其次，审计组根据调查了解的情况，结合适用的标准，判断被审计单位可能存在的问题，即风险领域或者风险点。再次，审计人员运用职业判断，根据可能存在问题的性质、数额及其发生的具体环境，判断其重要性，评估可能存在的重要问题，即重要风险领域或者重要风险点。在判断重要性时，对财政收支、财务收支合法性和效益性进行审计的项目一般不需确定量化的重要性水平（金额标准），可只对重要性作出定性判断。最后，在评估被审计单位存在重要问题可能性的基础上，确定审计事项和审计应对措施，包括对各审计事项的审计步骤和方法、审计时间、执行审计的人员等，形成审计实施方案。《国家审计准则》第五十七条至第七十三条对此作了规定。

二是强调及时调整审计实施方案。对大中型或者业务比较复杂的审计项目，审计组调查了解被审计单位及其各项业务情况往往不能通过一次调查了解就全部完成，实践中需要将调查了解工作贯穿审计实施过程的始终。随着调查了解的不断深入和审计工作的展开，审计人员应当持续关注已作出的重要性判断和对存在重要问题可能性的评估是否恰当；对原先作出的不恰当判断和评估结果及时修正，并考虑其他相关情况的变化，调整审计事项和审计应对措施，及时调整审计实施方案。《国家审计准则》第七十七条和第七十八条对此作了规定。同时，考虑到调查了解工作的持续性和调查了解已属于项目审计实施工作的组成部分，《国家审计准则》不再将审前调查作为项目审计工作的一个单独阶段。

三是调整了审计实施方案的审批权限。为了使审计组能够根据实际情况及时采取审计应对措施，提高审计工作效率，《国家审计准则》第七十九条和第八十条规定，一般审计项目的审计实施方案应当经审计组组长审定，并及时报审计机关业务部门备案；重要审计项目的审计实施方案应当报经审计机关负责人审定。审计组调整审计实施方案中的审计目标、审计组组长、审计重点和现场审计结束时间，应当报经审计机关主要负责人批准。

2. 获取审计证据的要求

获取审计证据是审计实施阶段的核心工作，也是审计机关和审计人员作出正确审计结论的基础。《国家审计准则》第四章第二节规定了获取审计证据的要求。

一是明确了审计证据应当具有的基本特性。《国家审计准则》第八十四条至第八十六条从质量和数量两个方面，明确了审计证据应当具有适当性和充分性。适当性是对审计证据质量的衡量，包括审计证据的相关性和可靠性；充分性是对审计证据数量的衡量。

二是对采取不同审查方法获取审计证据提出了指导意见。《国家审计准则》第八十八条至第九十一条规定，审计人员可以在审计事项中选取全部项目进行审查（详查）或者选取部分特定项目进行审查（抽查），也可以进行审计抽样，以获取审计证据。同时，明确了各种审查方法适用的情形以及审查结果是否可用于推断审计事项总体特征。

三是规定了审计人员获取审计证据的具体方法和要求。《国家审计准则》第九十二条规定了审计人员可以采取检查、观察、询问、外部调查、重新计算、重新操作和分析等7种基本方法获取审计证据。同时，为了确保审计人员对重要问题查深查透，《国家审计准则》第九十九条规定审计人员应当围绕认定问题所依据的标准、事实、影响和原因4个方面获取审计证据。

3. 审计记录的类型和内容

为了支持审计人员编制审计实施方案和审计报告，证明审计人员遵循相关法律法规和《国家审计准则》，便于对审计人员的工作实施指导、监督和检查，《国家审计准则》第四章第三节对审计记录作了规定。

一是调整了审计记录的类型。在总结我国项目审计中需要记录的事项和原有做法的基础上，《国家审计准则》第一百零一条和第一百零三条规定，审计人员应当对审计实施过程、得出的审计结论和与审计项目有关的重要管理事项作出记录，并将审计记录划分为3种类型，即调查了解记录、审计工作底稿和重要管理事项记录，取消了审计日记的做法。

二是规范了各类记录的内容和要求。调查了解记录的主要内容包括对被审计单位及其相关情况的调查了解情况、对被审计单位存在重要问题可能性的评估情况和据此确定的审计事项及其应对措施，是编制审计实施方案的重要基础。审计工作底稿主要记录实施审计的步骤和方法、取得的审计证据的名称和来源、审计认定的主要事实和得出的审计结论及其相关标准，并经审计组组长审核，以支持审计人员编制审计报告；审计人员对审计实施方案确定的每一审计事项均应当编制审计工作底稿，而不是仅对审计发现的问题编制审计工作底稿。重要管理事项记录用于记载与审计项目相关并对审计结论有重要影响的管理事项。《国家审计准则》第一百零四条至第一百一十一条对此作了规定。

4. 检查重大违法行为的特别规定

在总结我国审计机关多年来查处重大违法行为和经济犯罪案件线索实践经验的基础上，《国家审计准则》第四章第四节对检查重大违法行为作出了特别规定，包括检查重大违法行为过程中应当评估的因素、调查了解的重点内容、需关注的异常情况以及采取的应对措施等。审计机关和审计人员在检查重大违法行为时，除遵守《国家审计准则》第四章第一节至第三节的规定外，还应当遵守上述这些特别规定，以便有效检查重大违法行为，打击经济犯罪，维护国家财政经济秩序和经济安全，促进廉政建设。

（五）关于审计报告

1. 专项审计调查报告及其编审

依照《审计法》和《审计法实施条例》关于专项审计调查的规定，为督促被调查单位整改专项审计调查发现的问题，公布专项审计调查结果，更好地发挥专项审计调查的作用，《国家审计准则》将专项审计调查报告作为向被调查单位出具的一种审计文书。专项审计调查报告除符合审计报告要素和内容要求外，还应当根据专项审计调查目标重点分析宏观性、普遍性、政策性或者体制、机制问题并提出改进建议。一般情况下，审计组实施专项审计调查后，应当提出专项审计调查报告，以审计机关名义征求被调查单位意见后，向审计机关提交专项审计调查报告。审计机关按照审定审计报告的程序对专项审计调查报告进行审定后，送达被调查单位。专项审计调查中发现属于审计监督对象的单位违反国家规定的财政收支、财务收支行为，依法应当由审计机关在法定职权范围内作出处理处罚决定的，审计机关应当出具审计决定书；依法需要移送其他有关主管机关或者单位纠正、处理处罚或者追究有关人员责任的，审计机关应当出具审计移送处理书。《国家审计准则》第五章第一节和第二节相关条款对此作了规定。

2. 审理机构对审计项目的审理

为了贯彻审计法实施条例关于审计机关专门机构对审计报告以及相关审计事项进行审理的新规定，《国家审计准则》将审计机关法制工作机构原来对审计结论性文书的复核调整为审理机构对审计项目的审理。审理机构以审计实施方案为基础，重点关注审计实施的过程及结果，审理的主要内容包括：审计实施方案确定的审计事项是否完成，审计发现的重要问题是否在审计报告中反映，主要事实是否清楚，相关证据是否适当、充分，适用法律法规和标准是否适当，审计评价、定性、处理处罚意见是否恰当，以及审计程序是否符合规定。审理过程中，审理机构应当与审计组及相关业务部门进行沟通；必要时，可以参加与被审计单位交换意见的会议或者向被审计单位和有关人员了解相关情况。审理机构审理后应当出具审理意见书，并根据情况，可以要求审计组补充重要审计证据，对审计报告、审计决定书进行修改。《国家审计准则》第一百四十二条至第一百四十六条对此作了规定。

3.专题报告与综合报告

为了加强审计成果的开发利用，提升审计成果的质量和水平，《国家审计准则》第五章第三节对专题报告和综合报告进行了规范，规定了可以采用专题报告、审计信息等方式向本级政府和上一级审计机关报告的事项范围，明确了可以编制审计综合报告的情形和审计综合报告、经济责任审计结果的报送对象，以及审计机关在起草、报送审计结果报告和审计工作报告等方面的要求。

4.审计整改检查

为了贯彻落实审计法和审计法实施条例的规定，促进被审计单位整改，确保审计效果，充分发挥审计监督作用，《国家审计准则》第五章第五节对审计整改检查作出具体规范，明确要求审计机关建立审计整改检查机制，督促被审计单位和其他有关单位根据审计结果进行整改，并对审计机关检查的主要内容、检查的方式和时间、检查报告以及检查后应采取的措施等作出规定。

（六）关于审计质量控制和责任

为了加强全员全过程审计质量控制，明确审计责任，《国家审计准则》第六章要求审计机关应当针对审计质量责任、审计职业道德、审计人力资源、审计业务执行、审计质量监控5个要素建立审计质量控制制度，并通过审计业务质量检查等方式对审计质量控制制度的建立和执行情况进行检查和评估。同时，从审计项目质量控制的角度，规定审计机关实行审计组成员、审计组主审、审计组组长、审计机关业务部门、审理机构、总审计师和审计机关负责人对审计业务的分级质量控制，并分别明确了审计组成员、审计组主审、审计组组长、审计机关业务部门、审理机构和审计机关负责人的工作职责和应承担的责任。

（七）关于信息技术环境下审计的特别规定

考虑到信息技术环境下开展审计工作的特殊性，《国家审计准则》作出了一些特别规定。例如，审计组信息技术方面胜任能力的要求；调查了解相关的信息系统控制、评估对信息系统的依赖程度，检查相关信息系统的有效性、安全性等要求；审计人员在检查中应当避免对被审计单位相关信息系统及其电子数据造成不利影响的要求；电子审计证据的特殊取证要求；审计发现被审计单位信息系统存在重大漏洞或者不符合国家规定的处理措施等。

此外，根据各级审计机关开展跟踪审计的实际需要，总结近年来的实践经验，《国家审计准则》对采取跟踪审计方式实施的审计项目，从编制年度审计项目计划、制发审计通知书、编制审计实施方案、出具审计报告等方面作了一些特殊规定。

第二节 内部审计准则体系

一、内部审计准则框架

（一）国际内部审计师协会（IIA）规定的内部审计准则框架

IIA的职业实务框架（PPF）于1999年6月经IIA董事会正式批准。PPF主要由三部分构成：强制性指南、实务咨询、发展与实务支持。

（1）强制性指南，是指在不同的国家或地区、不同的环境下，内部审计人员都必须使用的准则，它包括内部审计定义、内部审计人员的职业道德规范、内部审计职业实务准则。这是内部审计的职业基础。

（2）实务咨询，是内部审计准则的第二个层次，为内部审计人员提供一个具有建设性的条款，目的是对新准则的解释和运用提供详细的建议；同时还包括一些新的信息，像 IIA 发布的内部审计准则公告（SIAS）和新近流行的职业道德规范的关注项目、风险管理的细则、咨询性服务准则、信息的安全性服务准则等。

（3）发展与实务支持，是指那些最近发展的实务，IIA 往往以专题报告、研究报告、参考书籍、研讨会文集、教育培训项目等方式来推荐这些参考性意见。

（二）中国的内部审计准则框架

中国内部审计准则依据《中华人民共和国审计法》及其实施条例，以及其他有关法律、法规和规章制定。中国内部审计准则是中国内部审计工作规范体系的重要组成部分。中国内部审计准则体系包括：内部审计基本准则、内部审计人员职业道德规范、内部审计具体准则和内部审计实务指南。

内部审计基本准则是内部审计准则的总纲，是内部审计机构和人员进行内部审计时应当遵循的基本规范，是制定内部审计具体准则、内部审计实务指南的基本依据。职业道德规范是内部审计准则体系的一部分，具有法定约束力。内部审计具体准则是依据基本准则制定的，是内部审计机构和人员在进行内部审计时应当遵循的具体规范。内部审计实务指南是依据基本准则、具体准则制定的，为内部审计机构和人员进行内部审计提供了具有可操作性的指导意见。

内部审计基本准则，是内部审计准则体系的第一层次，是内部审计准则的总纲，具有最高的权威性和法定约束力。基本准则、具体准则是内部审计机构和人员进行内部审计的执业规范，内部审计机构和人员在进行内部审计时应当遵照执行。具体准则的权威性虽低于基本准则，但要高于实务指南，并有法定约束力；而实务指南是给内部审计机构和人员提供操作性的指导意见，不具有法定约束力和强制性，内部审计机构和人员在进行内部审计时应当参照执行。

二、内部审计准则基本内容

（一）内部审计基本准则基本内容

内部审计基本准则是内部审计准则的总纲，对内部审计进行了定义，即内部审计是一种独立、客观的确认和咨询活动，它通过运用系统、规范的方法，审查和评价组织的业务活动、内部控制和风险管理的适当性和有效性，以促进组织完善治理、增加价值和实现目标。

1.一般准则

组织应当设置与其目标、性质、规模、治理结构等相适应的内部审计机构，并配备具有相应资格的内部审计人员。

内部审计的目标、职责和权限等内容应当在组织的内部审计章程中明确规定。

内部审计机构和内部审计人员应当保持独立性和客观性，不得负责被审计单位的业务活动、内部控制和风险管理的决策与执行。

内部审计人员应当遵守职业道德，在实施内部审计业务时保持应有的职业谨慎。

内部审计人员应当具备相应的专业胜任能力，并通过后续教育加以保持和提高。

内部审计人员应当履行保密义务，对于实施内部审计业务中所获取的信息保密。

2. 作业准则

内部审计机构和内部审计人员应当全面关注组织风险，以风险为基础组织实施内部审计业务。

内部审计人员应当充分运用重要性原则，考虑差异或者缺陷的性质、数量等因素，合理确定重要性水平。

内部审计机构应当根据组织的风险状况、管理需要及审计资源的配置情况，编制年度审计计划。

内部审计人员根据年度审计计划确定的审计项目，编制项目审计方案。

内部审计机构应当在实施审计三日前，向被审计单位或者被审计人员送达审计通知书，做好审计准备工作。

内部审计人员应当深入了解被审计单位的情况，审查和评价业务活动、内部控制和风险管理的适当性和有效性，关注信息系统对业务活动、内部控制和风险管理的影响。

内部审计人员应当关注被审计单位业务活动、内部控制和风险管理中的舞弊风险，对舞弊行为进行检查和报告。

内部审计人员可以运用审核、观察、监盘、访谈、调查、函证、计算和分析程序等方法，获取相关、可靠和充分的审计证据，以支持审计结论、意见和建议。

内部审计人员应当在审计工作底稿中记录审计程序的执行过程、获取的审计证据，以及作出的审计结论。

内部审计人员应当以适当方式提供咨询服务，改善组织的业务活动、内部控制和风险管理。

3. 报告准则

内部审计机构应当在实施必要的审计程序后，及时出具审计报告。

审计报告应当客观、完整、清晰，具有建设性并体现重要性原则。

审计报告应当包括审计概况、审计依据、审计发现、审计结论、审计意见和审计建议。

审计报告应当包含是否遵循内部审计准则的声明。如存在未遵循内部审计准则的情形，应当在审计报告中作出解释和说明。

4. 内部管理准则

内部审计机构应当接受组织董事会或者最高管理层的领导和监督，并保持与董事会或者最高管理层及时、高效的沟通。

内部审计机构应当建立合理、有效的组织结构，多层级组织的内部审计机构可以实行集中管理或者分级管理。

内部审计机构应当根据内部审计准则及相关规定，结合本组织的实际情况制定内部审计工作手册，指导内部审计人员的工作。

内部审计机构应当对内部审计质量实施有效控制，建立指导、监督、分级复核和内部审计质量评估制度，并接受内部审计质量外部评估。

内部审计机构应当编制中长期审计规划、年度审计计划、本机构人力资源计划和财务预算。

内部审计机构应当建立激励约束机制，对内部审计人员的工作进行考核、评价和奖惩。

内部审计机构应当在董事会或者最高管理层的支持和监督下，做好与外部审计的协调工作。

内部审计机构负责人应当对内部审计机构管理的适当性和有效性负主要责任。

（二）内部审计人员职业道德规范基本内容

内部审计人员职业道德是内部审计人员在开展内部审计工作中应当具有的职业品德、应当遵守的职业纪律和应当承担的职业责任的总称。

1. 一般原则

内部审计人员在从事内部审计活动时，应当保持诚信正直；遵循客观性原则，公正、不偏不倚地作出审计职业判断；保持并提高专业胜任能力，按照规定参加后续教育；遵循保密原则，按照规定使用其在履行职责时所获取的信息。

2. 诚信正直

内部审计人员在实施内部审计业务时，应当诚实、守信，不应有下列行为：①歪曲事实；②隐瞒审计发现的问题；③进行缺少证据支持的判断；④做误导性的或者含糊的陈述。

内部审计人员在实施内部审计业务时，应当廉洁、正直，不应有下列行为：①利用职权谋取私利；②屈从于外部压力，违反原则。

3. 客观性

内部审计人员实施内部审计业务时，应当实事求是，不得由于偏见、利益冲突而影响职业判断。

内部审计人员实施内部审计业务前，应当采取下列步骤对客观性进行评估：①识别可能影响客观性的因素；②评估可能影响客观性因素的严重程度；③向审计项目负责人或者内部审计机构负责人报告客观性受损可能造成的影响。

内部审计人员应当识别下列可能影响客观性的因素：①审计本人曾经参与过的业务活动；②与被审计单位存在直接利益关系；③与被审计单位存在长期合作关系；④与被审计单位管理层有密切的私人关系；⑤遭受来自组织内部和外部的压力；⑥内部审计范围受到限制；⑦其他。

内部审计机构负责人应当采取下列措施保障内部审计的客观性：①提高内部审计人员的职业道德水准；②选派适当的内部审计人员参加审计项目，并进行适当分工；③采用工作轮换的方式安排审计项目及审计组；④建立适当、有效的激励机制；⑤制定并实施系统、有效的内部审计质量控制制度、程序和方法；⑥当内部审计人员的客观性受到严重影响，且无法采取适当措施降低影响时，停止实施有关业务，并及时向董事会或者最高管理层报告。

4. 专业胜任能力

内部审计人员应当具备下列履行职责所需的专业知识、职业技能和实践经验：

①审计、会计、财务、税务、经济、金融、统计、管理、内部控制、风险管理、法律和信息技术等专业知识，以及与组织业务活动相关的专业知识；②语言文字表达、问题分析、审计技术应用、人际沟通、组织管理等职业技能；③必要的实践经验及相关职业经历。

内部审计人员应当通过后续教育和职业实践等途径，了解、学习和掌握相关法律法规、专业知识、技术方法和审计实务的发展变化，保持和提升专业胜任能力。

内部审计人员实施内部审计业务时，应当保持职业谨慎，合理运用职业判断。

5. 保密

内部审计人员应当对实施内部审计业务所获取的信息保密，非因有效授权、法律规定或其他合法事由不得披露。

内部审计人员在社会交往中，应当履行保密义务，警惕非故意泄密的可能性。内部审计人员不得利用其在实施内部审计业务时获取的信息牟取不正当利益，或者以有悖于法律法规、组织规定及职业道德的方式使用信息。

（三）内部审计具体准则基本内容

内部审计具体准则分为作业类、业务类和管理类。

作业类准则（9 项）涵盖了内部审计程序和技术方法方面的相关内容，主要包括《第2101 号内部审计具体准则——审计计划》、《第 2102 号内部审计具体准则——审计通知书》、《第 2103 号内部审计具体准则——审计证据》、《第 2104 号内部审计具体准则——审计工作底稿》、《第 2105 号内部审计具体准则——结果沟通》、《第 2106 号内部审计具体准则——审计报告》、《第 2107 号内部审计具体准则——后续审计》、《第 2108 号内部审计具体准则——审计抽样》和《第 2109 号内部审计具体准则——分析程序》。

业务类准则（4 项）包括《第 2201 号内部审计具体准则——内部控制审计》、《第2202 号内部审计具体准则——绩效审计》、《第 2203 号内部审计具体准则——信息系统审计》和《第 2204 号内部审计具体准则——对舞弊行为的检查和报告》。

管理类准则（7 项）包括《第 2301 号内部审计具体准则——内部审计机构的管理》、《第 2302 号内部审计具体准则——与董事会或最高管理层的关系》、《第 2303 号内部审计具体准则——内部审计与外部审计的协调》、《第 2304 号内部审计具体准则——利用外部专家服务》、《第 2305 号内部审计具体准则——人际关系》、《第 2306 号内部审计具体准则——内部审计质量控制》和《第 2307 号内部审计具体准则——评价外部审计工作质量》。

（四）内部审计实务指南基本内容

内部审计实务指南共 5 项，分别为《内部审计实务指南第 1 号——建设项目内部审计》、《内部审计实务指南第 2 号——物资采购审计》、《内部审计实务指南第 3 号——审计报告》、《内部审计实务指南第 4 号——高校内部审计》和《内部审计实务指南第 5 号——企业内部经济责任审计》，为内部审计机构和人员进行内部审计提供了具有可操作性的指导意见。

第三节　注册会计师执业准则体系

一、注册会计师执业准则框架

（一）国际审计准则

国际会计师联合会（IFAC）是一个由职业会计师组成的非营利性组织，该组织于1977 年成立，总部设在美国的纽约，其成员来自 100 多个国家的 160 多个会员团体。IFAC 的目标是促进会计师行业准则在全球范围内的协调统一，使会计师能够站在公众利益的角度提供持续高质量的服务。中国注册会计师协会于 1997 年正式成为国际会计师联合会成员。

国际会计师联合会设有理事会、秘书处等机构以及多个专业委员会。其中的国际审计与鉴证准则理事会（IAASB）是准则制定机构，负责国际审计准则的制定与推广。质量准则是由 IAASB 制定的、执行所有业务必须遵守的准则，业务准则是审计准则、审阅准则、其他鉴证业务准则和相关服务准则的统称。IAASB 公布的准则（或公告）的基本框架如图 4-1 所示。

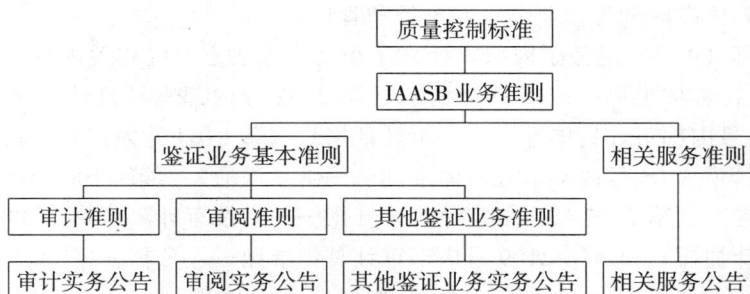

图 4-1　IAASB 公布的准则（或公告）的基本框架

随着经济全球化的深入发展，资本的跨区跨境流动日益频繁，对于作为国际商业语言的会计来说，建立一套全球普遍认同的财务报告框架体系迫在眉睫，而这一体系又需要有一套全球普遍认可的审计准则作为支撑。为澄清对审计师的工作要求，提高准则理解和执行的一致性，2008 年年底 IAASB 颁布了 36 项新修订的国际审计准则和一项清晰的国际质量控制准则。2015 年 1 月 15 日，IFAC 新制定（修订）的与审计报告相关的准则文本，适用于会计期间截止日为 2016 年 12 月 15 日及之后的财务报表审计工作，目的是大力加强审计报告对投资者和其他财务报告使用者的效用，为其决策提供更多有用信息。

IAASB 颁布的准则包括如下：

ISQC 1　　　　会计师事务所执行财务报表审计、审阅和其他鉴证业务以及相关服务业务的质量控制准则

ISA 200　　　　独立审计师的总体目标，以及按照国际审计准则执行审计工作

ISA 210　　　　就审计业务约定条款达成一致意见

ISA 220　　　　财务报表审计的质量控制

ISA 230　　　　审计工作底稿

ISA 240　　　　审计师在财务报表审计中对舞弊的责任

ISA 250	审计师在财务报表审计中对法律法规的责任
ISA 260	与治理层的沟通
ISA 265	沟通内部控制缺陷
ISA 300	计划财务报表审计
ISA 315	了解被审计单位及其环境并评估重大错报风险
ISA 320	计划和执行审计工作中的重要性
ISA 330	审计师针对评估的风险的应对程序
ISA 402	对于使用第三方服务机构的被审计单位的审计考虑
ISA 450	评估审计过程中识别的错报
ISA 500	审计证据
ISA 501	审计证据——对选定项目的特殊考虑
ISA 505	外部函证
ISA 510	首次审计业务：期初余额
ISA 520	分析程序
ISA 530	审计抽样
ISA 540	审计会计估计，包括公允价值会计估计和相关披露
ISA 550	关联方
ISA 560	期后事项
ISA 570	持续经营
ISA 580	书面声明
ISA 600	审计集团财务报表的特殊考虑（包括组成部分审计师的工作）
ISA 610	利用内部审计师的工作
ISA 620	利用专家的工作
ISA 700	形成财务报表审计意见和审计报告
ISA 705	修正意见的独立审计师报告
ISA 706	独立审计师报告中的强调事项段和其他事项段
ISA 710	比较信息：对应数和比较财务报表
ISA 720	审计师对含有已审计财务报表中的其他信息的责任
ISA 800	审计按照特殊目的框架编制的财务报表的特殊考虑
ISA 805	审计个别财务报表和财务报表特定要素、账户或项目的特殊考虑
ISA 810	对简要财务报表出具报告的业务
IAPS 1006	银行财务报表审计
IAPS 1000	银行间函证程序
IAPS 1004	与银行监管机构的关系
IAPS 1010	财务报表审计中对环境事项的考虑
IAPS 1012	衍生金融工具的审计
IAPS 1013	电子商务对财务报表审计的影响
ISRE 2400	财务报表审阅

ISRE 2410 由被审计单位独立审计师执行的中期财务信息审阅

ISAE 3000 历史财务信息审计或审阅以外的鉴证业务

ISAE 3400 预测性财务信息的审核

ISAE 3402 在服务机构控制方面的鉴证报告

ISRS 4400 对财务信息执行商定程序

ISRS 4410 代编财务信息

ISQC 1 会计师事务所对执行财务报表审计和审阅、其他鉴证和相关服务业务实施的质量控制

（二）中国注册会计师执业准则

1. 中国注册会计师执业准则制定历程

执业准则作为规范注册会计师执行业务的权威性标准，对提高注册会计师执业质量，降低执业风险，维护社会公众利益具有重要的作用，其建设经历了三个阶段。

（1）起步阶段（1980—1993）

1980年，注册会计师行业恢复重建后不久，针对当时的审计验资业务，启动了执业标准的制定工作，并陆续出台了相关执业规定。随着中国注册会计师协会（以下简称"中注协"）的成立，专业标准建设工作得到了高度重视，进入了快速发展时期。中注协设立了专业标准部，负责专业标准的研究制定工作。从1991年到1993年，先后发布了《注册会计师检查验证会计报表规则（试行）》等7个执业规则。这些执业规则对我国注册会计师行业走向正规化和专业化起到了积极作用。

（2）制定准则阶段（1994—2004）

1993年10月31日，第八届全国人民代表大会常务委员会第四次会议通过《注册会计师法》，赋予中注协依法拟订执业准则、规则的职能。经财政部批准同意，中注协自1994年5月开始起草独立审计准则。到2004年，中注协先后分6批制定了独立审计准则，共计发布41个项目，基本建立起我国审计准则体系框架。

（3）国际趋同阶段（2005年至今）

随着审计环境的变化和公司财务舞弊事件的发生，以及国际审计准则的大规模修改，迫切要求大力改进审计准则，增加审计的有效性，防范和化解审计风险，维护市场经济的稳定有序运行。在此背景下，财政部于2005年年初提出了我国会计审计准则国际趋同的主张和中国会计审计准则体系建设的目标。根据这一目标，遵循科学、民主、透明和公开的准则制定程序，2006年2月15日，包括48项审计准则的新审计准则体系正式发布，审计准则体系实现了国际趋同的历史性突破。2009年，根据国际审计准则明晰项目，启动了对38项审计准则的修订，2010年11月正式发布，自2012年1月1日起实施。为了提高注册会计师审计报告的信息含量，满足资本市场改革与发展对高质量会计信息的需求，保持我国审计准则与国际准则的持续全面趋同，2016年中国注册会计师协会拟订和颁布了《中国注册会计师审计准则第1504号——在审计报告中沟通关键审计事项》等12项准则，新审计报告准则自2017年1月1日起实施，并与由国际审计与鉴证准则理事会（IAASB）引领的该领域的国际发展一致。

2. 中国注册会计师执业准则框架

中国注册会计师执业准则体系受注册会计师职业道德守则统御，包括注册会计师业务准则和会计师事务所质量控制准则（如图 4-2 所示）。注册会计师业务准则包括鉴证业务准则和相关服务准则（如图 4-3 所示）。

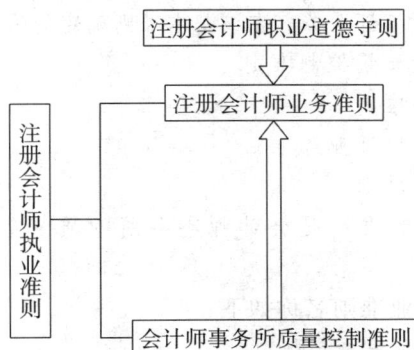

图 4-2 中国注册会计师执业准则体系

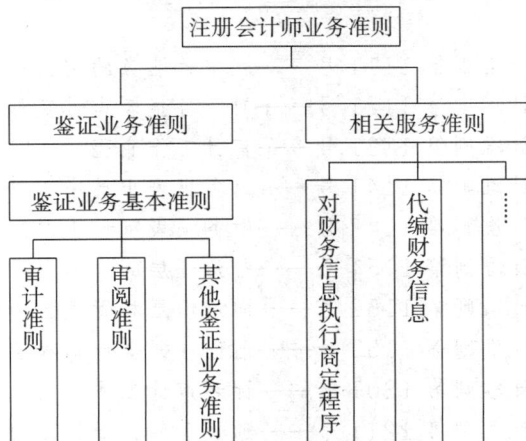

图 4-3 中国注册会计师业务准则体系

鉴证业务准则由鉴证业务基本准则统领，按照鉴证业务提供的保证程度和鉴证对象的不同，分为中国注册会计师审计准则、中国注册会计师审阅准则和中国注册会计师其他鉴证业务准则（以下分别简称审计准则、审阅准则和其他鉴证业务准则）。其中，审计准则是整个执业准则体系的核心。

审计准则用以规范注册会计师执行历史财务信息的审计业务。在提供审计服务时，注册会计师对所审计信息是否不存在重大错报提供合理保证，并以积极方式提出结论。

审阅准则用以规范注册会计师执行历史财务信息的审阅业务。在提供审阅服务时，注册会计师对所审阅信息是否不存在重大错报提供有限保证，并以消极方式提出结论。

其他鉴证业务准则用以规范注册会计师执行历史财务信息审计或审阅以外的其他鉴证业务，根据鉴证业务的性质和业务约定的要求，提供有限保证或合理保证。

相关服务准则用以规范注册会计师代编财务信息、执行商定程序、提供管理咨询等其他服务。在提供相关服务时，注册会计师不提供任何程度的保证。

会计师事务所质量控制准则用以规范会计师事务所在执行各类业务时应当遵守的质量控制政策和程序，是对会计师事务所质量控制提出的制度要求。

【实例 4-1】（单选题）中国注册会计师鉴证业务基本准则是鉴证业务准则的概念性框架，旨在规范注册会计师执行鉴证业务。在该基本准则确定的适用范围中，不包括（　　）。

A．中国注册会计师审计质量控制准则

B．中国注册会计师审计准则

C．中国注册会计师其他鉴证业务准则

D．中国注册会计师审阅准则

分析：A。审计质量控制准则是会计师事务所的质量管理标准，不属于鉴证业务准则。

52 项中国注册会计师执业准则名称如下：

中国注册会计师鉴证业务基本准则

中国注册会计师审计准则第 1101 号——注册会计师的总体目标和审计工作的基本要求

中国注册会计师审计准则第 1111 号——就审计业务约定条款达成一致意见

中国注册会计师审计准则第 1121 号——对财务报表审计实施的质量控制

中国注册会计师审计准则第 1131 号——审计工作底稿

中国注册会计师审计准则第 1141 号——财务报表审计中与舞弊相关的责任

中国注册会计师审计准则第 1142 号——财务报表审计中对法律法规的考虑

中国注册会计师审计准则第 1151 号——与治理层的沟通

中国注册会计师审计准则第 1152 号——向治理层和管理层通报内部控制缺陷

中国注册会计师审计准则第 1153 号——前任注册会计师和后任注册会计师的沟通

中国注册会计师审计准则第 1201 号——计划审计工作

中国注册会计师审计准则第 1211 号——通过了解被审计单位及其环境识别和评估重大错报风险

中国注册会计师审计准则第 1221 号——计划和执行审计工作时的重要性

中国注册会计师审计准则第 1231 号——针对评估的重大错报风险采取的应对措施

中国注册会计师审计准则第 1241 号——对被审计单位使用服务机构的考虑

中国注册会计师审计准则第 1251 号——评价审计过程中识别出的错报

中国注册会计师审计准则第 1301 号——审计证据

中国注册会计师审计准则第 1311 号——对存货、诉讼和索赔、分部信息等特定项目获取审计证据的具体考虑

中国注册会计师审计准则第 1312 号——函证

中国注册会计师审计准则第 1313 号——分析程序

中国注册会计师审计准则第 1314 号——审计抽样

中国注册会计师审计准则第 1321 号——审计会计估计（包括公允价值会计估计）和相关披露

中国注册会计师审计准则第 1323 号——关联方

中国注册会计师审计准则第 1324 号——持续经营

中国注册会计师审计准则第 1331 号——首次审计业务涉及的期初余额

中国注册会计师审计准则第 1332 号——期后事项

中国注册会计师审计准则第 1341 号——书面声明

中国注册会计师审计准则第 1401 号——对集团财务报表审计的特殊考虑

中国注册会计师审计准则第 1411 号——利用内部审计人员的工作

中国注册会计师审计准则第 1421 号——利用专家的工作

中国注册会计师审计准则第 1501 号——对财务报表形成审计意见和出具审计报告

中国注册会计师审计准则第 1502 号——在审计报告中发表非无保留意见

中国注册会计师审计准则第 1503 号——在审计报告中增加强调事项段和其他事项段

中国注册会计师审计准则第 1504 号——在审计报告中沟通关键审计事项

中国注册会计师审计准则第 1511 号——比较信息：对应数据和比较财务报表

中国注册会计师审计准则第 1521 号——注册会计师对其他信息的责任

中国注册会计师审计准则第 1601 号——对按照特殊目的编制基础编制的财务报表审计的特殊考虑

中国注册会计师审计准则第 1602 号——验资

中国注册会计师审计准则第 1603 号——对单一财务报表和财务报表特定要素审计的特殊考虑

中国注册会计师审计准则第 1604 号——对简要财务报表出具报告的业务

中国注册会计师审计准则第 1611 号——商业银行财务报表审计

中国注册会计师审计准则第 1612 号——银行间函证程序

中国注册会计师审计准则第 1613 号——与银行监管机构的关系

中国注册会计师审计准则第 1631 号——财务报表审计中对环境事项的考虑

中国注册会计师审计准则第 1632 号——衍生金融工具的审计

中国注册会计师审计准则第 1633 号——电子商务对财务报表审计的影响

中国注册会计师审阅准则第 2101 号——财务报表审阅

中国注册会计师其他鉴证业务准则第 3101 号——历史财务信息审计或审阅以外的鉴证业务

中国注册会计师其他鉴证业务准则第 3111 号——预测性财务信息的审核

中国注册会计师相关服务准则第 4101 号——对财务信息执行商定程序

中国注册会计师相关服务准则第 4111 号——代编财务信息

质量控制准则第 5101 号——会计师事务所对执行财务报表审计和审阅、其他鉴证和相关服务业务实施的质量控制

二、鉴证业务准则基本内容

（一）鉴证业务的定义、要素和目标

鉴证业务准则适用于注册会计师提供的信息鉴证服务。在鉴证业务中，注册会计师以

独立第三方的身份，收集充分、适当的证据，并依据恰当的标准对所验证的信息发表书面意见或结论。

鉴证业务准则由鉴证业务基本准则统领，按照鉴证业务提供的保证程度和鉴证对象的不同，分为审计准则、审阅准则和其他鉴证业务准则。

1. 鉴证业务的定义

鉴证业务是指注册会计师对鉴证对象信息提出结论，以增强除责任方之外的预期使用者对鉴证对象信息信任程度的业务。鉴证对象信息是按照标准对鉴证对象进行评价和计量的结果，如责任方按照会计准则和相关会计制度（标准）对其财务状况、经营成果和现金流量（鉴证对象）进行确认、计量和列报而形成的财务报表（鉴证对象信息）。

鉴证业务包括历史财务信息审计业务、历史财务信息审阅业务和其他鉴证业务。注册会计师执行历史财务信息审计业务、历史财务信息审阅业务和其他鉴证业务时，应当遵守鉴证业务基本准则以及依据该准则制定的审计准则、审阅准则和其他鉴证业务准则。

2. 鉴证业务要素

鉴证业务要素，是指鉴证业务的三方关系、鉴证对象、标准、证据和鉴证报告。

（1）三方关系。三方关系分别是注册会计师、责任方和预期使用者。注册会计师对由责任方负责的鉴证对象或鉴证对象信息提出结论，以增强除责任方之外的预期使用者对鉴证对象信息的信任程度。

（2）鉴证对象。鉴证对象具有多种不同的表现形式，如财务或非财务的业绩或状况、物理特征、系统与过程、行为等。不同的鉴证对象具有不同的特征。

（3）标准。标准即用来对鉴证对象进行评价或计量的基准，当涉及列报时，还包括列报的基准。

（4）证据。获取充分、适当的证据是注册会计师提出鉴证结论的基础。

（5）鉴证报告。注册会计师应当针对鉴证对象信息（或鉴证对象）在所有重大方面是否符合适当的标准，以书面报告的形式发表能够提供一定保证程度的结论。

3. 鉴证业务的目标

鉴证业务的保证程度分为合理保证和有限保证。合理保证的保证水平要高于有限保证的保证水平。

合理保证的鉴证业务的目标是注册会计师将鉴证业务风险降至该业务环境下可接受的低水平，以此作为以积极方式提出结论的基础。如在历史财务信息审计中，要求注册会计师将审计风险降至该业务环境下可接受的低水平，对审计后的历史财务信息提供高水平保证（合理保证），在审计报告中对历史财务信息采用积极方式提出结论。这种业务属于合理保证的鉴证业务。

有限保证的鉴证业务的目标是注册会计师将鉴证业务风险降至该业务环境下可接受的水平，以此作为以消极方式提出结论的基础。如在历史财务信息审阅中，要求注册会计师将审阅风险降至该业务环境下可接受的水平（高于历史财务信息审计中可接受的低水平），对审阅后的历史财务信息提供低于高水平的保证（有限保证），在审阅报告中对历史财务信息采用消极方式提出结论。这种业务属于有限保证的鉴证业务。

4.基于责任方认定的业务和直接报告业务

鉴证业务分为基于责任方认定的业务和直接报告业务。在基于责任方认定的业务中，责任方对鉴证对象进行评价或计量，鉴证对象信息以责任方认定的形式为预期使用者获取。如在财务报表审计中，被审计单位管理层（责任方）对财务状况、经营成果和现金流量（鉴证对象）进行确认、计量和列报（评价或计量）而形成的财务报表（鉴证对象信息）即为责任方的认定，该财务报表可为预期使用者获取，注册会计师针对财务报表出具审计报告。这种业务属于基于责任方认定的业务。

在直接报告业务中，注册会计师直接对鉴证对象进行评价或计量，或者从责任方获取对鉴证对象评价或计量的认定，而该认定无法为预期使用者获取，预期使用者只能通过阅读鉴证报告获取鉴证对象信息。如在内部控制鉴证业务中，注册会计师可能无法从管理层（责任方）获取其对内部控制有效性的评价报告（责任方认定），或虽然注册会计师能够获取该报告，但预期使用者无法获取该报告，注册会计师直接对内部控制的有效性（鉴证对象）进行评价并出具鉴证报告，预期使用者只能通过阅读该鉴证报告获得内部控制有效性的信息（鉴证对象信息）。这种业务属于直接报告业务。

基于责任方认定的业务和直接报告业务的区别主要表现在以下四个方面：

（1）预期使用者获取鉴证对象信息的方式不同。在基于责任方认定的业务中，预期使用者可以直接获取鉴证对象信息（责任方认定），而不一定要通过阅读鉴证报告。

在直接报告业务中，可能不存在责任方认定，即便存在，该认定也无法为预期使用者所获取。预期使用者只能通过阅读鉴证报告获取有关的鉴证对象信息。

（2）注册会计师提出结论的对象不同。在基于责任方认定的业务中，注册会计师提出结论的对象可能是责任方认定，也可能是鉴证对象。此类业务的逻辑顺序是：首先，责任方按照标准对鉴证对象进行评价和计量，形成责任方认定，注册会计师获取该认定；然后，注册会计师根据适当的标准对鉴证对象再次进行评价和计量，并将结果与责任方认定进行比较；最后，注册会计师针对责任方认定提出鉴证结论，或直接针对鉴证对象提出结论。

在直接报告业务中，无论责任方认定是否存在、注册会计师能否获取该认定，注册会计师在鉴证报告中都将直接对鉴证对象提出结论。

（3）责任方的责任不同。在基于责任方认定的业务中，由于责任方已经将既定标准应用于鉴证对象，形成了鉴证对象信息（即责任方认定），因此，责任方应当对鉴证对象信息负责。责任方可能同时也要对鉴证对象负责。例如，在财务报表审计中，被审计单位管理层既要对财务报表（鉴证对象信息）负责，也要对财务状况、经营成果和现金流量（鉴证对象）负责。

在直接报告业务中，无论注册会计师是否获取了责任方认定，鉴证报告中都不体现责任方的认定，责任方仅需要对鉴证对象负责。

（4）鉴证报告的内容和格式不同。在基于责任方认定的业务中，鉴证报告的引言段通常会提供责任方认定的相关信息，进而说明其所执行的鉴证程序并提出鉴证结论。

在直接报告业务中，注册会计师直接说明鉴证对象、执行的鉴证程序并提出鉴证结论。

【实例 4-2】（单选题）下面有关鉴证业务的叙述中正确的是（　　　）。

A．注册会计师的审计意见应合理保证预期使用者利用财务报表作出正确的决策

B．注册会计师对鉴证对象信息是否不存在重大错报提供合理保证，其结论的提出可以是积极方式也可以是消极方式

C．注册会计师对鉴证对象或鉴证对象信息提出结论，以增强除责任方之外的预期使用者对鉴证对象信息的信任程度

D．在基于责任方认定的业务中，预期使用者通过阅读鉴证报告才能获得鉴证对象信息

分析：C。注册会计师的审计意见应合理保证预期使用者决策所依据的财务报表信息是可靠的，而不能保证决策是正确的，故选项 A 错误。对于合理保证业务，应以积极方式提出结论，故选项 B 错误。在直接报告业务中，预期使用者通过阅读鉴证报告才能获得鉴证对象信息，故选项 D 错误。

（二）业务承接

1．承接鉴证业务的条件

在接受委托前，注册会计师应当初步了解业务环境。业务环境包括业务约定事项、鉴证对象特征、使用的标准、预期使用者的需求、责任方及其环境的相关特征，以及可能对鉴证业务产生重大影响的事项、交易、条件和惯例等其他事项。

在初步了解业务环境后，注册会计师应当考虑承接该业务是否符合独立性和专业胜任能力等相关职业道德规范的要求。例如，注册会计师是否独立于该项鉴证业务的委托人和责任方，是否具备与所承接的鉴证业务相适应的专业胜任能力等。

由于注册会计师并非是所有方面的专家，鉴证业务涉及的特殊知识和技能可能会超出注册会计师的能力，此时，注册会计师可以考虑利用专家的工作。例如，当鉴证对象是信息技术系统的运营情况时，注册会计师可以利用信息技术专家的工作；当鉴证对象是法律法规的遵循情况时，注册会计师可以利用法律专家的工作。

在初步了解业务环境后，只有认为符合独立性和专业胜任能力等相关职业道德规范的要求，并且拟承接的业务具备下列所有特征时，注册会计师才能将其作为鉴证业务予以承接：

（1）鉴证对象适当；

（2）使用的标准适当且预期使用者能够获取该标准；

（3）注册会计师能够获取充分、适当的证据以支持其结论；

（4）注册会计师的结论以书面报告形式表述，且表述形式与所提供的保证程度相适应；

（5）该业务具有合理的目的：如果鉴证业务的工作范围受到重大限制，或者委托人试图将注册会计师的名字和鉴证对象不适当地联系在一起，则该项业务可能不具有合理的目的。

当拟承接的业务不具备上述鉴证业务的所有特征，不能将其作为鉴证业务予以承接时，注册会计师可以提请委托人将其作为非鉴证业务（如商定程序、代编财务信息、管理咨询、税务咨询等相关服务业务），以满足预期使用者的需要。

2.标准不适当时的处理方式

如果拟承接的鉴证业务所采用的标准不适当，注册会计师一般应当拒绝承接该项业务。但这并不是绝对的。如果某项鉴证业务采用的标准不适当，但满足下列条件之一时，注册会计师可以考虑将其作为一项新的鉴证业务：

（1）委托人能够确认鉴证对象的某个方面适用于所采用的标准，注册会计师可以针对该方面执行鉴证业务，但在鉴证报告中应当说明该报告的内容并非针对鉴证对象整体。例如，鉴证对象是企业运营情况（包括企业的内部控制），对运营情况的评价缺乏相关的标准，但可以确信的是，评价企业内部控制情况可以以权威的内部控制规范作为标准。

（2）能够选择或设计适用于鉴证对象的其他标准。例如，鉴证对象是某一都市报的运营情况，其本身可能缺乏相关的评价标准。在这种情况下，注册会计师可以选择报纸发行总量、所在城市每百户平均订阅量，以及报纸的广告收入等行业协会发布的有关报社效率或效果的关键指标作为标准。

【实例4-3】（多选题）当标准或鉴证对象不适当时，注册会计师作出的以下决策中正确的有（　　）。

A.考虑解除业务约定　　　　　　　　B.出具否定意见的报告
C.出具无法表示意见的报告　　　　　D.出具保留意见的报告

分析：ABCD。如果因标准或鉴证对象不适当会误导预期使用者，应视其重大与广泛程度发表保留意见或否定意见的报告；如果因标准或鉴证对象不适当造成注册会计师工作范围受到限制，应视其重大与广泛程度发表保留意见或无法表示意见的报告，在某些情况下，注册会计师应当考虑解除业务约定。

3.已承接鉴证业务的变更

对已承接的鉴证业务，如果没有合理理由，注册会计师不应将该项业务变更为非鉴证业务，或将合理保证的鉴证业务变更为有限保证的鉴证业务。

在实务中，注册会计师一般是应委托人的要求来变更业务类型的。委托人要求变更业务类型主要有以下三方面的原因：

（1）业务环境变化影响到预期使用者的需求；

（2）预期使用者对该项业务的性质存在误解；

（3）业务范围存在限制。

上述第（1）点和第（2）点原因通常被认为是变更业务的合理理由。当业务环境变化影响到预期使用者的需求，或预期使用者对该项业务的性质存在误解时，注册会计师可以应委托人的要求，考虑同意变更该项业务。

但如果有迹象表明该变更要求与错误的、不完整的或者不能令人满意的信息有关，注册会计师不应当认为该变更是合理的。

如果没有合理的理由，注册会计师不应当同意变更业务。如果注册会计师不同意变更业务，委托人又不同意继续执行原鉴证业务，注册会计师应当考虑解除业务约定，并考虑是否有义务向有关方面（例如，委托单位董事会或股东会）说明解除业务约定的理由。

如果发生变更，注册会计师不应忽视变更前获取的证据。此外，注册会计师还需考虑变更业务对法律责任或业务约定条款的影响。如果变更业务引起业务约定条款的变更，注册会计师应当与委托人就新条款达成一致意见。

【实例4-4】（多选题）下列有关注册会计师对已承接的鉴证业务进行变更的相关处理中正确的有（　　）。

A．如果没有合理的理由，注册会计师不应当同意变更业务。如果注册会计师不同意变更业务，委托人又不同意继续执行原鉴证业务，注册会计师应当考虑解除业务约定，并考虑是否有义务向有关方面（例如委托单位董事会或股东会）说明解除业务约定的理由

B．如果有迹象表明该变更要求与错误的、不完整的或者不能令人满意的信息有关，注册会计师不应当认为该变更是合理的

C．对已承接的鉴证业务，如果没有合理理由，注册会计师不应将该项业务变更为非鉴证业务，或将合理保证的鉴证业务变更为有限保证的鉴证业务

D．当业务环境变化影响到预期使用者的需求，或预期使用者对该项业务的性质存在误解时，注册会计师可以应委托人的要求，考虑同意变更该项业务

分析：ABCD。已承接的鉴证业务变更的原因有：（1）业务环境变化影响到预期使用者的需求；（2）预期使用者对该项业务的性质存在误解；（3）业务范围存在限制。注册会计师应当评估变更理由是否合理，一般理由（1）（2）产生的变更合理，注册会计师可以考虑同意变更；如果存在理由（3），或者有迹象表明该变更要求与错误的、不完整的或者不能令人满意的信息有关，注册会计师不应当认为该变更是合理的。如果没有合理理由，注册会计师不应将该项业务变更为非鉴证业务，或将合理保证的鉴证业务变更为有限保证的鉴证业务，如果注册会计师不同意变更业务，委托人又不同意继续执行原鉴证业务，注册会计师应当考虑解除业务约定，并考虑是否有义务向有关方面（例如委托单位董事会或股东会）说明解除业务约定的理由。

（三）鉴证业务的三方关系

1．三方关系概述

鉴证业务涉及的三方关系人包括注册会计师、责任方和预期使用者。责任方与预期使用者可能是同一方，也可能不是同一方。

三方之间的关系是，注册会计师对由责任方负责的鉴证对象或鉴证对象信息提出结论，以增强除责任方之外的预期使用者对鉴证对象信息的信任程度。

鉴证业务以提高鉴证对象信息的可信性为主要目的。由于鉴证对象信息（或鉴证对象）是由责任方负责的，因此，注册会计师的鉴证结论主要是向除责任方之外的预期使用者提供的。在某些情况下，责任方和预期使用者可能来自同一企业，但并不意味着两者就是同一方。例如，某公司同时设有董事会和监事会，监事会需要对董事会和管理层提供的信息进行监督。

由于鉴证结论有利于提高鉴证对象信息的可信性，有可能对责任方有用，因此，在这种情况下，责任方也会成为预期使用者之一，但不是唯一的预期使用者。例如，在财务报表审计中，责任方是被审计单位的管理层，此时被审计单位的管理层便是审计报告的预期使用者之一，但同时预期使用者还包括企业的股东、债权人、监管机构等。

因此，是否存在三方关系人是判断某项业务是否属于鉴证业务的重要标准之一。如果

某项业务不存在除责任方之外的其他预期使用者,那么该业务不构成一项鉴证业务。

鉴证业务还会涉及委托人,但委托人不是单独存在的一方,委托人通常是预期使用者之一,委托人也可能由责任方担任。

2. 注册会计师

注册会计师,是指取得注册会计师证书并在会计师事务所执业的人员,有时也指其所在的会计师事务所。

如果鉴证业务涉及的特殊知识和技能超出了注册会计师的能力,注册会计师可以利用专家协助执行鉴证业务。在这种情况下,注册会计师应当确信包括专家在内的项目组整体已具备执行该项鉴证业务所需的知识和技能,并充分参与该项鉴证业务和了解专家所承担的工作。

3. 责任方

对责任方的界定与所执行鉴证业务的类型有关。责任方是指下列组织或人员:

(1)在直接报告业务中,对鉴证对象负责的组织或人员。例如,在系统鉴证业务中,注册会计师直接对系统的有效性进行评价并出具鉴证报告,该业务的鉴证对象是被鉴证单位系统的有效性,责任方是对该系统负责的组织或人员,即被鉴证单位的管理层。

(2)在基于责任方认定的业务中,对鉴证对象信息负责并可能同时对鉴证对象负责的组织或人员。例如,企业聘请注册会计师对企业管理层编制的持续经营报告进行鉴证。在该业务中,鉴证对象信息为持续经营报告,由该企业的管理层负责,企业管理层为责任方。该业务的鉴证对象为企业的持续经营状况,它同样由企业的管理层负责。再如,某政府组织聘请注册会计师对某企业的持续经营报告进行鉴证,该持续经营报告由该政府组织编制并分发给预期使用者。在该业务中,鉴证对象信息由该政府组织负责,该政府组织为责任方。该业务的鉴证对象为企业的持续经营状况,责任方即该政府组织却无须为其负责。

责任方可能是鉴证业务的委托人,也可能不是委托人。

注册会计师通常提请责任方提供书面声明,表明责任方已按照既定标准对鉴证对象进行评价或计量,无论该声明是否能为预期使用者获取。在基于责任方认定的业务中,注册会计师对责任方认定出具鉴证报告,责任方通常会提供有关该认定的书面声明。在直接报告业务中,当委托人与责任方不是同一方时,注册会计师可能无法获取此类书面声明。

4. 预期使用者

预期使用者是指预期使用鉴证报告的组织或人员。责任方可能是预期使用者,但不是唯一的预期使用者。

如果鉴证业务服务于特定的使用者或具有特殊目的,注册会计师可以很容易地识别预期使用者。例如,企业向银行贷款,银行要求企业提供一份与贷款项目相关的预测性财务信息审核报告,那么,银行就是该鉴证报告的预期使用者。

注册会计师可能无法识别使用鉴证报告的所有组织和人员,尤其在各种可能的预期使用者对鉴证对象存在不同的利益需求时。此时,预期使用者主要是指那些与鉴证对象有重要和共同利益的主要利益相关者。例如,在上市公司财务报表审计中,预期使用者主要是指上市公司的股东。注册会计师应当根据法律法规的规定或与委托人签订的协议识别预期使用者。

在可行的情况下，鉴证报告的收件人应当明确为所有的预期使用者。需要说明的是，虽然鉴证报告的收件人应当尽可能地明确为所有的预期使用者，但在实务中往往很难做到这一点。原因很简单：有时鉴证报告并不向某些特定组织或人员提供，但这些组织或人员也有可能使用鉴证报告。例如，注册会计师为上市公司提供财务报表审计服务，其审计报告的收件人为"××股份有限公司全体股东"，但除了股东之外，公司债权人、证券监管机构等显然也是预期使用者。

【实例4-5】（多选题）关于鉴证业务三方关系，下列叙述中正确的有（　　　）。

A．鉴证业务涉及的三方关系人包括注册会计师、委托人和预期使用者

B．鉴证业务涉及的三方关系人包括注册会计师、责任方和预期使用者

C．在直接报告业务中，责任方是对鉴证对象负责的组织或人员

D．预期使用者有时会包括责任方，在鉴证业务中，责任方可能会是唯一的预期使用者

分析：BC。由于委托人通常是预期使用者之一，委托人也可能由责任方担任，因此委托人不出现在三方关系人中，鉴证业务涉及的三方关系人包括注册会计师、责任方和预期使用者，故选项A不正确，选项B正确。责任方不会成为鉴证业务唯一的预期使用者，否则将不再是一项鉴证业务，在直接报告业务中，责任方是对鉴证对象负责的组织或人员，在基于责任方认定的业务中，责任方应当对鉴证对象信息负责，可能同时也要对鉴证对象负责，故选项C正确，选项D不正确。

（四）鉴证对象

1. 鉴证对象与鉴证对象信息的形式

在注册会计师提供的鉴证业务中，存在多种不同类型的鉴证对象，相应地，鉴证对象信息也具有多种不同的形式。鉴证对象与鉴证对象信息具有多种形式，主要包括：

（1）当鉴证对象为财务业绩或状况时（如历史或预测的财务状况、经营成果和现金流量），鉴证对象信息是财务报表。

（2）当鉴证对象为非财务业绩或状况时（如企业的运营情况），鉴证对象信息可能是反映效率或效果的关键指标。

（3）当鉴证对象为物理特征时（如设备的生产能力），鉴证对象信息可能是有关鉴证对象物理特征的说明文件。

（4）当鉴证对象为某种系统和过程时（如企业的内部控制或信息技术系统），鉴证对象信息可能是关于其有效性的认定。

（5）当鉴证对象为一种行为时（如遵守法律法规的情况），鉴证对象信息可能是对法律法规遵守情况或执行效果的声明。

2. 鉴证对象的特征

鉴证对象具有不同的特征，可能表现为定性或定量、客观或主观、历史或预测、时点或期间。这些特征将对下列方面产生影响：

（1）按照标准对鉴证对象进行评价或计量的准确性。

（2）证据的说服力。

　　例如，当鉴证对象为遵守法规的情况时，它的特征是定性的；当鉴证对象为企业的财务业绩或状况时，它的特征就是定量的。当鉴证对象为企业未来的盈利能力时，它的特征是主观的、预测的；当鉴证对象为企业的历史财务状况时，它的特征就是客观的、历史的；当鉴证对象为企业注册资本的实收情况时，它的特征是时点的；当鉴证对象为企业内部控制过程时，它的特征就是期间的。

　　通常，如果鉴证对象的特征表现为定量的、客观的、历史的或时点的，评价和计量的准确性相对较高，注册会计师获取证据的说服力相对较强，相应地，对鉴证对象信息提供的保证程度也较高。

　　3.适当的鉴证对象应当具备的条件

　　鉴证对象是否适当是注册会计师能否将一项业务作为鉴证业务予以承接的前提条件。适当的鉴证对象应当同时具备下列条件：

　　（1）鉴证对象可以识别。

　　（2）不同的组织或人员对鉴证对象按照既定标准进行评价或计量的结果合理一致。

　　（3）注册会计师能够收集与鉴证对象有关的信息，获取充分、适当的证据，以支持其提出适当的鉴证结论。

　　不适当的鉴证对象可能会误导预期使用者。如果注册会计师在承接业务后发现鉴证对象不适当，应当视其重大与广泛程度，出具保留意见或否定意见的报告。

　　不适当的鉴证对象还可能造成工作范围受到限制。如果注册会计师在承接业务后发现鉴证对象不适当，应当视工作范围受到限制的重大与广泛程度，出具保留意见或无法表示意见的报告。

　　在适当的情况下，注册会计师可以考虑解除业务约定。

　　【实例4-6】（单选题）在区别鉴证对象和鉴证对象信息时，下列说法中，A注册会计师认为错误的是（　　　）。

　　A．在对甲公司遵守法律法规的情况提供鉴证服务时，鉴证对象可能是法律法规

　　B．在对甲公司提供财务报表审计服务时，鉴证对象可能是财务状况、经营成果和现金流量

　　C．在对甲公司的运营情况提供鉴证服务时，鉴证对象信息可能是反映效率或效果的关键指标

　　D．在对甲公司内部控制提供鉴证服务时，鉴证对象信息可能是关于内部控制有效性的认定

　　分析：A。当鉴证对象为一种行为时（如遵守法律法规的情况），鉴证对象信息可能是对法律法规遵守情况或执行效果的声明。做选项A不正确。

　　（五）标准

　　1.标准的定义

　　标准是指用于评价或计量鉴证对象的基准，当涉及列报时，还包括列报的基准（列报包括披露）。

　　标准是鉴证业务中不可或缺的一项要素。运用职业判断对鉴证对象作出评价或计量，离不开适当的标准。如果没有适当的标准提供指引，任何个人的解释甚至误解都可能对结

论产生影响，这样一来，结论必然缺乏可信性。也就是说，标准是对所要发表意见的鉴证对象进行"度量"的一把"尺子"，责任方和注册会计师可以根据这把"尺子"对鉴证对象进行"度量"。

需要指出的是，对同一鉴证对象进行评价或计量并不一定要选择同一个标准。例如，要评价消费者满意度这一鉴证对象，某些责任方或注册会计师可能会以消费者投诉的次数作为衡量标准；而另外的一些责任方或注册会计师可能会选择消费者在初始购买后的三个月内重复购买的数量作为衡量的标准。

2. 标准的类型

标准可以是正式的规定，如编制财务报表所使用的会计准则和相关会计制度；也可以是某些非正式的规定，如单位内部制定的行为准则或确定的绩效水平。

正式的规定通常是一些"既定的"标准，是由法律法规规定的，或是由政府主管部门或国家认可的专业团体依照公开、适当的程序发布的。例如，编制财务报表时，其标准是权威机构发布的会计准则和相关会计制度；编制内部控制报告时，标准可能是已确立的内部控制规范或指引；编制遵循性报告时，标准可能是适用的法律、法规。

非正式的规定通常是一些"专门制定的"标准，是针对具体的业务项目"量身定做"的，包括企业内部制定的行为准则、确定的绩效水平或商定的行为要求等。

标准的类型不同，注册会计师在评价标准是否适合于具体的鉴证业务时，所关注的重点也不同。

3. 适当的标准应当具备的特征

注册会计师在运用职业判断对鉴证对象作出合理一致的评价或计量时，需要有适当的标准。标准是否适当、是否适用于具体的鉴证业务同样离不开注册会计师的职业判断。如果使用的标准不适当或不适用于具体业务，发表的鉴证结论便毫无意义。

适当的标准应当具备下列所有特征：

（1）相关性。相关的标准有助于得出结论，便于预期使用者作出决策。

（2）完整性。完整的标准不应忽略业务环境中可能影响得出结论的相关因素，当涉及列报时，还包括列报的基准。

（3）可靠性。可靠的标准能够使能力相近的注册会计师在相似的业务环境中，对鉴证对象作出合理一致的评价或计量。

（4）中立性。中立的标准有助于得出无偏向的结论。

（5）可理解性。可理解的标准有助于得出清晰、易于理解、不会产生重大歧义的结论。

注册会计师基于自身的预期、判断和个人经验对鉴证对象进行的评价和计量，不构成适当的标准。

4. 评价标准的适当性

注册会计师应当考虑运用于具体业务的标准是否具备上述特征，以评价该标准对此项业务的适用性。在具体鉴证业务中，注册会计师在评价各项特征的相对重要程度时，需要运用职业判断。

标准可能是由法律法规规定的，或由政府主管部门或国家认可的专业团体依照公开、适当的程序发布的，也可能是专门制定的。采用标准的类型不同，注册会计师为评价该标准对于具体鉴证业务的适用性所需执行的工作也不同。

对于公开发布的标准，注册会计师通常不需要对标准的"适当性"进行评价，而只要评价该标准对具体业务的"适用性"。例如，在我国，会计标准由国家统一制定并强制执行。注册会计师无须评价会计标准是否适当，只需要判断责任方采用的标准是否适用于被鉴证单位即可（如小企业可以采用《小企业会计制度》）。

对于专门制定的标准，注册会计师首先要对这些标准本身的"适当性"加以评价，否则，注册会计师连自己所用的"尺子"是否适当都无法判断，又如何用这把"尺子"去"度量"要发表意见的鉴证对象。

5. 预期使用者获取标准的方式

标准应当能够为预期使用者获取，以使预期使用者了解鉴证对象的评价或计量过程。标准可以通过下列方式供预期使用者获取：

（1）公开发布。

（2）在陈述鉴证对象信息时以明确的方式表述。

（3）在鉴证报告中以明确的方式表述。

（4）常识理解，如计量时间的标准是小时或分钟。

如果确定的标准仅能为特定的预期使用者获取，或仅与特定目的相关，如行业协会发布的标准可能仅能为本行业内部的预期使用者获取，合同条款仅能为合同双方获取，且仅适用于合同约定事项，在这种情况下，鉴证报告的使用也应限于这些特定的预期使用者或特定目的。

【实例4-7】（多选题）下列关于鉴证业务标准的说法中，正确的有（　　）。

A. 注册会计师基于自身的预期、判断和个人经验对鉴证对象进行评价和计量，构成适当的标准

B. 不同的组织或人员对鉴证对象按照不同标准进行评价或计量的结果合理一致

C. 非正式的规定通常是一些"专门制定的"标准，是针对具体的业务项目"量身定做"的，包括企业内部制定的行为准则、确定的绩效水平或商定的行为要求等

D. 适当的标准具有相关性、完整性、可靠性、中立性和可理解性的特征

分析：CD。注册会计师基于自身的预期、判断和个人经验对鉴证对象进行评价和计量，不构成适当的标准，故选项A不正确。不同的组织或人员对鉴证对象按照既定标准进行评价或计量的结果合理一致，故选项B不正确。

（六）证据

1. 总体要求

注册会计师应当以职业怀疑态度来计划和执行鉴证业务，获取有关鉴证对象信息是否不存在重大错报的充分、适当的证据。在计划和执行鉴证业务时，注册会计师保持职业怀疑态度十分必要。例如，它有助于降低注册会计师忽视异常情况的风险，有助于降低注册会计师在确定鉴证程序的性质、时间、范围及评价由此得出的结论时采用错误假设的风险，有助于避免注册会计师根据有限的测试范围过度推断总体实际情况的风险。

注册会计师应当及时对制订的计划、实施的程序、获取的相关证据以及得出的结论作

出记录。在计划和执行鉴证业务，尤其在确定证据收集程序的性质、时间和范围时，应当考虑重要性、鉴证业务风险以及可获取证据的数量和质量。

2. 职业怀疑态度

职业怀疑态度是指注册会计师以质疑的思维方式评价所获取证据的有效性，并对相互矛盾的证据，以及引起对文件记录或责任方提供的信息的可靠性产生怀疑的证据保持警觉。

职业怀疑态度代表的是注册会计师执业时的一种精神状态，它有助于降低注册会计师在执业过程中可能遇到的风险。这些风险通常包括：忽略了可疑的情况；在决定证据收集程序的性质、时间和范围时使用了不恰当的假设；对证据进行了不恰当的评价等。

如果在执行业务过程中识别出的情况使其认为文件记录可能是伪造的或文件记录中的某些条款已发生变动，注册会计师应当作出进一步调查，包括直接向第三方询证，或考虑利用专家的工作，以评价文件记录的真伪。

3. 证据的充分性和适当性

证据的充分性是对证据数量的衡量，主要与注册会计师确定的样本量有关。所需证据的数量受鉴证对象信息重大错报风险的影响，即风险越大，可能需要的证据数量越多；所需证据的数量也受证据质量的影响，即证据质量越高，可能需要的证据数量越少。

证据的适当性是对证据质量的衡量，即证据的相关性和可靠性。

尽管证据的充分性和适当性相关，但如果证据的质量存在缺陷，注册会计师仅靠获取更多的证据可能无法弥补其质量上的缺陷。

证据的可靠性受其来源和性质的影响，并取决于获取证据的具体环境。证据的充分性和适当性还会受到鉴证对象特征的影响。针对一个期间的鉴证对象信息获取充分、适当的证据，通常要比针对一个时点的鉴证对象信息获取充分、适当的证据更困难。针对过程提出的结论通常限于鉴证业务涵盖的期间，注册会计师不应对该过程是否在未来以特定方式继续发挥作用提出结论。

注册会计师在判断证据充分性和适当性的时候，常常还会面临这样一种决策：增加成本能否给证据数量和质量带来相当的效益。由于不同来源或不同性质的证据可以证明同一项认定，因此，注册会计师可以考虑获取证据的成本与所获取信息有用性之间的关系，但不应仅以获取证据的困难和成本为由减少不可替代的程序。在评价证据的充分性和适当性以支持鉴证报告时，注册会计师应当运用职业判断，并保持职业怀疑态度。

4. 重要性

在确定证据收集程序的性质、时间和范围，评估鉴证对象信息是否不存在错报时，注册会计师应当考虑重要性。

所谓重要性，是指鉴证对象信息中存在错报的严重程度。重要性取决于在具体环境下对错报金额和性质的判断。如果一项错报单独或连同其他错报可能影响预期使用者依据鉴证对象信息作出的经济决策，则该项错报是重大的。

重要性概念是基于成本效益原则的要求而产生的。由于现代社会日趋复杂，注册会计师执行鉴证业务所面对的信息量日益庞大，在这种情况下，要求注册会计师去审查有关鉴证对象的全部信息，既无必要也无可能，因此只能采取选择性测试的办法。为此，注册会计师需要抓住鉴证对象信息的重要方面和重要事项加以审查，并搜集证据予以证实。

在考虑鉴证对象信息中的错报是否构成重大错报时，注册会计师应当考虑已识别但未更正的单个或累计的错报是否对鉴证对象信息整体产生重大影响。

在考虑重要性时，注册会计师应当了解并评估哪些因素可能会影响预期使用者的决策。例如，特定标准允许鉴证对象信息的列报方式存在差异，那么，注册会计师就应考虑采用的列报方式会对预期使用者产生多大的影响。

注册会计师应当综合数量和性质因素考虑重要性。在具体业务中评估重要性以及数量和性质因素的相对重要程度，需要注册会计师运用职业判断。

重要性与鉴证业务风险之间存在直接的关系，这种关系是一种反向关系。重要性水平越高，鉴证业务风险越低；重要性水平越低，鉴证业务风险越高。注册会计师在确定证据收集程序的性质、时间和范围，评估鉴证对象信息是否不存在错报时，应当考虑这种反向关系。

5. 鉴证业务风险

鉴证业务风险是指在鉴证对象信息存在重大错报的情况下，注册会计师提出不恰当结论的可能性。

在直接报告业务中，鉴证对象信息仅体现在注册会计师的结论中，鉴证业务风险包括注册会计师不恰当地提出鉴证对象在所有重大方面遵守标准的结论的可能性。

应当说明的是，鉴证业务风险并不包含这种情况，即鉴证对象信息不含有重大错报，而注册会计师错误地发表了鉴证对象信息含有重大错报的结论的风险。

在合理保证的鉴证业务中，注册会计师应当将鉴证业务风险降至具体业务环境下可接受的低水平，以获取合理保证，作为以积极方式提出结论的基础。

在有限保证的鉴证业务中，由于证据收集程序的性质、时间和范围与合理保证的鉴证业务不同，其风险水平高于合理保证的鉴证业务；但注册会计师实施的证据收集程序至少应当足以获取有意义的保证水平，作为以消极方式提出结论的基础。

当注册会计师获取的保证水平很有可能在一定程度上增强预期使用者对鉴证对象信息的信任时，这种保证水平是有意义的保证水平。

鉴证业务风险通常体现为重大错报风险和检查风险。

重大错报风险是指鉴证对象信息在鉴证前存在重大错报的可能性。

检查风险是指某一鉴证对象信息存在错报，该错报单独或连同其他错报是重大的，但注册会计师未能发现这种错报的可能性。

注册会计师对重大错报风险和检查风险的考虑受具体业务环境的影响，特别受鉴证对象性质以及所执行的是合理保证鉴证业务还是有限保证鉴证业务的影响。

不同保证程度的鉴证业务，要求注册会计师将鉴证业务风险降至不同的水平。合理保证的保证程度高于有限保证的保证程度，因此，注册会计师在合理保证鉴证业务中可接受的风险水平要低于有限保证鉴证业务中可接受的风险水平。

6. 证据收集程序的性质、时间和范围

证据收集程序的性质、时间和范围因具体业务的不同而不同。从理论上说，即便是针对同一项业务或同一个认定，也可能存在多种不同的证据收集程序。在实务中，尽管对证据收集程序进行明确而清晰的表述非常困难，但注册会计师应当清楚表达证据收集程序，并以适当的形式运用于合理保证的鉴证业务和有限保证的鉴证业务。

合理保证的鉴证业务和有限保证的鉴证业务都需要运用鉴证技术和方法，收集充分、适当的证据。与合理保证的鉴证业务相比，有限保证的鉴证业务在证据收集程序的性质、时间、范围等方面是有意识地加以限制的。例如，财务报表审阅业务是一项有限保证的鉴证业务，在该业务中，注册会计师主要通过询问和分析程序来获取充分、适当的证据。

无论是合理保证还是有限保证的鉴证业务，如果注意到某事项可能导致对鉴证对象信息是否需要作出重大修改产生疑问，注册会计师应当执行其他足够的程序，追踪这一事项，以支持鉴证结论。

合理保证是一个有关注册会计师收集必要的证据以便对鉴证对象信息整体提出结论的概念。在合理保证的鉴证业务中，为了能够以积极方式提出结论，注册会计师应当通过下列不断修正的、系统化的执业过程，获取充分、适当的证据：

（1）了解鉴证对象及其他的业务环境事项，在适用的情况下包括了解内部控制。

（2）在了解鉴证对象及其他的业务环境事项的基础上，评估鉴证对象信息可能存在的重大错报风险。

（3）应对评估的风险，包括制定总体应对措施以及确定进一步程序的性质、时间和范围。

（4）针对已识别的风险实施进一步程序，包括实施实质性程序，以及在必要时测试控制运行的有效性。

（5）评价证据的充分性和适当性。

正确理解鉴证业务准则中的保证概念，首先要将它们与"绝对保证"的概念加以区分。这里，对绝对保证、合理保证和有限保证加以界定是有必要的。绝对保证是指注册会计师对鉴证对象信息整体不存在重大错报提供百分之百的保证。合理保证是一个与积累必要的证据相关的概念，它要求注册会计师通过不断修正的、系统的执业过程，获取充分、适当的证据，对鉴证对象信息整体提出结论，提供一种高水平但非百分之百的保证。与合理保证相比，有限保证在证据收集程序的性质、时间、范围等方面受到有意识的限制，它提供的是一种适度水平的保证。可以看出，三者提供的保证水平逐次递减。前文已经区分过合理保证与有限保证，因此，这里关键是要区分绝对保证与合理保证。正确理解合理保证与绝对保证的关系，有助于减轻注册会计师承担不必要的责任的风险。

合理保证提供的保证水平低于绝对保证。由于下列因素的存在，将鉴证业务风险降至零几乎不可能，也不符合成本效益原则：

（1）选择性测试方法的运用。注册会计师要在合理的时间内以合理的成本完成鉴证任务，通常只能采用选取特定项目和抽样等选择性测试的方法对鉴证对象信息进行检查。选取特定项目实施鉴证程序的结果不能推断至总体；抽样也可能产生误差，在采用这两种方法的情况下，都不能百分之百地保证鉴证对象信息不存在重大错报。

（2）内部控制的固有局限性。例如，在决策时的人为判断可能出现错误和由于人为失误而导致内部控制失效；内部控制可能由于两个或更多的人员进行串通或管理层凌驾于内部控制之上而被规避。小型企业拥有的员工通常较少，限制了其职责分离的程度，业主凌驾于内部控制之上的可能性更大。

（3）大多数证据是说服性而非结论性的。证据的性质决定了注册会计师依靠的并非是完全可靠的证据。不同类型的证据，其可靠程度存在差异，即使是可靠程度最高的证据也有其自身的缺陷。例如，对应收账款进行函证，虽然提供的证据相对比较可靠，但受到被询证者是否认真对待询证函、是否能够保持独立性和客观性、是否熟悉所函证事项等诸多因素的影响。尽管注册会计师在设计询证函时要考虑这些因素，但是很难百分之百地保证函证结果的可靠性。

（4）在获取和评价证据以及由此得出结论时涉及大量判断。在获取证据时，注册会计师可以选择获取何种类型和何种来源的证据；获取证据之后，注册会计师要依据职业判断，对其充分性和适当性进行评价；最后依据证据得出结论时，更是离不开注册会计师的职业判断。

（5）在某些情况下鉴证对象具有特殊性。例如，鉴证对象是矿产资源的储量、艺术品的价值、计算机软件开发的进度等。

7.可获取证据的数量和质量

影响可获取证据的数量和质量的因素有：

（1）鉴证对象和鉴证对象信息的特征。例如，鉴证对象信息是预测性的而非历史性的，预计可获取证据的客观性就比较弱。

（2）业务环境中除鉴证对象特征以外的其他事项。例如，注册会计师接受委托的时间和要求出具鉴证报告的时间相距较近，预计可获取的证据相对就较少；被鉴证单位内部资料的保管政策、责任方对鉴证业务施加的限制等也可能会使注册会计师无法获取原本认为可以获取的证据。

对任何类型的鉴证业务，如果下列情形对注册会计师的工作范围构成重大限制，阻碍注册会计师获取所需要的证据，注册会计师提出无保留结论是不恰当的：

（1）客观环境阻碍注册会计师获取所需要的证据，无法将鉴证业务风险降至适当水平。

（2）责任方或委托人施加限制，阻碍注册会计师获取所需要的证据，无法将鉴证业务风险降至适当水平。

注册会计师应当视受到限制的重大与广泛程度，出具保留结论或无法提出结论的报告。在适当的情况下，注册会计师还可以考虑解除业务约定。

8.记录

注册会计师应当记录重大事项，以提供证据支持鉴证报告，并证明其已按照鉴证业务准则的规定执行业务。至于某一事项是否属于重大事项，需要注册会计师根据具体情况进行判断。重大事项通常包括：

（1）引起特别风险的事项。

（2）实施鉴证程序的结果，该结果表明鉴证对象信息可能存在重大错报，或需要修正以前对重大错报风险的评估和针对这些风险拟采取的应对措施。

（3）导致注册会计师难以实施必要程序的情形。

（4）导致提出非无保留结论的事项。

对需要运用职业判断的所有重大事项，注册会计师应当记录推理过程和相关结论。如果对某些事项难以进行判断，注册会计师还应当记录得出结论时已知悉的有关事实。

注册会计师应当将鉴证过程中考虑的所有重大事项记录于工作底稿。在运用职业判断确定工作底稿的编制和保存范围时，注册会计师应当考虑，使未曾接触该项鉴证业务的有经验的专业人士了解实施的鉴证程序，以及作出重大决策的依据。

（七）鉴证报告

1. 出具鉴证报告的总体要求

注册会计师应当出具含有鉴证结论的书面报告，该鉴证结论应当说明注册会计师就鉴证对象信息获取的保证。注册会计师应当考虑其他报告责任，包括在适当时与治理层沟通。

注册会计师应当考虑就执行业务过程中注意到的与治理层责任相关的事项与治理层沟通的适当性。"与治理层责任相关的事项"是指在鉴证业务中发现的，与治理层相关并且重大的事项。相关事项仅包括执行鉴证业务过程中引起注册会计师注意的事项。如果委托人并非责任方，注册会计师直接与责任方或责任方的治理层沟通可能是不适当的。

2. 鉴证结论的两种表述形式

在基于责任方认定的业务中，注册会计师的鉴证结论可以采用下列两种表述形式：

（1）明确提及责任方认定，如"我们认为，责任方作出的'根据××标准，内部控制在所有重大方面是有效的'这一认定是公允的"。

（2）直接提及鉴证对象和标准，如"我们认为，根据××标准，内部控制在所有重大方面是有效的"。

在直接报告业务中，注册会计师应当明确提及鉴证对象和标准。

在基于责任方认定的业务中，由于可以获取责任方认定，注册会计师是针对鉴证对象信息进行评价并出具报告的，鉴证对象信息也可以以责任方认定的形式为预期使用者所获取，注册会计师在鉴证报告中显然可以明确提及责任方认定。另外，直接提及鉴证对象和标准，也不会给预期使用者带来误解。因此，注册会计师的鉴证结论采用上面的第1种和第2种表述形式均可。如果决定采用第1种表述形式，即在鉴证结论中提及责任方认定，注册会计师可以将该认定附于鉴证报告后，在鉴证报告中引述该认定或指明预期使用者能够从何处获取该认定。

在直接报告业务中，注册会计师可能无法从责任方获取其对鉴证对象评价或计量的认定；即便可以获取这种认定，该认定也无法为预期使用者获取，预期使用者只能通过阅读鉴证报告获取鉴证对象信息。很显然，在直接报告业务中，提及责任方认定没有意义。因此，注册会计师应当直接对鉴证对象进行评价并出具鉴证报告，明确提及鉴证对象和标准，鉴证结论只能采用上述第2种表述形式。

【实例 4-8】（多选题）下列有关基于责任方认定的业务和直接报告业务的说法中，正确的有（　　　）。

A. 在基于责任方认定的业务中，责任方对鉴证对象进行评价或计量，鉴证对象信息以责任方认定的形式为预期使用者获取

B. 在直接报告业务中，注册会计师提出结论的对象可能是责任方认定，也可能是鉴

证对象

C．在直接报告业务中，注册会计师直接对鉴证对象进行评价或计量，或者从责任方获取对鉴证对象评价或计量的认定，而该认定无法为预期使用者获取，预期使用者只能通过阅读鉴证报告获取鉴证对象信息

D．在基于责任方认定的业务中，无论注册会计师是否获取了责任方认定，鉴证报告中都不体现责任方的认定，责任方面仅需要对鉴证对象负责

分析：AC。在基于责任方认定的业务中，注册会计师提出结论的对象可能是责任方认定，也可能是鉴证对象，所以选项 B 不正确；在直接报告业务中，无论注册会计师是否获取了责任方认定，鉴证报告中都不体现责任方的认定，责任方仅需要对鉴证对象负责，所以选项 D 不正确。

3．提出鉴证结论的积极方式和消极方式

提出鉴证结论的方式有两种——积极方式和消极方式，它们分别适用于合理保证的鉴证业务和有限保证的鉴证业务。区分两种鉴证结论提出方式，有助于向预期使用者传达不同业务的保证程度存在差异这一事实，以积极方式提出结论提供的保证水平高于以消极方式提出结论提供的保证水平。

在合理保证的鉴证业务中，注册会计师应当以积极方式提出结论，如"我们认为，根据××标准，内部控制在所有重大方面是有效的"或"我们认为，责任方作出的'根据××标准，内部控制在所有重大方面是有效的'这一认定是公允的"。

在有限保证的鉴证业务中，注册会计师应当以消极方式提出结论，如"基于本报告所述的工作，我们没有注意到任何事项使我们相信，根据××标准，××系统在任何重大方面是无效的"或"基于本报告所述的工作，我们没有注意到任何事项使我们相信，责任方作出的'根据××标准，××系统在所有重大方面是有效的'这一认定是不公允的"。

4．注册会计师不能出具无保留结论报告的情况

（1）工作范围受到限制。工作范围受到限制可能导致注册会计师无法获取必要的证据以便将鉴证业务风险降至适当水平。对任何类型的鉴证业务，如果注册会计师的工作范围受到限制，注册会计师应当视受到限制的重大与广泛程度，出具保留结论或无法提出结论的报告。在某些情况下，注册会计师应当考虑解除业务约定。

（2）责任方认定未在所有重大方面作出公允表达。如果注册会计师的结论提及责任方的认定，且该认定未在所有重大方面作出公允表达，注册会计师应当视其影响的重大与广泛程度，出具保留结论或否定结论的报告。

（3）鉴证对象信息存在重大错报。如果注册会计师的结论直接提及鉴证对象和标准，且鉴证对象信息存在重大错报，注册会计师应当视其影响的重大与广泛程度，出具保留结论或否定结论的报告。

（4）标准或鉴证对象不适当。标准或鉴证对象不适当可能会误导预期使用者。在承接业务后，如果发现标准或鉴证对象不适当，可能误导预期使用者，注册会计师应当视其重大与广泛程度，出具保留结论或否定结论的报告。

标准或鉴证对象不适当还可能造成注册会计师的工作范围受到限制。在承接业务后，如果发现标准或鉴证对象不适当，造成工作范围受到限制，注册会计师应当视受到限制的

重大与广泛程度，出具保留结论或无法提出结论的报告。在某些情况下，注册会计师应当考虑解除业务约定。

三、质量控制准则的基本内容

质量控制准则旨在规范会计师事务所建立并保持有关财务报表审计和审阅、其他鉴证和相关服务业务的质量控制制度，是对会计师事务所及其全体人员（包括外聘专家）提出的"遵守"目标。

（一）质量控制制度的目标和要素

1. 质量控制制度的目标

会计师事务所应当根据会计师事务所质量控制准则，制定质量控制制度，以合理保证业务质量。质量控制制度的目标主要在以下两个方面提供合理保证：

（1）会计师事务所及其人员遵守职业准则和适当的法律法规的规定。

（2）会计师事务所和项目合伙人出具适合具体情况的报告。

项目合伙人，是指会计师事务所中负责某项业务及其执行，并代表会计师事务所在出具的报告上签字的合伙人（包括有限责任公司制的会计师事务所的主任会计师、副主任会计师或类似职位的高级管理人员）。

2. 质量控制制度的要素

质量控制系统包括与六个要素有关的政策和程序，这些要素及具体要求见表4-1。把会计师事务所质量控制要素也如内部控制五要素一样分类时，详见表4-2。会计师事务所应当将质量控制政策和程序形成书面文件，并传达到全体人员。

（二）对业务质量承担的领导责任

会计师事务所内部重视质量的文化氛围，为会计师事务所质量控制设定了较好的基调，将对制定和实施质量控制制度产生广泛和积极的影响。明确质量控制制度的最终责任人，也对会计师事务所的业务质量控制起着决定作用。为此，会计师事务所应当制定政策和程序，培育以质量为导向的内部文化。这些政策和程序应当要求会计师事务所主任会计师对质量控制制度承担最终责任。

在审计实务中，会计师事务所需要建立与业务规模相匹配的质量控制部门，以具体落实各项质量控制措施。质量控制措施的实施，一部分可能由专职的质量控制人员执行，另一部分可能是由业务人员或职能部门的人员执行。主任会计师对质量控制制度承担最终责任，在制度上保证了质量控制制度的地位和执行力。

会计师事务所主任会计师对质量控制制度承担最终责任，为保证质量控制制度的具体运作效果，主任会计师必须委派适当的人员并授予其必要的权限，以帮助主任会计师正确履行其职责。为此，受会计师事务所主任会计师委派承担质量控制制度运作责任的人员，应当具有足够、适当的经验和能力以及必要的权限以履行其责任。

（三）相关职业道德要求

会计师事务所应当制定政策和程序，以合理保证会计师事务所及其人员遵守相关职业道德要求。会计师事务所及其人员执行任何类型的业务，都应当遵守相关职业道德要求。这里所说的遵守相关职业道德要求，不仅包括遵守职业道德的基本原则，如诚信、独立性、

表 4-1 质量控制要素及其要求

要素	要求	措施举例
（1）对业务质量承担的领导责任（高层基调）	确定高质量和高道德标准的事务所文化基调，建立支持这种文化的政策和程序，这些政策和程序应当要求会计师事务所主任会计师（合伙人）对质量控制制度承担最终责任	重视对员工学习、培训和技能的投入；在决策中使用风险容忍度
（2）相关职业道德要求	所有参与业务的人员都要保持实质上和形式上的独立性，正直、客观地履行其执业责任	每年所有合伙人和其他员工必须填写独立性调查表，说明诸如持有客户股票和担任客户董事会成员的情况
（3）客户关系和具体业务的接受与保持	会计师事务所应当制定有关客户关系和具体业务接受与保持的政策和程序，以合理保证只有在下列情况下才能接受或保持客户关系和具体业务： （1）已考虑客户的诚信，没有信息表明客户缺乏诚信； （2）具有执行业务必要的素质、专业胜任能力、时间和资源； （3）能够遵守职业道德规范	在承接新客户之前，必须编制客户评价表，说明对前任审计师的评论和对管理层的评价等
（4）人力资源	会计师事务所应当制定政策和程序，合理保证拥有足够的具有必要素质和专业胜任能力并遵守职业道德规范的人员，以使会计师事务所和项目负责人能够按照法律法规、职业道德规范和业务准则的规定执行业务，并根据具体情况出具恰当的报告	对每个执业人员都要有自我评价、审计业务主管评价和事务所评价的结构化评价档案
（5）业务执行	制定政策和程序确保参与业务的员工所完成的工作符合相应的执业准则、监管规范和事务所质量控制标准	向适当的其他执业者、会计师事务所、职业团体或监管机构进行咨询，以解决这些分歧
（6）监控	会计师事务所应当制定监控政策和程序，以合理保证质量控制制度中的政策和程序是相关的、适当的，并正在有效运行。这些监控政策和程序应当包括持续考虑和评价会计师事务所的质量控制制度	负责质量控制的合伙人至少每年都要对质量控制程序进行测试，以确保事务所遵守这些程序

表 4-2 会计师事务所质量控制要素

内部控制五要素	事务所层面质量控制要素	业务层面质量控制要素
控制环境（高层基调）	事务所对质量的领导责任； 相关职业道德要求； 人力资源	事务所对质量的领导责任； 相关职业道德要求； 项目组委派
风险评估（哪些地方出错）	客户关系和具体业务的接受与保持	客户关系和具体业务的接受与保持； 审计报告与具体情况不符的风险
信息系统（追踪业务执行）	质量控制制度的文件记录	审计工作底稿
控制活动（预防或发现并纠正的控制）	业务执行	业务执行
监督活动（实现事务所或业务的目标）	对事务所质量控制政策和程序的持续监控	将持续监控的结果运用到具体审计业务中

客观和公正、专业胜任能力和应有的关注、保密、良好职业行为等，还包括遵守有关职业道德的具体规定。会计师事务所如不能合理保证相关职业道德要求得到遵守，就无法保证业务质量。

值得说明的是，执行鉴证业务，还应当遵守独立性要求。

会计师事务所可以通过以下途径强化职业道德基本原则：会计师事务所领导层的示范；教育和培训；监控；对违反职业道德要求行为的处理。

（四）客户关系和具体业务的接受与保持

1. 接受与保持客户关系和具体业务的总体要求

接受与保持客户关系和具体业务是注册会计师开展业务活动的第一个环节，也是防范业务风险的重要环节。会计师事务所应当制定有关客户关系和具体业务接受与保持的政策和程序，以合理保证只有在下列情况下，才能接受或保持客户关系和具体业务：

（1）已考虑客户的诚信，没有信息表明客户缺乏诚信。

（2）具有执行业务必要的素质、专业胜任能力、时间和资源。

（3）能够遵守职业道德规范。

在接受新客户的业务前，或决定是否保持现有业务或考虑接受现有客户的新业务时，会计师事务所应当根据具体情况获取上述信息。当识别出问题而又决定接受或保持客户关系或具体业务时，会计师事务所应当记录问题如何得到解决。

许多事实证明，会计师事务所接受一个错误的客户带来的损失，远远高于来源于这个客户的收费。由于客户原因导致的审计失败，使得会计师事务所陷于诉讼和声誉下降等带来的无形损失难以估算和无法弥补。因此，会计师事务所要加强在客户承接和保持上的管理，不轻易接受不符合条件的客户。有时，对潜在客户进行充分了解是非常困难的，需要投入时间和精力。在客户承接过程中，需要较高的职业判断能力，以及高度的职业敏感性和丰富的执业经验，所以，会计师事务所应当安排职位较高的人士执行此类工作。

2.考虑客户的诚信情况

客户的诚信问题虽然不会必然导致财务报表产生重大错报，但绝大多数的审计问题都来源于不诚信的客户。因此注册会计师应当了解客户的诚信，拒绝不诚信的客户以降低业务风险。

（1）考虑的主要事项。针对有关客户的诚信，会计师事务所应当考虑下列主要事项：客户主要股东、关键管理人员、关联方及治理层的身份和商业信誉；客户的经营性质；客户主要股东、关键管理人员及治理层对内部控制环境和会计准则等的态度；客户是否过分考虑将会计师事务所的收费维持在尽可能低的水平；工作范围受到不适当限制的迹象；客户可能涉嫌洗钱或其他刑事犯罪行为的迹象；变更会计师事务所的原因。

（2）获取相关信息的途径。会计师事务所在评价客户诚信情况时，可以通过下列途径，获取与客户诚信相关的信息：

①与为客户提供专业会计服务的现任或前任人员进行沟通，并与其讨论。这种沟通包括询问是否存在与客户意见不一致的事项及该事项的性质，客户是否有人为地、错误地影响注册会计师出具恰当的报告的情形及其证据等。

②向会计师事务所其他人员、监管机构、金融机构、法律顾问和客户的同行等第三方询问。询问可以涵盖客户管理层对于遵守法律法规要求的态度。

③从相关数据库中搜索客户的背景信息。例如，通过客户的年报、中期财务报表、向监管机构提交的报告等，获取相关信息。

如果通过上述途径无法充分获取与客户相关的信息，或这些信息可能显示客户不够诚信，会计师事务所应当评估其对业务风险的影响。如认为必要，会计师事务所可以考虑利用调查机构对客户的经营情况、管理人员及其他有问题的人员进行背景检查，并评价获取的与客户诚信相关的信息。

会计师事务所对客户诚信的了解程度，通常将随着与该客户关系的持续发展而增加。

3.考虑是否具备执行业务的必要素质、专业胜任能力、时间和资源

会计师事务所在接受新业务前，还必须评价自身的执业能力，不得承接不能胜任和无法完成的业务。对自身的执业能力了解非常重要，但是比较困难的是对客户所需要资源进行准确估计。另外，在资源不足的情况下，不接受新的客户更为关键。

因此，在确定是否具有接受新业务所需的必要素质、专业胜任能力、时间和资源时，会计师事务所应当考虑下列事项，以评价新业务的特定要求和所有相关级别的现有人员的基本情况：会计师事务所人员是否熟悉相关行业或业务对象；会计师事务所人员是否具有执行类似业务的经验，或是否具备有效获取必要技能和知识的能力；会计师事务所是否拥有足够的具有必要素质和专业胜任能力的人员；在需要时，是否能够得到专家的帮助；如果需要项目质量控制复核，是否具备（或者能够聘请到）符合标准和资格要求的项目质量控制复核人员；会计师事务所是否能够在提交报告的最后期限内完成业务。

如果决定接受或保持客户关系和具体业务，会计师事务所应与客户对相关问题统一认识，并形成书面业务约定书，将对业务的性质、范围和局限性产生误解的风险降至最低。

4.考虑能否遵守职业道德规范

在确定是否接受新业务时，会计师事务所还应当考虑接受该业务是否会导致现实或潜

在的利益冲突。

如果识别出潜在的利益冲突，会计师事务所应当考虑接受该业务是否适当。

5.考虑其他事项的影响

（1）考虑本期或以前业务执行过程中发现的重大事项的影响。在确定是否保持客户关系时，会计师事务所应当考虑在本期或以前业务执行过程中发现的重大事项，及其对保持客户关系可能造成的影响。

这就意味着，如果在本期或以前业务执行过程中发现客户守法经营意识淡薄或内部控制环境恶劣，或者对业务范围施加重大限制，或者存在其他严重影响业务执行的情形等，会计师事务所应当考虑其对保持客户关系可能造成的影响。必要时，可以考虑终止与该客户的业务关系。

（2）考虑接受业务后获知重要信息的影响。会计师事务所在接受业务后可能获知了某项信息，而该信息若在接受业务前获知，可能导致会计师事务所拒绝该项业务。在这种情况下，会计师事务所应当按照规定，制定相应的政策和程序。

会计师事务所针对这种情况制定的政策和程序，应当包括下列内容：

①适用于该业务环境的法律责任，包括是否要求会计师事务所向委托人报告或在某些情况下向监管机构报告；

②解除该项业务约定，或同时解除该项业务约定及其客户关系的可能性。

（3）解除业务约定或客户关系时的考虑。会计师事务所针对解除业务约定或同时解除业务约定及客户关系时制定的政策和程序应当包括下列要求：与客户适当级别的管理层和治理层讨论会计师事务所根据有关事实和情况可能采取的适当行动；如果确定解除业务约定或同时解除业务约定及其客户关系是适当的，会计师事务所应当就解除的情况及原因，与客户适当级别的管理层和治理层讨论；考虑是否存在法律法规的规定，要求会计师事务所应当保持现有的客户关系，或向监管机构报告解除的情况及原因；记录重大事项及其咨询情况、咨询结论和得出结论的依据。

（五）人力资源

1.人力资源管理的总体要求

会计师事务所应当制定政策和程序，合理保证拥有足够的具有必要素质和专业胜任能力并遵守职业道德规范的人员，以使会计师事务所和项目负责人能够按照法律法规、职业道德规范和业务准则的规定执行业务，并根据具体情况出具恰当的报告。

2.人力资源管理的要素

会计师事务所制定的人力资源政策和程序应当解决下列人事问题：招聘；业绩评价；人员素质；专业胜任能力；职业发展；晋升；薪酬；人员需求预测。

解决人员需求预测问题有助于会计师事务所确定完成其业务所需要人员的数量和素质。没有足够的人员，将对业务质量产生不利影响，制约会计师事务所的发展；如果人员素质和专业胜任能力没有达到必需的标准，将直接导致业务质量下降。所以，人力资源管理的核心是人员数量是否足够，以及人员素质是否达到标准。

3.会计师事务所层面

会计师事务所应制定政策和程序，合理的保证拥有足够的具有必要素质和专业胜任能力并遵守职业道德规范的人员，以使事务所和项目负责人能够按照职业道德规范、法律法规的规定执行业务，并根据具体情况出具恰当的报告。

会计师事务所可以通过下列途径提高人员素质和专业胜任能力：职业教育；职业发展，包括培训；工作经验；由经验更丰富的员工提供辅导；针对受独立性要求约束的人员进行独立性教育。会计师事务所应当在人力资源政策和程序中强调对各级别人员进行继续培训的重要性，并提供必要的培训资源和帮助，以使员工能够发展和保持必要的素质和专业胜任能力。

会计师事务所制定的业绩评价、薪酬及晋升程序对发展和保持胜任能力并遵循职业道德基本原则的行为给予应有的肯定和奖励，会计师事务所可以采取的步骤有：

（1）使员工知悉会计师事务所对业绩的期望和遵循职业道德基本原则的要求。

（2）向员工提供业绩、晋升及职业发展方面的评价和辅导。

（3）帮助员工了解提高业务质量及遵守职业道德规范是晋升更高职位的主要途径，而不遵守会计师事务所的政策和程序可能招致惩戒。

4.项目组的委派

在实务中，会计师事务所承接的每项业务都是委派给项目组具体办理的。委派项目组是否得当，直接关系到业务完成的质量。

会计师事务所应当对每项业务委派至少一名项目负责人。这样规定对于明确每项业务的质量控制责任，确保业务质量有特别重要的作用。会计师事务所应当制定政策和程序，明确下列要求：

（1）将项目负责人的身份和作用告知客户管理层和治理层的关键成员。

（2）项目负责人具有履行职责所必要的素质、专业胜任能力、权限和时间。

（3）清楚界定项目负责人的职责，并告知该项目负责人。

会计师事务所应当根据具体情况委派适当人员担任项目负责人，并清楚界定和告知项目负责人的职责，以使其能够发挥对某项业务质量的控制作用。会计师事务所应当制定政策和程序，监控项目负责人连续服务同一客户的期限及胜任情况。

会计师事务所应当制定政策和程序，监控项目负责人的工作负荷及可供调配的项目负责人数量，以使项目负责人有足够的时间履行其职责。

会计师事务所应当委派具有必要素质、专业胜任能力和时间的员工，按照法律法规、职业道德规范和业务准则的规定执行业务，以使会计师事务所和项目负责人能够根据具体情况出具恰当的报告。

会计师事务所应当制定程序，评价员工的素质和专业胜任能力。在委派项目组以及确定所需的监督层次时，会计师事务所应当考虑员工是否具有下列方面的素质和专业胜任能力：

（1）通过适当的培训和参与业务，获得执行类似性质和复杂程度业务的知识和实务经验。

（2）掌握法律法规、职业道德规范和业务准则的规定。

（3）具有相关技术知识，包括信息技术知识。

（4）熟悉客户所处的行业。

（5）具有职业判断能力。

（6）掌握会计师事务所质量控制政策和程序。

对于大型会计师事务所，由于项目数量众多，往往会产生人员和项目的矛盾。对于复杂或规模大、风险高的项目，会计师事务所应当在人员安排上保证这些项目有足够的人员；对于高风险的审计项目，会计师事务所可以规定委派具有丰富经验的审计人员担任第二项目负责人或质量控制复核负责人加强风险控制。

（六）业务执行

业务执行是指会计师事务所委派项目组按照法律法规、职业道德规范和业务准则的规定具体执行所承接的某项业务，使会计师事务所和项目负责人能够根据具体情况出具恰当的报告。业务执行是编制和实施业务计划，形成和报告业务结果的总称。由于业务执行对业务质量有直接的重大影响，是业务质量控制的关键环节，因此，会计师事务所应当要求项目负责人负责组织对业务执行实施指导、监督与复核。

1. 指导、监督与复核的总体要求

会计师事务所应当制定政策和程序，以合理保证按照法律法规、职业道德规范和业务准则的规定执行业务，使会计师事务所和项目负责人能够根据具体情况出具恰当的报告。

会计师事务所在制定指导、监督与复核政策和程序时，应当考虑下列事项：

（1）如何将业务情况简要告知项目组，使项目组了解工作目标。

（2）保证适用的业务准则得以遵守的程序。

（3）业务监督、员工培训和辅导的程序。

（4）对已实施的工作、作出的重大判断以及拟出具的报告进行复核的方法。

（5）对已实施的工作及其复核的时间和范围作出适当记录。

（6）保证所有的政策和程序是合时宜的。

会计师事务所通常使用书面或电子手册、软件工具、标准化底稿以及行业和特定业务对象的指南性材料等文件，记录和传达其制定的政策和程序，以使全体人员了解、掌握和贯彻执行这些政策和程序。

2. 指导的具体要求

（1）使项目组了解工作目标。让项目组的所有成员都了解拟执行工作的目标，对于有效执行所分派的工作很重要，因此，项目组的所有成员都应当了解拟执行工作的目标。

（2）提供适当的团队工作和培训。适当的团队工作和培训，对于帮助经验较少的项目组成员清楚了解所分派工作的目标十分必要。因此，项目负责人应当通过适当的团队工作和培训，使经验较少的项目组成员清楚了解所分派工作的目标。

3. 监督的具体要求

监督也是质量控制的一个重要因素。合理有效的监督工作，是提高会计师事务所工作质量，完成各项任务，向客户提供符合质量要求的服务的必要保证。项目负责人对业务的监督内容具体包括下列方面：

（1）追踪业务进程。要求项目负责人在业务进行中适时实施必要的监督，以检查各成员是否能够顺利完成业务工作。

（2）考虑项目组各成员的素质和专业胜任能力，以及是否有足够的时间执行工作，是否理解工作指令，是否按照计划的方案执行工作。项目负责人在考虑这些事项后，可能决定提供进一步的指导，或在各成员之间做适当的工作调整，或要求成员采取补救措施使其执行的工作达到计划方案的要求。

（3）解决在执行业务过程中发现的重大问题，考虑其重要程度并适当修改原计划的方案。各成员在执行业务过程中可能会遇到各种难以解决的重大问题。项目负责人在了解到这些情况后，应按照会计师事务所质量控制制度的要求，根据具体情况，运用职业判断，确定是否需要调整工作程序以及如何调整。原计划的方案是根据以往经验、对客户及其委托业务项目的了解等因素确定的。然而，随着具体工作程序的实施可能会发现客户具体情况发生了变化，此时，有必要对工作程序做适当的调整。这种调整是根据变动事项对业务工作的影响来确定的。

（4）识别在执行业务过程中需要咨询的事项，或需要由经验较丰富的项目组成员考虑的事项。

4. 复核的具体要求

复核范围可能随业务的不同而不同。例如，执行高风险的业务、对金融机构执行的业务和为重要客户执行的业务可能需要进行更详细的复核。

在复核项目组成员已执行的工作时，复核人员应当考虑：

（1）工作是否已按照法律法规、职业道德规范和业务准则的规定执行。

（2）重大事项是否已提请进一步考虑。

（3）相关事项是否已进行适当咨询，由此形成的结论是否得到记录和执行。

（4）是否需要修改已执行工作的性质、时间和范围。

（5）已执行的工作是否支持形成的结论，并得以适当记录。

（6）获取的证据是否充分、适当。

（7）业务程序的目标是否实现。

复核人员应当拥有适当的经验、专业胜任能力和责任感，因此，确定复核人员的原则是由项目组内经验较多的人员复核经验较少的人员执行的工作。只有这样，复核才能达到目的。

5. 咨询

项目组在业务执行中时常会遇到各种各样的疑难问题或者争议事项。当这些问题和事项在项目组内不能得到解决时，有必要向项目组之外的适当人员咨询。为此，会计师事务所应当建立政策和程序，以合理保证：就疑难问题或争议事项进行适当咨询；可获取充分的资源进行适当咨询；咨询的性质和范围得以记录；咨询形成的结论得到记录和执行。

咨询包括与会计师事务所内部或外部具有专门知识的人员，在适当专业层次上进行的讨论，以解决疑难问题或争议事项。

咨询的具体要求有：

（1）形成良好咨询氛围。会计师事务所应当形成一种良好的咨询氛围，鼓励会计师事务所人员就疑难问题或争议事项进行咨询。

客观而言，一种良好的咨询氛围的形成需要一个较长的过程，会计师事务所可根据具体情况，通过制定咨询制度和相关的培训、奖惩制度，以及各级管理层的行动示范和信息传达，来逐步形成内部咨询文化，以妥当解决业务执行中的疑难问题或争议事项。

（2）合理确定咨询事项。项目组应当考虑就重大的技术、职业道德及其他事项，向会计师事务所内部或在适当情况下向会计师事务所外部具备适当知识、资历和经验的其他专业人士咨询，并适当记录和执行咨询形成的结论。

如果项目组认为在业务执行中遇到的技术、职业道德及其他等方面的疑难问题或争议事项不重大，或在项目组内部通过咨询和研讨等方式能够得到解决，可以不向其他专业人士咨询。

（3）适当确定被咨询者。适当确定被咨询者对于保证咨询结论的有效性起着重要的作用，项目组在考虑就重大的技术、职业道德及其他事项进行咨询时，被咨询者既可以是会计师事务所内部的其他专业人士，在适当情况下，也可以是会计师事务所外部的其他专业人士。但值得注意的是，被咨询者应当具备适当的知识、资历和经验。

（4）充分提供相关事实。项目组在向会计师事务所内部或外部的其他专业人士咨询时，应当提供所有相关事实，以使其能够对咨询的事项提出有见地的意见。

（5）考虑利用外部咨询。会计师事务所在因缺乏适当的内部资源等而需要向外部咨询时，按照规定，可以利用其他会计师事务所、职业团体、监管机构或提供相关质量控制服务的商业机构提供的咨询服务，但应当考虑外部咨询提供者是否能够胜任这项工作。

（6）完整记录咨询情况。注册会计师应当完整详细地记录咨询情况，包括记录寻求咨询的事项，以及咨询的结果，包括作出的决策、决策依据以及决策的执行情况。

项目组就疑难问题或争议事项向其他专业人士咨询所形成的记录，应当经被咨询者认可。

6. 意见分歧

在业务执行中，可能会经常出现项目组内部、项目组与被咨询者之间以及项目负责人与项目质量控制复核人员之间的意见分歧。会计师事务所应当制定政策和程序，以处理和解决意见分歧：

（1）会计师事务所应当制定政策和程序，以处理和解决项目组内部、项目组与被咨询者之间以及项目负责人与项目质量控制复核人员之间的意见分歧。

（2）形成的结论应当得以记录和执行。

在实务中，上述政策和程序鼓励在业务执行的较早阶段识别出意见分歧，并为拟采取的后续步骤提供明确指南，还要求对分歧的解决及所形成结论的执行情况进行记录。

会计师事务所应当认识到对业务问题的意见出现分歧是正常现象，只有经过充分的讨论，才有利于意见分歧的解决。会计师事务所应当制定切实可行的政策和程序，例如，向适当的其他执业者、会计师事务所、职业团体或监管机构进行咨询，以解决这些分歧。

只有意见分歧问题得到解决，项目负责人才能出具报告。如果在意见分歧问题得到解决前，项目负责人就出具报告，不仅有失应有的谨慎，而且容易导致出具不恰当的报告，难以合理保证实现质量控制的目标。

7. 项目质量控制复核

为了保证特定业务执行的质量，除了需要项目组实施组内复核外，会计师事务所还应当制定政策和程序，要求对特定业务实施项目质量控制复核，并在出具报告前完成项目质量控制复核。

换言之，会计师事务所对应当实施项目质量控制复核的特定业务，如没有完成项目质量控制复核，就不得出具报告。只有这样，才能合理保证会计师事务所和项目负责人根据具体情况出具恰当的报告。

项目质量控制复核，是指会计师事务所挑选不参与该业务的人员，在出具报告前，对项目组作出的重大判断和在准备报告时形成的结论作出客观评价的过程。

对特定业务实施项目质量控制复核，充分体现了分类控制、突出重点的质量控制理念。值得注意的是，项目质量控制复核并不减轻项目负责人的责任，更不能替代项目负责人的责任。

会计师事务所应当制定政策和程序，以规定：

（1）项目质量控制复核的性质。会计师事务所应当根据实现项目质量控制复核目标的总体要求，并结合具体情况，合理确定项目质量控制复核的性质。确定复核的性质就是决定采用怎样的方法实施复核。

会计师事务所通常采用的项目质量控制复核方法包括：①与项目负责人进行讨论；②复核财务报表或其他业务对象信息及报告，尤其考虑报告是否适当；③选取与项目组作出重大判断及形成结论有关的工作底稿进行复核。

除上述方法外，会计师事务所还可以视情况需要，采用其他适当的复核方法。例如，复核有关处理和解决重大疑难问题或争议事项形成的工作底稿，复核重大事项概要等。但项目质量控制复核并不减轻项目负责人的责任。

（2）项目质量控制复核的范围。项目质量控制复核的范围取决于业务的复杂程度和出具不恰当报告的风险。

在对上市公司财务报表审计实施项目质量控制复核时，复核人员应当考虑：①项目组就具体业务对会计师事务所独立性作出的评价；②在审计过程中识别的特别风险以及采取的应对措施；③作出的判断，尤其是关于重要性和特别风险的判断；④是否已就存在的意见分歧、其他疑难问题或争议事项进行适当咨询，以及咨询得出的结论；⑤在审计中识别的已更正和未更正的错报的重要程度及处理情况；⑥拟与管理层、治理层以及其他方面沟通的事项；⑦所复核的审计工作底稿是否反映了针对重大判断执行的工作，是否支持得出的结论；⑧拟出具的审计报告的适当性。

在对上市公司财务报表审计以外的其他业务实施项目质量控制复核时，项目质量控制复核人员可根据情况考虑上述部分或全部事项。

以上是对项目质量控制复核范围的最低要求。在实务中，会计师事务所对其认为复杂程度很高和出具不恰当报告风险很大的特定业务，可以确定更大的项目质量控制复核范围。

（3）项目质量控制复核的时间。何时实施项目质量控制复核，对复核的效果和能否按照约定的期限出具恰当的报告也有重要影响，为此，会计师事务所的政策和程序应当要求在出具报告前完成项目质量控制复核。项目质量控制复核人员应当在业务过程中的适当阶段及时实施复核，以使重大事项在出具报告前得到满意解决。

如果项目负责人不接受项目质量控制复核人员的建议，并且重大事项未得到满意解决，项目负责人不应当出具报告。只有在按照会计师事务所处理意见分歧的程序解决重大事项后，项目负责人才能出具报告。

（4）项目质量控制复核人员的资格标准。会计师事务所应当制定政策和程序，明确被委派的项目质量控制复核人员应符合的下列要求：①履行职责需要的技术资格，包括必要的经验和权限；②在不损害其客观性的前提下，提供业务咨询的程度。

小型会计师事务所可能缺乏具备复核特定业务所需要的足够、适当的技术专长、经验和权限的项目质量控制复核人员。在这种情况下，如果小型会计师事务所识别出需要实施项目质量控制复核的业务，可以聘请具有适当资格的外部人员或利用其他会计师事务所实施项目质量控制复核。

（5）项目质量控制复核的记录。会计师事务所应当制定政策和程序，要求记录项目质量控制复核情况，包括：①有关项目质量控制复核的政策所要求的程序已得到执行；②项目质量控制复核在出具报告前业已完成；③复核人员没有发现任何尚未解决的事项，使其认为项目组作出的重大判断及形成的结论不适当。

（七）监控

1. 监控的总体要求

监控质量控制制度的有效性，不断修订和完善质量控制制度，对于实现质量控制的两大目标也起着不可替代的作用。为此，会计师事务所应当制定监控政策和程序，以合理保证质量控制制度中的政策和程序是相关的、适当的，并正在有效运行。这些监控政策和程序应当包括持续考虑和评价会计师事务所的质量控制制度，如定期选取已完成的业务进行检查。

对质量控制政策和程序遵守情况实施监控是为了评价：①遵守法律法规、职业道德规范和业务准则的情况；②质量控制制度设计是否适当，运行是否有效；③质量控制政策和程序应用是否得当，以便会计师事务所和项目负责人能够根据具体情况出具恰当的业务报告。

2. 监控人员

对会计师事务所质量控制制度的监控应当由具有专业胜任能力的人员实施。会计师事务所可以委派主任会计师、副主任会计师或具有足够、适当经验和权限的其他人员履行监控责任。

3. 监控内容

对会计师事务所质量控制制度实施监控的内容包括：①质量控制制度设计的适当性；②质量控制制度运行的有效性。

会计师事务所应当从下列方面对质量控制制度进行持续考虑和评价：①确定质量控制制度的完善措施，包括要求对有关教育与培训的政策和程序提供反馈意见；②与会计师事务所适当人员沟通已识别的质量控制制度在设计、理解或执行方面存在的缺陷；③由会计师事务所适当人员采取追踪措施，以对质量控制政策和程序及时作出必要的修正；④法律法规、职业道德规范和业务准则的新变化，以及会计师事务所的政策和程序如何适当反映这些变化；⑤有关独立性政策和程序遵守情况的书面确认函；⑥职业发展，包括培训；⑦与接受和保持客户关系及具体业务相关的决策。

4.实施检查

会计师事务所应当周期性地选取已完成的业务进行检查，周期最长不得超过三年。在每个周期内，应对每个项目负责人的业务至少选取一项进行检查。

会计师事务所应当根据下列主要因素，确定周期性检查的组织方式，包括对单项业务检查时间的安排；会计师事务所的规模；分支机构的数量及分布；前期实施监控程序的结果；人员和分支机构的权限；会计师事务所业务和组织结构的性质及复杂程度；与特定客户和业务相关的风险。

在实务中，会计师事务所应当根据具体情况，在综合考虑上述要素的基础上，确定周期性检查的具体组织方式，包括确定检查周期的长短，每个周期内对每个项目负责人的业务是选取一项还是一项以上进行检查，对单项业务检查时间的安排等。

会计师事务所在选取单项业务进行检查时，可以不事先告知相关项目组。

参与业务执行或项目质量控制复核的人员不应承担该项业务的检查工作。

在确定检查的范围时，会计师事务所可以考虑外部独立检查的范围或结论，但这些检查并不能替代自身的内部监控。

值得说明的是，选取单项业务进行检查只是监控过程的组成部分，会计师事务所还可以采取其他适当形式和方法实施监控。

考虑到小型会计师事务所可能缺乏适当的内部资源，小型会计师事务所可以利用具有适当资格的外部人员或其他会计师事务所执行业务检查及其他监控程序。

5.监控结果的处理

会计师事务所应当评价实施监控程序发现的缺陷的影响，并确定这些缺陷属于下列哪种情况：①该缺陷并不必然表明质量控制制度不足以合理保证会计师事务所遵守法律法规、职业道德规范和业务准则的规定，以及会计师事务所和项目负责人根据具体情况出具恰当的报告；②该缺陷是系统性的、重复出现的或其他需要及时纠正的重大缺陷。

会计师事务所应当将实施监控程序发现的缺陷及建议采取的适当补救措施，告知相关项目负责人及其他适当人员。这样规定是为了便于相关人员及时采取适当的行动。

会计师事务所在评价各种缺陷后，应当提出下列改进措施：①采取与某项业务或某个成员相关的适当补救措施；②将监控发现的缺陷告知负责培训和职业发展的人员；③改进质量控制政策和程序；④对违反会计师事务所政策和程序的人员，尤其是对反复违规的人员实施惩戒。

如果实施监控程序的结果表明出具的报告可能不适当，或在执行业务过程中遗漏了应有的程序，会计师事务所应当确定采取适当的进一步行动，以遵守法律法规、职业道德规范和相关业务准则的规定。同时，会计师事务所应当考虑征询法律意见。

会计师事务所应当每年至少一次将质量控制制度的监控结果，传达给项目负责人及会计师事务所内部的其他适当人员，以使会计师事务所及其相关人员能够在其职责范围内及时采取适当的行动。传达的信息应当包括下列内容：已实施的监控程序；实施监控程序得出的结论；系统性的、重复出现的或其他重大的缺陷及其整改措施。

向相关项目负责人以外的人员传达已发现的缺陷，通常不指明涉及的具体业务，除非指明具体业务对这些人员适当履行职责是必要的。

6.监控的记录

会计师事务所应当适当记录下列监控事项：①制定的监控程序，包括选取已完成的业务进行检查的程序；②对监控程序实施情况的评价；③识别出的缺陷，对其影响的评价，是否采取行动及采取何种行动的依据。

对监控程序实施情况评价的记录包括下列方面：①对法律法规、职业道德规范和业务准则的遵守情况；②质量控制制度的设计是否适当，运行是否有效；③质量控制政策和程序是否已得到适当遵守，以使会计师事务所和项目负责人能够根据具体情况出具恰当的报告。

7.投诉和指控的处理

会计师事务所应当制定政策和程序，以合理保证能够适当处理针对下列事项的投诉和指控：执行的工作未能遵守法律法规、职业道德规范和业务准则的规定；未能遵守会计师事务所质量控制制度。

投诉和指控既可能源自会计师事务所内部，也可能源自会计师事务所外部。

在实务中，会计师事务所应当设立方便可行的投诉和指控渠道，包括明确指出向谁投诉，并制定相关制度，保护信息提供者的正当权益。会计师事务所在制定相关制度时，应充分考虑投诉和指控的特点，尤其要注意区别对待不同来源和不同性质的投诉和指控。

对于来自会计师事务所外部的投诉与指控，如来自客户人员和客户的往来方（如客户的供货商）等，由于他们不必担心会因此失去工作，也不涉及明显的个人利益或动机，会计师事务所通常可以认为，他们的投诉和指控具有较高程度的真实性。相比之下，来自会计师事务所内部的投诉和指控，情况就复杂得多：从动机看，有善意、真实的投诉和指控与恶意、虚假的投诉和指控（可能涉及明显的个人利益或动机）；从方式看，有实名的投诉和指控与匿名的投诉和指控。

如果投诉和指控人要求对其身份保密，会计师事务所应当予以保密，未经本人许可，不得披露其姓名。只有这样，会计师事务所人员才可能没有顾虑地提出关心的质量问题。

如果收到匿名的投诉和指控，会计师事务所应当以适当的方式向全体人员表明，与实名的投诉和指控相比，匿名的投诉和指控更难调查和反馈，鼓励用实名投诉和指控。

会计师事务所还应当表明所有的投诉和指控都将得到记录、调查并会将结果反馈给投诉和指控人。反馈调查结果通常采取书面形式。

会计师事务所应当按照既定的政策和程序调查投诉和指控事项，并对投诉和指控及其处理情况予以记录。

会计师事务所应当委派本所内部不参与该项业务的具有足够、适当经验和权限的人员负责对调查的监督。必要时，聘请法律专家参与调查工作。

小型会计师事务所可能缺乏内部资源，因此，小型会计师事务所可以利用具有适当资格的外部人员或其他会计师事务所进行调查。这样规定有利于保证调查人员的客观性和胜任能力，以及调查结果的公正性，从而为会计师事务所依据调查结果作出适当处理奠定必要的基础。在实务中，会计师事务所通常委派有关负责人，专门负责确定需要进行何种调查，以及由谁进行调查。调查的方式包括内部询问、征求法律意见、更全面地复核业务底稿和与本所员工座谈等。所需要的调查技能可能涉及鉴证和会计、法律或者其他专业等方面的知识和经验。

如果调查结果表明质量控制政策和程序在设计或运行方面存在缺陷，或者存在违反质量控制制度的情况，会计师事务所应当采取适当行动。

【实例 4-9】（简答题）ABC 会计师事务所通过招投标程序，首次接受委托审计甲银行 2016 年度财务报表，委派 A 注册会计师担任审计项目合伙人。相关事项如下：

（1）中标后，经甲银行同意，A 注册会计师立即与前任注册会计师进行了沟通，内容包括：①前任注册会计师认为甲银行更换会计师事务所的原因；②其是否发现甲银行管理层存在诚信问题；③其与甲银行管理层在重大会计和审计等问题上是否存在意见分歧；④其向甲银行治理层通报的管理层舞弊、违反法律法规行为以及值得关注的内部控制缺陷。

（2）事务所所有员工必须每年签署其遵守相关职业道德要求书面确认函。中标后，A 注册会计师自行决定是否向参与该业务的事务所外部专家或其他会计师事务所的注册会计师获取有关独立性的书面确认函。

（3）在审计过程中，A 注册会计师要求项目组成员之间相互复核工作底稿，并委派其所在业务部的 B 注册会计师负责甲公司项目质量控制复核。

（4）审计项目组部分成员首次参与银行审计项目。A 注册会计师向这些成员提供了其他银行审计项目的工作底稿作参考。

（5）在执行业务过程中遇到难以解决的重大问题时，由 A 注册会计师和 B 注册会计师共同决定是否需要调整工作程序以及如何调整，由 A 注册会计师执行调整后的业务计划。

（6）A 注册会计师就一项重大会计问题咨询了 ABC 会计师事务所技术部的 C 注册会计师。之后，甲银行管理层进一步提供了与该问题相关的资料。A 注册会计师认为这些资料不改变原咨询结论，未再与 C 注册会计师讨论。

（7）A 注册会计师负责招聘了五位实习生参与甲银行审计项目，并通知 ABC 会计师事务所人事部办理了实习生登记手续。

（8）由于时间压力，项目组内部在某项重大问题上存在分歧，但经主任会计师批准，A 注册会计师出具了审计报告。

要求：针对上述各事项，逐项指出 A 注册会计师的做法是否适当，如不适当，简要说明理由，填入表 4-3。

分析：

表 4-3　　　　　　　　　　　**A 注册会计师做法的适当性判断及其原因**

事项	是否适当	原因
1	适当	
2	不适当	A 注册会计师应当按照事务所相关制度向参与该业务的会计师事务所外部专家或其他会计师事务所的注册会计师获取有关独立性的书面确认函

事项	是否适当	原因
3	不适当	项目组内部复核的原则是：由项目组经验较多的人员复核经验较少的人员执行的工作，成员之间相互复核工作底稿不一定符合这一质量控制原则；项目质量控制复核人员应当由会计师事务所指派，而不能由审计项目负责人直接任命
4	不适当	A注册会计师未经授权将其他银行审计工作底稿发给甲公司审计项目组成员，违反了保密规定
5	不适当	针对重大问题，项目质量控制复核合伙人如果与项目合伙人共同决定是否需要调整工作程序以及如何调整，就成为项目组内部人员，影响其客观性，不能担任项目质量控制复核人
6	不适当	A注册会计师在咨询过程中应当充分提供相关事实
7	不适当	审计项目组实习生的招聘应由事务所人事部门负责
8	不适当	只有意见分歧问题得到解决后项目合伙人才能出具审计报告

问题与案例

一、思考题

1. 中国内部审计准则由哪三个层次组成？

2. 请画出中国注册会计师执业及业务准则体系图。

3. 什么是鉴证业务？鉴证业务的三要素是什么？

4. 注册会计师业务中，代编财务信息审计和历史财务信息审计有什么区别？

5. 会计师事务所的质量控制制度的要素有哪些？

二、行动学习讨论

把学生分成若干组（每组最好是10人以内），要求他们利用头脑风暴的方法，对以下问题提出不同的看法，尽量多地列示在行动学习讨论的白板上。

讨论问题：对比政府审计准则、内部审计准则和注册会计师审计准则各自的特征。

讨论与板书要求：①每个人都要发言，但每次只能一人发言；②追求数量、追求创意；③有人发言时不许质疑、不许批评、不许打断；④板书要按发言人的原话列示。

三、案例讨论

华美会计师事务所制定的业务质量控制制度

华美会计师事务所是一家新成立的事务所，最近制定了业务质量控制制度，有关内容摘录如下：

1. 合伙人考核和晋升制度规定，连续三年业务收入额排名前三位的高级经理晋级为合伙人，连续三年业务收入额排名后三位的合伙人降级为高级经理。

2. 内部业务检查制度规定，以每三年为一个周期，选取已完成业务进行检查，如果事务所当年接受相关部门的外部检查，则当年暂停对所有业务的内部检查。

3.项目质量控制复核制度规定，除上市公司审计业务外，其他需要实施质量控制复核的审计业务由审计项目组负责人执行项目质量控制复核。

4.工作底稿保管制度规定，推行业务档案电子化，将纸质工作底稿经电子扫描后，存为业务电子档案，同时销毁纸质工作底稿。

5.独立性政策规定，每年为需要保持独立性的人员提供关于独立性要求的培训，并要求高级经理以上（含高级经理）的人员每年签署遵守独立性要求的书面确认函。

6.分所管理制度规定，分所可以根据自身的实际情况，自行制定业务质量控制制度。

要求：

针对上述 1~6 项，分别指出华美会计师事务所业务质量控制制度是否符合会计师事务所质量控制准则的规定，并简要说明理由。

关键词汇

审计规范　Audit Norm

审计准则　Auditing Standards

政府审计准则　Government Auditing Standards

国际审计准则　International Standards on Auditing（ISA）

国际内部审计师协会　Institute of Internal Auditors（IIA）

内部审计准则　Internal Auditing Standards

一般准则　General Guidelines

作业准则　Operational Guidelines

报告准则　Reporting Standards

内部管理准则　Internal Management Guidelines

注册会计师执业准则　CPA Practice Guidelines

中国审计准则　China Standards on Auditing（CSA）

中国审阅准则　China Standards on Review Engagements（CSRE）

中国其他鉴证业务准则　China Standards on Other Assurance Engagements（CSOAE）

中国相关服务准则　China Standards on Related Services（CSRS）

中国质量控制准则　China Standards on Quality Control（CSQC）

明晰项目　Clarity Project

审计职业道德　Auditing Professional Ethics

职业怀疑态度　Professional Skepticism

质量控制　Quality Control

第五章　审计的法律责任

【学习目的】

1. 熟悉审计法律责任的沿革；
2. 了解《萨班斯-奥克斯利法案》；
3. 了解经营失败与审计失败的关系；
4. 掌握违约、过失与欺诈的含义；
5. 掌握审计职业界和会计师事务所及注册会计师应当如何避免法律诉讼。

引例：银广夏事件中相关责任的追究

2002 年 2 月，财政部正式下达有关中天勤的处罚决定。财政部的处罚决定称，中天勤会计师事务所未能发现银广夏的严重财务问题，存在重大审计过失，严重损害了广大投资者的合法权益和证券市场"三公"原则，违反了《中华人民共和国注册会计师法》《独立审计准则》等注册会计师质量控制基本准则，依据《中华人民共和国注册会计师法》等有关条款，决定依法吊销签字注册会计师刘加荣、徐林文的注册会计师资格；吊销中天勤会计师事务所的执业资格，并会同证监会吊销其证券、期货相关业务许可证。

2002 年 5 月，中国证监会作出了行政处罚决定：对银广夏处以罚款 60 万元，并责令改正；鉴于银广夏的部分责任人员已移送司法机关追究刑事责任，待司法机关查清此案后，再对银广夏的有关责任人员予以行政处罚。

2003 年 9 月 16 日，宁夏回族自治区银川市中级人民法院对银广夏刑事案作出一审判决，原天津广夏董事长兼财务总监董博因提供虚假财务会计报告罪被判处有期徒刑三年，并处罚金人民币 10 万元。同时，法院以提供虚假财务会计报告罪分别判处原银川广夏董事局副主席兼总裁李有强、原银川广夏董事兼财务总监兼总会计师丁功名、原天津广夏副董事长兼总经理阎金岱有期徒刑两年零六个月，并处罚金 3 万元至 8 万元；以出具证明文件重大失实罪分别判处被告人深圳中天勤会计师事务所合伙人刘加荣、徐林文有期徒刑两年零六个月、两年零三个月，并各处罚金 3 万元。

在庭审中，公诉人指控深圳中天勤会计师事务所刘加荣、徐林文二人在银广夏上述造假过程中，没有实施有效的询证、认证和核查程序，属"明知"银广夏公司及天津广夏公司的财务会计报告"可能"虚假，依然签署了"无保留意见"的审计报告。法院最后以出具证明文件重大失实罪判处他们承担刑事责任，这也开辟了我国注册会计师承担刑罚的先河。

第一节　与审计法律责任相关的研究与立法

一、审计法律环境的变化

法律责任，是指因违法行为而引起的应由违法者承担的相应的法律后果。其特点是，它以一定的义务存在为前提，并出现了违反此种义务的事实。注册会计师法律责任，是指注册会计师在履行职责过程中，因过失、欺诈或违约而导致客户或其他利益相关方的经济损失，由此而承担的法律后果。

在现代社会中，注册会计师的法律责任正在逐步扩展，特别是在西方国家，进入20世纪80年代后，无论是法律的判例解释，还是注册会计师职业团体的态度，较之以往的情形都发生了很大变化。主要变化有以下方面：

（1）对注册会计师的法律诉讼大量增加。近10多年来，由于企业经营失败或者管理当局舞弊造成破产倒闭的事件剧增，投资者和贷款人蒙受很大损失，注册会计师因而被指控未能及时揭示或报告这些问题，并被要求赔偿有关的损失。迫于社会的压力，许多国家的法院判决逐渐倾向于增加注册会计师在这些方面的法律责任。

（2）扩大注册会计师对第三方利益集团或人士的责任。早期的司法制度倾向于限定注册会计师对第三方的法律责任，但自20世纪70年代末以来，不少法官已放弃上述判例原则，转而规定注册会计师对已知的第三方使用者或财务报表的特定用途必须承担法律责任。

（3）扩充注册会计师法律责任的内涵。注册会计师传统法律责任的含义仅限于财务报表符合公认会计原则的公允性。但各方面使用者和利益集团近10多年来不断要求注册会计师对委托单位的会计记录差错、管理舞弊、经营破产可能性及违反有关法律的行为都应承担检查和报告责任，从而促使许多会计职业团体在20世纪80年代后期修订有关审计准则，要求注册会计师在进行财务报表审计时，必须设计和实施必要的审计程序，为发现错误与舞弊提供合理的保证，从而实质上扩充了注册会计师法律责任的内涵。

二、国外审计法律责任的沿革

注册会计师的法律责任主要包括行政责任、民事责任和刑事责任。这里主要以美国为例，重点介绍美国注册会计师的法律责任。美国注册会计师的法律责任主要源自习惯法和成文法。所谓习惯法，指不是通过立法而是通过法院判例引申而成的各项法律；所谓成文法，则是由联邦或州立法机构以文字制定的法律。在运用习惯法的案件中，法院甚至可以不按以往的判例而另行创立新的法律先例；但在成文法案件中，法院只能按照有关法律的字面进行精确解释。

（一）注册会计师对于委托人的责任

依据习惯法，注册会计师无论是否在与委托人签订的合同中特别声明，都有恪守职业谨慎的义务。因此，在习惯法下，如果由于注册会计师的过失（即使是普通过失）给委托人造成了经济损失，注册会计师对于委托人就负有法律责任。审计业务中对客户承担的责任一般包括：未能发现客户的员工舞弊行为、未按照合同规定的时间完成审计业务、未能发现财务报表错报而导致决策错误等。遭受损失的委托人往往会对注册会计师过失提起诉讼，要求赔偿损失。一旦委托人对注册会计师提起诉讼，委托人（即原告）就负有举证责任，即必须向法院证明其已受到损失，以及这种损失是由于注册会计师的过失造成的。判断注册会计师是否承担责任的关键因素是损失是否是由注册会计师的过失引起的。只要执业人员遵守了公认审计准则，就不应该承担责任。

作为被告的注册会计师在受到指控时，可用以下几种理由或几种理由之一进行抗辩：①无服务义务。在业务约定书中明确规定双方的权利义务，确定免责条款，以便在抗辩时提供书面证据。被告方可以以无服务义务作为抗辩理由。②无过失行为。无过失行为即注册会计师严格遵守了执业准则，保持了应有的勤勉和谨慎。③注册会计师的过失与委托人的损失不是建立在因果关系的基础上。也就是说，注册会计师虽有过失，但这种过失并不是委托人受到损失的直接原因。④共同过失。所谓共同过失，是指原告受到的损失是由于他本身同样具有过失造成的，而非只因注册会计师的过失造成的损失。比如，注册会计师未能查出委托单位的现金短缺而具有过失，但委托人由于没有设置适当的现金内部控制制度就具有共同过失。共同过失的抗辩实际上也是表示注册会计师的过失并非委托人受损的直接原因的一种方式。这种抗辩在美国视司法管辖区域而定，在某些州或许会减少甚至全部免除注册会计师的责任。

（二）注册会计师对于第三方的责任

1. 习惯法下注册会计师对于第三方的责任

在美国，习惯法下注册会计师对第三方的责任主要体现为厄特马斯原则：普通过失不足以构成对第三方承担法律责任，因为第三方与审计人员之间缺乏合同关系，除非第三方是主要收益人；如果审计人员存在欺诈或重大过失，审计人员就应当对更广泛的第三方承担法律责任。20 世纪 80 年代以来，法院拓宽了对"厄特马斯原则"的理解，认为如果注册会计师犯有普通过失也要对第三方承担一部分责任，但不是对所有的第三方负责，而是把它限定在合理预期的第三方。总的来说在美国习惯法下，还没有明确对第三方的责任。习惯法下，原告承担大部分的举证责任，第三方必须和客户一样证明：注册会计师存在过失并由此直接导致了受害人的损失。注册会计师可以采用以下理由进行抗辩：无过失行为；无服务义务；没有因果关系。

（1）注册会计师对于受益第三方的责任。受益第三方这个法律概念，主要是指合同（业务约定书）中所指明的人，但此人既非要约人，又非承诺人。例如，注册会计师知道被审计单位委托他对财务报表进行审计的目的是为了获得某家银行的贷款，那么这家银行就是受益第三方。委托人之所以能够取得归因于注册会计师普通过失的损害赔偿的权利，源自习惯法下有关合同的判例。受益第三方同样具有委托人和会计师事务所所订合同中的权利，因此他也享有同等的追索权。也就是说，如果注册会计师的过失（包括普通过失）给依赖审定财务报表的受益第三方造成了损失，受益第三方也可以指控注册会计师具有过失而向法院提起诉讼，追回遭受的损失。

（2）注册会计师对于其他第三方的责任。委托人和受益第三方对注册会计师的过失具有损害赔偿的追索权，因为他们具有和会计师事务所所订合同中的各项权利。那么其他依赖审定财务报表却无合同中特定权利的许多第三方是否也有追索权呢？也就是说，注册会计师对于其他第三方是否也有责任呢？这在习惯法下和成文法下有些不同。首先看一下习惯法下注册会计师的责任。

1931 年，美国厄特马斯公司对杜罗斯会计师事务所一案，是关于注册会计师对于第三方责任的一个划时代的案例，它确立了"厄特马斯主义"的传统做法。在这个案件中，弗雷德·斯特公司经营橡胶进口和销售，进口贸易的性质决定了该公司需要大量的营运资金。为缓解营运资金的不足，该公司向厄特马斯公司借款，厄特马斯公司以弗雷德·斯特公司 1923 年 12 月 31 日的资产负债表及其审计报告为基础，向弗雷德·斯特公司提供了

10 万美元的贷款，随后又向其发放了两笔总计 6.5 万美元的贷款。但 1925 年 1 月，弗雷德·斯特公司宣告破产，贷款有去无回，厄特马斯公司这才发现 1923 年弗雷德·斯特公司虚构了大量的应收账款，其资产负债表存在重大的虚假陈述。而负责弗雷德·斯特公司 1923 年 12 月 31 日资产负债表审计的道奇·尼文会计师事务所对此签发了无保留意见的审计报告。于是，厄特马斯公司对道奇·尼文会计师事务所提起诉讼，要求其赔偿贷款损失。纽约上诉法庭（纽约州最高法院）的判定意见是：犯有普通过失的注册会计师不对未曾指明的第三方负责；但同时法庭也认为，如果注册会计师犯有重大过失或欺诈行为，则应当对未指明的第三方负责。

可见，注册会计师对于未指明的第三方是否负有责任，厄特马斯主义的判断关键在于过失程度的大小。普通过失不负责任，而重大过失和欺诈则应当负责。但是自 20 世纪 80 年代以来，许多法院扩大了厄特马斯主义的含义，判定具有普通过失的注册会计师对可以合理预期的第三方负有责任。所谓可以合理预期的第三方，是指注册会计师在正常情况下能够预见将依赖财务报表的人，例如资产负债表日有大额未归还的银行贷款，那么银行就是可以合理预期的第三方。在美国，目前关于习惯法下注册会计师对于第三方的责任仍然处于不确定状态，一些司法权威仍然承认厄特马斯主义的优先地位，认为注册会计师仅因重大过失和欺诈对第三方有责任；但同时也有些州的法院坚持认为，具有普通过失的注册会计师对可以合理预期的第三方也有责任。

习惯法下注册会计师对于第三方的责任案中，举证的责任也在原告，即当原告（第三方）提起诉讼时，他必须向法院证明：①他本身受到了损失；②他依赖了令人误解的已审财务报表；③这种依赖是他受到损失的直接原因；④注册会计师具有某种程度的过失。作为被告的注册会计师仍处于反驳原告所作指控的地位。

2. 成文法下注册会计师对于第三方的责任

（1）1933 年《证券法》。1933 年《证券法》是在借鉴英国立法经验和美国本土立法的基础上产生的。1933 年《证券法》对涉及注册会计师法律责任的问题作出规定：凡是公开发行证券的公司必须向证券交易委员会呈送登记表，其中经过注册会计师审计的报表如果存在错误或遗漏，那么注册会计师对证券的原始购买者负责。同时对注册会计师提出了更高的要求：①原告不仅可以是与注册会计师存在合同关系的委托方，而且可以是合同外的第三方。②将不少举证责任由原告转往被告。原告（证券购买人）只需证明已审财务报表有错报或漏报以及自己遭受了损失，而不需证明他依赖了已审财务报表或注册会计师具有过失，把这方面的举证责任交给注册会计师（即被告）。③一般过失也要对第三方承担责任。1933 年《证券法》是习惯法和成文法中举证责任在被告方的唯一法律。在该法中，注册会计师如欲避免承担原告损失的责任，他必须向法院正面证明：他本身并无过失或他的过失并非原告受损的直接原因。因此，1933 年《证券法》建立了注册会计师责任的最高水准，他不仅应当对他的普通过失行为造成的损害负责，而且必须证明他的无辜，而非单单反驳原告的非难或指控。但 1933 年《证券法》将有追索权的第三方限定为一组有限的投资人——证券的原始购买人。

（2）1934 年《证券交易法》。该法中规定：每个在证券交易委员会管辖下的公开发行公司（具有 100 万美元以上的总资产和 500 位以上的股东），均需向证券交易委员会呈送经注册会计师审计过的年度财务报表。如果这些年度财务报表令人误解，呈送公司和它的注册会计师对于买卖公司证券的任何人都必须负责，除非被告确实能证明其行为是善意的，并且不知道所作的陈述是虚假或令人误解的。1934年《证券交易法》与1933年《证券法》相比，涉及的财务报表和投资者数量比较多。1933年《证券法》中的责任对象为登记表中的财务报表和购买公司原始债券的投资者，1934年《证券交易法》要求注册会计师对上市公司每年的财务报表和买卖公司证券的任何人负责。但是，1934年《证券交易法》对注册会计师的责任有所减轻。如前所述，1934年《证券交易法》规定"除非被告确能证明他本身行为出于善意，且并不知道会计报表是虚伪不实或令人误解的"，这就将注册会计师的责任限定在重大过失或欺诈行为，而1933年《证券法》包括注册会计师的普通过失。1934年《证券交易法》也将大部分举证责任交给了注册会计师，但不同的是原告要证明因果关系的存在，注册会计师只要证明其出于善意即可。

（3）1970年《贪污欺诈损害组织法案》（即RICO法）。RICO法的一个重要的立法创举是允许多项不同的罪行在一个单独的控诉中进行起诉，这些不同的罪行甚至可以以一项单独的控罪来起诉被告，只要被告的罪行是与犯罪组织相关的犯罪模式的一部分。根据RICO法，只要一个被指控的罪行是在起诉之前5年内发生的，那么该罪行实施之日前10年内发生的属于RICO法规定的犯罪模式的犯罪也将被追诉，这样使符合规定条件的犯罪追诉期限最长可延至20年。自20世纪80年代早期开始，大量针对注册会计师提起的指控是因为注册会计师违反了RICO法中关于"被收买的诈骗者和贪污组织"的规定。1993年，美国最高法院限定了外部专业人员（比如会计师）的责任，美国最高法院裁定，一个人必须亲自参与企业的经营和管理才可以被判定承担责任，仅仅通过提供会计或审计服务与违法企业进行合作是不够的，不应该承担责任。

（4）1995年《私人证券诉讼改革法案》。1995年12月，美国国会通过了1995年《私人证券诉讼改革法案》，这反映了商业企业和专业团体多年来不遗余力为之奋斗的目标终于初露曙光。原告律师滥用诉讼体系的做法终于被注意，并受到限制。

法案较为重要的内容包括：①连带责任（指任一被告都有承担全部损失赔偿的责任）被修改后的比例责任（指每一被告仅仅负责赔偿由于他的过错而造成的损失）所代替；②对原告诉讼律师的申诉规定了更加严格的标准，从而减少了对执业行为吹毛求疵的可能性，有效地控制了利用专业原告进行诉讼的行为；③"安全港"条款开始施行，根据此条款，以诚实、公正的态度出具的预测报告，在联邦证券法下，不必承担相应的责任；④证券欺诈行为不再被认为是《贪污欺诈损害组织法案》中的"本质行为"，从而使原告不能在证券诉讼法案中任意提出高额损失赔偿。

（5）2002年《公众公司会计改革和投资者保护法案》。针对安然、世通等大公司财务欺诈案件，美国国会出台了2002年《公众公司会计改革和投资者保护法案》。该法案由美国众议院金融服务委员会主席奥克斯利和参议院银行委员会主席萨班斯联合提出，又称《萨班斯-奥克斯利法案》。该法案对1933年《证券法》和1934年《证券交易法》作出不少修订，在会计职业监管、公司治理、证券市场监管等方面作出许多新的规定。

美国2001年至2002年所爆发的各项公司丑闻事件中，企业管理阶层无疑应当负有最主要的责任，因而，该法案的主要内容之一就是明确界定公司管理阶层的责任（如对公司内部控制进行评估等），尤其是对股东所承担的受托责任，同时，加大对公司管理阶层及白领犯罪的刑事责任。企业会计人员以及外部审计人员在这些事件中的负面作用也是不容否定的，比如，安然通过复杂的特殊目的主体安排，虚构利润、隐瞒债务，而世界通讯则是赤裸裸的假账，因此提高财务报告的可靠性，成为该法案的另一个主要内容。法案的要求包括：①建立一个独立机构来监管上市公司的审计；②审计师定期轮换；③全面修订会计准则；④制定关于审计委员会成员构成的标准；⑤要求管理阶层即时评估内部控制、更新即时的财务报告；⑥对审计时提供咨询服务进行限制等。从全部法案的次序安排来看，这些内容排在前三章，而篇幅也超过2/3。因而，该法案更像一个会计改革法案。

《萨班斯-奥克斯利法案》共分11章，第1章至第6章侧重于对会计职业及公司行为的监管，包括：①建立一个独立的公司会计监管委员会（Public Company Accounting Oversight Board，PCAOB），对上市公司的审计进行监管；②通过负责合伙人轮换制度以及咨询与审计服务不兼容等提高审计的独立性；③限定公司高阶管理人员的行为，改善公司治理结构等，以增进公司的报告责任；④加强财务报告的披露；⑤通过增加拨款和雇员等来提高美国证监会的执法能力。

第8章至第11章主要是提高对公司高层主管及白领犯罪的刑事责任，包括：①针对安达信销毁审计档案事件，制定法规，销毁审计档案最高可判10年监禁，在联邦调查及破产事件中销毁档案最高可判20年监禁；②强化公司高管层对财务报告的责任，公司高管须对财务报告的真实性宣誓，提供不实财务报告将被判处10年或20年的刑事责任。

该法案第7章要求相关部门在该法案正式生效后的指定日期内（一般都在6个月至9个月）提交若干份研究报告，包括：会计师事务所合并、信贷评级机构、市场违规者、法律的执行、投资银行等研究报告，以供相关执行机构参考，并作为未来立法的参照。

三、国内审计法律责任的沿革

随着社会主义市场经济体制在我国的建立和发展，注册会计师在社会经济生活中的地位越来越重要，发挥的作用越来越大。注册会计师如果工作失误或有欺诈行为，将会给委托人或依赖审定财务报表的第三方造成重大损失，严重的甚至会导致经济秩序的紊乱。因此，强化注册会计师的责任意识，严格注册会计师的法律责任，以保证其职业道德和执业质量，其意义就显得愈加重大。近年来我国颁布的不少重要的经济法律、法规中，都有专门规定会计师事务所、注册会计师法律责任的条款，其中比较重要的有：《中华人民共和国注册会计师法》（以下简称《注册会计师法》）、《中华人民共和国公司法》（以下简称《公司法》）、《中华人民共和国证券法》（以下简称《证券法》）及《中华人民共和国刑法》（以下简称《刑法》）等。

（一）《注册会计师法》的规定

《注册会计师法》自1993年10月31日颁布、1994年1月1日施行以来，为确立注册会计师行业在经济社会发展中的重要地位、维护社会公共利益和投资者的合法权益、促进市场经济健康规范发展发挥了重要作用。为了完善注册会计师行业管理体制，不断提高注册会计师行业的法治化、规范化、市场化水平，新修订的《注册会计师法》于2014年8月31日公布并开始实施。《注册会计师法》第六章为"法律责任"，在第三十九条中规定了会计师事务所和注册会计师应承担的行政责任和刑事责任，第四十二条规定了会计师事务所应承担的民事责任。

《注册会计师法》第三十九条规定："会计师事务所违反本法第二十条、第二十一条规定的，由省级以上人民政府财政部门给予警告，没收违法所得，可以并处违法所得一倍以上五倍以下的罚款；情节严重的，并可以由省级以上人民政府财政部门暂停其经营业务或者予以撤销。

注册会计师违反本法第二十条、第二十一条规定的，由省级以上人民政府财政部门给予警告；情节严重的，可以由省级以上人民政府财政部门暂停其执行业务或者吊销注册会计师证书。

会计师事务所、注册会计师违反本法第二十条、第二十一条的规定，故意出具虚假的审计报告、验资报告，构成犯罪的，依法追究刑事责任。"

《注册会计师法》第四十二条规定："会计师事务所违反本法规定，给委托人、其他利害关系人造成损失的，应当依法承担赔偿责任。"

（二）《证券法》的规定

2014 年 8 月 31 日修正的《证券法》第一百七十三条规定："证券服务机构为证券的发行、上市、交易等证券业务活动制作、出具审计报告、资产评估报告、财务顾问报告、资信评级报告或者法律意见书等文件，应当勤勉尽责，对所依据的文件资料内容的真实性、准确性、完整性进行核查和验证。其制作、出具的文件有虚假记载、误导性陈述或者重大遗漏，给他人造成损失的，应当与发行人、上市公司承担连带赔偿责任，但是能够证明自己没有过错的除外。"

《证券法》第二百零一条规定："为股票的发行、上市、交易出具审计报告、资产评估报告或者法律意见书等文件的证券服务机构和人员，违反本法第四十五条的规定买卖股票的，责令依法处理非法持有的股票，没收违法所得，并处以买卖股票等值以下的罚款。"

《证券法》第二百二十三条规定："证券服务机构未勤勉尽责，所制作、出具的文件有虚假记载、误导性陈述或者重大遗漏的，责令改正，没收业务收入，暂停或者撤销证券服务业务许可，并处以业务收入一倍以上五倍以下的罚款。对直接负责的主管人员和其他直接责任人员给予警告，撤销证券从业资格，并处以三万元以上十万元以下的罚款。"

《证券法》第二百二十五条规定："上市公司、证券公司、证券交易所、证券登记结算机构、证券服务机构，未按照有关规定保存有关文件和资料的，责令改正，给予警告，并处以三万元以上三十万元以下的罚款；隐匿、伪造、篡改或者毁损有关文件和资料的，给予警告，并处以三十万元以上六十万元以下的罚款。"

《证券法》第二百二十六条规定："未经国务院证券监督管理机构批准，擅自设立证券登记结算机构的，由证券监督管理机构予以取缔，没收违法所得，并处以违法所得一倍以上五倍以下的罚款。

投资咨询机构、财务顾问机构、资信评级机构、资产评估机构、会计师事务所未经批准，擅自从事证券服务业务的，责令改正，没收违法所得，并处以违法所得一倍以上五倍以下的罚款。

证券登记结算机构、证券服务机构违反本法规定或者依法制定的业务规则的，由证券监督管理机构责令改正，没收违法所得，并处以违法所得一倍以上五倍以下的罚款；没有违法所得或者违法所得不足十万元的，处以十万元以上三十万元以下的罚款；情节严重的，责令关闭或者撤销证券服务业务许可。"

（三）《公司法》的规定

2013 年 12 月 28 日修正的《公司法》第一百六十五条规定："公司应当在每一会计年度终了时编制财务会计报告，并依法经会计师事务所审计。财务会计报告应当依照法律、行政法规和国务院财政部门的规定制作。"由于许多小公司为追求经济利益减少纳税，会计报表失真现象严重，增加了注册会计师的审计风险。

《公司法》第二百零八条规定："承担资产评估、验资或者验证的机构提供虚假材料的，由公司登记机关没收违法所得，处以违法所得一倍以上五倍以下的罚款，并可以由有关主管部门依法责令该机构停业、吊销直接责任人员的资格证书，吊销营业执照。承担资产评估、验资或者验证的机构因过失提供有重大遗漏的报告的，由公司登记机关责令改正，情节较重的，处以所得收入一倍以上五倍以下的罚款，并可以由有关主管部门依法责令该机构停业、吊销直接责任人员的资格证书，吊销营业执照。承担资产评估、验资或者验证的机构因其出具的评估结果、验资或者验证证明不实，给公司债权人造成损失的，除能够证明自己没有过错的外，在其评估或者证明不实的金额范围内承担赔偿责任。"

第二百一十六条规定："违反本法规定，构成犯罪的，依法追究刑事责任。"

（四）《刑法》的规定

《刑法》第二百二十九条规定："承担资产评估、验资、验证、会计、审计、法律服务等职责的中介组织的人员故意提供虚假证明文件，情节严重的，处五年以下有期徒刑或者拘役，并处罚金。

前款规定的人员，索取他人财物或者非法收受他人财物，犯前款罪的，处五年以上十年以下有期徒刑，并处罚金。

第一款规定的人员，严重不负责任，出具的证明文件有重大失实，造成严重后果的，处三年以下有期徒刑或者拘役，并处或者单处罚金。"

（五）最高人民法院的规定

1. 早期的最高人民法院司法解释

由四川省德阳东方贸易公司验资法律纠纷而引发的最高人民法院法函〔1996〕56号，是关于注册会计师因出具虚假验资报告而应承担民事责任的第一个专门司法解释。该法函连同最高人民法院随后颁布的法释〔1997〕10 号和法释〔1998〕3 号，为验资报告使用人运用《注册会计师法》第四十二条向会计师事务所要求民事赔偿提供了依据。

2002 年 1 月 15 日《最高人民法院关于受理证券市场因虚假陈述引发的民事侵权纠纷案件有关问题的通知》中提出：虚假陈述民事赔偿案件，是指证券市场上证券信息披露义务人违反《中华人民共和国证券法》规定的信息披露义务，在提交或公布的信息披露文件中作出违背事实真相的陈述或记载，侵犯了投资者合法权益而发生的民事侵权索赔案件。

《最高人民法院关于受理证券市场因虚假陈述引发的民事侵权纠纷案件有关问题的通知》是对《证券法》中有关虚假陈述责任担任规定的落实，规定了对虚假陈述民事赔偿案件被告人的虚假陈述行为，须经中国证监会及其委托机构调查并作出生效处罚决定后，法院依法受理。注册会计师的民事责任受到这个司法解释的约束。

2.2007 年最高人民法院司法解释

2007 年 6 月中华人民共和国最高人民法院公布的《最高人民法院关于审理涉及会计师事务所在审计业务活动中民事侵权赔偿案件的若干规定》第四条规定："会计师事务所因在审计业务活动中对外出具不实报告给利害关系人造成损失的，应当承担侵权赔偿责任，但其能够证明自己没有过错的除外。会计师事务所在证明自己没有过错时，可以向人民法院提交与该案件相关的执业准则、规则以及审计工作底稿等。"

第五条规定："注册会计师在审计业务活动中存在下列情形之一，出具不实报告并给利害关系人造成损失的，应当认定会计师事务所与被审计单位承担连带赔偿责任：（一）与被审计单位恶意串通；（二）明知被审计单位对重要事项的财务会计处理与国家有关规定相抵触，而不予指明；（三）明知被审计单位的财务会计处理会直接损害利害关系人的利益，而予以隐瞒或者作不实报告；（四）明知被审计单位的财务会计处理会导致利害关系人产生重大误解，而不予指明；（五）明知被审计单位的会计报表的重要事项有不实的内容，而不予指明；（六）被审计单位示意其作不实报告，而不予拒绝。对被审计单位有前款第（二）至（五）项所列行为，注册会计师按照执业准则、规则应当知道的，人民法院应认定其明知。"

第六条规定："会计师事务所在审计业务活动中因过失出具不实报告，并给利害关系人造成损失的，人民法院应当根据其过失大小确定其赔偿责任。注册会计师在审计过程中未保持必要的职业谨慎，存在下列情形之一，并导致报告不实的，人民法院应当认定会计师事务所存在过失：（一）违反注册会计师法第二十条第（二）、（三）项的规定；（二）负责审计的注册会计师以低于行业一般成员应具备的专业水准执业；（三）制订的审计计划存在明显疏漏；（四）未依据执业准则、规则执行必要的审计程序；（五）在发现可能存在错误和舞弊的迹象时，未能追加必要的审计程序予以证实或者排除；（六）未能合理地运用执业准则和规则所要求的重要性原则；（七）未根据审计的要求采用必要的调查方法获取充分的审计证据；（八）明知对总体结论有重大影响的特定审计对象缺少判断能力，未能寻求专家意见而直接形成审计结论；（九）错误判断和评价审计证据；（十）其他违反执业准则、规则确定的工作程序的行为。"

最高人民法院这次发布实施的司法解释，在正确界定会计师事务所的民事责任方面取得了重大突破。其中非常重要的一点，就是强调严格区分会计责任和审计责任。也就是说，企业的经营管理人承担着会计核算和管理方面的职能，应对会计信息的真实性承担会计责任；会计师事务所依据执业准则和专业判断对被审计单位的财务报告进行审计，应对其所出具的审计报告负责，其所承担的是审计责任。此外，司法解释在归责原则、责任判定标准、承担责任的情形和限额等方面，都作出了科学明确的规定。通过以上规定，使得对注册会计师执业责任的认定，更加合理科学，同时提高了可操作性。具体来讲有以下几个方面：

第一，严格区分了会计师事务所主观故意和过失所应承担的赔偿责任。主观故意和过失是两种不同性质的问题，司法解释对此进行了责任区分，明确规定，会计师事务所如果与被审计单位恶意串通或其他主观故意给利害关系人造成损失的，会计师事务所应当与被审计单位一起承担连带赔偿责任；会计师事务所如果因工作过失给利害关系人造成损失的，应当根据其过失大小确定其赔偿责任。

第二，合理限定了会计师事务所工作过失所应承担的赔偿责任。主要有两个方面：一是应先由被审计单位赔偿利害关系人的损失，对被审计单位、出资人的财产依法强制执行后仍不足以赔偿损失的，再由会计师事务所承担相应的赔偿责任；二是会计师事务所的赔偿应以其不实审计金额为限，即明确会计师事务所执业过失为"补充责任"性质。因而有助于避免"深口袋"现象。

第三，科学设定了"免责"和"减责"条款。司法解释充分考虑了注册会计师行业的专业特性，设定了相关"免责"和"减责"条款。比如，已经遵守执业准则、规则确定的工作程序并保持必要的职业谨慎，但仍未能发现被审计的会计资料错误；审计业务所必须依赖的金融机构等单位提供虚假或者不实的证明文件，会计师事务所在保持必要的职业谨慎下仍未能发现其虚假或者不实；已对被审计单位的舞弊迹象提出警告并在审计业务报告中予以指明；已经遵照验资程序进行审核并出具报告，但被验资单位在注册登记后抽逃资金；为登记时未出资或者未足额出资的出资人出具不实报告，但出资人在登记后已补足出资等，对于上述情形，会计师事务所如果能够提供相应证明，则不承担民事赔偿责任。

司法解释同时明确，利害关系人如果明知会计师事务所出具的报告为不实报告而仍然使用的，人民法院应当酌情减轻会计师事务所的赔偿责任。

第四，有效防止了对会计师事务所的"滥诉"。企业一旦经营失败，为其提供审计服务的会计师事务所往往容易成为"替罪羊"遭遇"滥诉"。为有效解决这一问题，司法解释明确规定，利害关系人未对被审计单位提起诉讼而直接对会计师事务所提起诉讼的，人民法院应当告知其对会计师事务所和被审计单位一并提起诉讼；利害关系人拒不起诉被审计单位的，人民法院应当通知被审计单位作为共同被告参加诉讼。

司法解释同时进一步规定，会计师事务所侵权赔偿纠纷未经审判，人民法院不得将会计师事务所追加为被执行人。

第二节　审计法律责任的成因

在市场经济中，导致注册会计师承担法律责任的原因是多方面的，有不理解经营失败和审计失败之间的差别的，有报表使用者误解的，但更多的是注册会计师因违约、过失和欺诈而对审计委托人、被审计单位或其他利益关系的第三人造成伤害的情况下应承担法律责任。

一、经营失败与审计失败的关系

被审计单位发生经营失败时，可能会连累注册会计师，导致对注册会计师的法律诉讼。许多会计和法律专业人员认为，财务报表使用者控告会计师事务所的主要原因之一，是不理解经营失败和审计失败之间的差别。被审计单位受经济浪潮或经营条件的影响，如经济萧条、决策失误或同行之间激烈竞争，无力归还借款或无法达到投资预期的收益，就会出现经营风险，经营风险的极端情况则是经营失败，会导致被审计单位破产或清算整顿。经营失败是被审计单位管理当局的管理责任，与注册会计师无关。审计失败是指注册会计师提出了错误的审计意见，或者说，当财务报表事实上存在重大错报时，注册会计师却认为财务报表是合法和公允的，发表了无保留意见。尽管企业经营失败不等于审计失败，但当被审计单位出现经营失败时，特别是如果注册会计师不谨慎地发表了不适当的审计意见，已审财务报表的使用者往往会指责注册会计师，经营失败导致审计风险增大，经营失败转变为审计失败。但如果注册会计师遵守了执业准则，出具了适当的审计意见，由于被审计单位的自身经营失败导致的损失应由被审计单位自行承担，与注册会计师无关，因而注册会计师不需承担法律责任。

二、违约、过失与欺诈

如果不是由于注册会计师的原因给被审计单位或第三方造成损失，注册会计师将不负法律责任。但是，如果注册会计师因违约、过失和欺诈等行为给审计委托人、被审计单位或其他有利益关系的第三人造成伤害时，应当承担法律责任。

1.违约

所谓"违约"，是指注册会计师未能达到审计合约条件的要求，如未能按期出具审计报告、泄露商业秘密等。当违约给他人造成损失时，注册会计师应负违约责任。

2.过失

所谓"过失"，是指在一定条件下，注册会计师缺少应具有的合理的谨慎。判断注册会计师是否有过失，应当以其他具备专业素质的注册会计师在相同条件下可做到的谨慎程度为标准。当过失给他人造成损失时，注册会计师应负过失责任。通常将过失按程度不同分为普通过失和重大过失。普通过失（也称"一般过失"）通常是指没有保持职业上应有的合理的谨慎，即注册会计师没有完全遵循专业准则的要求进行审计。重大过失是指连起码的职业谨慎都不保持，即注册会计师根本没有遵循准则的要求或没有按专业准则的基本要求执行审计。

另外，还有一种过失称为"共同过失"，即对他人过失，受害方自己未能保持合理的谨慎而蒙受损失。比如，被审计单位未能向注册会计师提供编制纳税申报表所必要的信息，后来又控告注册会计师未能妥当地编制纳税申报表，这种情况可能使法院判定被审计单位有共同过失。再如，在审计中未能发现现金等资产短少时，被审计单位可以过失为由控告注册会计师，而注册会计师又可以说现金等问题是由缺乏适当的内部控制造成的，并以此为由来反击被审计单位的诉讼。

"重要性"和"内部控制"这两个概念有助于区分注册会计师的普通过失和重大过失。

一方面，如果财务报表中存在重大错报事项，注册会计师运用常规审计程序通常应当发现，但因工作疏忽而未能将重大错报事项查出来就很可能在法律诉讼中被解释为重大过失。如果财务报表有多处错报事项，每一处都不算重大，但综合起来对财务报表的影响却较大，也就是说，财务报表作为一个整体可能严重失实。在这种情况下，法院一般认为，注册会计师具有普通过失，而非重大过失，因为常规审计程序发现每处较小错报事项的概率也较小。

另一方面，注册会计师对财务报表项目实施的实质性程序受到控制测试结果的影响。

如果内部控制不太健全，注册会计师应当调整实质性程序的性质、时间和范围，这样，一般都能合理确信发现由此产生的财务报表重大错报，否则就具有重大过失的性质。相反的情况是，内部控制本身十分健全，但由于职工串通舞弊，导致设计良好的内部控制失效。由于注册会计师查出这种错报事项的可能性相对较小，因而一般会认为注册会计师没有过失或只具有普通过失。

【实例 5-1】（单选题）注册会计师通过了解认为被审计单位内部控制健全有效，因此决定依赖其内部控制，并对被审计单位的内部控制进行了简单的测试，将重大错报风险评价为低水平，进而实施了相对较为简略的实质性程序，但之后发现由于被审计单位串通舞弊最终导致有一项影响财务报表的重大舞弊行为没有查出，于是注册会计师可能被认为负有（　　　）的责任。

A. 普通过失　　　　　　　　　　　B. 重大过失

C. 推定欺诈　　　　　　　　　　　D. 欺诈

分析：A。由于被审计单位串通舞弊导致重大舞弊行为没有查出来，通常认为注册会计师没有过失或具有普通过失。

3. 欺诈

欺诈又称注册会计师舞弊，是注册会计师以欺骗或坑害他人为目的一种故意的错误行为，如明知委托单位的财务报表有重大错报，却不予披露或作出不实的证明，而导致相关第三方受损。与欺诈相关的另一个概念是"推定欺诈"，又称"涉嫌欺诈"，是指虽无故意欺诈或坑害他人的动机，但却存在极端或异常的过失。推定欺诈不同于上面定义的欺诈，因为它不包含带有故意欺骗性质的陈述。一般情况下，注册会计师的重大过失被视为推定欺诈。特别是近年来有些法院放宽了"欺诈"一词的范围，使得推定欺诈和欺诈在法律上成为等效的概念。这样，具有重大过失的注册会计师的法律责任就进一步加大了。

注册会计师过失程度的大小没有特别严格的界限，在实务中也往往很难界定。在很多情况下是由法院根据每一个案例的具体情况进行判定和解释。通过图 5-1，或许会有助于理解在什么条件下注册会计师可能会被判定为没有过失、普通过失、重大过失或欺诈。

三、报表使用者的误解

报表使用者对报表信息的错误理解也会导致注册会计师被起诉。委托者或第三人错误理解会计信息，进而错误决策，导致损失，这是委托人或第三人自身知识、理解能力存在不足的结果，这样的损失不应该由注册会计师来承担。

来自报表使用者方面的原因还包括报表使用者不能正确地区分会计责任和审计责任。在财务报表审计中，注册会计师的责任是按照中国注册会计师审计准则的规定对财务报表发表审计意见；在被审计单位治理层的监督下，按照适用的会计准则和相关会计制度的规定编制财务报表是被审计单位管理层的责任。财务报表审计不能减轻被审计单位管理层和治理层的责任。如果报表使用者不能理解会计责任和审计责任之间的区别，也可能把被审计单位管理当局的过错归咎于注册会计师，从而造成注册会计师被控告。

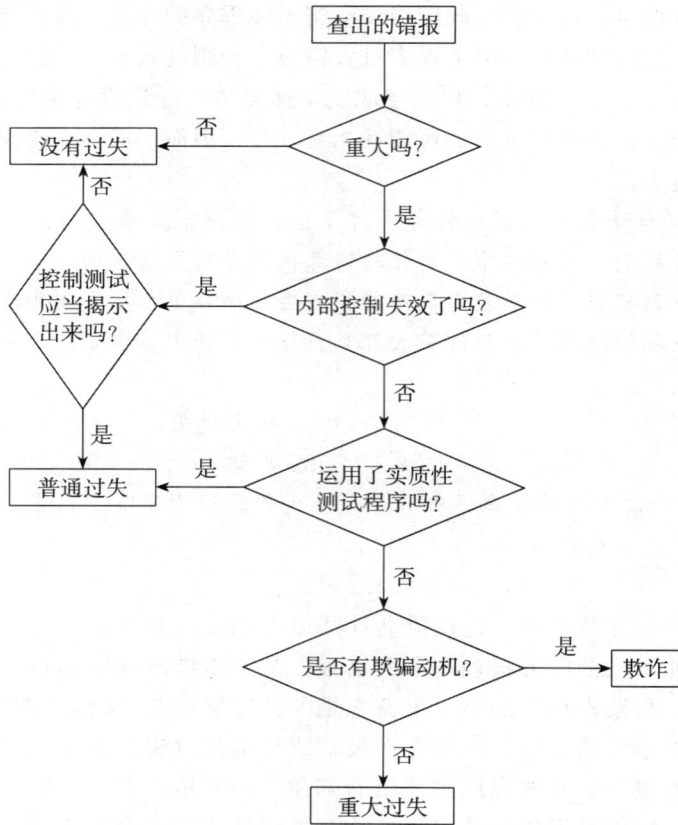

图 5-1　注册会计师过失或欺诈责任界定参考图

　　另外，审计期望差距也是导致注册会计师法律责任的原因之一。所谓审计期望差距是指社会公众对审计作用的理解与注册会计师职业界自身对审计业绩的看法之间存在差异。由于受审计技术和成本的限制，注册会计师不可能查出企业所有的错误和舞弊。但是社会公众认为审计是对财务报表的担保或保证，他们一旦发现所依据的财务报表存在错报和漏报，发生了损失时就会向注册会计师提起诉讼，要求赔偿。

第三节　审计法律责任的追究与规避

一、注册会计师法律责任的种类

　　注册会计师的法律责任包括行政责任、民事责任、刑事责任三种，这三种责任可以单独承担也可以一起承担。行政责任和刑事责任可由国家行政机关与司法部门主动追究，而民事责任则要由受害方提起民事诉讼，国家机关不能依职权主动介入。

　　（一）行政责任

　　行政责任，是指注册会计师违反有关行政管理的法律、法规的规定但尚未构成犯罪的行为所依法应当承担的法律后果，行政责任追加与否主要考虑审计过程。行政责任分为行政处分和行政处罚。行政处分是对国家工作人员的行政违法行为给予一定的处罚。包括警告、记过、降级、降职、撤职、开除等。行政处罚是指国家行政机关及其他依法可以实施行政处罚权的组织，对违反行政法律、法规、规章，尚不构成犯罪的公民、法人及其他组织实施的一种制裁行为。具体包括：警告、罚款、没收违法所得、责令停产停业、暂扣或者吊销营业执照、行政拘留等。对于注册会计师个人来说，行政处罚包括警告、暂停执业、吊销注册会计师证书；对会计师事务所而言，行政处罚包括警告、没收违法所得、罚款、暂停执业、撤销等。

（二）民事责任

民事责任是指注册会计师因违反合同义务或者不履行其他法律义务，使他人蒙受损失而依法应承担的民事法律后果。民事责任直接目的是对受损民事权利的救济和恢复。民事责任追究与否更多地考虑审计结果，这是因为民事责任主要是赔偿损失、停止侵害等形式，是针对审计的不良结果的。在各种法律责任形式中，只有民事责任具有为受害人提供经济补偿的功能。

对会计师事务所民事侵权赔偿责任的界定需要有"四要件"，具体表现如图 5-2 所示。

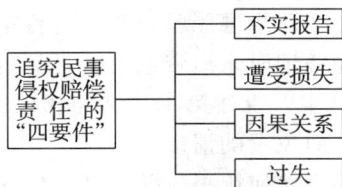

图 5-2　追究民事侵权赔偿责任的"四要件"

（1）注册会计师如果违反法律法规、中国注册会计师协会依法拟定并经国务院财政部门批准后施行的执业准则和规则以及诚信公允的原则，出具的具有虚假记载、误导性陈述或者重大遗漏的审计业务报告，应认定为不实报告。在界定不实报告时，主要看审计报告是否存在以下"瑕疵"：①虚假记载；②误导性陈述；③重大遗漏。

（2）利害关系人是指因合理信赖或者使用会计师事务所出具的不实报告，与被审计单位进行交易或者从事与被审计单位的股票、债券等有关的交易活动而遭受损失的自然人、法人或者其他组织。会计师事务所民事责任认定问题的实质是依据侵权行为法的逻辑，贯彻民法的公平原则，在被审计单位、事务所、第三人之间公平分配因被审计单位经营失败或舞弊、事务所审计失败而导致的利害关系人损失。会计师事务所应当对一切合理依赖或使用其出具的不实审计报告而受到损失的利害关系人承担赔偿责任，与利害关系人发生交易的被审计单位应当承担主要责任，事务所仅应对其过错及其过错程度承担相应的赔偿责任，在利害关系人存在过错时，应当减轻事务所的赔偿责任。司法解释明确，利害关系人如果明知会计师事务所出具的报告为不实报告而仍然使用的，人民法院应当酌情减轻会计师事务所的赔偿责任。

（3）审计报告使用人由于信赖不实审计报告而从事相关交易导致损失，从因果关系的角度看，被审计单位的违约或欺诈行为是导致报告使用人损失的直接原因，不实审计报告只是间接原因，对于报告使用人的损失，应当由被审计单位承担主要责任，事务所承担次要责任。注册会计师在审计业务活动中存在下列情形之一，出具不实报告并给利害关系人造成损失的，人民法院应当认定会计师事务所与被审计单位承担连带赔偿责任。具体情形包括：①与被审计单位恶意串通；②明知被审计单位对重要事项的财务会计处理与国家有关规定相抵触，而不予指明；③明知被审计单位的财务会计处理会直接损害利害关系人的利益，而予以隐瞒或者作不实报告；④明知被审计单位的财务会计处理会导致利害关系人产生重大误解，而不予指明；⑤明知被审计单位的财务报表的重要事项有不实的内容，而不予指明；⑥被审计单位示意其作不实报告，而不予拒绝。

（4）在过错推定原则下，采取举证责任倒置模式。会计师事务所因在审计业务活动中对外出具不实报告给利害关系人造成损失的，应当承担侵权赔偿责任，但其能够证明自己没有过错的除外。会计师事务所可以通过向人民法院提交相关执业准则以及审计工作底稿等证明自己没有过错。

会计师事务所能够证明存在以下情形之一的，不承担民事责任：①已经遵守执业准则、规则确定的工作程序并保持必要的职业谨慎，但仍未能发现被审计单位的会计资料错误；②审计业务所必须依赖的金融机构等单位提供虚假或者不实的证明文件，会计师事务所在保持必要的职业谨慎下仍未能发现虚假或者不实；③已对被审计单位的舞弊迹象提出警告并在审计报告中予以指明；④已经遵照验资程序进行审核并出具报告，但被审验单位在注册登记之后抽逃资金；⑤为登记时未出资或者未足额出资的出资人出具不实报告，但出资人在登记后已补足出资。其中，上述第①、②和③项属于因没有过错而免责的情形；第④和⑤项属于因没有因果关系而免责的情形。

利害关系人明知报告不实而仍然使用报告并受到损失的，其损失与不实报告之间可以说是不存在直接因果关系的，人民法院应当酌情减轻会计师事务所的赔偿责任。会计师事务所出具的审计报告，其用途已为法律法规所规定，事务所无权限定审计报告的用途。事务所在报告中注明"本报告仅供年检使用""本报告仅供工商登记使用"等类似内容的，不能作为其免责的事由，是无效免责。

（5）事务所因故意出具不实报告而承担连带责任时，没有最高赔偿额的限定，事务所应当承担的赔偿数额由具体案件中利害关系人的损失数额和其他责任主体赔偿能力决定。事务所因过失出具不实报告而承担补充赔偿责任时，事务所就其所出具的不实审计报告承担赔偿责任的最高限额为该审计报告中的不实审计金额。

【实例5-2】（单选题）注册会计师在执业过程中，出现下列（　　）情形，可以作为减责事由。

A. 已经遵守执业准则、规则确定的工作程序并保持必要的职业谨慎，但仍未能发现被审计单位会计资料错误

B. 利害关系人明知会计师事务所出具的报告为不实报告而仍然使用的

C. 验资报告中注明"本报告仅供工商登记使用"

D. 为登记时未出资或者未足额出资的出资人出具不实报告，但出资人在登记后已补足出资

分析：B。选项B是减责事由；选项A是免责事由；选项C是无效免责事由；选项D是免责事由。

【实例5-3】（单选题）人民法院受理了利害关系人提起的诉讼，初步判断ABC会计师事务所承担相应的责任。下列有关赔偿责任的说法中正确的是（　　）。

A．如果利害关系人存在过错，应当减轻 ABC 会计师事务所的赔偿责任

B．ABC 会计师事务所应当对所有使用了其不实审计报告的机构或人员承担赔偿责任

C．ABC 会计师事务所承担的赔偿责任应以其收取的审计费用为限

D．ABC 会计师事务所应当对与甲公司发生交易的利害关系人承担首要责任

分析：A。会计师事务所应当对一切合理依赖或使用其出具的不实审计报告而受到损失的利害关系人承担赔偿责任，选项 B 不正确；会计师事务所应对其过错及其过错程度承担相应的赔偿责任，选项 C 不正确；与利害关系人发生交易的被审计单位应当承担首要责任，选项 D 不正确。

【实例 5-4】（单选题）人民法院在审理过程中确定了归责原则，下列有关归责原则的说法中正确的是（　　）。

A．如果 ABC 会计师事务所能够证明自己没有过错，也应承担一定的赔偿责任

B．如果 ABC 会计师事务所能够证明利害关系人的损失是由审计报告以外的因素引起的，可以推定不实报告与损失不存在因果关系

C．如果甲公司故意编制虚假财务报表，ABC 会计师事务所不必承担责任

D．如果甲公司的无意行为导致财务报表存在错报，ABC 会计师事务所不必承担责任

分析：B。会计师事务所因在审计业务活动中对外出具不实报告给利害关系人造成损失的，应当承担侵权赔偿责任，但其能够证明自己没有过错的除外，选项 A 不正确；会计师事务所是否承担责任与被审计单位编制虚假报表是故意行为还是无意行为无关，会计师事务所侵权追责的要件是存在不实报告并给利害相关人造成损失，选项 CD 不正确。

【实例 5-5】（多选题）人民法院审理后认为 ABC 会计师事务所因过失追责或侵权追责时，下列有关赔偿责任的说法中正确的有（　　）。

A．如果 ABC 会计师事务所故意出具不实报告、未拒绝甲公司出具不实报告的要求、与甲公司恶意串通出具不实报告，应当承担补充赔偿责任

B．如果 ABC 会计师事务所明知甲公司的财务会计处理会直接损害利害关系人的利益而予以隐瞒，应当承担连带赔偿责任

C．如果会计师事务所因过失承担补充责任时，赔偿顺序为被审计单位为先、会计师事务所为后，会计师事务所的赔偿金额以不实审计金额为限

D．会计师事务所侵权赔偿顺位是：应先由被审计单位赔偿利害关系人的损失，出资人应在虚假出资、不实出资或者抽逃出资数额范围内向利害关系人承担补充赔偿责任；对被审计单位、出资人的财产依法强制执行后仍不足以赔偿损失的，由会计师事务所在其不实审计金额范围内承担相应的赔偿责任

分析：BCD。如果 ABC 会计师事务所故意出具不实报告、未拒绝甲公司出具不实报告的要求、与甲公司恶意串通出具不实报告，属于侵权追责，应当承担连带赔偿责任，故选项 A 不正确。会计师事务所因过失承担补充责任时，赔偿顺序为被审计单位为先、会计师事务所为后，会计师事务所的赔偿金额以不实审计金额为限，故选项 B 正确。选项 C 属于侵权追责，应当承担连带赔偿责任，故选项 C 正确。会计师事务所侵权赔偿顺位是：应先由被审计单位赔偿利害关系人的损失，出资人应在虚假出资、不实出资或者抽逃出资数额范围内向利害关系人承担补充赔偿责任；对被审计单位、出资人的财产依法强制

执行后仍不足以赔偿损失的，由会计师事务所在其不实审计金额范围内承担相应的赔偿责任，故选项 D 正确。

（三）刑事责任

刑事责任是指注册会计师对造成社会经济的严重危害而应受到刑法制裁的义务。刑事责任追究与否要同时考虑结果和过程，如果注册会计师违反法规并对社会经济造成影响，根据刑法规定，必须承担刑事责任。刑事责任主要是指按有关法律程序判处一定的徒刑。

一般来说，因违约和过失可能使注册会计师负行政责任和民事责任，因欺诈可能会使注册会计师负民事责任和刑事责任。

【实例 5-6】（多选题）下列关于会计师事务所和注册会计师法律责任的说法中，恰当的有（　　）。

A. 只要注册会计师未查出被审计单位财务报表中的错报，则必须承担法律责任

B. 对会计师事务所来说，民事责任一般是指经济赔偿

C. 对注册会计师来说，行政责任包括警告、暂停执业、吊销注册会计师证书以及罚款

D. 一般来说，因违约和过失可能引起注册会计师的行政责任和民事责任，因欺诈可能引起注册会计师的民事责任和刑事责任

分析：BD。由于审计测试技术和被审计单位内部控制制度的局限性，不能苛求注册会计师发现和披露财务报表中的所有错报，所以选项 A 错误。罚款只适用于会计师事务所，不适用于注册会计师，所以选项 C 错误。

二、如何规避法律诉讼

20 世纪 90 年代以来，随着注册会计师地位和作用的提高，注册会计师的知名度也越来越大。政府部门和社会公众在了解注册会计师作用的同时，对注册会计师责任的了解也在增加。另外，随着国家法制法规的不断健全和完善，社会公众法律意识的加强，受害方会向导致他们损失的一切相关者提起诉讼，以保护自身的利益。因此，起诉注册会计师的案件时有发生。近几年来，我国注册会计师行业发生了一系列震惊整个行业乃至全社会的案件。有关会计师事务所均因出具虚假报告造成严重后果而被撤销、没收财产或取消特许业务资格，有关注册会计师也被吊销资格，有的被追究刑事责任。除一些大案件之外，涉及注册会计师的中小型诉讼案更有日益上升的趋势。如何避免法律诉讼，已成为我国注册会计师非常关注的问题。

（一）审计职业界避免法律诉讼的对策

面对注册会计师法律责任的扩展和诉讼案件的急剧增加，整个注册会计师职业界都在积极研究如何避免法律诉讼。

（1）从法律角度避免对注册会计师的法律诉讼，亦即建立法律责任免除的规定并纳入《注册会计师法》。我国的其他法律法规都有这方面的规定，而唯有《注册会计师法》在这方面尚属空白。另外，对被审计单位管理当局的舞弊行为的处罚及责任承担应当在相关法律法规中予以明确，这样可以使注册会计师避免不必要的法律诉讼。因此，借鉴国内外的经验，逐步完善注册会计师行业的法律、法规的修订工作，营造良好的法律环境，才能大

量减少对注册会计师的法律诉讼。

（2）成立专业的法律责任鉴定委员会。目前，法院是决定注册会计师是否承担责任的唯一裁判。但注册会计师行业是一个专业性极强又极其复杂的行业，对其进行责任归属判断就需要相应的专业知识，而法院对于这一特殊行业难以作出合理的责任界定。这样，就需要有一个独立的机构来承担这一任务。

（3）提高注册会计师的法律知识和意识。注册会计师遭到法律诉讼的很大一部分原因是缺乏法律知识和意识，因此提高注册会计师的法律素质是十分必要的。

（4）进行适当的宣传工作，使期望差距缩小。审计期望差距的存在是近年来注册会计师不断遭到法律诉讼的一个重要原因。职业界应注重对法律界和社会公众的宣传，使他们真正了解审计业务的任务和目的，缩小期望差距。

（5）提高从业人员的素质。高素质的从业人员是高质量的审计工作的保证，审计职业界应该认真设计有效的资格考试制度，加强职业后续教育，重视选拔和培养高质量的从业人员。

（二）会计师事务所及注册会计师避免法律诉讼的对策

在会计师事务所及注册会计师层面，要避免法律诉讼，总的来说最根本的做法是严格遵守执业规范，保持较高的执业水平。此外，还要从以下方面加以防范：

（1）严格遵守注册会计师的执业准则。执业准则是注册会计师避免法律诉讼的根本保证，必须严格遵守。只有严格按照执业准则办事，才能为避免法律责任提供有力的辩诉。

（2）保持执业独立性，树立良好的职业道德，保持职业谨慎。独立性是注册会计师审计的生命，注册会计师必须与委托单位和外部组织之间保持一种超然独立的关系。纵观审计失败的案例，许多是由于注册会计师缺乏应有的职业道德和职业谨慎，如明知被审计单位有问题却置之不理以及马虎行事等不负责任的行为。在执行审计业务过程中，未严格遵守独立审计准则，不执行适当的审计程序，对有关被审计单位的问题未持应有的职业谨慎，或为节省时间而缩小审计范围和简化审计程序，都会导致无法发现财务报表中的重大错报。因此，保持良好的职业道德，严格遵循专业标准的要求执行业务、出具报告，对于避免法律诉讼或在提起的诉讼中保护注册会计师具有无比的重要性。

（3）建立完善的质量控制体系。具有较高的审计质量，审计风险自然减少，因此可以有效避免法律诉讼。而高质量的审计除了需要高素质的审计人员外，还必须具备完善的质量控制体系。因此，会计师事务所必须建立、健全一套严密、科学的内部质量控制制度，并把这套制度推行到每一个人、每一个部门和每一项业务，迫使注册会计师按照专业标准的要求执业，保证整个会计师事务所的质量。目前我国会计师事务所大都建立了三级复核制度，但工作中二、三级复核没有发挥实际效用，因此需要建立全面的质量控制体系，使质量控制贯穿于审计业务活动的全过程。

（4）与委托人签订业务约定书，明确注册会计师和委托人的权利义务。签订业务约定书是审计服务的一个重要环节。业务书中应明确规定双方的权利和义务关系，这样才能为以后发生法律诉讼时提供有效证据。会计师事务所不论承办何种业务，都要按照业务约定书准则的要求与委托人签订约定书，这样才能在发生法律诉讼时将一切口舌争辩减少到最低限度。前面提到审计职业界应从立法上考虑免责条款，此外，注册会计师还可以在业务约定书中规定免责条款，以减少法律诉讼。

（5）审慎选择被审计单位。选择审计单位时应进行综合的考察，不能一味追求经济利益而冒巨大风险。审计失败的一个重要原因就是被审计单位的舞弊，尽管注册会计师严格遵守了执业准则，做到了勤勉尽责，仍然不可避免审计失败的发生。因此，为减少审计风险带来的损失，一个有效的方法就是严格考察被审计单位，拒绝与没有诚信的客户打交道。注册会计师如欲避免法律诉讼，必须慎重地选择被审计单位。如果被审计单位对其顾客、职工、政府部门或其他方面的诚信度很差，那么蒙骗注册会计师的可能性也很大，将会使注册会计师落入它们设定的圈套。这要求会计师事务所在接受委托之前，一定要采取必要的措施对被审计单位的历史情况有所了解，评价它的品格，弄清委托的真正目的，尤其是在执行特殊目的的审计业务时更应如此。对陷入财务和法律困境的被审计单位要尤为注意。中外历史上绝大部分涉及注册会计师的诉讼案，都集中在宣告破产的被审计单位。

（6）深入了解被审计单位的业务，采取现代风险导向审计方法。在很多案件中，注册会计师之所以未能发现错误，一个重要的原因就是他们不了解被审计单位所在行业的情况及被审计单位的业务。会计是经济活动的综合反映，不熟悉被审计单位的经济业务和生产经营实务，仅局限于有关的会计资料，就可能发现不了某些错误。

（7）注重对注册会计师法律方面的后续教育，并聘请熟悉注册会计师业务的律师。随着市场经济的发展完善，社会各界对注册会计师提出了更高的要求。注册会计师应该顺应时代的要求不断完善自己的职业素质，避免审计风险，提高审计质量。这就体现了对注册会计师后续教育的重要性。只有不断提高自身的业务素质，才能从根本上减少和防范法律诉讼。另外，聘请熟悉业务的律师可以对潜在的法律责任的风险进行分析，从而采取有效方法加以防范。在执业过程中如遇重大法律问题，注册会计师应同本所的律师或外聘律师详细讨论所有潜在的危险情况，并仔细考虑律师的建议。一旦发生法律诉讼，也应请有经验的律师参与诉讼。

（8）提取风险基金或购买责任保险。注册会计师行业本身就是一个风险巨大的行业，一旦发生民事赔偿责任，许多会计师事务所往往无力承担。因此，为提高行业抵御风险的能力，提取风险基金或购买责任保险就是个不错的方法。在西方国家，投保充分的责任保险是会计师事务所一项极为重要的保护措施。尽管保险不能免除可能受到的法律诉讼，但能防止或减少诉讼失败时会计师事务所发生的财务损失。我国《注册会计师法》也规定了会计师事务所应当按规定建立职业风险基金，办理职业保险。

问题与案例

一、思考题

1. 何谓普通过失和重大过失？
2. 什么是注册会计师的审计责任？什么是被审计单位的会计责任？两者关系如何？
3. 理解"厄特马斯主义"的含义及其运用。
4. 在什么情况下，注册会计师可能对第三方承担法律责任？

5. 注册会计师因过失追责而赔偿的金额和顺序是什么?

6. 注册会计师在什么情况下被侵权追责? 侵权追责的赔偿顺位是什么?

7. 注册会计师如何避免法律诉讼?

二、行动学习讨论

把学生分成若干组 (每组最好是 10 人以内),要求他们利用头脑风暴的方法,对以下问题提出不同的看法,尽量多地列示在行动学习讨论的白板上。

讨论问题: 在市场经济中注册会计师被起诉的各种情况下的法律责任?

讨论与板书要求: ①每个人都要发言,但每次只能一人发言;②追求数量、追求创意;③有人发言时不许质疑、不许批评、不许打断;④板书要按发言人的原话列示。

三、案例讨论

首例法院判决的审计师民事赔偿案情况如下: 2006 年 7 月 31 日,陈建宝等 83 名原告诉蓝田股份 (后改名为"生态农业") 等 11 个被告的虚假陈述证券民事赔偿案由湖北省武汉市中级人民法院作出一审判决,判决蓝田股份因虚假陈述而向原告赔偿经济损失近548 万元,帮助其包装上市的华伦会计师事务所承担连带赔偿责任。一年之后,先前错失诉讼机会的河北投资者张平海等 3 人诉蓝田股份虚假陈述证券民事赔偿案,再次由湖北省武汉市中级人民法院作出一审判决,判处蓝田股份、华伦会计师事务所、洪湖蓝田经济技术开发有限公司共同赔偿 3 位原告损失合计约 15.7 万元人民币。

要求:

回答下列问题,并简要说明理由:

1. 在案件审理中,因果关系的认定一直是原被告双方争议的焦点。被告认为,原告的交易损失主要是因为系统风险及影响股价走势的多种因素造成的,与被告的虚假陈述并没有显而易见的因果关系。尤其是在大盘持续走低的情况下,股价普遍下跌,原告的损失与被告的虚假陈述无关,是系统风险的必然结果。法院并没有支持这一提法,为什么?

2. 为什么会计师事务所承担连带赔偿责任?

3. 会计师事务所如何才能避免法律诉讼并承担民事责任?

关键词汇

法律责任　Legal Liability

行政责任　Administrative Responsibility

刑事责任　Criminal Responsibility

民事责任　Civil Liability

法律诉讼　Legal Proceedings

经营失败　Business Failure

审计失败　Audit Failure

违约　Breach of Contract

过失　Fault

重大过失　Gross Negligence

共同过失　Contributory Negligence

错误　Error

舞弊　Fraud

侵占资产　Misappropriation of Assets

舞弊性财务报表　Fraudulent Financial Reporting

违法行为　Illegal Act

欺诈　Cheat

习惯法　Customary law

成文法　Enactments

厄特马斯主义　Ultramares Doctrine

缺乏因果关系　Absence of Causal Connection

已预见的使用者　Foreseen Users

可预见的使用者　Foreseeable Users

深口袋理论　Deep-pocket Theory

诉讼爆炸　Litigation Explosion

第六章 财务报表审计目标与过程

【学习目的】

1. 了解审计总目标的演进；
2. 熟悉对财务报表审计总目标的理解；
3. 掌握在财务报表审计中被审计单位管理层和审计师的责任划分；
4. 掌握管理层认定的内涵；
5. 熟悉管理层认定与审计目标的关系；
6. 了解财务报表循环的划分及其各循环的流转关系；
7. 掌握财务报表审计的过程。

引例：财务报表审计的起点和条件

审计随着市场经济的发展而被人们视为"市场经济的标签"，一个公司完善的经营管理和会计体系可以通过审计的鉴证而被人们认同和信赖，因此企业要求审计师对其财务报表进行审计不仅仅是基于相关法律法规的强制要求，更是出于企业向外传递信息的需要。在中国，公司法明确规定在中国境内的所有以公司制形式注册成立的公司的年度财务报表都必须经注册会计师审计，年报审计成为具有强制性的法定要求，对于上市公司和金融类企业等公众公司来讲，年报审计因社会公众需求而显得非常必要和急切。但对于一些小规模企业或私营公司，企业本身的财务会计体系不健全，企业只有在税务部门或银行等要求他们提交审计报告时才不得不委托会计师事务所来做年报审计。金华公司要申请银行贷款，了解到必须提供给银行年度审计报告，于是公司老板把一大堆从口袋掏出来的发票等凭证拿出来，要求注册会计师给企业马上出具年度财务报表审计报告，这时注册会计师能够承接年报审计业务吗？财务报表审计的起点和条件是什么呢？

第一节 审计总目标与审计责任

一、审计总目标

（一）财务报表审计总目标的演变

自财务报表审计出现以来，经历了详细审计、资产负债表审计和财务报表审计三个阶段，审计总目标也随之有所变化。

在详细审计阶段，审计师通过对被审计单位一定时期内的会计记录的逐笔审查，判定有无技术错误和舞弊行为，查错防弊是此阶段的审计目标。

在资产负债表审计阶段，审计师通过对被审计单位一定时期内资产负债表所有项目余额的真实性、可靠性进行审查，判断其财务状况和偿债能力。在此阶段，审计目标是为社会提供全面的历史财务信息公证，查错防弊这一目标依然存在，但已退居第二位，审计的功能从防护性发展为公证性。

在财务报表审计阶段，审计师判定被审计单位一定时期内的财务报表是否公允地反映其财务状况和经营成果以及现金流量，并在出具审计报告的同时，提出改进经营管理的意见。在此阶段，审计目标不再局限于查错防弊和为社会提供全面的历史财务信息公证，而是向管理领域有所深入和发展。此阶段的审计工作已比较有规律，且形成了一套较完整的理论和方法。

尽管审计总目标发生了上述变化，同时审计师提供的其他鉴证服务、管理咨询服务、会计服务和税务服务的业务量也在日渐增加，审计师的重要职责之一却始终是对被审计单位财务报表进行审计。财务报表审计是与审计相关的业务的基础，其他性质的业务从某种意义上讲都是财务报表审计的延伸和发展。

（二）财务报表审计总目标

财务报表审计的目的是提高财务报表预期使用者对财务报表的信赖程度。这一目的可以通过审计师对财务报表是否在所有重大方面按照适用的财务报告编制基础发表审计意见得以实现。就大多数通用目的财务报告编制基础而言，审计师针对财务报表是否在所有重大方面按照财务报告编制基础并实现公允反映发表审计意见。审计师按照审计准则和相关职业道德要求执行审计工作，能够形成这样的意见。

在执行财务报表审计工作时，财务报表审计工作的总体目标是：对财务报表整体是否不存在由于舞弊或错误导致的重大错报获取合理保证，使得审计师能够对财务报表是否在所有重大方面按照适用的财务报告编制基础编制发表审计意见；按照审计准则的规定，根据审计结果对财务报表出具审计报告，并与管理层和治理层沟通。

在实务中，人们理解财务报表审计总目标，应当从以下几个方面着手：

（1）财务报表的使用者之所以希望外部审计师为财务报表信息的公允性进行审计，主要有以下四方面原因：

①利益冲突。财务报表使用者往往有着各自的利益，且这种利益与被审计单位管理层的利益大不相同。出于对自身利益的关心，财务报表使用者常常担心被审计单位管理层提供带有偏见、不公正甚至欺诈性的财务报表。为此，他们纷纷向外部独立人员寻求鉴证。

②重大性。财务报表是其使用者进行经济决策的重要信息来源，有些情况下还是唯一的信息来源。在进行投资、贷款和其他决策时，财务报表使用者期望财务报表中的信息十分翔实、丰富，并且期待注册会计师确定被审计单位是否按公认会计原则编制财务报表。

③复杂性。由于会计业务的处理及财务报表的编制日趋复杂，财务报表使用者因缺乏会计知识而难以对财务报表的质量作出评估，所以他们要求注册会计师对财务报表的质量进行鉴证。

④间接性。绝大多数报表使用者都远离客户，这种地域的限制导致使用者不可能接触到编制财务报表所依据的会计记录，即使使用者可以获得会计记录并对其进行审查，也往往由于时间和成本的限制，而无法对会计记录作有意义的审查。在这种情况下，使用者有两种选择：一是相信这些会计信息的质量；二是依赖第三方鉴证报表。显然，使用者喜欢选择第二种方式。

（2）财务报告编制基础不同，审计实施的程序以及发表的意见表达也就不同。会计主体进行会计核算和编制财务报告的标准分为通用目的编制基础和特殊目的编制基础。通用目的编制基础，旨在满足广大财务报表使用者共同的财务信息需求，主要是指会计准则和会计制度。特殊目的编制基础，旨在满足财务报表特定使用者的财务信息需求，包括计税核算基础、监管机构的报告要求和合同的约定。特殊目的财务报告编制基础分为公允列报编制基础和遵循性编制基础。适用的财务报告编制基础，是指法律法规要求采用的财务报告编制基础；或者管理层和治理层（如适用）在编制财务报表时，就被审计单位性质和财务报表目标而言，采用的可接受的财务报告编制基础。换句话说，适用的财务报告编制基础通常是指财务报告准则或法律法规的规定。

会计主体类型不同，采用的财务报告编制基础可能不同，如企业与事业单位所采用的财务报告编制基础存在区别；同一会计主体，为了满足不同财务报表使用者的财务信息需求，采用的财务报告编制基础也可能不同。不同的编制基础对编制财务报表的要求不同，相应地，审计准则对注册会计师审计时需要考虑的事项、实施的程序以及发表的意见形式和内容（或对象）也不同。例如，通用目的财务报表是为了满足所有财务报表使用者的共同的财务信息需求，要求编制者依据编制基础编制报表，且实现公允反映，为此，注册会计师在发表意见时需要对其编制的"合法性"和反映的"公允性"同时发表意见。特殊目的财务报告编制基础是为了满足特定使用者的财务信息需求，在公允列报编制基础下，需要依据编制基础编制财务报表，且实现公允反映，注册会计师就需要对其编制的"合法性"和反映的"公允性"同时发表意见；在遵循性编制基础下，要求编制者依据编制基础编制报表，为此，注册会计师仅对其编制的"合法性"发表意见。

（3）财务报表审计属于鉴证业务，审计师的审计意见旨在提高财务报表的可信任程度，换言之可为使用者降低信息风险。此外，财务报表审计还通常会对管理层及员工的工作效率和诚实品行产生积极影响，有利于被审计单位改善其经营管理，直接给公司带来经济利益。审计还可能遏制不正确信息或阻止其传播，从而有助于保持金融市场的稳定和效率。但值得注意的是，审计意见不是对被审计单位未来生存能力或管理层经营效率、效果提供的保证。

二、对审计责任的理解

在财务报表审计中，被审计单位管理层和审计师承担着不同的责任，不能相互混淆和替代。明确划分其责任，不仅有助于被审计单位管理层和审计师认真履行各自的职责，为财务报表及其审计报告的使用者提供有用的经济决策信息，还有利于保护相关各方的正当权益。

（一）被审计单位管理层的责任

财务报表是由被审计单位管理层在治理层的监督下编制的，因此，按照相关法律法规的规定确定适用的财务报告编制基础编制财务报表是被审计单位管理层和治理层的责任。尽管不同国家或地区对这些责任的范围或表述方式的规定不尽相同，但管理层和治理层认可与财务报表相关的责任，是审计师执行审计工作的前提，管理层和治理层已认可并理解其应当承担的责任有：

（1）按照适用的财务报告编制基础编制财务报表，并使其实现公允反映；

（2）设计、实施和维护必要的内部控制，以使财务报表不存在由于舞弊或错误而导致的重大错报；

（3）向审计师提供必要的工作条件，包括允许审计师接触与编制财务报表相关的所有信息（如记录、文件和其他事项），向审计师提供审计所需的其他信息，允许审计师在获取审计证据时不受限制地接触其认为必要的内部人员和其他相关人员。

相关审计准则不仅要求在审计业务约定书中写明被审计单位管理层的责任，以避免管理层对审计师责任的误解，还要求在审计报告中用专门的段落即"管理层对财务报表的责任段"，说明被审计单位管理层承担的按照有关规定编制财务报表的责任，以及这种责任包括的设计、实施和维护内部控制，选择和运用恰当的会计政策以及作出合理的会计估计三项重要内容，以帮助财务报表使用者正确理解管理层的责任。值得说明的是，管理层不仅对企业财务报表承担责任，在公司管理框架下还应承担合法经营、确定公司发展战略、加强日常管理和实现经营目标等经管责任。

（二）审计师的责任

按照审计准则的规定，对财务报表整体是否不存在由于舞弊或错误导致的重大错报获取合理保证，并对财务报表是否在所有重大方面按照适用的财务报告编制基础编制发表审计意见是审计师的责任。审计准则之所以这样规定，是因为国家有关法规已明确规定财务报表由被审计单位管理层编制，并由其管理层对财务报表的公允性负责。被审计单位管理层有充分的权力来选用会计政策、作出会计估计和决定披露的内容。对此，审计师只能按照审计准则的规定实施审计程序，以检查管理层是否按有关规定编制财务报表。如发现其未按规定编制财务报表，审计师只能建议其作出调整。如管理层拒绝调整，审计师只能根据具体情况考虑提出保留意见或否定意见。

相关审计准则不仅要求在审计业务约定书中写明审计师的审计目标及责任，还要求在审计报告中用专门的段落即"审计师的责任段"，说明其审计责任，以帮助财务报表使用者正确理解审计师的审计责任和适当利用审计师的审计结果。

审计责任根据审计目标确定，并随着审计目标的变化而变化。我们应当从以下几个重要术语来理解审计师在财务报表审计中承担的审计责任：

1.财务报表审计的一般原则

为了指导审计师实现审计目标，履行审计责任，财务报表审计的一般原则包括：

（1）遵守道德原则。统领审计师职业责任的道德原则包括：独立；客观；公正；专业胜任能力和应有的关注；保密；职业行为；技术标准。

（2）遵守审计准则。要求审计师按照审计准则的规定执行审计工作。

（3）保持职业怀疑态度。要求审计师在计划和实施审计工作时，保持职业怀疑态度，充分考虑可能存在因错误和舞弊导致财务报表发生重大错报的情形。所谓职业怀疑态度是指审计师以质疑的思维方式评价所获取审计证据的有效性，并对相互矛盾的审计证据，以及引起对文件记录或管理层和治理层提供的信息的可靠性产生怀疑的审计证据保持警觉。审计师应当结合审计过程中获取的其他证据，慎重考虑管理层和治理层对询问所作答复的合理性，以及提供的其他信息的合理性，而不应依赖以往审计中对管理层、治理层诚信形成的判断。

2. 财务报表的审计范围

财务报表的审计范围是指为实现财务报表审计目标，审计师根据审计准则和职业判断实施的恰当审计程序的总和。若确定的审计范围不合理，意味着选择和实施的审计程序不恰当，这将使审计师无法获取充分、适当的审计证据以形成适当的审计意见。因此，合理确定审计范围对实现审计目标和履行审计责任起着十分重要的作用。在确定拟实施的审计程序时，审计师除应遵守与财务报表审计相关的各项审计准则外，还应当运用职业判断确保遵守相关职业准则和法律法规的要求，遵守审计业务约定条款和报告的要求。

3. 合理保证

合理保证是与审计师通过收集必要审计证据，得出财务报表整体不存在重大错报的结论相关的一个概念，是指对财务报表使用者提供一种高度但非绝对的保证。合理保证与整个审计过程相关。由于审计中存在的固有限制影响审计师发现重大错报的能力，因此，审计师不能对财务报表整体不存在重大错报获取绝对保证，审计工作也不能对财务报表整体不存在重大错报提供担保。导致固有限制的因素主要包括：①选择性测试方法的运用；②内部控制的固有局限性；③大多数审计证据是说服性而非结论性的；④为形成审计意见而实施的审计工作涉及大量判断；⑤某些特殊性质的交易和事项可能影响审计证据的说服力。

4. 审计风险和重要性

合理保证意味着审计风险始终存在，审计师应当通过计划和实施审计工作，获取充分、适当的审计证据，将审计风险降至与审计目标一致的可接受的低水平。审计风险是指财务报表存在重大错报而审计师发表不恰当审计意见的可能性。审计风险取决于重大错报风险和检查风险。审计师应当实施审计程序，评估重大错报风险，并根据评估结果设计和实施进一步审计程序，以控制检查风险。重大错报风险是指财务报表在审计前存在重大错报的可能性。检查风险是指某一认定存在错报，该错报单独或连同其他错报是重大的，但审计师未能发现这种错报的可能性。审计师应当关注财务报表的重大错报，但没有责任发现对财务报表整体不产生重大影响的错报。审计师应当考虑已识别但尚未更正的单个或累计的错报是否对财务报表整体产生重大影响。重要性与审计风险相关，审计师应当合理确定重要性水平。

5. 可能导致财务报表重大错报的相关经营风险

被审计单位在实施战略以实现其目标的过程中可能面临各种经营风险，审计师执行财务报表审计业务时应当了解被审计单位的目标和战略，以及可能导致财务报表重大错报的相关经营风险。尽管多数经营风险最终都会产生财务后果，从而影响财务报表，但并不要求审计师了解所有经营风险，这是由审计目标和审计责任决定的。审计师应当根据被审计单位的具体情况，考虑经营风险是否可能导致财务报表发生重大错报。

【实例 6-1】（多选题）下列与注册会计师审计责任有关的说法中，正确的有（　　）。

A. 注册会计师应当关注财务报表的重大错报，并且有责任发现财务报表中的所有错报

B. 职业怀疑态度要求，如果从不同来源获取的审计证据不一致，注册会计师应当追加必要的审计程序

C.如果注册会计师通过对财务报表的审计未能查出被审计单位财务报表中存在的错报，则表明注册会计师没有履行好相关责任

D.如果财务报表中存在重大错报，而注册会计师通过审计没有能够发现，管理层也不能由此推卸对财务报表的责任

分析：BD。注册会计师对财务报表只能做到合理保证，不可能发现报表的所有错报，故选项A不正确；如果注册会计师通过对财务报表的审计未能查出被审计单位财务报表中存在的错报，也并不表明注册会计师没有履行好相关责任，可能由于管理层舞弊造成财务报表错报，注册会计师谨慎执业也不能发现，故选项C不正确。

第二节 管理层认定与具体审计目标

一、管理层认定

管理层认定是指管理层对财务报表组成要素的确认、计量、列报作出的明确或隐含的表达。管理层认定与审计目标密切相关，审计师的基本职责就是确定被审计单位管理层对其财务报表的认定是否恰当。审计师了解了认定，就很容易确定每个项目的具体审计目标。通过考虑可能发生的不同类型的潜在错报，审计师运用认定评估风险，并据此设计审计程序以应对评估的重大错报风险。

保证财务报表公允反映被审计单位财务状况和经营情况等是管理层的责任。当管理层声明财务报表已按照适用的会计准则和相关会计制度进行编制，在所有重大方面作出公允反映时，就意味着管理层对财务报表各组成要素的确认、计量、列报以及相关的披露作出了认定。管理层在财务报表上的认定有些是明确表达的，有些则是隐含表达的。例如，管理层在资产负债表中列报存货及其金额，意味着作出了下列明确的认定：①记录的存货是存在的；②存货以恰当的金额包括在财务报表中，与之相关的计价或分摊调整已恰当记录。同时，管理层也作出下列隐含的认定：①所有应当记录的存货均已记录；②记录的存货都由被审计单位拥有。

管理层对财务报表各组成要素均作出了认定，审计师的审计工作就是要确定管理层的认定是否恰当。

表6-1列示了每一层次的管理层认定的内涵。一般，"存在或发生"认定所要解决的问题是，管理层是否把那些不应包括的项目（如不存在的项目或不曾发生的交易结果）计入了财务报表。它主要与财务报表组成要素的高估（也称"夸大错误"）有关。"完整性"认定所要解决的问题是，管理层是否遗漏或省略了应包括的项目。可见，"完整性"认定与"存在或发生"认定正好相反，它主要与财务报表组成要素的低估（也称"缩小错误"）有关。

二、具体审计目标

审计师了解了认定，就很容易确定每个项目的具体审计目标，并以此作为评估重大错报风险以及设计和实施进一步审计程序的基础。

表6-2、表6-3和表6-4分别列示了管理层认定与交易和事项、账户余额、列报和披露相关的一般审计目标、具体审计目标举例的关系。

表 6-1 每一层次的管理层认定

与交易和事项相关的管理层认定	与账户余额相关的管理层认定	与列报和披露相关的管理层认定
发生：记录的交易和事项已发生且与被审计单位有关	存在：记录的资产、负债和所有者权益是存在的	发生及权利和义务：披露的交易、事项和其他情况已发生，且与被审计单位有关
完整性：所有应当记录的交易和事项均已记录	完整性：所有应当记录的资产、负债和所有者权益均已记录	完整性：所有应当包括在财务报表中的披露均已包括
准确性：与交易和事项有关的金额及其他数据已恰当记录	计价和分摊：资产、负债和所有者权益以恰当的金额包括在财务报表中，与之相关的计价或分摊调整已恰当记录	准确性和计价：财务信息和其他信息已公允披露，且金额恰当
分类：交易和事项已记录于恰当的账户		分类和可理解性：财务信息已被恰当地列报和描述，且披露内容表述清楚
截止：交易和事项已记录于正确的会计期间	权利和义务：记录的资产由被审计单位拥有或控制，记录的负债是被审计单位应当履行的偿还义务	

表 6-2 管理层认定与交易和事项相关的审计目标

与交易和事项相关的管理层认定	与交易和事项相关的一般审计目标	与交易和事项相关的具体审计目标举例
发生	发生	已记录的交易确实向实际存在的客户发货
完整性	完整性	存在的销售交易均已记录
准确性	准确	已记录的交易与发货金额一致，且已正确开单和记录
	过账和汇总	销售交易已恰当地包括在记账凭证中，且已正确汇总
分类	分类	销售交易已恰当分类
截止	及时性	销售交易记录于正确的会计期间

表 6-3　　　　　　　　　　　　　**管理层认定与余额相关的审计目标**

与账户余额相关的管理层认定	与账户余额相关的一般审计目标	与账户余额相关的具体审计目标举例
存在	存在	所有入账的存货在资产负债表日实际存在
完整性	完整性	所有实际存在的存货都已盘点并列入存货汇总表
计价与分摊	准确性	永续盘存记录中的存货数量与库存实物数量一致；单价与数量的乘积正确，详细数据汇总正确；存货项目的合计数与总账一致
	分类	存货项目已恰当地分为原材料、在产品、产成品等
	截止	年末销售截止是恰当的；年末采购截止是恰当的
	计价	当存货可实现净值减少时，已减计存货价值
权利与义务	权利与义务	被审计单位对列示的所有存货都拥有所有权；存货没有被用作抵押品

表 6-4　　　　　　　　　　　　**管理层认定与列报和披露相关的审计目标**

与列报和披露相关的管理层认定	与列报和披露相关的一般审计目标	与列报和披露相关的具体审计目标举例
发生及权利和义务	发生及权利和义务	报表附注中描述的应付票据确实存在，确实是被审计单位的义务
完整性	完整性	所有与应付票据有关的规定披露都已包括在报表附注中
准确性和计价	准确性和计价	与应付票据有关的附注披露都是准确的
分类和可理解性	分类和可理解性	应付票据已恰当分为长、短期债务，且财务报表披露描述清楚

通过分析表 6-1、表 6-2、表 6-3 和表 6-4 所示的各类管理层认定与审计目标，我们可以判断：

（1）如果没有发生销售交易，但在销售日记账中记录了一笔销售，则违反了与交易相关的发生认定。

（2）如果不存在某顾客的应收账款，在应收账款试算平衡表中却列入了对该顾客的应收账款，则违反了与余额相关的存在认定。

（3）如果发生了销售交易，但没有在销售日记账和总账中记录，则违反了与交易相关的完整性认定。

（4）如果存在某顾客的应收账款，在应收账款试算平衡表中却没有列入对该顾客的应收账款，则违反了与余额相关的完整性认定。

（5）如果在销售交易中，发出商品的数量与账单上的数量不符，或是开账单时使用了错误的销售价格，或是账单中的乘积或加总有误，或是在销售日记账中记录了错误的金额，则违反了与交易相关的准确性认定。

（6）如果发出的商品是寄销商品，即使发票金额是准确计算的，已记录的销售交易是不应当记录的，仍违反了与交易相关的发生认定。

（7）如果把本期交易推到下期，或下期交易提到本期，均违反了与交易相关的截止认定。

（8）如果将现销记录为赊销，将出售经营性固定资产所得的收入记录为营业收入，则违反了与交易相关的分类认定。

（9）将他人寄售商品列入被审计单位的存货中，违反了权利认定；将不属于被审计单位的债务记入账内，违反了义务认定。

（10）复核董事会会议记录中是否记载了固定资产抵押等事项，询问管理层固定资产是否被抵押，即是对列报的权利认定的运用。如果抵押固定资产，则需要在财务报表中列报，说明其权利受到限制。

（11）检查关联方和关联交易，以验证其在财务报表中是否得到充分披露，即对列报的完整性认定的运用。

（12）检查存货的主要类别是否已披露，是否将一年内到期的长期负债列为流动负债，即对列报的分类和可理解性认定的运用。

（13）检查财务报表附注是否分别对原材料、在产品和产成品等存货成本核算方法作了恰当说明，即对列报的准确性和计价认定的运用。

（14）财务报表附注是否分别对原材料、在产品和产成品等存货成本核算方法作了恰当说明，即对列报的准确性和计价认定的运用。

通过举例说明可知，管理层认定是确定具体审计目标的基础。审计师通常将管理层认定转化为能够通过审计程序予以实现的审计目标。针对财务报表每一项目所表现出的各项认定，审计师相应地确定一项或多项审计目标，然后通过执行一系列审计程序获取充分、适当的审计证据以实现审计目标。概括起来，确定具体审计目标的步骤如图6-1所示。

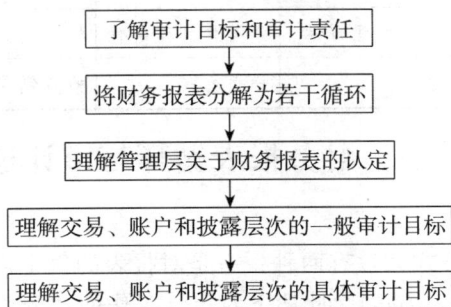

图6-1 确定审计目标的步骤

【实例6-2】（单选题）在被审计单位发生的下列事项中，违反管理层对所属项目的"准确性""计价和分摊"认定的是（　　　）。

A．未将向外单位拆借的120万元款项列入所属项目中

B．将经营租赁的固定资产原值80万元记入固定资产账户中

C．将应付天成公司的款项180万元记入天籁公司名下

D．将应收账款200万元记为160万元

分析：D。四个选项虽然都有金额，但选项A属于"该记的没有记"，违反了"完整性"认定；选项B属于"记了不应记的业务"，违反了"存在"认定；选项C属于分类错误，不影响被审计单位应付账款的完整性和真实性；选项D系金额错误，违反了"准确

性""计价和分摊"认定。

【实例6-3】（简答题）华天会计师事务所注册会计师李明和李豪在对大华公司2016年度财务报表进行审计时，发现该公司财务报表、期末账户余额及各类交易和事项可能存在下列导致重大错报的情况：

（1）在销售交易中（针对主营业务收入），发出商品的数量与账单上的数量不符。

（2）期末存货的盘点可能存在较大的差错。

（3）准备持有至到期投资摊余成本计算可能存在较大的差错。

（4）可能存在未入账的应付账款。

（5）长期借款中可能有一部分年内将要到期。

（6）在销售交易中，将现销记录为赊销。

要求：根据上述事项，分别指出与什么管理层认定相关、相应的审计目标及实质性审计程序，填入表6-5。

分析：

表6-5　　　　　　　　　　与各事项有关的管理层认定、审计目标

事项	管理层认定	审计目标	实质性审计程序
事项1	与交易和事项相关的准确性	准确性	重新计算
事项2	与期末账户余额相关的存在	真实存在	检查有形资产
事项3	与期末账户余额相关的计价和分摊	计价和分摊	重新计算
事项4	与期末账户余额相关的完整性	完整性	查找未入账的应付账款
事项5	与报表列报相关的分类和可理解性	分类和可理解性	检查是否存在1年内到期的长期借款
事项6	与交易和事项相关的分类	分类	检查销售合同、销售记录

第三节　财务报表循环与审计过程

一、财务报表循环

财务报表审计的组织方式大致有两种：一是对报表的每个账户余额单独进行审计，此法称为账户法（Account Approach）。此法下对审计工作的"分块"（Segmenting）通常使工作效率低下，因为该法将紧密联系的相关账户（如存货和产品销售成本）人为分割开，从而会造成整个审计工作的脱节和重复。二是将财务报表分成几大块进行审计，即把紧密联系的交易种类（含事项，下同）和账户余额归入同一块中，此法称为循环法（Cycle Approach）。比如，销售、销售退回、收现及坏账冲销是导致应收账款增减的四种交易，把这四种交易及应收账款划入"销售与收款循环"进行审计。类似地，工薪交易和应付工资可以划入"生产循环"。循环法不仅使审计工作更便于管理，而且有助于更好地对审计小组的不同成员分派任务。通过考察交易被记录于各种记账凭证乃至汇总到总账和财务报表的方式，可以发现使用循环法具有逻辑合理性，图6-2列示了某些交易的会计处理过程。实际上，循环法是将记录于不同记账凭证中的交易同这些交易所影响的总账余额合并起来考虑，从而更有效地安排审计工作。

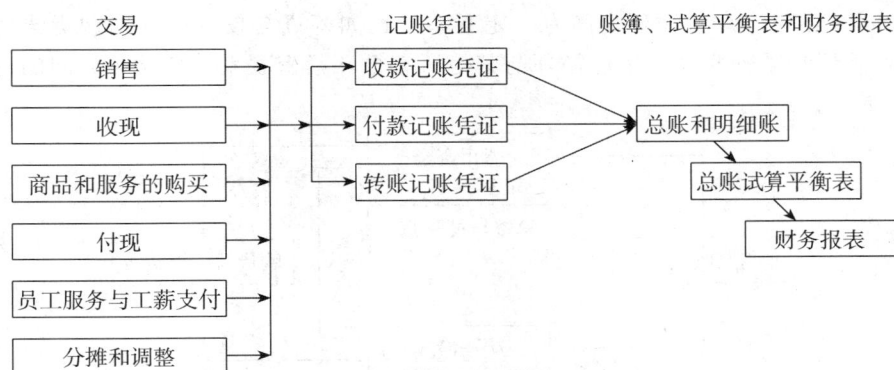

图 6-2 交易从记账凭证到财务报表的信息流程

不同行业的企业经营性质不同，因此可将其财务报表分为不同的循环，即使是同一企业，不同审计师也可能有不同的循环划分方法。表 6-6 以制造业企业财务报表划分为四个循环（销售与收款循环、购货与付款循环、生产循环、筹资与投资循环）为例来说明。

表 6-6　　　　　　　　　　　　制造业企业循环划分表

循环	各循环包括的记账凭证的主要种类	各循环包括的总账项目举例	
		资产负债表项目	利润表项目
销售与收款循环	收款、转账	应收账款、坏账准备、预收款项、代销商品款、应交税费、其他应交款等	营业收入、税金及附加、销售费用、所得税费用等
购货与付款循环	付款、转账	预付款项、固定资产、累计折旧、在建工程、工程物质、固定资产清理、应付票据、应付账款等	
生产循环	转账、付款	存货（包括在途材料、原材料、包装物、材料成本差异、低值易耗品、库存商品、委托加工物资、委托代销商品、受托代销商品、分期收款发出商品、生产成本、制造费用、存货跌价准备）、应付职工薪酬等	营业成本、管理费用等
筹资与投资循环	转账、收款、付款	短期投资、投资性房地产、持有至到期投资、交易性投资、应收股利、应收利息、其他应收款、长期股权投资、长期债权投资、长期投资减值准备、无形资产、长期待摊费用、短期借款、其他应付款、应付股利、长期借款、应付债券、长期应付款、递延税款、股本、资本公积、盈余公积、未分配利润等	财务费用、投资收益、非流动资产处置收益等

注册会计师在划分循环时应注意将财务报表的所有总账账户和记账凭证包括在相应的

循环中，同时还应注意各循环之间有一定联系，比如筹资与投资循环同购货与付款循环（也称支出循环）紧密联系，生产循环与其他所有循环紧密联系。各循环之间的流转关系如图 6-3 所示。

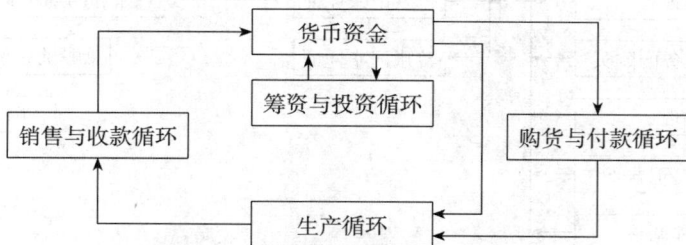

图 6-3　各交易循环之间的关系

二、审计过程

确定审计目标之后，注册会计师可以开始收集审计证据，以实现审计总目标和各项具体审计目标。审计证据的收集是在审计过程中实现的，因此，审计目标的实现与审计过程密切相关。所谓审计过程，是指审计工作从开始到结束的全过程，一般包括以下五个主要阶段：

（一）接受业务委托阶段

这一阶段由审计项目合伙人执行，也可在审计经理的协助下执行。该阶段的工作主要包括三项：

1. 对审计项目风险的评估和应对

（1）审计项目风险的评估。在决定是否承接或续任审计项目前，应对审计项目风险进行评估。对审计项目风险的评估是审计过程的关键环节，它影响到注册会计师是否承接该审计项目，以及承接项目后审计计划的制订、审计风险的应对等。评估审计项目风险应将与被审计单位相关的风险及提供专业服务的风险结合起来。评估时应根据有关法律法规、执业准则中的相关要求，对拟接受的审计项目进行背景调查，开展独立性分析，评价是否存在利益冲突的情形等。风险评估结果有：高于一般和远高于一般水平。审计项目合伙人对审计项目风险的评估结果和对审计项目的接受行为，应得到其所在会计师事务所至少一名其他合伙人的同意。

（2）审计项目风险的应对。对于风险评估结果为高于一般或远高于一般水平的审计项目，应在制订审计计划及执行审计计划时充分考虑导致得出该评估结果的因素，并作出适当的应对措施。对于每个拟接受的审计项目及续任的审计项目，应根据相关审计项目风险的评估结果，决定是否执行追加审计程序。对于风险评估结果为远高于一般风险的审计项目，应指派一名专门质量复核合伙人，以保证审计工作的质量。

2. 选择审计小组

审计项目合伙人负责选择审计小组成员，审计小组全体成员应具备适应于特定审计项目的能力、资格、经验和时间。如果在审计项目的执行过程中需利用内部专家的工作，审计项目合伙人应选择内部专家，并由具有必要技术知识的人员及审计项目合伙人对内部专家的工作进行指导和监督。

3. 形成审计业务约定书

为避免对审计业务的理解产生分歧，在审计业务开始前，应与被审计单位就审计业务约定条款达成一致，并签订审计业务约定书。审计业务约定书记录审计目标及范围、双方的责任、被审计单位的财务报告框架、审计报告格式等。

（二）制订审计计划阶段

该阶段的工作主要包括 11 项：

1. 制定总体审计策略

总体审计策略确定审计范围、时间和方向，并指导制订详细审计计划。总体审计策略应于开展现场工作前制定，由审计项目合伙人负责，必要时邀请审计小组主要成员及专家参与。

总体审计策略应明确以下事项：确定审计业务特征；确定审计项目的报告目标，以计划审计工作的时间安排以及所需沟通事项的性质；考虑影响审计工作的重要因素，以确定项目组工作重点。

2. 进行项目组讨论

为更好地评估财务报表产生重大错报的可能性，项目组成员需讨论被审计单位面临的经营风险、财务报表容易发生错报的领域以及发生错报的方式。通过讨论，项目组各成员可以更好地了解在各自负责的领域中，由于舞弊或错误导致财务报表重大错报的可能性，并了解各自实施审计程序的结果如何影响审计的其他方面。

3. 对被审计单位计算机的使用进行分类

对被审计单位计算机的使用进行分类有助于了解其计算机运行环境、应用系统和相关控制的性质和范围。分类须考虑被审计单位计算机使用的范围、复杂程度以及计算机系统对其经营活动的重要性等因素。对被审计单位计算机的使用可具体分为"高度""中度""轻度"三类。

（1）高度。被审计单位广泛地使用计算机，计算机运行环境复杂，并且计算机系统对其业务活动非常重要。大多数金融机构和高度自动化的制造业属于高度计算机化。

（2）轻度。被审计单位使用计算机的范围局限于不重要且较简单的工作。如果被审计单位仅有一至两项较简单的计算机应用程序（如工资和总分类账），即归为此类。

（3）中度。如果被审计单位使用计算机的程度低于"高度"，但高于"轻度"时，即归为此类。中度计算机化实体往往有一到两种复杂的计算机系统，该计算机系统被广泛使用并且对实体的业务活动是重要的，但就整体而言，实体使用计算机的程度尚不足以归类为"高度"。

4. 了解被审计单位及其环境

这一工作在审计项目合伙人领导下，由项目经理和现场负责人协助完成。了解被审计单位及其环境包括以下方面：行业状况、法律环境、监管环境及其他外部因素；被审计单位的性质；被审计单位的会计处理程序；被审计单位的目标、战略及相关经营风险；被审计单位财务业绩的衡量和评价；被审计单位的内部控制。

5. 了解被审计单位的内部控制

这一工作主要由项目现场负责人完成。内部控制是被审计单位为合理保证财务报告的可靠性、经营的效率和效果以及对法律程序的遵守，由治理层、管理层和其他人员设计和执行的政策和程序。对被审计单位内部控制的了解包括了解其控制环境、风险评估程序、信息系统和沟通、控制措施和控制监控等。

6. 了解被审计单位的会计处理程序

这一工作由项目现场负责人执行，由审计项目合伙人和审计经理参与。审计人员应当了解被审计单位的会计处理程序，评价该会计处理程序是否符合适用的会计准则和相关会计制度，是否符合被审计单位的具体情况。在这个过程中，应重点关注被审计单位的重大交易处理方法、与会计处理过程以及重大交易流程相关的重大应用系统、会计政策的变更等。

7. 执行初步分析性复核

这一工作由项目现场负责人执行。初步分析性复核有助于对被审计单位及其环境取得总体了解，并对财务报表的内容，及自上次审计以来可能发生的重大经营或会计核算变化取得总体上的了解。同时，初步分析性复核作为风险评估程序的一部分，有助于熟悉被审计单位的流动性与盈利能力，帮助确定计划重要性水平。

8. 确定计划重要性水平和金额精确值

在计划重要性水平和金额精确值的确定过程中，项目现场负责人收集数据用于最初计算，审计项目合伙人作出最终决定。

审计项目的计划重要性水平是指财务报表中判断为重要错报的金额水平。计划重要性水平应确定为计划审计范围所依据的单独金额，计划重要性水平可以使审计人员发现财务报表中的重大错报。

金额精确值的确定，需要运用审计人员的专业判断。金额精确值以计划的重要性水平为基础，一般低于计划重要性水平。将金额精确值设定为低于计划重要性水平的目的在于提供一定的缓冲，从而在发现错报的情况下，仍然可以作出"财务报表中的累积错报未超过计划重要性水平"的合理保证。

9. 评估潜在错误层次的风险

这一工作在审计项目合伙人、审计项目经理和项目现场负责人召开的审计计划会议的过程中开展。

评估潜在错误层次的风险应识别并评估财务报表中账户余额或披露事项的潜在错误层次的重大错报，包括以下工作内容：通过考虑财务报表中的账户余额或披露事项，在对被审计单位及其环境取得了解的整个过程中识别风险，包括与风险有关的相关控制；针对账户余额或披露事项相关的一个或多个潜在错误风险，考虑风险导致财务报表重大错报的可能性；将识别和评估的潜在错误层次的重大错报风险记录在案。

10. 制订审计计划

审计计划记录了计划实施的审计程序的性质、时间和范围。该项工作由审计项目现场负责人执行。

制订审计计划须考虑以下因素：项目组成员的指导、监督和审核；计划保证程度来源。综合考虑对固有保证程度、控制保证程度和实质性保证程度的评估，计划对与每一重大账户余额相关的每一潜在错误获得的保证程度。针对每一重大账户余额或披露事项制订审计计划。在设计审计程序的过程中，需考虑影响账户余额或披露事项的潜在错误的特定风险、通过控制运行有效性测试而获得的控制保证程度、为获取实质性保证程度而执行的实质性程序的性质和范围。

为制订能将审计风险降至可接受的低水平的审计计划，须考虑审计项目风险、被审计单位对计算机使用的分类、内部控制、管理层的期望和关注事项、多地点审计项目、内部审计人员的角色、法律和监管要求、报告截止期限、关联方和关联方交易、不遵循适用的法律和法规、公允价值计量和披露、持续经营假设、与被审计单位法律顾问的沟通、被审计单位的规模、首次审计业务涉及的期初余额等因素。

11. 编制审计计划备忘录

审计计划备忘录是审计计划的汇总，由审计项目现场负责人编制。审计计划备忘录的作用在于：描述审计项目的预期范围；强调在审计计划过程中发现的重大事项和风险；提供审计人员已适当地计划审计项目，并已就审计项目风险、广泛风险、特定风险和其他影响审计项目的事项采取应对措施的证据。

审计计划备忘录通常包括以下事项：

（1）对审计项目风险的评估及计划采取的应对措施，包括对广泛风险的识别及计划采取的应对措施、对独立性及潜在利益冲突的评估与初步结论。

（2）审计计划过程中的其他重大事项，包括已识别的舞弊风险因素、有关内部控制要素的初步结论、计划重要性水平和金额精确值、对被审计单位计算机使用的分类、影响审计工作的被审计单位及其环境的变更、会计处理程序的重大变更等。

（3）对特定风险的评估及应对措施。

（4）对于未发现存在特定风险的重要账户余额或披露事项，针对潜在错误的审计策略。

（三）实施审计计划阶段

该阶段的工作主要包括四项，所有这些活动主要由项目现场负责人和助理审计人员执行。

1. 实施控制测试

存在以下情形之一时，须实施控制测试，以获得控制运行有效性的审计证据：

（1）在评估重要账户余额或披露事项重大错报风险时，预期控制的运行是有效的；

（2）仅实施实质性程序不足以提供充分、适当的审计证据。

在测试控制运行的有效性时，应从以下方面获取审计证据：控制在不同试点是如何运行的；控制是否得到一贯执行；控制由谁执行；控制以何种方式运行。

控制测试的程序包括询问、观察、检查、穿行测试、重新执行等。

审计人员通过实施控制测试，如果未能获得合理保证，说明有关控制措施已达到和某潜在错误有关的相关控制目标，则不得依赖于该项控制。如果审计人员未能获得合理保证，确认存在其他控制措施达到了相关控制目标，则应修改对重大账户余额或披露事项的潜在错报的审计计划，并执行针对性的实质性程序。

2. 执行实质性程序

实质性程序分为对各类交易、账户余额、列报的细节测试和实质性分析程序两种类型。实质性程序的类型根据各类交易、账户余额、列报的性质确定。

实质性分析程序指将记录的金额与计算出的预期值相比较，从而对记录金额是否不存在重大错报得出结论。对在一段时期内存在可预期关系的大量交易，可以考虑实施实质性分析程序。

实质性分析程序包括以下步骤：识别进行测试的账户余额或披露事项及相关潜在错误；根据相关财务或非财务数据对可进行适当分解的记录金额进行推算；确定预期值和已记录金额间可以接受的最大差异额；比较预期值与已记录金额，并识别超过可接受的最大差异额且需要进一步调查的差异；获得超过可接受的最大差异额的差异的解释，并通过执行进一步分析、调查或检查以证明其合理性。

细节测试适用于对各类交易、账户余额、列报认定的测试，尤其是对存在或发生、计价认定的测试。

细节测试包括以下步骤：识别和了解要进行细节测试的相关总体及潜在错误；考虑细节测试的方向；选择适当的细节测试方法；确定细节测试的范围；选取细节测试的待检查项目；检查和评估被选入细节测试的项目的证据；评估细节测试的结果。

在计划设计和执行细节测试的过程中，应识别相关的总体，总体可能是账户余额或披露事项及待测的相关潜在错误。此外，还须确定选择被测试项目的方法，以搜集充分适当的审计证据从而达到细节测试的目的。

3.累计、沟通和更正错误

审计人员应将超过可接受的最大差异额的错报，以及性质上重大的已知错报和可能错报，记入错报评价计划表中，累计其金额，并从定量因素和定性因素上评估其性质，了解其成因。

了解错报的性质和成因后，审计人员应就发现的错报与被审计单位的管理层和治理层进行沟通，并要求管理层更正超过可接受的最大差异额或性质重大的错报，并对披露进行适当更正。

如果管理层不更正错报，审计人员应了解并记录其拒绝更正错报的原因。

4.执行财务报表复核

财务报表复核工作于大部分审计程序完成后进行。对财务报表进行复核的目的在于确定以下事项：财务报表在整体上是否与审计人员对被审计单位的了解、对个别账户余额或披露事项和关系的了解及取得的审计证据相一致；是否存在由于欺诈而尚未识别的重大错报的风险；编制财务报表时使用的会计政策及其变化是否适当，是否得到妥善披露；财务报表（包括相关披露事项）的总体表述是否遵循会计政策和适用的财务报表编制框架。

在财务报表复核过程中，应特别关注编制财务报表的持续经营假设是否继续保持其适当性，以及财务报表中对关联方和关联方交易的披露。

（四）形成审计意见并出具审计报告阶段

该阶段工作主要由项目现场负责人执行，由审计经理和审计项目合伙人进行复核和批准。该阶段的工作主要包括六项：

1.执行期后事项复核

期后事项是指资产负债表日至审计报告日的事项。期后事项中可能存在需要对审计报告所针对的财务报表进行调整或在财务报表中加以披露的事项。期后事项复核的目的是确定所有期后事项已获确认并已在财务报表中得到适当处理，同时须考虑是否存在影响编制财务报表的持续经营假设的期后事项。

2.评价总体审计范围

根据已识别错报的性质和金额，以及存在未识别错报的可能性，对审计范围的充分性进行评价，评价审计范围是否足以得出合理的结论，作为审计意见的依据。

如果认为审计范围不充分，应执行追加审计程序，或考虑其对审计报告可能造成的影响。

3.评价未更正错报对财务报表的影响

如果审计人员认为被审计单位的财务报表存在重大错报，应要求被审计单位管理层更正所有单独或汇总后重大的未更正错报。如果管理层拒绝调整财务报表，且扩大审计范围后的结果仍无法证明未更正错报的累计数不重大，则应考虑出具适当的非无保留意见的审计报告。

4.获得管理层声明

管理层声明的作用在于明确以下事项：按照适用的财务报表体系编制并披露公允的财务报表是被审计单位管理层的责任；财务报表已获被审计单位管理层认可。

管理层声明可以是被审计单位管理层签名的声明书，也可以是董事会（或类似机构）或其他监管层召开会议的记录，记录中确认了管理层对财务报表的责任并认可了财务报表。

以下事项，应获得管理层的书面声明：

（1）有关关联方识别的相关信息是完整的，财务报表中对关联方的披露是充分的。

（2）管理层承认其负责设计、执行和维护内部控制，用于防止和发现欺诈和错误。

（3）管理层相信，审计期间发现的尚未更正的错报，不会对财务报表整体产生重大影响。

（4）管理层对由于欺诈发生重大错报风险的评估所依据的信息是完整的。

（5）所有可能存在的与法律、法规不符之处已得到披露。

（6）当存在影响持续经营的事件或情形时，管理层针对持续经营拟采取的行动计划。

（7）重大假设的合理性。

5.编制审计总结备忘录

审计总结备忘录的形式和内容由审计项目合伙人确定，并经其认可。审计总结备忘录应包括以下事项：对特定已识别风险的评估；审计计划备忘录完成后对审计计划所做的调整；持续经营假设的适当性及其对财务报表的影响；对期后事项复核的结果；在对错报（包括披露不足）的评价过程中得出的总体结论；执行的审计程序和获得的审计证据是否适当，是否足以支持审计意见的形成；对审计项目风险评估后的结论，以及是否继续接受审计委托的决定。

6.形成审计意见并出具审计报告

审计报告是指审计人员在实施审计工作的基础上，对被审计单位财务报表发表审计意见的书面文件。审计报告应当依据适用的职业准则和法律法规的要求编制。审计项目合伙人对审计报告的正确措辞和日期负责。

审计报告中应清楚表达对被审计单位财务报表的意见，除非工作范围受到限制，且这一限制具有重大性和广泛性，审计人员因此不能获得足够的适当的审计证据或因其他原因不能对财务报表发表意见。在对财务报表形成审计意见时，审计人员应当根据已获得的证据，评价是否已对财务报表整体不存在重大错报获取合理保证。

（五）项目结束后的工作阶段

该阶段的工作主要是整理审计工作底稿并归档。审计档案须在审计报告日后的60天内，或于所适用的职业准则和法律法规所要求的时限之前完成归档。

三、贯穿于审计所有阶段的工作

在审计五个阶段的工作过程中，均须编制、复核工作底稿，评估和管理风险等。以下五项工作贯穿于年报审计的所有阶段。

（一）管理审计项目

管理审计项目的目的在于确保审计工作按照会计师事务所政策手册中规定的政策和程序高效、有序地执行。审计项目管理是否有效取决于审计项目合伙人的经验以及对被审计单位及其环境的了解程度。

（二）编制审计工作底稿

审计工作底稿是对所实施的审计程序、所获得的相关审计证据及审计人员得出的用以支持审计结论的记录。在审计工作执行过程中，应编制及维护足够完整和详细的审计工作底稿，以支持审计结论。

审计工作底稿主要由审计项目人员（助理）以及项目现场负责人编制。

（三）复核审计工作底稿

审计工作底稿的复核包括以下三个级别，三个级别的复核按顺序开展：

1.详细复核

经验较少的项目组成员编制的工作底稿，应由一位更有经验但没有参与该工作底稿编制的项目组成员执行详细复核。

2.初步复核

初步复核由审计经理、审计项目合伙人或其他具备适当资格的人员执行。

3.最终复核

最终复核由审计项目合伙人执行。

（四）评估和管理风险

该工作包括识别和评估与被审计单位、审计项目以及重大账户余额或披露事项潜在错误相关的风险，并针对这些风险设计合理的审计程序。

（五）保证审计质量

该工作是指在审计业务的开展过程中保证高度的专业水准和技术质量。

问题与案例

一、思考题

1.从财务报表审计总目标的演进分析目前年报审计的总体目标。

2. 如何划分和协调财务报表审计中管理层和审计师的责任？

3. 阐述管理层认定的内涵及三类管理层认定。

4. 举例说明管理层认定与审计目标的关系。

5. 分析把审计工作划分为不同循环的优点及各个循环的流转关系。

6. 描述实现审计目标的整个过程。

二、行动学习讨论

把学生分成若干组（每组最好是 10 人以内），要求他们利用头脑风暴的方法，对以下问题提出不同的看法，尽量多地列示在行动学习讨论的白板上。

讨论问题：不同公司财务报表认定上的特征有哪些？针对这些特征审计程序设计上有什么特殊考虑？

讨论与板书要求：①每个人都要发言，但每次只能一人发言；②追求数量、追求创意；③有人发言时不许质疑、不许批评、不许打断；④板书要按发言人的原话列示。

三、案例讨论

小王如何从管理层认定入手进行审计？

小王是新进入会计师事务所的助理审计师，他第一次跟审计小组进驻审计现场后，发现审计小组的审计人员几乎会马上按照已拟订好的具体审计计划即审计程序表，埋头执行审计程序，完成自己分派的任务。他想起大学审计老师讲过，年报审计的起点是管理层认定，所有的设计和执行的审计目标和审计程序都应当针对管理层认定才有意义，于是，他努力从管理层认定入手进行审计。

要求：

1. 你认为小王坚持从管理层认定入手进行审计正确吗？为什么？其他审计人员到审计现场后会马上按照已拟订好的具体审计计划即审计程序表，埋头执行审计程序，完成自己分派的任务，这说明什么？可能出现什么问题？

2. 假如小王在审计工作中需要执行表 6-7 中列示的审计程序，请你分析这些审计程序分别能够实现哪些审计目标，与哪些管理层认定相关。

表 6-7　　　　　　　　　　　审计程序及审计目标/认定

序号	审计程序	审计目标/认定
1	对大额材料采购或在途物资，追查至相关的购货合同及购货发票，复核采购成本的正确性，并抽查期后入库情况，必要时发函询证对大额材料采购或在途物资，追查至相关的购货合同及购货发票，复核采购成本的正确性，并抽查期后入库情况，必要时发函询证	
2	存货已按照企业会计准则的规定在财务报表中作出恰当列报	
3	期末，对持有至到期投资逐项进行检查，以确定是否已经发生减值。若确有出现导致其预计未来现金流量现值低于账面价值的情况，则将预计未来现金流量现值低于账面价值的差额作为持有至到期投资减值准备予以计提，并与被审计单位已计提数相核对，如有差异，查明原因	

序号	审计程序	审计目标/认定
4	检查董事会等决议文件，确定后续计量模式改变的适当性，会计处理的正确性，并提请被审计单位进行充分披露	
5	对研发支出实施截止测试，检查资产负债表日前后若干天内、一定金额以上的开发支出明细账和凭证，确定有无跨期现象	
6	检查本期商誉减少原因，分析是否合理，会计处理是否正确	
7	检查是否以未来期间很可能取得用来抵扣可抵扣暂时性差异的应纳税所得额为限，确认由可抵扣暂时性差异产生的递延所得税资产，并检查提供证据是否充分	
8	复核公允价值取得依据是否充分。公允价值与账面价值的差额是否记入公允价值变动损益科目	
9	检查被审计单位获得税费减免或返还时的依据是否充分、合法和有效，会计处理是否正确	
10	检查应付职工薪酬的期后付款情况，并关注在资产负债表日至财务报表批准报出日之间，是否有确凿证据表明需要调整资产负债表日原确认的应付职工薪酬事项	
11	根据相关交易资料，检查交易性金融负债的真实性和完整性	
12	检查专项应付款的内容是否系政府作为企业所有者投入的具有专项或特定用途的资本性投资项目拨款。检查各项拨款的批准文件，确定专项应付款发生的真实性。必要时可就拨款事项向拨款单位函证	
13	检查出资期限和出资方式、出资额，检查投资者是否按合同、协议、章程约定的时间和方式缴付出资额，是否已经注册会计师验证。若已验资，应审阅验资报告	
14	审查法定盈余公积和任意盈余公积的计提顺序、计提基数、计提比例是否符合有关规定，会计处理是否正确	
15	了解本年利润弥补以前年度亏损的情况，确定本期末未弥补亏损金额。如果已超过弥补期限，且已因为抵扣亏损而确认递延所得税资产的，应当进行调整	
16	抽取若干张记账凭证，审查入账日期、品名、数量、单价、金额等是否与发票、发货单、销售合同等一致	
17	对本期增加及转回的资产减值损失，与坏账准备、固定资产减值准备等科目进行交叉钩稽	

序号	审计程序	审计目标/认定
18	检查被审计单位所采用的会计政策是否为资产负债表债务法	
19	与交易性金融资产、可供出售金融资产、持有至到期投资、长期股权投资、交易性金融负债等的相关审计结合，验证确定投资收益的记录是否充分、准确	
20	检查捐赠利得，检查相关的原始凭证，检查相应的税金是否提取，检查金额计算及账务处理是否正确	

关键词汇

认定　Assertion

审计目标　Audit Objectives

被审计单位责任　Managements' Responsibilities

审计责任　Audit Responsibilities

合理保证　Reasonable Assurance

执业怀疑　Professional Skepticism

管理层认定　Management Assertions

具体审计目标　Specific Audit Objectives

与交易相关的审计目标　Transaction-related Audit Objectives

与余额相关的审计目标　Balance-related Audit Objectives

与列报和披露相关的审计目标　Presentation and Disclosure-related Audit Objectives

审计范围　The Scope of an Audit

发生　Occurrence

存在　Existence

权利与义务　Rights and Obligations

计价与分摊　Valuation and Allocation

截止　Cutoff

准确性　Accuracy

完整性　Completeness

分类　Classification

过账　Posting

可理解性　Understandability

财务报表循环　Financial Statement Cycles

账户法　Account Approach

分块　Segmenting

审计过程　Audit Process

销售与收款循环　　Sales and Cash Receipts Cycle
购货与付款循环　　Purchasing and Payment Cycle
生产与仓储循环　　Production and Storage Cycle
筹资与投资循环　　Capital Acquisition and Repayment Cycle

第七章 审计证据与审计工作底稿

【学习目的】

1. 熟悉审计证据应包括的信息；
2. 熟悉审计证据的充分性和适当性；
3. 掌握如何判断审计证据的可靠性；
4. 熟悉获取审计证据的不同审计程序；
5. 掌握如何选择审计程序；
6. 了解审计工作底稿的作用；
7. 掌握完善一张审计工作底稿必须具有的要素；
8. 熟悉审计工作底稿的不同层次和关系；
9. 了解审计档案的种类、结构、所有权及其保管。

引例：人们凭什么相信审计报告

2017 年华兴公司收购了晋美公司，收购价主要是以 2016 年已审计的财务报表为基础确定的，但收购后华兴公司发现晋美公司 2016 年财务报表显示的资产不实、收入虚假，这给华兴公司造成很大损失。于是，华兴公司在提出收购赔偿的诉讼中，把审计晋美公司 2016 年财务报表的今明会计师事务所追加为被告。律师调阅了晋美公司 2016 年审计工作底稿并向该项目的项目经理李浩询问取证，发现：

（1）归档保管的晋美公司 2016 年审计工作底稿多数是晋美公司原始凭证和记账凭证的复印件，即便是注册会计师自己编制的审计工作底稿，也是数字多，文字描述少，不能通过审计工作底稿看出注册会计师当时做过的工作。

（2）对于 2016 年晋美公司资产和收入的审计，注册会计师仅仅执行了一些常规的审计程序获取审计证据，很多证据是注册会计师直接从晋美公司获取后归入审计工作底稿，没有进一步查证的痕迹；一些底稿有矛盾和不相符的地方，也没有进一步追查的证据。

对于今明会计师事务所出具的以上述审计工作底稿所承载的审计证据来支持的审计报告，人们能够相信吗？如果让人们相信审计报告，支持审计报告的审计工作底稿和审计证据应当具有什么特征？

第一节 审计证据

一、证据与审计证据

在经济生活中，人们对证据的认识来自法律案件中，律师执行严密的证据规则，保护无罪之人；在科学实验中，科学家获取证据以测试目标实验中所使用的假设等。审计师与律师、科学家一样使用证据来帮助他们得出结论，只不过这些职业依赖不同的证据，而且运用证据的环境和方式也不同。表 7-1 对比列示了科学实验、法律案件和财务报表审计中证据的不同特征。

表 7-1   科学实验、法律案件和财务报表审计中证据的不同特征

比较基础	科学实验	法律案件	财务报表审计
证据用途	确定提出的假设	确定被告是否有罪	确定财务报表是否公允表达
所用证据的特征	反复实验的结果	直接证据和证人及有关各方的证词	由审计师、第三方和客户形成的各类审计证据
评价证据的单位和个人	科学家	陪审团和法官	审计师
根据证据得出结论的肯定程度	从不肯定到接近肯定	排除合理怀疑来定罪	高水平保证
结论的特征	研究结论是否正确	当事人有罪或无罪	出具某种类型的审计报告
根据证据得出错误结论的典型后果	研究结论与现实不符	罪犯没有受到惩罚或无辜者被判有罪	财务报表使用者作出错误决策，审计师可能被起诉

《政府审计准则》第八十二条规定："审计证据是指审计人员获取的能够为审计结论提供合理基础的全部事实，包括审计人员调查了解被审计单位及其相关情况和对确定的审计事项进行审查所获取的证据。"《第 2103 号内部审计具体准则——审计证据》第二条规定："审计证据，是指内部审计人员在实施内部审计业务中，通过实施审计程序所获取的，用以证实审计事项，支持审计结论、意见和建议的各种事实依据。"《中国注册会计师审计准则第 1301 号——审计证据》第四条规定："审计证据是指注册会计师为了得出审计结论和形成审计意见而使用的信息，包括构成财务报表基础的会计记录含有的信息和其他信息。"

（一）会计记录包括的信息

依据会计记录编制财务报表是被审计单位管理层的责任，审计师应当测试会计记录以获取审计证据。会计记录主要包括原始凭证、记账凭证、总分类账和明细分类账、未在记账凭证中反映的对财务报表的其他调整，以及支持成本分配、计算、调节和披露的手工计算表和电子数据表。上述会计记录是编制财务报表的基础，构成审计师执行财务报表审计业务所需获取的审计证据的重要部分。这些会计记录通常是电子数据，因而要求审计师对内部控制予以充分关注，以获取这些记录的真实性、准确性和完整性。进一步说，电子形式的会计记录可能只能在特定的时间获取，如果不存在备份文件，特定期间之后有可能无法再获取这些记录。

会计记录取决于相关交易的性质，它既包括被审计单位内部生成的手工或电子形式的凭证，也包括从与被审计单位进行交易的其他企业收到的凭证。除此之外，会计记录还可能包括：

（1）销售发运单和发票、顾客对账单以及顾客的汇款通知单。

（2）附有验货单的订购单、购货发票和对账单。

（3）考勤卡和其他工时记录、工薪单、个别支付记录和人事档案。

（4）支票存根、电子转移支付记录（EFTs）、银行存款单和银行对账单。

（5）合同记录，如租赁合同和分期付款销售协议。

（6）记账凭证。

（7）分类账账户调节表。

将这些会计记录作为审计证据时，其来源和被审计单位内部控制的相关强度（对内部生成的证据而言）都会影响审计师对这些原始凭证的信赖程度。

（二）其他信息

会计记录中含有的信息本身并不足以提供充分的审计证据作为对财务报表发表审计意见的基础，审计师还应当获取用作审计证据的其他信息。可用作审计证据的其他信息包括：

（1）审计师从被审计单位内部或外部获取的会计记录以外的信息，如被审计单位会议记录、内部控制手册、询证函的回函、分析师的报告、与竞争者的比较数据等。

（2）通过询问、观察和检查等审计程序获取的信息，如通过检查存货获取存货存在性的证据等。

（3）审计师自身编制或获取的可以通过合理推断得出结论的信息，如审计师编制的各种计算表、分析表等。

财务报表依据的会计记录包含的信息和其他信息共同构成了审计证据，两者缺一不可。如果没有前者，审计工作将无法进行；如果没有后者，可能无法识别重大错报风险。只有将两者结合在一起，才能将审计风险降低至可接受的水平，为审计师发表审计意见提供合理基础。

必要审计证据的性质与范围取决于审计师对何种证据与实现审计目标相关作出的职业判断。这种判断受到重要性评估水平、与特定认定相关的审计风险、总体规模以及影响账户余额的各类经常性或非经常性交易的影响。

审计师在审计过程中可以获取不同来源和不同性质的审计证据，不过，审计证据很少是绝对的，从性质上来看反而是说服性的，并能佐证会计记录中所记录信息的合理性。因此，在确定报表公允表达时，审计师最终评价的正是一环扣一环的审计证据链条。审计师将不同来源和不同性质的审计证据综合起来考虑，只有不同证据反映的结果一致，才能佐证会计记录中记录的信息；如果审计证据不一致，而且这种不一致可能是重大的，审计师应当扩大审计程序的范围，以便获取更多的审计证据查证事实的来龙去脉，解释和说明财务报表的信息。

二、审计证据的充分性与适当性

在形成审计意见过程中，审计师应当保持职业怀疑态度，运用职业判断，评价审计证据的充分性和适当性。

（一）审计证据的充分性

审计证据的充分性是对审计证据数量的衡量。审计师在审计中需要获取的审计证据的数量主要由以下因素决定：

1.审计师对重大错报风险评估的影响

当被审计单位财务报表的重要性水平为 20 000 元而不是 50 000 元时，审计师需要更多的审计证据。类似的，重要账户余额或交易如果包含一定数量错报时，需要比那些关于错报和舞弊较低风险及没有发现错误账户更多的实质性证据。因此，错报风险越大，需要的审计证据可能越多。具体来说，在可接受的审计风险水平一定的情况下，重大错报风险越大，审计师就应实施越多的测试工作，将检查风险降至可接受水平，以将审计风险控制在可接受的低水平范围内。

2. 审计证据质量的影响

审计师需要获取的审计证据的数量也受审计证据质量的影响。审计证据质量越高，需要的审计证据数量可能越少。例如，被审计单位内部控制健全时生成的审计证据更可靠，审计师只需获取适量的审计证据，就可以为发表审计意见提供合理的基础。

（二）审计证据的适当性

审计证据的适当性是对审计证据质量的衡量，即审计证据在支持各类交易、账户余额、列报的相关认定，或发现其中存在错报方面具有相关性和可靠性。相关性和可靠性是审计证据适当性的核心内容，只有相关且可靠的审计证据才是高质量的。

1. 审计证据的相关性

审计证据的相关性是指审计证据的信息与审计程序的目的和所考虑的相关认定之间的逻辑关系。例如，如果审计师在审计过程中怀疑被审计单位发出存货却没有给顾客开具发票，需要确认销售是否完整，应当从发货单中选取样本，追查与每张发货单相应的销售发票副本，以确定是否每张发货单均已开具发票，如果审计师从销售发票副本中选取样本，并追查至与每张发票相应的发货单，由此所获得的证据与完整性目标就不相关。

审计证据是否相关必须结合具体审计目标来考虑。在确定审计证据的相关性时，审计师应当考虑：

（1）特定的审计程序可能只为某些认定提供相关的审计证据，而与其他认定无关。例如检查期后应收账款收回的记录和文件可以提供有关存在和计价的审计证据，但不一定与期末截止是否适当相关。

（2）针对同一项认定可以从不同来源获取审计证据或获取不同性质的审计证据。例如，审计师可以分析应收账款的账龄和应收账款的期后收款情况，以获取与坏账准备计价有关的审计证据。

（3）只与特定认定相关的审计证据并不能替代与其他认定相关的审计证据。例如，有关存货实物存在的审计证据并不能替代与存货计价相关的审计证据。

2. 审计证据的可靠性

审计证据的可靠性是指证据的可信程度，它受其来源和性质的影响，并取决于获取审计证据的具体环境，包括编制和维持与该信息相关的控制。审计师在判断审计证据的可靠性时，通常会考虑下列因素：

（1）提供者的独立性。从外部独立来源获取的审计证据比从其他来源获取的审计证据更可靠。从外部独立来源获取的审计证据未经被审计单位有关人员之手，从而减少了伪造、更改凭证或业务记录的可能性，因而其证明力最强。此类证据有询证函回函、保险公司等机构出具的证明等。相反，从其他来源获取的审计证据，由于证据提供者与被审计单位存在经济或行政关系等原因，其可靠性应受到质疑，此类证据有被审计单位内部的会计记录、会议记录等。

（2）提供者的资质。如果审计证据是由不知情者或不具备资格者提供，即便是从独立的外部来源获得，审计证据也可能是不可靠的。同样，如果审计师不具备评价证据的专业能力，那么即使是直接获取的证据，也可能不可靠。但对于管理层的专家，如管理层雇佣或聘请的精算师、评估师等，审计师不仅要评价这些管理层的专家的胜任能力、专业素质和客观性，而且要评价其独立性，以此来判断审计证据的可靠性。

（3）生成信息的内部控制。一般，内部控制有效时内部生成的审计证据比内部控制薄弱时内部生成的审计证据更可靠。如果被审计单位的内部控制设计合理且运行有效，会计记录的可信赖程度将会增加。如果被审计单位的内部控制薄弱，甚至不存在任何内部控制，被审计单位内部凭证记录的可靠性就会大大降低。

（4）信息获取方式。一般，直接获取的审计证据比间接获取或推论得出的审计证据更可靠；客观证据比那些需要经过大量主观判断才能确定其是否正确的证据更可靠。例如，审计师观察某项内部控制的运行得到的证据比询问被审计单位某项内部控制的运行得到的证据更可靠。间接获取的证据有被涂改及伪造的可能性，降低了可信赖程度。推论得出的审计证据，其主观性较强，人为因素较多，可信赖程度也受到影响。

（5）信息存在形式。首先，以文件、记录形式（无论是纸质、电子或其他介质）存在的审计证据比口头形式的审计证据更可靠。例如，会议的同步书面记录比对讨论事项事后的口头表述更可靠。口头证据本身并不足以证明事实的真相，仅仅提供一些重要线索，为进一步调查确认所用，在一般情况下，口头证据往往需要得到其他相应证据的支持。其次，从原件获取的审计证据比从传真、复印或通过拍摄、数字化或其他方式转化成电子形式的文件获取的审计证据更可靠。审计师可审查原件是否有被涂改或伪造的迹象，排除伪证，提高证据的可信赖程度。而传真件或复印件等的可靠性取决于编制和维护信息相关的控制。

（6）及时性。审计证据的及时性既可以指搜集证据的时间，也可以指审计工作开展的期间。对资产负债表账户而言，证据的获取越接近于资产负债表日，通常越可靠。对利润表账户而言，从被审计的整个会计期间选取样本所获得的证据，比仅从其中一段期间选取样本获得的证据更可靠。

（三）增加审计证据说服力的综合考虑

只有综合考虑了审计证据的充分性和适当性，以及对其产生影响的各种因素的实际影响后，审计师才能对审计证据的说服力作出评价，审计证据的充分性和适当性两者缺一不可，只有充分且适当的审计证据才是有证明力的。

审计证据的充分性和适当性相互关联。审计证据的适当性会影响审计证据的充分性，审计证据质量越高，需要的审计证据数量可能越少，但如果审计证据的质量存在缺陷，审计师仅靠获取更多的审计证据可能无法弥补其质量上的缺陷。如果审计师获取的证据不可靠，那么证据数量再多也难以起到证明作用。

为此，增加审计证据说服力的审计证据决策是通过实施审计程序获取充分、适当的审计证据，以支持对财务报表发表的审计意见。审计师利用审计程序获取审计证据涉及以下四个方面的决策：一是选用何种审计程序；二是对选定的审计程序，应当选取多大的样本规模；三是应当从总体中选取哪些项目；四是何时执行这些程序。

（四）评价充分性和适当性时的特殊考虑

1. 对文件记录可靠性的考虑

审计工作通常不涉及鉴定文件记录的真伪，审计师也不是鉴定文件记录真伪的专家，但应当考虑用作审计证据的信息的可靠性，并考虑与这些信息生成和维护相关控制的有效性。

如果在审计过程中识别出的情况使其认为文件记录可能是伪造的，或文件记录中的某些条款已发生变动，审计师应当作出进一步调查，包括直接向第三方询证，或考虑利用专家的工作以评价文件记录的真伪。

2. 使用被审计单位生成信息时的考虑

如果在实施审计程序时使用被审计单位生成的信息，审计师应当就这些信息的准确性和完整性获取审计证据。在某些情况下，审计师可能需要确定实施额外的审计程序，如利用计算机辅助审计技术（CAATs）来重新计算这些信息，测试与信息生成有关的控制等。

3. 证据相互矛盾时的考虑

如果针对某项认定从不同来源获取的审计证据或获取的不同性质的审计证据能够相互印证，与该项认定相关的审计证据则具有更强的说服力。但如果从不同来源获取的审计证据或获取的不同性质的审计证据不一致，表明某项审计证据可能不可靠，审计师应当追加必要的审计程序。

4. 获取审计证据时对成本的考虑

审计师可以考虑获取审计证据的成本与所获取信息的有用性之间的关系，但不应以获取审计证据的困难和成本高为由减少不可替代的审计程序。

审计师在进行审计证据决策时，必须同时考虑审计证据的说服力和成本，一般审计师审计证据的决策目标是，以尽可能低的总成本，获取充分数量的适当的证据。尽管控制审计成本也是会计师事务所增强竞争能力和获利能力所必需的，但为了保证得出的审计结论、形成的审计意见是恰当的，审计师不应将获取审计证据的成本高低和难易程度作为减少不可替代的审计程序的理由。

【实例 7-1】（多选题）下列有关审计证据的说法中，不正确的有（　　　）。

A. 会计记录中含有的信息足以提供充分的审计证据作为对财务报表发表审计意见的基础

B. 审计证据包括会计师事务所接受与保持客户或业务时实施质量控制程序获取的信息

C. 通常信息的缺乏（如管理层拒绝提供注册会计师要求的书面声明）本身不足以构成审计证据

D. 注册会计师的任务是收集审计证据，无须鉴定作为审计证据的文件记录的真伪

分析：ACD。会计记录中含有的信息本身并不足以提供充分的审计证据作为对财务报表发表审计意见的基础，注册会计师还应当获取用作审计证据的其他信息，故选项 A 不正确。在某些情况下，信息的缺乏本身也构成审计证据，故选项 C 不正确。审计工作通常不涉及鉴定文件记录的真伪，注册会计师也不是鉴定文件记录真伪的专家，但应当考虑

用作审计证据的信息的可靠性，并考虑与这些信息生成和维护相关控制的有效性。如果在审计过程中识别出的情况使其认为文件记录可能是伪造的，或文件记录中的某些条款已发生变动，注册会计师应当作出进一步调查，包括直接向第三方询证，或考虑利用专家的工作以评价文件记录的真伪，故选项 D 不正确。

【实例 7-2】（单选题）注册会计师评价审计证据的充分性和适当性时，不正确的是（ ）。

A．审计工作通常不涉及鉴定文件记录的真伪，注册会计师也不是鉴定文件记录真伪的专家，但是应该考虑用作审计证据的信息的可靠性，并考虑与这些信息生成和维护相关控制的有效性

B．注册会计师为获取可靠的审计证据，实施审计程序时使用的被审计单位生成的信息需要考虑足够完整和准确

C．注册会计师可以考虑获取审计证据的成本与所获取信息的有用性之间的关系，但不应以获取审计证据的困难和成本为由减少不可替代的审计程序

D．如果从不同来源获取的审计证据或获取的不同性质的审计证据不一致，表明某项审计证据可能不可靠，注册会计师不需要追加审计程序

分析：D。如果从不同来源获取的审计证据或获取的不同性质的审计证据不一致，表明某项审计证据可能不可靠，注册会计师需要追加审计程序。故选项 D 不正确。

【实例 7-3】（简答题）注册会计师在对华兴公司进行审计时，发现该公司内部控制制度具有严重缺陷，在与管理层沟通相关问题时，其眼神飘忽不定，逻辑混乱。在此情况下，注册会计师能否依赖下列证据，指出原因，填入表 7-2。

（1）销货发票副本；

（2）监盘客户的存货（不涉及检查相关的所有权凭证）；

（3）外部律师提供的声明书；

（4）管理层声明书；

（5）会计记录。

分析：

表 7-2 　　　　　　　　　**注册会计师能否依赖这些证据及其原因**

证据	能否依赖	原因
（1）销货发票副本	否	销货发票副本是被审计单位自己提供的，在内部控制制度具有严重缺陷的情况下，其可靠性较低，所以内部凭证不能依赖。如果该销货发票副本和向购货单位函证结果一致，则可靠性高一些
（2）监盘客户的存货（不涉及检查相关的所有权凭证）	能	监盘客户的存货是注册会计师亲自实施的，证明力较强，其可靠程度一般不受内部控制的影响，但不能确定存货所有权归属及其价值情况
（3）外部律师提供的声明书	能	律师声明书属于被审计单位外部人员提供的，在内部控制有严重缺陷的情况下，其证明力仍较强

证据	能否依赖	原因
（4）管理层声明书	否	被审计单位管理层声明书是一种可靠性较低的证据。在内部控制具有严重缺陷时，它的可靠性更低
（5）会计记录	否	会计记录属于被审计单位自己编制和记录的，在内部控制具有严重缺陷时，被审计单位内部凭证记录的可靠性就大为降低甚至不可靠

第二节　获取审计证据的审计程序

一、按审计目标划分的审计程序

1. 风险评估程序

审计师应当实施风险评估程序，以此作为评估财务报表层次和认定层次重大错报风险的基础。

风险评估程序并不能识别出所有的重大错报风险，虽然它可作为评估财务报表层次和认定层次重大错报风险的基础，但并不能为发表审计意见提供充分、适当的审计证据。为了获取充分、适当的审计证据，审计师还需要实施进一步程序，包括实施控制测试（必要时或决定测试时）和实质性程序。

2. 控制测试程序

当存在下列情形之一时，控制测试是必要的：

（1）在评估认定层次重大错报风险时，预期控制的运行是有效的，审计师应当实施控制测试以支持评估结果。

（2）仅实施实质性程序不足以提供有关认定层次的充分、适当的审计证据，审计师应当实施控制测试，以获取内部控制运行有效性的审计证据。

实施控制测试的目的是测试内部控制在防止、发现并纠正认定层次重大错报方面的运行有效性，从而支持或修正重大错报风险的评估结果，据以确定实质性程序的性质、时间和范围。

3. 实质性测试程序

审计师应当针对评估的重大错报风险设计和实施实质性程序，以发现认定层次的重大错报。

实质性程序包括对各类交易、账户余额、列报的细节测试以及实质性分析程序。

二、审计程序的种类

审计程序是指审计师在审计过程中的某个时间，对将要获取的某类审计证据如何进行搜集的详细指令。在审计过程中，审计师可根据需要单独或综合运用以下审计程序，以获取充分、适当的审计证据。

1. 检查

检查是指审计师对被审计单位内部或外部生成的，以纸质、电子或其他介质形式存在的记录或文件进行审查，或对资产进行实物审查。

（1）检查记录或文件，其目的是对财务报表所包含或应包含的信息进行验证。人们通常将审计时利用凭证或文件检查来验证已记录交易或金额的过程称为"核对"。

检查记录或文件可提供可靠程度不同的审计证据，审计证据的可靠性取决于记录或文件的来源和性质。外部记录或文件通常被认为比内部记录或文件可靠，因为外部凭证由被审计单位的客户出具，又经被审计单位认可，表明交易双方对凭证上记录的信息和条款达成一致意见。另外，某些外部凭证编制过程非常谨慎，通常由律师或其他有资格的专家进行复核，因而具有较高的可靠性，如土地使用权证、保险单、契约和合同等文件。

（2）检查有形资产，主要适用于存货和现金，也适用于有价证券、应收票据和固定资产等。检查有形资产可为其存在性提供可靠的审计证据，但不一定能够为权利和义务或计价认定提供可靠的审计证据。在某些情况下，它还是评价资产状况和质量的一种有用方法。但是，要验证存在的资产确实为客户所拥有，仅靠检查实物证据是不够的，并且在许多情况下，审计师也没有能力准确判断资产的质量状况。

2. 观察

观察是指审计师察看相关人员正在从事的活动或执行的程序。例如，对客户执行的存货盘点或控制活动进行观察。

观察提供的审计证据仅限于观察发生的时点，并且在相关人员已知被观察时，由于相关人员从事活动或执行程序可能与日常的做法不同，从而会影响审计师对真实情况的了解。因此，审计师有必要获取其他类型的佐证证据。

3. 询问

询问是指审计师以书面或口头方式，向被审计单位内部或外部的知情人员获取财务信息和非财务信息，并对答复进行评价的过程。

知情人员对询问的答复可能为审计师提供尚未获悉的信息或佐证证据，也可能提供与已获悉信息存在重大差异的信息，审计师应当根据询问结果考虑修改审计程序或实施追加的审计程序。询问本身不足以发现认定层次存在的重大错报，也不足以测试内部控制运行的有效性，审计师还应当实施其他审计程序以获取充分、适当的审计证据。

4. 函证

函证是指审计师直接从第三方（被询证者）获取书面答复以作为审计证据的过程。书面答复可以采用纸质、电子或其他介质等形式。由于函证来自独立于被审计单位的第三方，因而是受到高度重视和经常被使用的证据类型。例如对应收账款余额或银行存款的函证。但是，获取函证的成本相对较高，并有可能给提供者带来某些不便，因此，并不是在每一种情况下都使用函证。

函证内容不必局限于账户余额，如应收账款、银行存款、应付账款等余额，也可以针对被审计单位与第三方之间的协议和交易条款进行函证，如或有负债、债券协议、债权人持有的抵押物等。

审计师常用函证类型有两种：积极式函证和消极式函证。积极式函证要求被询证者在任何情况下都必须回函，当审计师没有收到积极式函证的回函时，一般会发出第二封、第三封函件。如果审计师没有收到积极式函证的回函，且其他措施失败或者成本太高，审计师就要执行替代程序。消极式函证是指只有函证中的信息不正确时，才要求收件人回函，当审计师没有收到消极式函证回函时，不需要做任何进一步的测试。因此，消极式函证的可靠性低于积极式函证，在审计中审计师通常把两者结合起来使用。

出于审计证据可靠性的考虑，审计师应当对包括选择函证样本、编写函证、发函收函、评价函证等整个过程实施控制，否则函证证据的可靠性会因此削弱。

5. 重新计算

重新计算是指审计是以手工方式或使用计算机辅助审计技术，对记录或文件中的数据计算的准确性进行核对。重新计算通常包括计算销售发票和存货的总金额、加总日记账和明细账、检查折旧费用和预付费用的计算、检查应纳税额的计算等。

6. 重新执行

重新执行是指审计师独立执行作为被审计单位内部控制组成部分的程序或控制。例如审计师利用被审计单位的银行存款日记账和银行对账单，重新编制银行存款余额调节表，并与被审计单位编制的银行存款余额调节表进行比较。

7. 分析程序

分析程序是指审计师通过分析不同财务数据之间以及财务数据与非财务数据之间的内在关系，对财务信息作出评价。分析程序还包括在必要时对识别出的、与其他相关信息不一致或与预期值差异重大的波动或关系进行调查。

分析程序随着计算机执行计算能力的增强，其用途愈来愈广泛，在所有的审计计划阶段和完成阶段都必须执行分析程序。分析程序的主要目的在于：了解被审计单位所在行业和业务；评价被审计单位的持续经营能力；暗示财务报表中可能存在的错报；减少细节测试程序。

上述审计程序单独或组合起来，可用作风险评估程序、控制测试和实质性程序。

三、选用审计程序的考虑

在审计中选用不同的审计程序主要是为了在保证审计质量的前提下减少审计成本，提高审计效率。为此，审计中选择审计程序应当考虑：

（一）不同审计程序获取审计证据的适当性不同

表7-3列示了不同审计程序决定审计证据的适当性不同，审计师一般会根据审计目标和现实情况选择不同的审计程序，以获取适当的审计证据。

（二）针对不同审计目标实施审计程序的方向不同

对于同一审计程序，如果执行审计程序的方向不同，获取审计证据与审计目标的相关性就不同，如检查与销售相关的凭证时，从销售发票、货运凭证等为起点检查到收入明细账或总账获取审计证据，与销售"完整性"审计目标最相关；但从收入明细账或总账追查至销售发票或货运凭证等获取审计证据，与销售的"真实性"审计目标最相关。

（三）同一审计测试可以运用不同的审计程序获取证据

某一种审计测试可以运用几种审计程序获取证据，见表7-4。

（四）执行审计程序获取审计证据的成本不同

从审计过程来讲，风险评估程序、控制测试程序和实质性测试程序的执行成本越来越大，因此，如果审计决策选择多做风险评估程序、控制测试程序来减少实质性测试程序的

表 7-3　　　　　　　不同审计程序决定审计证据的适当性不同

项目	提供者独立性	生成信息的内控有效性	审计师直接获知的程度	提供者的资质	证据的客观性
实物检查	高	不确定	高	通常都高	高
函证	高	高	低	不确定	高
文件检查	不确定	不确定	低	不确定	高
分析程序	高	不确定	低	通常都高	通常都低
询问	低	不适用	低	不确定	不确定
重新计算	高	不确定	高	高	高
重新执行	高	不确定	高	高	高
观察	高	不确定	高	高	中等

表 7-4　　　　　　　某一种审计测试可以运用几种审计程序获取证据

审计测试	证据类型							
	实物检查	函证	文件检查	观察	询问	重新执行	分析程序	重新计算
风险评估			√	√	√		√	
控制测试			√	√	√	√		
交易实质性测试			√	√	√	√		√
分析程序				√		√		
余额细节测试	√	√	√		√	√		√

审计方案，可以降低审计的综合成本。

从审计证据的类型来讲，实物检查和函证的成本最高，这些审计程序需要审计师在场，并对全过程执行严格的质量控制。文件检查、分析程序和重新执行的成本中等；观察、询问和重新计算的成本最低。

在选择最佳的某种类型或某些类型的证据之前，审计师必须综合考虑各种审计程序获取审计证据的支持程度和成本大小。审计师的目标是以尽可能低的总审计成本，获取充分数量的有支持力的适当的审计证据。但是，成本永远不能成为省去一项必要程序或不搜集

一个充分样本规模的充分理由。

【实例7-4】（单选题）以下关于审计程序的表述中，不正确的是（　　　）。

A. 风险评估程序贯穿于计划与执行审计的整个过程

B. 重新执行程序一般只用于控制测试而不用于了解内部控制

C. 分析程序是指审计师通过分析不同财务数据之间以及财务数据与非财务数据之间的内在关系，对财务信息作出评价

D. 尽管是同一审计程序，如果执行审计程序的方向不同，获取审计证据与审计目标的相关性就不同

分析：C。分析程序是指审计师通过分析不同财务数据之间以及财务数据与非财务数据之间的内在关系，对财务信息作出评价，分析程序还包括在必要时对识别出的、与其他相关信息不一致或与预期值差异重大的波动或关系进行调查。

第三节　审计工作底稿

审计准则规定审计师应当把审计过程中所选用的审计程序、所获得的审计证据以及所得出的审计结论都记录下来，用以证明审计师执行了充分的审计程序并支持审计报告。尽管目前审计记录越来越多以计算机文件的形式保存，但人们一直将审计记录称为审计工作底稿。审计工作底稿，是指审计师对制订的审计计划、实施的审计程序、获取的相关审计证据，以及得出的审计结论作出的记录。审计工作底稿是审计证据的载体，是审计师在审计过程中形成的审计工作记录和获取的资料。它形成于审计过程，也反映整个审计过程。

一、审计工作底稿及其作用

（一）审计工作底稿的存在形式

审计工作底稿可以以纸质、电子或其他介质形式存在。

随着信息技术的广泛运用，审计工作底稿的形式从传统的纸质形式扩展到电子或其他介质形式。但无论审计工作底稿以哪种形式存在，审计师都应当针对审计工作底稿设计和实施适当的控制，以实现下列目的：

（1）使审计工作底稿清晰地显示其生成、修改及复核的时间和人员。

（2）在审计业务的所有阶段，尤其是在项目组成员共享信息或通过互联网将信息传递给其他人员时，保护信息的完整性和安全性。

（3）防止未经授权改动审计工作底稿。

（4）允许项目组和其他经授权的人员为适当履行职责而接触审计工作底稿。

（二）审计工作底稿的基本要素

通常，审计工作底稿包括下列全部或部分要素：审计工作底稿的标题；审计过程记录；审计结论；审计标识及其说明；索引号及编号；编制者姓名及编制日期；复核者姓名及复核日期；其他应说明事项。一张完善的审计工作底稿主要包括以下内容：

1.审计工作底稿的表头

审计工作底稿的表头包括：

（1）审计工作底稿的标题。每张底稿应当包括被审计单位的名称、审计项目的名称以及资产负债表日或底稿覆盖的会计期间（如果与交易相关）。

（2）编制人员及编制日期、复核人员及复核日期。为了明确责任，在各自完成与特定工作底稿相关的任务之后，编制人员和复核人员都应在工作底稿上签名并注明编制日期和复核日期。在需要项目质量控制复核的情况下，还需要注明项目质量控制复核人员及复核日期。

在实务中，如果若干页的审计工作底稿记录同一性质的具体审计程序或事项，并且编制在同一个索引号中，此时可以仅在审计工作底稿的第一页上记录审计工作的执行人员和复核人员并注明日期。例如，应收账款函证核对表的索引号为 L3/1/1/21，相对应的询证函回函共有 20 份，每一份应收账款询证函回函索引号以 L3/1/2/21，L3/1/3/21，…，L3/1/21/21 表示，对于这种情况，就可以仅在应收账款函证核对表上记录审计工作的执行人员和复核人员并注明日期。

（3）索引号、页次与交叉索引。审计工作底稿索引号是事务所自己规定的，可以按审计的各类工作底稿分类编码，便于日后查找底稿。索引号是注册会计师为整理利用审计工作底稿，将具有同一性质或反映同一具体审计对象的工作底稿分别归类，形成相互联系、相互控制的特定编号；页次是同一索引号下不同审计工作底稿的顺序编号。两者结合构成每一审计工作底稿唯一的标识符号，因此，索引号应准确表达对应审计工作底稿的类型和性质，相互之间既有紧密的关联作用和钩稽关系，又用明显的排他性和唯一性，不允许重复。页次一般依次编号，并以分数形式（如 2/3）表示。页次编排时应连续，防止跳号、缺号或重号。如固定资产汇总表的编号为 C1；按类别列示的固定资产明细表的编号为 C1-1；房屋建筑物的编号为 C1-1-1，机器设备的编号为 C1-1-2，运输工具的编号为 C1-1-3，其他设备的编号为 C1-1-4。

审计工作底稿的交叉索引用于指明信息的来源或去向。例如，现金盘点表与列示所有现金余额的审定表或导引表进行交叉索引。利用计算机编制工作底稿时，可以采用电子索引和链接。随着审计工作的推进，链接表还可以自动更新。例如，审计调整表可以链接到工作试算平衡表，当新的调整分录编制完后，计算机会自动更新工作试算平衡表，为相关调整分录插入索引号。同样，评估固有风险或控制风险可以与针对特定风险领域设计的相关审计计划程序进行交叉索引。

审计中使用标准的索引方法有助于快速找出特定工作底稿并在审计组成员之间进行分享，有助于复核人员对档案进行复核，有助于执行质量控制工作并保持审计档案的一致性。

2.审计过程记录

在记录审计过程时，应当特别注意以下几个重点方面：

（1）特定项目或事项的识别特征。在记录实施审计程序的性质、时间和范围时，审计师应当记录测试的特定项目或事项的识别特征。记录特定项目或事项的识别特征可以实现多种目的。例如，便于对例外事项或不符事项进行检查，以及对测试的项目或事项进行复核。

识别特征是指被测试的项目或事项表现出的特征或标志。识别特征因审计程序的性质和所测试的项目或事项不同而不同。对某一个具体项目或事项而言，其识别特征通常具有唯一性，这种特性可以使其他人员根据识别特征在总体中识别该项目或事项并重新执行该测试。具体事例有：在对被审计单位生成的订购单进行细节测试时，审计师可能以订购单的日期或编号作为测试订购单的识别特征，具体需要考虑被审计单位对订购单编号的方式而选择，若被审计单位按年对订购单依次编号，则识别特征是××年的××号；若被审计单位仅以序列号进行编号，则可以直接将该号码作为识别特征。对于需要选取或复核既定总体内一定金额以上的所有项目的审计程序，审计师可能会以实施审计程序的范围作为识别特征，如总账中一定金额以上的所有会计分录。对于需要系统化抽样的审计程序，审计师可能会通过记录样本的来源、抽样的起点及抽样间隔来识别已选取的样本，若被审计单位对发运单按顺序编号，测试的发运单的识别特征可以是，对 4 月 1 日至 9 月 30 日的发运台账，从第 12345 号发运单开始每隔 125 号系统抽取发运单。对需要询问被审计单位中特定人员的审计程序，审计师可能会以询问的时间、被询问人的姓名及职位作为识别特征。对于观察程序，审计师可能会以观察的对象或观察过程、观察的地点和时间作为识别特征。

（2）重大事项。审计师应当根据具体情况判断某一事项是否属于重大事项。重大事项通常包括：引起特别风险的事项；实施审计程序的结果，该结果表明财务信息可能存在重大错报，或需要修正以前对重大错报风险的评估和针对这些风险拟采取的应对措施；导致审计师难以实施必要审计程序的情形；导致出具非标准审计报告的事项。

审计师应当及时记录与管理层、治理层和其他人员对重大事项的讨论，包括讨论的内容、时间、地点和参加人员。

有关重大事项的记录可能分散在审计工作底稿的不同部分。将这些分散在审计工作底稿中的有关重大事项的记录汇总在重大事项概要中，不仅可以帮助审计师集中考虑重大事项对审计工作的影响，还便于审计工作的复核人员全面、快速地了解重大事项，从而提高复核工作的效率。对于大型、复杂的审计项目，重大事项概要的作用尤为重要。

重大事项概要包括审计过程中识别的重大事项及其如何得到解决，或对其他支持性审计工作底稿的交叉索引。

（3）针对重大事项如何处理矛盾或不一致的情况。如果识别出的信息与针对某重大事项得出的最终结论相矛盾或不一致，审计师应当记录形成最终结论时如何处理该矛盾或不一致的情况，不限于审计师针对该信息执行的审计程序、项目组成员对某事项的职业判断不同而向专业技术部门的咨询情况，以及项目组成员和被咨询人员不同意见（如项目组与专业技术部门的不同意见）的解决情况。

记录如何处理识别出的信息与针对重大事项得出的结论相矛盾或不一致的情况是非常必要的，它有助于审计师关注这些矛盾或不一致，并对此执行必要的审计程序以恰当地解决这些矛盾或不一致。但是，对如何解决这些矛盾或不一致的记录要求并不意味着审计师需要保留不正确的或被取代的资料。对于某些信息初步显示与针对某重大事项得出的最终结论相矛盾或不一致，审计师发现这些信息是错误的或不完整的，并且初步显示的矛盾或不一致可以通过获取正确或完整的信息得到满意的解决，审计师无须保留这些错误的或不完整的信息。此外，对于职业判断的差异，若初步的判断意见是基于不完整的资料或数据，则审计师也无须保留这些初步的判断意见。

（4）审计标识及其说明

审计标识是注册会计师用以表达各种审计含义的书面符号。适当运用审计标识可以缩短工作时间，提高工作效率（但也应防止过度使用），审计标识一览表应事先说明其确切含义，注册会计师在审计过程中应当保持其前后一致和不同标识的唯一性。在实务中，审计师也可以依据实际情况运用更多的审计标识。

∧：纵加核对

＜：横加核对

B：与上年结转数核对一致

T：与原始凭证核对一致

G：与总分类账核对一致

S：与明细账核对一致

T/B：与试算平衡表核对一致

F/S：与已审财务报表核对相符

C：已发询证函

h：已收回询证函

N/B：无此情况，不适用

3. 未审情况、已审情况和审计结论

完善的一张工作底稿应当包含与已实施审计程序的结果及其是否实现既定审计目标相关的结论，还应包括审计程序识别出的例外情况和重大事项如何得到解决的结论。一般表述为：××内部控制有效（××内部控制存在重大缺陷）；原编报××可以确认（经调整××可以确认）。

【实例7-5】（多选题）下列有关审计工作底稿格式、要素和范围的表述中，恰当的有（   ）。

A. 对被审计单位编制的订购单进行测试，将订购单的日期或编号作为识别特征

B. 对需要选取既定总体内一定金额以上的所有项目进行测试，将金额作为识别特征

C. 对于询问程序，注册会计师可能会以询问的时间作为识别特征

D. 对于观察程序，注册会计师可能会以观察的对象作为识别特征

分析：AB。对于询问程序，注册会计师可能会以询问的时间、被询问人的姓名及职位作为识别特征，而不能够仅仅以询问的时间作为识别特征，故选项C不正确；对于观察程序，注册会计师可以以观察的对象或观察过程、相关被观察人员及其各自的责任、观察的地点和时间作为识别特征，但不能够仅仅以观察的对象作为识别特征，故选项D不正确。

（三）审计工作底稿的作用

编制审计工作底稿的总体目标是帮助审计师按照审计准则执行充分审计以提供合理保证，具体化为：

1. 为计划审计工作提供基础

审计工作底稿中包括的关于内部控制描述性信息、具体审计领域的时间预算、审计方案以及上一年度审计结果等内容，是审计师充分计划本年度审计工作的必要的参考资料。同时，本年度的审计工作底稿也为以后的审计提供相关资料。

2. 提供充分、适当的记录支持审计报告

审计师在审计中获取一环套一环的审计证据形成的审计链条承载在审计工作底稿上，以此支持审计师得出适当的审计结论，出具审计报告，提高审计质量。

3. 提供证据，证明审计师按照审计准则的规定执行了审计工作

审计工作底稿是证明审计师已按照审计准则执行了充分适当审计的主要记录。在必要时，审计师据此能够向监管机构或法庭证明：审计师经过了周密计划和充分监督；所搜集的证据是充分适当的；考虑到已获得的审计证据及其结论，审计报告是适当的。

4. 为检察人员、督导人员和合伙人的复核提供基础

无论是审计组内部的督导人员详细复核助理人员的工作，还是合伙人按照审计质量控制进行复核，或是按照相关法律法规规定外部检查人员对审计师执业进行质量检查，审计工作底稿都是检察人员、督导人员和合伙人履行职能的基础和着力点。

5. 保留对未来审计工作持续产生重大影响的事项的记录

二、审计工作底稿的编制与复核

（一）确定审计工作底稿格式与要素应当考虑的因素

在确定审计工作底稿的格式、要素和范围时，审计师应当考虑下列因素：

（1）实施审计程序的性质。不同的审计程序会使得审计师获取不同性质的审计证据，由此审计师可能会编制不同的审计工作底稿。

（2）已识别的重大错报风险。识别和评估的重大错报风险水平的不同可能导致审计师实施的审计程序和获取的审计证据不尽相同，一般来说，存在重大错报风险可能导致审计师需要获取更多的审计工作底稿。

（3）在执行审计工作和评价审计结果时需要作出判断的程度。审计程序的选择和实施及审计结果的评价通常需要不同程度的职业判断，审计师作出职业判断时所考虑的因素及范围越多，形成的审计工作底稿越丰富。

（4）已获取审计证据的重要程度。审计师通过执行多项审计程序可能会获取不同的审计证据，如果证据之间不能相互支持甚至矛盾，或者证据不能支持结论发表，需要进一步追加审计程序，审计工作底稿可能更加详细和多层次。

（5）已识别的例外事项的性质和范围。审计师在执行审计程序时会发现例外事项，需要记录识别例外事项及其进一步追加的审计程序，审计工作底稿可能更加详细和多层次。

（6）当从已执行审计工作或获取审计证据的记录中不易确定结论或结论时，记录结论或结论基础的必要性。在某些情况下，特别是在涉及复杂的事项时，审计师仅将已执行的审计工作或获取的审计证据记录下来，并不容易使其他有经验的审计师通过合理的分析，得出审计结论或结论的基础。此时审计师应当考虑是否需要进一步说明并记录得出结论的

基础（即得出结论的过程）及该事项的结论。

（7）使用的审计方法和工具。使用的审计方法和工具可能影响审计工作底稿的格式、内容和范围。例如，如果使用计算机辅助审计技术对应收账款的账龄进行重新计算，通常可以针对总体进行测试，而采用人工方式重新计算时，则可能会针对样本进行测试，由此形成的审计工作底稿会在格式、内容和范围方面有所不同。

考虑以上因素有助于审计师确定审计工作底稿的格式、内容和范围是否恰当。审计师在考虑以上因素时需注意，根据不同情况确定审计工作底稿的格式、内容和范围均是为达到执业准则中所述的编制审计工作底稿的目的，特别是提供证据的目的。例如，细节测试和实质性分析程序的审计工作底稿所记录的审计程序有所不同，但两类审计工作底稿都应当充分、适当地反映审计师执行的审计程序。

（二）编制审计工作底稿的要求

审计师编制的审计工作底稿，应当使未曾接触该项审计工作的有经验的专业人士清楚地了解：①按照审计准则的规定实施的审计程序的性质、时间和范围；②实施审计程序的结果和获取的审计证据；③就重大事项得出的结论。

有经验的专业人士，是指对下列方面有合理了解的人士：①审计过程；②相关法律法规和审计准则的规定；③被审计单位所处的经营环境；④与被审计单位所处行业相关的会计和审计问题。

（三）审计工作底稿的层次和关系

在整个审计过程中，风险评估的底稿影响着控制测试底稿的范围和简繁程度，控制测试底稿影响着实质性测试底稿的范围和简繁程度。一般来讲，风险评估底稿详细记录的重大风险，都应当有对应控制测试和实质性测试底稿来揭示被审计单位和审计师如何控制该风险的措施。

审计工作底稿承载着审计过程中获取的一环扣一环的审计证据，因此，对某一交易或账户的审计形成的进一步测试的工作底稿之间存在不同层次和关系：

1.控制测试形成的不同层次的审计工作底稿

（1）控制测试审计程序表，为控制测试如何执行作出详细规划。

（2）控制测试汇总表，统领和汇总所有控制测试情况。

（3）控制测试过程表，详细记录控制测试过程及其结论，支持"控制测试汇总表"。

（4）控制测试支持性的底稿，如某一穿行测试的底稿、调查问卷等，支持"控制测试过程表"。

2.实质性测试形成的不同层次的审计工作底稿

（1）实质性测试审计程序表，为该项实质测试如何执行作出详细规划。

（2）××科目的审定表或导引表，统领和汇总××科目所有明细检查以及细节测试的情况。

（3）××科目的明细检查表，详细记录××科目所有明细检查情况，支持"××科目的审定表或导引表"。

（4）××科目细节测试的支持性底稿，如某函证汇总表、监盘备忘录、分析程序表等，支持"××科目的明细检查表"。

另外，基于交易的关联性和复式计账原则，不同交易或账户的审计工作底稿之间也存在一定钩稽关系，这为复核人员高效复核提供了思路。

（四）审计工作底稿的复核

对审计工作底稿应当建立多级复核制度，主要包括：

1. 项目组成员实施的复核

每一个审计师的工作，都需要安排项目组内部详细复核，一般由项目组内经验较多的人员（包括项目负责人）复核经验较少人员的工作，如项目负责人对审计师的复核、审计师对助理审计人员的复核等。为了监督审计业务的进程，并考虑助理人员是否具备足够的专业技能和胜任能力，以执行分派的审计工作，了解审计指令及按照总体审计计划和具体审计计划执行工作，有必要对执行业务的助理人员进行适当的督导和复核。

复核人员应当知悉并解决重大的会计和审计问题，考虑其重要程度并适当修改总体审计计划和具体审计计划。此外，项目组成员与客户的专业判断分歧应当得到解决，必要时，应考虑寻求恰当的咨询。复核工作应当由至少具备同等专业胜任能力的人员完成，复核时应考虑：

（1）审计工作是否已按照法律法规、职业道德规范和审计准则的规定执行。

（2）重大事项是否已提请进一步考虑。

（3）相关事项是否已进行适当咨询，由此形成的结论是否得到记录和执行。

（4）是否需要修改已执行审计工作的性质、时间和范围。

（5）已执行的审计工作是否支持形成的结论，并已得到适当记录。

（6）获取的审计证据是否充分、适当，足以支持审计报告。

（7）审计程序的目标是否已经实现。

复核范围因审计规模、审计复杂程度以及工作安排的不同而存在显著差异。但对工作底稿实施的复核必须留下证据，一般由复核者在相关审计工作底稿上签名并标明日期。

2. 项目质量控制复核

审计师在出具审计报告前，专门指定项目组成员之外的机构或人员对审计项目组执行的审计实施项目质量控制复核。

项目负责人有责任与项目质量控制复核人员讨论在审计过程中遇到的重大事项，包括项目质量控制复核中识别的重大事项；在项目质量控制复核完成后，才能出具审计报告。

项目质量控制复核应当包括客观评价下列事项：

（1）项目组作出的重大判断。

（2）在准备审计报告时得出的结论。

【实例7-6】（多选题）下列有关审计工作底稿复核的说法中，错误的有（　　）。

A. 项目组内部复核工作应当由至少具备同等专业胜任能力的人员完成，一般由项目组内经验较多的人员（包括项目负责人）复核经验较少的人员的工作

B. 对工作底稿实施的复核必须留下证据，一般由审计工作底稿整理人员统一在相关

审计工作底稿上签名并署明日期

C．项目组内部复核又分为审计项目经理的现场复核和项目合伙人的复核两个层次，其中项目合伙人对审计工作底稿实施复核是项目组内部最高级别的复核

D．项目质量控制复核不仅可以消除妨碍注册会计师作出正确判断的偏见，而且可以解除或减轻项目组内部的责任

分析：BD。工作底稿实施的复核必须留下证据，谁复核谁签名负责，选项 B 不正确。独立的项目质量控制复核不能减轻项目组内部复核的责任，选项 D 不正确。

三、审计工作底稿的归档管理

（一）审计工作底稿归档工作的性质

在出具审计报告前，审计师应完成所有必要的审计程序，取得充分、适当的审计证据并得出适当的审计结论。由此，在审计报告日后将审计工作底稿归整为最终审计档案是一项事务性的工作，不涉及实施新的审计程序或得出新的结论。

如果在归档期间对审计工作底稿作出的变动属于事务性的，审计师可以作出变动，主要包括：

（1）删除或废弃被取代的审计工作底稿。归档的审计工作底稿通常不包括已被取代的审计工作底稿的草稿或财务报表的草稿、对不全面或初步思考的记录、存在印刷错误或其他错误而作废的文本以及重复的文件记录等。

（2）对审计工作底稿进行分类、整理和交叉索引。

（3）对审计档案归整工作的完成核对表签字认可。

（4）记录在审计报告日前获取的、与审计项目组相关成员进行讨论并取得一致意见的审计证据。

【实例 7-7】（单选题）在编制审计工作底稿时，下列各项中，A 注册会计师通常认为不必形成最终审计工作底稿的是（　　）。

A．A 注册会计师与甲公司管理层对重大事项进行讨论的结果

B．A 注册会计师不能实现相关审计标准规定的目标的情形

C．A 注册会计师识别出的信息与针对重大事项得出的最终结论不一致的情形

D．A 注册会计师取得的已被取代的财务报表草稿

分析：D。审计工作底稿通常不包括已被取代的审计工作底稿草稿或财务报表草稿、反映不全面或初步思考的记录、存在印刷错误或其他错误而作废的文本，以及重复的文件记录等。

（二）审计档案的结构

对每项具体审计业务，审计师应当将审计工作底稿归整为审计档案。审计档案是指一个或多个文件夹或其他存储介质，以实物或电子形式存储构成某项具体业务的审计工作底稿的记录。

在实务中，审计档案可以分为永久性档案和当期档案。这一分类主要是基于具体实务中对审计档案使用的时间而划分的。

1.永久性档案

永久性档案是指那些记录内容相对稳定，具有长期使用价值，并对以后审计工作具有重要影响和直接作用的审计档案。例如，被审计单位的组织结构、批准证书、营业执照、章程、重要资产的所有权或使用权的证明文件复印件等。若永久性档案中的某些内容已发生变化，审计师应当及时予以更新。为保持资料的完整性以便满足日后查阅历史资料的需要，永久性档案中被替换下的资料一般也需保留。例如，被审计单位因增加注册资本而变更了营业执照等法律文件，被替换的旧营业执照等文件可以汇总在一起，与其他有效的资料分开，作为单独部分归整在永久性档案中。

2.当期档案

当期档案是指那些记录内容经常变化，主要供当期和下期审计使用的审计档案。例如，总体审计策略和具体审计计划。

目前，一些大型国际会计师事务所不再区分永久性档案和当期档案，而主要是以电子形式保存审计工作底稿，以便日后使用。

典型的审计档案结构包括：

（1）沟通和报告相关工作底稿：①审计报告和经审计的财务报表；②与主审审计师的沟通和报告；③与治理层的沟通和报告；④与管理层的沟通和报告；⑤管理建议书。

（2）审计完成阶段工作底稿：①审计工作完成情况核对表；②管理层声明书原件；③重大事项概要；④错报汇总表；⑤被审计单位财务报表和试算平衡表；⑥有关列报的工作底稿（如现金流量表、关联方和关联交易的披露等）；⑦财务报表所属期间的董事会会议纪要；⑧总结会会议纪要。

（3）审计计划阶段工作底稿：①总体审计策略和具体审计计划；②对内部审计职能的评价；③对外部专家的评价；④对服务机构的评价；⑤被审计单位提交资料清单；⑥主审审计师的指示；⑦前期审计报告和经审计的财务报表；⑧预备会会议纪要。

（4）特定项目审计程序表：①舞弊；②持续经营；③对法律法规的考虑；④关联方等。

（5）进一步审计程序工作底稿：①有关控制测试工作底稿；②有关实质性测试工作底稿。

（三）审计工作底稿的归档期限

审计师应当按照质量控制政策和程序的规定，及时将审计工作底稿归整为最终审计档案。审计工作底稿的归档期限为审计报告日后60天内。如果审计师未能完成审计业务，审计工作底稿的归档期限为审计业务中止后的60天内。

如果针对客户的同一财务信息执行不同的委托业务，出具两个或多个不同的报告，应当将其视为不同的业务，根据会计师事务所内部制定的政策和程序，在规定的归档期限内分别将审计工作底稿归整为最终审计档案。如果针对客户的同一财务信息执行不同的委托业务，出具两个或多个不同的报告，会计师事务所应当将其视为不同的业务，根据制定的政策和程序，在规定的归档期限内分别将审计工作底稿归整为最终审计档案。

（四）审计工作底稿的保存年限

会计师事务所应当自审计报告日起，对审计工作底稿至少保存 10 年。如果注册会计师未能完成审计业务，会计师事务所应当自审计业务中止日起，对审计工作底稿至少保存 10 年。

对于连续审计的情况，当期归整的永久性档案虽然包括以前年度获得的资料（有可能是 10 年以前），但由于其作为本期档案的一部分，并作为支持审计结论的基础，因此，注册会计师对于这些对当期有效的档案，应视为当期取得。如果这些资料在某一个审计期间被替换（例如，被审计单位因增加注册资本而变更了营业执照），被替换资料可以从被替换的年度起保存 10 年。

（五）审计工作底稿归档后的变动

在完成最终审计档案的归整工作后，审计师不得在规定的保存期限届满前删除或废弃审计工作底稿。

1.需要变动审计工作底稿的情形

审计师发现有必要修改现有审计工作底稿或增加新的审计工作底稿的情形主要有以下两种：

（1）审计师已实施了必要的审计程序，取得了充分、适当的审计证据并得出了恰当的审计结论，但审计工作底稿的记录不够充分。

（2）审计报告日后，发现例外情况要求审计师实施新的或追加审计程序，或导致审计师得出新的结论。例如，审计师在审计报告日后才获知法院在审计报告日前已对被审计单位的诉讼、索赔事项作出最终判决结果，审计师应对例外事项实施新的或追加的审计程序。在审计报告日后，如果发现例外情况要求注册会计师实施新的或追加的审计程序，或导致注册会计师得出新的结论，注册会计师应当记录：遇到的例外情况；实施的新的或追加的审计程序，获取的审计证据以及得出的结论；对审计工作底稿作出变动以及复核的时间和人员。

2.变动审计工作底稿时的记录要求

在完成最终审计档案的归整工作后，如果发现有必要修改现有审计工作底稿或增加新的审计工作底稿，无论修改或增加的性质如何，审计师均应当记录下列事项：

（1）修改或增加审计工作底稿的时间和人员，以及复核的时间和人员。

（2）修改或增加审计工作底稿的具体理由。

（3）修改或增加审计工作底稿对审计结论产生的影响。

【实例 7-8】（单选题）在某些例外情况下，如果在审计报告日后实施了新的或追加的审计程序，或者得出新的结论，应当形成相应的审计工作底稿。下列各项中，无须包括在审计工作底稿中的是（　　）。

A.有关例外情况的记录

B.实施的新的或追加的审计程序、获取的审计证据、得出的结论及对审计报告的影响

C.对审计工作底稿作出相应变动的时间和人员以及复核的时间和人员

D.审计报告日后，修改后的被审计单位财务报表草稿

分析：D。审计工作底稿通常不包括财务报表草稿。注册会计师在完成最终审计档案的归整工作后，如果发现有必要修改现有审计工作底稿或增加新的审计工作底稿，无论修改或增加的性质如何，注册会计师均应当记录下列事项：（1）修改或增加审计工作底稿的理由；（2）修改或增加审计工作底稿的时间和人员，以及复核的时间和人员。

【实例7-9】（简答题）A注册会计师负责对甲公司2016年度财务报表进行审计。与审计工作底稿相关的部分事项如下：

（1）由于在审计过程中识别出重大错报并提出审计调整建议，A注册会计师重新评估并修改了重要性，并将记录计划阶段评估的重要性的工作底稿删除，代之以记录重新评估的重要性的工作底稿。

（2）对于询问被审计单位特定人员的程序，A注册会计师在形成审计工作底稿时，以询问的时间、被询问人的姓名和岗位名称为识别特征。

（3）A注册会计师在审计过程中无法就关联方关系及交易获取充分、适当的审计证据，并因此出具了保留意见审计报告。A注册会计师将该事项作为重大事项记录在审计工作底稿中。

（4）审计报告日期为2017年4月18日。A注册会计师于2017年4月20日将审计报告提交给甲公司管理层，并于2017年8月19日完成审计工作底稿的归档工作。

（5）在对审计工作底稿进行归档的过程中，A注册会计师对审计工作底稿进行了分类、整理和交叉索引，并签署了审计档案归整工作核对表。

（6）A注册会计师在审计工作底稿归档之后收到了一份银行询证函回函原件，于是用原件替换审计档案中的回函传真件。

要求：针对上述各事项，逐项指出A注册会计师的做法是否适当，如不适当，简要说明理由，填入表7-5。

分析：

表7-5　　　　　　　　**A注册会计师的做法是否适当及其理由**

事项	是否适当	原因
事项1	否	应当记录对重要性作出的修改及其理由，因此应当保留原重要性和重新评估的重要性之间的修改痕迹
事项2	是	
事项3	是	
事项4	否	应当在审计报告日期后60天内将工作底稿归档，即2017年6月17日前
事项5	是	
事项6	否	在完成归档后，不应在规定保管期限届满前删除或废弃任何审计工作底稿

问题与案例

一、思考题

1. 在现代审计中，审计师应当从哪些领域获取审计证据？

2. 理解和分析审计的充分性和适当性。

3. 人们一般会实施哪些审计程序来获取审计证据？不同的审计程序如何影响审计证据的可靠性？

4. 在审计实务中，一张完善的审计工作底稿应当具备的要素有哪些？

5. 如何对审计工作底稿进行复核？

6. 阐述审计工作底稿编制、归档保管时应当注意的问题。

二、行动学习讨论

把学生分成若干组（每组最好是 10 人以内），要求他们利用头脑风暴的方法，对以下问题提出不同的看法，尽量多地列示在行动学习讨论的白板上。

讨论问题：存在质量问题的审计工作底稿有哪些表现？

讨论与板书要求：①每个人都要发言，但每次只能一人发言；②追求数量、追求创意；③有人发言时不许质疑、不许批评、不许打断；④板书要按发言人的原话列示。

三、案例讨论

审计工作底稿存在的问题

在注册会计师协会组织的对会计师事务所审计工作底稿质量检查中，检查人员发现华兴公司 2016 年会计报表审计工作底稿存在如下问题：

1. 审计工作底稿杂乱，底稿中没有交叉索引。

2. 现金盘点数与账面记录相差 34.5 元，没有进一步的说明或补充证据。

3. 应收账款回函约 30 份装订在一起，没有"应收账款回函汇总表"，且对于回函不符者，没有补充审计说明或补充审计证据。

4. "无形资产审定表"中确认的"无形资产——药品批号"320 万元，但在无形资产审定表后面附有的该药品批号文件显示该药品批号归华兴公司的母公司——精美公司所有。

5. 财务费用审定表与长短期借款审定表之间缺乏钩稽关系。

6. 审计底稿形成中数据、资料的归集，缺少审计人员审计轨迹和专业判断的记录。

于是，检查人员认为该项目经理的一级复核没有真正实施，但项目经理认为，它已经在每一份底稿中签名，而且形成了"三级复核工作底稿"。

要求：

1. 实务中，审计工作底稿容易出现什么问题？分别说明什么问题？

2. 对于现金盘点数与账面记录相差 34.5 元，为什么需要追加审计程序获取补充证据，才能得出结论？据此分析同一会计科目相关审计工作底稿包括几个层次？其间的钩稽关系是什么？

3. 缺乏应收账款函证回函汇总表，会产生什么问题？

4.对于华兴公司无形资产审定表后面附有的该药品批号文件显示该药品批号归华兴公司的母公司——精美公司所有（瑕疵的审计证据），即同一项目的审计工作底稿缺乏支持和说明关系时，应当如何处理？

5.相关的不同项目的审计工作底稿缺乏钩稽关系时，应当如何处理？

6.从哪些迹象认定项目经理的一级复核没有真正实施？

7.在审计实务中，项目经理如何做才能保证一级审计复核的真正到位？

关键词汇

审计证据　Audit Evidence

证据的说服力　Persuasiveness of Evidence

证据的适当性　Appropriateness of Evidence

证据的可靠性　Reliability of Evidence

证据的充分性　Sufficiency of Evidence

内部凭证　Internal Document

外部凭证　External Document

审计程序　Audit Procedure

风险评估程序　Risk Assessments Procedures

控制测试　Tests of Controls

实质性程序　Substantive Procedures

余额细节测试　Test of Details of Balances

实物检查　Physical Examination

检查记录与文件　Inspection of Records and Document

检查有形资产　Inspection of Tangible Assets

函证　Confirmation

核证　Vouching

重新计算　Recalculation

重新执行　Re-performance

观察　Observation

询问　Inquiry

审计工作底稿　Audit Working Paper

审计档案　Audit Documentation

永久性档案　Permanent Files

当期档案　Current Files

管理层声明　Management Representations

核对表　Checklists

重要事项沟通函　Correspondence Concerning Significant Matters

证明表（支持性表格）　Supporting Schedules

工作试算平衡表　Working Trial Balance
导表　Lead Schedule
审计方案　Audit Program

第八章　计划审计工作

【学习目的】

1. 了解审计业务承接的实务流程；
2. 掌握承接业务的初步业务活动及其目标；
3. 了解创建业务和签署约定书的相关工作底稿；
4. 熟悉业务约定书的变更和重签；
5. 熟悉制订业务计划的作用和两个层次的工作；
6. 了解审计总体策略和具体审计计划制订；
7. 掌握审计重要性；
8. 熟悉重要性、审计风险和审计证据的关系；
9. 掌握如何确定计划重要性以及实际执行的重要性；
10. 熟悉错报的内涵及其重要性的运用。

引例：今明会计师事务所业务承接的风险

精美公司主营文化用品、五金交电、油墨及印刷器材、家具、食品、针纺织品、日用杂品、烟酒等，自 2013 年上市以来，业务迅速扩张，股价也不断攀升。2014—2015 各年的会计报表显示，公司 2014 年和 2015 年分别实现主营业务收入 34.82 亿元和 70.46 亿元，同比增长 152.69% 和 102.35%，同时，总资产也分别增长了 178.25% 和 60.43%，但利润率从 2010 年开始出现明显下降，由 2014 年的 2% 下降到 2011 年的 0.69%，远远低于商贸类上市公司的平均水平 3.77%。2015 年公司利润总额中 40% 为投资收益，这些投资收益系精美公司利用银行承兑汇票（承兑期长达 3~6 个月）进行账款结算，从回笼贷款到支付贷款之间有 3 个月的时间差，把这笔巨额资金委托华南证券进行短期套利所得。自 2013 年以来，精美公司已经更换了两次会计师事务所。目前，精美公司委托今明会计师事务所审计其 2015 年会计师审计业务，今明会计师事务所在承接精美公司业务委托前，如何进行初步了解和评估？在承接客户业务委托时，应当关注履约风险有哪些？为什么？

第一节　业务承接与初步业务活动

一、业务承接的目标

业务承接有两大目标：一是审查目标客户，确定是否承接业务；二是说服客户聘用审计师。虽然对于会计师事务所来讲，为了生存与发展，他们必须拥有一定数量的客户群，审计师通常不会轻易拒绝目标客户，但如果事务所与不诚实的客户合作，对于事务所来说后果将不堪设想。因此，并非是凡有委托，事务所一定承接业务。在确定是否承接业务时，审计师必须保持谨慎，对与缺乏诚信的客户打交道而导致的严重后果和昂贵代价保持清醒的认识，拒绝接受高风险客户。但对于一些尚没有认识到审计师能够为其提供什么服务的潜在客户，审计师应当以自身专业价值能够满足并超越客户期望的方案和实例，说服客户聘用审计师，把潜在的客户转变为现实的客户。

从会计师事务所与客户接触起，审计活动已经开始，这时称之为初步的业务活动。审计师执行初步的业务活动目的是帮助审计师确保已对所有可能会影响其制订审计计划和执行工作，以将审计风险降至可接受低水平的事项和情况予以考虑。

二、承接业务的初步业务活动

管理层和治理层（如适用）认可与财务报表相关的责任，是注册会计师执行审计工作的前提，构成注册会计师按照审计准则的规定执行审计工作的基础。

在实务中，审计师承接业务是在开展下列初步业务活动中进行质量控制的：

（一）针对保持客户关系和具体审计业务实施相应的质量控制程序

无论是连续审计还是首次接受审计委托，审计师均应当考虑下列主要事项，以确定保持客户关系和具体审计业务的结论是恰当的：

（1）被审计单位的主要股东、关键管理人员和治理层是否诚信。

（2）项目组是否具备执行审计业务的专业胜任能力以及必要的时间和资源。

（3）会计师事务所和项目组能否遵守职业道德规范。

（二）评价遵守职业道德规范的情况

虽然保持客户关系及具体审计业务和评价审计师职业道德的工作须贯穿审计业务的全过程，但这两项活动需要安排在其他审计工作之前，以确保审计师已具备执行业务所需要的独立性和专业胜任能力，且不存在因管理层诚信问题而影响审计师保持该项业务意愿等情况。在连续审计的业务中，这些初步业务活动通常是在上期审计工作结束后不久或将要结束时就已开始了。

（三）及时签订或修改审计业务约定书

在作出接受或保持客户关系及具体审计业务的决策后，审计师与被审计单位就审计业务约定条款达成一致意见，签订或修改审计业务约定书，以避免双方对审计业务的理解产生分歧。

审计业务承接的实务流程具体化为图 8-1。

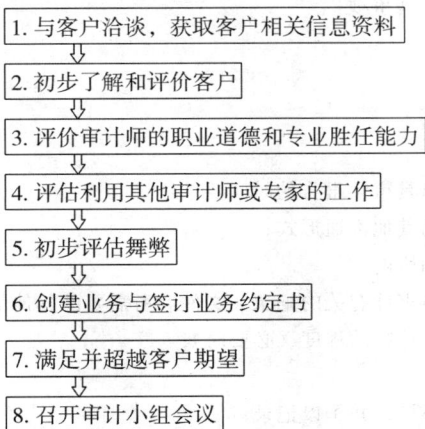

| 1. 与客户洽谈，获取客户相关信息资料 |
| 2. 初步了解和评价客户 |
| 3. 评价审计师的职业道德和专业胜任能力 |
| 4. 评估利用其他审计师或专家的工作 |
| 5. 初步评估舞弊 |
| 6. 创建业务与签订业务约定书 |
| 7. 满足并超越客户期望 |
| 8. 召开审计小组会议 |

图 8-1 审计业务承接的实务流程图

【实例 8-1】（单选题）注册会计师应当在审计业务开始时开展初步业务活动。下列各项中，不属于初步业务活动内容的是（ ）。

A．针对接受或保持客户关系和业务委托的评估程序

B．评价遵守相关职业道德要求的情况

C．就审计业务约定条款与被审计单位达成一致意见

D．确定项目组成员及拟利用的专家

分析：D。初步业务活动的内容包括：针对保持客户关系和具体审计业务实施相应的质量控制程序；评价遵守相关职业道德要求的情况；就审计业务约定条款达成一致意见。确定项目组成员及拟利用的专家是在承接业务之后才需要考虑的。

第二节 创建业务与签订业务约定书

一、创建业务形成的审计工作底稿

在实务中，审计师执行初步审计业务，创建业务中形成的审计工作底稿参考格式如下：

1．初步业务活动程序表（见表 8-1）①

表 8-1 是审计师执行承接业务的初步业务活动中所执行的程序及其实现目标的汇总。

表 8-1　　　　　　　　　　　　**初步业务活动程序表**

被审计单位：　　　　　　　　　　　索引号：

项目：初步业务活动　　　　　　　　财务报表截止日/期间：

编制：　　　　　　　　　　　　　　复核：

日期：　　　　　　　　　　　　　　日期：

初步业务活动目标： 确定是否接受业务委托；如接受业务委托，确保在计划审计工作时达到下列要求：（1）审计师已具备执行业务所需要的独立性和专业胜任能力；（2）不存在因管理层诚信问题而影响审计师承接或保持该项业务意愿的情况；（3）与被审计单位不存在对业务约定条款的误解		
初步业务活动程序	索引号	执行人
1.如果首次接受审计委托，实施下列程序： （1）与被审计单位面谈，讨论下列事项： ①审计的目标； ②审计报告的用途； ③管理层对财务报表的责任； ④审计范围； ⑤执行审计工作的安排，包括出具审计报告的时间要求； ⑥审计报告格式和对审计结果的其他沟通形式； ⑦管理层提供必要的工作条件和协助； ⑧审计师不受限制地接触任何与审计有关的记录、文件和所需要的其他信息； ⑨利用被审计单位专家或内部审计师的程度（必要时）； ⑩审计收费 （2）初步了解被审计单位及其环境，并予以记录； （3）征得被审计单位书面同意后，与前任审计师沟通		

① 为了推动中国注册会计师执业准则及其指南的贯彻执行，本书中所有的工作底稿均直接参考中国注册会计师执业准则及其指南所列示的底稿范例，实务中要根据具体情况有所调整。

初步业务活动程序	索引号	执行人
2.如果是连续审计，实施下列程序： （1）了解审计的目标，审计报告的用途，审计范围和时间安排等； （2）查阅以前年度审计工作底稿，重点关注非标准审计报告涉及的说明事项，管理建议书的具体内容，重大事项概要等； （3）初步了解被审计单位及其环境发生的重大变化，并予以记录； （4）考虑是否需要修改业务约定条款，以及是否需要提醒被审计单位注意现有的业务约定条款		
3.评价是否具备执行该项审计业务所需要的独立性和专业胜任能力		
4.完成业务承接评价表或业务保持评价表		
5.签订审计业务约定书（适用于首次接受业务委托，以及连续审计中修改长期审计业务约定书条款的情况）		

2. 业务承接评价表（见表8-2）

表8-2记录了针对新客户承接的风险评价和判断的情况。

表8-2 **业务承接评价表**

被审计单位：   索引号：

项目：   财务报表截止日/期间：

编制：   复核：

日期：   日期：

1. 客户法定名称（中/英文）：＿＿＿＿＿＿＿＿＿＿＿＿＿＿＿＿

2. 客户地址：

＿＿＿＿＿＿＿＿＿＿＿＿＿＿＿＿＿＿＿＿＿＿＿＿＿＿＿＿＿＿

电话：＿＿＿＿＿＿＿＿＿＿＿＿＿＿＿＿ 传真：＿＿＿＿＿＿＿＿

电子信箱：＿＿＿＿＿＿＿＿＿＿＿＿ 网址：＿＿＿＿＿＿＿＿

联系人：＿＿＿＿＿＿＿＿＿＿＿＿＿＿

3. 客户性质（国有/外商投资/民营/其他）：

＿＿＿＿＿＿＿＿＿＿＿＿＿＿＿＿＿＿＿＿＿＿＿＿＿＿＿＿＿＿

4. 客户所属行业、业务性质与主要业务：

＿＿＿＿＿＿＿＿＿＿＿＿＿＿＿＿＿＿＿＿＿＿＿＿＿＿＿＿＿＿

＿＿＿＿＿＿＿＿＿＿＿＿＿＿＿＿＿＿＿＿＿＿＿＿＿＿＿＿＿＿

5. 最初接触途径（详细说明）：

（1）本所职工引荐

（2）外部人员引荐

（3）其他（详细说明）

6. 客户要求我们提供审计服务的目的以及出具审计报告的日期：

＿＿＿＿＿＿＿＿＿＿＿＿＿＿＿＿＿＿＿＿＿＿＿＿＿＿＿＿＿＿

＿＿＿＿＿＿＿＿＿＿＿＿＿＿＿＿＿＿＿＿＿＿＿＿＿＿＿＿＿＿

＿＿＿＿＿＿＿＿＿＿＿＿＿＿＿＿＿＿＿＿＿＿＿＿＿＿＿＿＿＿

7. 治理层及管理层关键人员（姓名与职位）：

姓　名	职　位

8. 主要财务人员（姓名与职位）：

姓　名	职　位

9. 直接控股母公司、间接控股母公司、最终控股母公司的名称、地址、相互关系、主营业务及持股比例：

_____

_____

_____

10. 子公司的名称、地址、相互关系、主营业务及持股比例：

_____

_____

_____

11. 合营企业的名称、地址、相互关系、主营业务及持股比例：

_____

_____

_____

12. 联营企业的名称、地址、相互关系、主营业务及持股比例：

_____

_____

_____

13. 分公司名称、地址、相互关系、主营业务：

_____

_____

_____

14. 客户主管税务机关：

15. 客户法律顾问或委托律师（机构、经办人、联系方式）：

16. 客户常年会计顾问（机构、经办人、联系方式）：

17. 前任审计师（机构、经办人、联系方式），变更会计师事务所的原因，以及最近三年变更会计师事务所的频率：

18. 根据对客户及其环境的了解，记录下列事项：

客户的诚信
信息来源：
考虑因素：
经营风险
信息来源：
考虑因素：
财务状况
信息来源：
考虑因素：

客户的风险级别（高/中/低）：

19. 根据本所目前的情况，考虑下列事项：

项目组的时间和资源
考虑因素：
项目组的专业胜任能力
考虑因素：
独立性
经济利益
考虑因素：
自我评价
考虑因素：
关联关系
考虑因素：
外界压力
考虑因素：
预计收取的费用及可回收比率
预计审计收费：
预计成本（计算过程）：
可回收比率：

20. 其他方面的意见：

```



```

项目负责合伙人：   风险管理负责人（必要时）：

基于上述方面，我们＿＿＿＿＿＿（接受或不接受）此   基于上述方面，我们＿＿＿＿＿＿（接受或不接受）此

项业务。   项业务。

签名   签名

日期   日期

最终结论：

签名：   日期：

　　"客户的诚信"栏的"信息来源"部分可能有：①与为客户提供专业会计服务的现任或前任人员进行沟通，并与其讨论；②向会计师事务所其他人员、监管机构、金融机构、法律顾问和客户的同行等第三方询问；③从相关数据库中搜索客户的背景信息。"客户的诚信"栏的"考虑因素"部分需要记录以下内容：①客户主要股东、关键管理人员、关联方及治理层的身份和商业信誉；②客户的经营性质；③客户主要股东、关键管理人员及治理层对内部控制环境和会计准则等的态度；④客户是否过分考虑将会计师事务所的收费维持在尽可能低的水平；⑤工作范围受到不适当限制的迹象；⑥客户可能涉嫌洗钱或其他刑事犯罪行为的迹象；⑦变更会计师事务所的原因；⑧关键管理人员是否更换频繁等。

　　"经营风险"栏的"信息来源"部分主要是从相关数据库中搜索客户的背景信息。"经营风险"栏的"考虑因素"部分需要记录以下内容：①行业内类似企业的经营业绩；②法律环境；③监管环境；④受国家宏观调控政策的影响程度；⑤是否涉及重大法律诉讼或调查；⑥是否计划或有可能进行合并或处置资产；⑦客户是否依赖主要客户（来自该客户的收入占全部收入的大部分）或主要供应商（来自该供应商的采购占全部采购的大部分）；⑧管理层是否倾向于异常或不必要的风险；⑨关键管理人员的薪酬是否基于客户的经营状况确定；⑩管理层是否在达到财务目标或降低所得税方面承受不恰当的压力等。

　　"财务状况"栏的"信息来源"部分主要是近三年财务报表。"财务状况"栏的"考虑因素"部分需要记录以下内容：①现金流量或营运资金是否能够满足经营、债务偿付以及分发股利的需要；②是否存在对发行新债务和权益的重大需求；③贷款是否延期未清偿，或存在违反贷款协议条款的情况；④最近几年销售额、毛利率或收入是否存在恶化的趋势；⑤是否涉及重大关联方交易；⑥是否存在复杂的会计处理问题；⑦客户融资后，其财

务比率是否恰好达到发行新债务或权益的最低要求；⑧是否使用衍生金融工具；⑨是否经常在年末或临近年末发生重大异常交易；⑩是否对持续经营能力产生怀疑等。

"项目组的时间和资源"栏的"考虑因素"部分需要记录以下内容：①根据本所目前的人力资源情况，是否拥有足够的具有必要素质和专业胜任能力的人员组建项目组；②是否能够在提交报告的最后期限内完成业务等。

"项目组的专业胜任能力"栏的"考虑因素"部分需要审计师考虑并记录以下内容：①初步确定的项目组关键人员是否熟悉相关行业或业务对象；②初步确定的项目组关键人员是否具有执行类似业务的经验或是否具备有效获取必要技能和知识的能力；③在需要时，是否能够得到专家的帮助；④如果需要项目质量控制复核，是否具备符合标准和资格要求的项目质量控制复核人员等。

"独立性"栏的"经济利益"部分需要审计人员评价并记录以下内容：①与客户存在专业服务收费以外的直接经济利益或重大的间接经济利益；②过分依赖向客户收取的全部费用；③与客户存在密切的经营关系；④过分担心可能失去业务；⑤可能与客户发生雇佣关系；⑥存在与该项审计业务有关的或有收费等。

"独立性"栏的"自我评价"部分需要审计人员评价并记录本所或项目组成员是否存在以下自我评价对独立性的损害：①项目组成员曾是客户的董事、经理、其他关键管理人员或能够对本业务产生直接重大影响的员工；②为客户提供直接影响财务报表的其他服务；③为客户编制用于生成财务报表的原始资料或其他记录等。

"独立性"栏的"关联关系"部分需要审计人员评价并记录本所或项目组成员是否存在以下关联关系对独立性的损害：①与项目组成员关系密切的家庭成员是客户的董事、经理、其他关键管理人员或能够对本业务产生直接重大影响的员工；②客户的董事、经理、其他关键管理人员或能够对本业务产生直接重大影响的员工是本所的前高级管理人员；③本所的高级管理人员或签字审计师与客户长期交往；④接受客户或其董事、经理、其他关键管理人员或能够对本业务产生直接重大影响的员工的贵重礼品或超出社会礼仪的款待等。

"独立性"栏的"外界压力"需要审计人员评价并记录以下内容是否存在对独立性的损害：①在重大会计、审计等问题上与客户存在意见分歧而受到解聘威胁；②受到有关单位或个人不恰当的干预；③受到客户降低收费的压力而不恰当地缩小工作范围等。

3. 业务保持评价表（见表8-3）

表8-3记录了针对连续客户，重新考虑是否承接的风险评价和判断的底稿。

表8-3   业务保持评价表

被审计单位：   索引号：

项目：   财务报表截止日/期间：

编制：   复核：

日期：   日期：

一、客户情况评估

根据以前年度审计情况和对被审计单位及其环境所发生变化的了解，考虑下列情况：

审计范围和执行审计工作的时间安排
考虑因素：
客户的诚信
信息来源：
考虑因素：
经营风险
信息来源：
考虑因素：
财务状况
信息来源：
考虑因素：

　　客户的风险级别（高/中/低）：
　　二、本所情况评估
　　根据本所目前的情况，考虑下列事项：

项目组的时间和资源
考虑因素：
项目组的专业胜任能力
考虑因素：
独立性
经济利益
考虑因素：
自我评价
考虑因素：
关联关系
考虑因素：
外界压力
考虑因素：
预计收取的费用及可回收比率
预计审计收费： 　　预计成本（计算过程）： 　　可回收比率： 　　（根据以前年度审计情况，考虑客户是否存在拖欠审计费用的情况，本年度是否能够足额收回审计费用）

三、其他方面的意见

项目负责合伙人：

　　基于上述方面，我们_____（接受或不接受）此项业务。

签名

日期

风险管理负责人（必要时）：

　　基于上述方面，我们_____（接受或不接受）此项业务。

签名

日期

最终结论：

签名：　　　　　　　日期：

　　"审计范围和执行审计工作的时间安排"栏的"考虑因素"部分应记录：①客户审计范围是否发生变化；②客户对已审计财务报表的预期使用方式和财务报表公布的最后期限是否发生变动等。

　　"客户的诚信"栏的"考虑因素"部分应记录：①客户的所有者或者关键管理人员是否发生重大变动；②是否有迹象表明管理层不够诚信；③客户是否存在舞弊或违法行为，或已受到舞弊方面的指控；④客户是否曾就审计范围向项目组成员施加限制等。

　　"经营风险"栏的"考虑因素"部分应记录：①客户是否处于本所准备退出服务的行业；②客户的业务性质是否发生重大变化；③客户是否难以持续经营；④客户的法律诉讼形势是否发生重大变化等。

　　"财务状况"栏的"考虑因素"部分应记录：①客户经营状况是否发生重大变动以致对其财务状况产生不利影响；②客户是否存在未披露的重大关联方交易；③客户的内部控制是否存在重大缺陷；④是否对客户会计记录的可靠性产生疑问；⑤客户是否采用过于激进的会计和纳税政策；⑥是否就重大会计问题与客户存在未解决的分歧等。

　　"项目组的时间和资源"栏的"考虑因素"部分应记录：①根据本所目前的人力资源情况，是否拥有足够的具有必要素质和专业胜任能力的人员组建项目组；②是否能够在提交报告的最后期限内完成业务等。

　　"项目组的专业胜任能力"栏的"考虑因素"部分应记录：①初步确定的项目组关键人员是否熟悉相关行业或业务对象；②初步确定的项目组关键人员是否具有执行类似业务的经验，或是否具备有效获取必要技能和知识的能力；③在需要时，是否能够得到专家的帮助；④如果需要项目质量控制复核，是否具备符合标准和资格要求的项目质量控制复核人员等。

"独立性"栏分"经济利益""自我评价""关联关系""外部压力"四部分分别记录，重点考虑本所的独立性是否发生变化，如是否在与其他客户、事务所员工及其家庭成员的关系中发现影响经济上独立的情况或利益冲突；是否为被审计单位提供非鉴证服务；被审计单位是否存在拖欠审计费用的情况等。

二、签署审计业务约定书

（一）审计业务约定书的内容

审计业务约定书是指会计师事务所与被审计单位签订的，用以记录和确认审计业务的委托与受托关系、审计目标和范围、双方的责任以及报告的格式等事项的书面协议。

审计业务约定书的具体内容可能因被审计单位的不同而存在差异，但应当包括下列主要方面：

（1）财务报表审计的目标。财务报表审计的目标是审计师通过执行审计工作，对财务报表是否按照适用的会计准则和相关会计制度的规定编制，是否在所有重大方面公允反映被审计单位的财务状况、经营成果和现金流量发表审计意见。

（2）管理层对财务报表的责任。在被审计单位治理层的监督下，按照适用的会计准则和相关会计制度的规定编制财务报表是被审计单位管理层的责任。

（3）管理层编制财务报表采用的会计准则和相关会计制度。

（4）审计范围，包括指明在执行财务报表审计业务时遵守的中国注册会计师师审计准则（以下简称审计准则）。审计范围是指为实现财务报表审计目标，注册会计师根据审计准则和职业判断实施的恰当的审计程序的总和。

（5）执行审计工作的安排，包括出具审计报告的时间要求。

（6）审计报告格式和对审计结果的其他沟通形式。

（7）由于测试的性质和审计的其他固有限制，以及内部控制的固有局限性，不可避免地存在着某些重大错报可能仍然未被发现的风险。

（8）管理层为审计师提供必要的工作条件和协助。

（9）审计师不受限制地接触任何与审计有关的记录、文件和所需要的其他信息。

（10）管理层对其作出的与审计有关的声明予以书面确认。

（11）审计师对执业过程中获知的信息保密。

（12）审计收费，包括收费的计算基础和收费安排。在签订审计业务约定书前，审计师应当与委托人商定审计收费。在确定收费时，审计师应当考虑以下因素：审计服务所需的知识和技能；所需专业人员的数量、水平和经验；每一专业人员提供服务所需的时间；提供审计服务所需承担的责任；各地有关审计收费标准的规定。

（13）违约责任。

（14）解决争议的方法。

（15）签约双方法定代表人或其授权代表的签字盖章，以及签约双方加盖的公章。

上述条款都是审计业务约定书的必备条款，在审计业务约定书中明确上述条款，有助于避免委托人对审计业务的目标和作用等产生误解。

如果情况需要，审计师应当考虑在审计业务约定书中列明下列内容：

（1）在某些方面对利用其他审计师和专家工作的安排。

（2）与审计涉及的内部审计师和被审计单位其他员工工作的协调。

（3）预期向被审计单位提交的其他函件或报告。

（4）与治理层整体直接沟通。

（5）在首次接受审计委托时，对与前任审计师沟通的安排。

（6）审计师与被审计单位之间需要达成进一步协议的事项。

审计业务约定书参考格式（合同式）如下：

审计业务约定书

甲方：××股份有限公司

乙方：××会计师事务所

兹由甲方委托乙方对20×1年度财务报表进行审计，经双方协商，达成以下约定：

一、业务范围与审计目标

1. 乙方接受甲方委托，对甲方按照企业会计准则和《××会计制度》编制的20×1年12月31日的资产负债表，20×1年度的利润表、股东权益变动表和现金流量表以及财务报表附注（以下统称财务报表）进行审计。

2. 乙方通过执行审计工作，对财务报表的下列方面发表审计意见：（1）财务报表是否按照企业会计准则和《××会计制度》的规定编制；（2）财务报表是否在所有重大方面公允反映甲方的财务状况、经营成果和现金流量。

二、甲方的责任与义务

（一）甲方的责任

1. 根据《中华人民共和国会计法》及《企业财务会计报告条例》，甲方及甲方负责人有责任保证会计资料的真实性和完整性。因此，甲方管理层有责任妥善保存和提供会计记录（包括但不限于会计凭证、会计账簿及其他会计资料），这些记录必须真实、完整地反映甲方的财务状况、经营成果和现金流量。

2. 按照企业会计准则和《××会计制度》的规定编制财务报表是甲方管理层的责任，这种责任包括：（1）设计、实施和维护与财务报表编制相关的内部控制，以使财务报表不存在由于舞弊或错误而导致的重大错报；（2）选择和运用恰当的会计政策；（3）作出合理的会计估计。

（二）甲方的义务

1. 及时为乙方的审计工作提供其所要求的全部会计资料和其他有关资料（在20×2年×月×日之前提供审计所需的全部资料），并保证所提供资料的真实性和完整性。

2. 确保乙方不受限制地接触任何与审计有关的记录、文件和所需的其他信息。

下段适用于集团财务报表审计业务，使用时需按每位客户/约定项目的特定情况而修改，如果加入此段，应相应修改下面其他条款编号。

3. 为满足乙方对甲方合并财务报表发表审计意见的需要，甲方须确保：

乙方和为组成部分执行审计的其他会计师事务所的审计师（以下简称其他审计师）之间的沟通不受任何限制。

组成部分是指甲方的子公司、分部、分公司、合营企业、联营企业等。

如果甲方管理层、负责编制组成部分财务信息的管理层（以下简称组成部分管理层）对其他审计师的审计范围施加了限制，或客观环境使其他审计师的审计范围受到限制，甲方管理层和组成部分管理层应当及时告知乙方。

乙方及时获悉其他审计师与组成部分治理层和管理层之间的重要沟通（包括就内部控制重大缺陷进行的沟通）。

乙方及时获悉组成部分治理层和管理层与监管机构就财务信息事项进行的重要沟通。

在乙方认为必要时，允许乙方接触组成部分的信息、组成部分管理层或其他审计师（包括其他审计师的审计工作底稿），并允许乙方对组成部分的财务信息实施审计程序。

4. 甲方管理层对其作出的与审计有关的声明予以书面确认。

5. 为乙方派出的有关工作人员提供必要的工作条件和协助，主要事项将由乙方于外勤工作开始前提供清单。

6. 按本约定书的约定及时足额支付审计费用以及乙方人员在审计期间的交通、食宿和其他相关费用。

三、乙方的责任和义务

（一）乙方的责任

1. 乙方的责任是在实施审计工作的基础上对甲方财务报表发表审计意见。乙方按照中国注册会计师审计准则（以下简称审计准则）的规定进行审计。审计准则要求审计师遵守职业道德规范，计划和实施审计工作，以对财务报表是否不存在重大错报获取合理保证。

下段适用于集团财务报表审计业务，使用时需按每位客户/约定项目的特定情况而修改，如果加入此段，应相应修改下面其他条款编号。

2. 乙方不对非由乙方审计的组成部分的财务信息单独出具审计报告；有关的责任由对该组成部分执行审计的其他审计师及其所在的会计师事务所承担。

3. 审计工作涉及实施审计程序，以获取有关财务报表金额和披露的审计证据。选择的审计程序取决于乙方的判断，包括对由于舞弊或错误导致的财务报表重大错报风险的评估。在进行风险评估时，乙方考虑与财务报表编制相关的内部控制，以设计恰当的审计程序，但目的并非对内部控制的有效性发表意见。审计工作还包括评价管理层选用会计政策的恰当性和作出会计估计的合理性，以及评价财务报表的总体列报。

4. 乙方需要合理计划和实施审计工作，以使乙方能够获取充分、适当的审计证据，为甲方财务报表是否不存在重大错报获取合理保证。

5. 乙方有责任在审计报告中指明所发现的甲方在某重大方面没有遵循企业会计准则和《××会计制度》编制财务报表且未按乙方的建议进行调整的事项。

6. 由于测试的性质和审计的其他固有限制，以及内部控制的固有局限性，不可避免地存在着某些重大错报在审计后可能仍然未被乙方发现的风险。

7. 在审计过程中，乙方若发现甲方内部控制存在乙方认为的重要缺陷，应向甲方治理层或管理层沟通。但乙方沟通的各种事项，并不代表已全面说明所有可能存在的缺陷或已提出所有可行的改善建议。甲方在实施乙方提出的改善建议前应全面评估其影响。未经乙方书面许可，甲方不得向任何第三方提供乙方出具的沟通文件。

8. 乙方的审计不能减轻甲方及甲方管理层的责任。

（二）乙方的义务

1. 按照约定时间完成审计工作，出具审计报告。乙方应于20×2年×月×日前出具审计报告。

2. 除下列情况外，乙方应当对执行业务过程中知悉的甲方信息予以保密：（1）取得甲方的授权；（2）根据法律法规的规定，为法律诉讼准备文件或提供证据，以及向监管机构报告发现的违反法规行为；（3）接受行业协会和监管机构依法进行的质量检查；（4）监管机构对乙方进行行政处罚（包括监管机构处罚前的调查、听证）以及乙方对此提起行政复议。

四、审计收费

1. 本次审计服务的收费是以乙方各级别工作人员在本次工作中所耗费的时间为基础计算的。乙方预计本次审计服务的费用总额为人民币××万元。

2. 甲方应于本约定书签署之日起××日内支付×%的审计费用，其余款项于审计报告草稿完成日结清。

3. 如果由于无法预见的原因，致使乙方从事本约定书所涉及的审计服务实际时间较本约定书签订时预计的时间有明显增加或减少时，甲乙双方应通过协商，相应调整本约定书第四条第1项下所述的审计费用。

4. 如果由于无法预见的原因，致使乙方人员抵达甲方的工作现场后，本约定书所涉及的审计服务不再进行，甲方不得要求退还预付的审计费用；如上述情况发生于乙方人员完成现场审计工作，并离开甲方的工作现场之后，甲方应另行向乙方支付人民币××元的补偿费，该补偿费应于甲方收到乙方的收款通知之日起××日内支付。

5. 与本次审计有关的其他费用（包括交通费、食宿费等）由甲方承担。

五、审计报告和审计报告的使用

1. 乙方按照《中国注册会计师审计准则第1501号——审计报告》和《中国注册会计师审计准则第1502号——在审计报告中发表非无保留意见》规定的格式和类型出具审计报告。

2. 乙方向甲方致送审计报告一式××份。

3. 甲方在提交或对外公布审计报告时，不得修改乙方出具的审计报告及其后附的已审计财务报表。当甲方认为有必要修改会计数据、报表附注和所作的说明时，应当事先通知乙方，乙方将考虑有关的修改对审计报告的影响，必要时，将重新出具审计报告。

六、本约定书的有效期间

本约定书自签署之日起生效，并在双方履行完毕本约定书约定的所有义务后终止。但其中第三（二）2、四、五、六、八、九、十项并不因本约定书终止而失效。

七、约定事项的变更

如果出现不可预见的情况，影响审计工作如期完成，或需要提前出具审计报告，甲、乙双方均可要求变更约定事项，但应及时通知对方，并由双方协商解决。

八、终止条款

1. 如果根据乙方的职业道德及其他有关专业职责、适用的法律法规或其他任何法定的要求，乙方认为已不适宜继续为甲方提供本约定书约定的审计服务时，乙方可以采取向甲方提出合理通知的方式终止履行本约定书。

2.在终止业务约定的情况下，乙方有权就其于本约定书终止之日前对约定的审计服务项目所做的工作收取合理的审计费用。

九、违约责任

甲、乙双方按照《中华人民共和国合同法》的规定承担违约责任。

十、适用法律和争议解决

本约定书的所有方面均应适用中华人民共和国法律进行解释并受其约束。本约定书履行地为乙方出具审计报告所在地，因本约定书所引起的或与本约定书有关的任何纠纷或争议（包括关于本约定书条款的存在、效力或终止，或无效的后果），双方选择以下第____种解决方式：

（1）向有管辖权的人民法院提起诉讼；

（2）提交××仲裁委员会仲裁。

十一、双方对其他有关事项的约定

本约定书一式两份，甲、乙方各执一份，具有同等法律效力。

甲方：××股份有限公司（盖章）　　　乙方：××会计师事务所（盖章）
授权代表：（签名并盖章）　　　　　　授权代表：（签名并盖章）
二〇×二年×月×日　　　　　　　　　二〇×二年×月×日

（二）审计业务约定书的重签与变更

审计师可以与被审计单位签订长期审计业务约定书。但如果出现下列情况，应当考虑重新签订审计业务约定书：

（1）有迹象表明被审计单位误解审计目标和范围。

（2）需要修改约定条款或增加特别条款。

（3）高级管理人员、董事会或所有权结构近期发生变动。

（4）被审计单位业务的性质或规模发生重大变化。

（5）法律法规的规定。

（6）管理层编制财务报表采用的会计准则和相关会计制度发生变化。

出现上述第（2）种情况时，审计师也可以与被审计单位签订补充协议，原审计业务约定书继续有效。

在完成审计业务前，如果被审计单位要求审计师将审计业务变更为保证程度较低的鉴证业务或相关服务，审计师应当考虑变更业务的适当性。

在实务中，可能导致被审计单位要求变更业务的原因有：

（1）情况变化对审计服务的需求产生影响。

（2）对原来要求的审计业务的性质存在误解。

（3）审计范围存在限制。

上述第（1）项和第（2）项通常被认为是变更业务的合理理由，但如果有迹象表明该变更要求与错误的、不完整的或者不能令人满意的信息有关，审计师不应认为该变更是合理的。

在同意将审计业务变更为其他服务前，审计师还应当考虑变更业务对法律责任或业务约定条款的影响。

如果变更业务引起业务约定条款的变更，审计师应当与被审计单位就新条款达成一致意见。如果认为变更业务具有合理的理由，并且按照审计准则的规定已实施的审计工作也适用于变更后的业务，审计师可以根据修改后的业务约定条款出具报告。为避免引起报告使用者的误解，报告不应提及原审计业务和在原审计业务中已执行的程序。只有将审计业务变更为执行商定程序业务，审计师才可在报告中提及已执行的程序。

如果没有合理的理由，审计师不应同意变更业务。如果不同意变更业务，被审计单位又不允许继续执行原审计业务，审计师应当解除业务约定，并考虑是否有义务向被审计单位董事会或股东会等方面说明解除业务约定的理由。

（三）签署审计业务约定书时的其他关注事项

如果相关部门对涉及财务会计的事项作出补充规定，审计师在承接审计业务时应当确定该补充规定是否与企业会计准则存在冲突。如果存在冲突，审计师应当与管理层沟通补充规定的性质，并就下列事项之一达成一致意见：①在财务报表中作出额外披露能否满足补充规定的要求；②对财务报表中关于适用的财务报告框架的描述是否可以作出相应修改。如果无法采取上述任何措施，审计师应当考虑是否有必要发表非无保留意见。

如果相关部门要求采用的财务报告框架不适用于被审计单位的具体情况，只有同时满足下列所有条件，审计师才能承接审计业务：①管理层同意在财务报表中作出额外披露，以避免财务报表产生误导；②在审计业务约定条款中明确，审计师按照《中国注册会计师审计准则第1503号——在审计报告中增加强调事项段和其他事项段》的规定，在审计报告中增加强调事项段，以提醒使用者关注额外披露；审计师在对财务报表发表的审计意见中不使用"财务报表在所有重大方面按照'适用的财务报告框架'编制，公允反映了……"等措辞，除非法律法规另有规定。如果不具备以上两个条件，但相关部门要求审计师承接审计业务，审计师应当：①评价财务报表误导的性质对审计报告的影响；②在审计业务约定条款中适当提及该事项。

如果相关部门规定的审计报告的结构或措辞与审计准则要求的明显不一致，在这种情况下，审计师应当评价：①使用者是否可能误解从财务报表审计中获取的保证；②如果可能存在误解，审计报告中作出的补充解释是否能够减轻这种误解。如果认为审计报告中作出的补充解释不能减轻可能的误解，除非法律法规另有规定，审计师不应承接该项审计业务。由于按照相关部门的规定执行的审计工作，并不符合审计准则的要求。因此，审计师不应在审计报告中提及已按照审计准则的规定执行了审计工作。

【实例8-2】（单选题）下列有关审计业务约定书的说法中，错误的是（　　）。

A. 审计业务约定书应当包括注册会计师的责任和管理层的责任

B. 如果集团公司的注册会计师同时也是组成部分注册会计师，则无须向组成部分单独致送审计业务约定书

C. 对于连续审计，注册会计师可能不需要每期都向被审计单位致送新的审计业务约定书

D. 注册会计师应当在签订审计业务约定书之前确定审计的前提条件是否存在

分析：B。如果集团公司的注册会计师同时也是组成部分注册会计师，需要考虑相关

因素后，决定是否需要向组成部分单独致送审计业务约定书，所以选项 B 错误。

第三节　总体审计策略与具体审计计划

一、计划审计工作的作用与层次

凡事预则立、不预则废，审计工作也不例外。审计师计划审计工作的作用在于：

（1）有助于审计师适当关注重要的审计领域。

（2）有助于审计师及时发现和解决潜在的问题。

（3）有助于审计师恰当地组织和管理审计业务，以有效地方式执行审计业务。

（4）有助于选择具备必要专业素质和胜任能力的项目组成员应对预期的风险，并有助于项目组成员分配适当的工作。

（5）有助于指导和监督项目组成员并复核其工作。

（6）在适用的情况下，有助于协调组成部分注册会计师和专家的工作。

审计计划分为总体审计策略和具体审计计划两个层次。图 8-2 列示了计划审计工作的两个层次。审计师应当针对总体审计策略中所识别的不同事项，制订具体审计计划，并考虑通过有效利用审计资源以实现审计目标。值得注意的是，虽然制定总体审计策略的过程通常在具体审计计划之前，但是两项计划具有内在紧密联系，对其中一项的决定可能会影响甚至改变对另外一项的决定。例如，审计师在了解被审计单位及其环境的过程中，注意到被审计单位对主要业务的处理依赖复杂的自动化信息系统，因此计算机信息系统的可靠性及有效性对其经营、管理、决策以及编制可靠的财务报告具有重大影响。对此，审计师可能会在具体审计计划中制定相应的审计程序，并相应调整总体审计策略的内容，作出利用信息风险管理专家工作的决定。

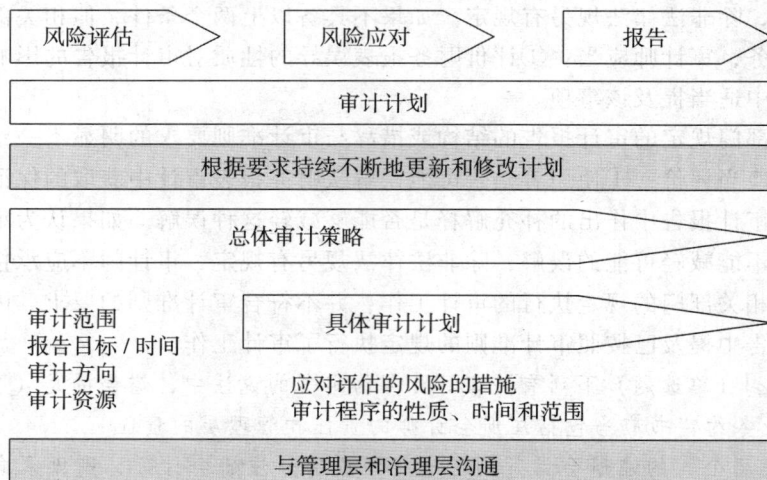

图 8-2　计划审计工作的两个层次

二、总体审计策略

（一）制定总体审计策略时应考虑的事项

审计师应当为审计工作制定总体审计策略。总体审计策略，是指审计师制定的，用以确定审计范围、时间和方向，并指导制订具体审计计划的总体规划。在制定总体审计策略时，审计师应当考虑以下主要事项：

1. 审计范围

审计师应当确定审计业务的特征，包括采用的会计准则和相关会计制度、特定行业的报告要求以及被审计单位组成部分的分布等，以确定审计范围。

具体来说，在确定审计范围时，审计师需要考虑下列事项：

（1）编制财务报表适用的会计准则和相关会计制度。

（2）特定行业的报告要求，如某些行业的监管部门要求提交的报告。

（3）预期的审计工作涵盖范围，包括需审计的集团内组成部分的数量及所在地点。

（4）母公司和集团内其他组成部分之间存在的控制关系的性质，以确定如何编制合并财务报表。

（5）其他审计师参与组成部分审计的范围。

（6）需审计的业务分部性质，包括是否需要具备专门知识。

（7）外币业务的核算方法及外币财务报表折算和合并方法。

（8）除对合并财务报表审计之外，是否需要对组成部分的财务报表单独进行审计。

（9）内部审计工作的可利用性及对内部审计工作的拟信赖程度。

（10）被审计单位使用服务机构的情况，及审计师如何取得有关服务机构内部控制设计、执行和运行有效性的证据。

（11）拟利用在以前期间审计工作中获取的审计证据的程度，如获取的与风险评估程序和控制测试相关的审计证据。

（12）信息技术对审计程序的影响，包括数据的可获得性和预期使用计算机辅助审计技术的情况。

（13）根据中期财务信息审阅及在审阅中所获信息对审计的影响，相应调整审计涵盖范围和时间安排。

（14）与为被审计单位提供其他服务的会计师事务所人员讨论可能影响审计的事项。

（15）被审计单位的人员和相关数据的可利用性。

2. 报告目标、时间安排及所需沟通

总体审计策略的制定应当包括明确审计业务的报告目标，以计划审计的时间安排和所需沟通的性质，包括提交审计报告（包括中期和最终审计报告）的时间要求，预期与管理层和治理层沟通的重要日期等。

为计划报告目标、时间安排和所需沟通，审计师需要考虑下列事项：

（1）被审计单位的财务报告时间表。

（2）与管理层和治理层就审计工作的性质、范围和时间所举行的会议的组织工作。

（3）与管理层和治理层讨论预期签发报告和其他沟通文件的类型及提交时间，如审计报告、管理建议书和与治理层沟通函等。

（4）就组成部分的报告、其他沟通文件的类型及提交时间与负责组成部分审计的审计师沟通。

（5）项目组成员之间预期沟通的性质和时间安排，包括项目组会议的性质和时间安排及复核工作的时间安排。

（6）是否需要跟第三方沟通，包括与审计相关的法律法规规定和业务约定书约定的报告责任。

（7）与管理层讨论预期在整个审计过程中通报审计工作进展及审计结果的方式。

3.审计方向

总体审计策略的制定应当包括考虑影响审计业务的重要因素，以确定项目组工作方向，包括确定适当的重要性水平，初步识别可能存在较高的重大错报风险的领域，初步识别重要的组成部分和账户余额，评价是否需要针对内部控制的有效性获取审计证据，识别被审计单位、所处行业、财务报告要求及其他相关方面最近发生的重大变化等。在确定审计方向时，审计师需要考虑下列事项：

（1）重要性方面。具体包括：①在制订审计计划时确定的重要性水平；②为组成部分确定重要性且与组成部分的审计师沟通；③在审计过程中重新考虑重要性水平；④识别重要的组成部分和账户余额。

（2）重大错报风险较高的审计领域。

（3）评估的财务报表层次的重大错报风险对指导、监督及复核的影响。

（4）项目组成员的选择（在必要时包括项目质量控制复核人员）和工作分工，包括向重大错报风险较高的审计领域分派具备适当经验的人员。

（5）项目预算，包括考虑为重大错报风险可能较高的审计领域安排适当的工作时间。

（6）向项目组成员强调在搜集和评价审计证据过程中保持职业怀疑必要性的方式。

（7）以往审计中对内部控制运行有效性评价的结果，包括所识别的控制缺陷的性质及应对措施。

（8）管理层重视设计和实施健全的内部控制的相关证据，包括这些内部控制得以适当记录的证据。

（9）业务交易量规模，以基于审计效率的考虑确定是否信赖内部控制。

（10）管理层对内部控制重要性的重视程度。

（11）影响被审计单位经营的重大发展变化，包括信息技术和业务流程的变化，关键管理人员变化，以及收购、兼并和分立。

（12）重大的行业发展情况，如行业法规变化和新的报告规定。

（13）会计准则及会计制度的变化。

（14）其他重大变化，如影响被审计单位的法律环境的变化。

（二）总体审计策略的具体内容

制定总体审计策略可以帮助审计师确定所执行审计业务的性质、时间、范围和所需资源，为此，审计师应当在总体审计策略中清楚地说明下列内容（其底稿格式见表8-4）：

（1）向具体审计领域调配的资源，包括向高风险领域分派有适当经验的项目组成员，就复杂的问题利用专家工作等。

（2）向具体审计领域分配资源的数量，包括安排到重要存货存放地观察存货盘点的项目组成员的数量，对其他审计师工作的复核范围，对高风险领域安排的审计时间预算等。

（3）何时调配这些资源，包括是在期中审计阶段还是在关键的截止日调配资源等。

表 8-4   **总体审计策略**

被审计单位：   索引号：

项目：   财务报表截止日/期间：

编制：   复核：

日期：   日期：

一、审计范围

报告要求	
适用的会计准则和相关会计制度	
适用的审计准则	
与财务报告相关的行业特别规定	
需审计的集团内组成部分的数量及所在地点	
需要阅读的含有已审计财务报表的文件中的其他信息	
制定审计策略需考虑的其他事项	

二、审计业务时间安排

（一）对外报告时间安排

（二）执行审计时间安排

执行审计时间安排	时　间
1.期中审计	
（1）制定总体审计策略	
（2）制订具体审计计划	
⋮	
2.期末审计	
（1）存货监盘	
⋮	

（三）沟通的时间安排

所需沟通	时　间
与管理层及治理层的会议	
项目组会议（包括预备会和总结会）	
与专家或有关人士的沟通	
与其他审计师沟通	
与前任审计师沟通	
⋮	

三、影响审计业务的重要因素

（一）重要性

确定的重要性水平	索引号

（二）可能存在较高重大错报风险的领域

可能存在较高重大错报风险的领域	索引号

（三）重要的组成部分和账户余额

填写说明：

（1）记录所审计的集团内重要的组成部分。

（2）记录重要的账户余额，包括本身具有重要性的账户余额（如存货），以及评估出存在重大错报风险的账户余额。

重要的组成部分和账户余额	索引号
重要的组成部分	
⋮	
重要的账户余额	
⋮	

四、人员安排

（一）项目组主要成员的责任

职位	姓名	主要职责

注：在分配职责时可以根据被审计单位的不同情况按会计科目划分，或按交易类别划分。

（二）与项目质量控制复核人员的沟通（如适用）

复核的范围：_____

沟通内容	负责沟通的项目组成员	计划沟通时间
风险评估、对审计计划的讨论		
对财务报表的复核		
⋮		

五、对专家或有关人士工作的利用（如适用）

注：如果项目组计划利用专家或有关人士的工作，需要记录其工作的范围和涉及的主要会计科目等。另外，项目组还应按照相关审计准则的要求对专家或有关人士的能力、客观性及其工作等进行考虑及评估。

（一）对内部审计工作的利用

主要报表项目	拟利用的内部审计工作	索引号
存货	内部审计部门对各仓库的存货每半年至少盘点一次。在中期审计时，项目组已经对内部审计部门盘点步骤进行观察，其结果满意，因此项目组将审阅其年底的盘点结果，并缩小存货监盘的范围	
⋮		

（二）对其他审计师工作的利用

其他审计师名称	利用其工作范围及程度	索引号

（三）对专家工作的利用

主要报表项目	专家名称	主要职责及工作范围	利用专家工作的原因	索引号

（四）对被审计单位使用服务机构的考虑

主要报表项目	服务机构名称	服务机构提供的相关服务及其审计师出具的审计报告意见及日期	索引号

（4）如何管理、指导、监督这些资源的利用，包括预期何时召开项目组预备会和总结会，预期项目负责人和经理如何进行复核，是否需要实施项目质量控制复核等。

三、形成具体审计计划

（一）总体审计策略与具体审计计划的关系

总体审计策略一经制定，审计师应当针对总体审计策略中所识别的不同事项，制订具体审计计划，并考虑通过有效利用审计资源以实现审计目标。具体审计计划，也称审计方案（Audit Program），是指审计师为获取充分、适当的审计证据以将审计风险降至可接受的低水平，依据总体审计策略，对项目组成员拟实施的审计程序的性质、时间和范围作出的具体安排。

值得注意的是，虽然编制总体审计策略的过程通常在具体审计计划之前，但是两项计划活动并不是孤立、不连续的过程，而是内在紧密联系的，对其中一项的决定可能会影响甚至改变对另外一项的决定。在实务中，审计师将制定总体审计策略和具体审计计划结合进行，可能会使计划审计工作更有效率及效果，并且审计师也可以采用将总体审计策略和具体审计计划合并为一份审计计划文件的方式，提高编制及复核工作的效率，增强其效果。

（二）具体审计计划的内容

审计师应当为审计工作制订具体审计计划，以将审计风险降至可以接受的低水平。具体审计计划比总体审计策略更加详细，其内容包括为获取充分、适当的审计证据以将审计风险降至可接受的低水平，项目组成员拟实施的审计程序的性质、时间和范围。审计师对具体审计计划的记录，应当能够反映下列内容：

（1）计划实施的风险评估程序的性质、时间和范围。

（2）针对评估的各类重大交易、账户余额和列报的认定层次重大错报风险计划实施的进一步审计程序的性质、时间和范围。

审计师对具体审计计划的记录可以使用标准的审计程序表或审计工作完成核对表，但应当根据具体审计业务的情况作出适当修改。

（三）审计过程中审计计划的变更

计划审计工作并非审计业务的一个孤立阶段，而是一个持续的、不断修正的过程，贯穿于整个审计业务的始终。在计划审计工作时，审计师需要考虑某些计划审计活动时间以及在下一步审计程序开始之前必须完成的审计程序，但由于未预期事项、条件的变化或在实施审计程序中获取的审计证据等原因，审计师获取的信息可能会与其在制订审计计划时所获知的信息存在很大不同。在这种情况下，审计师会基于其对所有或某类交易、账户余额和列报认定层次的风险的重新考虑，重新评估原计划的审计程序，在审计过程中对总体审计策略和具体审计计划作出必要的更新和修改。

审计过程可以分为不同阶段，通常前一阶段的工作结果会对后一阶段的工作计划产生影响，而后一阶段的工作过程中又可能发现需要对已制订的相关计划进行相应的更新和修改。通常，这些更新和修改涉及比较重要的事项。例如，对重要性水平的修改，对某类交易、账户余额和列报的重大错报风险的评估和进一步审计程序（包括总体方案和拟实施的具体审计程序）的更新和修改等。一旦计划被更新和修改，审计工作也就应当进行相应的修正。

在编制的审计工作底稿中，审计师应当记录对总体审计策略和具体审计计划作出的重大更改及其理由，以及对导致此类更改的事项、条件或审计程序结果采取的应对措施。

【实例 8-3】（多选题）下列有关审计计划的说法中，正确的是（　　　）。

A．制定总体审计策略的过程通常在具体审计计划之前

B．总体审计策略不受具体审计计划的影响

C．具体审计计划的核心是确定审计的范围和审计方案

D．注册会计师在制定总体审计策略时，应当考虑计划实施的进一步审计程序

分析：AC。具体审计计划的实施情况反过来可能会导致修改总体审计策略，故选项 B 不正确；计划实施的进一步审计程序属于具体审计计划的内容，故选项 D 不正确。

【实例 8-4】（多选题）下列各项中，属于具体审计计划活动的有（　　　）。

A．确定重要性

B．确定风险评估程序的性质、时间安排和范围

C．确定进一步审计程序的性质、时间安排和范围

D．确定是否需要实施项目质量控制复核

分析：BC。具体审计计划应当包括风险评估程序、计划实施的进一步审计程序和其他审计程序；重要性水平、是否需要实施项目质量控制复核都是在总体审计策略中确定的。

第四节　审计重要性

一、审计重要性的含义

审计重要性是审计学的一个重要概念。国际会计准则委员会（IASC）对重要性的定义是："如果信息的错报或漏报会影响使用者根据财务报表采取的经济决策，信息就具有重要性。重要性提供的是一个开端或截止点，而不是在它有用时信息必须具备的基本质量特征。"美国财务会计准则委员会（FASB）对重要性的定义是："一项会计信息的错报或漏报是重要的，指在特定环境下，一个理性的人依赖该信息所做的决策可能因为这一错报或漏报得以变化或修正。"中国注册会计师执业准则中规定："重要性取决于在具体环境下对错报金额和性质上的判断。如果一项错报单独或连同其他错报可能影响财务报表使用者依据财务报表作出的经济决策，则该项错报是重大的。"

我们可从以下方面对重要性作出进一步理解：

（1）重要性概念中的错报包含漏报。财务报表错报包括财务报表金额的错报和财务报表披露的错报。

（2）重要性包括对数量和性质两个方面的考虑。所谓数量方面，是指错报的金额大小，性质方面则是指错报的性质。

（3）重要性概念是针对财务报表使用者决策的信息需求而言的。判断一项错报重要与否，应视其对财务报表使用者依据财务报表作出经济决策的影响程度而定。如果财务报表中的某项错报足以改变或影响财务报表使用者的相关决策，则该项错报就是重要的，其重要性水平要从严制定，以便审计师搜集更多的审计证据，降低审计风险。

（4）重要性的确定离不开具体环境。由于不同的被审计单位面临不同的环境，不同报表使用者有着不同的信息需求，因此审计师确定的重要性也不相同。

（5）对重要性的评估需要运用审计师职业判断。审计师运用职业判断来合理评估重要性时，对财务报表使用者作出下列假定是合理的：①拥有经营、经济活动和会计方面的适当知识，并有意愿认真研究财务报表中的信息；②理解财务报表是在运用重要性水平基础上编制、列报和审计的；③认可建立在对估计和判断的应用以及对未来事项考虑的基础上的会计计量具有固有的不确定性。

（6）在制定总体审计策略时，审计师应当确定财务报表整体的重要性，同时，根据被审计单位的特定情况，如果存在一个或多个特定类别的交易、账户余额或披露，其发生的错报金额虽然低于财务报表整体的重要性，但合理预期可能影响财务报表使用者依据财务报表作出的经济决策，审计师还应当确定适用于这些交易、账户余额或披露的一个或多个重要性水平。另外，在具体执行审计工作中，审计师应当确定实际执行的重要性，以评估重大错报风险并确定进一步审计程序的性质、时间安排和范围。

（7）在计划和执行审计工作，评价识别出错报对审计的影响，以及未更正错报对财务报表和审计意见的影响时，审计师需要运用重要性概念。

近年来，重要性概念常被滥用。例如，审计师依赖任意的重要性水平，根据被审计单位特意变小的错报低于重要性水平而将被审计单位行为评价为合理，不把财务报表中存在重大错报披露出来。因此，一些监管机构已采取措施，禁止审计师将重要性作为审计师取悦于管理层而采取某些行动的借口，如 SEC 禁止将重要性作为不执行会计准则的依据，要求被审计单位更正财务报表所有已知的错报。

【实例 8-5】（单选题）下列有关重要性的说法中，错误的是（　　）。

A．注册会计师应当从定量和定性两方面考虑重要性

B．注册会计师应当在制订具体审计计划时确定财务报表整体的重要性

C．注册会计师应当在每个审计项目中确定财务报表整体的重要性、实际执行的重要性和明显微小错报的临界值

D．注册会计师在确定实际执行的重要性时需要考虑重大错报风险

分析：B。注册会计师应当在制定总体审计策略时确定财务报表整体的重要性，故选项 B 错误。

二、重要性、审计风险与审计证据

从本质上讲，重要性和审计风险是一个事物的两个方面，如图 8-3 所示，两者之间存在反向关系。也就是说，重要性水平越高，审计风险越低；反之，重要性水平越低，审计风险越高。这里，重要性水平的高低指的是金额的大小，一般来说，4 000 元的重要性水平比 2 000 元的重要性水平高。在理解两者之间的关系时，必须注意，重要性水平是注册会计师从财务报表使用者的角度进行判断的结果。如果重要性水平是 4 000 元，则意味着低于 4 000 元的错报不会影响到财务报表使用者的决策，注册会计师仅仅需要通过执行有关审计程序合理保证查出高于 4 000 元的错报；如果重要性水平是 2 000 元，则金额为 2 000～4 000 元的错报也会影响财务报表使用者的决策，注册会计师还需要通过执行有关审计程序合理保证查出金额 2 000～4 000 元的错报。显然，重要性水平为 2 000 元时查不出这样的重大错报的可能性即审计风险要比重要性水平为 4 000 元时的审计风险高。审计风险越高，越要求注册会计师搜集更多、更有效的审计证据，以将审计风险降至可接受的低水平。由此可见，重要性和审计证据之间是反向变动关系。

图 8-3　重要性与审计风险的关系

注册会计师应当保持应有的职业关注，合理确定重要性水平。由于重要性与审计风险之间是反向关系，如果原本 4 000 元的错报才会影响财务报表使用者的决策，但注册会计师将重要性水平确定为 2 000 元，这时注册会计师就会扩大审计程序的范围或追加审计程序，出现审计过度，浪费审计资源，而实际上没有必要。如果原本 2 000 元的错报就会影

响财务报表使用者的判断或决策，但注册会计师将重要性水平确定为 4 000 元，这时注册会计师所执行的审计程序要比原本应当执行的审计程序少、审计范围小，这必然会导致审计不足，进而得出错误的审计结论。所以，重要性水平偏高或偏低均对注册会计师不利，注册会计师应当保持应有的职业关注，合理确定重要性水平。

审计风险和重要性都对审计师在执行审计业务时可能需要搜集的证据的数量产生影响，具体为：

（1）对重要性作出初步判断的目的是帮助审计师计划所要搜集的适当的审计证据。如果审计师确定的重要性低，就需要搜集到比这一金额更多的证据，以便降低审计风险。

（2）高风险的重大错报暗示着需要搜集更多的审计证据；较低的审计风险和检查风险往往是通过高强度的审计工作，即搜集更多的审计证据来实现的。

【实例 8-6】（单选题）重要性与审计风险之间存在密切关系，下列说法中，不正确的是（   ）。

A．重要性与审计风险之间呈反向关系，即重要性水平越低，审计风险越高

B．在确定审计程序后，如果注册会计师决定接受更低的重要性水平，审计风险将增加

C．注册会计师应当调高重要性水平，降低审计风险

D．对重要账户或交易，注册会计师从严制定重要性水平，以便实施更详细的审计程序，提高审计效果

分析：C。尽管重要性与审计风险之间存在密切关系，但重要性是依据重要性概念中所述的判断标准确定的，而不是由主观期望的审计风险水平决定的，注册会计师不能通过不合理地人为调高重要性水平来降低审计风险，故选项 C 不正确。

三、计划审计工作时确定重要性

在计划审计工作时，审计师应当确定财务报表整体的重要性，为判断以下方面提供基础：确定风险评估程序的性质、时间安排和范围；识别和评估重大错报风险；确定进一步审计程序的性质、时间安排和范围。

（一）从数量方面考虑重要性

$$\begin{matrix} \text{财务报表层面的} \\ \text{计划重要性水平} \end{matrix} = \begin{matrix} \text{判断基础} \\ \text{（关于被审计单位的函数）} \end{matrix} \times \begin{matrix} \text{百分比} \\ \text{（关于审计风险的经验数据）} \end{matrix}$$

在选择适当的判断基础时，审计师应当考虑的因素包括：

（1）财务报表的要素（如资产、负债、所有者权益、收入和费用等）、适用的会计准则和相关会计制度所定义的财务报表指标（如财务状况、经营成果和现金流量），以及适用的会计准则和相关会计制度提出的其他具体要求。

（2）对被审计单位而言，是否存在财务报表使用者特别关注的报表项目，如为了评价财务业绩，使用者可能更关注利润、收入或净资产。

（3）被审计单位的性质、所处的生命周期阶段以及所处行业和经济环境。

（4）被审计单位的规模、所有权结构以及融资方式，如果被审计单位仅通过债务而不是权益进行融资，财务报表使用者可能更关注资产及其资产的索偿权，而不是被审计单位的收益。

　　不同的审计目的、不同的审计对象、不同的报表使用者，其判断基础选择不同，如为上市公司招股说明书提供财务报表审计时，宜以税前利润或净利润作为判断基础；为公司获取贷款、发行债券提供审计服务时，宜以总资产、净资产等作为判断基础；对于经常性业务的税前利润/亏损波动较大的实体或以前年度营利而本年度亏损的实体，可选择将异常项目或非经常性项目加回或使用近几年（通常为 3 ~ 5 年）平均税前利润/亏损作为判断基础；对于新设立实体运营初期，可选择所有者权益总额、费用总额或资产总额；对于非营利组织（如学校、慈善机构、研发中心等）宜以费用总额、营业收入或资产总额作为判断基础；对于以资产为主的实体（如基金），可选择净资产作为判断基础；对于高科技或劳动密集型企业，则不宜以总资产或净资产作为判断基础；对于所有者以薪酬的形式拿走大部分税前利润的小型企业，将扣除薪酬与税金之前的利润作为判断基础。另外，如果编制审计计划时，被审计单位财务报表尚未编制完成，审计师可根据中期报表或对上年财务报表作出适当调整后推算年报重要性水平。

　　在确定恰当的判断基础后，审计师通常会运用职业判断合理选择百分比（有固定比率和变动比率两种），百分比和选定的基准之间存在一定联系，表 8-5 列示了在审计实务中可供选择的重要性的固定比率（经验数值）。

表 8-5　　　　　　　　　　　　**可供选择的重要性的固定比率（经验数值）**

被审计单位	经验百分比
以营利为目的的实体	通常不超过税前利润的 5%
非营利性组织	通常不超过费用总额或营业收入的 1% 或不超过资产总额的 0.5%
基金	通常不超过净资产的 0.5%
以资产总额为基准的实体	通常不超过资产总额的 1%

　　各个会计师事务所根据经验提炼出不同的变动比率（规模越大的企业，允许的错报金额比率越小），但一般是根据资产总额或营业收入总额来确定企业规模，以两者中较大一项确定一个变动百分比，以体现谨慎原则。表 8-6 是一家会计师事务所建立的重要性水平的变动比率。

表 8-6　　　　　　　　　　　　**重要性水平的变动比率**

资产总额或营业收入中较大一项（元）	百分比（%）
< 2 500 000	4
< 25 000 000	2
< 75 000 000	1.5
< 125 000 000	1
> 125 000 000	0.7

在实务中，审计师选择经验比率时，会考虑到：对于大型企业或集团，经验百分比可适当降低；如以亏损额作为基准的，通常适用的经验百分比可能不适合，应考虑报表使用者所关注的内容以及相关的风险，如持续经营风险、与银行或其他债权人签署的贷款条款的影响等，在此情况下可能更适宜使用更小的经验百分比。

如果同一期间各财务报表的重要性水平不同，注册会计师应当取其最低者作为财务报表层次的重要性水平。注册会计师首先应当对每张财务报表确定一个重要性水平。例如，将利润表的重要性水平确定为100万元，将资产负债表的重要性水平确定为200万元。但由于财务报表相互关联，并且许多审计程序经常涉及两张以上的报表，比如对年底赊销是否在适当期间正确记录实施的审计程序，不仅为资产负债表中的应收账款提供审计证据，还为利润表中的销售收入提供审计证据，因此，在制定总体审计策略时，应使用财务报表中最小的可容忍错报总体水平，也就是说，注册会计师应当选择最低的重要性水平作为财务报表层次的重要性水平。这样做比较稳妥，因为重要性水平越低，所需获取的审计证据就越多，审计风险就越小。

（二）从性质方面考虑重要性

金额不重要的错报从性质上看有可能是重要的。在实务中，金额较小但性质重要的错报可能包括（不限于）：

（1）来自于一个能够被精确度量的项目，或者是否来自于一项估计中不精确的错报。

（2）试图掩盖收益或其他趋势变化的错报。

（3）为了迎合大多数分析师对企业的期望而隐瞒经营失败的错报。

（4）使被审计单位扭亏为盈或者是由盈利变为亏损的错报。

（5）涉及被审计单位在经营能力和盈利能力上玩弄指标的错报。

（6）影响被审计单位达到规章要求或申请资格要求的错报。

（7）影响被审计单位达到贷款合同或其他合同要求的错报。

（8）影响管理层报酬，如为了满足奖金或其他激励性奖励要求的错报。

（9）涉及隐瞒非法交易的错报。

（三）确定特定类别的交易、账户余额或披露的重要性水平

在审计师对财务报表层次重要性水平的初步评估基础上，需要确定各类交易、账户余额、列报认定层次的重要性水平，以确定审计实施过程中应搜集证据的数量。各类交易、账户余额、列报认定层次的重要性水平称为"可容忍错报"。可容忍错报是在不导致财务报表存在重大错报的情况下，审计师对各类交易、账户余额、列报确定的可接受的最大错报。

在确定各类交易、账户余额、列报认定层次的重要性水平时，审计师应当考虑以下主要因素：各类交易、账户余额、列报的性质及错报的可能性；各类交易、账户余额、列报的重要性水平与财务报表层次重要性水平的关系。

在实务中，审计师可以把财务报表重要性依据资产负债表账户进行分配，分配时要考虑每个账户的会计属性及其风险。无论如何分配，当审计完成时，审计师都必须确信所有账户的错报汇总金额小于或等于财务报表的重要性。

以下举例说明各类交易、账户余额、列报认定层次重要性水平的确定方法。

1.分配的方法

采用分配方法时，分配的对象一般是资产负债表账户。假设某公司的总资产构成见表 8-7，审计师初步判断财务报表层次的重要性水平是资产总额的 1%，为 140 万元，即资产账户可容忍的错报为 140 万元。审计师按这一重要性水平分配给各资产账户，结果见表 8-7。

表 8-7   **重要性水平的分配**   单位：万元

项目	金额	甲方案	乙方案
库存现金	700	7	2.8
应收账款	2 100	21	25.2
存货	4 200	42	70
固定资产	7 000	70	42
总计	14 000	140	140

表 8-7 中，甲方案是按 1%进行同比例分配。一般来说，这并不可行，注册会计师必须对其进行修正。由于应收账款和存货错报的可能性较大，故分配较高的重要性水平，以节省审计成本，如乙方案。假定审计存货后，仅发现错报 40 万元，且审计师认为所实施的审计程序已经足够，则可将剩下的 30 万元再分配给应收账款。

2.不分配的方法

这里介绍某些大型事务所使用的两种不分配的方法：

一种方法是假设财务报表层次的重要性水平为 100 万元，则可根据各类交易、账户余额、列报的性质及错报的可能性等因素，将各类交易、账户余额、列报认定层次的重要性水平确定为财务报表层次重要性水平的 20%~50%。审计时，只要发现某认定的错报超过这一水平，就建议被审计单位调整。最后，编制未调整事项汇总表，若未调整的错报超过100 万元，再要求被审计单位进一步调整。

另一种方法是确定各类交易、账户余额、列报认定层次的重要性水平为财务报表层次重要性水平的 1/6~1/3。假设财务报表层次的重要性水平为 90 万元，应收账款的重要性水平为这一金额的 1/4，存货为 1/5，应付账款为 1/5，则其重要性水平的金额分别为 22.5万元、18 万元和 18 万元。

必须指出，在实际工作中，往往很难预测哪些账户可能发生错报，也无法事先确定审计成本的大小，所以，重要性水平的确定是一个非常困难的职业判断过程。

四、实际执行的重要性

（一）实际执行的重要性的含义

实际执行的重要性是指审计师确定的低于财务报表整体的重要性的一个或多个金额，旨在将未更正和未发现错报的汇总数超过财务报表整体的重要性的可能性降至适当的低水平。如果适用，实际执行的重要性还指审计师确定的低于特定类别的交易、账户余额或披露的重要性水平的一个或多个金额。

实际执行的重要性有助于审计师根据整体重要性确定重要性金额，但其应当设定为较低的金额，以反映无法发现错报的风险以及风险评估的结果。这些较低的一个或多个金额是为了在测试的性质和范围的重要性（即实际执行的重要性）与整体重要性之间设置安全缓冲。给实际执行的重要性设定一个恰当的金额，有助于确保实施更多的工作，以提升识别出错报（如存在）的可能性。如假设整体重要性为200万元并且设计了旨在发现所有超过200万元错误的审计程序，那么80万元的错误很可能不会被发现，如果存在3个这样的错误，合计240万元，则财务报表存在重大错报。但是，如果实际执行的重要性确定为120万元，极有可能发现一个或全部的80万元的错误，即使三个错误中仅有一个被识别和更正，剩余的160万元错误也低于整体重要性，则财务报表整体不存在重大错报。实际执行的重要性，无论是整体的还是单个账户余额、交易和披露的，都可能在审计过程中随时被修改（不影响整体重要性），以反映修正的风险评估结果、审计发现以及获取的新信息。

（二）实务中如何确定实际执行的重要性

确定实际执行的重要性并非简单机械的计算，需要审计师运用职业判断，并考虑下列因素的影响：

（1）对被审计单位的了解（这些了解在实施风险评估程序的过程中得到更新）。

（2）前期审计工作中识别出的错报的性质和范围。

（3）根据前期识别出的错报对本期错报作出的预期。

在实务中，对于审计风险较高的项目，需要确定较低的实际执行重要性水平。实际执行的重要性通常为财务报表整体重要性的50%~75%，详细情况总结见表8-8。

表8-8　　　　　　　　　　　不同情况下实际执行的重要性

接近财务报表整体重要性50%的情况	接近财务报表整体重要性75%的情况
经常性审计，以前年度审计调整较多； 项目总体风险较高（如处于高风险行业，经常面临较大市场压力，首次承接的审计项目或者需要出具特殊目的报告等）	经常性审计，以前年度审计调整较少； 项目总体风险较低（如处于低风险行业，市场压力较小）

审计师无须通过将财务报表整体重要性水平平均分配或按比例分配至各个报表项目的方法来确定实际执行的重要性水平，应当根据对财务报表项目风险评估的结果，确定一个或多个实际执行的重要性水平，并把确定实际执行重要性水平的依据记录在审计工作底稿中。

（三）在审计中修改重要性

实际执行的重要性与计划重要性之所以不同，是由于在审计过程中审计师会修改重要性。在审计执行阶段，随着审计过程的推进，基于以下原因，审计师应当及时评价计划阶段确定的重要性是否仍然合理，并根据具体环境的变化或在审计执行过程中进一步获取的信息，修正计划的重要性，进而修改进一步审计程序的性质、时间和范围：

（1）审计过程中情况发生重大变化，如决定处置被审计单位的一个重要组成部分，或者被审计单位业务发生预期外的重大衰退。

（2）获取新信息，如发现重大审计调整影响被审计单位的利润。

（3）通过实施进一步审计程序，审计师对被审计单位及其经营的了解发生变化。

在确定审计程序后，如果注册会计师决定接受更低的重要性，审计风险将增加。注册会计师应当选用下列方法将审计风险降至可接受的低水平：

①如有可能，通过扩大控制测试范围或实施追加的控制测试，降低重大错报风险，并支持降低后的重大错报风险水平。

②通过修改计划实施的实质性程序的性质、时间和范围，降低检查风险。

（四）不同重要性金额的确定及其修改的关系

在开始审计时，审计师需要就可能被认为重大的错报的金额和性质作出判断。这包括确定下列重要性金额：

1.整体重要性（财务报表整体重要性）

整体重要性与财务报表整体有关。它是基于合理预期什么样的错报可能影响财务报表使用者依据财务报表作出的经济决策而确定的。如果在审计过程中获知某信息，而该信息可能导致审计师确定与原来不同的一个或多个金额，则需要修改整体重要性。

2.整体实际执行的重要性（财务报表整体实际执行的重要性）

整体实际执行的重要性比整体重要性的金额设定得更低。实际执行的重要性有助于审计师应对特定的风险评估（而不改变整体重要性），并且将未更正和未发现错报的汇总数超过财务报表整体的重要性的可能性降至适当的低水平。实际执行的重要性可能根据审计发现（如在修改风险评估结果时）而被修改。

3.具体重要性（交易、账户余额或披露的重要性）

具体重要性是针对各类交易、账户余额或披露而确定的，这些项目存在金额低于整体重要性的错报，但合理预期可能影响财务报表使用者依据财务报表作出的经济决策。

4.具体实际执行的重要性

具体实际执行的重要性比具体重要性的金额设定得更低。它有助于审计师应对特定的风险评估，并且为可能存在的未发现错报以及汇总起来达到重大金额的非重大错报留有余地。

图 8-4 列示了确定不同重要性金额之间的关系。

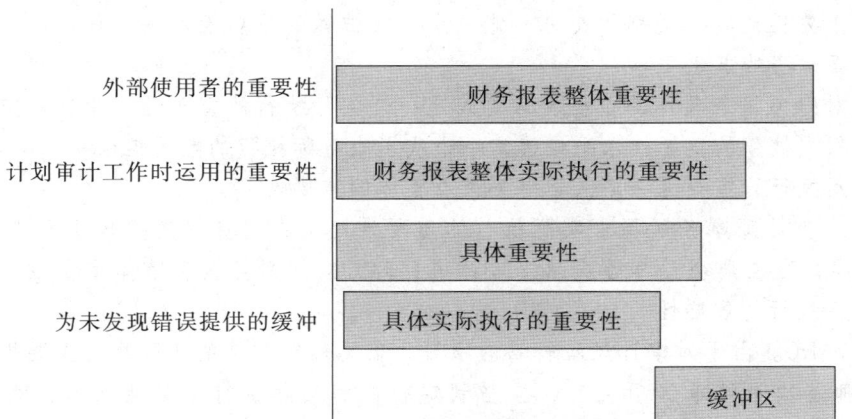

图 8-4　确定不同重要性金额的关系图

实际执行的重要性有助于审计师根据整体重要性确定重要性金额，但其应当设定为较低的金额，以反映无法发现错报的风险以及风险评估的结果。这些较低的一个或多个金额，旨在确定测试的性质和范围的重要性（即实际执行的重要性）与整体重要性之间提供一个安全缓冲。给实际执行的重要性设定一个恰当的金额，有助于确保实施更多的工作，以提升识别出错报（如存在）的可能性。如假设整体重要性为 200 万元并且设计了旨在发现所有超过 200 万元错误的审计程序，80 万元的错误很可能不会被发现，如果存在 3 个这样的错误，合计 240 万元，则财务报表存在重大错报。但是，如果实际执行的重要性确定为 120 万元，极有可能发现一个或全部 80 万元的错误，即使 3 个错误中仅有一个被识别和更正，剩余的 160 万元错误也低于整体重要性，则财务报表整体不存在重大错报。实际执行的重要性，无论是整体的还是单个账户余额、交易和披露的，都可能在审计过程中随时被修改（不影响整体重要性），以反映修正的风险评估结果、审计发现以及获取的新信息。

【实例 8-7】（多选题）下列情形中，A 注册会计师可能认为需要在审计过程中修改财务报表整体重要性的有（　　　　）。

A．甲公司情况发生重大变化

B．注册会计师获取新的信息

C．通过实施进一步审计程序，注册会计师对甲公司及其经营情况的了解发生变化

D．审计过程中累积错报的汇总数接近财务报表整体重要性

分析：ABC。由于存在下列原因，注册会计师可能需要修改财务报表整体重要性和特定类别的交易、账户余额或披露的重要性水平（如适用）：（1）审计过程中情况发生重大变化（如决定处置被审计单位的一个重要组成部分）；（2）获取新信息；（3）通过实施进一步审计程序，注册会计师对被审计单位及其经营情况的了解发生变化。故选择选项 ABC。审计过程中累积错报的汇总数接近财务报表整体重要性，注册会计师会考虑是否追加审计程序，而不一定修改财务报表整体重要性，故不选择选项 D。

【实例 8-8】（多选题）下面有关实际执行的重要性的理解中，正确的有（　　　　）。

A．运用实际执行的重要性的目的是将未更正和未发现错报的汇总数超过财务报表整体重要性或特定类别的交易、账户余额或披露的重要性水平（如适用）的可能性降至适当的低水平

B．针对财务报表整体的重要性只需确定一个实际执行的重要性，而针对交易、账户余额或披露的重要性水平应确定一个或多个实际执行的重要性水平

C．实际执行的重要性一定低于财务报表整体的重要性

D．如果会计师事务所要求实际执行的重要性定义在财务报表整体重要性的 50% ～ 75%，当注册会计师首次承接审计项目时，应按财务报表整体重要性的 75% 确定实际执行的重要性

分析：ABC。由于对审计风险较高的项目，需要确定较低的实际执行重要性水平，当注册会计师首次承接审计项目时，应当制定较低的实际执行重要性水平，故选项 D 不正确。

【实例 8-9】（多选题）在确定实际执行的重要性时，下列各项因素中，注册会计师

认为应当考虑的有（　　　　）。

　　A．财务报表整体的重要性

　　B．前期审计工作中识别出的错报的性质和范围

　　C．实施风险评估程序的结果

　　D．甲公司管理层和治理层的期望值

　　分析：ABC。确定实际执行的重要性并非简单机械的计算，需要注册会计师运用职业判断，并考虑下列因素的影响：（1）对被审计单位的了解（这些了解在实施风险评估程序的过程中得到更新）；（2）前期审计工作中识别出的错报的性质和范围；（3）根据前期识别出的错报对本期错报作出的预期。

五、审计重要性的运用

　　在整个审计过程中，审计师运用重要性进行专业判断，其中最主要是运用审计重要性评价审计过程中识别出的错报，主要目标有两个：一是评价识别出的错报对审计的影响；二是评价未更正错报对财务报表的影响。

　　（一）在审计过程中对识别错报的考虑

　　错报是指某一财务报表项目的金额、分类、列报或披露，与按照适用的财务报告编制基础应当列示的金额、分类、列报或披露之间存在的差异；或根据审计师的判断，为使财务报表在所有重大方面实现公允反映，需要对金额、分类、列报或披露作出的必要调整。错报可能是由于错误或舞弊导致的。

　　错报可能由下列事项导致：搜集或处理用以编制财务报表的数据时出现错误；遗漏某些金额或披露；由于疏忽或明显误解有关事实导致作出不正确的会计估计；审计师认为管理层对会计估计作出不合理的判断或对会计政策作出不恰当的选择和运用。

　　为了帮助审计师评价审计过程中累积的错报的影响以及与管理层和治理层沟通错报事项，将错报区分为如下几种：

　　（1）事实错报，是毋庸置疑的错报。例如，审计师在审计测试中发现最近购入存货的实际价值为 15 000 元，但账面记录的金额却为 10 000 元。因此，存货和应付账款分别被低估了 5 000 元，这里被低估的 5 000 元就是已识别的对事实的具体错报。

　　（2）判断错报，是由于审计师认为管理层对会计估计作出不合理的判断或对会计政策作出不恰当的选择和运用而导致的差异。

　　（3）推断错报，也称推断误差、可能误差，是审计师对总体存在的错报作出的最佳估计数，涉及根据在审计中识别出的错报来推断总体的错报。推断误差通常包括：

　　①通过测试样本估计出的总体的错报减去在测试中发现的已经识别的具体错报。例如，应收账款年末余额为 2 000 万元，审计师抽查 10% 样本发现金额有 100 万元的高估，高估部分为账面金额的 20%，据此审计师推断总体的错报金额为 400 万元（即 2 000×20%），那么上述 100 万元就是已识别的具体错报，其余 300 万元即推断误差。

　　②通过实质性分析程序推断出的估计错报。例如，审计师根据客户的预算资料及行业趋势等要素，对客户年度销售费用独立作出估计，并与客户账面金额比较，发现两者之间有 50% 的差异；考虑到估计的精确性有限，审计师根据经验认为 10% 的差异通常是可接

受的，而剩余 40% 的差异需要有合理解释并取得佐证性证据；假定审计师对其中 10% 的差异无法得到合理解释或不能取得佐证，则该部分差异金额即为推断误差。

在审计实务中，审计师应当累积审计过程中识别出的错报，除非明显微小的错报。审计师在考虑识别出的累积错报时应当注意：

（1）错报可能不是孤立发生的，一项错报的发生还可能表明存在其他错报，尤其是当审计师识别出被审计单位由于内部控制失效而导致的错报，或者被审计单位广泛运用不恰当的假设或评估方法而导致的错报，均表明还存在其他错报。

（2）无论错报是否超过重要性水平，审计师都应当及时与适当层级的管理层沟通错报事项，除非法律法规限制审计师向管理层或被审计单位内部的其他人员通报某些错报。一般，为了保持会计账簿和记录的准确性，降低由于与本期相关的、非重大的且尚未更正的错报的累计影响而导致未来期间财务报表出现重大错报的风险，管理层应当评价这些事项是否为错报，并更正所有的错报；如果管理层有异议则告知审计师，审计师应当了解管理层不更正错报的理由，并在评价财务报表是否不存在重大错报时考虑该理由。

（3）审计师应当考虑每一单项错报，以评价其对相关类别的交易、账户余额或披露的影响。如果审计师认为某一单项错报是重大的，则该项错报不太可能被其他错报抵销。也就是说，累积错报时要注意：将资产类科目与债务类科目或收入类科目与费用类科目的未更正错报相互抵销通常是不恰当的，但对于同一账户余额或同一类别的交易内部的错报抵销，则是适当的。

（4）如果出现下列情况之一，审计师应当确定是否需要修改总体审计策略和具体审计计划：①识别出的错报的性质以及错报发生的环境表明可能存在其他错报，并且可能存在的其他错报与审计过程中累积的错报合计起来可能是重大的；②审计过程中累积错报合计数接近重要性水平。

（二）确定明显微小错报的临界值

审计师可能将低于某一金额的错报界定为明显微小错报，对这类错报不需要累积，因为这些明显微小错报，无论单独还是汇总，无论从规模、性质还是其发生环境来考虑，都不会对财务报表产生重大影响，是微不足道的。

审计师需要在制订审计计划时预先设定明显微小错报的临界值，这需要运用职业判断。审计师需要考虑的因素有：

（1）以前年度审计中识别的错报（包括更正和未更正的错报）的数量和金额；

（2）重大错报风险的评估结果；

（3）被审计单位治理层和管理层对审计师与其沟通错报的期望；

（4）被审计单位财务指标是否勉强达到监管机构的要求或投资的预期。

审计师考虑以上因素，实际上就是确定审计过程对错报的过滤程度。审计师的目标是要确定不累积的错报（即低于临界值的错报）连同累积的未更正错报不会汇总成重大错报。如果审计师预期被审计单位存在数量较多、金额较小的错报，可能考虑采用较低的临界值，以避免大量低于临界值的错报积少成多构成重大错报。如果审计师预期被审计单位的错报数量较少，可能采用较高的临界值。审计师可以将明显微小的错报的临界值确定为报表整体重要性的 3%~5%，也可以低一些或高一些，通常不超过财务报表整体重要性的 10%。

（三）评价尚未更正错报的汇总数的影响

未更正错报，是指审计师在审计过程中累积的且被审计单位未予更正的错报。在审计实务中，审计师应当确定未更正错报单独或汇总起来是否重大，在确定时，审计师应当考虑：

（1）相对特定类别的交易、账户余额或披露以及财务报表整体而言，错报以及财务报表整体的影响。

（2）与以前期间相关的未更正错报对相关类别的交易、账户余额或披露以及财务报表的影响。

尚未更正错报与财务报表层次重要性水平相比，可能出现以下几种情况：

（1）尚未更正错报汇总数低于重要性水平，对财务报表的影响不重大，审计师可以发表无保留意见的审计报告。

（2）尚未更正错报汇总数超过了重要性水平，对财务报表的影响可能是重大的，审计师应当考虑通过扩大审计程序的范围或要求管理层调整财务报表降低审计风险。除非错报金额非常小且性质不严重，否则审计师都应当要求管理层就已识别的错报调整财务报表。如果管理层拒绝调整财务报表，并且扩大审计程序范围的结果不能使审计师认为尚未更正错报的汇总数不重大，审计师应当考虑出具非无保留意见的审计报告。

（3）已识别但尚未更正错报的汇总数接近重要性水平，审计师应当考虑该汇总数连同尚未发现的错报是否可能超过重要性水平，并考虑通过实施追加的审计程序，或要求管理层调整财务报表降低审计风险。

（4）即使某些错报低于财务报表整体的重要性，但由于与这些错报相关的某些情况，在将其单独或连同在审计过程中累积的其他错报一并考虑时，审计师也可能将这些错报评价为重大错报。这些错报可能包括：①掩盖未能达到市场分析人士预期的事实；②与财务报表主表、关键财务指标或财务报表其他方面（如披露）相关；③与特定账户的错误分类有关（如影响营业收入和营业外收入）；④涉及隐瞒不合法的交易（如向管理层提供非法贷款）；⑤隐瞒偿付能力或持续经营能力方面的问题或可能影响分红能力；⑥属于有系统化倾向的错报；⑦显示管理层的相关动机（如由于管理层一直不愿纠正财务报告过程的缺陷而造成的错报）。

在评价审计程序结果时，审计师确定的重要性和审计风险，可能与计划审计工作时评估的重要性和审计风险存在差异。在这种情况下，审计师应当考虑实施的审计程序是否充分。

【实例 8-10】（多选题）在评价未更正错报的影响时，下列说法中，注册会计师认为不恰当的有（　　）。

A. 每一项未更正错报的金额不得超过明显微小错报的临界值

B. 判断错报是否重大，应当从金额和性质两个方面来考虑

C. 被审计单位应当更正所有错报

D. 即使某些错报明显低于财务报表整体的重要性，但因与这些错报相关的某些情况，在将其单独或连同在审计过程中累积的其他错报一并考虑时，注册会计师也

可能将这些错报评价为重大错报

分析：AC。注册会计师在评价未更正错报影响时不需要考虑明显微小错报，因此，注册会计师提请被审计单位累积的需要更正的错报均高于明显微小错报的临界值，故选项 A 不恰当。如果某一错报属于明显微小错报，即使被审计单位不更正，也不会对财务报表整体产生重大影响，不是要更正所有错报，故选项 C 不恰当。

问题与案例

一、思考题

1. 结合资本市场出现的会计丑闻和审计失败案例，说明审计师承接业务时应关注哪些风险？如何才能在签约时规避风险？

2. 签署审计业务约定书时审计师应当关注什么？如何签署一个规范的审计业务约定书？

3. 审计师制定总体审计策略和具体审计计划时分别解决什么问题？

4. 理解审计计划确定的重要性和实际执行重要性的不同。

5. 在审计师实务中如何确定报表层次重要性，以及特定类别的交易、账户余额或披露的重要性？

6. 举例阐述审计重要性、审计风险和审计证据的关系。

7. 理解错报的内涵，并讨论审计重要性的运用。

二、行动学习讨论

把学生分成若干组（每组最好是 10 人以内），要求他们利用头脑风暴的方法，对以下问题提出不同的看法，尽量多地列示在行动学习讨论的白板上。

讨论问题：审计师在计划审计工作中可能遇到的风险有哪些？

讨论与板书要求：①每个人都要发言，但每次只能一人发言；②追求数量、追求创意；③有人发言时不许质疑、不许批评、不许打断；④板书要按发言人的原话列示。

三、案例讨论

重要性的运用

今明会计师事务所承办华兴公司 2016 年度会计报表时，项目经理李浩在制定审计计划时采用固定比率法确定重要性水平为 324 万元，分配到各个会计科目，其中预付账款 20 万元、其他应收账款 30 万元，存货 100 万元。华兴公司 2016 年报表净资产为 40 万元。

1. 注册会计师张颖在查证往来款项时，发现没有实质经济内容支持的华兴公司与其出资者晋美公司之间的预付账款 10 万元，其他应收款 15 万元，均低于重要性水平，没有继续查证，也没有适当披露。

2. 注册会计师张颖抽取样本对存货计价进行测试时，发现存货 A 少计了 200 万元，存货 B 多计了 150 万元，据此推断存货总体的错报为 500 万元，于是，注册会计师在底稿中建议华兴公司对此进行调整。

3. 注册会计师发现华兴公司 2016 年度有一笔资产价值恢复，冲回了原来计提的资产减值准备，追查发现企业在盈利年度多计提资产准备 50 万元，以备出现亏损时恢复资产调整盈亏，注册会计师建议公司调整，公司拒绝调整，最后由于该笔金额不大（低于重要性水平），注册会计师发表了无保留意见的审计报告。

要求：

1. 针对本案例，注册会计师对于华兴公司与其出资者晋美公司之间的往来事项，能否按照计划确定重要性水平来判断是否忽略不计？

2. 讨论确认计划重要性和实际执行重要性水平为什么不同？现实中，人们经常出现的误区是什么？

3. 讨论错报的内涵，分析注册会计师建议被审计单位调整时，是要求对查出的样本误差调整，或是对推断总体误差予以调整？注册会计师如何运用推断总体误差？

4. 讨论当注册会计师已经明显感到公司利用计提准备调节盈亏，是否能够出具无保留意见的审计报告。

关键词汇

审计委托　Audit Appointment

承接审计业务　Undertake an Audit Engagement

委托目的　The Objective of the Engagement

管理当局　Management Authority

治理层　Those Charged with Governance

股东　Shareholder

董事会　The Board of Directors

审计委员会　The Audit Committee

审计的前提　The Premise of Audit

审计业务约定书　Audit Engagement Letter

变更约定书　A Change in Engagement

首次审计业务　Initial Audit

连续审计　Recurring Audit Engagement

初次审计　An Initial Audit

接受业务委托之前　Prior to Accepting an Engagement

接受业务委托之后　Following Acceptance of the Engagement

被审计单位的规模　The Size of the Entity

更新并重新评价以前收集的信息　Update and Revaluate Information Gathered Previously

业务循环　Transaction Cycles

审计重要性（水平）　Audit Materiality（Level）

对重要性水平的初始设定　Preliminary Judgment about Materiality

财务报表整体重要性　Materiality at the Overall Financial Statements

账户余额、交易和披露层面的重要性　Materiality in Relation to Classes of Transactions, Account Balances, and Disclosures

实际执行的重要性（水平）　Actual Materiality（Level）

事实错报　Factual Misstatements

已知错报　Known Misstatements

可能错报　Likely Misstatements

推断错报　Infer Misstatements

估计错报　Estimate Misstatements

未更正错报　Uncorrected Misstatements

汇总的未更正错报　Aggregate Uncorrected Misstatements

可容忍误差　Tolerable Error

审计风险　Audit Risk

制定审计计划　Planning an Audit

审计计划　Audit Plan

总体审计计划　The Overall Audit Plan

审计策略　Audit Strategy

具体审计计划　The Detailed Audit Plan

决定审计程序的性质、时间和范围　Determine the Nature, Timing and Extend of the Audit Procedures

控制测试　Control Test

实质性程序（时间、性质、范围）　Substantive Procedures（Time, Nature, Extent）

重点审计领域　Significant Audit Areas

时间预算　Time Budget

第九章 风险评估

【学习目的】

1. 熟悉审计风险准则的特征；
2. 掌握经营风险、审计风险及其关系；
3. 了解风险评估贯穿在审计整个过程中的作用及其作用机理；
4. 掌握审计风险模型；
5. 掌握风险评估的总流程及其相关活动程序；
6. 掌握如何了解被审计单位及其情况的各个方面；
7. 掌握如何了解被审计单位的内部控制；
8. 掌握如何评估财务报表层次和认定层次的重大错报风险；
9. 熟悉如何识别特殊风险；
10. 熟悉仅通过实质性程序无法应对的重大错报风险。

引例：注册会计师在执业中如何进行风险审计

在国际上，安达信是最早提出风险导向审计理念并加以运用的会计师事务所，并在业内积累了较高的声誉，但 2001 年安然公司的会计丑闻显示，安达信因缺乏正确评价安然公司的风险，并对审计师认为不是风险领域缺乏实施必要的审计程序而导致审计失败，由此诱发了安达信这个拥有百年历史的大型会计师事务所的毁灭。在国内，中天勤也是国内当时数一数二的大型会计师事务所，但 2001 年银广夏会计丑闻显示，中天勤因缺乏风险观念，机械地执行审计程序而导致审计失败，中天勤会计师事务所也不复存在。国内外这两个典型的案例似乎告诉人们：注册会计师在执业中缺乏风险导向审计不行，但错误运用风险导向审计的理念和方法也不行，究竟审计师在执业中如何进行风险审计呢？

第一节 审计风险准则与风险评估

一、审计风险准则的演变及其特征

（一）审计风险准则的演变

最早的审计工作实务是从会计账簿入手，但由于审计师过分追求数字的精确性而忽视数字背后的风险，引发了一系列的审计失败案件，由此，促使人们对审计风险进行进一步研究。

审计风险准则项目最早由国际审计与鉴证准则理事会（IAASB）起草，并受到联合工作组（Joint Working Group）和美国公共监督理事会（Public Oversight Board）的审计效率研究工作组（原美国审计师协会下设组织）的影响。1998 年，加拿大、英国、美国的准则制定机构与学者组成联合工作组，了解和研究审计实务的发展情况，并为准则制定机构对审计准则作出必要修订提供建议。2000 年 5 月，联合工作组发表了研究报告《大型会计师事务所的审计方法发展》；2000 年 8 月，公共监督理事会发布了关于审计效率的研究报告。这两份报告的主要研究结论是，审计风险基本模型并没有被废弃，但需要作出适当的调整。

国际审计与鉴证准则理事会和美国审计准则委员会（ASB，原美国审计师协会下设组织）都确定了有关项目来应对审计环境的变化，并考虑联合工作组和公共监督理事会的研究建议。由于两个准则制定机构面临相似的问题，具有提高审计质量的共同目的，因此两个项目小组合并成立了联合风险评估工作组，制定共同的审计风险准则，从源头上实现国际协调。

在审计风险准则项目开始的初期，相继发生了一些国际知名公司财务舞弊丑闻，严重损害了社会公众对审计有效性的信心，也使准则制定机构对审计师的工作进行大量和深入的调查。尽管国际审计与鉴证准则理事会起草的审计风险准则项目并不是直接针对这些审计失败而直接作出的应对，但准则项目随后的调整、修改和完善（特别是对整个审计过程加以改进的思路）的确受到了这些重大事件的影响，国际审计与鉴证准则理事会也希望借这些准则提高全球范围内的审计实务标准及其运用的一致性。

联合风险评估工作组于 2002 年 10 月发布了审计风险准则征求意见稿，包括《财务报表审计的目标和一般原则》、《审计证据》、《了解被审计单位及其环境并评估重大错报风险》和《针对评估的重大错报风险实施的程序》。2003 年 10 月，国际审计与鉴证准则理事会在东京的会议上对征求意见稿进行了最后修订，获得委员会通过，审计风险准则在 2004 年 12 月 15 日之后正式施行。

随着经济全球化进程的加快，我国经济的快速发展，以及企业经营环境的急速变化，我国审计准则建设面临着许多挑战，主要体现在：行业风险日益增大；现行审计实务不能有效应对财务报表重大错报风险；审计风险准则的出台导致国际审计准则出现很大的变化；我国与其他国家和地区的经济依存度日益提高，审计准则国际趋同的要求越来越迫切。面对上述挑战，要求中国注册会计师协会加快审计准则建设，推进审计准则国际趋同，出台审计风险准则，以提高审计质量，降低行业风险。我国出台的审计风险准则，包括《中国注册会计师审计准则第 1101 号——财务报表审计的目标和一般原则》、《中国注册会计师审计准则第 1301 号——审计证据》、《中国注册会计师审计准则第 1211 号——了解被审计单位及其环境并评估重大错报风险》和《中国注册会计师审计准则第 1231 号——针对评估的重大错报风险实施的程序》。

（二）审计风险准则的特征

众所周知，财务报表为被审计单位的财务活动提供了一个正式记录。财务活动开始于被审计单位的决策过程，受经营战略、控制活动和经营过程的影响。当决策开始执行后，交易活动随之发生，在会计记录中得以反映，并在财务报表中汇总体现。

在审计风险准则出台之前，审计师通常先对被审计单位获取基本了解，然后针对财务报表获取充分、适当的审计证据。审计资源主要集中于管理层作出的决策信息和财务报表。这种方法的缺陷在于审计师可能并没有意识到，或全面理解所记录的关于管理层决策的信息的重要性。审计师只有通过花时间了解被审计单位的经营性质、经营目标和舞弊因素、经营战略、企业文化和价值观（控制环境）、员工的胜任能力、组织结构和生产过程，以及用于应对风险的内部控制才能够知道信息系统实际应该记录什么类型的信息。

与原审计准则相比，审计风险准则体现出以下特点：

（1）要求审计师必须了解被审计单位及其环境。审计师通过了解被审计单位及其环境，包括了解内部控制，为识别财务报表层次，以及各类交易、账户余额和列报认定层次的重大错报风险提供更好的基础。

（2）要求审计师在审计的所有阶段都要实施风险评估程序。审计师应当将识别的风险与认定层次可能发生错报的领域相联系，实施更为严格的风险评估程序，不得未经过风险评估，直接将风险设定为高水平。

（3）要求审计师将识别和评估的风险与实施的审计程序挂钩。在设计和实施进一步审计程序（控制测试和实质性程序）时，审计师应当将审计程序的性质、时间和范围与识别、评估的风险相联系，以防止机械地利用程序表从形式上迎合审计准则对程序的要求。

（4）要求审计师针对重大的各类交易、账户余额和列报实施实质性程序。审计师对重大错报风险的评估是一种判断，被审计单位内部控制存在固有限制，无论评估的重大错报风险结果如何，审计师都应当针对重大的各类交易、账户余额和列报实施实质性程序，不得将实质性程序只集中在例外事项上。

（5）要求审计师将识别、评估和应对风险的关键程序形成审计工作记录，以保证执业质量，明确执业责任。

审计风险准则的出台，有利于降低审计失败发生的概率，增强社会公众对行业的信心；有利于严格审计程序，识别、评估和应对重大错报风险；有利于明确审计责任，实施有效的质量控制；有利于促使审计师掌握新知识和新技能，提高整个行业的专业水平。同时，审计风险准则对审计师风险评估程序，以及依据风险评估结果实施进一步审计程序影响很大，因此，也影响到审计工作的各个方面。

【实例9-1】（多选题）关于审计风险准则特点的表述中，不正确的有（　　）。

A．要求注册会计师必须了解被审计单位及其环境

B．对于小企业，注册会计师可以不经风险评估直接将相关风险设定为高水平

C．注册会计师可以只针对例外事项执行实质性程序

D．注册会计师必须执行控制测试

分析：BCD。注册会计师不得未经风险评估将相关风险设定为高水平，故选项B不正确；无论评估的重大错报风险结果如何，注册会计师都应当针对重大的各类交易、账户余额和披露实施实质性程序，不得将实质性程序只集中在例外事项上，故选项C不正确；是否执行控制测试取决于注册会计师的专业判断，在预期内部控制无效或者执行控制测试不经济的情况下，注册会计师可以不执行控制测试，故选项D不正确。

二、风险种类与审计风险模型

（一）经营风险及其对审计的影响

随着国际化、信息化以及金融化发展，企业面临着各种各样、逐渐增大的风险。在现代市场经济中，任何企业都可能存在对实现企业目标或执行企业战略产生不利影响的各种不确定因素，即出现经营风险。

经营风险源于对被审计单位实现目标和战略产生不利影响的重大情况、事项、环境和行动，或源于不恰当的目标和战略。不同的企业可能面临不同的经营风险，取决于企业经

营的性质、所处行业、外部监管环境、企业的规模和复杂程度。企业管理层有责任识别和应对这些风险。

在审计实务中，审计师之所以关注经营风险，是因为经营风险与财务报表发生重大错报的风险密切相关。许多经营风险最终都会有财务后果，因而影响到会计报表，进而对审计产生影响（见表9-1）。

表 9-1   **经营风险及其来源和对审计的影响举例**[①]

经营风险	风险的来源	对审计的影响举例
竞争者开始延长产品保证期	竞争者	延长保证承诺可能要求增加预提保证费用
竞争者提高了关键财务和管理人事的薪酬	竞争者	决策和信息处理的可靠性可能下降 人工成本的分配可能需要调整 应计职工福利可能需要增加
由于原材料产地的气候恶劣导致上等原材料发生短缺	供应商	在标准成本计算公式中废料率和损耗率可能上升 可能产生与购买承诺有关的计价问题
顾客所处行业正处于衰退期	购买者	应收账款可能不能以原账面净值收回，可能需要增加坏账准备
顾客的需求发生变化，需要改进产品的功能和质量	购买者	库存存货可能陈旧和过时，导致可变现净值下降
销售渠道发生改变，从零售店销售到网上销售	购买者	现存的销售渠道可能需要关闭，带来重组成本（资产处置、员工解雇成本）
产品的关键专利即将过期，没有重大的可申请新专利的技术进步	进入市场的新竞争者	对与生产产品有关的资产的投资可能无法收回，企业可能无法持续经营
进入市场的新竞争者在技术上领先	进入市场的新竞争者	投资需要计提减值准备

（二）审计风险模型

基于企业风险管理框架下的审计风险模型是：

审计风险=重大错报风险×检查风险

审计风险（Audit Risk，AR）是指财务报表存在重大错报而审计师发表不恰当审计意见的可能性。

重大错报风险是指财务报表在审计前存在重大错报的可能性，审计师应当从财务报表及各类交易、账户余额和列报认定两个层次考虑财务报表重大错报。财务报表层次重大错报风险与财务报表整体存在广泛联系，它可能影响多项认定。此类风险通常与控制环境有关，如管理层缺乏诚信、治理层同虚设而不能对管理层进行有效监督等；但也可能与其他因素有关，如经济萧条、企业所处行业处于衰退期。此类风险难以被界定于某类交易、

---

①   资料来源 KNECHEL W R. Auditing: text and cases [M]. Cincinnati: South-Western College Publishing, 1998: 99-101.

账户余额、列报的具体认定，相反，此类风险增大了一个或多个不同认定发生重大错报的可能性，与由舞弊引起的风险特别相关。

认定层次的重大错报风险又可以进一步细分为固有风险和控制风险。固有风险（Inherent Risk，IR），是指假设不存在相关的内部控制，某一认定发生重大错报的可能性，无论该错报单独考虑，还是连同其他错报构成重大错报。报表中某些类别的交易、账户余额、披露及其认定，固有风险较高。例如，复杂的计算比简单计算更可能出错；受重大计量不确定性影响的会计估计发生错报的可能性较大。产生经营风险的外部因素也可能影响固有风险，如技术进步可能导致某项产品陈旧，进而导致存货易于发生高估错报（计价认定）。除上述与具体认定相关的风险外，被审计单位及其环境中的某些因素还可能与多个甚至所有类别的交易、账户余额、披露有关，进而影响多个认定的固有风险。这些因素包括维持经营的流动资金匮乏、被审计单位处于夕阳行业等。控制风险（Control Risk，CR），是指某项认定发生了重大错报，无论该错报单独考虑，还是连同其他错报构成重大错报，而该错报没有被企业的内部控制及时防止、发现和纠正的可能性。控制风险取决于与财务报表编制有关的内部控制的设计和运行的有效性。由于控制的固有局限性，某种程度的控制风险始终存在。值得注意的是，虽然固有风险和控制风险综合水平决定了重大错报风险，是企业客观存在的，审计师既可以对两者进行单独评估，也可以对两者进行合并评估。具体采用的评估方法取决于会计师事务所偏好的审计技术和方法及实务上的考虑。此外，重大错报的评估结果可以用定量的方式表述，如百分比，也可以用定性的方式表述，如"高""中""低"。在任何情况下，重要的是审计师得出适当的评估结果，而不是所采用的具体方法。

检查风险（Detection Risk，DR），是指某一账户或交易类别单独或连同其他账户、交易类别产生重大错报或漏报，而未能被实质性测试发现的可能性。由于审计师通常并不对所有的交易、账户余额和列报进行检查，检查风险不可能降低为零。在既定的审计风险水平下，可接受的检查风险与认定层次重大错报风险的评估结果成反向关系。评估的重大错报风险越高，可接受的检查风险越低；评估的重大错报风险越低，可接受的检查风险越高。检查风险和重大错报风险的反向关系如图9-1所示。

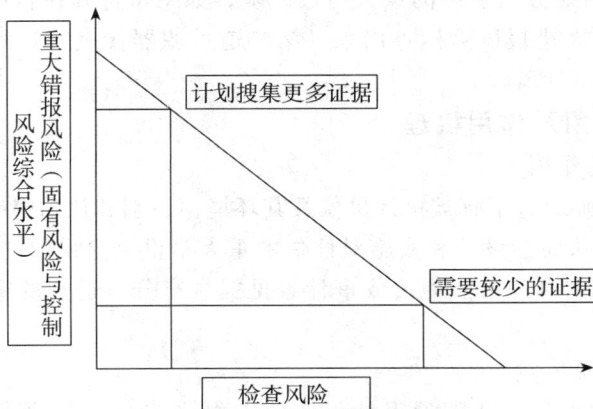

图 9-1　检查风险和重大错报风险的反向关系

审计风险要素的属性及其确定见表 9-2。

表 9-2 　　　　　　　　　审计风险要素的属性及其确定

项目		被审计单位	审计师	审计师如何确定或控制
审计风险		—	可接受水平	一般为 3% ~ 5%
重大错报风险	固有风险	具体情况	评估水平	风险评估（了解被审计单位基本情况）
	控制风险	内部控制缺陷	评估水平	风险评估（了解企业内部控制或执行穿行测试）
检查风险		—	没有查找出重大错报	执行进一步审计程序，将检查风险降低至可接受水平

【实例 9-2】（单选题）下列有关审计风险的说法中，错误的是（　　　　）。

A．如果注册会计师将某一认定的可接受审计风险设定为 10%，评估的重大错报风险为 35%，则可接受的检查风险为 25%

B．实务中，注册会计师不一定用绝对数量表达审计风险水平，可选用文字进行定性表述

C．审计风险并不是指注册会计师执行业务的法律后果

D．在审计风险模型中，重大错报风险独立于财务报表审计而存在

分析：A。根据审计风险模型（审计风险=重大错报风险×检查风险），如果某一认定的可接受审计风险设定为 10%，评估的重大错报风险为 35%，则其检查风险为 28.57%（10%÷35%）。

（三）经营风险与审计风险的转化

尽管企业经营风险最终可能会对财务报表产生影响，但不是每种经营风险都直接转化为财务报表中的重大错报风险。经营风险如何转化为审计风险呢？我们通过图 9-2 可以看出：企业经营风险大，财务报告中出现错误的可能性（固有风险）大，如果企业缺乏内部控制或内部控制不能有效识别、发现和防范这些风险（第一道过滤器代表企业内部控制），这些风险就成为财务报表中的重大错报风险，如果审计师执行的审计程序不能把这些进入报表的所有重大错报风险检查出来（第二道过滤器代表审计师执行的审计程序），经营风险就转变为了审计风险。

三、风险评估的作用及作用机理

（一）风险评估的作用

在实务中，审计师通过了解被审计单位及其环境，识别和评估财务报表层次和认定层次的重大错报风险，从而为设计和实施对评估的重大错报风险采取的应对措施提供基础，但是，风险评估程序本身并不能为形成审计意见提供充分、适当的审计证据，其作用主要有：

（1）评估重大错报风险。

（2）确定重要性水平，并随着审计工作的进程评估对重要性水平的判断是否仍然适当。

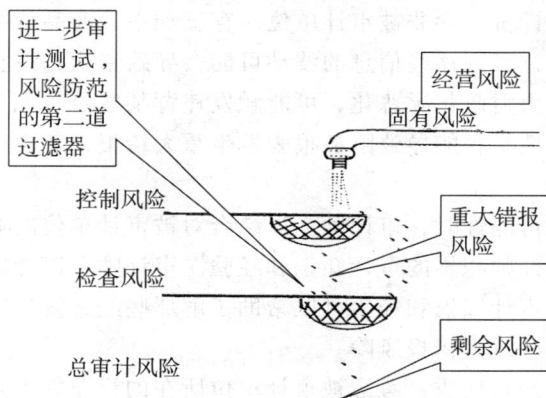

图 9-2　经营风险与审计风险的转化

（3）考虑选择和运用会计政策的恰当性，以及财务报表披露的充分性。

（4）识别需要特别考虑的领域，包括关联方交易、管理层运用持续经营假设的合理性，或交易是否具有合理的商业目的等。

（5）确定在实施分析程序时所使用的预期值。

（6）应对评估的重大错报风险，包括设计和实施进一步审计程序，以获取充分、适当的审计证据。

（7）评价已获取审计证据的充分性和适当性。

了解被审计单位及其环境是一个连续和动态地搜集、更新与分析信息的过程，贯穿于整个审计过程的始终。审计师应当运用职业判断确定需要了解被审计单位及其环境的程度。

评价对被审计单位及其环境了解的程度是否恰当，关键是看审计师对被审计单位及其环境的了解是否足以识别和评估财务报表的重大错报风险。如果了解被审计单位及其环境获得的信息足以识别和评估财务报表的重大错报风险，设计和实施进一步审计程序，那么了解的程度就是恰当的。当然，要求审计师对被审计单位及其环境了解的程度，要低于管理层为经营管理企业而对被审计单位及其环境需要了解的程度。

（二）风险评估作用机理

风险评估贯穿在审计整个过程中，主要作用机理描述如下：

1.识别风险

通过了解被审计单位及其环境，包括与风险相关的控制，以及考虑某类交易、账户结余和财务报表的列报来识别风险。审计师可以最初从承接客户或续约过程中获得的信息，尤其是通过了解被审计单位的经营及其所在的行业状况来识别风险。审计师还可以考虑使用财务基准，将被审计单位与行业统计数据、同行或竞争者进行比较。尤其重要的是，要考虑在了解被审计单位的经营目标和相关风险评估过程中发现的经营风险对审计的影响。

2.将识别的风险与在财务报表认定层次可能出现的错报联系起来

财务报表认定层面的错报寻根求源与识别出的风险相关联，如引入新产品 B 造成产品 A 的销售下降从而导致产品 A 的存货积压，产品 A 的存货减值就会影响到存货的计价认定；严重的经济不景气可能会从以下几个方面影响到金融服务类公司：坏账准备的提取可能会影响到贷款额的计价；除非被审计单位对存款利率、商品价格或外汇汇率等相关信息的主文件有有效控制，否则这些信息的波动可能会导致错误；终止员工合同而计提的准备金可能会被低估；如果财政状况恶化，可能触发违背某些监管规定的问题。

3. 评估风险的重大性是否能导致财务报表发生重大错报，考虑风险导致财务报表发生重大错报的可能性

在考虑风险发生的可能性时，审计师可以结合对被审计单位的业务、所在行业、风险和控制的了解，以及审计师积累的审计知识和经验。审计师可以考虑以下因素：

（1）审计师积累的审计知识和经验可以帮助了解那些经常发生审计调整的领域，这些领域可能会预示存在某些重大错报风险。

（2）被审计单位的经营性质：考虑被审计单位所在的行业特点是否使得被审计单位的存货容易过时，或其客户的财务状况不稳定。例如，如果被审计单位处于高科技行业、时尚行业或食品行业，那么存货减值就有可能是导致重大错报的领域。

4. 修正风险评估

审计师对认定层次重大错报风险的评估应以获取的审计证据为基础，并可能随着不断获取审计证据而作出相应的变化。

审计师对重大错报风险的评估可能基于预期控制运行有效这一判断，即相关控制可以防止或发现并纠正认定层次的重大错报。但在测试控制运行的有效性时，审计师获取的证据可能表明相关控制在被审计期间并未有效运行。同样，在实施实质性程序后，审计师可能发现错报的金额和频率比在风险评估时预计的金额和频率要高。因此，如果通过实施进一步审计程序获取的审计证据与初始评估获取的审计证据相矛盾，审计师应当修正风险评估结果，并相应修改原计划实施的进一步审计程序。

风险评估是需要审计项目组所有成员参与的一个连续和动态地搜集、更新与分析信息的过程，贯穿于整个审计过程的始终。在审计过程中，审计师可能会发现改变审计风险初始评估结果的新证据。例如，在审计过程中所搜集到的信息可能会跟初始评估风险时搜集到的信息有明显的差异。遇到这种情况，审计项目组成员应考虑集体讨论，必要时针对更新的风险评估修订审计程序。

在得出审计结论、发表审计意见之前，审计师应该考虑初始的风险评估结果是否被所实施的控制测试和实质性程序所证实。如果风险评估的结论发生变化，审计师需要运用职业判断来确定新识别的审计风险是否已经降至可接受的低水平并能够充分支持其得出的审计结论。

第二节　风险评估流程及其具体程序

一、风险评估流程

审计师了解被审计单位及其环境，以识别和评估财务报表层次和认定层次的重大错报风险而实施的程序称为"风险评估程序"。审计师执行的风险评估程序流程如图 9-3 所示。

审计师从下列方面了解被审计单位及其环境：

了解被审计单位及其环境（不包括内部控制）	了解内部控制	对风险评估及审计计划的讨论	评估重大错报风险
了解被审计单位的行业状况、法律环境与监管环境以及其他外部因素；被审计单位的性质；对会计政策的选择和运用目标、战略以及相关经营风险；财务业绩的衡量和评价	控制环境；被审计单位的风险评估过程；信息系统与沟通；控制活动；对控制的监督	被审计单位面临的经营风险；财务报表容易发生错报的领域；错报的方式，特别是由于舞弊导致重大错报的可能性	财务报表层次 认定层次（各类交易、账户余额、列报（包括披露））

实施风险评估程序

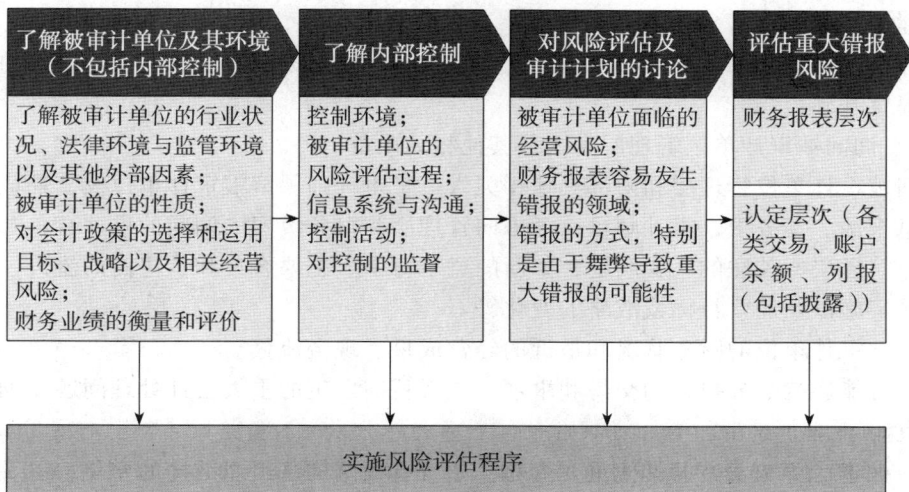

图 9-3 风险评估程序流程

（1）行业状况、法律环境与监管环境以及其他外部因素。

（2）被审计单位的性质。

（3）被审计单位对会计政策的选择和运用。

（4）被审计单位的目标、战略以及相关经营风险。

（5）被审计单位财务业绩的衡量和评价。

（6）被审计单位的内部控制。

上述第（1）项是被审计单位的外部环境，第（2）、（3）、（4）项以及第（6）项是被审计单位的内部因素，第（5）项则既有外部因素也有内部因素。值得注意的是，被审计单位及其环境的各个方面可能会互相影响。例如，被审计单位的行业状况、法律环境与监管环境以及其他外部因素可能影响到被审计单位的目标、战略以及相关经营风险，而被审计单位的性质、目标、战略以及相关经营风险可能影响到被审计单位对会计政策的选择和运用，以及内部控制的设计和执行。因此，审计师在对被审计单位及其环境的各个方面进行了解和评估时，应当考虑各因素之间的相互关系。

审计师针对上述六个方面实施的风险评估程序的性质、时间和范围取决于审计业务的具体情况，如被审计单位的规模和复杂程度，以及审计师的相关审计经验，包括以前对被审计单位提供审计和相关服务的经验以及对类似行业、类似企业的审计经验。此外，识别被审计单位及其环境在上述各方面与以前期间相比发生的重大变化，对于充分了解被审计单位及其环境、识别和评估重大错报风险尤为重要。

【实例 9-3】（单选题）了解被审计单位及其环境一般（　　）。

A．在承接客户和续约时进行

B．在进行审计计划时进行

C．在进行期中审计时进行

D．贯穿于整个审计过程的始终

分析：D。了解被审计单位及其环境即风险评估贯穿于整个审计过程的始终。

二、风险评估程序

审计师应当实施下列风险评估程序，为识别和评估财务报表层次和认定层次的重大错报风险提供基础：

（一）询问被审计单位管理层和内部其他相关人员

询问被审计单位管理层和内部其他相关人员是审计师了解被审计单位及其环境的一个重要信息来源。实务中，审计师可以考虑向管理层和财务负责人询问的事项有：

（1）管理层所关注的主要问题，如新的竞争对手、主要客户和供应商的流失、新的税收法规的实施以及经营目标或战略的变化等。

（2）被审计单位的财务状况和最近的经营成果、现金流量。

（3）可能影响财务报告的交易和事项，或者目前发生的重大会计处理问题。如重大的购并事宜等。

（4）被审计单位发生的其他重要变化，如所有权结构、组织结构的变化，以及内部控制的变化等。

另外，审计师除了询问管理层和对财务报告负有责任的人员外，还应当考虑询问内部审计师、采购人员、生产人员、销售人员等其他人员，并考虑询问不同级别的员工，以获取对识别重大错报风险有用的信息。审计师要根据其识别和评估重大错报风险的不同需要，询问不同的人员：

（1）询问治理层，有助于审计师理解财务报表编制的环境以及可能加大重大错报风险的战略方面问题。

（2）询问内部审计师，有助于审计师了解其针对被审计单位内部控制设计和运行有效性而实施的工作，以及管理层对内部审计发现的问题是否采取适当的行动。

（3）询问参与生成、处理或记录复杂或异常交易的员工，有助于审计师评估被审计单位选择和运用某项会计政策的适当性。

（4）询问内部法律顾问，有助于审计师了解有关诉讼、法律法规的遵循情况、影响被审计单位的舞弊或涉嫌舞弊、产品保证和售后责任、与业务合作伙伴的安排（如合营企业），以及合同条款的含义。

（5）询问营销或销售人员，有助于审计师了解被审计单位的营销策略及其变化、销售趋势或与其客户的合同安排。

（6）询问采购人员和生产人员，有助于审计师了解被审计单位的原材料采购和产品生产等情况。

（7）询问仓库人员，有助于审计师了解原材料、产成品等存货的进出、保管和盘点等情况。

（二）分析程序

分析程序是指审计师通过研究不同财务数据之间以及财务数据与非财务数据之间的内在关系，对财务信息作出评价。分析程序还包括调查识别出的、与其他相关信息不一致或与预期数据严重偏离的波动和关系。

审计师实施分析程序有助于识别异常的交易或事项，以及对财务报表和审计产生影响的金额、比率和趋势。实施分析程序的具体步骤见表9-3。

表9-3　　　　　　　　　　　　　　分析程序的具体步骤

做什么	怎么做
识别数据间的内在关系	对不同类型信息之间合理预计可能存在的内在关系作出预期。如有可能，尽量使用独立来源的信息。财务信息和非财务信息包括： ①以前可比较期间的财务报表； ②预算、预测和推断，包括根据中期或年度数据所作出的推断 ③有关被审计单位所处行业以及当前经济状况的信息
比较	将被审计单位的数据与相关信息进行比较
评价结果	评价比较结果，如果发现异常或未逾期的关系，考虑潜在的重大错报风险

如果使用了高度汇总的数据，实施分析程序的结果仅可能初步显示财务报表存在重大错报风险，审计师应当将分析结果连同识别重大错报风险时获取的其他信息一并考虑。

（三）观察和检查

观察和检查程序可以验证对管理层和其他相关人员的询问结果，并可提供有关被审计单位及其环境的信息，审计师应当实施下列观察和检查程序：

（1）观察被审计单位的生产经营活动，如观察被审计单位人员正在从事的生产活动和内部控制活动等。

（2）检查文件、记录和内部控制手册，如检查被审计单位的章程，与其他单位签订的合同、协议，股东大会、董事会会议、高级管理层会议的会议记录或纪要，各业务流程操作指引和内部控制手册，各种会计资料、内部凭证和单据等。

（3）阅读由管理层和治理层编制的报告，如阅读被审计单位年度和中期财务报告、管理层的讨论和分析资料、经营计划和战略、对重要经营环节和外部因素的评价、被审计单位内部管理报告以及其他特殊目的的报告（如新投资项目的可行性分析报告）。

（4）实地察看被审计单位的生产经营场所和设备。

（5）追踪交易在财务报告信息系统中的处理过程（穿行测试）。这是审计师了解被审计单位业务流程及其内部控制时经常使用的审计程序。通过追踪某笔或某几笔交易在业务流程中如何生成、记录、处理和报告，以及相关内部控制如何执行，审计师可以确定被审计单位的交易流程和内部控制是否与之前通过其他程序所获得的了解一致，并确定内部控制是否得到执行。

（四）项目组内部讨论

项目组成员应当对财务报表存在重大错报的可能性进行讨论。项目组内部成员进行讨论的目标是：

（1）帮助项目组成员更好地了解在各自分工负责的领域中潜在的财务报表重大错报，并了解各自实施的审计程序的结果可能影响审计的其他方面，包括对确定进一步审计程序的性质、时间安排和范围的影响。

（2）为更有经验的成员提供了分享其根据被审计单位的了解形成见解的机会。

（3）使项目组成员能够讨论被审计单位面临的经营风险、财务报表容易发生错报的领域以及错报的方式，特别是由于舞弊或错误导致重大错报的可能性。

（4）为项目组成员交流和分享在审计过程中获取的、可能影响重大错报风险评估结果或应对这些风险的审计程序的新信息提供基础。

审计师运用职业判断确定参与项目组内部讨论的成员，会议举行的时间和方式，讨论的内容包括：

（1）选举关键成员以及在特殊领域需要的特殊成员参与讨论。

（2）在跨地区审计中，选举每个重要地区项目组的关键人员参与讨论。

（3）应讨论项目组对拥有特殊技能专家的需要，计算机行业审计人员；法律行业审计人员，判断是否已查出舞弊；证券分析师，判断被审计单位是否需要进行证券评估等。

（4）了解实施审计程序的结果，是否影响进一步审计程序的性质、时间和范围。

（5）项目组成员在整个审计过程中保持职业怀疑态度，警惕表明舞弊或错误导致的重大错报可能已经发生的信息或其他迹象，并对这些迹象进行追踪。

项目组的讨论可能修改审计策略和拟实施审计程序，或者进一步审计程序的性质、时间和范围。审计师应当记录审计项目组讨论的由于舞弊或错误导致财务报表重大错报的可能性，以及达成的重要结论，包括为了应对所评估风险拟实施的进一步审计程序。

【实例9-4】（单选题）下列有关项目组内部讨论的说法中，错误的是（　　　）。

A．参与讨论人员的范围受项目组成员的职责经验和信息需要的影响

B．项目组应当讨论被审计单位面临的经营风险、财务报表容易发生错报的领域以及发生错报的方式，特别是由于舞弊导致重大错报的可能性

C．如果项目组需要拥有信息技术或其他特殊技能的专家，这些专家不用参与讨论

D．项目组应当根据审计的具体情况，持续交换有关被审计单位财务报表发生重大错报可能性的信息

分析：C。如果项目组需要拥有信息技术或其他特殊技能的专家（包括会计师事务所内外），项目组讨论时，这些专家也应参与讨论，故选项C不正确。

（五）利用以前期间获取的信息

审计师以往与被审计单位交往的经验以及以前审计中实施的审计程序可以为审计师提供以下事项的信息：

（1）以前的错报情况以及错报是否及时得到更正。

（2）被审计单位及其环境的信息、被审计单位的内部控制（包括内部控制缺陷）。

（3）自上期以来被审计单位或其经营活动可能发生的重大变化，这些变化可以帮助审计师对被审计单位获取充分的了解，以识别和评估重大错报风险。

如果拟将以前期间获取的信息用于本期审计，审计师应当评价这些信息是否仍然相关，并对已经变化的信息，追加审计程序予以查证。

【实例9-5】（单选题）在进行风险评估时，注册会计师通常采用的审计程序是（　　　）。

A．将财务报表与其所依据的会计记录相核对

B．实施分析程序以识别异常的交易或事项，以及对财务报表和审计产生影响的金额、比率和趋势

C.对应收账款进行函证

D.以人工方式或使用计算机辅助审计技术，对记录或文件中的数据计算准确性进行核对

分析：B。风险评估的程序包括询问被审计单位管理层和内部其他相关人员、分析程序、观察和检查。分析程序既可用作风险评估程序和实质性程序，也可用于对财务报表的总体复核。注册会计师实施分析程序有助于识别异常的交易或事项，以及对财务报表和审计产生影响的金额、比率和趋势。选项ACD都是实质性测试程序。

第三节　了解被审计单位及其环境

一、了解被审计单位环境

（一）行业因素

了解行业状况有助于审计师识别与被审计单位所处行业有关的重大错报风险。

审计师应当了解被审计单位的行业状况，主要包括：所处行业的市场供求与竞争；生产经营的季节性和周期性；产品生产技术的变化；能源供应与成本；行业的关键指标和统计数据。

具体而言，审计师可能需要了解以下情况：

（1）被审计单位所处行业的总体发展趋势是什么？

（2）处于哪一发展阶段，如起步、快速成长、成熟或衰退阶段？

（3）所处市场的需求、市场容量和价格竞争如何？

（4）该行业是否受经济周期波动的影响，以及采取了什么行动使波动产生的影响最小化？

（5）该行业受技术发展影响的程度如何？

（6）是否开发了新的技术？

（7）能源消耗在成本中所占比重，能源价格的变化对成本的影响？

（8）谁是被审计单位的重要竞争者，它们所占的市场份额分别是多少？

（9）被审计单位与其竞争者相比主要的竞争优势是什么？

（10）被审计单位业务的增长率和财务业绩与行业的平均水平及主要竞争者相比如何，存在重大差异的原因是什么？

（11）竞争者是否采取了某些行动，如购并活动、降低销售价格、开发新技术等，从而对被审计单位的经营活动产生影响？

（二）法律和监管因素

了解法律环境及监管环境的主要原因在于：某些法律法规或监管要求可能对被审计单位经营活动有重大影响，如不遵守将导致停业等严重后果；某些法律法规或监管要求（如环保法规等）规定了被审计单位某些方面的责任和义务；某些法律法规或监管要求决定了被审计单位需要遵循的行业惯例和核算要求。

审计师应当了解被审计单位所处的法律环境及监管环境，主要包括：会计原则和行业特定惯例；受管制行业的法律框架；对经营活动产生重大影响的法律法规及监管活动；对

开展业务产生重大影响的政府政策，包括货币、财政、税收和贸易等政策；与被审计单位所处行业和所从事经营活动相关的环保要求。

具体而言，审计师可能需要了解以下情况：

（1）国家对某一行业的企业是否有特殊的监管要求，如对银行、保险等行业的特殊监管要求？

（2）是否存在新出台的法律法规，如新出台的有关产品责任、劳动安全或环境保护的法律法规等，对被审计单位有何影响？

（3）国家货币、财政、税收和贸易等方面政策的变化是否会对被审计单位的经营活动产生影响？

（4）与被审计单位相关的税务法规是否发生变化？

（三）其他外部因素

审计师应当了解影响被审计单位经营的其他外部因素，主要包括：宏观经济的景气度；利率和资金供求状况；通货膨胀水平及币值变动；国际经济环境和汇率变动。

具体而言，审计师可能需要了解以下情况：

（1）当前的宏观经济状况以及未来的发展趋势如何？

（2）目前国内或本地区的经济状况（如增长率、通货膨胀率、失业率、利率等）怎样影响被审计单位的经营活动？

（3）被审计单位的经营活动是否受到汇率波动或全球市场力量的影响？

（四）了解的重点和程度

审计师对行业状况、法律环境与监管环境以及其他外部因素了解的范围和程度会因被审计单位所处行业、规模以及其他因素（如在市场中的地位）的不同而不同。例如，对从事计算机硬件制造的被审计单位，审计师可能更关心市场和竞争以及技术进步的情况；对金融机构，审计师可能更关心宏观经济走势以及货币、财政等方面的宏观经济政策；对化工等产生污染的行业，审计师可能更关心相关环保法规。审计师应当考虑将了解的重点放在对被审计单位的经营活动可能产生重要影响的关键外部因素以及与前期相比发生的重大变化上。

审计师应当考虑被审计单位所在行业的业务性质或监管程度是否可能导致特定的重大错报风险，考虑项目组是否配备了具有相关知识和经验的成员。例如，建筑行业长期合同涉及收入和成本的重大估计，可能导致重大错报风险；银行监管机构对商业银行的资本充足率有专门规定，不能满足这一监管要求的商业银行可能有操纵财务报表的动机和压力。

二、被审计单位的性质

（一）所有权结构

对被审计单位所有权结构的了解有助于审计师识别关联方关系并了解被审计单位的决策过程。审计师应当了解所有权结构以及所有者与其他人员或单位之间的关系，考虑关联方关系是否已经得到识别，以及关联方交易是否得到恰当核算。例如，审计师应当了解被审计单位是属于国有企业、外商投资企业、民营企业，还是属于其他类型的企业，还应当了解其直接控股母公司、间接控股母公司、最终控股母公司和其他股东的构成，以及所有者与其他人员或单位（如控股母公司控制的其他企业）之间的关系。审计师应当按照《中国注册会计师审计准则第 1323 号——关联方》的规定，了解被审计单位识别关联方的程序，获取被审计单位提供的所有关联方信息，并考虑关联方关系是否已经得到识别，关联方交易是否得到恰当记录和充分披露。

同时，审计师可能需要对其控股母公司（股东）的情况做进一步的了解，包括控股母公司的所有权性质，管理风格及其对被审计单位经营活动及财务报表可能产生的影响；控股母公司与被审计单位在资产、业务、人员、机构、财务等方面是否分开，是否存在占用资金等情况；控股母公司是否施加压力，要求被审计单位达到其设定的财务业绩目标。

（二）治理结构

良好的治理结构可以对被审计单位的经营和财务运作实施有效的监督，从而降低财务报表发生重大错报的风险。审计师应当了解被审计单位的治理结构。例如，董事会的构成情况、董事会内部是否有独立董事；治理结构中是否设有审计委员会或监事会及其运作情况。审计师应当考虑治理层是否能够在独立于管理层的情况下对被审计单位事务（包括财务报告）作出客观判断。

（三）组织结构

复杂的组织结构可能导致某些特定的重大错报风险。审计师应当了解被审计单位的组织结构，考虑复杂组织结构可能导致的重大错报风险，包括财务报表合并、商誉减值以及长期股权投资核算等问题。例如，对于在多个地区拥有子公司、合营企业、联营企业或其他成员机构，或者存在多个业务分部和地区分部的被审计单位，不仅编制合并财务报表的难度增加，还存在其他可能导致重大错报风险的复杂事项，包括：对于子公司、合营企业、联营企业和其他股权投资类别的判断及其会计处理；商誉在不同业务分部间的减值等。

（四）经营活动

了解被审计单位经营活动有助于审计师识别预期在财务报表中反映的主要交易类别、重要账户余额和列报。审计师应当了解被审计单位的经营活动，主要包括：

（1）主营业务的性质。例如，主营业务是制造业还是商品批发与零售；是银行、保险还是其他金融服务；是公用事业、交通运输还是提供技术产品和服务等。

（2）与生产产品或提供劳务相关的市场信息。例如，主要客户和合同、付款条件、利润率、市场份额、竞争者、出口、定价政策、产品声誉、质量保证、营销策略和目标等。

（3）业务的开展情况。例如，业务分部的设立情况、产品和服务的交付、衰退或扩展的经营活动的详情等。

（4）联盟、合营与外包情况。

（5）从事电子商务的情况。例如，是否通过互联网销售产品和提供服务以及从事营销活动。

（6）地区与行业分布。例如，是否涉及跨地区经营和多种经营，各个地区和各行业分布的相对规模以及相互之间是否存在依赖关系。

（7）生产设施、仓库的地理位置及办公地点。

（8）关键客户。例如，销售对象是少量的大客户还是众多的小客户；是否有被审计单位高度依赖的特定客户（如超过销售总额 10% 的顾客）；是否有造成高回收性风险的若干客户或客户类别（如正处在一个衰退市场中的客户）；是否与某些客户订立了不寻常的销售条款或条件。

（9）重要供应商。例如，是否签订长期供应合同，原材料供应的可靠性和稳定性，付款条件，以及原材料是否受重大价格变动的影响。

（10）劳动用工情况。例如，分地区用工情况、劳动力供应情况、工薪水平、退休金和其他福利、股权激励或其他奖金安排以及与劳动用工事项相关的政府法规。

（11）研究与开发活动及其支出。

（12）关联方交易。例如，有些客户或供应商是否为关联方；对关联方和非关联方是否采用不同的销售和采购条款。此外，还存在哪些关联方交易，对这些交易采用怎样的定价政策。

（五）投资活动

了解被审计单位投资活动有助于审计师关注被审计单位在经营策略和方向上的重大变化。审计师应当了解被审计单位的投资活动，主要包括：

（1）近期拟实施或已实施的并购活动与资产处置情况，包括业务重组或某些业务的终止。审计师应当了解并购活动如何与被审计单位目前的经营业务相协调，并考虑它们是否会引发进一步的经营风险。例如，被审计单位并购了一个新的业务部门，审计师需要了解管理层如何管理这一新业务，而新业务又如何与现有业务相结合，发挥协同优势，如何解决原有经营业务与新业务在信息系统、企业文化等各方面的不一致。

（2）证券投资、委托贷款的发生与处置。

（3）资本性投资活动，包括固定资产和无形资产投资，近期或计划发生的变动，以及重大的资本承诺等。

（4）不纳入合并范围的投资。例如，联营、合营或其他投资，包括近期计划的投资项目。

（六）筹资活动

了解被审计单位筹资活动有助于审计师评估被审计单位在融资方面的压力，并进一步考虑被审计单位在可预见未来的持续经营能力。审计师应当了解被审计单位的筹资活动，主要包括：

（1）债务结构和相关条款，包括担保情况及表外融资。例如，获得的信贷额度是否可以满足营运需要；得到的融资条件及利率是否与竞争对手相似，如不相似，原因何在；是否存在违反借款合同中限制性条款的情况；是否承受重大的汇率与利率风险。

（2）固定资产的租赁，包括通过融资租赁方式进行的筹资活动。

（3）关联方融资。例如，关联方融资的特殊条款。

（4）实际受益股东。例如，实际受益股东是国内的，还是国外的，其商业声誉和经验可能对被审计单位产生的影响。

（5）衍生金融工具的运用。例如，衍生金融工具是用于交易目的还是套期目的，以及运用的种类、范围和交易对手等。

三、被审计单位对会计政策的选择和运用

（一）重要项目的会计政策和行业惯例

重要项目的会计政策包括收入确认方法，存货的计价方法，投资的核算，固定资产的折旧方法，坏账准备、存货跌价准备和其他资产减值准备的确定，借款费用资本化方法，合并财务报表的编制方法等。除会计政策以外，某些行业可能还存在一些行业惯例，审计师应当熟悉这些行业惯例。当被审计单位采用与行业惯例不同的会计处理方法时，审计师应当了解其原因，并考虑采用与行业惯例不同的会计处理方法是否适当。

（二）重大和异常交易的会计处理方法

重大和异常交易的会计处理方法包括本期发生的企业合并的会计处理方法、某些被审计单位可能存在与其所处行业相关的重大交易等。例如，银行向客户发放贷款、证券公司对外投资、医药企业的研究与开发活动等，审计师应当考虑对重大的和不经常发生的交易的会计处理方法是否适当。

（三）在新领域和缺乏权威性标准或共识的领域，采用重要会计政策产生的影响

在新领域和缺乏权威性标准或共识的领域，审计师应当关注被审计单位选用了哪些会计政策，为什么选用这些会计政策以及选用这些会计政策产生的影响。

（四）会计政策的变更

如果被审计单位变更了重要的会计政策，审计师应当考虑变更的原因及其适当性，即考虑：

（1）会计政策变更是否是法律、行政法规或者适用的会计准则和相关会计制度要求的变更。

（2）会计政策变更是否能够提供更可靠、更相关的会计信息。除此之外，审计师还应当关注会计政策的变更是否得到充分披露。

（五）被审计单位何时采用以及如何采用新颁布的会计准则和相关会计制度

例如，新的企业会计准则自2007年1月1日起在上市公司施行，并鼓励其他企业执行。审计师应考虑被审计的上市公司是否已按照新会计准则的要求，做好衔接调整工作，并搜集执行新会计准则需要的信息资料。

除上述与会计政策的选择和运用相关的事项外，审计师还应对被审计单位下列与会计政策运用相关的情况予以关注：

（1）是否采用激进的会计政策、方法、估计和判断。

（2）财会人员是否拥有足够的运用会计准则的知识、经验和能力。

（3）是否拥有足够的资源支持会计政策的运用，如人力资源及培训、信息技术的采用、数据和信息的采集等。

审计师应当考虑，被审计单位是否按照适用的会计准则和相关会计制度的规定恰当地进行了列报，并披露了重要事项。列报和披露的主要内容包括：财务报表及其附注的格式、结构安排、内容，财务报表项目使用的术语，披露信息的明细程度，项目在财务报表中的分类以及列报信息的来源等。审计师应当考虑被审计单位是否已对特定事项做了适当的列报和披露。

四、被审计单位的目标、战略以及相关经营风险

（一）目标、战略与经营风险

目标是企业经营活动的指针。企业管理层或治理层一般会根据企业经营面临的外部环境和内部各种因素，制定合理可行的经营目标。战略是企业管理层为实现经营目标采用的总体层面的策略和方法。为了实现某一既定的经营目标，企业可能有多个可行战略。例如，如果目标是在某一特定期间内进入一个新的市场，那么可行的战略可能包括收购该市场内的现有企业、与该市场内的其他企业合资经营或自行开发进入该市场。随着外部环境的变化，企业应对目标和战略作出相应的调整。

经营风险源于对被审计单位实现目标和战略产生不利影响的重大情况、事项、环境和行动，或源于不恰当的目标和战略。不同的企业可能面临不同的经营风险，这取决于企业经营的性质、所处行业、外部监管环境、企业的规模和复杂程度。管理层有责任识别和应对这些风险。

不能随环境的变化而作出相应的调整固然可能产生经营风险，但是，调整的过程也可能导致经营风险。例如，为应对消费者需求的变化，企业开发了新产品。但是，开发的新产品可能会产生开发失败的风险；即使开发成功，市场需求可能没有充分开发，从而产生产品营销风险；产品的缺陷还可能导致企业遭受声誉风险和承担产品赔偿责任的风险。

审计师应当了解被审计单位是否存在与下列方面有关的目标和战略，并考虑相应的经营风险：

（1）行业发展及其可能导致的被审计单位不具备足以应对行业变化的人力资源和业务专长等风险。

（2）开发新产品或提供新服务及其可能导致的被审计单位产品责任增加等风险。

（3）业务扩张及其可能导致的被审计单位对市场需求的估计不准确等风险。

（4）新颁布的会计法规及其可能导致的被审计单位执行法规不当或不完整，或会计处理成本增加等风险。

（5）监管要求及其可能导致的被审计单位法律责任增加等风险。

（6）本期及未来的融资条件及其可能导致的被审计单位由于无法满足融资条件而失去融资机会等风险。

（7）信息技术的运用及其可能导致的被审计单位信息系统与业务流程难以融合等风险。

（二）经营风险对重大错报风险的影响

经营风险与财务报表重大错报风险是既有联系又相互区别的两个概念。前者比后者范围更广。审计师了解被审计单位的经营风险有助于其识别财务报表重大错报风险。但并非所有的经营风险都与财务报表相关，审计师没有责任识别或评估对财务报表没有影响的经营风险。

多数经营风险最终都会产生财务后果，从而影响财务报表。但并非所有经营风险都会导致重大错报风险。经营风险可能对各类交易、账户余额以及列报认定层次或财务报表层次产生直接影响。例如，企业合并导致银行客户群减少，使银行信贷风险集中，由此产生

的经营风险可能增加与贷款计价认定有关的重大错报风险。同样的风险，在经济紧缩时，可能具有更为长期的后果，审计师在评估持续经营假设的适当性时需要考虑这一问题。审计师应当根据被审计单位的具体情况考虑经营风险是否可能导致财务报表发生重大错报。

目标、战略、经营风险和重大错报风险之间的相互联系可举例予以说明：企业当前的目标是在某一特定期间内进入某一新的海外市场，企业选择的战略是在当地成立合资公司。从该战略本身来看，是可以实现这一目标的。但是，成立合资公司可能会带来很多的经营风险，例如，企业如何与当地合资方在经营活动、企业文化等各方面协调，如何在合资公司中获得控制权或共同控制权，当地市场情况是否会发生变化，当地对合资公司的税收和外汇管理方面的政策是否稳定，合资公司的利润是否可以汇回，是否存在汇率风险等。这些经营风险反映到财务报表中，可能会因对合资公司是属于子公司、合营企业或联营企业的判断问题，投资核算问题，包括是否存在减值问题、对当地税收规定的理解，以及外币折算等问题而导致财务报表出现重大错报风险。

（三）被审计单位的风险评估过程

管理层通常制定识别和应对经营风险的策略，审计师应当了解被审计单位的风险评估过程。此类风险评估过程是被审计单位内部控制的组成部分。

（四）对小型被审计单位的考虑

小型被审计单位通常没有正式的计划和程序来确定其目标、战略并管理经营风险。审计师应当询问管理层或观察小型被审计单位如何应对这些事项，以获取了解，并评估重大错报风险。

五、被审计单位财务业绩的衡量和评价

被审计单位管理层经常会衡量和评价关键业绩指标（包括财务和非财务的）、预算及差异分析、分部信息和分支机构、部门或其他层次的业绩报告以及与竞争对手的业绩比较。此外，外部机构也会衡量和评价被审计单位的财务业绩，如分析师的报告和信用评级机构的报告。

（一）了解的主要方面

在了解被审计单位财务业绩衡量和评价情况时，审计师应当关注下列信息：

（1）关键业绩指标。

（2）业绩趋势。

（3）预测、预算和差异分析。

（4）管理层和员工业绩考核与激励性报酬政策。

（5）分部信息与不同层次部门的业绩报告。

（6）与竞争对手的业绩比较。

（7）外部机构提出的报告。

（二）关注内部财务业绩衡量的结果

内部财务业绩衡量可能显示未预期到的结果或趋势。在这种情况下，管理层通常会进行调查并采取纠正措施。与内部财务业绩衡量相关的信息可能显示财务报表存在错报风险，例如，内部财务业绩衡量可能显示被审计单位与同行业其他单位相比具有异常快的增

长率或盈利水平，此类信息如果与业绩奖金或激励性报酬等因素结合起来考虑，可能显示管理层在编制财务报表时存在某种倾向的错报风险。因此，审计师应当关注被审计单位内部财务业绩衡量所显示的未预期到的结果或趋势、管理层的调查结果和纠正措施，以及相关信息是否显示财务报表可能存在重大错报。

（三）考虑财务业绩衡量指标的可靠性

如果拟利用被审计单位内部信息系统生成的财务业绩衡量指标，审计师应当考虑相关信息是否可靠，以及利用这些信息是否足以实现审计目标。许多财务业绩衡量中使用的信息可能由被审计单位的信息系统生成。如果被审计单位管理层在没有合理基础的情况下，认为内部生成的衡量财务业绩的信息是准确的，而实际上信息有误，那么根据有误的信息得出的结论也可能是错误的。如果审计师计划在审计中（如在实施分析程序时）利用财务业绩指标，应当考虑相关信息是否可靠，以及在实施审计程序时利用这些信息是否足以发现重大错报。

（四）对小型被审计单位的考虑

小型被审计单位通常没有正式的财务业绩衡量和评价程序，管理层往往依据某些关键指标作为评价财务业绩和采取适当行动的基础，审计师应当了解管理层使用的关键指标。

需要强调的是，审计师了解被审计单位财务业绩的衡量与评价，是为了考虑管理层是否面临实现某些关键财务业绩指标的压力。此外，了解管理层认为重要的关键业绩指标，有助于审计师深入了解被审计单位的目标和战略。这些压力既可能源于需要达到市场分析师或股东的预期，也可能产生于达到获得股票期权或管理层和员工奖金的目标。受压力影响的人员可能是高级管理人员（包括董事会），也可能是可以操纵财务报表的其他经理人员，如子公司或分支机构管理人员可能为达到奖金目标而操纵财务报表。

在评价管理层是否存在歪曲财务报表的动机和压力时，审计师还应当考虑可能存在的其他情形。例如，企业或企业的一个主要组成部分是否有可能被出售；管理层是否希望维持或增加企业的股价或盈利走势而热衷于采用过度激进的会计方法；基于纳税的考虑，股东或管理层是否有意采取不适当的方法使盈利最小化；企业是否持续增长和接近财务资源的最大限度；企业的业绩是否急剧下降，可能存在终止上市的风险；企业是否具备足够的可分配利润或现金流量以维持目前的利润分配水平；如果公布欠佳的财务业绩，对重大未决交易（如企业合并或新业务合同的签订）是否可能产生不利影响；企业是否过度依赖银行借款，而财务业绩又可能达不到借款合同对财务指标的要求。这些情况都显示管理层在面临重大压力时可能粉饰财务业绩，发生舞弊风险。

【实例 9-6】（单选题）了解被审计单位财务业绩衡量和评价的最重要的目的是（　　）。

A．了解被审计单位的业绩趋势

B．确定被审计单位的业绩是否达到预算

C．将被审计单位的业绩与同行业作比较

D．考虑是否存在舞弊风险

分析：D。注册会计师了解被审计单位财务业绩的衡量和评价，是为了考虑管理层是否面临实现某些关键财务业绩指标的压力，因为管理层在面临重大压力时可能粉饰财务业绩，发生舞弊风险，所以最重要的目的是考虑是否存在舞弊风险。

第四节 了解被审计单位的内部控制

一、内部控制及其局限性

（一）内部控制

财政部等五部委联合发布的《企业内部控制基本规范》（财会〔2008〕7 号）中规定，内部控制是由企业董事会、监事会、经理层和全体员工实施的、旨在实现控制目标的过程。内部控制的目标是合理保证企业经营管理合法合规、资产安全、财务报告及相关信息真实完整，提高经营效率和效果，促进企业实现发展战略。COSO[①]报告指出，内部控制是一个过程，受企业董事会、管理当局和其他员工影响，旨在保证财务报告的可靠性、经营的效果和效率以及现行法规的遵循。

我们可以从以下几方面理解内部控制：

（1）内部控制的目标是合理保证：①财务报告的可靠性，这一目标与管理层履行财务报告编制责任密切相关；②经营的效率和效果，即经济有效地使用企业资源，以最优方式实现企业的目标；③在所有经营活动中遵守法律法规的要求，即在法律法规的框架下从事经营活动；④资产安全性，即保护企业所有财产的安全；⑤企业战略目标，即企业不断增大价值的战略目标。

（2）设计和实施内部控制的责任主体是治理层、管理层和其他人员，组织中的每一个人都对内部控制负有责任。

（3）实现内部控制目标的手段是设计和执行控制政策及程序。

内部控制包括下列要素：①控制环境；②风险评估过程；③信息系统与沟通；④控制活动；⑤对控制的监督。内部控制包括上述五项要素；控制包括上述一项或多项要素，或要素表现出的各个方面。

值得指出的是，本书采用了 COSO 发布的内部控制框架，被审计单位可能并不一定采用这种分类方式来设计和执行内部控制。对内部控制要素的分类提供了了解内部控制的框架，但无论对内部控制要素如何进行分类，审计师都应当重点考虑被审计单位某项控制是否能够以及如何防止或发现并纠正各类交易、账户余额、列报存在的重大错报。也就是说，在了解和评价内部控制时，采用的具体分析框架及控制要素的分类可能并不唯一，重要的是控制能否实现控制目标。审计师可以使用不同的框架和术语描述内部控制的不同方面，但必须涵盖上述内部控制五个要素所涉及的各个方面。

被审计单位设计和执行内部控制的具体方式会因被审计单位的规模和复杂程度的不同而不同。小型被审计单位通常采用非正式和简单的内部控制实现其目标，参与日常经营管理的业主（以下简称业主）可能承担多项职能，内部控制要素没有得到清晰区分，审计师应当综合考虑小型被审计单位内部控制要素能否实现其目标。

[①] COSO（The Committee of Sponsoring Organizations of the Treadway Commission）是美国五个职业团体于 1985 年联合发起设立的一个民间组织，当时成立的主要动机是资助"财务报告舞弊研究全国委员会"。"财务报告舞弊研究全国委员会"负责研究导致财务报告舞弊的因素，并对公众公司、会计师事务所、证监会及其他监督机构提出建议。该委员会的首任主席由 James S.Treadway 担任，因此又被称为"Treadway 委员会"。这五个职业团体是美国会计学会、美国审计师协会、财务总监协会、内部审计师协会和管理会计师协会。现在 COSO 致力于通过倡导良好的企业道德和有效的内部控制和公司治理，改进财务报告的质量。

（二）内部控制的固有局限性

内部控制存在固有局限性，无论如何设计和执行，只能对财务报告的可靠性提供合理的保证。内部控制存在的固有局限性包括：

（1）在决策时人为判断可能出现错误和由于人为失误而导致内部控制失效。例如，被审计单位信息技术工作人员没有完全理解系统如何处理销售交易，为使系统能够处理新型产品的销售，可能错误地对系统进行更改；或者对系统的更改是正确的，但是程序员没能把此次更改转化为正确的程序代码。

（2）可能由于两个或更多的人员进行串通或管理层凌驾于内部控制之上而被规避。例如，管理层可能与客户签订背后协议，对标准的销售合同作出变动，从而导致收入确认发生错误。再如，软件中的编辑控制旨在发现和报告超过赊销信用额度的交易，但这一控制可能被逾越或规避。

此外，如果被审计单位内部行使控制职能的人员素质不适应岗位要求，也会影响内部控制功能的正常发挥。被审计单位实施内部控制的成本效益问题也会影响其效能，当实施某项控制成本大于控制效果而发生损失时，就没有必要设置控制环节或控制措施。内部控制一般都是针对经常而重复发生的业务而设置的，如果出现不经常发生或未预计到的业务，原有控制就可能不适用。

小型被审计单位拥有的员工通常较少，限制了其职责分离的程度，业主凌驾于内部控制之上的可能性较大。审计师应当考虑一些关键领域是否存在有效的内部控制。

二、财务报告内部控制与非财务报告内部控制

内部控制的目标包括合理保证财务报告及相关信息的可靠性、资产的安全完整，遵守法律法规，提高经营的效率效果，促进实现企业的发展战略等诸多方面。审计师审计的目标是对财务报表是否存在重大错报发表审计意见，尽管要求审计师在财务报表审计中考虑与财务报表编制相关的内部控制，但目的并非对被审计单位内部控制的有效性发表意见。因此，审计师需要了解和评价只是能够合理保证财务报告可靠性的内部控制，即财务报告的内部控制，并非被审计单位所有的内部控制。

（一）财务报告内部控制

财务报告内部控制，是指企业为了合理保证财务报告及相关信息真实完整而设计和运行的内部控制，以及用于保护资产安全的内部控制中与财务报告可靠性目标相关的控制。主要包括下列方面的政策和程序：

（1）保存充分、适当的记录，准确、公允地反映企业的交易和事项。

（2）合理保证按照企业会计准则的规定编制财务报表。

（3）合理保证收入和支出的发生以及资产的取得、使用或处置经过适当授权。

（4）合理保证及时防止或发现并纠正未经授权的、对财务报表有重大影响的交易和事项。

需要特别指出的是，财务报告内部控制同样包括控制环境（内部环境）、风险评估过程、信息系统与沟通、控制活动、控制监督等五个要素，而不是仅包括会计控制。

（二）非财务报告内部控制

非财务报告内部控制，是指除财务报告内部控制之外的其他控制，通常是指为了合理保证除财务报告及相关信息可靠、资产安全完整外的其他控制目标的实现而设计和运行的内部控制。

三、内部控制的人工和自动化成分

（一）考虑内部控制的人工和自动化特征及其影响

大多数被审计单位出于编制财务报告和实现经营目标的需要使用信息技术。然而，即使信息技术得到广泛使用，人工因素仍然会存在于这些系统之中。不同的被审计单位采用的控制系统中人工控制和自动化控制的比例是不同的。在一些小型的生产经营不太复杂的被审计单位，可能以人工控制为主；而在另外一些单位，可能以自动化控制为主。内部控制可能既包括人工成分，又包括自动化成分，在风险评估以及设计和实施进一步审计程序时，审计师应当考虑内部控制的人工和自动化特征及其影响。

内部控制采用人工系统还是自动化系统，将影响交易生成、记录、处理和报告的方式。在以人工为主的系统中，内部控制一般包括批准和复核业务活动，编制调节表并对调节项目进行跟踪。当采用信息技术系统生成、记录、处理和报告交易时，交易的记录形式（如订购单、发票、装运单及相关的会计记录）可能是电子文档而不是纸质文件。信息技术系统中的控制可能既有自动控制（如嵌入计算机程序的控制），又有人工控制。人工控制可能独立于信息技术系统，利用信息技术系统生成的信息，也可能用于监督信息技术系统和自动控制的有效运行或者处理例外事项。如果采用信息技术系统处理交易和其他数据，系统和程序可能包括与财务报表重大账户认定相关的控制或者包括人工控制作用的有效发挥。被审计单位的性质和经营的复杂程度会对采用人工控制和自动控制的成分产生影响。

（二）信息技术的优势及相关内部控制风险

信息技术通常在下列方面提高被审计单位内部控制的效率和效果：

（1）在处理大量的交易或数据时，一贯运用事先确定的业务规则，并进行复杂运算。

（2）提高信息的及时性、可获得性和准确性。

（3）有助于对信息的深入分析。

（4）加强对被审计单位政策和程序执行情况的监督。

（5）降低控制被规避的风险。

（6）通过对操作系统、应用程序系统和数据库系统实施安全控制，提高不相容职务分离的有效性。

但是，信息技术也可能对内部控制产生特定风险。审计师应当从下列方面了解信息技术对内部控制产生的特定风险：

（1）系统或程序未能正确处理数据，或处理了不正确的数据，或两种情况同时并存。

（2）在未得到授权情况下访问数据，可能导致数据的毁损或对数据不恰当的修改，包括记录未经授权或不存在的交易，或不正确地记录了交易。

（3）信息技术人员可能获得超越其履行职责以外的数据访问权限，破坏了系统应有的职责分工。

（4）未经授权改变主文档的数据。

（5）未经授权改变系统或程序。

（6）未能对系统或程序作出必要的修改。

（7）不恰当的人为干预。

（8）数据丢失或不能访问所需要的数据。

（三）人工控制的适用范围及相关内部控制风险

内部控制的人工控制成分在处理下列需要主观判断或酌情处理的情形时可能更为适当：

（1）存在大额、异常或偶发的交易。

（2）存在难以定义、防范或预见的错误。

（3）为应对情况的变化，需要对现有的自动化控制进行调整。

（4）监督自动化控制的有效性。

但是，由于人工控制由人执行，受人为因素的影响，也产生了特定风险，审计师应当从下列方面了解人工控制产生的特定风险：

（1）人工控制可能更容易被规避、忽视或凌驾。

（2）人工控制可能不具有一贯性。

（3）人工控制可能更容易产生简单错误或失误。相对于自动控制，人工控制的可靠性较差。为此，审计师应当考虑人工控制在下列情形中可能是不适当的：①存在大量或重复发生的交易；②事先可预见的错误能够通过自动化控制得以防范或发现；③控制活动可得到适当设计和自动化处理。

内部控制风险的程度和性质受被审计单位信息系统的性质和特征的影响，因此，在了解内部控制时，审计师应当考虑被审计单位是否通过建立有效的控制，以恰当应对由于使用信息技术系统或人工系统而产生的风险。

四、对内部控制了解的深度

在财务报表审计中，注册会计师考虑企业内部控制已有近百年的历史。在美国 1917 年发布的审计标准中，就提到了内部核对（Internal Check）[①]与检查范围的关系。美国 1939 年发布的《审计程序公告第 1 号——审计程序的拓展》要求注册会计师了解内部控制并在审计报告的"范围段"中提及"内部控制"。1941 年修订的美国证券交易委员会（SEC）的规定开始要求注册会计师在计划审计工作时考虑企业的内部控制。规定指出，在确定审计测试范围时，注册会计师应当给予企业内部检查和控制适当的考虑。

对内部控制了解的深度，是指在了解被审计单位及其环境时对内部控制了解的程度。包括评价控制的设计，并确定其是否得到执行，但不包括对控制是否得到一贯执行的测试。

---

① 据该手册的主要起草者 Thornton 解释，"Internal Check"是指，对员工的职责和工作进行合理分工，以达到这样的效果，即一位员工的错误或疏忽将导致账目出现问题，进而引起另一位员工的注意，除非错误得以纠正，否则账目将不能保持正常。

（一）评价控制的设计

审计师在了解内部控制时，应当评价控制的设计，并确定其是否得到执行。评价控制的设计是指考虑一项控制单独或连同其他控制是否能够有效防止或发现并纠正重大错报。控制得到执行是指某项控制存在且被审计单位正在使用。设计不当的控制可能表明内部控制存在重大缺陷，审计师在确定是否考虑控制得到执行时，应当首先考虑控制的设计。如果控制设计不当，不需要再考虑控制是否得到执行。

（二）获取控制设计和执行的审计证据

审计师通常实施下列风险评估程序，以获取有关控制设计和执行的审计证据：

（1）询问被审计单位的人员。

（2）观察特定控制的运用。

（3）检查文件和报告。

（4）追踪交易在财务报告信息系统中的处理过程（穿行测试）。穿行测试是指追踪交易在财务报告信息系统中的处理过程，注册会计师选取一笔或很少几笔交易了解其如何生成、记录、处理和报告，采用询问、观察、检查等方法以确定是否与之前了解的一样，以及是否得到执行，通常针对交易循环进行穿行测试。

询问本身并不足以评价控制的设计以及确定其是否得到执行，审计师应当将询问与其他风险评估程序结合使用。

（三）了解内部控制的记录方法

审计师一般采用文字表述、流程图和调查问卷等方法来记录了解内部控制的情况。

1. 文字表述法

文字表述法是对客户的流程和控制的书面说明。对财务报表体系及其控制的文字表述至少应包括：

（1）每一份凭证和记录的来源。

（2）发生的全部处理过程。

（3）每一份凭证和记录的处置。

（4）与评价控制风险相关的控制指示，如职责分离、授权与批准、内部稽核等。

2. 流程图法

流程图法是对客户的凭证及其内部有序流动过程的一种符号和图形表达。流程图法的优势在于：它能够简洁地概括组织的内部控制体系，帮助审计师识别控制及其缺陷，便于阅读和更新。

3. 调查问卷法

调查问卷法是指有关某一流程中应实施的控制活动的一系列问题（通常回答是/否即可）。"否"表示内部控制可能存在缺陷。使用调查问卷法的优点在于它能在审计一开始就比较迅速地涉及每个审计领域，其缺陷在于只能对客户内部控制的构成部分进行单个审查，而不能提供一个整体概况。此外，标准的调查问卷对于一些客户不适用，尤其是小型客户。

（四）了解内部控制与控制测试的关系

了解内部控制和控制测试之间存在较高程度的重叠，两者都包括询问、文件检查和观察等程序，但两者也存在差异：

（1）除非存在某些可以使控制得到一贯运行的自动化控制，审计师对控制的了解并不能够代替对控制运行有效性的测试。例如，获取某一人工控制在某一时点得到执行的审计证据，并不能证明该控制在所审计期间内的其他时点也有效运行。

（2）了解内部控制的程序只对一项或几项交易进行，或者在某一时点上作出观察。控制测试则要测试较大样本量的交易，并且观察要在多个时点上进行。

五、了解控制环境

（一）控制环境及其构成要素

控制环境包括治理职能和管理职能，以及治理层和管理层对内部控制及其重要性的态度、认识和措施。控制环境设定了被审计单位的内部控制基调，影响员工对内部控制的认识和态度。良好的控制环境是实施有效内部控制的基础。防止或发现并纠正舞弊和错误是被审计单位治理层和管理层的责任。在评价控制环境的设计和实施情况时，审计师应当了解管理层在治理层的监督下，是否营造并保持了诚实守信和合乎道德的文化，以及是否建立了防止或发现并纠正舞弊和错误的恰当控制。实际上，在审计业务承接阶段，审计师就需要对控制环境作出初步了解和评价。

在评价控制环境的设计时，注册会计师应当考虑构成控制环境的下列要素，以及这些要素如何被纳入被审计单位业务流程：

1. 对诚信和道德价值观念的沟通与落实

诚信和道德价值观念是控制环境的重要组成部分，影响到重要业务流程的设计和运行。内部控制的有效性直接依赖于负责创建、管理和监控内部控制的人员的诚信和道德价值观念。被审计单位是否存在道德行为规范，以及这些规范如何在被审计单位内部得到沟通和落实，决定了是否能产生诚信和道德的行为。对诚信和道德价值观念的沟通与落实既包括管理层如何处理不诚实、非法或不道德行为，也包括在被审计单位内部，通过行为规范以及高层管理人员的身体力行，对诚信和道德价值观念的营造和保持。

审计师在了解和评估被审计单位诚信和道德价值观念的沟通与落实时，考虑的主要因素可能包括：

（1）被审计单位是否有书面的行为规范并向所有员工传达。

（2）被审计单位的企业文化是否强调诚信和道德价值观念的重要性。

（3）管理层是否身体力行，高级管理人员是否起表率作用。

（4）对违反有关政策和行为规范的情况，管理层是否采取适当的惩罚措施。

2. 对胜任能力的重视

胜任能力是指具备完成某一职位的工作所应有的知识和能力。管理层对胜任能力的重视包括对于特定工作所需的胜任能力水平的设定，以及对达到该水平所必需的知识和能力的要求。审计师应当考虑主要管理人员和其他相关人员是否能够胜任承担的工作和职责，例如，财会人员是否对编报财务报表所适用的会计准则和相关会计制度有足够的了解并能正确运用。

审计师在就被审计单位对胜任能力的重视情况进行了解和评估时，考虑的主要因素可能包括：

（1）财会人员以及信息管理人员是否具备与被审计单位业务性质和复杂程度相称的足够的胜任能力和培训，在发生错误时，是否通过调整人员或系统来加以处理。

（2）管理层是否配备足够的财会人员以适应业务发展和有关方面的需要。

（3）财会人员是否具备理解和运用会计准则所需的技能。

3. 治理层的参与程度

被审计单位的控制环境在很大程度上受治理层的影响。治理层的职责应在被审计单位的章程和政策中予以规定。治理层（董事会）通常通过其自身的活动，并在审计委员会或类似机构的支持下，监督被审计单位的财务报告政策和程序。因此，董事会、审计委员会或类似机构应关注被审计单位的财务报告，并监督被审计单位的会计政策以及内部、外部的审计工作和结果。治理层的职责还包括监督用于复核内部控制有效性的政策和程序设计是否合理，执行是否有效。

治理层对控制环境影响的要素有：治理层相对于管理层的独立性、成员的经验和品德、对被审计单位业务活动的参与程度、治理层行为的适当性、治理层所获得的信息、管理层对治理层所提出问题的追踪程度，以及治理层与内部审计人员和审计师的联系程度等。

审计师在对被审计单位治理层的参与程度进行了解和评估时，考虑的主要因素可能包括：

（1）董事会是否建立了审计委员会或类似机构。

（2）董事会、审计委员会或类似机构是否与内部审计人员以及审计师有联系和沟通，联系和沟通的性质以及频率是否与被审计单位的规模和业务复杂程度相匹配。

（3）董事会、审计委员会或类似机构的成员是否具备适当的经验和资历。

（4）董事会、审计委员会或类似机构是否独立于管理层。

（5）审计委员会或类似机构会议的数量和时间是否与被审计单位的规模和业务复杂程度相匹配。

（6）董事会、审计委员会或类似机构是否充分地参与了监督编制财务报告的过程。

（7）董事会、审计委员会或类似机构是否对经营风险的监控有足够的关注，进而影响被审计单位和管理层的风险评估过程。

（8）董事会成员是否保持相对的稳定性。

4. 管理层的理念和经营风格

管理层负责企业的运作以及经营策略和程序的制定、执行与监督。控制环境的每个方面在很大程度上都受管理层采取的措施和作出决策的影响，或在某些情况下受管理层不采取某些措施或不作出某种决策的影响。在有效的控制环境中，管理层的理念和经营风格可以创造一个积极的氛围，促进业务流程和内部控制的有效运行，同时创造一个减少错报发生可能性的环境。在管理层以一个或少数几个人为主时，管理层的理念和经营风格对内部控制的影响尤为突出。

管理层的理念包括管理层对内部控制的理念，即管理层对内部控制以及对具体控制实施环境的重视程度。管理层对内部控制的重视，有助于控制的有效执行，并减少特定控制被忽视或规避的可能性。控制理念反映在管理层制定的政策、程序及所采取的措施中，而不是反映在形式上。因此，要使控制理念成为控制环境的一个重要特质，管理层必须告知员工内部控制的重要性。同时，只有建立适当的管理层控制机制，控制理念才能产生预期的效果。

衡量管理层对内部控制重视程度的重要标准，是管理层收到有关内部控制缺陷及违规事件的报告时是否作出适当反应。管理层及时下达纠弊措施，表明他们对内部控制的重视，也有利于加强企业内部的控制意识。

此外，了解管理层的经营风格也很有必要，管理层的经营风格可以表明管理层所能接受的业务风险的性质。例如，管理层是否经常投资于风险特别高的领域或者在接受风险方面极为保守，不敢越雷池一步。审计师应考虑的问题包括：管理层是否谨慎从事，只有在对方案的风险和潜在利益进行仔细研究分析后才进一步采取措施。了解管理层的经营风格有助于审计师判断哪些因素影响管理层对待内部控制的态度，哪些因素影响在编制财务报表时所做的判断，特别是在作出会计估计以及选用会计政策时。这种了解也有助于审计师进一步认识管理层的能力和经营动机。审计师对管理层的能力和诚信越有信心，就越有理由信赖管理层提供的信息和作出的解释及声明。相反，如果对管理层经营风格的了解加重了审计师的怀疑，审计师就会加大职业怀疑的程度，从而对管理层的各种声明产生疑问。因此，了解管理层的经营风格对审计师评估重大错报风险有着重要的意义。

审计师在了解和评估被审计单位管理层的理念和经营风格时，考虑的主要因素可能包括：

（1）管理层是否对内部控制，包括信息技术的控制，给予了适当的关注。

（2）管理层是否由一个或几个人所控制，董事会、审计委员会或类似机构对其是否实施有效监督。

（3）管理层在承担和监控经营风险方面是风险偏好者还是风险规避者。

（4）管理层在选择会计政策和作出会计估计时是倾向于激进还是保守。

（5）管理层对于信息管理人员以及财会人员是否给予适当关注。

（6）对于重大的内部控制和会计事项，管理层是否征询审计师的意见，或者经常在这些方面与审计师存在不同意见。

5.组织结构及职权与责任的分配

被审计单位的组织结构为计划、运作、控制及监督经营活动提供了一个整体框架。通过集权或分权决策，可在不同部门间进行适当的职责划分，建立适当层次的报告体系。组织结构将影响权利、责任和工作任务在组织成员中的分配。被审计单位的组织结构在一定程度上取决于被审计单位的规模和经营活动的性质。

审计师应当考虑被审计单位组织结构中是否采用向个人或小组分配控制职责的方法，是否建立了执行特定职能（包括交易授权）的授权机制，是否确保每个人都清楚地了解报告关系和责任。审计师还需审查对分散经营活动的监督是否充分。有效的权责分配制度有助于形成整体的控制意识。

审计师应当关注组织结构及权责分配方法的实质而不是仅仅关注其形式。相应地，审计师应当考虑相关人员对政策与程序的整体认识水平和遵守程度，以及管理层对其实施监督的程度。

审计师对组织结构的审查，有助于其确定被审计单位的职责划分应该达到何种程度，也有助于其评价被审计单位在这方面的不足会对整体审计策略产生的影响。

信息系统处理环境是审计师对组织结构及权责分配方法进行审查的一个重要方面。审计师应当考虑信息系统职能部门的结构安排是否明确了职责分配，授权和批准系统变化的职责分配，以及是否明确程序开发、运行及使用者之间的职责划分。

审计师在对被审计单位组织结构和职权与责任的分配进行了解和评估时，考虑的主要因素可能包括：

（1）在被审计单位内部是否有明确的职责划分，是否将业务授权、业务记录、资产保管和维护，以及业务执行的责任尽可能地分离。

（2）数据的所有权划分是否合理。

（3）是否已针对授权交易建立适当的政策和程序。

6. 人力资源政策与实务

政策与程序（包括内部控制）的有效性，通常取决于执行人。因此，被审计单位员工的能力与诚信是控制环境中不可缺少的因素。人力资源政策与实务涉及雇用、培训、考核、晋升和工薪等方面。被审计单位是否有能力雇用并保留一定数量既有能力又有责任心的员工在很大程度上取决于其人事政策与实务。例如，如果雇用录用标准要求录用最合适的员工，包括强调员工的学历、经验、诚信和道德，这表明被审计单位希望录用有能力并值得信赖的人员。被审计单位有关培训方面的政策应显示员工应达到的工作表现和业绩水准，通过定期考核的晋升政策表明被审计单位希望具备相应资格的人员承担更多的职责。

审计师在对被审计单位人力资源政策与实务进行了解和评估时，考虑的主要因素可能包括：

（1）被审计单位在雇用、培训、考核、晋升、工薪、调动和辞退员工方面是否都有适当的政策和程序（特别是在会计、财务和信息系统方面）。

（2）是否有书面的员工岗位职责手册，或者在没有书面文件的情况下，对于工作职责和期望是否做了适当的沟通和交流。

（3）人力资源政策与程序是否清晰，并且定期发布和更新。

（4）是否设定适当的程序，对分散在各地区和海外的经营人员建立和沟通人力资源政策与程序。

（二）了解控制环境的程序

（1）在评价控制环境各个要素时，注册会计师应当考虑控制环境各个要素是否得到执行。

（2）在确定构成控制环境的要素是否得到执行时，注册会计师应当考虑将询问与其他风险评估程序相结合以获取审计证据。例如，通过观察和检查文件记录以印证询问获取的审计证据；通过询问管理层和员工，注册会计师可能了解管理层如何就业务规程和道德价值观念与员工进行沟通；通过观察和检查，注册会计师可能了解管理层是否建立了正式的行为守则，在日常工作中行为守则是否得到遵守，以及管理层如何处理违反行为守则的情形。

（3）关注控制环境对重大错报风险的评估是否具有广泛影响。控制环境本身并不能防止或发现并纠正各类交易、账户余额、列报认定层次的重大错报，注册会计师在评估重大错报风险时，应当将控制环境连同其他内部控制要素产生的影响一并考虑。例如，将控制环境与对控制的监督和具体控制活动一并考虑。另外，注册会计师在进行风险评估时，如果认为被审计单位控制环境薄弱，则很难认定某一流程的控制是有效的。

（4）对小企业的特殊考虑。在小型被审计单位，可能无法获取以文件形式存在的有关控制环境要素的审计证据。例如，小型被审计单位管理层与其他人员之间的沟通可能不够正式，但却十分有效；小型被审计单位可能没有书面的行为守则，管理层对道德价值和专业胜任能力的推崇，通常通过管理层在经营管理过程中展示的行为和态度得以体现。因此，注册会计师应当重点了解管理层对内部控制设计的态度、认识和措施。如果没有其他所有者，治理层的职能通常由参与管理的业主承担。

六、了解风险评估过程

（一）被审计单位的风险评估过程

任何经济组织在经营活动中都会面临各种各样的风险，风险对其生存和竞争能力产生影响。很多风险并不为经济组织所控制，但管理层应当确定可以承受的风险水平，识别这些风险并采取一定的应对措施。

可能产生风险的事项和情形包括：

（1）监管及经营环境的变化。监管和经营环境的变化会导致竞争压力的变化以及重大的相关风险。

（2）新员工的加入。新员工可能对内部控制有不同的认识和关注点。

（3）新信息系统的使用或对原系统进行升级。信息系统的重大变化会改变与内部控制相关的风险。

（4）业务快速发展。快速的业务扩张可能会使内部控制难以应对，从而增加内部控制失效的可能性。

（5）新技术。将新技术运用于生产过程和信息系统可能改变与内部控制相关的风险。

（6）新生产型号、产品和业务活动。进入新的业务领域和发生新的交易可能带来新的与内部控制相关的风险。

（7）企业重组。重组可能带来裁员以及管理职责的重新划分，将影响与内部控制相关的风险。

（8）发展海外经营。海外扩张或收购会带来新的并且往往是特别的风险，进而可能影响内部控制，如外币交易的风险。

（9）新的会计准则。采用新的或变化了的会计准则可能会增大财务报告发生重大错报的风险。

风险评估过程的作用是识别、评估和管理影响被审计单位实现经营目标能力的各种风险。而针对财务报告目标的风险评估过程则包括识别与财务报告相关的经营风险，评估风险的重大性和发生的可能性，以及采取措施管理这些风险。例如，风险评估可能会涉及被审计单位如何考虑对某些交易未予记录的可能性，或者识别和分析财务报告中的重大会计估计发生错报的可能性。与财务报告相关的风险也可能与特定事项和交易有关。

被审计单位的风险评估过程包括识别与财务报告相关的经营风险，以及针对这些风险所采取的措施。审计师应当了解被审计单位的风险评估过程和结果。

（二）对风险评估过程的了解

在评价被审计单位风险评估过程的设计和执行时，审计师应当确定管理层如何识别与财务报告相关的经营风险，如何估计该风险的重要性，如何评估风险发生的可能性，以及如何采取措施管理这些风险。如果被审计单位的风险评估过程符合其具体情况，了解被审计单位的风险评估过程和结果有助于审计师识别财务报表重大错报风险。

审计师在对被审计单位整体层面的风险评估过程进行了解和评估时，考虑的主要因素可能包括：

（1）被审计单位是否已建立并沟通其整体目标，并辅以具体策略和业务流程层面的计划。

（2）被审计单位是否已建立风险评估过程，包括识别风险，估计风险的重大性，评估风险发生的可能性以及确定需要采取的应对措施。

（3）被审计单位是否已建立某种机制，识别和应对可能对被审计单位产生重大且普遍影响的变化，如在金融机构中建立资产负债管理委员会，在制造型企业中建立期货交易风险管理组等。

（4）会计部门是否建立了某种流程，以识别会计准则的重大变化。

（5）当被审计单位业务操作发生变化并影响交易记录的流程时，是否存在沟通渠道以通知会计部门。

（6）风险管理部门是否建立了某种流程，以识别经营环境包括监管环境发生的重大变化。

审计师可以通过了解被审计单位及其环境的其他方面信息，评价被审计单位风险评估过程的有效性。例如，在了解被审计单位的业务情况时，发现了某些经营风险，审计师应当了解管理层是否也意识到这些风险以及如何应对。在对业务流程的了解中，审计师还可能进一步地获得被审计单位有关业务流程的风险评估过程的信息。例如，在销售循环中，如果发现了销售的截止性错报的风险，审计师应当考虑管理层是否也识别了该错报风险以及如何应对该风险。

审计师应当询问管理层识别出的经营风险，并考虑这些风险是否可能导致重大错报。

在审计过程中，如果发现与财务报表有关的风险因素，审计师可通过向管理层询问和检查有关文件确定被审计单位的风险评估过程是否也发现了该风险。在审计过程中，如果识别出管理层未能识别的重大错报风险，审计师应当考虑被审计单位的风险评估过程为何没有识别出这些风险，以及评估过程是否适合于具体环境。

在小型被审计单位，管理层可能没有正式的风险评估过程，审计师应当与管理层讨论其如何识别经营风险以及如何应对这些风险。

七、了解与财务报告相关的信息系统与沟通

（一）与财务报告相关的信息系统

与财务报告相关的信息系统，包括用以生成、记录、处理和报告交易、事项和情况，

对相关资产、负债和所有者权益履行经营管理责任的程序和记录。交易可能通过人工或自动化程序生成。记录包括识别和搜集与交易、事项有关的信息。处理包括编辑、核对、计量、估价、汇总和调节活动，可能由人工或自动化程序来执行。报告是指用电子或书面形式编制财务报告和其他信息，供被审计单位用于衡量和考核财务及其他方面的业绩。

与财务报告相关的信息系统应当与业务流程相适应。业务流程是指被审计单位开发、采购、生产、销售、发送产品和提供服务、保证遵守法律法规、记录信息等一系列活动。与财务报告相关的信息系统所生成信息的质量，对管理层能否作出恰当的经营管理决策以及编制可靠的财务报告具有重大影响。

与财务报告相关的信息系统通常包括下列职能：

（1）识别与记录所有的有效交易。

（2）及时、详细地描述交易，以便在财务报告中对交易作出恰当分类。

（3）恰当计量交易，以便在财务报告中对交易的金额作出准确记录。

（4）恰当确定交易生成的会计期间。

（5）在财务报表中恰当列报交易。

（二）对与财务报告相关的信息系统的了解

审计师应当从下列方面了解与财务报告相关的信息系统：

（1）在被审计单位经营过程中，对财务报表具有重大影响的各类交易。

（2）在信息技术和人工系统中，交易生成、记录、处理和报告的程序。在了解过程中，审计师应当同时考虑被审计单位将交易处理系统中的数据输入总分类账和财务报告的程序。

（3）与交易生成、记录、处理和报告有关的会计记录、支持性信息和财务报表中的特定项目。企业信息系统通常包括使用标准的会计分录，以记录销售、购货和现金付款等重复发生的交易，或记录管理层定期作出的会计估计，如应收账款可回收金额的变化。信息系统还包括使用非标准的分录，以记录不重复发生的、异常的交易或调整事项，如企业合并、资产减值等。

（4）信息系统如何获取除各类交易之外的对财务报表具有重大影响的事项和情况的信息，如对固定资产和长期资产计提折旧或摊销、对应收账款计提坏账准备等。

（5）被审计单位编制财务报告的过程，包括作出的重大会计估计和披露。编制财务报告的程序应当同时确保适用的会计准则和相关会计制度要求披露的信息得以搜集、记录、处理和汇总，并在财务报告中得到充分披露。

（6）管理层凌驾于账户记录控制之上的风险。

在了解与财务报告相关的信息系统时，审计师应当特别关注由于管理层凌驾于账户记录控制之上，或规避控制行为而产生的重大错报风险，并考虑被审计单位如何纠正不正确的交易处理。

自动化程序和控制可能降低了发生无意错误的风险，但是并没有消除个人凌驾于控制之上的风险，如某些高级管理人员可能篡改自动输入总分类账和财务报告系统的数据金额。当被审计单位运用信息技术进行数据的传递时，发生篡改可能不会留下痕迹或证据。

（三）与财务报告相关的沟通

与财务报告相关的沟通包括使员工了解各自在与财务报告有关的内部控制方面的角色和职责，员工之间的工作联系，以及向适当级别的管理层报告例外事项的方式。

公开的沟通渠道有助于确保例外情况得到报告和处理。沟通可以采用政策手册、会计和财务报告手册及备忘录等形式进行，也可以通过发送电子邮件、口头沟通和管理层的行动来进行。

（四）对与财务报告相关的沟通的了解

审计师应当了解被审计单位内部如何对财务报告的岗位职责，以及与财务报告相关的重大事项进行沟通。审计师还应当了解管理层与治理层（特别是审计委员会）之间的沟通，以及被审计单位与外部（包括与监管部门）的沟通。具体包括：

（1）管理层就员工的职责和控制责任是否进行了有效沟通。

（2）针对可疑的不恰当事项和行为是否建立了沟通渠道。

（3）组织内部沟通的充分性是否能够使人员有效地履行职责。

（4）对于与客户、供应商、监管者和其他外部人士的沟通，管理层是否及时采取适当的进一步行动。

（5）被审计单位是否受到某些监管机构发布的监管要求的约束。

（6）外部人士如客户和供应商在多大程度上获知被审计单位的行为守则。

（五）对小型被审计单位的考虑

在小型被审计单位，与财务报告相关的信息系统和沟通可能不如大型被审计单位正式和复杂。管理层可能会更多地参与日常经营管理活动和财务报告活动，不需要很多书面的政策和程序指引，也没有复杂的信息系统和会计流程。由于小型被审计单位的规模较小、报告层次较少，因此，小型被审计单位可能比大型被审计单位更容易实现有效的沟通。审计师应当考虑这些特征对评估重大错报风险的影响。

八、了解控制活动

（一）相关的控制活动

控制活动是指有助于确保管理层的指令得以执行的政策和程序。包括与授权、业绩评价、信息处理、实物控制和职责分离等相关的活动。

1. 授权

审计师应当了解与授权有关的控制活动，包括一般授权和特别授权。

授权的目的在于保证交易在管理层授权范围内进行。一般授权是指管理层制定要求组织内部遵守的普遍适用于某类交易或活动的政策。特别授权是指管理层针对特定类别的交易或活动逐一设置的授权，如重大资本支出和股票发行等。特别授权也可能用于超过一般授权限制的常规交易。例如，因某些特别原因，同意对某个不符合一般信用条件的客户赊销商品。

2. 业绩评价

审计师应当了解与业绩评价有关的控制活动，主要包括被审计单位分析评价实际业绩与预算（或预测、前期业绩）的差异，综合分析财务数据与经营数据的内在关系，将内部数据与外部信息来源相比较，评价职能部门、分支机构或项目活动的业绩（如银行客户信贷经理复核各分行、地区和各种贷款类型的审批和收回），以及对发现的异常差异或关系采取必要的调查与纠正措施。

通过调查非预期的结果和非正常的趋势，管理层可以识别可能影响经营目标实现的情形。管理层对业绩信息的使用（如将这些信息用于经营决策，还是同时用于对财务报告系统报告的非预期结果进行追踪），决定了业绩指标的分析是只用于经营目的，还是同时用于财务报告目的。

3. 信息处理

审计师应当了解与信息处理有关的控制活动，包括信息技术的一般控制和应用控制。

被审计单位通常执行各种措施，检查各种类型信息处理环境下的交易的准确性、完整性和授权。信息处理控制可以是人工的、自动化的，或是基于自动流程的人工控制。信息处理控制分为两类，即信息技术的一般控制和应用控制。

信息技术一般控制是指与多个应用系统有关的政策和程序，有助于保证信息系统持续恰当地运行（包括信息的完整性和数据的安全性），支持应用控制作用的有效发挥，通常包括数据中心和网络运行控制，系统软件的购置、修改及维护控制，接触或访问权限控制，应用系统的购置、开发及维护控制。例如，程序改变的控制、限制接触程序和数据的控制、与新版应用软件包括实施有关的控制等都属于信息技术一般控制。

信息技术应用控制是指主要在业务流程层面运行的人工或自动化程序，与用于生成、记录、处理、报告交易或其他财务数据的程序相关，通常包括检查数据计算的准确性，审核账户和试算平衡表，设置对输入数据和数字序号的自动检查，以及对例外报告进行人工干预。

4. 实物控制

审计师应当了解实物控制，主要包括了解对资产和记录采取适当的安全保护措施，对访问计算机程序和数据文件设置授权，以及定期盘点并将盘点记录与会计记录相核对。例如，现金、有价证券和存货的定期盘点控制。实物控制的效果影响资产的安全，从而对财务报表的可靠性及审计产生影响。

5. 职责分离

审计师应当了解职责分离，主要包括了解被审计单位如何将交易授权、交易记录以及资产保管等职责分配给不同员工，以防范同一员工在履行多项职责时可能发生的舞弊或错误。当信息技术运用于信息系统时，职责分离可以通过设置安全控制来实现。

（二）对控制活动的了解

在了解控制活动时，审计师应当重点考虑一项控制活动单独或连同其他控制活动，是否能够以及如何防止或发现并纠正各类交易、账户余额、列报存在的重大错报。审计师的工作重点是识别和了解针对重大错报可能发生的领域的控制活动。如果多项控制活动能够实现同一目标，审计师不必了解与该目标相关的每项控制活动。

审计师对被审计单位整体层面的控制活动进行的了解和评估，主要是针对被审计单位的一般控制活动，特别是信息技术的一般控制。在了解和评估一般控制活动时考虑的主要因素可能包括：

（1）被审计单位的主要经营活动是否都有必要的控制政策和程序。

（2）管理层在预算、利润和其他财务及经营业绩方面是否都有清晰的目标，在被审计单位内部，是否对这些目标加以清晰的记录和沟通，并且积极地对其进行监控。

（3）是否存在计划和报告系统，以识别与目标业绩的差异，并向适当层次的管理层报告该差异。

（4）是否由适当层次的管理层对差异进行调查，并及时采取适当的纠正措施。

（5）不同人员的职责应在何种程度上相分离，以降低舞弊和不当行为发生的风险。

（6）会计系统中的数据是否与实物资产定期核对。

（7）是否建立了适当的保护措施，以防止未经授权接触文件、记录和资产。

（8）是否存在信息安全职能部门负责监控信息安全政策和程序。

（三）对小型被审计单位的考虑

小型被审计单位的控制活动可能没有大型被审计单位那样正式和复杂。并且某些控制活动可能直接由小型被审计单位中的管理层执行。例如，由管理层批准销售的信用额度、重大的采购等，可能就不再需要更具体的控制活动。小型被审计单位通常难以实施适当的职责分离，审计师应当考虑小型被审计单位采取的控制活动（特别是职责分离）能否有效实现控制目标。

九、了解对控制的监督

（一）对控制的监督

管理层的重要职责之一就是建立和维护控制并保证其持续有效运行，对控制的监督可以实现这一目标。监督是由适当的人员，在适当、及时的基础上，评估控制的设计和运行情况的过程。对控制的监督是指被审计单位评价内部控制在一段时间内运行有效性的过程，该过程包括及时评价控制的设计和运行，以及根据情况的变化采取必要的纠正措施。例如，管理层对是否定期编制银行存款余额调节表进行复核，内部审计人员评价销售人员是否遵守公司关于销售合同条款的政策，法律部门定期监控公司的道德规范和商务行为准则是否得以遵循等。监督对控制的持续有效运行十分重要。假如没有对银行存款余额调节表是否得到及时和准确的编制进行监督，该项控制可能无法得到持续的执行。

通常，被审计单位通过持续的监督活动、专门的评价活动或两者相结合，实现对控制的监督。持续的监督活动通常贯穿于被审计单位的日常经营活动与常规管理工作中。例如，管理层在履行其日常管理活动时，取得内部控制持续发挥功能的信息。当业务报告、财务报告与他们获取的信息有较大差异时，会对有重大差异的报告提出疑问，并做必要的追踪调查和处理。

被审计单位可能使用内部审计人员或具有类似职能的人员对内部控制的设计和执行进行专门的评价，以找出内部控制的优点和不足，并提出改进建议。关于内部审计人员在内部控制方面的职责，被审计单位也可能利用与外部有关各方沟通或交流所获取的信息监督相关的控制活动。在某些情况下，外部信息可能显示内部控制存在的问题和需要改进之处。例如，客户通过付款来表示其同意发票金额，或者认为发票金额有误而不付款。监管机构（如银行监管机构）可能会对影响内部控制运行的问题与被审计单位沟通。管理层可能也会考虑与审计师就内部控制进行沟通，通过与外部信息的沟通，可以发现内部控制存在的问题，以便采取纠正措施。

值得注意的是，上述用于监督活动的很多信息都由被审计单位的信息系统产生，这些信息可能会存在错报，从而导致管理层从监督活动中得出错误的结论。因此，审计师应当了解与被审计单位监督活动相关的信息来源，以及管理层认为信息具有可靠性的依据。如果拟利用被审计单位监督活动使用的信息（包括内部审计报告），审计师应当考虑该信息是否具有可靠的基础，是否足以实现审计目标。

（二）了解对内部控制的监督

审计师在对被审计单位整体层面的监督进行了解和评估时，考虑的主要因素可能包括：

（1）被审计单位是否定期评价内部控制。

（2）被审计单位人员在履行正常职责时，能够在多大程度上获得内部控制是否有效运行的证据。

（3）与外部的沟通能够在多大程度上证实内部产生的信息或者指出存在的问题。

（4）管理层是否采纳内部审计人员和审计师有关内部控制的建议。

（5）管理层是否及时纠正控制运行中的偏差。

（6）管理层根据监管机构的报告及建议是否及时采取纠正措施。

（7）是否存在协助管理层监督内部控制的职能部门（如内部审计部门）。如存在，对内部审计职能需进一步考虑的因素包括：①独立性和权威性；②向谁报告，如直接向董事会、审计委员会或类似机构报告，对接触董事会、审计委员会或类似机构是否有限制；③是否有足够的人员、培训和特殊技能，如对于复杂的高度自动化的环境应使用有经验的信息系统审计人员；④是否坚持适用的专业准则；⑤活动的范围，如财务审计和经营审计工作的平衡，在分散经营情况下，内部审计的覆盖程度和轮换程度；⑥计划、风险评估和执行工作的记录和形成结论的适当性；⑦是否不承担经营管理责任。

（三）对小型被审计单位的考虑

小型被审计单位通常没有正式的持续监督活动，且持续的监督活动与日常管理工作难以明确区分，业主往往通过其对经营活动的密切参与来识别财务数据中的重大差异和错报，并对控制活动采取纠正措施，审计师应当考虑业主对经营活动的密切参与能否有效实现其对控制的监督目标。

十、在整体层面了解内部控制

在整体层面对被审计单位内部控制的了解和评估，通常由项目组中对被审计单位情况比较了解且较有经验的成员负责，同时需要项目组其他成员的参与和配合。对于连续审计，审计师可以重点关注整体层面内部控制的变化情况，包括由于被审计单位及其环境的变化而导致内部控制发生的变化以及采取的对策。审计师还需要特别考虑因舞弊而导致重大错报的可能性及其影响。财务报表层次的重大错报风险很可能源于薄弱的控制环境，因此，审计师在评估财务报表层次的重大错报风险时，应当将被审计单位整体层面的内部控制状况和了解到的被审计单位及其环境其他方面的情况结合起来考虑。

被审计单位整体层面的内部控制是否有效将直接影响重要业务流程层面控制的有效性，进而影响审计师拟实施的进一步审计程序的性质、时间和范围。在被审计单位整体层面了解和评价内部控制的工作包括：

（1）了解被审计单位整体层面内部控制的设计，并记录所获得的了解。

（2）针对被审计单位整体层面内部控制的控制目标，记录相关的控制活动。

（3）执行询问、观察和检查程序，评价控制的执行情况。

（4）记录在了解和评价整体层面内部控制的设计和执行过程中存在的缺陷以及拟采取的应对措施。

十一、在业务流程层面了解内部控制

在初步计划审计工作时，审计师需要确定在被审计单位财务报表中可能存在重大错报风险的重大账户及其相关认定。为实现此目的，在实务中，审计师通常采取下列步骤从业务流程层面了解内部控制：

（一）确定被审计单位的重要业务流程和重要交易类别

在实务中，将被审计单位的整个经营活动划分为几个重要的业务循环，有助于审计师更有效地了解和评估重要业务流程及相关控制。不同企业，业务循环划分不同，如对制造业企业，可以划分为销售与收款循环、采购与付款循环、生产与存货循环、人力资源与工薪循环、投资与筹资循环等；对银行企业，没有存货与仓储循环，而有发放贷款循环、吸收存款循环；对于某些被审计单位，固定资产的采购和维护可能很重要，也可以将固定资产单独作为一个业务循环。重要交易类别是指可能对被审计单位财务报表产生重大影响的各类交易。重要交易类别应与相关账户及其认定相联系。

（二）了解重要交易流程，并记录获得的了解

交易流程通常包括一系列工作：输入数据的核准与修订，数据的分类与合并，进行计算、更新账簿资料和客户信息记录，生成新的交易，归集数据，列报数据。而与审计师了解重要交易相关的流程通常包括生成、记录、处理和报告交易等活动。例如，在销售循环中，这些活动包括输入销售订单、编制货运单据和发票、更新应收账款信息记录等。相关的处理程序包括通过编制调整分录，修改并再次处理以前被拒绝的交易，以及修改被错误记录的交易。

审计师可以通过下列方法获得对重要交易流程的了解：①检查被审计单位的手册和其他书面指引；②询问被审计单位的适当人员；③观察所运用的处理方法和程序；④穿行测试。

在执行上述步骤之前，审计师需要考虑以下事项：①该类交易影响的重大账户及其认定；②审计师已经识别的有关这些重大账户及其认定的经营风险和财务报表重大错报风险；③重要交易类别生成、记录、处理和报告所涉及的业务流程以及相关的信息技术处理系统。

审计师通常只是针对每一年的变化修改记录流程的工作底稿，除非被审计单位的交易流程发生重大改变。然而，无论业务流程与以前年度相比是否有变化，审计师每年都需要考虑上述注意事项，以确保对被审计单位的了解是最新的，并已包括被审计单位交易流程

中相关的重大变化。

（三）确定可能发生错报的环节

审计师需要确认和了解被审计单位应在哪些环节设置控制，以防止或发现并纠正各重要业务流程可能发生的错报。审计师所关注的控制，是那些能通过防止错报的发生，或者通过发现和纠正已有错报，从而确保每个流程中业务活动具体流程（从交易的发生到记录于账目）能够顺利运转的人工或自动化控制程序。

（四）识别和了解相关控制

通过对被审计单位的了解，包括在被审计单位整体层面对内部控制各要素的了解，以及对重要业务流程的了解，审计师可以确定是否有必要进一步了解在业务流程层面的控制。在某些情况下，审计师之前的了解可能表明被审计单位在业务流程层面针对某些重要交易流程所设计的控制是无效的，或者审计师并不打算信赖控制，这时审计师没有必要进一步了解在业务流程层面的控制。特别需要注意的是，如果认为仅通过实质性程序无法将认定层次的检查风险降至可接受的水平，或者针对特别风险，审计师应当了解和评估相关的控制活动。

1. 控制的类型

控制包括被审计单位使用并依赖的、用以在交易流程中防止错报的发生或在发生错报后发现与纠正错报的所有政策和程序。有效的控制应与错报发生的环节相关，并能降低错报风险。通常将业务流程中的控制划分为预防性控制和检查性控制。

（1）预防性控制。预防性控制通常用于正常业务流程的每一项交易，以防止错报的发生。在流程中防止错报是信息系统的重要目标。缺少有效的预防性控制增加了数据发生错报的可能性，特别是在相关账户及其认定存在较高重大错报风险时，更是如此。

对于处理大量业务的复杂业务流程，被审计单位通常使用对程序修改的控制和访问控制，来确保自动控制的持续有效。

实施针对程序修改的控制，是为了确保所有对计算机程序的修改在实施前都经过适当的授权、测试以及核准。

实施访问控制，是为了确保只有经过授权的人员和程序才有权访问数据，且只能在预先授权情况下才能处理数据（如查询、执行和更新）。

程序修改的控制和访问控制通常不能直接防止错报，但对于确保自动控制在整个拟信赖期间内的有效性有着十分重要的作用。

（2）检查性控制。建立检查性控制的目的是发现流程中可能发生的错报（尽管有预防性控制还是会发生的错报）。被审计单位通过检查性控制，监督其流程和相应的预防性控制能否有效地发挥作用。检查性控制通常是管理层用来监督实现流程目标的控制。检查性控制可以由人工执行也可以由信息系统自动执行。

检查性控制通常并不适用于业务流程中的所有交易，而适用于一般业务流程以外的已经处理或部分处理的某类交易，可能一年只运行几次，如每月将应收账款明细账与总账比较；也可能每周运行，甚至一天运行几次。

与预防性控制相比，不同被审计单位之间检查性控制差别很大。许多检查性控制取决于被审计单位的性质以及执行人员的能力、习惯和偏好。检查性控制可能是正式建立的程序，如编制银行存款余额调节表，并追查调节项目或异常项目，也可能是非正式的程序。

有些检查性控制虽然并没有正式设定，但员工会有规律地执行并做记录，这些控制也是被审计单位内部控制的有机组成部分。例如，财务总监复核月度毛利率的合理性；信用管理部经理可能有一本记录每月到期应收款的备查簿，以确定这些应收款是否收到，并追查挂账的项目；财务总监实施特定的分析程序来确定某些费用与销售的关系是否与经验数据相符，如果不符，调查不符的原因并纠正其中的错报等。

需要注意的是，对控制的分类取决于控制运用的目的和方式，以及被审计单位和审计师对控制的认识。从根本上看，控制被归为哪类并不重要，重要的是它是否有效，以及审计师能否测试其有效性。业务流程中重要交易类别的有效控制应同时包括预防性控制和检查性控制，因为没有相应的预防性控制，检查性控制也不能充分发挥作用。

【实例9-7】（单选题）下列控制活动中，属于检查性控制的是（　　）。

A．信用部根据人事部提供的员工岗位职责表在系统中设定权限

B．仓库管理员根据经批准的发货单办理出库

C．财务人员于每月月末与客户进行对账并调查差异

D．采购部对新增供应商执行背景调查

分析：C。由于预防性控制通常用于正常业务流程的每一项交易，以防止错报的发生，而检查性控制的目的是发现流程中可能发生的错报（尽管有预防性控制还是会发生的错报），因此，选项ABD属于预防性控制，选项C属于检查性控制。

2．记录相关控制

在被审计单位已设置的控制中，如果有可以对应"哪个环节需设置控制"问题的，审计师应将其记录于工作底稿，同时记录由谁执行该控制。审计师可以通过备忘录、笔记或复印被审计单位相关资料而逐步使信息趋于完整。

如果审计师对重要业务流程的记录符合下列条件，可以认为其是充分的：①该记录识别了所有重要交易类别；②该记录指出在业务处理流程中"在什么环节可能出错"，即在什么环节需要控制；③该记录描述了针对"在什么环节可能出错"建立的预防性控制与检查性控制，而且指出这些控制由谁执行以及如何执行。

（五）执行穿行测试，证实对交易流程和相关控制的了解

为了解各类重要交易在业务流程中发生、处理和记录的过程，审计师通常会每年执行穿行测试。执行穿行测试可获得下列方面的证据：①确认对业务流程的了解；②确认对重要交易的了解是完整的，即在交易流程中所有与财务报表认定相关的可能发生错报的环节都已识别；③确认所获取的有关流程中的预防性控制和检查性控制信息的准确性；④评估控制设计的有效性；⑤确认控制是否得到执行；⑥确认之前所做的书面记录的准确性。

需要注意的是，如果不打算信赖控制，审计师仍需执行穿行测试以确认以前对业务流程及可能发生错报环节的了解的准确性和完整性。

对于重要的业务流程，不管是人工控制还是自动化控制，审计师都要对整个流程执行穿行测试，涵盖交易从发生到记账的整个过程。当某重要业务流程有显著变化时，审计师应当根据变化的性质，及其对相关账户发生重大错报的影响程度，考虑是否需要对变化前后的业务都执行穿行测试。

审计师应将对业务流程和相关控制的穿行测试情况，记录于工作底稿。记录的内容包括穿行测试中查阅的文件，穿行测试的程序以及审计师的发现和结论。

【实例 9-8】（单选题）注册会计师执行穿行测试的主要目的不是（　　）。

A．确认是否正确了解了内部控制并且书面记录准确

B．识别交易流程中与财务报表有关的可能发生错报的环节

C．确认所获取的有关流程中的预防性控制和检查性控制信息的准确性

D．确认评估控制设计的有效性并确认控制执行的有效性

分析：D。执行穿行测试主要用来证实注册会计师对交易流程和相关控制的了解是否正确，同时通过执行穿行测试，注册会计师可了解控制是否能够识别可能发生错报的环节和控制信息的准确性。控制执行的有效性是控制测试后评价的，了解内部控制只能做到确认控制是否得到执行。

（六）进行初步评价和风险评估

识别和了解控制后，根据执行上述程序及获取的审计证据，审计师需要评价控制设计的合理性并确定其是否得到执行。

审计师对控制的评价结论可能是：①所设计的控制单独或连同其他控制能够防止或发现并纠正重大错报，并得到执行；②控制本身的设计是合理的，但没有得到执行；③控制本身的设计就是无效的或缺乏必要的控制。

由于对控制的了解和评价是在穿行测试完成后，但又在测试控制运行有效性之前进行的，因此，上述评价结论只是初步结论，仍可能随控制测试后实施实质性程序的结果而发生变化。

【实例 9-9】（单选题）下列关于了解内部控制的表述中，不正确的是（　　）。

A．在了解内部控制时，应当评价控制的设计，并确定其是否得到执行

B．评价控制的设计是指考虑一项控制单独或连同其他控制是否能够有效防止或发现并纠正重大错报

C．控制得到执行是指某项控制存在且被审计单位正在使用

D．如果确定控制得到执行，则表明控制运行是有效的

分析：D。控制得到执行是指某项控制存在且被审计单位正在使用，并不表明控制运行是有效的，故选项 D 不正确。

第五节　评估重大错报风险

评估重大错报风险是风险评估阶段的最后一个步骤。获取的关于风险因素和抵消控制风险的信息（通过实施风险评估程序），将全部用于对财务报表层次以及各类交易、账户余额和列报认定层次评估重大错报风险。评估将作为确定进一步审计程序的性质、范围和时间的基础，以应对识别的风险。

一、评估财务报表层次和认定层次的重大错报风险

（一）评估重大错报风险时考虑的因素

表 9-4 列示了风险评估时考虑的部分风险因素。

表 9-4　　　　　　　　**风险评估时考虑的部分风险因素**

1.已识别的风险是什么	
财务报表层次	（1）源于薄弱的被审计单位层次内部控制或信息技术一般控制 （2）特别风险 （3）与管理层凌驾和舞弊相关的风险因素 （4）管理层愿意接受的风险，如小企业因缺乏职责分工导致的风险
认定层次	（1）与完整性、准确性、存在或计价相关的特定风险 ①收入、费用和其他交易 ②账户余额 ③财务报表披露 （2）可能产生多重错报的风险
相关内部 控制程序	（1）特别风险 （2）用于预防、发现或减轻已识别风险的恰当设计并执行的内部控制程序 （3）仅通过执行控制测试应对的风险
2.错报（金额影响）可能发生的规模有多大	
财务报表层次	什么事项可能导致财务报表重大错报？考虑管理层凌驾、舞弊、未预期事件和以往经验
认定层次	考虑： （1）交易、账户余额或披露的固有性质 （2）日常和例外事件 （3）以往经验
3.事件（风险）发生的可能性有多大	
财务报表层次	考虑： （1）"来自高层的声音" （2）管理层风险管理的方法 （3）采用的政策和程序 （4）以往经验
认定层次	考虑： （1）相关的内部控制活动 （2）以往经验
相关内部 控制程序	识别对于降低事件发生可能性非常关键的管理层风险应对要素

（二）评估重大错报风险的审计程序

在评估重大错报风险时，审计师应当实施下列审计程序：

（1）在了解被审计单位及其环境的整个过程中识别风险，并考虑各类交易、账户余额、列报。审计师应当运用各项风险评估程序，在了解被审计单位及其环境的整个过程中识别风险，并将识别的风险与各类交易、账户余额和列报相联系。例如，被审计单位因相关环境法规的实施需要更新设备，可能面临原有设备闲置或贬值的风险；宏观经济的低迷可能预示应收账款的回收存在问题；竞争者开发的新产品上市，可能导致被审计单位的主要产品在短期内过时，预示将出现存货跌价和长期资产（如固定资产等）的减值。

（2）将识别的风险与认定层次可能发生错报的领域相联系。审计师应当将识别的风险与认定层次可能发生错报的领域相联系。例如，销售困难使产品的市场价格下降，可能导致年末存货成本高于其可变现净值而需要计提存货跌价准备，这显示存货的计价认定可能发生错报。

（3）考虑识别的风险是否重大。风险是否重大是根据风险造成后果的严重程度。例如，除考虑产品市场价格下降因素外，审计师还应当考虑产品市场价格下降的幅度、该产品在被审计单位产品中的比重等，以确定识别的风险对财务报表的影响是否重大。假如产品市场价格大幅下降，导致产品销售收入不能补偿成本，毛利率为负，那么年末存货跌价问题严重，存货计价认定发生错报的风险重大；假如价格下降的产品在被审计单位销售收入中所占比例很小，被审计单位其他产品销售毛利率很高，尽管该产品的毛利率为负，但可能不会使年末存货发生重大跌价问题。

（4）考虑识别的风险导致财务报表发生重大错报的可能性。审计师还需要考虑上述识别的风险是否会导致财务报表发生重大错报。例如，考虑存货的账面余额是否重大，是否已适当计提存货跌价准备等。在某些情况下，尽管识别的风险重大，但仍不至于导致财务报表发生重大错报。例如，被审计单位对于存货跌价准备的计提实施了比较有效的内部控制，管理层已根据存货的可变现净值，计提了相应的跌价准备。在这种情况下，财务报表发生重大错报的可能性将相应降低。

审计师应当利用实施风险评估程序获取的信息，包括在评价控制设计和确定其是否得到执行时获取的审计证据，作为支持风险评估结果的审计证据。审计师应当根据风险评估结果，确定实施进一步审计程序的性质、时间和范围。

（三）识别两个层次的重大错报风险

在对重大错报风险进行识别和评估后，审计师应当确定，识别的重大错报风险是与特定的某类交易、账户余额、列报的认定相关，还是与财务报表整体广泛相关，进而影响多项认定。

某些重大错报风险可能与特定的某类交易、账户余额、列报的认定相关。例如，被审计单位存在复杂的联营或合资，这一事项表明长期股权投资账户的认定可能存在重大错报风险。又如，被审计单位存在重大的关联方交易，该事项表明关联方及关联方交易的披露认定可能存在重大错报风险。

某些重大错报风险可能与财务报表整体广泛相关，进而影响多项认定。例如，在经济不稳定的国家和地区开展业务、资产的流动性出现问题、重要客户流失、融资能力受到限制等，可能导致审计师对被审计单位的持续经营能力产生重大疑虑。又如，管理层缺乏诚信或承受异常的压力可能引发舞弊风险，这些风险与财务报表整体相关。

（四）控制环境对评估财务报表层次重大错报风险的影响

财务报表层次的重大错报风险很可能源于薄弱的控制环境。薄弱的控制环境带来的风险可能对财务报表产生广泛影响，难以限于某类交易、账户余额、列报，审计师应当采取总体应对措施。例如，被审计单位治理层、管理层对内部控制的重要性缺乏认识，没有建立必要的制度和程序；或管理层经营理念偏于激进，又缺乏实现激进目标的人力资源等，这些缺陷源于薄弱的控制环境，可能对财务报表产生广泛影响，需要审计师采取总体应对措施。

（五）控制对评估认定层次重大错报风险的影响

在评估重大错报风险时，审计师应当将所了解的控制与特定认定相联系。这是由于控制有助于防止或发现并纠正认定层次的重大错报。在评估重大错报发生的可能性时，除了考虑可能的风险外，还要考虑控制对风险的抵消和遏制作用。有效的控制会减少错报发生的可能性，而控制不当或缺乏控制，错报就会有可能变成现实。

控制可能与某一认定直接相关，也可能与某一认定间接相关。关系越间接，控制在防止或发现并纠正认定中错报的作用越小。例如，销售经理对分地区的销售网点的销售情况进行复核，与销售收入完整性的认定只是间接相关。相应地，该项控制在降低销售收入完整性认定中的错报风险方面的效果，要比与该认定直接相关的控制（如将发货单与开具的销售发票相核对）的效果差。

审计师可能识别出有助于防止或发现并纠正特定认定发生重大错报的控制。在确定这些控制是否能够实现上述目标时，审计师应当将控制活动和其他要素综合考虑。如将销售和收款的控制置于其所在的流程和系统中考虑，以确定其能否实现控制目标。因为单个的控制活动（如将发货单与销售发票相核对）本身并不足以控制重大错报风险，只有多种控制活动和内部控制的其他要素综合作用才足以控制重大错报风险。

当然，也有某些控制活动可能专门针对某类交易或账户余额的个别认定。例如，被审计单位建立的、以确保盘点工作人员能够正确地盘点和记录存货的控制活动，直接与存货账户余额的存在性和完整性认定相关。审计师只需要对盘点过程和程序进行了解，就可以确定控制是否能够实现目标。

审计师应当考虑对识别的各类交易、账户余额和列报认定层次的重大错报风险予以汇总和评估，以确定进一步审计程序的性质、时间和范围。

（六）考虑财务报表的可审计性

审计师在了解被审计单位内部控制后，可能对被审计单位财务报表的可审计性产生怀疑。例如，对被审计单位会计记录的可靠性和状况的担心可能会使审计师认为可能很难获取充分、适当的审计证据，以支持对财务报表发表意见。再如，管理层严重缺乏诚信，审计师认为管理层在财务报表中作出虚假陈述的风险高到无法进行审计的程度。因此，如果通过对内部控制的了解发现下列情况，并对财务报表局部或整体的可审计性产生疑问，审计师应当考虑出具保留意见或无法表示意见的审计报告：①被审计单位会计记录的状况和可靠性存在重大问题，不能获取充分、适当的审计证据以发表无保留意见；②对管理层的诚信存在严重疑虑。必要时，审计师应当考虑解除业务约定。

【实例9-10】（单选题）下列情形中，通常表明存在财务报表层次重大错报风险的是（ ）。

A．被审计单位的竞争者开发的新产品上市

　　B．被审计单位从事复杂的金融工具投资

　　C．被审计单位资产的流动性出现问题

　　D．被审计单位存在重大的关联方交易

　　分析：C。选项 AB 两种情况属于注册会计师重点关注的领域，但不一定意味着存在重大错报风险。选项 CD 两种情况可能意味着存在重大错报风险。但由于关联方交易主要涉及长期股权投资项目的处理，所以选项 D 属于认定层次重大错报风险的范畴；被审计单位资产的流动性出现了问题，说明被审计单位可能无法归还到期欠款，也可能无法融资，为了在财务报表中不体现出这种情况，就可能高估流动资产、低估流动负债，而流动资产、流动负债涉及的科目较多，所以选项 C 属于财务报表层次重大错报风险的范畴。

　　【实例 9-11】（多选题）注册会计师运用各项风险评估程序，在了解被审计单位及其环境的整个过程中识别风险，下列识别的风险中仅与各类交易、账户余额和披露相联系的有（　　　）。

　　A．被审计单位因相关环境法规的实施需要更新设备，可能面临原有设备闲置或贬值的风险

　　B．被审计单位对于存货跌价准备的计提没有实施比较有效的内部控制，管理层未根据存货的可变现净值计提相应的跌价准备带来的风险

　　C．管理层缺乏诚信或承受异常的压力可能引发舞弊风险

　　D．竞争者开发的新产品上市，可能导致被审计单位的主要产品在短期内过时，预示将出现存货跌价和长期资产的减值

　　分析：ABD。管理层缺乏诚信或承受异常的压力可能引发舞弊风险，与财务报表整体相关，故选项 C 不正确。

二、需要特别考虑的重大错报风险

　　（一）特别风险

　　特别风险是指通常与重大的非常规交易和判断事项有关的需要特别考虑的重大错报风险。审计师应当运用职业判断，确定识别的风险中哪些是特别风险。

　　日常的、不复杂的、经正规处理的交易不太可能产生特别风险。特别风险通常与重大的非常规交易和判断事项有关。

　　非常规交易是指由于金额或性质异常而不经常发生的交易。例如，企业购并、债务重组、重大或有事项等。由于非常规交易具有下列特征，与重大非常规交易相关的特别风险可能导致更高的重大错报风险：①管理层更多地介入会计处理；②数据搜集和处理涉及更多的人工成分；③复杂的计算或会计处理方法；④非常规交易的性质可能使被审计单位难以对由此产生的特别风险实施有效控制。

　　判断事项通常包括作出的会计估计。如资产减值准备金额的估计、需要运用复杂估值技术确定的公允价值计量等。由于下列原因，与重大判断事项相关的特别风险可能导致更高的重大错报风险：①对涉及会计估计、收入确认等方面的会计原则存在不同的理解；②所要求的判断可能是主观和复杂的，或需要对未来事项作出假设。

（二）确定特别风险时应考虑的事项

在确定哪些风险是特别风险时，审计师应当在考虑识别出的控制对相关风险的抵消效果前，根据风险的性质、潜在错报的重要程度（包括该风险是否可能导致多项错报）和发生的可能性，判断风险是否属于特别风险。

在确定风险的性质时，审计师应当考虑下列事项：①风险是否属于舞弊风险；②风险是否与近期经济环境、会计处理方法和其他方面的重大变化有关；③交易的复杂程度；④风险是否涉及重大的关联方交易；⑤财务信息计量的主观程度，特别是对不确定事项的计量存在较大区间；⑥风险是否涉及异常或超出正常经营过程的重大交易。

（三）考虑与特别风险相关的控制

了解与特别风险相关的控制，有助于审计师制订有效的审计方案予以应对。对特别风险，审计师应当评价相关控制的设计情况，并确定其是否已经得到执行。由于与重大非常规交易或判断事项相关的风险很少受到日常控制的约束，审计师应当了解被审计单位是否针对该特别风险设计和实施了控制，管理层采取的应对措施可能包括：

（1）控制活动，如高级管理人员或专家对假设进行检查。

（2）对估计流程作出记录。

（3）治理层作出批准。

如果管理层未能实施控制以恰当应对特别风险，审计师应当认为内部控制存在重大缺陷，并考虑其对风险评估的影响。在此情况下，审计师应当就此类事项与治理层沟通。

此外，如果计划测试旨在减轻特别风险的控制运行的有效性，审计师不应依赖以前审计获取的关于内部控制运行有效性的审计证据。审计师应当专门针对识别的风险实施实质性程序，但由于实质性分析程序并不能单独应对特别风险，审计师应当实施细节测试，或将实质性程序与细节测试相结合。

【实例9-12】（单选题）注册会计师应当将其评估为存在特别风险的是（　　　　）。

A．被审计单位对母公司的销量占总销量的50%

B．被审计单位将重要子公司转让给实际控制人控制的企业并取得大额转让收益

C．被审计单位将产品销售给子公司的价格低于销售给第三方的价格

D．被审计单位与收购交易的对方签订了对赌协议

分析：B。注册会计师应当将舞弊导致的重大错报风险、管理层凌驾于控制之上的风险及超出正常经营过程的重大关联方交易导致的风险评估为特别风险，被审计单位将重要子公司转让给实际控制人控制的企业并取得大额转让收益，属于超出了正常经营的事项，故选项B正确。

三、仅通过实质性程序无法应对的重大错报风险

作为风险评估的一部分，如果认为仅通过实质性程序获取的审计证据无法将认定层次的重大错报风险降至可接受的低水平，审计师应当评价被审计单位针对这些风险设计的控制，并确定其执行情况。

在被审计单位对日常交易采用高度自动化处理的情况下，审计证据可能仅以电子形式存在，其充分性和适当性通常取决于自动化信息系统相关控制的有效性，审计师应当考虑

仅通过实施实质性程序不能获取充分、适当审计证据的可能性。例如，某企业通过高度自动化的系统确定采购品种和数量，生成采购订单，并通过系统中设定的收货确认和付款条件进行付款。除了系统中的相关信息以外，该企业没有其他有关订单和收货的记录。在这种情况下，如果认为仅通过实施实质性程序不能获取充分、适当的审计证据，审计师应当考虑所依赖的相关控制的有效性，并对其进行了解、评估和测试。

【实例9-13】（简答题）华东公司是2015年3月成立的一家生产化工产品的企业，会计师事务所接受委托，对华东公司2016年度财务报表进行审计，李华和王平注册会计师对华东公司及其环境进行了全面了解和记录。部分工作底稿列示如下：

（1）2017年2月2日，李华和王平注册会计师第一次来到公司，董事会秘书和财务经理向他们介绍了公司的基本情况，由于公司某主要产品在全世界只有华东公司生产，产品90%销往国外，产品供不应求，产品毛利率达50%。

（2）2017年2月8日，李华和王平注册会计师再次来到公司，途经华东公司工厂大门时，有村民在工厂大门前拉起"我们要蓝天，我们要生存"的横幅，并集体要求该厂立即停工，注册会计师来到公司后询问高层管理人员，得知村民想增加补偿，工厂环保手续正在办理。

（3）华东公司管理层除领取固定工资外，其奖金与当年完成主营业务收入的情况挂钩。

（4）华东公司准备上市扩大生产，由于主产品环保评定手续未办理且经营期限较短，准备出资8 000万元（含货币资金3 000万元）兼并另外一家工厂，华东公司拥有51%的股权，用于生产副产品，然后分拆上市。该并购协议已经签订，2016年年底开始进入并购程序。

（5）2016年10月底，华东公司购买了财务软件，软件公司已经对会计人员进行了培训。初始工作已于2016年11月完成，2016年度报表由财务软件生成。

（6）注册会计师在查阅董事会会议记录时发现，华东公司在成立时向M银行借入的金额为5 000万元、期限为2年的长期借款即将到期，由于2016年准备用于还款的资金用于企业并购，会议决定向M银行申请贷款延期半年。

要求：针对上述各事项，请从整体层面和认定层面识别是否存在重大错报风险，是否属于特殊风险，请指出原因。如果该事项引起认定层面可能存在重大错报，请详细列出具有影响的认定，填写表9-5。

分析：

表9-5 各事项的错报风险分析

事项	是否存在重大错报风险		是否属于特殊风险	原因
	整体层面	认定层面		
事项1	是	销售收入/存在与发生 销售收入、销售成本/估价与分摊	是	收入和利润过度依赖出口，公司销售受国家政策和币值波动的影响较大，汇率的波动会影响财务报表指标
事项2	是		是	工厂可能停产或部分停产，或者诉讼官司缠身，其持续经营或盈利能力可能受到影响

事项	是否存在重大错报风险		是否属于特殊风险	原因
	整体层面	认定层面		
事项3	是		是	奖金与当年完成主营业务收入的情况挂钩，可能导致管理层粉饰收入
事项4	是		是	由于并购，财务报表资产被高估的可能性较大，且并购占用大量流动资金
事项5	是			财务软件的运用，可能使某些处理程序和操作因为系统的转换而导致财务报表产生重大错报
事项6	是			公司的融资能力受到限制，很可能导致公司持续经营存在风险

问题与案例

一、思考题

1. 阐述国内外风险审计准则的发展及其特征。

2. 描述风险评估如何贯穿于审计的整个过程。

3. 在实务中如何执行风险评估？

4. 为什么了解被审计单位及其环境对审计师来说极其重要，阐述它是如何影响审计策略和审计方法的？

5. 描述审计师获取了解被审计单位及其环境，以及评估重大错报风险的证据以及获取证据的方法。

6. 如何了解被审计单位内部控制？

7. 如何评估重大错报风险？

8. 举例说明需要特别关注的重大错报风险。

9. 举例说明仅通过实质性程序无法应对的重大错报风险。

二、行动学习讨论

把学生分成若干组（每组最好是10人以内），要求他们利用头脑风暴的方法，对以下问题提出不同的看法，尽量多地列示在行动学习讨论的白板上。

讨论问题：不同企业财务报表重大错报风险的表现？

讨论与板书要求：①每个人都要发言，但每次只能一人发言；②追求数量、追求创意；③有人发言时不许质疑、不许批评、不许打断；④板书要按发言人的原话列示。

三、案例讨论

对京华公司的风险评估

（一）京华公司背景资料简介

京华公司1996年在中国境内注册设立，2002年在上海证券交易所上市。京华公司生产某类型家居用生活产品，主要包括 A、B、C 三个系列，产品由京华公司直接销售给大型宾馆及批发、零售商。京华公司现有约 8 000 名员工。

2015 年京华公司提供的财务报表显示：2015 年度销售收入为 43.87 亿元，较 2014 年度增长 39%。2015 年 12 月 31 日的资产总额为 61.06 亿元，其中占资产比重较大的项目为固定资产、应收账款和存货，余额分别为 15.7 亿元、7.78 亿元和 16.32 亿元。固定资产较上年变动不大，应收账款和存货较上年分别增加 38% 和 47%。

（二）注册会计师实施风险评估程序

1. 一般风险评估程序

审计目标：

对审计风险进行一般评估，识别异常交易或事项。

审计方法：

询问、检查、观察以及分析性程序。

审计程序（见表 9-6）：

表 9-6　　　　　　　　　　　　风险评估程序执行情况表

风险评估程序	执行人	执行时间	索引号
向主要管理人员询问其主要产品、经营环境、员工情况及行业趋势等信息			
了解京华公司公告或其他外部机构的相关报告			
取得年度预算进行经营结果与预算预期的比较分析			
取得连续三年的财务报表进行对比分析			
参观生产经营场所			
查阅以前年度的审计工作底稿			

审计要点：

（1）初步了解京华公司的业务、经营环境及内部控制（首次承接）或主要变化（连续审计）。

（2）初步了解实际生产经营情况，如设备、厂房、员工及生产情况等。

（3）对财务报表进行初步分析，识别异常报表项目。

（4）重点关注以前年度审计意见类型、审计调整数量及重大调整事项等所涉及的风险。

审计说明：

（1）主要业务及经营环境（略）。

（2）财务资料初步分析（见表 9-7、表 9-8）。

表 9-7		连续 3 年财务报表对比分析				金额单位：亿元
主要报表项目	2015 年	2014 年	2013 年	2015 年较上年变动比率（%）	2014 年较上年变动比率（%）
固定资产	15.7	15.12	14.98	3.84	0.93
应收账款	7.78	5.62	4.32	38.43	30.09
存货	16.32	11.09	8.57	47.16	29.40
资产总额	61.06	55.92	49.89	9.19	12.09
股东权益	24.48	23.04	21.36	6.25	7.87
营业收入	43.87	33.71	28.02	30.14	20.31
营业成本	28.03	21.92	17.81	27.87	23.08
营业利润	5.23	3.94	3.49	32.74	12.89
利润总额	4.85	3.74	3.36	29.68	11.31

表 9-8		比率趋势分析			
比率项目	2015 年	2014 年	2013 年	2015 年较上年变动幅度	2014 年较上年变动幅度
资产负债率	59.91%	58.80%	57.19%	1.11%	1.61%
流动比率	1.9	2.1	2.17	−0.2	−0.07
速动比率	0.98	1.05	1.1	−0.07	−0.05
存货周转率	2.05	2.23	2.3	−0.18	0.07
应收账款周转率	6.55	6.78	6.71	−0.23	0.07
销售毛利率	36.11%	34.97%	36.44%	1.14%	−1.47%

京华公司在 2015 年变动比较大的报表项目主要是营业收入、应收账款和存货。

第一，营业收入及应收账款增长较大的主要原因是中国经济的高速发展和居民消费能力的提高扩大了市场对京华公司生产产品的需求，同时京华公司在本年积极开拓海外市场，海外销售收入的比例从 2014 年的 10% 上升到 2015 年的 15%。

第二，京华公司在 2015 年存货增长较大、存货周转率较低的原因主要是京华公司在本年的整体产销量扩大，造成存货余额较上年增加较大。

（3）经营成果与预算对比分析（略）。

（4）其他说明（略）。

审计结论：

京华公司 2015 年度的实际经营成果与年度预算无异常差异。根据连续 3 年财务报表的初步分析结果，我们认为收入的确认及相应的应收账款的真实性、存货减值准备计提的准确性应作为我们的审计重点。

2. 了解京华公司及其环境

（1）了解行业状况、法律及监管环境以及其他外部因素。

审计目标：

通过了解行业状况、法律及监管环境以及其他外部因素，识别可能造成财务报表重大错报的经营风险（包括重大风险），为综合风险评估及审计策略的制定提供依据。

审计方法：

询问、检查、观察以及分析性程序。

审计程序（见表9-9）：

表9-9   风险评估程序执行情况表

风险评估程序	执行人	执行时间	索引号
查阅关于京华公司所处行业的研究报告			
查阅营销部门编制的市场研究报告			
向京华公司相关职能部门询问法律环境状况			
向京华公司相关职能部门询问其他外部因素状况			
查阅管理层和治理层的分析报告，内部管理报告及其他特殊目的的报告（如新投资项目的可行性研究报告）			
查阅以前年度审计工作底稿			
查阅其他相关资料			

审计要点：

①了解京华公司所在行业的总体发展趋势、市场供求、市场容量与价格竞争情况。

②了解京华公司所在行业受技术发展的影响程度。

③了解主要竞争者的基本情况，京华公司及其主要竞争者的竞争优势以及它们所占的市场份额。

④了解业务的增长率和总体的财务业绩与行业平均水平及竞争者相比的状况，以及存在重大差异的原因。

⑤了解竞争者是否采取了购并行动、降价策略及新技术开发等，从而对京华公司的经营活动产生影响。

⑥了解生产经营的季节性和周期性。

⑦了解国家对于行业的特殊监管要求，如产品标准、环保指标等。

⑧了解对经营活动产生重大影响的法律法规及监管活动。

⑨了解国家货币、财政、税收和贸易等政策的变化对京华公司经营活动的影响。

⑩了解对京华公司经营活动产生重大影响的其他外部因素，如宏观经济状况、利率和资金供求状况、通货膨胀水平及币值变动、国际经济环境和汇率变动等。

审计说明：

①京华公司的经营范围主要是研究开发、生产和销售某类型家居生活用品，主要包括

A、B、C 三个系列产品。

②随着中国经济的高速发展和居民生活水平的提高，在未来三年，国内市场对该类型产品的需求会持续增长。此外，一些新兴市场如印度、巴西等国家对该产品的需求也不断增长。因此，京华公司的主要产品在中国及海外市场有着巨大的发展潜力。

③2015 年，京华公司在国内的市场份额已经达到 26%，是该市场的主要供应商。与国内其他竞争对手相比，京华公司在研发能力、生产线和市场推广等方面具有竞争优势。与国际竞争对手相比，京华公司具有价格低、服务快的优势，但总体市场竞争非常激烈。

④国内的竞争者不断通过降低价格吸引客户，同时国际竞争对手在 2015 年推出面向中国市场的价格较低的中端产品参与市场竞争。从目前的趋势看，整个行业的竞争越来越激烈。

⑤京华公司目前致力于开拓海外市场，京华公司的海外销售比重从 2014 年的 10% 上升到 2015 年的 15%，海外销售主要以美元作为计价货币及结算货币。京华公司为快速提高市场占有率，海外销售的价格较低，同时也给京华公司带来了汇率风险。

⑥随着本年市场需求量的增加，京华公司的产销量增加较大，同时也造成期末存货结存量较大。

⑦2015 年行业内合并和收购活动比较活跃，竞争对手通过并购扩大市场份额和经济规模。

⑧作为国内 A 股上市的京华公司，必须符合中国证监会及证券交易所的相关监管要求。

⑨国内目前实行收缩的货币政策，信贷规模的减少给京华公司的融资能力造成一定影响，同时提高了京华公司的融资成本。

⑩国家在 2015 年提高了京华公司所在行业生产废弃物的排放标准，京华公司为此增加了环保设备投入，并需要定期接受环保部门的检查。

京华公司生产没有季节性或周期性特点。

审计结论：

①由于国内市场需求量的提高和国外新兴市场提供的商机，京华公司所在行业总体上处于上升趋势，有着良好的市场前景和发展潜力。

②京华公司所在行业竞争比较激烈，势必会对京华公司的产品价格、销售毛利产生一定的影响，继而给京华公司的经营业绩施加压力。

③在激烈的市场环境下，竞争对手不断通过并购扩大市场份额和经济规模，这对京华公司目前的市场地位及未来的发展形成了一定的威胁。

④京华公司日益增长的海外销售业务存在汇率风险、信用风险等。

⑤京华公司期末存货余额较大，审计时需要对余额较大存货的计价问题和库龄较长的存货可能涉及的减值问题予以特殊关注。

⑥国家对京华公司所在行业的环保指标要求会增加京华公司在此方面的资金投入，同时更新设备可能导致原有设备闲置或减值。

（2）了解京华公司的性质。

审计目标：

通过了解京华公司的性质，为综合风险评估及审计策略的制定提供依据。

275

审计方法：

询问、检查、观察以及分析性程序。

审计程序（见表9-10）：

表9-10 **风险评估程序执行情况表**

风险评估程序	执行人	执行时间	索引号
1.查阅以前年度审计工作底稿			
2.获取京华公司组织结构图、章程			
3.获取京华公司治理层结构图			
4.获取京华公司关联方清单			
5.阅读由管理层和治理层编制的定期报告及会议纪要等文件			
6.向高管人员或相关职能部门询问主要经营、投资、融资活动情况			
7.获取并查阅京华公司主要销售、采购、投资、融资合同等相关资料			
8.向销售人员询问相关市场信息，如主要客户和合同、付款条件、主要竞争者、定价政策、营销策略等			
9.向人力资源部门询问劳动用工情况			
10.实地察看京华公司主要生产经营场所			
11.查阅其他外部相关信息			

审计要点：

①了解所有权结构以及所有者与其他人员或单位之间的关系，考虑关联方关系是否已经得到识别。

②了解治理结构，考虑治理层是否能够在独立于管理层的情况下对京华公司事务（包括财务报告）作出客观判断。

③了解组织结构，考虑复杂组织结构可能导致的重大错报风险，包括与财务报表合并相关的会计核算问题等。

④了解京华公司的主要经营活动，如其业务的地区与行业分布、关键客户、主要供应商、劳动用工情况、研究开发活动及其支出、关联方交易等，考虑可能存在的经营风险。

⑤了解京华公司的主要投资活动，如近期拟实施或已实施的并购活动与资产处置情况、证券投资、委托贷款发生与处置、资本性投资活动等，考虑可能存在的投资风险、资本承诺事项的披露等问题。

⑥了解京华公司的主要融资活动，如债务结构和相关筹资条款、固定资产的融资租赁、关联方融资、实际受益股东以及衍生金融工具的运用等，考虑可能存在的融资风险。

审计说明：

①京华公司于1996年在中国境内注册设立，2002年京华公司在上海证券交易所上

市。其中京华公司的 3 家发起人甲公司、乙公司以及丙公司享有京华公司 62%的股份。京华公司所有权结构参见附件 1（本例中从略）。

②京华公司的控股股东甲公司是一家主要从事贸易和投资业务的国有企业。控股公司及其所属其他关联公司与京华公司在资产、人员、业务、机构和财务方面相分离，不存在关联公司占用资金的问题。京华公司关联方清单见附件 2（本例中从略）。

③京华公司设有董事会，董事成员共有 7 人，其中独立董事 3 人，董事会下设战略、薪酬与考核、董事提名、审计四个专业委员会，京华公司制定了《董事会议事规则》，各下属专业委员会制定了实施细则。

④京华公司下设 2 家全资子公司、7 家控股子公司和 3 家联营公司，其中 1 家控股子公司为 2015 年新设公司。京华公司组织结构图参见附件 3（本例中从略）。

⑤京华公司产品在国内的主要销售市场分布在华南、华东和华北等经济比较发达的地区。京华公司未独立开展零售业务，主要客户为大型宾馆及批发、零售商。根据某国际数据咨询公司提供的数据，国内同类家居产品市场预计在 2012 年到 2015 年增长达 28%，巴西等新兴市场的增长达 30%。

⑥京华公司努力开拓海外销售市场，为了增加市场份额，京华公司降低了销售价格并延长了海外客户的付款期限。

⑦京华公司的客户及供应商比较分散，主要客户及供应商占京华公司采购和销售的比重不超过 5%，故京华公司不存在顾客及供应商集中的经营风险。

⑧京华公司主要聘用当地员工，并按照国家社会保险的相关要求为所有员工缴纳了社会保险和住房公积金，近年来没有与员工发生用工纠纷事项。

⑨京华公司本年与某银行签订了金额为 3 亿元的信贷额度，该额度基本可以满足营运资金的需要。

⑩京华公司在近年来未发生违反借款合同中限制性条款的情况。

审计结论：

延长国外客户的信用期限可能引起京华公司的资金问题，增加坏账损失的可能。

（3）了解京华公司会计政策的选择和运用。

审计目标：

了解京华公司的会计系统、业务核算特点以及会计政策的选择和运用，是否符合适用的会计准则和相关会计制度，是否符合京华公司的具体情况。

审计方法：

询问、检查。

审计程序（见表 9-11）。

审计要点：

①了解京华公司会计核算系统，如账务核算体系（集中核算、分级核算及账套设置方法等）、财务部门职责分工情况、使用的财务软件、报表的编制过程等。

②了解业务核算方法及特点，如营业收入的确认方法、成本费用的归集和分配方法等。

③了解京华公司选用的重要会计政策、会计政策变更及会计估计变更的情况。

表 9-11　　　　　　　　　　　　风险评估程序执行情况表

风险评估程序	执行人	执行时间	索引号
1.查阅以前年度审计工作底稿			
2.查阅京华公司财务工作手册、操作指南等财务资料和内部财务管理文件			
3.向负责财务工作的高管人员询问京华公司采用的主要会计政策、会计政策及会计估计的变更情况、财务人员配备情况等			
4.查阅合并报表范围相关文件			
5.查阅其他相关文件			

审计说明：

①财政部于 2014 年先后发布多项会计准则的增补或修订版，京华公司需要根据新的披露要求提供相关财务信息。

②根据《企业会计准则》的规定，京华公司所选用的主要会计政策见附件 4（本例中从略）。

③根据我们以往的审计经验，京华公司能够遵守会计准则，今年的特殊事项是股权激励计划的会计处理方面。

④其他说明（略）。

审计结论：

①京华公司在会计政策的选用上比较稳健，也符合京华公司的基本经营情况，但由于第一年执行增补或修订的准则，京华公司在实际执行过程中可能存在理解上的偏差及应用不准确的情况而影响财务报告的质量。

②除需要特殊关注新准则的执行情况外，股权激励计划的会计处理应作为审计重点之一。

（4）了解京华公司的目标、战略以及相关经营风险。

审计目标：

了解京华公司的目标、战略以及相关经营风险，并评价对财务报表的影响。

审计方法：

询问、检查、观察以及分析性程序。

审计程序（见表 9-12）。

审计要点：

①了解京华公司的经营目标及战略。

②了解相应的经营风险，如行业发展可能导致的京华公司不具备足以应对行业变化的人力资源和业务专长等风险、开发新产品可能导致的京华公司产品责任增加等风险、业务扩张可能导致的京华公司对市场需求的估计不准确等风险。

③了解信息技术的运用及其可能导致的京华公司信息系统与业务流程难以融合等风险。

表 9-12　　　　　　　　　　　　　　**风险评估程序执行情况表**

风险评估程序	执行人	执行时间	索引号
1.向董事长或其他高级管理人员询问京华公司实施的或准备实施的目标和战略			
2.查阅京华公司经营规划和其他战略发展文件			
3.查阅年报等公告或其他外部信息文件			
4.向信息技术部门管理人员询问京华公司使用的信息系统情况，询问是否存在与业务流程难以融合的风险			
5.查阅其他相关文件			

审计说明：

①京华公司的经营目标：

● 巩固在国内的行业领导地位；

● 积极拓展国际市场，争取成为全球主流的制造商。

②京华公司的经营战略：

● 建立销售与供应网络；

● 降低成本、提高质量、有竞争力的价格；

● 关注新产品的研发和推广；

● 建立海外销售队伍；

● 招聘和维持优秀员工。

③京华公司主要应用 SAP 财务系统和销售-订单-生产管理系统，这两个系统所依赖的服务器和数据库都集中在总部控制和管理。

集团的主要商业功能例如销售和回款主要都通过自己开发的销售-订单-生产管理系统来实现。此外，该系统产生的与财务相关的数据会直接在 SAP 财务系统生成对应的财务记录。因此，这个系统如不能正常处理和计算销售信息及成本信息，将会对财务报表数据产生影响。

根据我们以前年度的审计，未发现 SAP 财务系统和销售-订单-生产管理系统存在重大缺陷，这些信息系统在本年没有发生变更。

④其他说明（略）。

审计结论：

①京华公司对所处外部环境、行业状况有比较深入地了解，并能够及时地根据外部因素的变化及企业利益相关者（包括股东、客户、债权人、管理层、员工以及政府相关部门等）的预期，对目标和战略作了相应调整。

②京华公司信息系统与业务流程不存在难以融合等风险。

（5）了解京华公司财务业绩的衡量和评价。

审计目标：

考虑管理层是否面临实现某些关键财务业绩指标的压力，并进而分析该压力可能导致管理层采取行动，以至于增加财务报表发生重大错报的风险。

审计方法：

询问、检查、观察以及分析性程序。

审计程序（见表 9-13）：

表 9-13　　　　　　　　　　**风险评估程序执行情况表**

风险评估程序	执行人	执行时间	索引号
1.向高级管理人员询问京华公司关注的关键业绩指标			
2.向高级管理人员或相关人力资源部门询问业绩考核方式和关键考核指标，及激励性报酬政策			
3.查阅京华公司管理层和员工业绩考核与激励性报酬政策			
4.查阅管理层和治理层编制的报告、文件及董事会会议纪要等			
5.查阅分部信息与不同层次部门的业绩报告			
6.执行分析程序，在京华公司内部比较，与外部同地区、同行业比较			
7.查阅京华公司预期、预算或经营目标等指标			
8.执行分析程序，评估与预期的差异，结合考核激励政策评估风险			
9.查阅其他相关文件			

审计要点：

①了解法律法规及监管要求的关键业绩指标，如投资规模、注册资本金、盈利能力、偿债能力等。

②了解股东要求的关键业绩指标，如盈利能力、发展能力等。

③了解主要贷款人（如银行）要求的关键业绩指标，如偿债能力、资产规模等。

④了解关键业绩指标的发展趋势。

⑤与竞争对手的业绩比较。

⑥了解管理层、员工的业绩考核方式和关键考核指标及激励性报酬政策。

审计说明：

①管理层面临的主要财务指标年度对比分析（见表 9-14，分析数据及具体审计说明在本例中从略）。

②与主要竞争者之间的对比分析（见表 9-15，分析数据及具体审计说明在本例中从略）。

③公司内部分部信息的对比分析以及与主要竞争者的分部信息的对比分析（见表 9-16，分析数据及具体审计说明在本例中从略）。

表 9-14 **管理层面临的主要财务指标年度对比分析**

主要财务指标	2015 年	2014 年	差异数	差异分析
营业收入				
营业毛利				
净利润				
应收账款周转率				
应收账款减值准备				
存货周转率				
存货跌价准备				
资产负债率				
流动比率				
⋮				

表 9-15 **与主要竞争者之间的对比分析**

主要业绩指标	公司	主要竞争者	差异数	差异分析
资产总额				
净资产				
营业收入				
销售利润率				
资产负债率				
流动比率				
应收账款周转率				
存货周转率				
生产能力、产量				
⋮				

表9—16   公司内部分部信息的对比分析以及与主要竞争者的分部信息的对比分析

主要财务指标	公司			主要竞争者		
	华南地区	…地区	公司内部分部差异分析	华南地区	…地区	与主要竞争者的分部差异分析
营业收入						
营业毛利						
净利润						
资产总额						
净资产						
应收账款周转率						
存货周转率						
资产负债率						
流动比率						
⋮						

④经营成果与预算对比分析。

⑤京华公司本年制订了股权激励计划，授予15名高管人员共1 000 000份股票期权，行权条件为自授予日起为京华公司连续工作满3年。

⑥其他说明（本例中从略）。

审计结论：

①上述业绩指标是管理层业绩的主要内、外部考核指标，但本年的宏观环境及京华公司整体经营情况较好，管理层所面临的压力较小，同时股权激励计划不是以经营业绩为条件，故管理层歪曲财务报表的可能性较小。

②公司主要业绩指标与主要竞争者比较无重大差异。

③公司分部信息与相应部门的业绩报告比较无异常差异。

④2015年公司实际经营成果与年度预算比较无异常差异。

3. 了解京华公司的内部控制

审计目标：

（1）了解企业层次上的内部控制以计划审计并确定我们审计程序的性质、时间和范围。

（2）评估具审计重要性的企业层次上的内部控制的设计。

（3）确定具审计重要性的企业层次上的内部控制是否已执行。

（4）评估企业层次上的内部控制的有效性。

4.了解企业层次上内部控制形成的工作底稿

（1）了解控制环境。

审计程序（见表9-17）：

表9-17　　　　　　　　　　　**风险评估程序执行情况表**

风险评估程序	执行人	执行时间	索引号
1.向京华公司董事会、审计委员会成员以及独立董事等询问其董事会运作、与内审部门和外部审计师沟通等相关信息			
2.向高层管理人员询问京华公司经营理念、诚信和道德价值观、组织结构合理性、对人员胜任能力的重视程度			
3.向管理层和员工询问管理层如何就业务规程和道德价值观念与员工进行沟通			
4.查阅员工行为守则、组织结构文件、人力资源政策与程序、职务说明书、内部审计报告等文件			
5.观察员工是否在日常工作中遵守行为准则，查阅管理层对员工违反行为守则的处理文件			

审计要点：

①对诚信和道德价值观念的沟通与落实，包括：

● 是否有本企业的价值、规范和可接受行为的书面文件（如管理守则、董事会及其他重要的管理委员会的章程、其他人力资源的政策）。

● 管理层是否身体力行，高级管理人员是否起表率作用。

● 是否建立信息传达机制，使员工能够清晰了解管理层的理念。

● 员工是否接受关于道德行为和可接受行为标准的培训。

● 对违反有关政策和行为规范的事项，管理层是否采取适当的惩罚措施。

● 是否对背离现有控制的行为进行调查和记录。

②对胜任能力的重视，包括：

● 管理层是否对所有岗位的工作有正式的书面描述，并在任职条件中规定了履行特定职责所需的知识和技能。

● 财务人员以及信息管理人员是否具备与企业业务性质和复杂程度相称的足够的胜任能力和工作技能。

● 是否通过必要的人事政策（雇佣、薪酬、绩效考核）以确保员工拥有与其职责相适应的工作能力。

● 是否定期对员工进行培训，更新岗位职责。

③治理层的参与程度，包括：

● 董事会内部是否建立了审计委员会或类似机构。

● 董事会成员是否具备适当的经验和资历，并保持成员的相对稳定性。

● 董事会、审计委员会或类似机构是否独立于管理层。

● 董事会/审计委员会参与监控重大内部控制是否有效。

④管理层的理念和经营风格，包括：

● 管理层是否对信息技术的控制给予适当关注。

● 管理层在承担和监控经营风险方面偏向于稳健还是激进。

● 管理层是否对内部控制的缺陷采取了适当的措施。

● 管理层在选择会计政策和作出会计估计时是倾向于激进还是保守。

● 管理层对于重大的内部控制和会计事项，是否与注册会计师及时沟通。

⑤组织结构和权责划分，包括：

● 现有的组织结构是否能促进控制政策和控制程序全面有效的履行。

● 在制定组织结构时，管理层是否适当的考虑了内部控制和财务报告的风险。

● 是否有适当的授权体系。

● 是否已针对授权交易建立适当的政策和程序。

⑥人力资源政策与实务，包括：

● 在招聘、培训、考核、晋升、薪酬、调动和辞退员工方面是否有适当的政策和程序。

● 是否有书面的员工岗位职责手册。

● 人力资源政策与程序是否清晰，是否进行定期发布和更新。

● 是否设立适当的程序对分散在各地区和海外的经营人员建立和沟通人力资源政策与程序。

审计说明：

①记录我们对控制环境有关的企业整体控制的了解。

a. 对诚信和道德价值观念的沟通与落实，包括：

● 京华公司要求所有员工严格按照公布的员工手册要求执行日常业务，手册里着重强调了诚实和正直行为的重要性。

● 管理层在执行京华公司员工守则要求方面能够身体力行，并且对违反政策和程序或行为操守的员工进行了惩罚。

● 京华公司在内部网上发布了规范日常行为的员工手册，主要强调员工的诚实品质、正直行为和网络安全的相关规定。所有新入职员工会被告知相关规定。主要的负责人要求职员遵循员工手册的具体规定，违规行为将受到惩罚。

b. 对胜任能力的重视，包括：

● 京华公司管理层给财务部员工提供及时的培训，以保证他们在工作中符合新会计准则的相关规定。

● 在以前年度审计中，财务部员工提供的帮助说明他们具有足够的会计知识和经验技能以满足京华公司业务的需要。信息技术部员工及其他部门关键岗位员工也有足够的能力和技术满足 IT 系统运行和京华公司其他业务的要求。

●财务部员工积极参加新会计准则等相关的业务培训。

●京华公司高级管理层成员在京华公司工作多年，能够胜任京华公司复杂业务流程的管理。

●京华公司对信息技术人员定期提供内部和外部的培训，保证他们及时获得最新的专业知识。

c. 治理层的参与程度，包括：

●审计委员会制定了工作实施细则，并据此开展工作。

●审计委员会的所有成员都拥有适当经验和资历。

●财务业绩公布之前，董事会对其进行审阅和批准。

●京华公司的内部审计部门直接对审计委员会负责。审计委员会和内审部门设定内审目标，内部审计部门直接将内部审计过程中发现的问题报告给审计委员会。

●董事会成员的人员更换频率较低。

d. 管理层的理念和经营风格，包括：

●京华公司管理层执行一套正式的内部控制措施（包括信息技术方面）。

●京华公司董事会严密监控财务报告流程和内部控制。

●京华公司高级管理层和董事会积极改进内部控制，同时审计委员会和内部审计部门能够与我们及时沟通。

●对于复杂交易的会计处理上，京华公司管理层积极并及时与我们进行沟通。

●京华公司管理层选择会计政策和决定会计估计时的倾向不是激进的。

e. 组织结构和权责划分，包括：

●京华公司的组织架构清晰、职员的权责分配清楚，这样保证了员工工作的效率和质量。

●京华公司内部有严格的职责划分。

●京华公司业务建立了不同级别的审批政策和权限。

●财务部对财务数据负主要责任。信息技术部会定期与财务部门的人员举行会议讨论系统运行中遇到的问题。

f. 人力资源政策与实务，包括：

●京华公司对于员工的招聘、培训、薪酬、激励和解雇有不同的标准和流程。具体内容定期更新，并在内部网上发布。

●京华公司对这些标准和流程的管理实行中央控制，这些标准和流程会被及时传达给分、子公司，以保证不同地区的员工执行相同的标准和流程。

●所有员工签订正规的劳动合同，约定他们的职位和责任以及相关报酬。

●京华公司发布岗位设置文件，明确指出岗位的责任和工作要求。

②识别并评价具有审计重要性的企业整体控制的设计并且确定这些控制是否已被执行（见表 9-18）。

（2）了解风险评估活动。

审计程序（见表 9-19）：

表 9-18　　　　　　**具有审计重要性的企业整体控制设计的执行情况表**

具有审计重要性的企业整体控制	是否执行	
京华公司要求所有员工严格按照公布的员工手册要求执行日常业务，手册里着重强调了诚实和正直行为的重要性	是 □	否 □
京华公司董事会关注和监控财务报告结果和内部控制执行	是 □	否 □
京华公司董事会在财务业绩公布前进行审阅和批准	是 □	否 □
京华公司管理层给财务部员工提供及时的培训，以保证他们在工作中符合新会计准则的相关规定	是 □	否 □
京华公司管理层及时与我们沟通复杂交易的会计处理问题	是 □	否 □
京华公司的内部审计部门直接对审计委员会负责。审计委员会和内审部门设定内审目标，内部审计部门直接将内部审计过程中发现的问题报告给审计委员会	是 □	否 □
京华公司对于员工的招聘、培训、薪酬、激励和解雇有不同的标准和流程。具体内容定期更新，并在内部网上发布	是 □	否 □
所有员工签订正规的劳动合同，约定他们的职位和责任以及相关报酬	是 □	否 □
京华公司内部有严格的职责划分	是 □	否 □

表 9-19　　　　　　**风险评估程序执行情况表**

风险评估程序	执行人	执行时间	索引号
1.向京华公司高层管理人员询问京华公司如何识别与财务报告相关的经营风险，如何事前评估京华公司重大的经营、投资、融资、人事和重大变化事项风险，以及针对这些风险所采取的措施			
2.查阅京华公司整体和各单位的年度经营目标、综合计划、投资计划、财务预算，风险分析/评估报告、京华公司办公会会议纪要等文件			

审计要点：

①京华公司是否已建立并沟通其整体目标，并辅以具体策略和业务流程层面的计划。

②京华公司是否已建立风险评估过程，包括识别风险、估计风险的重大性，评估风险发生的可能性以及确定需要采取的应对措施。

③管理层识别影响京华公司发布可靠财务报告的风险的能力。

④确定与财务报告相关的风险已被分析并评价。

⑤管理层是否能够适当识别因变化而新产生的与发表可靠财务报告相关的风险。

审计说明：

①记录我们对和风险评估过程有关的企业整体控制的了解。

a.京华公司对于经营风险和财务报告风险举行定期会议：

●定期的部门会议。

●年度预算。

● 月度管理层报告及财务报告。

● 年度董事会会议。

b. 财务部负责人及时获知会计准则的变化，以及相关法规的变化对京华公司的影响。

c. 京华公司董事会在财务业绩公布前进行审阅和批准。

d. 当系统对交易的处理流程发生重大变化时，信息技术部会及时通知财务部。

e. 京华公司高级管理层成员在京华公司工作多年，具备识别影响京华公司发布可靠财务报告的风险的能力。

f. 其他说明（本例中从略）。

②识别并评价具有审计重要性的企业整体控制的设计并且确定这些控制是否已被执行（见表9-20）。

表9-20　　　　　　　　**具有审计重要性的企业整体控制设计的执行情况表**

具有审计重要性的企业层次上的程序/控制	是否执行	
1. 京华公司对于经营风险和财务报告风险举行定期会议	是 □	否 □
2. 京华公司董事会在财务业绩公布前进行审阅和批准	是 □	否 □
3. 京华公司管理层给财务部员工提供及时的培训，以保证他们工作中适应新会计准则的相关规定	是 □	否 □

（3）了解信息系统与沟通。

审计程序（见表9-21）：

表9-21　　　　　　　　**风险评估程序执行情况表**

风险评估程序	执行人	执行时间	索引号
1. 向京华公司高层管理人员询问其关心的信息，以及这些信息如何及时准确地上报给他们			
2. 向京华公司财务部和主要业务部门（如生产经营部、销售部、采购部等）负责人和下属公司管理层询问其关心的信息，以及这些信息如何上传、下达和横向交流			
3. 向京华公司信息技术部负责人询问与财务报告相关的业务和财务信息系统的开发和改善情况			
4. 查阅京华公司的业务分析报告、财务分析报告、经济活动分析会材料、业务和财务信息系统文件等信息			

审计要点：

①信息系统是否能够向管理层提供有关京华公司的业绩报告，包括相关的外部报告和内部信息。

②向适当人员提供的信息是否充分、具体和及时，使其能够有效地履行职责。

③信息系统的开发及变更是否能够与企业的战略计划相适应，以及如何与企业整体层面和业务流程层面的目标相适应。

④管理层是否提供适当的人力和财力以开发必需的信息系统。

⑤管理层如何监督程序的开发、变更和测试工作。

⑥对于主要的数据中心，是否建立了重大灾难数据恢复计划。

⑦组织内部沟通的充分性是否能够使人员有效地履行职责。

⑧是否存在合理的渠道把信息传达至分散的地区。

审计说明：

①记录我们对和信息与沟通有关的企业整体控制的了解情况表（见表9-22）。

表9-22　　　　　　　**信息与沟通有关的企业整体控制的了解情况表**

1.财务部有专门人员负责协调信息技术部和财务部
2.在以前年度审计中，财务部员工的工作表现说明他们具有足够的会计经验以满足京华公司业务的需要。同时，信息技术部员工也有足够的能力和技术满足IT系统运行的要求。京华公司内相关人员对系统处理的报告的可信度和可获得性表示满意
其他说明（本例中从略）

②识别并评价具有审计重要性的企业整体控制的设计并且确定这些控制是否已被执行（见表9-23）。

表9-23　　　　　　　**具有审计重要性的企业整体控制设计的执行情况表**

具有审计重要性的企业整体控制	是否执行			
1.企业保留描述人员职责的书面工作描述或参考手册	是	□	否	□
2.在开发和修改会计系统和控制方面，包括对计算机程序和/或数据文档的改变和运用，制定了足够的政策和相应的程序	是	□	否	□
3.信息技术部与财务部定期沟通，发现问题能够得到及时的处理	是	□	否	□

（4）了解控制活动。

审计程序（见表9-24）：

表9-24　　　　　　　**风险评估程序执行情况表**

风险评估程序	执行人	执行时间	索引号
1.审阅京华公司关于主要经营活动的控制政策和程序			
2.审阅京华公司定期的业绩分析评价记录，以及对差异采取适当措施的反馈文件			
3.取得关键岗位人员名单，查阅关键岗位的职责分离情况			
4.审阅固定资产、存货等有形资产的定期盘点及与会计系统的核对记录			
5.查阅监控信息安全的政策和程序			
6.观察京华公司的实际控制活动			

审计要点：

①京华公司的经营活动是否有必要的控制政策和程序。

②管理层是否对预算、利润和其他经营业绩有明晰的目标并积极进行监控。

③是否存在计划和报告系统，是否由适当层次的管理层对上述差异进行调查，并及时采取适当的纠正措施。

④京华公司是否有足够的职责分工，以降低舞弊和不当行为发生的风险。

⑤会计系统中的数据是否定期与实物资产进行核对。

⑥是否建立适当的保护措施，以防止未经授权接触文件、记录和资产的情况发生。

⑦是否存在信息安全职能部门负责监控信息安全政策和程序。

审计说明：

①记录我们对和控制活动有关的企业整体控制的了解。

a.京华公司对实物安全有严格的控制措施以保障其安全，例如，对接近资产和数据信息进行充分保护，对进入计算机程序和数据文档的授权有严格控制，对实物资产定期进行盘点等。

b.正式的预算最终需获得京华公司董事会批准。同时，每月京华公司将审阅实际业绩与预算的偏差，调查、分析并解释重大的变动情况。管理层每月审核批准财务业绩。

c.重要的数据（例如：销售日报、财务数据等）每天进行备份。

d.财务部和信息技术部没有频繁的人员流动。

e.京华公司要求门卡进入园区，员工凭个人用户名和密码登录京华公司内网，对数据库的直接修改是严格被禁止的。

f.其他说明（本例中从略）。

②识别并评价具有审计重要性的企业整体控制的设计并且确定这些控制是否已被执行（见表9-25）。

表9-25　　　　**具有审计重要性的企业整体控制设计的执行情况表**

具有审计重要性的企业整体控制	是否执行	
1.京华公司董事会批准正式的预算。同时，每月京华公司将审阅实际业绩与预算的偏离。管理层每月审核批准财务业绩	是　□	否　□
2.京华公司内部有严格的职责划分	是　□	否　□
3.重要的数据（例如：销售日报、财务数据等）每天进行备份	是　□	否　□

（5）了解对控制的监督。

审计程序（见表9-26）。

审计要点：

①是否对内部控制定期评价，例如建立内部控制评价体系，由内部审计部门定期评价内部控制。

②是否对内部控制进行专门评价，专门评价的范围、频率和过程是否适当。

③是否存在控制意外发生时确保及时采取纠正行动的政策和程序。

④内部审计部门是否直接向董事会、审计委员会或类似的独立机构报告，对接触董事会、审计委员会或类似机构是否有限制。

表 9-26 **风险评估程序执行情况表**

风险评估程序	执行人	执行时间	索引号
1.向京华公司高层管理人员询问其如何及时、准确地获得关于控制有效的反馈信息			
2.是否存在协助管理层监督内部控制的职能部门，管理层对内部控制的重视程度和具体措施等内容			
3.向京华公司内部审计部门负责人询问京华公司内部控制、内部审计工作情况，以及向董事会（审计委员会）报告的内容等信息			
4.向财务部门和主要业务部门负责人询问京华公司的内部控制执行与监督情况			
5.查阅京华公司的内部审计工作计划、工作规范、内部审计工作底稿、内审报告等相关文件			

⑤内部审计人员的组成、能力及经验是否适当。

⑥管理层对内部审计人员和注册会计师提出的内部控制方面的意见和建议是否进行适当处理。

审计说明：

①记录我们对和监督有关的企业整体控制的了解。

a.京华公司的内部审计部门直接对审计委员会负责。审计委员会和内审部门设定内审目标。

b.内部审计部门在每季度末直接将内部审计过程中发现的问题报告给审计委员会，如遇重大事项随时向审计委员会报告。

c.京华公司内审部门有 4 位普通员工和 1 位拥有 10 年审计相关工作经验的负责人，他们都经验丰富并具备相关知识（包括 IT 方面）。另外，他们对于京华公司的业务经营也具有充分的了解。内审部门独立于京华公司的管理层。

d.京华公司管理层及时对我们提出的内控建议作出回应。

e.其他说明（本例中从略）。

②识别并评价具有审计重要性的企业整体控制的设计并且确定这些控制是否已被执行（见表 9-27）。

表 9-27 **具有审计重要性的企业整体控制设计的执行情况表**

具有审计重要性的企业层次上的程序/控制	是否执行	
1.京华公司的内部审计部门直接对审计委员会负责。审计委员会和内审部门设定内审目标，内部审计部门直接将内部审计过程中发现的问题报告给审计委员会	是 □	否 □
2.京华公司管理层对我们提出的内控建议作出及时回应	是 □	否 □

（6）得出企业整体内部控制是否有效的结论。

基于我们对京华公司企业层次上内部控制的了解，我们认为企业整体内部控制是有效的：

①京华公司要求所有员工严格按照公布的员工手册要求执行日常业务，手册里着重强调了诚实和正直行为的重要性。

②京华公司拥有一个严密的组织架构，同时高级管理层，如执行总裁、财务经理，都是富有经验的。

③京华公司高级管理层密切关注京华公司及其分子公司的日常运行以及监管财务状况，并定期举行会议沟通交流。

④京华公司高级管理层积极改进内部控制，同时与外部审计师加强沟通和合作。

⑤京华公司高级管理层每月审阅财务报表，同时严格执行财务预算制度。

⑥京华公司执行严格的财务控制，包括各级审批权限的建立和执行。

⑦京华公司本年度在内部控制和高级管理层方面并没有大的变化。

⑧京华公司内部有严格的职责划分。

⑨京华公司高级管理层成员在京华公司工作多年，拥有京华公司复杂业务流程管理方面的经验。

5. 评估重大错报风险

审计目标：

识别和评估财务报表层次以及各类交易、账户余额、列报认定层次的重大错报风险。

审计程序：

（1）在了解京华公司及其环境的整个过程中识别风险，并考虑各类交易、账户余额、列报。

（2）将识别的风险与认定层次可能发生错报的领域相联系。

（3）考虑识别的风险是否重大。

（4）考虑识别的风险导致财务报表重大错报的可能性。

审计结论：

根据已经执行的上述风险评估程序及对舞弊风险的考虑（我们已经按照《中国注册会计师审计准则第1141号——财务报表审计中对舞弊的考虑》的要求识别和评估了舞弊风险，未见异常），识别和评估的重大错报风险说明见表9-28。

表9-28　　　　　　　　　　　**识别的重大风险汇总表**

识别的重大错报风险	索引号	属于报表层次还是认定层次	是否属于特别风险	是否属于仅通过实质性程序无法应对的重大错报风险	受影响的交易类别、相关账户余额、列报及认定
本年收入及应收账款较上年有大幅地增加		认定层次	是	是	收入——发生和计量 应收账款——存在性和计价
延长海外销售的回款期限可能导致坏账损失增加的风险		认定层次	是	是	应收账款——计价和列报

识别的重大错报风险	索引号	属于报表层次还是认定层次	是否属于特别风险	是否属于仅通过实质性程序无法应对的重大错报风险	受影响的交易类别、相关账户余额、列报及认定
以美元等外币计价和结算的海外销售所面临的汇率变动的风险		认定层次	否	是	外币货币性项目——计价和列报 汇兑损益——计量
期末存货余额较大，可能存在计价错报的风险；长期滞销的存货可能存在减值风险		认定层次	是	是	存货——计价和列报
京华公司本年实行的股权激励计划可能存在估值、确认及披露不准确的风险		认定层次	是	否	所有者权益——完整性和计价 费用——计量和列报
国家对行业的环保指标要求提高，更新设备可能面临原设备闲置或贬值的风险		认定层次	是	是	固定资产——计价和列报
本年首次执行新准则，且需要按照监管部门的要求进行特殊披露		报表层次 认定层次	是	是	涉及会计政策变更的所有会计科目的相关认定

要求：

讨论注册会计师对京华公司进行风险评估的步骤、内容及其重点。

关键词汇

风险评估　Risk Assessment Process

了解程序　Procedures to Obtain an Understanding

了解被审计单位基本情况　Obtain an Understanding of the Entity and Its Environment

穿行测试　Walkthrough

估计重大错报或舞弊的风险　Assessing the Risks of Material Misstatement and Fraud

询问　Inquiries of Management and Others within the Entity

观察与检查　Observation and Inspection

财务业绩　Financial Performance

经营风险　Business Risks（of the Client）

业务风险　Engagement Risk

业务循环　Transaction Cycles

内部控制　Internal Control

文字描述法　Narrative

流程图　Flowchart

内部控制调查问卷　Internal Control Questionnaire

人工控制　Manual Control

自动化控制　Automatic Control

内部控制系统评价　The Evaluation of Internal Control Systems

控制环境　Control Environment

控制活动　Control Activities

信息与沟通　Information and Communication

监督　Monitoring of Controls

职责分离　Separation of Duties

一般授权　General Authorization

特殊授权　Specific Authorization

特别风险　Special Risk

审计风险　Audit Risk

检查风险　Detection Risk

重大错报风险　Risk of Material Misstatement

重大错报　Material Misstatement

固有风险　Inherent Risks

控制风险　Control Risks

可接受审计风险　Acceptable Audit Risk

第十章　风险应对

【学习目的】

1. 了解风险应对与审计风险模型的运用；
2. 掌握财务报表层次重大错报风险的总体应对措施；
3. 熟悉增加审计程序不可预见性的方法；
4. 熟悉进一步审计程序的性质、时间和范围；
5. 熟悉内部控制测试的性质、时间和范围；
6. 掌握审计师是否需要在本期测试某项控制的决策过程；
7. 熟悉实质性程序的性质、时间和范围。

引例：风险应对的核心是什么

按照审计风险准则的相关规定，注册会计师在进行年报审计时不再仅仅专注于被审计单位的报表和账簿，而是从风险评估入手。李吉第一次作为项目经理，他带领审计小组的审计人员对华茂公司及其情况进行了解后，发现华茂公司有一些规章制度，但都很陈旧；总经理说一不二，凌驾于公司内部控制之上。这时候，李吉向会计师事务所合伙人提出要延长审计时间，修改审计计划，不惜一切代价控制华茂公司的风险。你认为李吉应对风险的反应正确吗？风险应对核心是什么？

第一节　针对财务报表层次重大错报风险的总体应对措施

一、风险应对与审计风险模型的运用

（一）风险应对及其作用

风险应对是指审计师为了应对评估出的财务报表重大错报风险而采取的措施的总称。重大错报风险的应对措施包括以下两类：

（1）总体应对措施，是指注册会计师针对评估的财务报表层次重大错报风险确定采取的措施。

（2）进一步审计程序，是指注册会计师针对评估的认定层次重大错报风险设计和实施的审计程序，包括控制测试（必要时或决定测试时）和实质性程序。

风险评估及其应对相关程序的作用见表 10-1。

表 10-1 　　　　　　　　　　　风险评估及其应对相关程序的作用

项目		作用
风险评估		旨在识别和评估财务报表层次以及重大类别的交易、账户余额和披露认定层次风险
风险应对	总体应对措施	用于应对评估的财务报表层次重大错报风险
	进一步审计程序	用于获取将审计风险降至可接受的低水平的证据

（二）运用审计风险模型应对风险

重大错报风险的应对是注册会计师必须认真考虑做好的工作，这不仅有利于发现因错误和舞弊导致的财务报表重大错报，将审计风险降至可接受的低水平，还有利于获取充分、适当的审计证据，形成恰当的审计意见。

风险应对需要运用审计风险模型。审计风险模型=重大错报风险×检查风险。整个风险应对工作就是在评估财务报表层次和认定层次的重大错报风险后展开的。

审计师针对评估的财务报表层次重大错报风险采取的总体应对措施，是从宏观的角度，站在更高的层面，从审计观念上运用该模型，以指导检查风险的控制工作，最终将审计风险降至可接受的低水平。

审计师针对评估的认定层次重大错报风险设计和实施的进一步审计程序，是对审计风险模型的具体运用。控制测试的结果，将直接用于修正重大错报风险的初步评估结果。当审计风险一定时，修正的重大错报风险评估结果通过模型最终会影响检查风险水平的确定，进而影响实质性程序的设计和实施。实质性程序的设计和实施，直接依据运用模型确定的计划检查风险水平，其目的是将检查风险降至计划可接受的水平。

二、财务报表层次重大错报风险与总体应对措施

在财务报表重大错报风险的评估过程中，审计师应当确定，识别的重大错报风险是与特定的某类交易、账户余额、列报的认定相关，还是与财务报表整体广泛相关，进而影响多项认定。如果是后者，则属于财务报表层次的重大错报风险。审计师应当针对评估的财务报表层次重大错报风险采取总体应对措施。可采取的总体应对措施包括：

（1）向项目组强调在搜集和评价审计证据过程中保持职业怀疑态度的必要性。

（2）分派更有经验或具有特殊技能的审计人员，或利用专家的工作。

（3）提供更多的督导。

（4）在选择进一步审计程序时，应当注意使某些程序不被管理层预见或事先了解。

（5）对拟实施审计程序的性质、时间和范围作出总体修改。

审计师对控制环境的了解会影响其对财务报表层次重大错报风险的评估。有效的控制环境可以使审计师增强对内部控制和被审计单位内部产生的证据的信赖程度。如果控制环境存在缺陷，审计师在对拟实施审计程序的性质、时间和范围作出总体修改时应当考虑：

（1）在期末而非期中实施更多的审计程序。

（2）主要依赖实质性程序获取审计证据。

（3）修改审计程序的性质，获取更具说服力的审计证据。

（4）扩大审计程序的范围。

【实例10-1】（单选题）下列各项措施中，不能应对财务报表层次重大错报风险的是（　　）。

　　A．扩大控制测试的范围

　　B．在期末而非期中实施更多的审计程序

　　C．增加审计程序的不可预见性

　　D．增加拟纳入审计范围的经营地点的数量

分析：A。应对财务报表层次重大错报风险的措施中有对拟实施审计程序的性质、时间和范围作出总体修改，这是在控制环境存在缺陷时对实质性审计程序的修改，选项BCD都属于此项内容的具体运用。选项 A 针对的是控制测试，即当针对控制运行的有效性需要获取更具有说服力的审计证据时，可能需要扩大控制测试的范围，不属于应对财务报表层次重大错报风险的具体措施。

三、增加审计程序不可预见性的方法

（一）增加审计程序不可预见性的思路

审计师可以通过增加审计程序提高审计程序不可预见性，例如：

（1）对某些以前未测试的低于设定的重要性水平或风险较小的账户余额和认定实施实质性程序。审计师可以关注以前未曾关注过的审计领域，尽管这些领域可能重要程度比较低。如果这些领域有可能被用于掩盖舞弊行为，审计师就要针对这些领域实施一些具有不可预见性的测试。

（2）调整实施审计程序的时间，使其超出被审计单位的预期。比如说，如果审计师在以前年度的大多数审计工作都围绕着 12 月或在年底前后进行，那么被审计单位就会了解审计师这一审计习惯，由此可能会把一些不适当的会计调整放在年度的 9 月、10 月或 11 月等，以避免引起审计师的注意。因此，审计师可以考虑调整实施审计程序时测试项目的时间，从测试 12 月的项目调整到测试 9 月、10 月或 11 月的项目。

（3）采取不同的审计抽样方法，使当年抽取的测试样本与以前有所不同。

（4）选取不同的地点实施审计程序，或预先不告知被审计单位所选定的测试地点。例如，在存货监盘程序中，审计师可以到未事先通知被审计单位的盘点现场进行监盘，使被审计单位没有机会事先清理现场，隐藏一些不想让审计师知道的情况。

（二）增加审计程序不可预见性的实施要点

（1）审计师需要与被审计单位的高层管理人员事先沟通，要求实施具有不可预见性的审计程序，但不能告知其具体内容。审计师可以在签订审计业务约定书时明确提出这一要求。

（2）虽然对于不可预见性程度没有量化的规定，但项目组可根据对舞弊风险的评估等确定具有不可预见性的审计程序。审计项目组可以汇总那些具有不可预见性的审计程序，并记录在审计工作底稿中。

（3）项目负责人需要安排项目组成员有效地实施具有不可预见性的审计程序，但同时要避免使项目组成员处于困难境地。

（三）增加审计程序不可预见性的示例

表 10-2 举例说明了一些具有不可预见性的审计程序。

四、对拟实施的进一步审计程序的总体方案的影响

财务报表层次重大错报风险难以限于某类交易、账户余额、列报的特点，意味着此类风险可能对财务报表的多项认定产生广泛影响，并相应增加审计师对认定层次重大错报风险的评估难度。因此，审计师评估的财务报表层次重大错报风险以及采取的总体应对措施，对拟实施进一步审计程序的总体方案具有重大影响。

表 10-2	审计程序的不可预见性示例
审计领域	一些可能适用的具有不可预见性的审计程序
存货	向以前审计过程中接触不多的被审计单位员工询问，例如采购、销售、生产人员等
	在不事先通知被审计单位的情况下，选择一些以前未曾到过的盘点地点进行存货监盘
销售和应收账款	向以前审计过程中接触不多或未曾接触过的被审计单位员工询问，例如负责处理大客户账户的销售部人员
	改变实施实质性分析程序的对象，例如对收入按细类进行分析
	针对销售和销售退回延长截止测试期间
	实施以前未曾考虑过的审计程序，例如： ①函证确认销售条款或者选定销售额较不重要、以前未曾关注的销售交易，例如对出口销售实施实质性程序 ②实施更细致的分析程序，例如使用计算机辅助审计技术复核销售及客户账户 ③测试以前未曾函证过的账户余额，例如，金额为负或是零的账户，或者余额低于以前设定的重要性水平的账户 ④改变函证日期，即把所函证账户的截止日期提前或者推迟 ⑤对关联公司销售和相关账户余额，除了进行函证外，再实施其他审计程序进行验证
采购和应付账款	如果以前未曾对应付账款余额普遍进行函证，可考虑直接向供应商函证确认余额。如果经常采用函证方式，可考虑改变函证的范围或者时间
	对以前由于低于设定的重要性水平而未曾测试过的采购项目，进行细节测试
	使用计算机辅助审计技术审阅采购和付款账户，以发现一些特殊项目，例如是否有不同的供应商使用相同的银行账户
现金和银行存款	多选几个月的银行存款余额调节表进行测试
	对有大量银行账户的，考虑改变抽样方法
固定资产	对以前由于低于设定的重要性水平而未曾测试过的固定资产进行测试，例如考虑实地盘查一些价值较低的固定资产，如汽车和其他设备等
跨区域审计项目	修改分支机构审计工作的范围或者区域（如增加某些较次要分支机构的审计工作量，或实地去分支机构开展审计工作）

拟实施进一步审计程序的总体方案包括：

（1）实质性方案，是指审计师实施的进一步审计程序以实质性程序为主。

（2）综合性方案，是指审计师在实施进一步审计程序时，将控制测试与实质性程序结合使用。

在了解被审计单位的控制环境后，如果审计师认为控制环境存在缺陷，应当考虑选用实质性方案，即拟实施的进一步审计程序以实质性程序为主。如果了解相关内部控制后预期某些交易种类的内部控制是有效运行的，则应当考虑选用综合性方案，即在实施进一步审计程序时，结合使用控制测试和实质性程序。

【实例10-2】（多选题）针对财务报表层次的重大错报风险，注册会计师可以通过提高审计程序的不可预见性的方法予以应对，下列方法中可以提高审计程序不可预见性的有（　　）。

A. 对风险较小的账户余额和认定实施实质性程序

B. 对某大额应收账款实施函证

C. 以前没有对被审计单位的应付账款余额普遍进行函证，此时可以考虑直接向所有供应商函证确认余额

D. 针对销售和销售退回仍然在以前测试范围内实施截止测试

分析：AC。选项BD都是在通常的审计工作中注册会计师应该实施的审计程序，所以这样的方法并不能增强审计程序的不可预见性。

【实例10-3】（多选题）下列关于"针对认定层次重大错报风险的进一步审计程序"的说法中，正确的有（　　）。

A. 在执行年度财务报表审计业务时，如果注册会计师通过了解和实施控制测试程序发现公司的内部控制存在重大缺陷，则应采取综合性方案实施进一步审计程序

B. 计划的保证水平越高，对有关控制运行有效性的审计证据的可靠性要求就越高。当拟实施的进一步审计程序主要以控制测试为主，尤其是仅实施实质性程序获取的审计证据无法将认定层次重大错报风险降至可接受的低水平时，注册会计师应当获取有关控制运行有效性的更高的保证水平

C. 在执行年度财务报表审计业务时，如果注册会计师通过实施了解和控制测试程序发现公司的内部控制存在重大缺陷，则应采取实质性方案实施进一步审计程序

D. 薄弱的控制环境带来的风险可能对财务报表产生广泛影响，注册会计师应当采取总体应对措施

分析：BC。综合性方案是指注册会计师在实施进一步审计程序时同时采用控制测试与实质性程序。既然内部控制存在重大缺陷，实施进一步控制测试就是不适宜的，故选项A不正确，选项C正确。选项D属于总体应对措施，而不是针对认定层次重大错报风险的进一步审计程序，不符合题意。

第二节　针对认定层次重大错报风险的进一步审计程序

一、进一步审计程序的内涵和设计时考虑的因素

（一）进一步审计程序的内涵

进一步审计程序相对于风险评估程序而言，是指审计师针对评估的各类交易、账户余额、列报认定层次重大错报风险实施的审计程序，包括控制测试和实质性程序。

审计师应当针对评估的认定层次重大错报风险设计和实施进一步审计程序，包括审计程序的性质、时间和范围。审计师设计和实施的进一步审计程序的性质、时间和范围，应当与评估的认定层次重大错报风险具备明确的对应关系。审计师实施的审计程序具有目的性和针对性，有的放矢地配置审计资源，有利于提高审计效率和效果。

需要说明的是，尽管在应对评估的认定层次重大错报风险时，拟实施的进一步审计程序的性质、时间和范围都应当确保其具有针对性，但其中进一步审计程序的性质是最重要的。例如，审计师评估的重大错报风险越高，实施进一步审计程序的范围通常越大；但是只有首先确保进一步审计程序的性质与特定风险相关时，扩大审计程序的范围才是有效的。

（二）设计进一步审计程序时的考虑因素

在设计进一步审计程序时，审计师应当考虑下列因素：

（1）风险的重要性。风险的重要性是指风险造成的后果的严重程度。风险的后果越严重，就越需要审计师关注和重视，越需要精心设计有针对性的进一步审计程序。

（2）重大错报发生的可能性。重大错报发生的可能性越大，同样越需要审计师精心设计进一步审计程序。

（3）涉及的各类交易、账户余额和列报的特征。不同的交易、账户余额和列报，产生的认定层次的重大错报风险也会存在差异，适用的审计程序也有差别，需要审计师区别对待，并设计有针对性的进一步审计程序予以应对。

（4）被审计单位采用的特定控制的性质。不同性质的控制（无论是人工控制还是自动化控制）对审计师设计进一步的审计程序具有重要影响。

（5）审计师是否拟获取审计证据，以确定内部控制在防止或发现并纠正重大错报方面的有效性。如果审计师在风险评估时预期内部控制运行有效，随后拟实施的进一步审计程序就必须包括控制测试，且实质性程序自然会受到之前控制测试结果的影响。

综合上述几方面因素，审计师对认定层次重大错报风险的评估为确定进一步审计程序的总体方案奠定了基础。因此，审计师应当根据对认定层次重大错报风险的评估结果，恰当选用实质性方案或综合性方案。通常情况下，审计师出于成本效益的考虑可以采用综合性方案设计进一步审计程序，即将测试控制运行的有效性与实质性程序结合使用。但在某些情况下（如仅通过实质性程序无法应对重大错报风险），审计师必须通过实施控制测试，才可能有效应对评估出的某一认定的重大错报风险；而在另一些情况下（如审计师的风险评估程序未能识别出与认定相关的任何控制，或审计师认为控制测试很可能不符合成本效益原则），审计师可能认为仅实施实质性程序就是适当的。

小型被审计单位可能不存在能够被审计师识别的控制活动，审计师实施的进一步审计程序可能主要是实质性程序。但是，审计师始终应当考虑在缺乏控制的情况下，仅通过实施实质性程序是否能够获取充分、适当的审计证据。

还需要特别说明的是，审计师对重大错报风险的评估毕竟是一种主观判断，可能无法充分识别所有的重大错报风险，同时内部控制存在固有局限性（特别是存在管理层凌驾于内部控制之上的可能性），因此，无论选择何种方案，审计师都应当对所有重大的各类交易、账户余额、列报设计和实施实质性程序。

二、进一步审计程序的性质及其选择

（一）进一步审计程序的性质

进一步审计程序的性质是指进一步审计程序的目的和类型。

进一步审计程序的目的包括：①通过实施控制测试以确定内部控制运行的有效性；②通过实施实质性程序以发现认定层次的重大错报。

进一步审计程序的类型包括：检查、观察、询问、函证、重新计算、重新执行和分析程序。

（二）进一步审计程序的性质的选择

不同的审计程序应对特定认定错报风险的效力是不同的，注册会计师应当合理选择审计程序。

注册会计师选择审计程序时，应当考虑认定层次重大错报风险的评估结果。评估的认定层次重大错报风险越高，对通过实质性程序获取的审计证据的相关性和可靠性的要求越高，从而可能影响进一步审计程序的类型及其综合运用。此外，还应当考虑评估的认定层次重大错报风险产生的原因，包括考虑各类交易、账户余额、列报的具体特征以及内部控制。

如果在实施进一步审计程序时拟利用被审计单位信息系统生成的信息，注册会计师应当就信息的准确性和完整性获取审计证据。

三、进一步审计程序的时间

（一）进一步审计程序的时间的含义

进一步审计程序的时间是指审计师何时实施进一步审计程序，或审计证据适用的期间或时点。因此，当提及进一步审计程序的时间时，在某些情况下指的是审计程序的实施时间，在另一些情况下是指需要获取的审计证据适用的期间或时点。

（二）进一步审计程序的时间的选择

有关进一步审计程序的时间的选择问题，第一个层面是审计师选择在何时实施进一步审计程序的问题；第二个层面是选择获取什么期间或时点的审计证据的问题。第一个层面的选择问题主要集中在如何权衡期中与期末实施审计程序的关系；第二个层面的选择问题分别集中在如何权衡期中审计证据与期末审计证据的关系，如何权衡以前审计获取的审计证据与本期审计获取的审计证据的关系。这两个层面的最终落脚点都是如何确保获取审计证据的效率和效果。

审计师可以在期中或期末实施控制测试或实质性程序。这就引出了审计师应当如何选择实施审计程序的时间的问题。一项基本的考虑因素应当是审计师评估的重大错报风险，当重大错报风险较高时，审计师应当考虑在期末或接近期末实施实质性程序，或采用不通知的方式，或在管理层不能预见的时间实施审计程序。

虽然在期末实施审计程序在很多情况下非常必要，但仍然不排除审计师在期中实施审计程序可能发挥的积极作用。在期中实施进一步审计程序，可能有助于审计师在审计工作初期识别重大事项，并在管理层的协助下及时解决这些事项；或针对这些事项制订有效的实质性方案或综合性方案。当然，在期中实施进一步审计程序也存在很大的局限。首先，审计师往往难以仅凭在期中实施的进一步审计程序获取有关期中以前的充分、适当的审计证据（例如，某些期中以前发生的交易或事项在期中审计结束时尚未完结）；其次，即使审计师在期中实施的进一步审计程序能够获取有关期中以前的充分、适当的审计证据，但从期中到期末这段剩余期间还往往会发生重大的交易或事项（包括期中以前发生的交易、事项的延续，以及期中以后发生的新的交易、事项），从而对所审计期间的财务报表认定产生重大影响；再次，被审计单位管理层也完全有可能在审计师于期中实施了进一步审计程序之后对期中以前的相关会计记录作出调整甚至篡改，审计师在期中实施了进一步审计程序所获取的审计证据已经发生了变化。为此，如果在期中实施了进一步审计程序，审计师还应当针对剩余期间获取审计证据。

审计师在确定何时实施审计程序时应当考虑的几项重要因素：

（1）控制环境。良好的控制环境可以抵消在期中实施进一步审计程序的局限性，使审计师在确定实施进一步审计程序的时间时有更大的灵活度。

（2）何时能得到相关信息。例如，某些控制活动可能仅在期中（或期中以前）发生，而之后可能难以再被观察到；再如，某些电子化的交易和账户文档如未能及时取得，可能被覆盖。在这些情况下，审计师如果希望获取相关信息，则需要考虑能够获取相关信息的时间。

（3）错报风险的性质。例如，被审计单位可能为了保证盈利目标的实现，而在会计期末以后伪造销售合同以虚增收入，此时审计师需要考虑在期末（即资产负债表日）这个特定时点获取被审计单位截至期末所能提供的所有销售合同及相关资料，以防范被审计单位在资产负债表日后伪造销售合同虚增收入的做法。

（4）审计证据适用的期间或时点。审计师应当根据需要获取的特定审计证据确定何时实施进一步审计程序。例如，为了获取资产负债表日的存货余额证据，显然不宜在与资产负债表日间隔过长的期中时点或期末以后时点实施存货监盘等相关审计程序。

需要说明的是，虽然审计师在很多情况下可以根据具体情况选择实施进一步审计程序的时间，但也存在着一些限制选择的情况。某些审计程序只能在期末或期末以后实施，包括将财务报表与会计记录相核对，检查财务报表编制过程中所作的会计调整等。如果被审计单位在期末或接近期末发生了重大交易，或重大交易在期末尚未完成，审计师应当考虑交易的发生或截止等认定可能存在的重大错报风险，并在期末或期末以后检查此类交易。

四、进一步审计程序的范围及考虑的因素

（一）进一步审计程序的范围

进一步审计程序的范围是指实施进一步审计程序的数量，包括抽取的样本量，对某项控制活动的观察次数等。

（二）确定进一步审计程序的范围时考虑的因素

在确定审计程序的范围时，审计师应当考虑下列因素：

（1）确定的重要性水平。确定的重要性水平越低，审计师实施进一步审计程序的范围越广。

（2）评估的重大错报风险。评估的重大错报风险越高，对拟获取审计证据的相关性、可靠性的要求越高，因此审计师实施的进一步审计程序的范围也越广。

（3）计划获取的保证程度。计划获取的保证程度，是指审计师计划通过所实施的审计程序对测试结果可靠性所获取的信心。计划获取的保证程度越高，对测试结果可靠性要求

越高，审计师实施的进一步审计程序的范围越广。例如，审计师对财务报表是否不存在重大错报的信心可能来自控制测试和实质性程序。如果审计师计划从控制测试中获取更高的保证程度，则控制测试的范围就更广。

需要说明的是，随着重大错报风险的增加，审计师应当考虑扩大审计程序的范围。但是，只有当审计程序本身与特定风险相关时，扩大审计程序的范围才是有效的。

在考虑确定进一步审计程序的范围时，使用计算机辅助审计技术具有积极的作用。审计师可以使用计算机辅助审计技术对电子化的交易和账户文档进行更广泛的测试，包括从主要电子文档中选取交易样本，或按照某一特征对交易进行分类，或对总体而非样本进行测试。

鉴于进一步审计程序的范围往往是通过一定的抽样方法加以确定的，因此，审计师需要慎重考虑抽样过程对审计程序范围的影响是否能够有效实现审计目的。审计师使用恰当的抽样方法通常可以得出有效结论。但如果存在下列情形，审计师依据样本得出的结论可能与对总体实施同样的审计程序得出的结论不同，出现不可接受的风险：①从总体中选择的样本量过小；②选择的抽样方法对实现特定目标不适当；③未对发现的例外事项进行恰当的追查。

此外，审计师在综合运用不同审计程序时，除了面临各类审计程序的性质选择问题，还面临如何权衡各类程序的范围问题。因此，审计师在综合运用不同审计程序时，不仅应当考虑各类审计程序的性质，还应当考虑测试的范围是否适当。

【实例10-4】（单选题）下列有关注册会计师实施进一步审计程序的时间的说法中，错误的是（   ）。

A. 如果被审计单位的控制环境良好，注册会计师可以在期中实施进一步审计程序

B. 注册会计师在确定何时实施进一步审计程序时需要考虑能够获取相关信息的时间

C. 对于被审计单位发生的重大交易，注册会计师应当在期末或期末以后实施实质性程序

D. 如果评估的重大错报风险为低水平，注册会计师可以选择资产负债表日前适当日期为截止日实施审计程序

分析：C。对于被审计单位发生的重大交易，注册会计师应当在期末或接近期末实施实质性程序。

第三节　控制测试

控制测试是为了获取关于控制防止或发现并纠正认定层次重大错报的有效性而实施的测试。审计师应当选择为相关认定提供证据的控制进行测试。

一、控制测试的内涵和要求

（一）控制测试的内涵

控制测试指的是测试控制运行的有效性，这一概念需要与"了解内部控制"进行区分。"了解内部控制"包含两层含义：一是评价控制的设计；二是确定控制是否得到执行。测试控制运行的有效性与确定控制是否得到执行所需获取的审计证据是不同的。

在实施风险评估程序以获取控制是否得到执行的审计证据时，审计师应当确定某项控制是否存在，被审计单位是否正在使用。

在测试控制运行的有效性时，审计师应当从下列方面获取关于控制是否有效运行的审计证据：

（1）控制在所审计期间的不同时点是如何运行的。

（2）控制是否得到一贯执行。

（3）控制由谁执行。

（4）控制以何种方式运行（如人工控制或自动化控制）。

从这四个方面来看，控制运行有效性强调的是控制能够在各个不同时点按照既定设计得以一贯执行。因此，在了解控制是否得到执行时，审计师只需抽取少量的交易进行检查或观察某几个时点。但在测试控制运行的有效性时，审计师需要抽取足够数量的交易进行检查或对多个不同时点进行观察。

下面举例说明两者之间的区别。某被审计单位针对销售收入和销售费用的业绩评价控制如下：财务经理每月审核实际销售收入（按产品细分）和销售费用（按费用项目细分），并与预算数和上年同期数比较，对于差异金额超过 5% 的项目进行分析并编制分析报告，销售经理审阅该报告并采取适当跟进措施。审计师抽查了最近 3 个月的分析报告，并看到上述管理人员在报告上签字确认，证明该控制已经得到执行。然而，审计师在与销售经理的讨论中，发现他对分析报告中明显异常的数据并不了解其原因，也无法作出合理解释，从而显示该控制并未得到有效的运行。

测试控制运行的有效性与确定控制是否得到执行所需获取的审计证据虽然存在差异，但两者也有联系。为评价控制设计和确定控制是否得到执行而实施的某些风险评估程序并非专为控制测试而设计，但可能提供有关控制运行有效性的审计证据，审计师可以考虑在评价控制设计和获取其得到执行的审计证据的同时测试控制运行有效性，以提高审计效率；同时审计师应当考虑这些审计证据是否足以实现控制测试的目的。

例如，被审计单位可能采用预算管理制度，以防止或发现并纠正与费用有关的重大错报风险。通过询问管理层是否编制预算，观察管理层对月度预算费用与实际发生费用的比较，并检查预算金额与实际金额之间的差异报告，审计师可能获取有关被审计单位费用预算管理制度的设计及其是否得到执行的审计证据，同时也可能获取相关制度运行有效性的审计证据。当然，审计师需要考虑所实施的风险评估程序获取的审计证据是否能够充分、适当地反映被审计单位费用预算管理制度在各个不同时点按照既定设计得以一贯执行。

（二）控制测试的要求

作为进一步审计程序的类型之一，控制测试并非在任何情况下都需要实施。当存在下列情形之一时，审计师应当实施控制测试：①在评估认定层次重大错报风险时，预期控制的运行是有效的；②仅实施实质性程序不足以提供认定层次充分、适当的审计证据。

如果在评估认定层次重大错报风险时预期控制的运行是有效的，审计师应当实施控制测试，就控制在相关期间或时点的运行有效性获取充分、适当的审计证据。

审计师通过实施风险评估程序，可能发现某项控制的设计是存在的，也是合理的，同时得到了执行。在这种情况下，出于成本效益的考虑，审计师可能预期，如果相关控制在不同时点都得到了一贯执行，与该项控制有关的财务报表认定发生重大错报的可能性就不会很大，也就不需要实施很多的实质性程序。为此，审计师可能会认为值得对相关控制在不同时点是否得到了一贯执行进行测试，即实施控制测试。这种测试主要是出于成本效益的考虑，其前提是审计师通过了解内部控制以后认为某项控制存在着被信赖和利用的可能。因此，只有认为控制设计合理、能够防止或发现和纠正认定层次的重大错报，审计师才有必要对控制运行的有效性实施测试。

如果认为仅实施实质性程序获取的审计证据无法将认定层次重大错报风险降至可接受的低水平，审计师应当实施相关的控制测试，以获取控制运行有效性的审计证据。

有时，对有些重大错报风险，审计师仅通过实质性程序无法予以应对。例如，在被审计单位对日常交易或与财务报表相关的其他数据（包括信息的生成、记录、处理、报告）采用高度自动化处理的情况下，审计证据可能仅以电子形式存在，此时审计证据是否充分和适当通常取决于自动化信息系统相关控制的有效性。如果信息的生成、记录、处理和报告均通过电子格式进行而没有适当有效的控制，则生成不正确信息或信息被不恰当修改的可能性就会大大增加。在认为仅通过实施实质性程序不能获取充分、适当的审计证据的情况下，审计师必须实施控制测试，且这种测试已经不再是单纯出于成本效益的考虑，而是必须获取的一类审计证据。

此外需要说明的是，被审计单位在所审计期间内可能由于技术更新或组织管理变更而更换了信息系统，从而导致在不同时期使用了不同的控制。如果被审计单位在所审计期间内的不同时期使用了不同的控制，审计师应当考虑不同时期控制运行的有效性。

【实例10-5】（单选题）下列关于控制测试的说法中，不正确的是（　　）。

A．控制测试与了解内部控制的目的不同，但二者有时可以采用相同的审计程序类型

B．控制测试与细节测试的目的不同，但注册会计师可以考虑针对同一交易同时实施控制测试和细节测试，以实现双重目的

C．如果确定评估的认定层次重大错报风险是特别风险，并拟信赖旨在减轻特别风险的控制，注册会计师可以信赖以前审计获取的证据而不再测试

D．注册会计师可以考虑在评价控制设计和获取其得到执行的审计证据的同时测试控制运行的有效性，以提高审计效率

分析：C。鉴于特别风险的特殊性，对于旨在减轻特别风险的控制，不论该控制在本期是否发生变化，注册会计师都不应依赖以前审计获取的证据。

二、控制测试的性质

（一）控制测试的性质的含义

控制测试的性质是指控制测试所使用的审计程序的类型及其组合。

计划从控制测试中获取的保证水平是决定控制测试性质的主要因素之一。审计师应当选择适当类型的审计程序以获取有关控制运行有效性的保证。计划的保证水平越高，对有关控制运行有效性的审计证据的可靠性要求越高。当拟实施的进一步审计程序主要以控制测试为主，尤其是仅实施实质性程序获取的审计证据无法将认定层次重

大错报风险降至可接受的低水平时，审计师应当获取有关控制运行有效性的更高的保证水平。

虽然控制测试与了解内部控制的目的不同，但两者采用审计程序的类型通常相同，包括询问、观察、检查和重新执行。

（1）询问。审计师可以向被审计单位适当员工询问，获取与内部控制运行情况相关的信息。例如，询问信息系统管理人员有无未经授权接触计算机硬件和软件，向负责复核银行存款余额调节表的人员询问如何进行复核，包括复核的要点是什么，发现不符事项如何处理等。然而，仅仅通过询问不能为控制运行的有效性提供充分的证据，审计师通常需要印证被询问者的答复，如向其他人员询问和检查执行控制时所使用的报告、手册或其他文件等。因此，虽然询问是一种有效的手段，但它必须和其他测试手段结合使用才能发挥作用。在询问过程中，审计师应当保持职业怀疑态度。

（2）观察。观察是测试不留下书面记录的控制（如职责分离）的运行情况的有效方法。例如，观察存货盘点控制的执行情况。观察也可运用于实物控制，如查看仓库门是否锁好，或空白支票是否妥善保管。通常情况下，审计师通过观察直接获取的证据比间接获取的证据更可靠。但是，审计师还要考虑其所观察到的控制在审计师不在场时可能未被执行的情况。

（3）检查。对运行情况留有书面证据的控制，检查非常适用。书面说明、复核时留下的记号，或其他记录在偏差报告中的标志都可以被当作控制运行情况的证据。例如，检查销售发票是否有复核人员签字，检查销售发票是否附有客户订购单和出库单等。

（4）重新执行。通常只有当询问、观察和检查程序结合在一起仍无法获得充分的证据时，审计师才考虑通过重新执行来证实控制是否有效运行。例如，为了合理保证计价认定的准确性，被审计单位的一项控制是由复核人员核对销售发票上的价格与统一价格单上的价格是否一致。但是，要检查复核人员有没有认真执行核对，仅仅检查复核人员是否在相关文件上签字是不够的，审计师还需要自己选取一部分销售发票进行核对，这就是重新执行程序。但是，如果需要进行大量的重新执行，审计师就要考虑通过实施控制测试来缩小实质性程序的范围是否有效率。

询问本身并不足以测试控制运行的有效性，审计师应当将询问与其他审计程序结合使用，以获取有关控制运行有效性的审计证据。观察提供的证据仅限于观察发生的时点，本身也不足以测试控制运行的有效性；将询问与检查或重新执行结合使用，通常能够比仅实施询问和观察获取更高的保证。例如，被审计单位针对处理收到的邮政汇款单设计和执行了相关的内部控制，审计师通过询问和观察程序往往不足以测试此类控制的运行有效性，还需要检查能够证明此类控制在所审计期间的其他时段有效运行的文件和凭证，以获取充分、适当的审计证据。

（二）确定控制测试的性质时的要求

（1）考虑特定控制的性质。审计师应当根据特定控制的性质选择所需实施审计程序的类型。例如，某些控制可能存在反映控制运行有效性的文件记录，在这种情况下，审计师可以检查这些文件记录以获取控制运行有效的审计证据；某些控制可能不存在文件记录（如一项自动化的控制活动），或文件记录与能否证实控制运行有效性不相关，审计师应当考虑实施检查以外的其他审计程序（如询问和观察）或借助计算机辅助审计技术，以获取有关控制运行有效性的审计证据。

（2）考虑测试与认定直接相关和间接相关的控制。在设计控制测试时，审计师不仅应当考虑与认定直接相关的控制，还应当考虑这些控制所依赖的与认定间接相关的控制，以获取支持控制运行有效性的审计证据。例如，被审计单位可能针对超出信用额度的例外赊销交易设置报告和审核制度（与认定直接相关的控制）；在测试该项制度的运行有效性时，审计师不仅应当考虑审核的有效性，还应当考虑与例外赊销报告中信息准确性有关的控制（与认定间接相关的控制）是否有效运行。

（3）如何对一项自动化的应用控制实施控制测试。对于一项自动化的应用控制，由于信息技术处理过程的内在一贯性，审计师可以利用该项控制得以执行的审计证据和信息技术一般控制（特别是对系统变动的控制）运行有效性的审计证据，作为支持该项控制在相关期间运行有效性的重要审计证据。

（三）实施控制测试时对双重目的的实现

控制测试的目的是评价控制是否有效运行；细节测试的目的是发现认定层次的重大错报。尽管两者目的不同，但审计师可以考虑针对同一交易同时实施控制测试和细节测试，以实现双重目的。例如，审计师通过检查某笔交易的发票可以确定其是否经过适当的授权，也可以获取关于该交易的金额、发生时间等细节证据。当然，如果拟实施双重目的的测试，审计师应当仔细设计和评价测试程序。

（四）实施实质性程序的结果对控制测试结果的影响

如果通过实施实质性程序未发现某项认定存在错报，这本身并不能说明与该认定有关的控制是有效运行的；但如果通过实施实质性程序发现某项认定存在错报，审计师应当在评价相关控制的运行有效性时予以考虑。因此，审计师应当考虑实施实质性程序发现的错报对评价相关控制运行有效性的影响（如降低对相关控制的信赖程度、调整实质性程序的性质、扩大实质性程序的范围等）。如果实施实质性程序发现被审计单位没有识别出的重大错报，通常表明内部控制存在重大缺陷，审计师应当就这些缺陷与管理层和治理层进行沟通。

【实例10-6】（单选题）下列有关控制测试程序的说法中，正确的是（   ）。

A．注册会计师应当将观察与其他审计程序结合使用

B．检查程序适用于所有控制测试

C．重新执行程序适用于所有控制测试

D．通常只有当询问、观察和检查程序结合在一起仍无法获得充分的证据时，注册会计师才考虑实施重新执行程序

分析：D。注册会计师需要将询问与其他审计程序结合使用，故选项A不正确；检查程序对运行情况留有书面证据的控制来说非常有效，并不适用于所有控制测试，选项B不正确；通常只有当询问、观察和检查程序结合在一起仍无法获得充分的证据时，注册会计师才考虑通过实施重新执行程序来证实控制是否有效运行，故选项C不正确，选项D正确。

三、控制测试的时间

（一）控制测试的时间的含义

如前所述，控制测试的时间包含两层含义：一是何时实施控制测试；二是测试所针对的控制适用的时点或期间。一个基本的原理是，如果测试特定时点的控制，审计师仅得到该时点控制运行有效性的审计证据；如果测试某一期间的控制，审计师可获取控制在该期间有效运行的审计证据。因此，审计师应当根据控制测试的目的确定控制测试的时间，并确定拟信赖的相关控制的时点或期间。

关于根据控制测试的目的确定控制测试的时间，如果仅需要测试控制在特定时点的运行有效性（如对被审计单位期末存货盘点进行控制测试），审计师只需要获取该时点的审计证据。如果需要获取控制在某一期间有效运行的审计证据，仅获取与时点相关的审计证据是不充分的，审计师应当辅以其他控制测试，包括测试被审计单位对控制的监督。换言之，关于控制在多个不同时点的运行有效性的审计证据的简单累加并不能构成控制在某期间的运行有效性的充分、适当的审计证据；而所谓的"其他控制测试"应当具备的功能是，能提供相关控制在所有相关时点都运行有效的审计证据；被审计单位对控制的监督起到的就是一种检验相关控制在所有相关时点是否都有效运行的作用，因此审计师测试这类活动能够强化控制在某期间运行有效性的审计证据效力。

（二）如何考虑期中审计证据

前已述及，审计师可能在期中实施进一步审计程序。对于控制测试，审计师在期中实施此类程序具有更积极的作用。但需要说明的是，即使审计师已获取有关控制在期中运行有效性的审计证据，仍然需要考虑如何能够将控制在期中运行有效性的审计证据合理延伸至期末，一个基本的考虑是针对期中至期末这段剩余期间获取充分、适当的审计证据。因此，如果已获取有关控制在期中运行有效性的审计证据，并拟利用该证据，审计师应当实施下列审计程序：

（1）获取这些控制在剩余期间变化情况的审计证据；

（2）确定针对剩余期间还需获取的补充审计证据。

上述两项审计程序中，第（1）项是针对期中已获取审计证据的控制，考察这些控制在剩余期间的变化情况（包括是否发生了变化以及如何变化）：如果这些控制在剩余期间没有发生变化，审计师可能决定信赖期中获取的审计证据；如果这些控制在剩余期间发生了变化（如信息系统、业务流程或人事管理等方面发生变动），审计师需要了解并测试控制的变化对期中审计证据的影响。第（2）项是针对期中证据以外的、剩余期间的补充证据。在执行该项规定时，审计师应当考虑下列因素：

①评估的认定层次重大错报风险的重大程度。评估的重大错报风险对财务报表的影响越大，审计师需要获取的剩余期间的补充证据越多。

②在期中测试的特定控制。例如，对自动化运行的控制，审计师更可能测试信息系统一般控制的运行有效性，以获取控制在剩余期间运行有效性的审计证据。

③在期中对有关控制运行有效性获取的审计证据的程度。如果审计师在期中对有关控制运行有效性获取的审计证据比较充分，可以考虑适当减少需要获取的剩余期间的补充

证据。

④剩余期间的长度。剩余期间越长，审计师需要获取的剩余期间的补充证据越多。

⑤在信赖控制的基础上拟减少进一步实质性程序的范围。审计师对相关控制的信赖程度越高，通常在信赖控制的基础上拟减少进一步实质性程序的范围就越大。在这种情况下，审计师需要获取的剩余期间的补充证据越多。

⑥控制环境。在审计师总体上拟信赖控制的前提下，控制环境越薄弱（或把握程度越低），审计师需要获取的剩余期间的补充证据越多。

除了上述测试剩余期间控制的运行有效性，测试被审计单位对控制的监督也能够作为一项有益的补充证据，以便更有把握地将控制在期中运行有效性的审计证据延伸至期末。如前所述，被审计单位对控制的监督起到的是一种检验相关控制在所有相关时点是否都有效运行的作用，因此，通过测试剩余期间控制的运行有效性或测试被审计单位对控制的监督，审计师可以获取补充审计证据。

（三）如何考虑以前审计获取的审计证据

审计师考虑以前审计获取的有关控制运行有效性的审计证据，其意义在于：一方面，内部控制中的诸多要素对于被审计单位往往是相对稳定的（相对于具体的交易、账户余额和列报），因此审计师在本期审计时还是可以适当考虑利用以前审计获取的有关控制运行有效性的审计证据；另一方面，内部控制在不同期间可能发生重大变化，审计师在利用以前审计获取的有关控制运行有效性的审计证据时需要格外慎重，充分考虑各种因素。

关于如何考虑以前审计获取的有关控制运行有效性的审计证据，基本思路是考虑拟信赖的以前审计中测试的控制在本期是否发生变化，因为考虑与控制变化有关的审计证据有助于审计师决定合理调整拟在本期获取的有关控制运行有效性的审计证据。

（1）基本思路：考虑拟信赖的以前审计中测试的控制在本期是否发生变化。如果拟信赖以前审计获取的有关控制运行有效性的审计证据，审计师应当通过实施询问并结合观察或检查程序，获取这些控制是否已经发生变化的审计证据。例如，在以前审计中，审计师可能确定被审计单位某项自动控制能够发挥预期作用。那么在本期审计中，审计师需要获取审计证据以确定是否发生了影响该自动控制持续有效发挥作用的变化。例如，审计师可以通过询问管理层或检查日志，确定哪些控制已经发生变化。

审计师可能面临两种结果：控制在本期发生变化；控制在本期没有发生变化。

（2）当控制在本期发生变化时审计师的做法。如果控制在本期发生变化，审计师应当考虑以前审计获取的有关控制运行有效性的审计证据是否与本期审计相关。例如，如果系统的变化仅仅使被审计单位从中获取新的报告，这种变化通常不影响以前审计所获取证据的相关性；如果系统的变化引起数据累积或计算发生改变，这种变化可能影响以前审计所获取证据的相关性。如果拟信赖的控制自上次测试后已发生变化，审计师应当在本期审计中测试这些控制的运行有效性。

（3）当控制在本期未发生变化时审计师的做法。如果拟信赖的控制自上次测试后未发生变化，且不属于旨在减轻特别风险的控制，审计师应当运用职业判断确定是否在本期审计中测试其运行有效性，以及本次测试与上次测试的时间间隔，但两次测试的时间间隔不得超过两年。

　　在确定利用以前审计获取的有关控制运行有效性的审计证据是否适当以及再次测试控制的时间间隔时，审计师应当考虑的因素或情况包括：

　　（1）内部控制其他要素的有效性，包括控制环境、对控制的监督以及被审计单位的风险评估过程。例如，当被审计单位控制环境薄弱或对控制的监督薄弱时，审计师应当缩短再次测试控制的时间间隔或完全不信赖以前审计获取的审计证据。

　　（2）控制特征（人工控制还是自动化控制）产生的风险。当相关控制中人工控制的成分较大时，考虑到人工控制一般稳定性较差，审计师可能决定在本期审计中继续测试该控制的运行有效性。

　　（3）信息技术一般控制的有效性。当信息技术一般控制薄弱时，审计师可能更少地依赖以前审计获取的审计证据。

　　（4）控制设计及其运行的有效性，包括在以前审计中测试控制运行有效性时发现的控制运行偏差的性质和程度。例如，当所审计期间发生了对控制运行产生重大影响的人事变动时，审计师可能决定在本期审计中不依赖以前审计获取的审计证据。

　　（5）由于环境发生变化而特定控制缺乏相应变化导致的风险。当环境的变化表明需要对控制作出相应的变动，但控制却没有作出相应变动时，审计师应当充分意识到控制不再有效从而导致本期财务报表发生重大错报的可能性，此时不应再依赖以前审计获取的有关控制运行有效性的审计证据。

　　（6）重大错报的风险和对控制的拟信赖程度。如果重大错报风险较大或对控制的拟信赖程度较高，审计师应当缩短再次测试控制的时间间隔或完全不信赖以前审计获取的审计证据。

　　如果拟信赖以前审计获取的某些控制运行有效性的审计证据，审计师应当在每次审计时从中选取足够数量的控制，测试其运行有效性；不应将所有拟信赖控制的测试集中于某一次审计，而在之后的两次审计中不进行任何测试。这主要是为了尽量降低审计风险，毕竟审计师可能难以充分识别以前审计中测试过的控制在本期是否发生变化。此外，在每一次审计中选取足够数量的部分控制进行测试，除了能够提供这些以前审计中测试过的控制在当期运行有效性的审计证据外，还可提供控制环境持续有效性的旁证，从而有助于审计师判断其信赖以前审计获取的审计证据是否恰当。

　　（7）不得依赖以前审计所获取证据的情形。鉴于特别风险的特殊性，对于旨在减轻特别风险的控制，不论该控制在本期是否发生变化，审计师都不应依赖以前审计获取的证据。因此，如果确定评估的认定层次重大错报风险是特别风险，并拟信赖旨在减轻特别风险的控制，审计师不应依赖以前审计获取的审计证据，而应在本期审计中测试这些控制的运行有效性。也就是说，如果审计师拟信赖针对特别风险的控制，那么所有关于该控制运行有效性的审计证据必须来自当年的控制测试。相应地，审计师应当在每次审计中都测试这类控制。

　　图10-1概括了审计师是否需要在本期测试某项控制的决策过程。

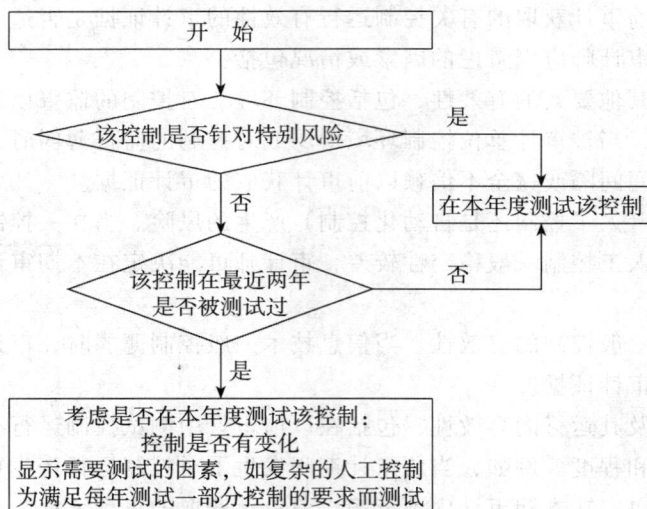

图 10-1 是否需要在本审计期间测试某项控制的决策图

【实例 10-7】（单选题）如果注册会计师在期中执行了控制测试，并获取了控制在期中运行有效性的审计证据，下列说法中正确的是（   ）。

A. 如果在期末实施实质性程序未发现某项认定存在错报，说明与该项认定相关的控制是有效的，不需要再对相关控制进行测试

B. 如果某一控制在剩余期间内发生变动，在评价整个期间的控制运行有效性时，无须考虑期中测试的结果

C. 对某些自动化运行的控制，可以通过测试信息系统一般控制的有效性获取控制在剩余期间运行有效的审计证据

D. 如果某一控制在剩余期间内未发生变动，不需要补充剩余期间控制运行有效性的审计证据

分析：C。如果在期末实施实质性程序未发现某项认定存在错报，并不能说明控制是有效的，故选项 A 错误；如果某一控制在剩余期间内发生变动，注册会计师需要了解并测试控制变化对期中审计证据的影响，故选项 B 错误；即使某一控制在剩余期间未发生变动，但因为注册会计师测试的是整个期间的控制，所以也要针对剩余期间获取补充的审计证据，故选项 D 错误。

【实例 10-8】（多选题）下列有关利用以前年度审计获取的有关控制运行有效性的审计证据的说法中，错误的有（   ）。

A. 如果拟信赖以前年度审计获取的有关控制运行有效性的审计证据，注册会计师应当通过实施询问获取这些控制是否已经发生变化的审计证据

B. 如果拟信赖的控制在本期未发生变化，注册会计师可以运用职业判断决定不在本期测试其运行的有效性

C. 如果拟信赖的控制在本期未发生变化，内部控制应对的重大错报风险越高，本次控制测试与上次控制测试的时间间隔越短

D. 如果拟信赖的控制在本期未发生变化，注册会计师应当考虑以前年度审计获取的

　　有关控制运行有效性的审计证据是否与本期审计相关

　　分析：ABD。如果拟信赖以前年度审计获取的有关控制运行有效性的审计证据，注册会计师应当通过实施询问并结合观察或检查程序，获取这些控制是否已经发生变化的审计证据，故选项A不正确。如果拟信赖的控制自上次测试后未发生变化，且不属于旨在减轻特别风险的控制，注册会计师应当运用职业判断确定是否在本期审计中测试其运行有效性，以及本次测试与上次测试的时间间隔，但每三年至少对控制测试一次，故选项B不正确，选项C正确。如果控制在本期发生变化，注册会计师应当考虑以前年度审计获取的有关控制运行有效性的审计证据是否与本期审计相关，故选项D不正确。

四、控制测试的范围

　　对于控制测试的范围，其含义主要是指某项控制活动的测试次数。审计师应当设计控制测试，以获取控制在整个拟信赖的期间有效运行的充分、适当的审计证据。

　　（一）确定控制测试范围的考虑因素

　　审计师在确定某项控制的测试范围时通常考虑下列因素：

　　（1）在整个拟信赖的期间，被审计单位执行控制的频率。控制执行的频率越高，控制测试的范围越大。

　　（2）在所审计期间，审计师拟信赖控制运行有效性的时间长度。拟信赖控制运行有效性的时间长度不同，在该时间长度内发生的控制活动次数也不同。审计师需要根据拟信赖控制的时间长度确定控制测试的范围。拟信赖期间越长，控制测试的范围越大。

　　（3）为证实控制能够防止或发现并纠正认定层次重大错报，所需获取审计证据的相关性和可靠性。对审计证据的相关性和可靠性要求越高，控制测试的范围越大。

　　（4）通过测试与认定相关的其他控制获取的审计证据的范围。针对同一认定，可能存在不同的控制。当针对其他控制获取审计证据的充分性和适当性较高时，测试该控制的范围可适当缩小。

　　（5）在风险评估时拟信赖控制运行有效性的程度。审计师在风险评估时对控制运行有效性的拟信赖程度越高，需要实施控制测试的范围越大。

　　（6）控制的预期偏差。预期偏差可以用控制未得到执行的预期次数占控制应当得到执行次数的比率加以衡量（也可称为预期偏差率）。考虑该因素，是因为在考虑测试结果是否可以得出控制运行有效性的结论时，不可能只要出现任何控制执行偏差就认定控制运行无效，所以需要确定一个合理水平的预期偏差率。控制的预期偏差率越高，需要实施控制测试的范围越大。如果控制的预期偏差率过高，审计师应当考虑控制可能不足以将认定层次的重大错报风险降至可接受的低水平，从而针对某一认定实施的控制测试可能是无效的。

　　（二）对自动化控制的测试范围的特别考虑

　　除非系统（包括系统使用的表格、文档或其他永久性数据）发生变动，审计师通常不需要增加自动化控制的测试范围。

　　信息技术处理具有内在一贯性，除非系统发生变动，一项自动化应用控制应当一贯运行。对于一项自动化应用控制，一旦确定被审计单位正在执行该控制，审计师通常无须扩大控制测试的范围，但需要考虑执行下列测试以确定该控制持续有效运行：

（1）测试与该应用控制有关的一般控制的运行有效性。

（2）确定系统是否发生变动，如果发生变动，是否存在适当的系统变动控制。

（3）确定对交易的处理是否使用授权批准的软件版本。

例如，审计师可以检查信息系统安全控制记录，以确定是否存在未经授权的接触系统硬件和软件，以及系统是否发生变动。

（三）测试两个层次控制时应注意的问题

控制测试可用于被审计单位每个层次的内部控制。整体层次控制测试通常更加主观（如管理层对胜任能力的重视）。对整体层次控制进行测试，通常比业务流程层次控制（如检查付款是否得到授权）更难以记录。因此，整体层次控制和信息技术一般控制的评价通常记录的是文件备忘录和支持性证据。审计师最好在审计的早期测试整体层次控制，原因在于对这些控制测试的结果会影响其他计划审计程序的性质和范围。

【实例10-9】（单选题）在确定控制测试的范围时，注册会计师的说法不正确的是（　　）。

A．如果风险评估时对控制运行有效性的拟信赖程度较高，通常应当考虑扩大实施控制测试的范围

B．控制执行的频率越高，控制测试的范围越大

C．对于一项持续有效运行的自动化应用控制，通常应当考虑扩大实施控制测试的范围

D．当针对其他控制获取审计证据的充分性和适当性较高时，测试该控制的范围可适当缩小

分析：C。对于一项自动化应用控制，一旦确定被审计单位正在执行该控制，注册会计师通常无须扩大控制测试的范围，故选项C不正确。

第四节　实质性程序

一、实质性程序的含义和要求

（一）实质性程序的含义

实质性程序是指审计师针对评估的重大错报风险实施的直接用以发现认定层次重大错报的审计程序。因此，审计师应当针对评估的重大错报风险设计和实施实质性程序，以发现认定层次的重大错报。实质性程序包括对各类交易、账户余额、列报的细节测试以及实质性分析程序。

审计师实施的实质性程序应当包括下列与财务报表编制完成阶段相关的审计程序：

（1）将财务报表与其所依据的会计记录相核对。

（2）检查财务报表编制过程中作出的重大会计分录和其他会计调整。审计师对会计分录和其他会计调整检查的性质和范围，取决于被审计单位财务报告过程的性质和复杂程度以及由此产生的重大错报风险。

由于审计师对重大错报风险的评估是一种判断，可能无法充分识别所有的重大错报风险，并且由于内部控制存在固有局限性，无论评估的重大错报风险结果如何，审计师都应当针对所有重大的各类交易、账户余额、列报实施实质性程序。

（二）针对特别风险实施的实质性程序

如果认为评估的认定层次重大错报风险是特别风险，审计师应当专门针对该风险实施实质性程序。例如，如果认为管理层面临实现盈利指标的压力而可能提前确认收入，审计师在设计询证函时不仅应当考虑函证应收账款的账户余额，还应当考虑询证销售协议的细节条款（如交货、结算及退货条款）；审计师还可考虑在实施函证的基础上针对销售协议及其变动情况询问被审计单位的非财务人员。如果针对特别风险仅实施实质性程序，审计师应当使用细节测试，或将细节测试和实质性分析程序结合使用，以获取充分、适当的审计证据。作此规定的考虑是，为应对特别风险需要获取具有高度相关性和可靠性的审计证据，仅实施实质性分析程序不足以获取有关特别风险的充分、适当的审计证据。

特别风险应对措施及结果汇总表示例见表 10-3。

表 10-3　　　　　　　　　　特别风险应对措施及结果汇总表

项目	简要填写说明	举例	
经营目标	记录对当期审计有影响的经营目标	被审计单位通过发展中小城市的新客户和放宽授信额度争取销售收入比上一年度增长 25%	…
经营风险	只记录那些对当期审计有影响的经营风险，或审计师认为对未来审计产生影响并有必要向被审计单位报告的经营风险	不严格执行对新客户的信用记录调查和筛选、放宽授信额度都会增加坏账风险	…
特别风险	记录源自经营风险的特别风险，或在审计过程中发现的并非由经营目标和经营风险导致的特别风险	应收账款坏账准备的计提可能不足	…
管理层应对或控制措施	记录管理层认为有助于降低特别风险的控制及其评价。如果评价结果显示审计师不能依赖这些内部控制，应相应调整审计方案，并考虑把这个问题报告给被审计单位	财务部每月编制账龄分析报告对超过一年未收回的账款由销售人员与客户签订还款协议，其条款须经区域销售经理和销售总监批准 销售部每月编制逾期应收账款还款协议签订及执行情况报告，经销售总监审阅并决定是否降低授信额度或暂停供货 财务经理根据该报告并结合账龄分析报告，对有可能难以收回的应收账款计提坏账准备	…
财务报表项目及认定	记录受特别风险影响的财务报表项目和认定	应收账款（相关认定：计价）	…
审计措施	记录应对特别风险的审计措施，即综合性方案或实质性方案。根据控制测试和实质性程序的结果对本栏内容予以更新	与销售总监讨论所执行的坏账风险评估程序 与财务经理讨论坏账准备的计提 审阅账龄分析报告和还款协议签订及执行报告 抽查还款协议和货款收回情况	…
向被审计单位报告的事项	汇总记录向被审计单位报告的事项，并注明与相关工作底稿的钩稽关系	无或详见管理建议书	…

1. 经营目标

被审计单位的经营目标可以是高层次的战略目标，如被审计单位的宗旨；也可以是低层次的目标，如为了实现高层次目标而制定的经营方面、财务方面或遵守法规方面的具体目标。为了从被审计单位高层次的经营目标中识别出经营风险和审计风险，审计项目组通常需要了解被审计单位的经营目标。

例如，被审计单位制定了一个通过增加毛利来改善盈利状况的总目标。审计师可以了解与提高售价和降低成本相关的具体目标和行动措施，如通过从国外新供应商处购货的方式降低原材料成本。

只有那些对审计有影响的经营目标，包括审计师发现应报告给被审计单位的事项，才需要记录在该表格上。在实务中，当审计师初次识别被审计单位的经营目标时，可能难以确定其潜在的审计影响。因此，审计师可以先记录这些经营目标。当审计师确认该目标对审计没有直接影响，也没有必要向被审计单位报告时，可以将它们从该表格内删去。

2. 经营风险

经营风险是指任何可能导致被审计单位不能实现经营目标的风险。并非所有的经营风险都与审计相关，而且与审计相关的经营风险中也并不都是特别风险。该表格应记录那些对审计有重大影响的经营风险，可以是当期经营风险或可能需要报告给被审计单位的潜在经营风险。因此该表格不应记录与审计没有关系的经营风险。

例如，被审计单位从国外新供应商处购货发生潜在的经营风险，如产品质量和产品供货问题，或外汇兑换风险。这些经营风险会导致重大错报风险，应当在该表格中予以记录。

审计师还应注意，一个经营风险可能产生多个重大错报风险，而多个经营风险也可能只产生一个重大错报风险。该表格应该把这些关系以一种易于理解的方式记录下来。

3. 特别风险

该列用来记录需要特别考虑的重大错报风险。记录的特别风险应当明确具体，并与所影响的财务报表项目和具体认定相联系。

例如，被审计单位的产能严重过剩并连续数年亏损，管理层按照固定资产的未来现金流量现值计提了固定资产减值准备。由于涉及较多的假设和人为判断因素，审计师认为这是一个影响固定资产计价认定的特别风险。

在对被审计单位的经营目标和经营风险的初步评估之后，如果在审计过程中又发现了新的特别风险，审计师还需要考虑与之相对应的经营风险及其对经营目标的影响，以决定是否需要报告给被审计单位。

4. 管理层应对或控制措施

采用适当的方法来应对经营风险是管理层的责任。不论是否信赖管理层应对特别风险的控制，审计师都需要了解和评价这些应对措施。因此，管理层应对特别风险所采取的控制措施都需要在该表格内予以记录。审计师还应注明是否已经测试或准备去测试哪些控制。如果测试结果证明这些控制不可信赖，那么审计师就需要修正进一步审计程序，比如测试替代性的控制或实施实质性程序。

在考虑管理层针对特别风险采取的应对措施时，审计师需要评价被审计单位的目标、风险和控制是否匹配,即管理层是否在被审计单位的各个层次配置合适的人员,设计并实施风险管理程序和内部控制,以降低妨碍被审计单位实现目标的风险。

在控制测试中,审计师可能会发现应当报告给被审计单位的事项。因此,审计师应根据需要更新最后一列的内容,即"向被审计单位报告的事项"。

5. 财务报表项目及认定

财务报表审计的目标是对财务报表发表审计意见,因此,审计师需要将特别风险与财务报表项目及认定相联系。

表格的这一列应填写财务报表项目或其他可能受特别风险影响的财务信息。审计准则要求审计师评估财务报表认定层次的风险,并获取充分、适当的审计证据以应对这些风险。因此,这一栏也应记录受影响的财务报表的具体认定。

6. 审计措施

这一列至少要列出应对特别风险的进一步审计程序的方案,即综合性方案或实质性方案。

表格内列举的审计措施还需细化成审计工作底稿中具体的审计程序。审计师要根据被审计单位具体的特别风险和应对措施设计有针对性的审计程序。根据了解、评估和测试内部控制的结果,审计师可能会随时调整审计措施。

除特别风险外的其他重大错报风险无须记录在该表格中,这样能保证审计师集中关注特别风险。对特别风险之外的其他财务报表认定错报风险的审计应对措施可以反映在具体审计计划中。

即使项目组根据已实施的工作,确认某项原本认定的特别风险不会导致重大错报,对该特别风险和相应审计应对措施的工作记录也应保留在该表格中。但是如果项目组根据后来的信息,认为在业务承接与续约阶段中识别的特别风险不是特别风险,则这个风险可以从该表格中删除,并在工作底稿中注明该风险不再被认为是特别风险的原因(如由于受影响的账户不重要)。

7. 向被审计单位报告事项

该列记录向被审计单位报告的事项。例如,审计师发现被审计单位未能恰当应对重大经营风险、内部控制存在重大缺陷,或者被审计单位的目标、风险和控制存在不匹配的情况。

如果管理层没有通过实施控制来正确应对特别风险,由此审计师判断被审计单位的控制存在重大缺陷,审计师应与管理层和治理层沟通。同时,审计师还要考虑这些控制存在的重大缺陷对审计方案造成的影响。

二、实质性程序的性质

(一)实质性程序的性质的含义

实质性程序的性质,是指实质性程序的类型及其组合。前已述及,实质性程序的两种基本类型包括细节测试和实质性分析程序。

细节测试是对各类交易、账户余额、列报的具体细节进行测试,目的在于直接识别财务报表认定是否存在错报。细节测试被用于获取与某些认定相关的审计证据,如存在、准确性、计价等。

实质性分析程序从技术特征上讲仍然是分析程序，主要是通过研究数据间关系评价信息，只是将该技术方法用作实质性程序，即用以识别各类交易、账户余额、列报及相关认定是否存在错报。实质性分析程序通常更适用于在一段时间内存在可预期关系的大量交易。

（二）细节测试和实质性分析程序的适用性

由于细节测试和实质性分析程序的目的和技术手段存在一定差异，因此各自有不同的适用领域。审计师应当根据各类交易、账户余额、列报的性质选择实质性程序的类型。细节测试适用于对各类交易、账户余额、列报认定的测试，尤其是对存在或发生、计价认定的测试；对在一段时期内存在可预期关系的大量交易，审计师可以考虑实施实质性分析程序。

（三）细节测试的方向

对于细节测试，审计师应当针对评估的风险设计细节测试，获取充分、适当的审计证据，以达到认定层次所计划的保证水平。该规定的含义是，审计师需要根据不同的认定层次的重大错报风险设计有针对性的细节测试。例如，在针对存在或发生认定设计细节测试时，审计师应当选择包含在财务报表金额中的项目，并获取相关审计证据；又如，在针对完整性认定设计细节测试时，审计师应当选择有证据表明应包含在财务报表金额中的项目，并调查这些项目是否确实包括在内。如为应对被审计单位漏记本期应付账款的风险，审计师可以检查期后付款记录。

（四）设计实质性分析程序时考虑的因素

审计师在设计实质性分析程序时应当考虑的因素包括：①对特定认定使用实质性分析程序的适当性；②对已记录的金额或比率作出预期时，所依据的内部或外部数据的可靠性；③作出预期的准确程度是否足以在计划的保证水平上识别重大错报；④已记录金额与预期值之间可接受的差异额。考虑到数据及分析的可靠性，当实施实质性分析程序时，如果使用被审计单位编制的信息，审计师应当考虑测试与信息编制相关的控制，以及这些信息是否在本期或前期经过审计。

三、实质性程序的时间

实质性程序的时间选择与控制测试的时间选择有共同点，也有很大差异。共同点在于，两类程序都面临着对期中审计证据和对以前审计获取的审计证据的考虑。两者的差异在于：①在控制测试中，期中实施控制测试并获取期中关于控制运行有效性审计证据的做法更具有一种"常态"，而由于实质性程序的目的在于更直接地发现重大错报，在期中实施实质性程序时更需要考虑其成本效益的权衡；②在本期控制测试中拟信赖以前审计获取的有关控制运行有效性的审计证据，已经受到了很大的限制；而对于以前审计中通过实质性程序获取的审计证据，则采取了更加慎重的态度和更严格的限制。

（一）如何考虑是否在期中实施实质性程序

如前所述，在期中实施实质性程序，一方面消耗了审计资源，另一方面期中实施实质性程序获取的审计证据不能直接作为期末财务报表认定的审计证据，审计师仍然需要进一步消耗审计资源，使期中审计证据能够合理延伸至期末。于是这两部分审计资源的总和是否能够小于完全在期末实施实质性程序所需消耗的审计资源，是审计师需要权衡的。因此，审计师在考虑是否在期中实施实质性程序时应当考虑以下因素：

（1）控制环境和其他相关的控制。控制环境和其他相关的控制越薄弱，审计师越不宜在期中实施实质性程序。

（2）实施审计程序所需信息在期中之后的可获得性。如果实施实质性程序所需信息在期中之后可能难以获取（如系统变动导致某类交易记录难以获取），审计师应考虑在期中实施实质性程序；但如果实施实质性程序所需信息在期中之后的获取并不存在明显困难，该因素不应成为审计师在期中实施实质性程序的重要影响因素。

（3）实质性程序的目标。如果针对某项认定实施实质性程序的目标就包括获取该认定的期中审计证据（从而与期末比较），审计师应在期中实施实质性程序。

（4）评估的重大错报风险。审计师评估的某项认定的重大错报风险越高，针对该认定所需获取的审计证据的相关性和可靠性要求也就越高，审计师越应当考虑将实质性程序集中于期末（或接近期末）实施。

（5）各类交易或账户余额以及相关认定的性质。例如，某些交易或账户余额以及相关认定的特殊性质（如收入截止认定、未决诉讼）决定了审计师必须在期末（或接近期末）实施实质性程序。

（6）针对剩余期间，能否通过实施实质性程序或将实质性程序与控制测试相结合，降低期末存在错报而未被发现的风险。如果针对剩余期间审计师可以通过实施实质性程序或将实质性程序与控制测试相结合，较有把握地降低期末存在错报而未被发现的风险（如审计师在 10 月份实施预审时考虑是否使用一定的审计资源实施实质性程序，从而形成的剩余期间不是很长），审计师可以考虑在期中实施实质性程序；但如果针对剩余期间审计师认为还需要消耗大量审计资源才有可能降低期末存在错报而未被发现的风险，甚至没有把握通过适当的进一步审计程序降低期末存在错报而未被发现的风险（如被审计单位于 8 月份发生管理层变更，审计师接受后任管理层邀请实施预审时，考虑是否使用一定的审计资源实施实质性程序），审计师就不宜在期中实施实质性程序。

（二）如何考虑期中审计证据

如果在期中实施了实质性程序，审计师应当针对剩余期间实施进一步的实质性程序，或将实质性程序和控制测试结合使用，以将期中测试得出的结论合理延伸至期末。在如何将期中实施的实质性程序得出的结论合理延伸至期末时，审计师有两种选择：其一是针对剩余期间实施进一步的实质性程序；其二是将实质性程序和控制测试结合使用。

如果拟将期中测试得出的结论延伸至期末，审计师应当考虑针对剩余期间仅实施实质性程序是否足够。如果认为实施实质性程序本身不充分，审计师还应测试剩余期间相关控制运行的有效性或针对期末实施实质性程序。

对于舞弊导致的重大错报风险（作为一类重要的特别风险），被审计单位存在故意错报或操纵的可能性，那么审计师更应慎重考虑能否将期中测试得出的结论延伸至期末。因此，如果已识别出由于舞弊导致的重大错报风险，为将期中得出的结论延伸至期末而实施的审计程序通常是无效的，审计师应当考虑在期末或者接近期末实施实质性程序。

（三）如何考虑以前审计获取的审计证据

在以前审计中实施实质性程序获取的审计证据，通常对本期只有很弱的证据效力或没有证据效力，不足以应对本期的重大错报风险。只有当以前获取的审计证据及其相关事项未发生重大变动时（例如，以前审计通过实质性程序测试过的某项诉讼在本期没有任何实质性进展），以前获取的审计证据才可能用作本期的有效审计证据。但即便如此，如果拟利用以前审计中实施实质性程序获取的审计证据，审计师应当在本期实施审计程序，以确定这些审计证据是否具有持续相关性。

【实例 10-10】（单选题）下列有关实质性程序的时间安排的说法中，正确的是（   ）。

A．实质性程序应当在控制测试完成后实施

B．应对舞弊风险的实质性程序应当在资产负债表日后实施

C．针对账户余额的实质性程序应当在接近资产负债表日实施

D．实质性程序的时间安排受被审计单位控制环境的影响

分析：D。注册会计师可以考虑针对同一交易同时实施控制测试和细节测试，以实现双重目的，故选项 A 不正确；如果已识别出由于舞弊导致的重大错报风险，为将期中得出的结论延伸至期末而实施的审计程序通常是无效的，注册会计师应当考虑在期末或者接近期末实施实质性程序，故选项 B 不正确；某些交易或账户余额以及相关认定的特殊性质决定了注册会计师必须在期末（或接近期末）实施实质性程序，并不是所有针对账户余额的实质性程序都在期末或接近期末实施，故选项 C 不正确。

四、实质性程序的范围

评估的认定层次重大错报风险和实施控制测试的结果是审计师在确定实质性程序的范围时的重要考虑因素。因此，在确定实质性程序的范围时，审计师应当考虑评估的认定层次重大错报风险和实施控制测试的结果。审计师评估的认定层次的重大错报风险越高，需要实施实质性程序的范围越广。如果对控制测试结果不满意，审计师应当考虑扩大实质性程序的范围。

在设计细节测试时，审计师除了从样本量的角度考虑测试范围外，还要考虑选样方法的有效性等因素。例如，从总体中选取大额或异常项目，而不是进行代表性抽样或分层抽样。

实质性分析程序的范围有两层含义：第一层含义是对什么层次上的数据进行分析，审计师可以选择在高度汇总的财务数据层次进行分析，也可以根据重大错报风险的性质和水平调整分析层次。例如，按照不同产品线、不同季节或月份、不同经营地点或存货存放地点等实施实质性分析程序。第二层含义是需要对什么幅度或性质的偏差展开进一步调查。实施分析程序可能发现偏差，但并非所有的偏差都值得展开进一步调查。可容忍或可接受的偏差（即预期偏差）越大，作为实质性分析程序一部分的进一步调查的范围就越小。于是确定适当的预期偏差幅度同样属于实质性分析程序的范畴。因此，在设计实质性分析程序时，审计师应当确定已记录金额与预期值之间可接受的差异额。在确

定该差异额时，审计师应当主要考虑各类交易、账户余额、列报及相关认定的重要性和计划的保证水平。

【实例 10-11】（单选题）下列有关实质性程序的说法中，正确的是（　　）。

A．注册会计师对认定层次的特别风险实施的实质性程序应当包括实质性分析程序

B．注册会计师应当对所有类别的交易、账户余额和披露实施实质性程序

C．注册会计师实施的实质性程序应当包括将财务报表与其所依据的会计记录进行核对或调节

D．如果在期中实施了实质性程序，注册会计师应当针对剩余期间实施控制测试和实质性程序

分析：C。如果针对特别风险实施的程序仅为实质性程序，这些程序应当包括细节测试，这种情况下，可能没有实施实质性分析程序，故 A 错误；注册会计师应当对所有重大类别的交易、账户余额和披露实施实质性程序，故 B 错误；如果在期中实施了实质性程序，注册会计师应当针对剩余期间实施进一步的实质性程序，或将实质性程序和控制测试结合使用，故 D 错误。

【实例 10-12】（简答题）注册会计师在工作底稿中记录了风险应对的情况，部分内容摘录如下：

（1）甲公司所处行业 2016 年度市场需求显著下降，注册会计师在实施风险评估分析程序时，以 2015 年度财务报表已审数为预期值，将 2016 年度财务报表中波动较大的项目评估为存在重大错报风险的领域。

（2）在实施会计分录测试时，将甲公司全年的标准会计分录和非标准会计分录作为待测试总体。在测试其完整性后，对选取的样本实施了细节测试，未发现异常。

（3）注册会计师认为甲公司存在低估负债的特别风险，在了解相关控制后未信赖这些控制，直接实施了细节测试。

（4）甲公司使用存货库龄等信息测算产成品的可变现净值。注册会计师拟信赖与库龄记录相关的内部控制，通过穿行测试确定了相关内部控制运行有效。

（5）甲公司的存货存放在多个地点，注册会计师基于管理层提供的存货存放地点清点单，并根据不同的地点、存放存货的重要性及评估的重大错报风险确定了盘点地点。

（6）甲公司与原材料采购批准相关的控制每日运行数次，审计项目组确定样本规模为 25 个。考虑到该控制自 2016 年 7 月 1 日起发生重大变化，审计项目组从上半年和下半年的交易中分别选取了 12 个和 13 个样本实施控制测试。

（7）在 2015 年度审计工作中，注册会计师向甲公司管理层口头通报了识别出的值得管理层关注的内容控制缺陷。2016 年度，管理层未采取整改措施，因管理层未发生变化，注册会计师认为没有必要向管理层通报。

（8）客户丙公司年末应收账款余额 100 万元，回函金额 90 万元，因差异金额高于明显微小错报的临界值，审计项目组据此提出了审计调整建议（审计项目组确定财务报表整体的重要性为 100 万元，明显微小错报的临界值为 5 万元）。

要求：请指出以上风险应对措施是否适当，若不适当，请指出原因，填写表 10-4。

分析：

表 10-4　　　　　　　　　　　　　风险应对措施的适当性及其原因

事项	是否适当	原因
事项 1	否	应根据 2016 年度的变化情况设定预期值
事项 2	否	确定总体中应当包括其他调整
事项 3	否	如果识别的认定层面的重大错报风险属于特别风险，应当专门针对该特别风险实施实质性程序，这些程序包括细节测试或者细节测试与实质性分析程序结合使用，以获得充分、适当的审计证据
事项 4	否	穿行测试主要用于了解内部控制，不用于确定相关内部控制运行的有效性
事项 5	否	注册会计师应考虑存货存放地点清单的完整性，然后再基于此确定盘点地点
事项 6	否	因为控制发生重大变化，应当分别测试，2016 年上半年和下半年与原材料采购批准相关的内部控制活动不同，应当分别测试 25 个样本
事项 7	否	无论是 2015 年度还是 2016 年度，注册会计师都应当以书面形式向治理层通报值得关注的内部控制缺陷以及管理层未采取整改措施的事实
事项 8	否	审计项目组应当调查不符事项，以确定是否存在错报及其影响

问题与案例

一、思考题

1. 利用审计风险模型阐述风险应对的实质和关键。

2. 举例说明财务报表层次重大错报风险的总体应对措施。

3. 举例说明增加审计程序不可预见性的方法。

4. 如何确定进一步审计程序的性质、时间和范围？

5. 如何确定内部控制测试的性质、时间和范围？

6. 如何确定实质性程序的性质、时间和范围？

二、行动学习讨论

把学生分成若干组（每组最好是 10 人以内），要求他们利用头脑风暴的方法，对以下问题提出不同的看法，尽量多地列示在行动学习讨论的白板上。

讨论问题：针对不同财务报表重大错报，审计师的应对措施有哪些？

讨论与板书要求：①每个人都要发言，但每次只能一人发言；②追求数量、追求创意；③有人发言时不许质疑、不许批评、不许打断；④板书要按发言人的原话列示。

三、案例讨论

文品公司的风险应对

（一）文品公司的基本情况

文品公司是一家生产和销售高端清洁用品的外商独资被审计单位，其产品主要用于星级酒店、宾馆和大型饭店。除了在北京、上海直接向终端客户销售外，在全国其他地区均向省级或市级经销商销售。

公司提供的财务报表显示：2015年销售收入为112 655 260元，比上一年增长21%（董事会制定的当年预算目标是增长20%）。2015年12月31日应收账款余额为39 560 810元，组成情况如下：共有226个客户，其中9个客户（均为省级经销商）的余额在100万元以上，占应收账款总额的38%，其余客户的余额均小于30万元。此外余额为10万元以上且账龄超过1年的应收账款客户有15家。

2015年12月31日坏账准备余额为1 879 830元。公司采用账龄分析法和个别认定法相结合的方式计提坏账准备。其中账龄分析法为：对应收账款余额，账龄6个月以上1年以下的为10%；1年以上2年以下的为50%；2年以上的为100%。账龄分析表见表10-5。

表10-5   账龄分析表

	2015年	2014年
应收账款（元）	39 560 810	27 765 338
坏账准备（元）	1 879 830	1 707 400
销售收入（元）	112 655 260	93 103 520
应收账款周转天数（天）	108	92

该公司2015年度的税前利润为8 475 623元，总体重要性水平为423 781元（税前利润的5%）。

（二）审计师对销售业务流程的风险评估和进一步审计程序的方案

由于销售业务的重要性及其固有风险，审计师认为销售收入和应收账款层次的"发生"或"存在"和"准确性"认定存在重大错报风险。

被审计单位在2015年以放宽授信额度来增加销售收入，导致货款回收速度放缓，应收账款余额大幅上升，但坏账准备余额与上年基本持平。审计师认为应收账款的计价认定存在特别风险，即年末坏账准备的计提很可能不够。

基于以前年度对该公司的了解，以及本年度对该公司环境、经营状况、内部控制等的了解和评估，审计师决定对应收账款采用综合性审计方案。

该公司在各主要业务流程及财务报告编制中采用了计算机信息系统，审计师在本年度审计中测试了信息系统一般控制并认为信息系统一般控制是有效的。

审计师对销售收入、应收账款余额和坏账准备余额实施了以下的进一步审计程序：①控制测试；②评估针对特别风险的控制；③实质性程序。

（三）控制测试

1.设计和实施控制测试

审计师从销售流程中选取了一些关键的控制进行测试。

（1）业绩评价控制测试。所测试的控制：销售主管每月审核按客户分列的销售收入（包括与上月销售额和本月预算额的比较）和应收账款（包括当月货款回收金额和月末余额）汇总表，对其中的重大差异和异常情况进行跟进分析，编制分析报告并呈报销售经理和总经理。总经理与销售经理审阅后讨论解决措施。

相关的财务报表认定：销售收入的发生、准确性、完整性以及应收账款的存在、准确性。

测试程序：该控制是月度控制，审计师决定选取2月、6月、10月、11月这4个月份测试该控制。审计师分别与总经理和销售经理就上述4个月份的分析报告进行讨论，证实他们确实审阅了该报告并对重大差异和异常情况进行了调查和跟进。事后审计师还通过询问销售经理和相关销售人员印证了当时所采取的跟进措施。销售收入和应收账款汇总表由财务系统自动生成并与当月财务报表的销售收入总额和应收账款余额一致，审计师核对了上述4个月份的财务报表，证实无误。

测试结果：该控制有效运行，审计师对该控制可以信赖。

（2）人工控制测试。所测试的控制：对每一笔销售收入，销售部专职秘书将客户订单、客户已签收的送货单（所有货物由物流公司运送）以及发票（计算机发票由销售部开具）上的客户名称、货物品种、数量、价格进行核对，并在发票记账联盖"核对确认无误"章，交给财务部作为确认销售收入的凭证。对于数据不符的交易则进行调查并调整。

相关的财务报表认定：销售收入的发生、准确性以及应收账款的存在、准确性。

测试程序：该控制为人工控制，每天发生数次，审计师为了获取较高程度的保证，决定抽取每月5个共60个样本。该测试是双重目的测试，既可测试控制运行的有效性，同时也是针对销售收入的细节测试。审计师询问了执行该控制的销售部专职秘书和负责记录销售收入的会计人员，确认该控制确实得到执行。审计师从销售收入明细账中抽取60笔交易，核对客户订单、客户已签收的送货单以及发票，以检查有关信息是否一致，发票记账联上是否有"核对确认无误"章，以及入账金额是否准确。

测试结果：没有发现例外情况。该控制有效运行，审计师对该控制可以信赖。

（3）自动化应用控制测试。所测试的控制：订单分为"待批准""已批准""已执行"状态。订单一经批准就会自动生成相应的送货单；已发货的订单在系统中被设置为"已执行"状态，每月末系统会自动配比当月的"已执行"订单、送货单和当月入账的销售收入（均有订单号索引），对未确认收入的订单生成"已执行订单未入账报告"。财务人员对该报告进行跟踪调查，补记漏记的销售收入。

相关的财务报表认定：销售收入的完整性。

测试程序：审计师在上年度审计中已经测试了该控制并证明该控制的运行是有效的。本年度审计师了解到该控制没有发生变化。审计师本年度已经测试了信息技术一般控制的运行有效性，因而不必再测试该自动化控制（该控制还包括人工控制的成分，即财务人员的跟进程序，审计师对该人工控制进行测试，结果显示控制有效。此处不做详细说明）。

2.控制测试结果及其对实质性程序的影响

综合以上控制测试的结果显示，针对销售收入的发生、准确性和完整性认定和应收账款的存在和准确性认定的控制是有效运行的，审计师对控制有较高程度的信赖，只需要从实质性程序中获取较低程度的保证。

（四）评价针对特别风险的控制

审计师了解到管理层为了应对应收账款账龄变长及由此带来的坏账增加的风险，采取了与账款逾期1年以上的客户签订还款协议的方式，要求客户对归还旧账的时间和金额作出书面承诺。如果客户未按照协议执行，则暂停供货。该控制每月执行。审计师认为该控制的设计是适当的并证实该控制确实得以执行。考虑到审计程序的效率，决定不测试该控制而直接对年末应收账款坏账准备余额实施细节测试。

（五）实质性程序

（1）应收账款函证。由于从控制测试中获得了较高程度的信赖，审计师只需要从细节测试中获取较低程度的保证。因此，审计师决定采用选取特定项目进行测试的方法选取函证样本，符合下列条件之一的选为样本：①应收账款余额100万元以上的客户；②年购买量500万元以上的客户；③应收账款余额10万元以上且账龄超过1年的客户。有35家客户符合上述条件，总金额为18 593 581元，覆盖率为47%。

函证结果如下：①26家回函确认无误；②3家回函存在付款时间性差异，即年末客户已付款而被审计单位尚未收到，经查看次年1月初银行对账单确认无误；③6家没有回函。

前两项29家回函总金额为13 272 566元，函证的实际覆盖率为34%。

（2）对上述没有回函的应收账款余额5 321 015元实施替代程序，查看了期后收款。截至审计现场工作结束，共收回货款2 866 390元，对剩余的金额2 454 625元查看了相应的原始凭证（订单、发货单、发票；还款协议；与客户的往来信件等），没有发现差异。替代程序的实际覆盖率为13%。

（3）应收账款余额函证及替代程序的总体覆盖率为47%。对于没有函证的53%，由于相关控制是有效运行的，实施实质性分析程序未发现误差，审计师判断重大错报风险水平较低，因而可接受一个较高的检查风险水平。对于没有函证的53%，审计师采用审计抽样（一个相对较小的样本即可）的方法予以函证，结果是推断的错报未超过应收账款可容忍错报。

（4）验证应收账款账龄分析报告的准确性。审计师采取审计抽样的方法，选取40笔交易检查销售发票并验证是否归入正确的账龄期间。测试结果没有发现错误，可以证实账龄分析报告的准确性。

（5）向总经理和销售经理询问他们对应收账款可回收性的评估；重新计算坏账准备的计提；对账龄较长而未计提坏账准备的应收账款余额，查看还款协议和实际付款记录。审计师发现有一笔339 465元、账龄超过2年的应收账款，该客户签订还款协议承诺2015年12月31日之前支付100 000元，到审计现场工作开始时（2016年3月）仍未支付，目前被审计单位已停止向对方供货；另一笔133 287元、账龄未满6个月的应收账款，该客户是一家连锁餐厅，最近因资金链出现问题，拖欠租金和供应商货款而被起诉，该笔货款很可能无法收回。对上述两笔可能无法收回的应收账款共计472 752元，被审计单位均未计提坏账准备。审计师建议作审计调整并计划向被审计单位管理层报告该事项。

对销售收入及应收账款实施的其他实质性程序（略）。

在完成审计工作前对进一步审计程序所获取审计证据的评价，主要体现在根据发现的错报或控制执行偏差考虑修正重大错报风险的评估结果。

通过实施进一步审计程序，审计师首先需要考虑获取的审计证据是否可能影响此前对认定层次的重大错报风险的评估结果。因此，审计师应当根据实施的审计程序和获取的审计证据，评价对认定层次重大错报风险的评估是否仍然适当。

财务报表审计是一个累积和不断修正的过程。随着计划的审计程序的实施，如果获取的信息与风险评估时依据的信息有重大差异，审计师应当考虑修正风险评估结果，并据以修改原计划的其他审计程序的性质、时间和范围。

在实施控制测试时，如果发现被审计单位控制运行出现偏差，审计师应当了解这些偏差及其潜在后果（如询问某项控制活动中关键人员发生变动的时间），并确定已实施的控制测试是否为信赖控制提供了充分、适当的审计证据，是否需要实施进一步的控制测试或实质性程序以应对潜在的错报风险。

审计师不应将审计中发现的舞弊或错误视为孤立发生的事项，而应当考虑其对评估的重大错报风险的影响。在完成审计工作前，审计师应当评价是否已将审计风险降至可接受的低水平，是否需要重新考虑已实施审计程序的性质、时间和范围。

要求：

讨论注册会计师针对文品公司风险如何执行进一步审计程序，以及应注意的问题。

关键词汇

测试方法　Type of Tests

进一步审计程序　Further Audit Procedures

了解内部控制程序　Procedures to Obtain an Understanding of Internal Control

控制测试　Test of Controls

交易实质性测试　Substantive Test of Transactions

分析程序　Analytical Procedures

第十一章 财务报表审计中对舞弊的考虑

【学习目的】

1. 了解舞弊及其种类；
2. 熟悉典型的舞弊风险动因理论；
3. 掌握审计师对舞弊的责任和沟通；
4. 掌握识别与评估舞弊风险的审计程序；
5. 了解评估与应对舞弊风险形成的工作底稿；
6. 熟悉应对舞弊风险的决策。

引例：注册会计师如何承担起对舞弊的责任

华生会计师事务所为金飞公司 2011 年年报出具了无保留意见的审计报告。2012 年金飞公司轮岗内部审计时，发现财务经理与他人勾结利用票据套取现金 200 万元。金飞公司在向公安机关报案的同时，也着手起诉华生会计师事务所的注册会计师。你认为华生会计师事务所的注册会计师应当承担什么责任？如何做才能查证并应对该舞弊风险？

第一节 舞弊及舞弊风险动因和责任

一、舞弊的种类

舞弊是一个宽泛的法律概念，从审计师的视角看，舞弊是指被审计单位的管理层、治理层、员工或第三方使用欺骗手段获取不当或非法利益的故意行为。与财务报表审计相关的舞弊包括编制虚假财务报告和侵占资产。

（一）编制虚假财务报告

编制虚假财务报告涉及为欺骗财务报表使用者而作出的故意错报（包括对财务报表金额或披露的遗漏）。公司管理层编制虚假财务报告的主要手段有：

（1）作出虚假会计分录，特别是临近会计期末时，从而操纵经营成果或实现其他目的；

（2）不恰当地调整对账户余额作出估计时使用的假设和判断；

（3）在财务报表中漏记、提前或推迟确认报告期内发生的事项或交易；

（4）构造复杂交易，以歪曲财务状况或经营成果；

（5）隐瞒或不予披露可能影响财务报表金额的事实；

（6）篡改与重大和异常交易相关的记录和条款。

在现代市场经济中，编制虚假财务报告与一般舞弊（如行贿受贿和侵占资产等）相比，具有四个显著的特点：

（1）企业高管层往往牵涉其中；

（2）上下串通、内外勾结等群体舞弊司空见惯；

（3）通常以维护企业利益为幌子（至少不像受贿和挪用资产那样赤裸裸地公然损害企业利益）；

（4）造成的损害更具破坏性。

现实中，编制虚假财务报告的动因多种多样，扎比霍拉哈·瑞扎伊（Zabihollah Rezaee，2002）在《财务报表舞弊预防与发现》中将其归纳为如下几点：

（1）以误导性财务报表为基础，获得信用、长期融资或额外的资本投资。

（2）维持或创造有利的股票价值。

（3）隐瞒绩效方面的不足。

（4）隐瞒不恰当的商业交易（如虚构的销售或错报的资产）。

（5）临时性地解决财务困难（如现金流的缺乏、不利的商业决策、在维持声誉中的防御控制）。

（6）基于控制人（大股东或管理者）提高个人收益的目的。例如：①通过较高的报告盈利提高薪酬；②增加诸如以股票为基础薪酬的个人所持公司股票的价值；③将公司的资产转换为自己所用；④在公司内获得提升或保持现有的职位。

（二）侵占资产

侵占资产是一种涉及盗窃公司资产的舞弊，包括员工侵占资产和管理层侵占资产。侵占资产通常采用以下方式：

（1）贪污收到的款项。如侵占收到的应收账款或将与已注销账户相关的收款转移至个人银行账户。

（2）盗窃实物或无形资产。如盗窃废料以再销售、通过向被审计单位竞争者泄露技术资料与其串通以获取回报。

（3）让被审计单位为未收到的商品或未接受的劳务付款。如向虚构的供应商支付款项、供应商向采购人员提供回扣以作为其提高采购价格的回报、向虚构的员工支付工资。

（4）将被审计单位资产挪为私用。如将被审计单位的资产作为个人或关联方贷款的抵押。

侵占资产通常伴随着虚假或误导性记录或文件，其目的是隐藏资产丢失或未经适当授权而被抵押的事实。

二、典型的舞弊风险动因理论

舞弊动因的理论很多，比较典型的有 GONE 理论、冰山理论和舞弊三角理论。

（一）GONE 理论

G. Jack Bologue、Robert J. Lindquist 和 Joseph T. Wells 在 1933 年提出了 GONE 理论，认为影响舞弊发生的因素包括贪婪（Greed）、机会（Opportunity）、需要（Need）和暴露（Exposure）。贪婪和需要在更大程度上与个体有关，而机会和暴露则属于环境因素。四个因素共同作用，决定了舞弊风险的水平。在此基础上，毕马威公司基金会研究发现，舞弊是由环境的压力、舞弊的机会、个人（潜在舞弊者）的品性三个因子共同作用造成的。

（二）冰山理论

冰山理论形象地把舞弊比作海面上漂浮的冰山，海面上的部分是舞弊结构部分，海平面以下属于舞弊行为部分。舞弊结构部分具有客观性，易被看到；舞弊行为部分更主观、更个性化，如果掩饰得当，很难觉察。因此，已识别的舞弊风险远远小于未识别的舞弊导致的重大错报风险。

（三）舞弊三角理论

舞弊三角理论是由美国舞弊会计学家 W. Steve Albrecht 于 1995 年提出的，他认为，任何舞弊行为都包含三个要素：①感觉面临压力；②感觉有机可乘；③合理化。这三要素构成了舞弊三角，就如火焰三角一样，动机和压力给舞弊带来热度，找到合理化解释或借口为舞弊补充了氧气，这时，只要有燃料即有机会，舞弊会像火焰一样熊熊燃烧，但只要消除这三个要素中的任何一项，火焰就会熄灭。

1. 舞弊的动机或压力

舞弊的动机或压力可分为：①经济压力；②恶习；③工作压力；④其他压力。

2. 舞弊的机会

对于一个公司来讲，如果公司的内外治理结构薄弱，就会使舞弊者有机可乘。其薄弱环节可能是：

（1）缺少控制监督或控制监督存在缺陷，难以防范和发现舞弊行为；

（2）无法判断工作质量；

（3）未对舞弊者予以处罚或处罚小于舞弊者的舞弊收益；

（4）缺少透明、公开的信息流通；

（5）无知、无能或缺乏责任心和社会道德；

（6）缺乏审计轨迹。

3. 合理化

舞弊者对可能存在的舞弊行为往往有各种借口给出合理化解释，或其心态、品质或者道德观使得他们有意地、蓄意地进行欺诈行为。

AICPA 的 SASNO.99 根据舞弊三角理论提出了舞弊风险因素三个方面，即动机或压力（Incentive/Pressure）、机会（Opportunity）、使舞弊合理化的态度或借口（自我合理化）（Attitude/Rationalization）。

三、审计师对舞弊的责任和沟通

（一）审计师对舞弊的责任

对于任何公司，管理层在治理层的监督下，应当高度重视对舞弊的防范和遏制。治理层的监督包括考虑管理层凌驾于内部控制之上或对财务报告过程施加其他不当影响的可能性，管理层需要营造诚实守信和合乎道德的文化，以减少舞弊发生的机会，并发现和惩罚舞弊行为。

尽管被审计单位管理层和治理层对防止或发现舞弊负有主要责任，但在审计中，审计师对舞弊的责任可以理解为：

（1）在按照审计准则的规定执行审计工作时，审计师有责任对财务报表是否不存在由于舞弊或错误导致的重大错报获取合理保证。

（2）在获取合理保证时，审计师有责任在整个审计过程中保持职业怀疑，考虑管理层凌驾于内部控制之上的可能性，并认识到对发现错误有效的审计程序未必对发现舞弊有效。

（3）如果识别出舞弊或所获取的信息表明可能存在舞弊，审计师应当及时将此类事项向适当层级的管理层通报；如果怀疑舞弊涉及管理层，审计师应当将此怀疑向治理层通报，并与其讨论为完成审计工作所必需的审计程序的性质、时间和安排。

（4）尽管审计师对客户负有保密义务，但如果法律法规要求审计师向被审计单位以外的机构报告公司舞弊行为，审计师应当遵守法律法规的规定。如在某些国家或地区，从事金融机构审计的审计师负有向监管机构报告舞弊行为的法定义务；当管理层和治理层未能对识别出来的舞弊采取纠正措施时，审计师负有向监管机构报告的义务。在这种情况下，审计师有必要征求律师的意见以确定适当的措施。

（二）审计师对舞弊的沟通

1.向适当层级的管理层报告所有的舞弊

当审计师已获取的证据表明存在或可能存在舞弊时，尽快提请适当层级的管理层关注这一事项是很重要的。适当层级的管理层至少要比涉嫌舞弊的人员高出一个级别。

2.向治理层报告所有的管理层舞弊

审计师可以采用口头形式，也可以采用书面形式向治理层报告所有的已识别出的管理层舞弊。

3.向管理层和治理层报告所有的重大舞弊

在审计中，如果审计师发现涉及较高层级管理层舞弊或导致财务报表重大错报的原因具有敏感性，应当及时以书面形式向管理层和治理层报告。

4.其他需要与治理层沟通讨论的有关舞弊的事情

在审计中，其他需要审计师与治理层沟通讨论的有关舞弊的事情包括：

（1）对管理层评估的性质、范围和频率的疑虑，这些评估是针对旨在防止和发现舞弊及财务报表可能出现的重大错报的风险而实施的。

（2）管理层未能恰当应对识别出的值得关注的内部控制缺陷或舞弊。

（3）审计师对被审计单位控制环境的评价，包括对管理层胜任能力和诚信的疑虑。

（4）可能表明存在虚假财务报告的管理层行为，如对会计政策的选择和运用可能表明管理层操纵利润，以影响财务报表使用者对被审计单位业绩和盈利能力的看法，从而误导财务报表使用者。

（5）对超出正常经营过程的交易授权的适当性和完整性心存疑虑。

第二节　识别与评估舞弊风险

一、识别与评估舞弊风险的审计程序

识别与评估舞弊风险关系到审计的成败，因此，为了获取用于识别舞弊导致的财务报表重大错报风险所需的信息，审计师应当实施的审计程序如图11-1所示。

1.项目组内部讨论

项目组内部讨论舞弊风险的目的在于：具有较多经验的项目成员有机会与其他成员分享关于财务报表易于发生舞弊风险的方式和领域的见解；针对财务报表易于发生由于舞弊导致的重大错报的方式和领域考虑适当的应对措施，并确定分派哪些项目组成员实施特定

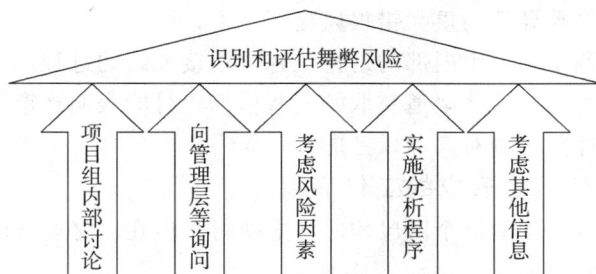

图 11-1 识别与评估舞弊风险的信息来源

的审计程序；确定如何在项目成员中共享实施审计程序的结果，以及如何处理可能引起审计师注意的舞弊指控。项目组内部讨论的重点内容应当包括财务报表中易于发生由于舞弊导致的重大错报的方式和领域，包括舞弊可能如何发生，已归纳列示在表 11-2 中。在讨论过程中，项目组成员不应假定管理层和治理层是正直和诚信的。

2. 向管理层等询问

询问被审计单位的管理层、治理层以及内部的其他相关人员，以了解管理层针对舞弊风险设计的内部控制，以及治理层如何监督管理层对舞弊风险的识别和应对过程。

询问被审计单位的管理层、治理层以外的其他相关人员可能包括：不直接参与财务报告过程的业务人员；拥有不同级别权限的人员；参与生成、处理或记录复杂或异常交易的人员及对其进行监督的人员；内部法律顾问；负责道德事务的主管人员或承担类似职责的人员；负责处理舞弊指控的人员；内部审计人员。

审计师在询问被审计单位的管理层、治理层以及内部的其他相关人员时，要注意询问的技巧，也应清醒地认识到：①直接提出舞弊风险问题是审计师专业责任的组成部分；②向被审计单位的管理层、治理层以及内部的其他相关人员询问舞弊事项不是为了得到精确答案；③被询问者推诿或不明确的答复可能使审计师产生疑问；④管理层往往期待与审计师分享他们所关注的事项并提出建议的机会；⑤由于管理层最有条件实施舞弊，因此评价管理层对询问作出的答复时，审计师有必要通过其他信息印证管理层的答复。

3. 考虑风险因素

审计师应当运用职业判断，考虑被审计单位的规模、复杂程度、所有权结构及所处行业等，以确定舞弊风险因素的相关性和重要程度。审计师考虑的舞弊风险因素的相关举例已归纳到表 11-4 中。

4. 实施分析程序

在实施分析程序时发现的异常关系或偏离预期的关系，可能表明存在舞弊导致的重大错报风险，审计师应当加以考虑。在实施分析程序时，审计师应当预期可能存在的合理关系，并与被审计单位记录的金额、依据记录金额计算的比率或趋势相比较。如果发现异常关系或偏离预期的关系（如出现显著高于同期同行业平均利润率，或者缺乏合理基础的大幅度扭亏或过快的利润增长等现象），审计师应当在识别舞弊导致的重大错报风险时考虑这些比较结果。

5. 考虑其他信息

审计师应当考虑在了解被审计单位及其环境时所获取的其他信息，分析这些信息是否表明被审计单位存在舞弊导致的重大错报风险。

其他信息可能来源于项目组内部的讨论、客户承接或续约过程以及向被审计单位提供其他服务所获得的经验。从这些渠道获取的某些信息，可能表明被审计单位存在舞弊导致的重大错报风险，审计师应当对其加以考虑。

二、评估与应对舞弊风险形成的工作底稿

以上程序在审计全过程的每个阶段均应考虑执行，但在承接业务阶段就应当开始，形成的相应的审计工作底稿如下：

1. 舞弊风险评估与应对（见表 11-1）

表 11-1   **舞弊风险评估与应对**

被审计单位：	索引号：
项目：舞弊风险评估与应对	财务报表截止日/期间：
编制：	复核：
日期：	日期：

一、审计目标		
识别、评估、应对舞弊导致的重大错报风险		
二、舞弊风险的识别和评估实施的程序	索引号	执行人
1.组织项目组讨论		
2.就舞弊风险询问管理层和其他人员		
3.考虑舞弊风险因素		
（1）与对财务信息作出虚假报告相关的舞弊风险因素		
（2）与侵占资产相关的舞弊风险因素		
4.考虑异常关系或偏离预期的关系		
5.考虑其他信息		

三、识别和评估的舞弊导致的重大错报风险汇总				
已识别舞弊风险	受影响的账户余额或交易类别	风险是否重大	导致财务报表重大错报的可能性	化解风险的控制
管理层凌驾于控制之上				
不恰当的收入确认				
┇				
没有将收入识别为舞弊导致重大错报的风险领域的原因				

四、应对舞弊导致的重大错报风险		索引号	执行人
1.总体应对措施			
2.针对舞弊导致的认定层次的重大错报风险实施的审计程序			
3.针对管理层凌驾于控制之上的风险实施的程序			
审计程序	具体措施或考虑事项	结论	
测试日常会计核算过程中作出的会计分录以及为编制财务报表作出的调整分录是否适当	了解被审计单位的财务报告过程，并了解被审计单位对日常会计分录及财务报表编制过程中的调整分录的控制		
	评价被审计单位对日常会计分录及财务报表编制过程中的调整分录的控制，并确定其是否得到执行		
	询问被审计单位内部参与财务报告过程的人员是否注意到在编制会计分录或调整分录时存在不恰当或异常活动		
	确定测试的时间		
	选择拟测试的会计分录或调整分录		
复核会计估计是否有失公允	从财务报表整体上考虑管理层作出的某项会计估计是否反映出管理层的某种偏向，是否与审计师所获取审计证据表明的最佳估计存在重大差异		
	复核管理层在以前年度财务报表中作出的重大会计估计及其依据的假设		
对于注意到的、超出正常经营过程或基于对被审计单位及其环境的了解显得异常的重大交易，了解其商业理由的合理性	交易的形式是否过于复杂		
	管理层是否已与治理层就此类交易的性质和会计处理进行讨论并作出适当记录		
	管理层是否更强调需要采用某种特定的会计处理方式，而不强调交易的经济实质		
	对于涉及不纳入合并范围的关联方（包括特殊目的实体）的交易，是否已得到治理层的适当审核与批准		
	交易是否涉及以往未识别的关联方，或不具备实质性交易基础或独立财务能力的第三方		
五、与管理层、治理层和监管机构的沟通		索引号	执行人

表 11-1 是一张综合性的审计工作底稿，它汇总了整个审计过程中对舞弊风险的评估及其应对的情况，填写时要注意：

（1）在"已识别舞弊风险"栏中记录舞弊导致财务报表重大错报的风险。由于管理层凌驾于内部控制之上，因此他们属于审计师需要特别考虑的舞弊风险。审计师也应假定被审计单位在收入确认方面存在舞弊风险，并考虑哪些收入类别以及与收入有关的交易或认定可能导致舞弊风险。如果未将不恰当的收入确认识别为舞弊风险，请说明理由。

（2）在"受影响的账户余额或交易类别"栏中指出受舞弊风险影响的账户余额或交易类别。如果风险涉及特定的账户或交易，标注"认定层次"并在相关空白处记录下所识别出的账户和交易。如果风险与财务报表广泛相关，标注"财务报表层次"。

（3）基于以上所实施的程序，考虑被审计单位的舞弊防范程序或内部控制是否消除了特定的舞弊风险，或特定控制的缺陷是否加剧了风险。在"化解风险的控制"一栏中指出有助于化解风险的对应内部控制。考虑是否有必要将已识别的内部控制缺陷告知管理层和治理层。如果是，在备忘录中记录沟通要点。

（4）此处识别的舞弊导致的重大错报风险应当与总体审计策略和具体审计计划交叉索引。

（5）在"总体应对措施"栏空白处记录总体应对措施，包括：①人员的适当分派和督导；②考虑被审计单位采用的会计政策；③在选择进一步审计程序的性质、时间和范围时，应当注意使某些程序不为被审计单位预见或事先了解。

（6）针对舞弊导致的认定层次的重大错报风险实施的审计程序应当体现在风险评估结果汇总表中。此处应当与风险评估结果汇总表交叉索引。

（7）在"与管理层、治理层和监管机构的沟通"栏中需记录审计师与管理层、治理层、监管机构或其他相关各方就舞弊事项进行沟通的情况。

2.项目组讨论纪要（见表 11-2）

表 11-2 是记录在整个审计过程中利用头脑风暴方法组织项目组讨论所能识别出来的所有舞弊风险以及应对措施的底稿。

虽然对舞弊风险进行评估与应对是贯穿在整个审计过程的，但在初步业务活动和外勤工作结束时考虑召开项目组会议讨论是必不可少的，针对舞弊风险信号讨论的方式有：

（1）自上而下的交流。整个审计小组都参与风险评估是很重要的。为了确保审计小组全体成员都能识别舞弊并恰当理解这些风险，应为每个人提供一份填写好的舞弊风险因素清单。如果舞弊风险与某一特定子公司或职能部门有关联，应当与负责这一领域审计工作的人员讨论这些风险及相关审计程序。

（2）自下而上的交流。审计小组的所有成员应当做到：如果他们在外勤工作期间发现了额外的舞弊风险因素或者舞弊证据，则需要立即通知其主管（包括项目合伙人）。

（3）考虑利用其他审计师工作。当需要其他审计师工作时，主审计师应当考虑与其他审计师沟通相关舞弊风险因素，以便他们进行舞弊风险评估。作为其他审计师，也应当向主审计师沟通与客户相关的任何舞弊风险。

舞弊风险调查结果和评估应当保密，没有合伙人的批准，任何情况下都不得将该信息披露给审计小组以外的人。

表 11-2	项目组讨论纪要	
被审计单位:		索引号:
项目:项目组讨论纪要		财务报表截止日/期间:
编制:		复核:
日期:		日期:

讨论时间	
参与人	
讨论内容: (1)由于舞弊导致财务报表重大错报的可能性,重大错报可能发生的领域及方式; (2)在遇到哪些情形时需要考虑存在舞弊的可能性; (3)已了解的可能产生舞弊动机或压力、提供舞弊机会、营造舞弊行为合理化环境的外部和内部因素; (4)已注意到的对被审计单位舞弊的指控; (5)已注意到的管理层或员工在行为或生活方式上出现的异常或无法解释的变化; (6)管理层凌驾于控制之上的可能性; (7)是否有迹象表明管理层操纵利润,以及采取可能导致舞弊的手段操纵利润; (8)管理层对接触现金或其他易被侵占资产的员工实施监督的情况; (9)强调在整个审计过程中对由于舞弊导致重大错报的可能性保持适当关注的重要性; (10)为应对舞弊导致财务报表重大错报可能性而选择的审计程序,以及各种审计程序的有效性; (11)如何使拟实施审计程序的性质、时间和范围不易为被审计单位预见	讨论结果:

3.就舞弊风险询问管理层和其他人员的记录(见表 11-3)

表 11-3 是通过询问程序,从被审计单位的管理层、治理层以及内部的其他相关人员处了解管理层针对舞弊风险设计的内部控制,以及治理层如何监督管理层对舞弊风险的识别和应对过程所形成的底稿。

4. 考虑舞弊风险因素的记录（见表 11-4），考虑异常关系或偏离预期的关系的记录，考虑其他信息（见表 11-5）①

表 11-3 　　　　　　　　　　就舞弊风险询问管理层和其他人员的记录

被审计单位：	索引号：
项目：就舞弊风险询问管理层和其他人员	财务报表截止日/期间：
编制：	复核：
日期：	日期：

询问内容	被询问者	询问时间	询问结果
向管理层询问： （1）管理层对舞弊导致的财务报表重大错报风险的评估，包括评估的性质、范围和频率等； （2）管理层对舞弊风险的识别和应对过程； （3）管理层就其对舞弊风险的识别和应对过程与治理层沟通的情况； （4）管理层就其经营理念及道德观念与员工沟通的情况； （5）是否知悉任何舞弊事实、舞弊嫌疑或舞弊指控			
向治理层询问： （1）治理层如何监督管理层对舞弊风险的识别和应对过程； （2）是否知悉任何舞弊事实、舞弊嫌疑或舞弊指控			
向内部审计师询问： （1）对被审计单位舞弊风险的认识； （2）在本期是否实施了用以发现舞弊的程序； （3）管理层对通过内部审计程序发现的舞弊是否采取了适当的应对措施； （4）是否了解任何舞弊事实、舞弊嫌疑或舞弊指控			
向内部其他人员询问： 是否了解任何舞弊事实、舞弊嫌疑或舞弊指控			

这些底稿属于基础的风险评价底稿，主要是利用分析程序针对被审计单位的具体情况从舞弊因素、异常关系及其他信息中识别出舞弊种种迹象，评价其是否存在。

"考虑舞弊风险因素的记录"底稿中许多舞弊风险的迹象是从以前审计经验以及行业的一般现象中总结出来的，需要审计师针对被审计单位具体情况进行补充完善。

"考虑异常关系或偏离预期的关系的记录"是审计师在实施分析程序以了解被审计单位及其环境时，识别是否存在表明舞弊导致的重大错报风险的异常关系或偏离预期的关系而形成的底稿。

---

① 凡是前文中已经出现相同格式的同类底稿，如每一个科目审计均有审定表、明细表等，均省略，可参见同类底稿的格式。

表 11-4　　　　　　　　　　　　　考虑舞弊风险因素的记录

被审计单位：　　　　　　　　　　　　　索引号：

项目：考虑舞弊风险因素　　　　　　　　财务报表截止日/期间：

编制：　　　　　　　　　　　　　　　　复核：

日期：　　　　　　　　　　　　　　　　日期：

一、考虑与对财务信息作出虚假报告相关的舞弊风险因素

发生舞弊因素动机或压力	舞弊风险因素类别	舞弊风险因素具体示例	是否存在
	财务稳定性或盈利能力受到不利经济环境、行业状况或被审计单位运营状况的威胁	市场需求大幅下降，所处行业的经营失败增多	
		难以应对技术变革、产品过时、利率或汇率调整等市场环境变化	
		竞争激烈或市场饱和，主营业务利润率不断下降	
		新颁布的行业相关法律法规、会计准则、监管规则对被审计单位的经营活动、投资活动或筹资活动可能产生重大影响	
	财务稳定性或盈利能力受到不利经济环境、行业状况或被审计单位运营状况的威胁	与同行业的其他企业相比，增长过快或盈利能力过高	
		经营活动难以产生足够的现金净流入，或经营活动现金流量连续为负	
		严重或持续亏损使被审计单位可能破产、丧失抵押品赎回权或遭恶意收购	
	管理层为满足外部预期或要求而承受过度的压力	政府部门、股东、重要债权人、投资分析师或其他利益相关者对盈利能力或增长趋势存在预期（特别是不切实际或激进的预期）	
		管理层在媒体等公开场合提供的信息过于乐观	
		需要大量举债或吸收股权融资才能满足研究开发或其他资本性支出的需求，以保持竞争力	
		盈利能力或财务状况必须满足上市交易、偿债要求或债务协议规定的其他要求，否则可能导致退市、特别处理、清偿债务等后果	
		如报告不良的盈利能力或财务状况可能会对正在进行的重大交易（如企业合并或重组）产生不利影响	
	管理层或治理层的个人经济利益受到被审计单位财务业绩或状况的影响	管理层或治理层拥有相当数量的公司股票或债券	
		管理层或治理层的工作报酬中有相当一部分（如奖金、股票期权）取决于被审计单位能否实现特定的（往往是激进的）指标要求（如股价、经营成果、财务状况或现金流量）	
	管理层或业务人员受到更高职级管理层或治理层对财务或经营指标过高要求的压力	治理层为管理层设定了过高的销售业绩或利润指标	

发生舞弊因素	舞弊风险因素大致分类	舞弊风险因素具体示例	是否存在
机会	被审计单位所从事业务或所处行业的性质提供了对财务信息作出虚假报告的机会	从事大量超出正常经营过程的交易（可能体现为关联方交易或更隐蔽的关系和交易），或从事大量交易的对方未经审计或由其他会计师事务所审计	
		从事重大、异常或高度复杂的交易（特别是临近期末）	
		从事大量跨国、跨境交易	
		利用中介从事交易（往往难以判断此类交易是否具有正当的商业理由）	
		在免税区或税收优惠地区设置重要的银行账户或组成部分（往往难以判断此类业务或交易是否具有正当的商业理由）	
		资产、负债、收入或费用需要作出重大估计，涉及主观判断或不确定性，且难以印证	
		从事科技含量高、研发周期长或市场风险大的经营业务	
		在所处行业中具有重要地位，从而有能力胁迫供应商或被审计单位与其从事不公允或不适当的交易	
		大量采用分销渠道、销售折扣及退货等交易方式	
	组织结构复杂或不稳定	难以确定被审计单位的最终控制人	
		组织结构复杂，存在异常的法人组织形式或管理职级关系	
		高层管理人员、法律顾问或治理层频繁变更	
	对管理层的监督失效	管理层由一人或少数人掌控（如控股股东代表，也可能是股东以外的经理人），缺乏共同决策或制衡措施	
		治理层未对财务报告过程和内部控制实施有效监督	
	内部控制存在缺陷	对控制的监督不充分	
		会计人员、内部审计师或信息技术人员变动频繁，或胜任能力不足	
		会计信息系统存在重大缺陷	
借口（合理化解释）	管理层态度不端或缺乏诚信	管理层对企业价值或道德标准的沟通、执行与维护不足，或传递了不适当的价值观或道德标准	
		管理层过分强调保持或提高公司股票价格或盈利水平	
		管理层倾向于利用重要性水平的概念对模棱两可的或不适当的会计处理作出合理化解释	
		管理层存在通过不恰当方法降低盈利水平的逃税倾向	
		非财务主管的管理层过度干涉会计政策的选择或重大会计估计的作出	
		公司、管理层或治理层存在违反证券或其他法律法规的不良记录，或因涉嫌舞弊或违反法律法规而遭到起诉	
		管理层惯于向外界承诺实现不合理的预期	
		管理层没有及时纠正已发现的内部控制重大缺陷	
		高级管理人员缺乏锐意进取的士气	
		混淆个人业务与公司业务	

发生舞弊因素	舞弊风险因素大致分类	舞弊风险因素具体示例	是否存在
借口（合理化解释）	管理层与审计师的关系异常或紧张	在会计、审计或信息披露问题上经常与审计师发生意见分歧	
		对审计师提出不合理的需求，如对外勤审计工作的完成或审计报告的出具提出不合理的时间限制	
		对审计师施加限制，使其难以接触某些人员（包括治理层）或信息	
		试图影响会计师事务所对参与审计业务的专业人员的选派	

二、考虑与侵占资产相关的舞弊风险因素

发生舞弊因素	舞弊风险因素大致分类	舞弊风险因素具体示例	是否存在
动机或压力	个人的生活方式或财务状况问题	管理层个人或员工可能因为个人追求奢侈生活条件而侵吞资产	
	对公司存在敌对情绪	已被裁员或预期被裁员的员工	
		晋升结果或所获经济报酬严重偏离个人预期的员工	
机会	某些资产容易出现被侵占的特性或特定情形	存在大额现金被经手或处理的情形	
		单位价值高、体积小、易于变现且不易识别所有权归属的存货、固定资产或其他资产项目（如钻石、无记名债券、计算机芯片）	
	内部控制存在缺陷	不相容职务的分离不充分，或独立审核不力	
		对高层管理人员财务支出（如差旅费、业务招待费）的审查薄弱	
		对负责保管实物资产的员工的监督不力（如资产存放位置偏远）	
		对资产保管岗位的员工选聘不严格	
		对资产的会计记录不健全	
		交易（如采购）的授权审批制度不健全	
		对现金、有价证券、存货或固定资产等的实物安全措施不充分	
		未对账实不符的资产项目（如盘盈资产）作出及时、完整的会计调整	
		未对交易（如销货退回）作出及时、适当的会计记录	
		缺少强制休假制度（特别是对处于重要资产管理或控制岗位的员工）	
		管理层或处于控制监督岗位的人员缺乏对信息技术的了解（从而可能使信息技术人员有机会侵占资产）	
		对接触自动记录（包括计算机系统日志）的控制不充分	
借口（合理化解释）	管理层或员工不重视相关控制	忽视对潜在侵占资产行为进行监控或预防的必要性	
		漠视已有的相关控制措施（如不执行控制或不及时纠正控制缺陷）	
	对被审计单位存在不满甚至敌对情绪	员工认为自己没有得到应得的待遇或报酬	
	个人追求不正常的生活方式或物质需求	为了满足个人对奢侈生活的追求	

表 11-5　　　　　　　　考虑异常关系或偏离预期的关系的记录

被审计单位：	索引号：
项目：考虑异常关系或偏离预期的关系	财务报表截止日/期间：
编制：	复核：
日期：	日期：

　　"考虑其他信息"是审计师了解被审计单位及其环境时，所获取的来源于项目组内部的讨论、被审计单位承接或续约过程以及向被审计单位提供其他服务所得经验等相关信息，是否表明被审计单位存在舞弊导致的重大错报风险的记录。

　　以上关于舞弊的审计工作底稿初步形成于初步业务活动中，并在整个审计过程中不断补充完善，直到出具审计报告前才能在对舞弊风险的最终评价中形成。

　　【实例 11-1】（单选题）下列舞弊风险因素中，与实施舞弊的动机或压力相关的是（　　　）。

　　A.组织结构过于复杂，存在异常的法律实体或管理层级

　　B.非财务管理人员过度参与会计政策的选择或重大会计评估的确定

　　C.管理层在被审计单位中拥有重大经济利益

　　D.职责分离或独立审核不充分

　　分析：C。选项 AD 与实施舞弊的机会相关，选项 B 与实施舞弊的态度或借口有关。

　　【实例 11-2】（单选题）下列程序中，通常不用于评估舞弊风险的是（　　　）。

　　A.考虑在客户接受或保持过程中获取的信息

　　B.实施实质性分析程序

　　C.组织项目组内部讨论

　　D.询问治理层、管理层和内部审计人员

　　分析：B。选项 B 属于应对舞弊风险的程序。

第三节　应对舞弊风险的决策

一、应对舞弊风险的总体措施

　　针对所评估的由于舞弊导致的财务报表层次重大错报风险，审计师应当确定总体应对措施：

　　（1）需要在整体审计工作中保持职业怀疑，包括：

　　①在确定拟检查的支持重大交易的文件的性质和范围时，增加敏感性；

　　②增强对管理层有关重大事项的解释或声明进行印证的必要性的认识。

（2）在分派和督导项目组成员时，考虑承担重要业务职责的项目组成员所具备的知识、技能和能力，并考虑由于舞弊导致的重大风险的评估结果。

（3）评价被审计单位对会计政策（特别是涉及主观计量和复杂交易的会计政策）的选择和运用，是否可能表明管理层通过操纵利润对财务信息作出虚假报告。

（4）在选择审计程序的性质、时间安排和范围时，增加审计程序的不可预见性。增加不可预见性的方式主要有：

①对通常由于其重要性或风险程度较低而不作出测试的账户余额和认定实施实质性程序。

②调整实施审计程序的时间安排，使之有别于预期的时间安排。

③运用不同的抽样方法。

④在不同的经营地点或未预先通知的经营地点实施审计程序。

【实例11-3】（单选题）注册会计师应当针对评估的由于舞弊导致的财务报表层次重大错报风险确定总体应对措施。下列各项措施中，错误的是（　　　）。

A．修改财务报表整体的重要性

B．评价被审计单位对会计政策的选择和运用

C．指派更有经验、知识、技能和能力的项目组成员

D．在确定审计程序的性质、时间安排和范围时，增加审计程序的不可预见性

分析：A。在针对评估的由于舞弊导致的财务报表层次重大错报风险确定总体应对措施时，注册会计师应当：（1）在分派和督导项目组成员时，考虑承担重要业务职责的项目组成员所具备的知识、技能和能力，并考虑由于舞弊导致的重大错报风险的评估结果；（2）评价被审计单位对会计政策的选择和运用，是否可能表明管理层通过操纵利润对财务信息作出虚假报告；（3）在选择审计程序的性质、时间安排和范围时，增加审计程序的不可预见性。

【实例11-4】（简答题）ABC 会计师事务所指派 X 注册会计师对 Y 股份有限公司（以下简称 Y 公司）2016 年度财务报表进行审计，出具了无保留意见审计报告。X 注册会计师于 2017 年年初对 Y 公司 2016 年度财务报表进行审计时初步了解到如下事项：

（1）Y 公司的主营业务是黄酒的研发、生产和销售，Y 公司 2015 年和 2016 年黄酒的市场占有率分别为 20% 和 26%，平均销售价格分别为 2.436 万元/吨和 2.133 万元/吨，是行业龙头企业的 1.7~3.6 倍。Y 公司仅有 35 名生产人员，黄酒年产能 1.6 万吨，人均产能 238.6 吨/年。黄酒行业的毛利润为 40% 左右，人均产能为 102 吨/年。

（2）2016 年度 Y 公司的经营形势、管理及组织架构与 2015 年度相比未发生重大变化，且未发生重大重组行为。Y 公司正在申报上市资料。

（3）Y 公司 2016 年度利润表简表和 2015 年度利润表简表见表 11-6。

（4）2016 年 12 月 14 日，Y 公司总经理调阅了财务部门提供的全年销售收入资料，获悉至当日为止当年已累计取得 9 075 万元的营业收入。从 12 月 15 日开始，总经理亲自参与销售部门的工作，并以诱人的优惠赊销条款吸引新老客户于 2016 年年底之前签订赊销合同。部分客户受优惠条件的吸引，已提前签订了销售合同。

表 11-6 　　　　　　　　　　　　**利润表简表** 　　　　　　　　金额单位：人民币万元

项目	2016年度（未审数）	2015年度（审定数）
一、营业收入	15 927.50	12 242.10
减：营业成本	5 961.10	6 339.20
税金及附加	414.40	264.30
销售费用	1 801.50	1 459.50
管理费用	1 716.70	745.00
财务费用	710.00	733.50
资产减值损失	101.20	−5.00
加：公允价值变动收益	6 000.00	
投资收益	3 000.00	1 000.00
二、营业利润	14 222.60	3 705.60
加：营业外收入	272.60	841.00
减：营业外支出		6.90
三、利润总额	14 495.20	4 539.70
所得税费用	569.90	551.70
四、净利润	13 925.30	3 988.00

对于 12 月中旬以后发生的赊销业务，信用管理部门根据总经理的要求，一律不进行信用审查；发运部门根据总经理的批示，一律不发出产成品；开具销售发票及记录销售的财务人员根据总经理的批示，直接根据销售单开出销售发票并登记入账。

Y 公司资产总额为 38 923.1 万元，存货总额为 27 708 万元，且有 22 199.25 万吨的原材料存放在山区的防空洞里。

（5）Y 公司在华中地区的销售收入为 8 104 万元，占销售收入总额的 50.88%，但华中地区各大黄酒的卖场并没有 Y 公司的黄酒。

要求：

（1）如果判断重要性水平的参考数值为净利润的 5%、资产总额的 0.5%、营业收入的 0.5%，Y 公司 2016 年重要性水平设定为多少？请说明原因。

（2）利用风险评估的技术和方法综合分析注册会计师了解到的全部事项，说明 2016 年度财务报表审计的重点领域及其原因。

（3）利用风险评估及其应对的相关知识，根据注册会计师了解到的全部事项，说明 2016 年度财务报表审计可能存在舞弊涉及的会计科目，并指出这些舞弊与哪些认定有关。

（4）针对 Y 公司收入领域发生的事项，你会选择以下哪个具体审计策略？为什么？

A．风险评估+控制测试+交易测试+分析程序+细节测试

B．风险评估+细节测试

分析：

（1）13 925.3×5%=696.27（万元）

38 923.1×0.5%=194.62（万元）

15 927.5×0.5%=79.64（万元）

Y公司2016年财务报表层面重要性水平设定为79.65万元，因为根据谨慎性原则，需要选择最低的水平，以保证查出所有重大错报。

（2）2016年度财务报表审计的重点领域及其原因如下：

①营业收入和营业成本。营业收入和营业成本变动方向相反，这是不正常的，预示着可能存在虚构收入或藏匿成本的风险。尤其是华中地区的营业收入可能存在舞弊，这是因为在华中地区的销售收入为8 104万元，占销售收入总额的50.88%，但华中地区各大黄酒的卖场并没有Y公司的黄酒。

②与黄酒相关的销售收入、销售成本、存货与应收账款。Y公司黄酒的销售价格是行业龙头的1.7~3.6倍，人均产能是行业平均产能的2.34倍，这对于市场占有率仅为20%~26%的企业来讲可能性小，可能存在舞弊。

③资产减值损失。资产减值损失由2015年的负值变为正值，且在2016年总体状况比2015年好转的情况下，资产减值损失却大幅增加，需要特殊关注。

④公允价值变动收益。公允价值变动收益全部为2016年新增，值得关注。

⑤存货。存货占总资产比重大，且有22 199.25万吨的原材料存放在山区的防空洞里。

⑥管理费用。因为在2016年与2015年相比没有重组等重大变化的情况下，2016年管理费用增长率为130.43%，值得关注。

⑦投资收益。因为在2016年与2015年相比没有重组等重大变化的情况下，2016年投资收益增长率为200%，值得关注。

⑧营业利润。因为在2016年与2015年相比没有重组等重大变化的情况下，2016年营业利润增长率为283.81%，值得关注。

⑨利润总额和净利润。因为2016年比2015年利润总额增长219.30%，净利润增长249.18%，值得关注。由于公司正在上市，且由于管理层凌驾于与企业内部控制之上，对于销售、赊销等控制随意性大，上述重点审计领域都会影响利润总额和净利润，利润总额和净利润可能存在舞弊。

⑩所得税费用。因为2016年比2015年利润总额增长219.30%，所得税费用却仅仅增长3.30%，明显与利润增长不匹配。

（3）2016年度财务报表审计可能存在舞弊涉及的会计科目及其相关的认定如下：

营业收入（发生或真实）；

营业成本（发生或真实、完整性）；

存货（存在、计价与分摊）；

应收账款（存在）；

利润总额和净利润（发生或真实）。

（4）选择 B．风险评估＋细节测试。因为通过了解到的事项发现管理层凌驾于 Y 公司与销售相关的内部控制之上，内部控制不可信，不必实施控制测试，风险评估后直接可以做更详细的细节测试。

二、应对舞弊导致的认定层次重大错报风险的具体措施

针对评估的由于舞弊导致的认定层次重大错报风险，审计师采取的应对措施包括通过以下方式改变审计程序的性质、时间安排和范围：

（1）出其不意地或在没有预先通知的情况下进行实地察看或执行特定测试。如在没有预先通知的情况下观察清点存货，或出其不意地在特定日期对现金进行盘点。

（2）要求在报告期末或尽可能接近期末的时点实施存货盘点，以降低被审计单位在盘点完成日和报告期末之间操纵存货余额的风险。

（3）改变审计方案，如在发出书面询证函的同时口头联系主要的客户及供应商，或者向某一组织中特定人员发出询证函，或者寻求更多或不同的信息。

（4）详细复核被审计单位季末或年末的调整分录，并对在性质或金额方面表现异常的分录进行调查。

（5）对于重大且异常的交易，尤其是期末或邻近期末发生的交易，调查其涉及关联方的可能性，以及支持交易的财务资源的来源。

（6）使用分解的数据实施实质性分析程序，如按地区、产品线或月份将销售收入或销售成本与审计师的预期进行比较。

（7）询问涉及识别出的由于舞弊导致的重大错报风险的领域和人员，了解其对该风险的看法，以及所实施的控制能否应对和如何应对该风险。

（8）在审计被审计单位的一个或多个子公司、分支机构或分公司的财务报表时，考虑这些组成部分之间进行交易或活动而产生舞弊风险，并积极应对。

（9）当某一专家的工作对某一财务报表项目很重要时，针对该专家的部分或全部假设、方法或发现实施额外程序以确定该专家的发现是否合理，或聘请其他专家实现该目的。

（10）实施审计程序以分析所选择的以前已审计的资产负债表账户的期初余额，从事后的角度评价涉及会计估计和判断的特定事项是如何解决的。

（11）对被审计单位编制的账目或其他调节表实施相应的审计程序，包括考虑期中执行的调节。

（12）利用计算机辅助审计技术，如数据采集以测试总体中的异常项目。

（13）测试计算机生成的记录和交易的完整性。

（14）从被审计单位以外的来源获取额外的审计证据。

三、设计和执行管理层逾越内部控制的审计程序

管理层逾越控制的风险时常发生，审计师应当从以下迹象中识别出管理层无视控制的风险：出现年末调整、存在大额信用证、缺乏原始记录、拒绝对数据的接触、收到管理层的恐吓、管理层对违反行为准则默认。

考虑到管理层即使在内部控制运行有效的情况下也可能通过逾越内部控制实施舞弊的独特性，审计师必须在每次审计中执行应对管理层逾越内部控制的审计程序。

（一）会计分录测试

会计分录测试是指审计师针对被审计单位日常会计核算过程中作出的会计分录，以及编制财务报表过程中作出的其他调整实施的测试，其目的是应对被审计单位管理当局凌驾于控制之上的风险。在所有的财务报表审计中，审计师都应当设计和实施专门针对被审计单位管理当局凌驾于控制之上的风险的会计分录测试。

考虑到被审计单位管理层可能会在整个会计期间或期末通过作出不适当的会计分录或未经授权的会计分录来操纵财务报表，审计师应当对以下会计分录和其他调整进行测试：

（1）标准会计分录。标准会计分录用于记录被审计单位的日常经营活动或经常性的会计估计，通常是由会计人员作出或会计系统自动生成的，受信息系统一般控制或其他系统控制的影响。

（2）非标准会计分录。非标准会计分录记录被审计单位日常经营活动以外的事项或异常交易，可能包括特殊资产减值的计提、期末调整分录等。非标准会计分录可能具有较高的重大错报风险，因此通常被管理层用来操纵利润，可能涉及财务报表的每个科目。

（3）其他调整。其他调整包括为编制合并财务报表而作出的调整分录和抵销分录，通常不作为正式的会计分录反映的重分类调整等，其他调整可能不受被审计单位内部控制的影响。

一般的会计分录测试步骤包括：

（1）了解被审计单位财务报告流程，以及针对会计分录和其他调整已实施的控制，必要时测试相关控制运行的有效性。

在被审计单位控制系统中，针对会计分录和其他调整，常规的控制措施有：

①针对会计分录和其他调整的授权、过账、审核、核对等方面设置职责分离。

②在会计系统中设置系统访问权限，用以控制会计分录的记录权和审批权。

③用以防止并发现虚假会计分录或未经授权的更改的控制措施。

④由管理层、治理层或其他适当人员对会计分录记录和过入总账及编制财务报表过程中作出其他调整的过程的监督。

⑤由被审计单位的内部审计人员（如有）定期测试控制运行的有效性。

审计师了解被审计单位针对会计分录和其他调整已实施的控制，有助于确定会计分录测试的性质、时间安排和范围。

（2）确定待测试会计分录和其他调整的总体，并测试总体的完整性。

审计师确定待测试会计分录和其他调整的总体时需要关注以下情况：

①审计师需要全面了解总账账户，以及各明细账户与被审计单位财务报表项目的关系，关注某些会计分录和其他调整可能并不过入被审计单位的总账。

②审计师可以结合对被审计单位财务报告以及针对会计分录和其他调整实施的控制的了解，根据会计分录和其他调整的事项和特征，来确定待测试会计分录和其他调整的总账。

以手工方式生成的会计分录和其他调整通常在月末、季末或年末作出，主要用于记录会计调整或会计估计，或用于编制合并财务报表。

③针对以手工方式生成的会计分录和其他调整，特别是在期末用于记录会计调整或会计估计，或者用于编制合并财务报表的调整分录，审计师可以了解其编制者、审计程序以及记录方式（电子形式记录或是书面形式记录）。

审计师测试会计分录和其他调整总体完整性时的步骤是：

①从被审计单位会计信息系统中导出所有待测试的会计分录和其他调整。

②加计从会计信息系统中导出的会计分录和其他调整中的本期发生额，与科目余额表（包括期初余额、本期借方累计发生额、本期贷方累计发生额、期末余额）中各科目本期发生额相核对。

③将系统生成的重要账户余额与明细账和总账及科目余额中的余额相核对，测试计算准确性。

④检查所有结账后作出的与本期财务报表有关的会计分录和其他调整，测试其完整性。

⑤将总账与财务报表相核对，以检查是否存在其他调整。

⑥从总体中选取待测试的会计分录及其他调整。

⑦测试选取得会计分录和其他调整，并记录测试结果。

不恰当的会计分录或其他调整通常具有独特的识别特征，这些特征可能表现在：

①分录记录到不相关、异常或很少使用的账户。

②分录由平时不负责作出会计分录的人员作出。

③分录在期末或结账过程中编制，且没有或只有很少的解释或描述。

④分录在编制财务报表之前或编制过程中编制且没有账户编号。

⑤分录金额为约整数或尾数一致。

另外，不恰当的会计分录或其他调整也可能体现在以下账户中：

①包含复杂或性质异常交易的账户。

②包含重大估计及期末调整的账户。

③过去易于发生错报的账户。

④未及时调节的账户，或包含尚未调节差异的账户。

⑤包含集团内部不同公司交易的账户。

⑥其他虽不具备上述特征但已识别的由于舞弊导致重大错报风险相关的账户。

需要指出的是，审计师在实施会计分录测试时，可能需要分析大量会计分录，采用计算机辅助审计技术或电子表格（如Excel），可以明显提高会计分录测试的效率和效果。审计师在选择和实施会计分录测试时增加不可预见性非常重要。

【实例11-5】（多选题）下列有关会计分录测试的说法中，正确的有（　　）。

A.在所有财务报表审计业务中，注册会计师均应当实施会计分录测试

B.注册会计师应当对待测试会计分录总体实施完整性测试

C.即使被审计单位对会计分录和其他调整实施的控制有效，注册会计师也不可以缩小会计分录的测试范围

D.会计分录测试的对象包括被审计单位编制合并财务报表时作出的抵销分录

分析：ABD。被审计单位对会计分录和其他调整实施的控制有效，注册会计师可以缩小会计分录的测试范围，但需要充分考虑管理层凌驾于控制之上的风险，选项C错误。

（二）检查会计估计确认是否存在偏见

在编制财务报表的过程中，管理层需要作出影响重大会计估计的一系列判断或假设，并对这些估计的合理性进行持续监督。但管理层通常通过故意作出不恰当的会计估计来编制虚假财务报告。为此，在审计中，审计师应当追溯复核与以前年度财务报表反映的重大会计估计相关的管理层判断和假设，以判断是否存在管理层偏向的迹象：

（1）考虑审计证据所支持的最佳估计和会计报表中包含的估计之间的差别是否表明公司部分管理层可能出现偏差，即使会计报表中所包含的估计看来是合理的。

（2）考虑管理层的行为是否存在以相同的方式低估或高估所有的备抵或准备金，以达到在两个或以上的会计期间平滑收益的目的。

（三）评价重大交易的商业理由，识别异常交易

审计师应当了解重大交易的目的，以评价其是否与编制虚假财务报表或侵占资产的行为有关。以下迹象可能表明被审计单位从事超出其正常经营过程的重大交易或虽然未超过其正常经营过程，但显得异常的重大交易：

（1）交易的形式显得过于复杂，如交易涉及集团内部多个实体，或涉及多个非关联的第三方。

（2）管理层未与治理层就此类交易的性质和会计处理进行谈论，且缺乏充分的记录。

（3）管理层强调采用某种特定的会计处理的需要，但缺乏交易的经济实质。

（4）对于涉及不纳入合并范围的关联方（包括特殊目的的实体）的交易，治理层未进行适当的审核就予以批准。

（5）交易涉及以往未识别出的关联方，或涉及在没有被审计单位帮助的情况下不具备物质基础或财务能力完成交易的第三方。

【实例11-6】（单选题）下列关于注册会计师在舞弊风险评估以及应对措施方面的做法中，正确的是（　　）。

A. 对于注册会计师注意到的、超出正常经营过程或基于对被审计单位及其环境的了解显得异常的重大交易，了解其商业理由的合理性

B. 如果发现舞弊或获取的信息表明可能存在舞弊，注册会计师应当尽早将此类事项与治理层沟通

C. 如果在完成审计工作后发现舞弊导致的财务报表重大错报，则必然表明注册会计师没有遵守审计准则

D. 注册会计师实施舞弊风险评估程序的目的在于应对舞弊导致的重大错报风险

分析：A。如果识别出舞弊或获取的信息表明可能存在舞弊，注册会计师应当及时将此类事项向适当层次的管理层通报，当发现管理层存在舞弊行为时再考虑与治理层沟通，因此选项B不正确；如果在完成审计工作后发现舞弊导致的重大错报风险，注册会计师应当追加审计程序，如果不采取任何措施，则表明注册会计师没有遵守审计准则，因此选项C不正确；实施风险评估程序是为了评估舞弊风险，注册会计师针对评估的舞弊再实施应对措施，因此选项D不正确。

四、更新风险评估程序或无法执行审计业务

（一）更新风险评估程序

审计师就源自舞弊的重大错报风险的评估应当持续地贯穿在审计的整个过程，但审计中审计师关注到以下事项时，可能需要更新风险评估程序：

（1）会计记录中的分歧；

（2）证据之间存在冲突或缺少审计证据；

（3）审计师与管理层之间存在问题或异常关系；

（4）来自实质性测试或最后复核阶段的暗示存在以前未发现的舞弊风险的分析程序；

（5）就审计过程中含糊或难以置信的证据或者与其他证据不一致的证据所作的询问的反应。

（二）无法执行审计业务

在评估和应对舞弊风险时，审计师可能遇到对其继续执行审计业务的能力产生怀疑的异常情形：

（1）被审计单位没有针对舞弊采取适当的、审计师根据具体情况认为必要的措施，即使该舞弊对财务报表的影响并不重大。

（2）审计师对由于舞弊导致的重大错报风险的考虑以及实施审计测试的结果，表明存在重大且广泛的舞弊风险。

（3）审计师对管理层或治理层的胜任能力或诚信产生重大疑虑。

由于可能出现的情形不同，影响审计师决定解除业务约定的因素包括管理层或治理层参与舞弊可能产生的影响（可能会影响到管理层声明的可靠性），以及与被审计单位之间保持客户关系对注册会计师的影响，考虑到具体情况以及法律法规的规定，审计师在决定是否解除业务约定并确定适当的措施（包括向股东、监管机构或其他机构和人员报告）时应当征询律师意见。

五、具体舞弊风险领域的应对程序

（一）应对收入确认舞弊风险的审计程序

（1）针对收入项目，从更细致的数据层面上实施实质性分析程序，例如，按照月份和产品线（或业务分部）比较当期与以往期间的收入。利用计算机辅助审计技术可能有助于更好地发现异常或未预期到的收入交易或关系。

（2）通过函证和更直接的沟通方式（如询问、走访）向被审计单位的顾客确认销售合同的部分或全部条款，以及是否存在附加协议，例如运货与付款条件、售后义务、顾客退货权等对收入确认产生重大影响的合同条款细节。

（3）向被审计单位财务人员以外的其他内部人员询问所审计期间（特别是接近期末）的销售和发货情况，以及他们所了解的异常交易条款或交易状况。

（4）于期末或接近期末在被审计单位的一处或多处销售及发货现场，实地观察销售及发货情况，检查准备发出的货物状况，同时实施适当的销售及存货截止测试；在销售及发货现场如发现退货情形或待处理的退回货物，观察被审计单位的处理与相关记录。

（5）对于通过电子方式自动生成、处理、记录的销售交易，实施控制测试，以确定

被审计单位的电子交易系统能够保证交易的真实性和记录的准确性（包括截止时点恰当与否）。

（二）应对存货数量舞弊风险的审计程序

（1）检查被审计单位的存货记录，判断需要在被审计单位盘点过程中（或结束后）特别重视的存货项目或存货存放地点。

（2）在不预先通知的情况下观察某些存放地点的存货盘点，或在同一天对所有存放地点的存货实施观察。

（3）要求被审计单位在期末或尽可能接近期末的时点安排存货盘点。

（4）在观察存货盘点过程中结合实施其他程序，并利用专家工作。例如，更严格地检查包装物中的货物情况、货物堆放方式（如堆为中空）和标记方式、特殊形态存货（如液态、气态存货）或特殊性质存货（如化学物质）的质量特征（如纯度、浓度、品级）。

（5）按照存货的等级或类别、存放地点或其他标准分类，将存货的当期数量与上期进行比较，或将盘点数量与存货记录进行比较。

（6）利用计算机辅助审计技术进一步测试存货盘点数据的可靠性。例如，按标签号分类排序以测试存货的标签控制，或按照存货的编号顺序检查是否存在漏记或重复编号。

（三）应对管理层估计舞弊风险的程序

（1）请专家对相关认定作出独立估计，与管理层的估计进行比较；如果涉及的估计差值非常大且舞弊导致的重大错报风险很高，针对专家的部分或全部假设、方法及结果实施额外程序（如重新执行或再聘其他专家执行），以确定之前的专家工作结果没有明显不当之处。

（2）向管理层和财务人员以外的相关工作人员询问，以验证估计的合理性。

（3）从事后的角度评价管理层对以前期间的会计估计和判断事项的合理性。

（四）应对侵占资产舞弊风险的审计程序

1.应对侵占货币资金、有价证券舞弊风险的审计程序

（1）在期末或接近期末对现金或有价证券进行监盘。

（2）直接向被审计单位的顾客询问或函证付款日或退货情况。

（3）分析已注销银行账户的恢复使用情况。

2.应对侵占存货舞弊风险的审计程序

（1）对存在的存货短缺现象，按照存货存放地点和货物类型分类并加以分析。

（2）将关键存货指标与行业正常水平进行对比，如存货周转率、存货周转天数等。

（3）对于发生的减计永续盘存记录，复核其支持性凭证。

3.应对采购活动中侵占资产舞弊风险的审计程序

利用计算机辅助审计技术，将被审计单位的供货商名单与被审计单位员工名单的某些标识信息（如地址、电话号码）相核对，识别出具有相同标识信息的数据。

4.应对利用劳务（包括应付工资、相关费用等）侵占资产舞弊风险的审计程序

（1）利用计算机辅助审计技术检查工资及薪酬记录中是否存在重复或虚假的员工身份（如姓名、身份证号）、银行账号、地址、纳税识别号等。

（2）检查人事档案是否存在只有很少记录或缺乏记录的档案，如缺少绩效考评的

档案。

该程序可用以识别虚假的员工身份记录及潜在舞弊（如虚领工资、虚开劳务报酬）。

5. 应对销售活动中侵占资产舞弊风险的审计程序

（1）分析销售折扣和销售退回等项目，识别出异常的折扣或退货模式或异常趋势。

（2）向第三方函证销售合同的具体条款。

（3）获取销售合同是否按照规定条款得到执行的审计证据。

6. 应对利用费用开支侵占资产舞弊风险的审计程序

（1）检查大额或异常费用开支的适当性。

（2）检查高层管理人员提交的费用报告的适当性和金额。

7. 应对利用向员工提供资金或担保侵占资产舞弊风险的审计程序

复核被审计单位为高层管理人员和关联方提供资金或担保的授权、贷款或担保条款。

【实例11-7】（简答题）A 注册会计师负责审计甲公司 2016 年度财务报表。在审计过程中，A 注册会计师遇到下列事项：

（1）甲公司拥有 3 家子公司，分别生产不同的饮料产品。甲公司所处行业整体竞争激烈，市场处于饱和状态，同行业公司的主营业务收入年增长率低于 5%，但甲公司董事会仍要求管理层将 2016 年度主营业务收入增长率确定为 8%。管理层编制的甲公司 2016 年度财务报表显示，已按计划实现收入。

（2）甲公司管理层除领取固定工资外，其奖金金额与当年完成主营业务收入的情况挂钩。

（3）在以前年度审计中，A 注册会计师没有发现甲公司收入确认方面存在舞弊行为，因此，在 2016 年度审计中，A 注册会计师未将收入确认作为由于舞弊导致的重大错报风险领域。

（4）在对日常会计核算过程中作出的会计分录以及编制财务报表过程中作出的其他调整进行测试时，A 注册会计师向参与财务报告编制过程的人员询问了与处理会计分录和其他调整相关的不恰当或异常的活动。

要求：

（1）针对事项 1 和事项 2，分析甲公司是否存在舞弊风险因素，并简要说明理由。

（2）针对事项 3，分析 A 注册会计师未将收入确认作为由于舞弊导致的重大错报风险领域是否适当，并简要说明理由。

（3）针对事项 4，简要说明 A 注册会计师除实施询问程序外，还应当实施哪些程序。

分析：

（1）针对事项 1，甲公司存在舞弊"动机或压力"风险因素。原因有：①甲公司所在行业整体竞争激烈，市场处于饱和状态；②董事会对管理层制定了过高的盈利能力指标。

针对事项 2，甲公司存在舞弊"动机或压力"风险因素。原因有：管理层个人报酬中有相当一部分（如奖金）取决于公司能否实现激进的目标（经营成果）。

（2）事项 3 不恰当。注册会计师在识别和评估由于舞弊导致的重大错报风险时，应当基于收入确认存在舞弊风险的假定，评价哪些类型的收入、收入交易或认定导致舞弊风险。如果未将收入确认作为由于舞弊导致的重大错报风险领域，则应当在审计工作底稿中记录得出该结论的理由。

（3）事项 4 中可选择的其他程序包括：

①测试日常会计核算过程中作出的会计分录以及编制财务报表过程中作出的其他调整是否适当；

②复核会计估计是否存在偏向，并评价产生这种偏向的环境是否表明存在由于舞弊导致的重大错报风险；

③对于超出被审计单位正常经营过程的重大交易，或基于对被审计单位及其环境的了解以及在审计过程中获取的其他信息而显得异常的重大交易，评价其商业理由。

问题与案例

一、思考题

1. 阐述舞弊种类及其舞弊因素。

2. 利用典型的舞弊风险动因理论分析审计师从什么迹象识别舞弊。

3. 阐述审计师对舞弊的责任和沟通。

4. 举例说明识别与评估舞弊风险的审计程序。

5. 理解评估与应对舞弊风险形成的工作底稿在整个审计过程中的地位和作用。

6. 分析不同情况下应对舞弊风险的决策。

二、行动学习讨论

把学生分成若干组（每组最好是 10 人以内），要求他们利用头脑风暴的方法，对以下问题提出不同的看法，尽量多地列示在行动学习讨论的白板上。

讨论问题：不同企业常见的财务报表舞弊的表现有哪些？

讨论与板书要求：①每个人都要发言，但每次只能一人发言；②追求数量、追求创意；③有人发言时不许质疑、不许批评、不许打断；④板书要按发言人的原话列示。

三、案例讨论

注册会计师对智星公司舞弊的关注

智星公司 2016 年年末未经审计的财务报表显示的资产总额为 35 543 万元，销售收入为 12 560 万元，利润总额为 2 300 万元。

自 2012 年以来，智星公司的年度财务报表一直由今明会计师事务所审计。2016 年 3 月，在执行完智星公司 2015 年年度财务报表审计业务并提交了无保留意见审计报告后，今明会计师事务所与智星公司签订了对其 2016 年年度财务报表的审计业务约定书，并指派审计 2015 年年度财务报表的注册会计师张方和李颖继续负责该项审计业务。

基于智星公司 2016 年度的经营计划，该公司在本年度将进行全方位的改革。新的管理层上任时，向公司治理层及股东代表大会作出了力争五年上市、将本年度销售收入比上年增加 20%，否则将扣发全体高层管理人员全年奖金的承诺。

今明会计师事务所的业务负责人要求注册会计师张方和李颖对智星公司及其环境进行全面、深入的了解，并根据了解的情况于 2016 年年末制定智星公司 2016 年年度财务报表的审计计划。

在了解智星公司及其环境、评估重大的错报风险时，注册会计师张方和李颖发现智星公司 2016 年主要发生了下列事项：

1.2016 年 12 月 14 日，智星公司总经理调阅了财务部门提供的全年销售收入资料，获悉至当日为止当年已累计取得 12 075 万元的营业收入。从 12 月 15 日开始，总经理亲自参与销售部门的工作，并以诱人的优惠赊销条款吸引新、老客户于 2016 年年底之前签订赊销合同。部分客户受优惠条件的吸引，已提前签订了销售合同。

对于 12 月中旬以后发生的赊销业务，信用管理部门根据总经理的要求，一律不进行信用审查；发运部门根据总经理的批示，一律不发出产成品；开具销售发票及记录销售的财务人员根据总经理的批示，直接根据销售单开出销售发票并登记入账。

2.智星公司经营活动现金流量连续为负数。

3.智星公司盈利能力或财务状况必须满足上市交易的偿债要求或债务协议的规定的其他要求，否则可能导致退市、特别处理、清偿债务等后果。

要求：

1.结合注册会计师了解到的智星公司的情况，分析舞弊因素。

2.注册会计师评价智星公司舞弊因素后，如何运用职业判断评估舞弊导致的重大错报风险？

3.智星公司的舞弊与财务报表哪些事项有关？应当如何应对？

4.注册会计师应当与智星公司的治理层沟通哪些情况？

5.注册会计师对舞弊的责任是什么？为什么？

关键词汇

舞弊风险因素　Fraud Risk Factors

压力　Incentive or Pressure

机会　Opportunity

合理化解释　Rationalization of the Act

职业怀疑　Professional Skepticism

合理保证　Reasonable Assurance

横向分析　Horizontal Analysis

纵向分析　Vertical Analysis

财务报表舞弊　Misstatements Resulting from Fraudulent Financial Reporting

挪用资产舞弊　Misstatements Resulting from Misappropriation Assets

非正常和非预期关系　Unusual or Unexpected Relationships

因舞弊而产生的重大错报风险　Risk of Material Misstatement due to Fraud

管理层凌驾于控制之上的风险　Risk of Management Override of Control

盈余管理　Earning Management

第十二章　审计测试中的抽样技术

【学习目的】

1. 了解审计抽样的种类和特点；
2. 掌握审计抽样的流程和步骤；
3. 熟练掌握选取样本项目的方法；
4. 熟练掌握审计抽样在控制测试中的应用；
5. 熟练掌握审计抽样在细节测试中的应用。

引例：统计抽样为什么会导致审计失败

鲍勃·拉克是负责 ABC 公司审计业务的经理。ABC 公司是一个在整个美国西部都有分支机构的零售商。其会计业务实行集中处理，交易信息在线获取，销售和应收账款文件都采用数据库管理。

鲍勃·拉克所在事务所鼓励在实践中采用统计抽样，而且为了提高每个办公室统计协调员的能力，还为他们提供了培训课程。鲍勃办公室的协调员是芭芭拉。鲍勃认为销售交易和应收账款的函证测试应使用统计抽样，并且让芭芭拉设计和监督测试的统计部分。

芭芭拉为函证制订了相应的审计方案，并将它作为应收账款余额细节测试的一部分。她的工作主要是确定样本规模，而让鲍勃去执行具体的函证工作。但是，在测试完成后，她将随时帮助鲍勃评价结果。

几周后，所有的函证回函均已收到，替代程序也完成，鲍勃打电话给芭芭拉，通知她来进行统计评价。然而，出乎意料的是芭芭拉已经离开了事务所，更糟的是，他这儿没有一个受过统计培训的人能替代她的工作。迫于完成工作的压力，鲍勃决定自己进行统计计算。基于计算结果，他认为尽管潜在错报很大但都不重要，因此他认为函证测试目标已实现。

然而，在第二年，意想不到的事情发生了。ABC 公司的收益迅速下滑，下滑的原因很大程度上就是因为大额应收账款的注销。该公司的股票价格迅速下跌，对此股东提起了集体诉讼，并将鲍勃所在的事务所推上了被告席。一名外部专家被请来复核审计记录，该专家在对鲍勃所做的工作重新做了一遍后，发现统计计算有误。该专家以审计师的样本为基础，计算发现应收账款的错报远远超过了重要性水平。最后，鲍勃所在的事务所不得不以 350 万美元的代价了结了这起诉讼案。

第一节　审计中选择测试项目的方法

随着企业规模的扩大和经营复杂程度的不断上升，越来越多的企业建立了良好的内部控制系统，使得对每一笔交易进行审计日益变得既不可能，又没有必要。但注册会计师仍然必须获取充分、适当的审计证据，以便对财务报表发表审计意见。因此在设计审计程序时，注册会计师应采用适当的方法选取测试项目，以确定实施审计程序的范围。用来选取测试项目的方法包括选取全部项目、选取特定项目和审计抽样。注册会计师可以根据与所测试认定有关的重大错报风险和对审计效率的要求，单独或综合使用这些方法，以获取充分、适当的审计证据，实现审计程序的目标。

一、审计抽样的定义、适用情形及种类

（一）审计抽样的定义及适用情形

审计抽样是指注册会计师对某类交易或账户余额中低于百分之百的项目实施审计程序，且所有项目都有机会被选取。审计抽样应当具备三个基本特征：①对某类交易或账户余额中低于百分之百的项目实施审计程序；②所有抽样单元都有被选取的机会；③审计测试的目的是为了评价该账户余额或交易类型的某一特征。

如果注册会计师对需要测试的某些账户余额或交易类型缺乏特别的了解，审计抽样就特别有用。随着被审计单位规模的扩大和经营复杂程度不断增加，为了控制审计成本、提高审计效率和保证审计效果，注册会计师在审计业务中使用审计抽样愈加普遍。

审计抽样并非在所有审计程序中都可使用。风险评估程序通常不涉及审计抽样。如果注册会计师在了解控制的设计和确定控制是否得到执行的同时计划和实施控制测试，则可能涉及审计抽样，但此时审计抽样仅适用于控制测试。当控制的运行留下轨迹时，注册会计师可以考虑使用审计抽样实施控制测试。对于未留下运行轨迹的控制，注册会计师通常实施询问、观察等审计程序，以获取有关控制运行有效性的审计证据，此时不宜使用审计抽样。实质性程序包括对各类交易、账户余额、列报的细节实施测试，以及实质性分析程序。在实施细节测试时，注册会计师可以使用审计抽样获取审计证据，以验证有关财务报表金额的一项或多项认定（如应收账款的存在性），或对某项金额作出独立估计（如陈旧存货的价值）。在实施实质性分析程序时，注册会计师不宜使用审计抽样。

【实例12-1】（多选题）下列各项审计程序中，通常不采用审计抽样的有（　　　）。

A．风险评估程序　　　　　　　　　　B．控制测试

C．实质性分析程序　　　　　　　　　D．细节测试

分析：AC。审计抽样并非在所有审计程序中都可使用。审计抽样不适用于风险评估程序和实质性分析程序。

（二）审计抽样的种类

在对某类交易或账户余额使用审计抽样时，注册会计师可以使用统计抽样方法，也可以使用非统计抽样方法。统计抽样是指同时具备下列特征的抽样方法：①随机选取样本；②运用概率论评价样本结果，包括计量抽样风险。统计抽样的样本必须同时具备上述两个特征，不同时具备上述两个特征的抽样方法为非统计抽样。一方面，即使注册会计师严格按照随机原则选取样本，如果没有对样本结果进行统计评估，就不能认为使用了统计抽样。另一方面，基于非随机选样的统计评估也是无效的。

注册会计师应当根据具体情况并运用职业判断，确定使用统计抽样或非统计抽样方法，以最有效率地获取审计证据。例如，在控制测试中，与仅仅对偏差的发生进行定量分析相比，对偏差的性质和原因进行定性分析通常更为重要。在这种情况下，使用非统计抽样可能更为适当。

注册会计师在统计抽样与非统计抽样方法之间进行选择时主要考虑成本效益。统计抽

样的优点在于能够客观地计量抽样风险，并通过调整样本规模精确地控制风险，这是与非统计抽样最重要的区别。另外，统计抽样还有助于注册会计师高效地设计样本，计量所获取证据的充分性，以及定量评价样本结果。但统计抽样又可能发生额外的成本。首先，统计抽样需要特殊的专业技能，因此使用统计抽样需要增加额外的支出对注册会计师进行培训。其次，统计抽样要求单个样本项目符合统计要求，这些也可能需要支出额外的费用。非统计抽样如果设计适当，也能提供与设计适当的统计抽样方法同样有效的结果。注册会计师使用非统计抽样时，也必须考虑抽样风险并将其降至可接受水平，但无法精确地测定出抽样风险。

不管统计抽样还是非统计抽样，两种方法都要求注册会计师在设计、实施和评价样本时运用职业判断。另外，对选取的样本项目实施的审计程序通常也与使用的抽样方法无关。

统计抽样又可以进一步分为属性抽样和变量抽样。属性抽样是一种用来对总体中某一事件发生率得出结论的统计抽样方法。属性抽样在审计中最常见的用途是测试某一设定控制的偏差率，以支持注册会计师评估的控制有效性。在属性抽样中，设定控制的每一次发生或偏离都被赋予同样的权重，而不管交易的金额大小。变量抽样是一种用来对总体金额得出结论的统计抽样方法。变量抽样通常回答下列问题：金额是多少？或账户是否存在错报？变量抽样在审计中的主要用途是进行细节测试，以确定记录金额是否合理。

一般而言，属性抽样得出的结论与总体发生率有关，而变量抽样得出的结论与总体的金额有关。但有一个例外，即统计抽样中的概率比例规模抽样（PPS 抽样），是运用属性抽样的原理得出以金额表示的结论。

【实例 12-2】（单选题）下列各项中，属于审计抽样基本特征的是（　　　　）。

A．从总体中选取特定项目实施审计程序

B．进行总体分层

C．各个抽样单元被选取的概率均大于零

D．控制抽样风险

分析：C。"从总体中选取特定项目实施审计程序"不属于审计抽样，故选项 A 不正确；并非所有的审计抽样都要求进行总体分层，如属性抽样就不对总体进行分层，故选项 B 不正确；"各个抽样单元被选取的概率均大于零"等价于"所有抽样单元都有被选取的机会"，属于审计抽样的基本特征，故选项 C 正确；控制抽样风险是审计抽样的要求而非基本特征，故选项 D 不正确。

二、其他选择测试项目的方法

注册会计师通常知道某些账户余额和交易类型更可能发生错报，并会在计划审计程序时加以考虑。对于这些账户余额或交易类型，注册会计师可以选取全部项目测试或选取特定项目测试。

（一）选取全部项目测试

选取全部项目测试是指对总体中的全部项目进行检查。总体是指注册会计师从中选取样本并希望对其得出结论的整套数据。某类交易中的所有项目（如全年薪酬）、某个（或某组）账户余额（如期末应收账款账户余额）均可构成一个总体。总体可分为多个层或子总体，每一层或子总体可分别予以检查。"总体"包含了"层"的概念。对全部项目进行检查，通常更适用于细节测试，而不适合控制测试。实施细节测试时，在某些情况下，基于重要性水平或风险的考虑，注册会计师可能认为需要测试总体中的全部项目。总体可以包括构成某类交易或账户余额的所有项目，也可以是其中的一层，同一层中的项目具有某一共同特征。例如，在截止测试中，注册会计师通常对截止日前后一段时期的所有交易进行检查。

当存在下列情形之一时，注册会计师应当考虑选取全部项目进行测试：

（1）总体由少量的大额项目构成。某类交易或账户余额中每个项目的金额都较大时，注册会计师可能需要测试所有项目。

（2）存在特别风险且其他方法未提供充分、适当的审计证据。如果某类交易或账户余额中每个项目虽然金额不大但存在特别风险，注册会计师也可能需要测试所有项目。存在特别风险的项目主要包括：①管理层高度参与的，或错报可能性较大的交易事项或账户余额；②非常规的交易事项或账户余额，特别是与关联方有关的交易或账户余额；③长期不变的账户余额，例如滞销的存货余额或账龄较长的应收账款余额；④可疑的或非正常的项目，或明显不规范的项目；⑤以前发生过错误的项目；⑥在期末进行人为调整的项目；⑦其他存在特别风险的项目。

（3）由于信息系统自动执行的计算或其他程序具有重复性，对全部项目进行检查符合成本效益原则。注册会计师通常使用计算机辅助审计技术选取全部项目进行测试。

（二）选取特定项目测试

选取特定项目测试是指对总体中的特定项目进行针对性测试。根据对被审计单位的了解、重大错报风险评估结果以及所测试总体的特征等，注册会计师可以从总体中选取特定项目进行测试。选取的特定项目通常包括：大额或关键项目；超过某一金额的全部项目；被用于获取某些信息的项目；被用于测试控制活动的项目。

选取特定项目时，注册会计师只对审计对象总体中的部分项目进行测试。注册会计师通常按照覆盖率或风险因素选取测试项目，或将这两种方法结合使用。按照覆盖率选取测试项目是指注册会计师选取少量金额较大的项目进行测试，从而使测试项目的金额占审计对象总体金额的百分比很大。例如，如果8个大额项目占审计对象总体金额的85%，那么测试这8个项目就可对审计对象总体的存在性和准确性获得较高程度保证。注册会计师也可以抽取超过某一设定金额的所有项目，从而验证某类交易或账户余额的大部分金额。按照风险因素选取测试项目是指注册会计师选取具有某种较高风险特征的项目进行测试，例如可疑的项目、异常的项目、特别具有风险倾向的项目，或者以前发生过错误的项目等。

有时，注册会计师可能选择部分项目进行检查，以获取与被审计单位的性质、交易的性质以及内部控制等事项有关的信息，或确定某一控制活动是否得到执行。对这些项目进行测试实际上是风险评估程序，主要目的是获取与被审计单位及其环境有关的信息。

选取特定项目测试通常是获取审计证据的有效手段，但并不构成审计抽样。这种方法下对选取项目实施审计程序的结果不能推断至整个总体。其原因在于，虽然选取特定项目测试只对某类交易或账户余额中的部分项目实施审计程序，但它与审计抽样的不同之处在于，并非所有抽样单元（抽样单元是指构成总体的个体项目）都有被选取的机会，不符合注册会计师选择标准的项目将没有机会被选取。因为选取的特定项目不能代表审计对象总体（或某一子总体）中全部项目的特征，所以，与审计抽样不同，选取特定项目测试不能根据所测试项目中发现的误差推断审计对象总体的误差。

第二节　审计抽样

一、样本选取原理与方法

不管使用统计抽样或非统计抽样，在选取样本项目时，注册会计师都应当使总体中的所有抽样单元均有被选取的机会。所有抽样单元都有被选取的机会是审计抽样的基本特征之一，否则就无法根据样本结果推断总体。

选取样本的基本方法包括使用随机数表或计算机辅助审计技术选样、系统选样和随意选样。

（一）使用随机数表或计算机辅助审计技术选样

使用随机数表或计算机辅助审计技术选样又称随机数选样。使用随机数选样需以总体中的每一项目都有不同的编号为前提。注册会计师可以使用计算机生成的随机数，如电子表格程序、随机数码生成程序、通用审计软件程序等计算机程序产生的随机数，也可以使用随机数表获得所需的随机数。

随机数是一组从长期来看出现概率相同的数码，且不会产生可识别的模式。随机数表也称乱数表，它是由随机生成的从 0~9 共 10 个数字所组成的数表，每个数字在表中出现的次数是大致相同的，它们出现在表上的顺序是随机的。表 12-1 就是 5 位随机数表的一部分。

表 12-1   随机数表

行\列	1	2	3	4	5	6	7	8	9	10
1	32044	69037	29655	92114	81034	40582	01584	77184	85762	46505
2	23821	96070	82592	81642	08971	07411	09037	81530	56195	98425
3	82383	94987	66441	28677	95961	78346	37916	09416	42438	48432
4	68310	21792	71635	86089	38157	95620	96718	79554	50209	17705
5	94856	76940	22165	01414	01413	37231	05509	37489	56459	52983
6	95000	61958	83430	98250	70030	05436	74814	45978	09277	13827
7	20764	64638	11359	32556	89822	02713	81293	52970	25080	33555
8	71401	17964	50940	95753	34905	93566	36318	79530	51105	26952
9	38464	75707	16750	61371	01523	69205	32122	03436	14489	02086
10	59442	59247	74955	82835	98378	83513	47870	20795	01352	89906

应用随机数表选样的步骤如下：

（1）对总体项目进行编号，建立总体中的项目与表中数字的一一对应关系。一般情况下，编号可利用总体项目中原有的某些编号，如凭证号、支票号、发票号等。在没有事先编号的情况下，注册会计师需按一定的方法进行编号。如由 40 页、每页 50 行组成的应收账款明细表，可采用 4 位数字编号，前两位由 01~40 的整数组成，表示该记录在明细表中的页数，后两位数字由 01~50 的整数组成，表示该记录的行次。这样，编号 0534 表示第 5 页第 34 行的记录。所需使用的随机数的位数一般由总体项目数或编号位数决定。如前例中可采用 4 位随机数表，也可以使用 5 位随机数表的前 4 位数字或后 4 位数字。

（2）确定连续选取随机数的方法，即从随机数表中选择一个随机起点和一个选号路线，随机起点和选号路线可以任意选择，但一经选定就不得改变。从随机数表中任选一行或任何一栏开始，按照一定的方向（上下左右均可）依次查找，符合总体项目编号要求的数字，即为选中的号码，与此号码相对应的总体项目即为选取的样本项目，一直到选足所需的样本量为止。例如，从前述应收账款明细表的 2 000 个记录中选择 10 个样本，总体编号规则如前所述，即前两位数字不能超过 40，后两位数字不能超过 50。如从表 12-1 第一行第一列开始，使用前 4 位随机数，逐行向右查找，则选中的样本为编号 3204、0741、0903、0941、3815、2216、0141、3723、0550、3748 的 10 个记录。

随机数选样不仅使总体中每个抽样单元被选取的概率相等，而且使相同数量的抽样单元组成的每种组合被选取的概率相等。这种方法在统计抽样和非统计抽样中均适用。由于统计抽样要求注册会计师能够计量实际样本被选取的概率，这种方法尤其适合于统计抽样。

（二）系统选样

系统选样也称等距选样，是指按照相同的间隔从审计对象总体中等距离地选取样本的一种选样方法。采用系统选样法，首先要计算选样间距，确定选样起点，然后再根据间距顺序地选取样本。选样间距的计算公式如下：

选样间距=总体规模÷样本规模

例如，如果销售发票的总体范围是 652~3 151，设定的样本量是 125，那么选样间距为（3 152-652）÷125=20。注册会计师必须从 0~19 中选取一个随机数作为抽样起点。如果随机选择的数码是 9，那么第一个样本项目是发票号码为 661（652+9）的那一张，其余的 124 个项目分别为 681（661+20），701（681+20），…，依此类推直至第 3141 号。

系统选样方法的主要优点是使用方便，比其他选样方法节省时间，并可用于无限总体。此外，使用这种方法时，对总体中的项目不需要编号，注册会计师只要简单数出每一个间距即可。但是，使用系统选样方法要求总体必须是随机排列的，否则容易发生较大的偏差，造成非随机的、不具代表性的样本。如果测试项目的特征在总体内的分布具有某种规律性，则选择样本的代表性就可能较差。例如，应收账款明细表每页的记录均以账龄的长短按先后次序排列，则选中的 200 个样本可能多数是账龄相同的记录。

为克服系统选样法的这一缺点，可采用两种办法：一是增加随机起点的个数；二是在确定选样方法之前对总体特征的分布进行观察。如发现总体特征的分布呈随机分布，则采用系统选样法；否则，可考虑使用其他选样方法。

系统选样可以在非统计抽样中使用，在总体随机分布时也可适用于统计抽样。

（三）随意选样

随意选样也叫任意选样，是指注册会计师不带任何偏见地选取样本，即注册会计师不考虑样本项目的性质、大小、外观、位置或其他特征而选取总体项目。随意选样的主要缺点在于很难完全无偏见地选取样本项目，即这种方法难以彻底排除注册会计师的个人偏好对选取样本的影响，因而很可能使样本失去代表性。由于文化背景和所受训练等的不同，每个注册会计师都可能无意识地带有某种偏好。例如，从发票柜中取发票时，某些注册会计师可能倾向于抽取柜子中间位置的发票，这样就会使柜子上面部分和下面部分的发票缺乏相等的选取机会。因此，在运用随意选样方法时，注册会计师要避免由于项目性质、大小、外观和位置等的不同所引起的偏见，尽量使所选取的样本具有代表性。

三种基本方法均可选出代表性样本。但随机数选样和系统选样属于随机基础选样方法，即对总体的所有项目按随机规则选取样本，因而可以在统计抽样中使用，当然也可以在非统计抽样中使用。而随意选样虽然也可以选出代表性样本，但它属于非随机基础选样方法，因而不能在统计抽样中使用，只能在非统计抽样中使用。

二、抽样风险与评价

（一）抽样风险的概念与特点

抽样风险是指注册会计师根据样本得出的结论和对总体全部项目实施与样本同样的审计程序得出的结论存在差异的可能性，也就是抽出的样本不能代表总体的风险。

控制测试中的抽样风险包括信赖过度风险和信赖不足风险。信赖过度风险是指推断的控制有效性高于其实际有效性的风险，也可以说，尽管样本结果支持注册会计师计划信赖内部控制的程度，但实际偏差率不支持该信赖程度的风险。信赖过度风险与审计的效果有关。如果注册会计师评估的控制有效性高于其实际有效性，从而导致评估的重大错报风险水平偏低，注册会计师可能不适当地减少从实质性程序中获取的证据，因此审计的有效性下降。对于注册会计师而言，信赖过度风险更容易导致注册会计师发表不恰当的审计意见，因而更应予以关注。相反，信赖不足风险是指推断的控制有效性低于其实际有效性的风险，也可以说，尽管样本结果不支持注册会计师计划信赖内部控制的程度，但实际偏差率支持该信赖程度的风险。信赖不足风险与审计的效率有关。当注册会计师评估的控制有效性低于其实际有效性时，评估的重大错报风险水平高于实际水平，注册会计师可能会增加不必要的实质性程序。在这种情况下，审计效率可能降低。控制测试中的抽样风险类型参见表12-2。

表 12-2　　　　　　　　　　　　**控制测试中的抽样风险类型**

		被审计单位控制活动、政策或程序的实际运行有效性	
		控制风险初步评估结果适当	控制风险初步评估结果不适当
注册会计师根据样本结果得出的结论	支持初步评估的控制风险水平	正确结论	信赖过度风险：评估的控制风险太低（审计无效）
	不支持初步评估的控制风险水平	信赖不足风险：评估的控制风险太高（审计效率低）	正确结论

在实施细节测试时，注册会计师也要关注两类抽样风险：误受风险和误拒风险。误受风险是指注册会计师推断某一重大错报不存在而实际上存在的风险。如果账面金额实际上存在重大错报而注册会计师认为其不存在重大错报，注册会计师通常会停止对该账面金额继续进行测试，并根据样本结果得出账面金额无重大错报的结论。与信赖过度风险类似，误受风险影响审计效果，容易导致注册会计师发表不恰当的审计意见，因此注册会计师更应予以关注。误拒风险是指注册会计师推断某一重大错报存在而实际上不存在的风险。与信赖不足风险类似，误拒风险影响审计效率。如果账面金额不存在重大错报而注册会计师认为其存在重大错报，注册会计师会扩大细节测试的范围并考虑获取其他审计证据，最终注册会计师会得出恰当的结论。在这种情况下，审计效率可能降低。细节测试中的抽样风险类型参见表 12-3。

表 12-3　　　　　　　　　　　　　细节测试中的抽样风险类型

		被审计单位交易或账户余额记录的实际状况	
		不存在重大错报	存在重大错报
注册会计师根据样本结果得出的结论	交易或账户余额记录不存在重大错报	正确结论	误受风险（审计无效）
	交易或账户余额记录存在重大错报	误拒风险（审计效率低）	正确结论

综上，无论在控制测试还是在细节测试中，抽样风险都可以分为两种类型：一类是影响审计效果的抽样风险，包括控制测试中的信赖过度风险和细节测试中的误受风险；另一类是影响审计效率的抽样风险，包括控制测试中的信赖不足风险和细节测试中的误拒风险。

【实例 12-3】（单选题）下列有关信赖过度风险的说法中，正确的是（　　　）。

A．信赖过度风险属于非抽样风险

B．信赖过度风险影响审计效率

C．信赖过度风险与控制测试和细节测试均相关

D．注册会计师可以通过扩大样本规模降低信赖过度风险

分析：D。信赖过度风险属于抽样风险，故选项 A 错误；信赖过度风险影响审计效果，故选项 B 错误；信赖过度风险与控制测试相关，与细节测试不相关，故选项 C 错误。

（二）抽样风险的评价

只要使用了审计抽样，抽样风险总会存在。在使用统计抽样时，注册会计师可以准确地计量和控制抽样风险。在使用非统计抽样时，注册会计师无法量化抽样风险，只能根据职业判断对其进行定性的评价和控制。抽样风险与样本规模反方向变动：样本规模越小，抽样风险越大；样本规模越大，抽样风险越小。无论是控制测试还是细节测试，注册会计师都可以通过扩大样本规模降低抽样风险。如果对总体中的所有项目都实施检查，就不存在抽样风险，此时审计风险完全由非抽样风险产生。

1. 在控制测试中评价抽样风险

（1）使用统计抽样。在使用统计抽样时，注册会计师通常使用表格或计算机程序计算抽样风险。用以评价抽样结果的大多数计算机程序都能根据样本规模、样本结果，计算出在注册会计师确定的信赖过度风险条件下可能发生的偏差率上限的估计值。该偏差率上限的估计值即总体偏差率与抽样风险允许限度之和。

如果估计的总体偏差率上限低于可容忍偏差率，则总体可以接受。这时注册会计师对总体作出结论，样本结果支持计划评估的控制有效性，从而支持计划的重大错报风险评估水平。

如果估计的总体偏差率上限大于或等于可容忍偏差率，则总体不能接受。这时注册会计师对总体作出结论，样本结果不支持计划评估的控制有效性，从而不支持计划的重大错报风险评估水平。此时注册会计师应当修正重大错报风险评估水平，并增加实质性程序的数量。注册会计师也可以对影响重大错报风险评估水平的其他控制进行测试，以支持计划的重大错报风险评估水平。

如果估计的总体偏差率上限低于但接近可容忍偏差率，注册会计师应当结合其他审计程序的结果，考虑是否接受总体，并考虑是否需要扩大测试范围，以进一步证实计划评估的控制有效性和重大错报风险水平。

（2）使用非统计抽样。在使用非统计抽样时，抽样风险无法直接计量。注册会计师通常将样本偏差率（即估计的总体偏差率）与可容忍偏差率相比较，以判断总体是否可以接受。

如果样本偏差率大于可容忍偏差率，则总体不能接受。这时注册会计师对总体作出结论，样本结果不支持计划评估的控制有效性，从而不支持计划的重大错报风险评估水平。因此，注册会计师应当修正重大错报风险评估水平，并增加实质性程序的数量。注册会计师也可以对影响重大错报风险评估水平的其他控制进行测试，以支持计划的重大错报风险评估水平。

如果样本偏差率低于总体的可容忍偏差率，注册会计师要考虑即使总体实际偏差率高于可容忍偏差率时仍出现这种结果的风险。如果样本偏差率大大低于可容忍偏差率，注册会计师通常认为总体可以接受。如果样本偏差率虽然低于可容忍偏差率，但两者很接近，注册会计师通常认为总体实际偏差率高于可容忍偏差率的抽样风险很高，因而总体不可接受。如果样本偏差率与可容忍偏差率之间的差额不是很大也不是很小，以至于不能认定总体是否可以接受时，注册会计师则要考虑扩大样本规模，以进一步搜集证据。

2. 在细节测试中评价抽样风险

（1）使用统计抽样。在使用统计抽样时，注册会计师利用计算机程序或数学公式计算出总体错报上限，并将计算的总体错报上限与可容忍错报比较。计算的总体错报上限等于推断的总体错报（调整后）与抽样风险允许限度之和。

如果计算的总体错报上限低于可容忍错报，则总体可以接受。这时注册会计师对总体作出结论，所测试的交易或账户余额不存在重大错报。

如果计算的总体错报上限大于或等于可容忍错报，则总体不能接受。这时注册会计师对总体作出结论，所测试的交易或账户余额存在重大错报。在评价财务报表整体是否存在重大错报时，注册会计师应将该类交易或账户余额的错报与其他审计证据一起考虑。通常，注册会计师会建议被审计单位对错报进行调查，且在必要时调整账面记录。

（2）使用非统计抽样。在使用非统计抽样时，注册会计师运用其经验和职业判断评价抽样结果。如果调整后的总体错报大于可容忍错报，或虽小于可容忍错报但两者很接近，注册会计师通常作出总体实际错报大于可容忍错报的结论。也就是说，该类交易或账户余额存在重大错报，因而总体不能接受。如果对样本结果的评价显示，对总体相关特征的评估需要修正，注册会计师可以单独或综合采取下列措施：提请管理层对已识别的误差和存在更多误差的可能性进行调查，并在必要时予以调整；修改进一步审计程序的性质、时间和范围；考虑对审计报告的影响。

如果调整后的总体错报远远小于可容忍错报，注册会计师可以作出总体实际错报小于可容忍错报的结论，即该类交易或账户余额不存在重大错报，因而总体可以接受。

如果调整后的总体错报虽然小于可容忍错报但两者之间的差距很接近（既不很小又不很大），注册会计师必须特别仔细地考虑，总体实际错报超过可容忍错报的风险是否能够接受，并考虑是否需要扩大细节测试的范围，以获取进一步的证据。

【实例12-4】（多选题）下列有关细节测试样本规模的说法中，正确的有（　　　）。

A.总体项目的变异性越低，通常样本规模越小

B.当总体被适当分层时，各层样本规模的汇总数通常等于在对总体不分层情况下确定的样本规模

C.当误受风险一定时，可容忍错报越低，所需的样本规模越大

D.对于大规模总体，总体的实际规模对样本规模几乎没有影响

分析：ACD。在实施细节测试时，当总体被适当分层时，各层样本规模的汇总数通常小于不对总体分层确定的样本规模（或者说，分层可以降低每一层中项目的变异性，从而在抽样风险没有成比例增加的前提下减少样本规模，提高审计效率），故选项B错误。

第三节　控制测试中抽样技术的运用

在控制测试中应用审计抽样有两种方法。一种是发现抽样，在注册会计师预计控制高度有效时可以使用，以证实控制的有效性。在发现抽样中，注册会计师使用的预计总体偏差率是0。在检查样本时，一旦发现一个偏差就立即停止抽样。如果在样本中没有发现偏差，则可以得出总体偏差率可以接受的结论。另一种是属性抽样，用以估计被测试控制程序中的偏差发生率，或控制程序未有效运行的频率。在控制测试中使用审计抽样可以分为样本设计、选取样本和评价样本结果三个阶段。

一、属性抽样的步骤

（一）样本设计阶段

1.确定测试目标

注册会计师实施控制测试的目标是提供关于控制运行有效性的审计证据，以支持计划的重大错报风险评估水平。只有认为控制设计合理、能够防止或发现并纠正认定层次的重大错报时，注册会计师才有必要对控制运行的有效性实施测试。如果对控制运行有效性的

定性评价可以分为最高、高、中和低四个等级，注册会计师只有在初步评估控制运行有效性在中等或以上水平时，才会实施控制测试。注册会计师必须首先针对某项认定详细了解控制目标和内部控制政策与程序之后，方可确定从哪些方面获取关于控制是否有效运行的审计证据。

例如，注册会计师实施控制测试的目标是确认现金支付授权控制的运行有效性，以支持对现金账户确定的重大错报风险评估水平。

2.定义总体、抽样单元、偏差和测试期间

（1）定义总体。

在控制测试中，注册会计师必须考虑总体的同质性。同质性是指总体中的所有项目应该具有同样的特征。例如，如果被审计单位的出口和内销业务的处理方式不同，注册会计师应分别评价两种不同的控制情况，因而出现两个独立总体。又如，虽然被审计单位的所有分支机构的经营可能都相同，但每个分支机构是由不同的人运行的。一方面，如果注册会计师对每个分支机构的内部控制和员工感兴趣，可以将每个分支机构作为一个独立的总体对待。另一方面，如果注册会计师关心的不是单个分支机构而是被审计单位整体的经营，且各分支机构的控制具有足够多的相同之处，就可以将被审计单位视为一个单独的总体。

注册会计师在定义总体时，应当确保总体的适当性和完整性。首先，总体应适合于特定的审计目标。例如，要测试现金支付授权控制是否有效运行，如果从已得到授权的项目中抽取样本，注册会计师就无法发现控制偏差，因为该总体不包含那些已支付但未得到授权的项目。因此在本例中，为发现未得到授权的现金支付，注册会计师应当将所有已支付现金的项目作为总体。其次，注册会计师还应考虑总体的完整性，包括代表总体的实物的完整性。例如，如果注册会计师将总体定义为特定时期的所有现金支付，代表总体的实物就是该时期的所有现金支付单据。

（2）定义抽样单元。

注册会计师定义的抽样单元应与审计测试目标相适应。在控制测试中，注册会计师应根据被测试的控制定义抽样单元。抽样单元通常是能够提供控制运行证据的一份文件资料、一个记录或其中一行。例如，如果测试目标是确定付款是否得到授权，且设定的控制要求付款之前授权人在付款单据上签字，抽样单元可能被定义为每一张付款单据。如果一张付款单据包含了对几张发票的付款，且设定的控制要求每张发票分别得到授权，那么付款单据上与发票对应的一行就可能被定义为抽样单元。

对抽样单元的定义过于宽泛可能导致缺乏效率。例如，如果注册会计师将发票作为抽样单元，就必须对发票上的所有项目进行测试。如果注册会计师将发票上的每一行作为抽样单元，则只需对被选取的行所代表的项目进行测试。如果定义抽样单元的两种方法都适合于测试目标，将每一行的项目作为抽样单元可能效率更高。本例中，注册会计师定义的抽样单元为现金支付单据上的每一行。

3.定义偏差

注册会计师必须事先准确定义构成误差的条件，否则执行审计程序时就没有识别误差的标准。在定义误差构成条件时，注册会计师应考虑审计程序的目标。

在控制测试中，误差是指控制偏差。注册会计师应仔细定义所要测试的控制及可能出现偏差的情况。注册会计师应根据对内部控制的理解，确定哪些特征能够显示被测试控制的运行情况，然后据此定义误差构成条件。在评估控制运行的有效性时，注册会计师应当考虑其认为必要的所有环节。例如，设定的控制要求每笔支付都应附有发票、收据、验收报告和订购单等证明文件，且均盖上"已付"戳记。注册会计师认为盖上"已付"戳记的发票和验收报告足以显示控制的适当运行。在这种情况下，误差可能被定义为缺乏盖有"已付"戳记的发票和验收报告等证明文件的款项支付。在本例中，误差被定义为没有授权人签字的发票和验收报告等证明文件的现金支付。

4.定义测试期间

注册会计师通常在期中实施控制测试。由于期中测试获取的证据只与控制在期中的运行有关，注册会计师需要确定如何获取关于剩余期间的证据。

（1）将总体定义为整个被审计期间的交易。在设计控制测试的审计样本时，注册会计师通常将测试扩展至在剩余期间发生的交易，以获取额外的证据。在这些情况下，总体由整个被审计期间的交易组成。

①初始测试。注册会计师可能将总体定义为包括整个被审计期间的交易，但在期中实施初始测试。在这种情况下，注册会计师可能估计总体中剩余期间将发生的交易的数量，并在期末审计时对所有发生在期中测试之后的被选取交易进行检查。例如，如果被审计单位在当年的前10个月开具了编号从1到10 000的发票，注册会计师可能估计，根据企业的经营周期，剩下2个月中将开具2 500张发票，因此注册会计师在选取所需的样本时用1到12 500作为编号。所选取的发票中，编号小于或等于10 000的样本项目在期中审计时进行检查，剩余的样本项目将在期末审计时进行检查。

②估计总体。在估计总体规模时，注册会计师可能考虑上年同期的实际情况、变化趋势以及经营性质等因素。在实务中，注册会计师可能高估剩余项目的数量。如果到年底时部分被选取的编号对应的交易没有发生（由于实际发生的交易数量低于预计数量），可以用其他交易代替。考虑到这种可能性，注册会计师可能希望多选取一些项目，剩余的项目只在需要作为替代项目时才进行检查。

另外，注册会计师也可能低估剩余项目的数量。如果剩余项目的数量被低估，一些交易将没有被选取的机会，因此，样本不能代表注册会计师所定义的总体。在这种情况下，注册会计师可以重新定义总体，以将样本中未包含的项目排除在外。对未包含在重新定义总体中的项目，注册会计师可以实施替代程序，例如，将这些项目作为一个独立的样本进行测试，或对其进行百分之百的检查，或询问剩余期间的情况。注册会计师应判断各种替代程序的效率和效果，并据此选择适合于具体情况的方法。

在许多情况下，注册会计师可能不需要等到被审计期间结束，就能得出关于控制的运行有效性是否支持其计划评估的重大错报风险水平的结论。在对选取的交易进行期中测试时，注册会计师发现的误差可能足以使其得出结论：即使在发生于期中测试以后的交易中未发现任何误差，控制也不能支持计划评估的重大错报风险水平。在这种情况下，注册会计师可能决定不将样本扩展至期中测试以后发生交易，而是相应地修正计划的重大错报风险评估水平和实质性程序。

（2）将总体定义为从年初到期中测试日为止的交易。将整个被审计期间的所有交易包括在抽样总体中通常效率不高，有时使用替代方法测试剩余期间的控制有效性也许效率更高。在这种情况下，注册会计师将总体定义为从年初到期中测试日为止的交易，并在确定是否需要针对剩余期间获取额外证据以及获取哪些证据时考虑下列因素：所涉及的认定的重要性；期中进行测试的特定控制；自期中以来控制发生的任何变化；控制改变实质性程序的程度；期中实施控制测试的结果；剩余期间的长短；对剩余期间实施实质性程序所产生的，与控制的运行有关的证据。

注册会计师应当获取与控制在剩余期间发生的所有重大变化的性质和程度有关的证据，包括人员的变化。如果发生了重大变化，注册会计师应修正其对内部控制的了解，并考虑对变化后的控制进行测试。或者，注册会计师也可以考虑对剩余期间实施实质性分析程序或细节测试。

（二）选取样本阶段

1. 确定样本规模

（1）影响样本规模的因素。在控制测试中影响样本规模的因素如下：

①可接受的信赖过度风险。在实施控制测试时，注册会计师主要关注抽样风险中的信赖过度风险。可接受的信赖过度风险与样本规模反向变动。控制测试中选取的样本旨在提供关于控制运行有效性的证据。由于控制测试是控制是否有效运行的主要证据来源，因此，可接受的信赖过度风险应确定在相对较低的水平上。通常，相对较低的水平在数量上是指 5% ~ 10% 的信赖过度风险。注册会计师一般将信赖过度风险确定为 10%，特别重要的测试则可以将信赖过度风险确定为 5%。在实务中，注册会计师通常对所有控制测试确定一个统一的可接受信赖过度风险水平，然后对每一测试根据计划的重大错报风险评估水平和控制有效性分别确定其可容忍偏差率。本例中，注册会计师确定的可接受信赖过度风险为 10%。

②可容忍偏差率。可容忍偏差率是指注册会计师在不改变其计划评估的控制有效性，从而不改变其计划评估的重大错报风险水平的前提下，愿意接受的对于设定控制的最大偏差率。可容忍偏差率与样本规模反向变动。在确定可容忍偏差率时，注册会计师应考虑计划评估的控制有效性。计划评估的控制有效性越低，注册会计师确定的可容忍偏差率通常越高，所需的样本规模就越小。一个很高的可容忍偏差率通常意味着控制的运行不会大大降低相关实质性程序的程度。在这种情况下，由于注册会计师预期控制运行的有效性很低，特定的控制测试可能不需进行。反之，如果注册会计师在评估认定层次重大错报风险时预期控制的运行是有效的，注册会计师必须实施控制测试。换言之，注册会计师在风险评估时越依赖控制运行的有效性，确定的可容忍偏差率越低，进行控制测试的范围越大，因而样本规模增加。

在实务中，注册会计师通常认为，当偏差率为 3% ~ 7% 时，控制有效性的估计水平较高；可容忍偏差率最高为 20%，当偏差率超过 20% 时，由于估计控制运行无效，注册会计师不需进行控制测试。当估计控制运行有效时，如果注册会计师确定的可容忍偏差率较高就被认为不恰当。表 12-4 列示了可容忍偏差率与计划评估的控制有效性之间的关系。

表 12-4　　　　　　　可容忍偏差率和计划评估的控制有效性之间的关系

计划评估的控制有效性	可容忍偏差率（近似值）（%）
高	3 ~ 7
中	6 ~ 12
低	11 ~ 20
最低	不进行控制测试

本例中，注册会计师预期现金支付授权控制运行有效，确定的可容忍偏差率为 7%。

③预计总体偏差率。在实施控制测试时，注册会计师通常根据对相关控制的设计和执行情况的了解，或根据从总体中抽取少量项目进行检查的结果，对拟测试总体的预计误差率进行评估。注册会计师可以根据上年度测试结果和控制环境等因素对预计总体偏差率进行估计。考虑上年度测试结果时，应考虑被审计单位内部控制和人员的变化。在实务中，如果以前年度的审计结果无法取得或认为不可靠，注册会计师可以在抽样总体中选取一个较小的初始样本，以初始样本的偏差率作为预计总体偏差率的估计值。如果预计总体偏差率很高，意味着控制有效性很低，这时注册会计师应考虑不进行控制测试，而实施更多的实质性程序。

本例中，注册会计师根据上年测试结果和对控制的初步了解，预计总体的偏差率为 1.75%。

④总体规模。本例中，现金支付业务数量很大，因而注册会计师认为总体规模对样本规模的影响可以忽略。

在使用统计抽样时，注册会计师应当对影响样本规模的因素进行量化。

（2）确定样本规模。实施控制测试时，注册会计师可能使用统计抽样，也可能使用非统计抽样。在统计抽样中，注册会计师可以使用样本量表确定样本规模。表 12-5 和表 12-6 分别提供了在控制测试中确定的可接受信赖过度风险为 5% 和 10% 时所使用的样本量表。如果注册会计师需要其他信赖过度风险水平的抽样规模，必须使用统计抽样参考资料中的其他表格或计算机程序。

注册会计师根据可接受的信赖过度风险选择相应的抽样规模表，然后读取预计总体偏差率栏找到适当的比率。接下来注册会计师确定与可容忍偏差率对应的列。可容忍偏差率所在列与预计总体偏差率所在行的交点就是所需的样本规模。本例中，如前所述，注册会计师确定的可接受信赖过度风险为 10%，可容忍偏差率为 7%，预计总体偏差率为 1.75%。在信赖过度风险为 10% 时所使用的表 12-6 中，7% 可容忍偏差率与 1.75% 预计总体偏差率的交叉处为 55，即所需的样本规模为 55。

2. 选取样本

在控制测试中使用统计抽样方法时，注册会计师必须在上节所述的使用随机数表或计算机辅助审计技术选样和系统选样中选择一种方法。原因在于，这两种方法能够产生随机样本，而其他选样方法虽然也可能提供代表性的样本，但却不是随机基础的。

表 12-5　　　　控制测试统计抽样样本规模——信赖过度风险为 5%（括号内是可接受的偏差数）

预计总体偏差率	可容忍偏差率										
	2%	3%	4%	5%	6%	7%	8%	9%	10%	15%	20%
0.00	149 (0)	99 (0)	74 (0)	59 (0)	49 (0)	42 (0)	36 (0)	32 (0)	29 (0)	19 (0)	14 (0)
0.25	236 (1)	157 (1)	117 (1)	93 (1)	78 (1)	66 (1)	58 (1)	51 (1)	46 (1)	30 (1)	22 (1)
0.50	*	157 (1)	117 (1)	93 (1)	78 (1)	66 (1)	58 (1)	51 (1)	46 (1)	30 (1)	22 (1)
0.75	*	208 (2)	117 (1)	93 (1)	78 (1)	66 (1)	58 (1)	51 (1)	46 (1)	30 (1)	22 (1)
1.00	*	*	156 (2)	93 (1)	78 (1)	66 (1)	58 (1)	51 (1)	46 (1)	30 (1)	22 (1)
1.25	*	*	156 (2)	124 (2)	78 (1)	66 (1)	58 (1)	51 (1)	46 (1)	30 (1)	22 (1)
1.50	*	*	192 (3)	124 (2)	103 (2)	66 (1)	58 (1)	51 (1)	46 (1)	30 (1)	22 (1)
1.75	*	*	227 (4)	153 (3)	103 (2)	88 (2)	77 (2)	51 (1)	46 (1)	30 (1)	22 (1)
2.00	*	*	*	181 (4)	127 (3)	88 (2)	77 (2)	68 (2)	46 (1)	30 (1)	22 (1)
2.25	*	*	*	208 (5)	127 (3)	88 (2)	77 (2)	68 (2)	61 (2)	30 (1)	22 (1)
2.50	*	*	*	*	150 (4)	109 (3)	77 (2)	68 (2)	61 (2)	30 (1)	22 (1)
2.75	*	*	*	*	173 (5)	109 (3)	95 (3)	68 (2)	61 (2)	30 (1)	22 (1)
3.00	*	*	*	*	195 (6)	129 (4)	95 (3)	84 (3)	61 (2)	30 (1)	22 (1)
3.25	*	*	*	*		148 (5)	112 (4)	84 (3)	61 (2)	30 (1)	22 (1)
3.50	*	*	*	*		167 (6)	112 (4)	84 (3)	76 (3)	40 (2)	22 (1)
3.75	*	*	*	*		185 (7)	129 (5)	100 (4)	76 (3)	40 (2)	22 (1)
4.00	*	*	*	*		*	146 (6)	100 (4)	89 (4)	40 (2)	22 (1)
5.00	*	*	*	*	*	*	*	158 (8)	116 (6)	40 (2)	30 (2)
6.00	*	*	*	*	*	*	*	*	179 (11)	50 (3)	30 (2)
7.00	*	*	*	*	*	*	*	*	*	68 (5)	37 (3)

注：①*表示样本规模太大，因而在多数情况下不符合成本效益原则。

②本表假设总体为大总体。

资料来源　AICPA Audit and Accounting Guide：Audit Sampling（2005）.

表 12-6　　　　控制测试统计抽样样本规模——信赖过度风险为 10%（括号内是可接受的偏差数）

预计总体偏差率	可容忍偏差率										
	2%	3%	4%	5%	6%	7%	8%	9%	10%	15%	20%
0.00	114 (0)	76 (0)	57 (0)	45 (0)	38 (0)	32 (0)	28 (0)	25 (0)	22 (0)	15 (0)	11 (0)
0.25	194 (1)	129 (1)	96 (1)	77 (1)	64 (1)	55 (1)	48 (1)	42 (1)	38 (1)	25 (1)	18 (1)
0.50	194 (1)	129 (1)	96 (1)	77 (1)	64 (1)	55 (1)	48 (1)	42 (1)	38 (1)	25 (1)	18 (1)
0.75	265 (2)	129 (1)	96 (1)	77 (1)	64 (1)	55 (1)	48 (1)	42 (1)	38 (1)	25 (1)	18 (1)
1.00	*	176 (2)	96 (1)	77 (1)	64 (1)	55 (1)	48 (1)	42 (1)	38 (1)	25 (1)	18 (1)
1.25	*	221 (3)	132 (2)	77 (1)	64 (1)	55 (1)	48 (1)	42 (1)	38 (1)	25 (1)	18 (1)
1.50	*	*	132 (2)	105 (2)	64 (1)	55 (1)	48 (1)	42 (1)	38 (1)	25 (1)	18 (1)
1.75	*	*	166 (3)	105 (2)	88 (2)	55 (1)	48 (1)	42 (1)	38 (1)	25 (1)	18 (1)
2.00	*	*	198 (4)	132 (3)	88 (2)	75 (2)	48 (1)	42 (1)	38 (1)	25 (1)	18 (1)
2.25	*	*	*	132 (3)	88 (2)	75 (2)	65 (2)	42 (2)	38 (2)	25 (1)	18 (1)
2.50	*	*	*	158 (4)	110 (3)	75 (2)	65 (2)	58 (2)	38 (2)	25 (1)	18 (1)
2.75	*	*	*	209 (6)	132 (4)	94 (3)	65 (2)	58 (2)	52 (2)	25 (1)	18 (1)
3.00	*	*	*	*	132 (4)	94 (3)	65 (2)	58 (2)	52 (2)	25 (1)	18 (1)
3.25	*	*	*	*	153 (5)	113 (4)	82 (3)	58 (2)	52 (2)	25 (1)	18 (1)
3.50	*	*	*	*	194 (7)	113 (4)	82 (3)	73 (3)	52 (2)	25 (1)	18 (1)
3.75	*	*	*	*	*	131 (5)	98 (4)	73 (3)	52 (2)	25 (1)	18 (1)
4.00	*	*	*	*	*	149 (6)	98 (4)	73 (3)	65 (3)	25 (1)	18 (1)
5.00	*	*	*	*	*	*	160 (8)	115 (6)	78 (4)	34 (2)	18 (1)
6.00	*	*	*	*	*	*	*	182 (11)	116 (7)	43 (3)	25 (2)
7.00	*	*	*	*	*	*	*	*	199 (14)	52 (4)	25 (2)

注：①*表示样本规模太大，因而在大多数情况下不符合成本效益原则。

②本表假设总体为大总体。

资料来源　AICPA Audit and Accounting Guide：Audit Sampling（2005）.

　3. 实施审计程序

在对选取的样本项目实施审计程序时可能出现以下几种情况：

（1）无效单据。注册会计师选取的样本中可能包含无效的项目。例如，在测试与被审计单位的收据（发票）有关的控制时，注册会计师可能将随机数与总体中收据的编号对应。但是，某一随机数对应的收据可能是无效的（比如空白收据）。如果注册会计师能够合理确信该收据的无效是正常的且不构成对设定控制的偏差，就要用另外的收据替代。而且，如果使用了随机选样，注册会计师要用一个替代的随机数与新的收据样本对应。

（2）未使用或不适用的单据。注册会计师对未使用或不适用单据的考虑与无效单据类似。例如，一组可能使用的收据号码中可能包含未使用的号码或有意遗漏的号码。如果注册会计师选择了一个未使用号码，就应合理确信该收据号码实际上代表一张未使用收据且不构成控制偏差，然后注册会计师用一个额外的收据号码替换该未使用的收据号码。有时选取的项目不适用于事先定义的偏差。例如，如果偏差被定义为没有验收报告支持的交易，选取的样本中包含的电话费可能没有相应的验收报告。如果合理确信该交易不适用且不构成控制偏差，注册会计师要用另一笔交易替代该项目，以测试相关的控制。

（3）对总体的估计出现错误。如果注册会计师使用随机数选样方法选取样本项目，在控制运行之前可能需要估计总体规模和编号范围。当注册会计师将总体定义为整个被审计期间的交易但计划在期中实施部分抽样程序时，这种情况最常发生。如果注册会计师高估了总体规模和编号范围，选取的样本中超出实际编号的所有数字都被视为未使用单据。在这种情况下，注册会计师要用额外的随机数代替这些数字，以确定对应的适当单据。

（4）在结束之前停止测试。有时注册会计师可能在对样本的第一部分进行测试时发现大量偏差。其结果是，注册会计师可能认为，即使在剩余样本中没有发现更多的偏差，样本的结果也不支持计划的重大错报风险评估水平。在这种情况下，注册会计师要重估重大错报风险并考虑是否有必要继续进行测试。

（5）无法对选取的项目实施检查。注册会计师应当针对选取的每个项目，实施适合于具体审计目标的审计程序。有时，被测试的控制只在部分样本单据上留下了运行证据。如果找不到该单据，或由于其他原因注册会计师无法对选取的项目实施检查，注册会计师可能无法使用替代程序测试控制是否适当运行。如果注册会计师无法对选取的项目实施计划的审计程序或适当的替代程序，就要考虑在评价样本时将该样本项目视为控制偏差。另外，注册会计师要考虑造成该限制的原因，以及该限制可能对其了解内部控制和评估重大错报风险产生的影响。

（三）评价样本结果阶段

1. 计算总体偏差率

将样本中发现的偏差数量除以样本规模，就可以计算出样本偏差率。样本偏差率就是注册会计师对总体偏差率的最佳估计，因而在控制测试中无须另外推断总体偏差率。但注册会计师还必须考虑抽样风险。

2. 分析偏差的性质和产生原因

除了评价偏差发生的频率之外，注册会计师还要对偏差进行定性分析，即分析偏差的性质和产生原因。

注册会计师对偏差的性质和产生原因的分析包括：是有意的还是无意的？是误解了规定还是粗心大意？是经常发生还是偶然发生？是系统的还是随机的？如果对偏差的分析表明是故意违背了既定的内部控制政策或程序，注册会计师应考虑存在重大舞弊的可能性。与错误相比，舞弊通常要求对其可能产生的影响进行更为广泛的考虑。对被审计单位舞弊的考虑可以参见《中国注册会计师审计准则第 1141 号——财务报表审计中对舞弊的考虑》及其指南。在这种情况下，注册会计师应当确定实施的控制测试能否提供适当的审计证据，是否需要增加控制测试，或是否需要使用实质性程序应对潜在的错报风险。

如果注册会计师发现许多误差具有相同的特征，如交易类型、地点、生产线或时期等，则应考虑该特征是不是引起误差的原因，是否存在其他尚未发现的具有相同特征的误差。此时，注册会计师应将具有该共同特征的全部项目划分为一层，并对层中的所有项目实施审计程序，以发现潜在的系统误差。同时，注册会计师仍需分析误差的性质和原因，考虑存在舞弊的可能性。如果将某一误差视为异常误差，注册会计师应当实施追加的审计程序，以高度确信该误差对总体误差不具有代表性。

在控制测试中考虑已识别的误差对财务报表的直接影响时，注册会计师应当注意，控制偏差并不一定导致财务报表中的金额错报。控制偏差虽然增加了金额错报的风险，但两者不是一一对应的关系。如果某项控制偏差更容易导致金额错报，该项控制偏差就更加重要。例如，与被审计单位没有定期对信用限额进行检查相比，如果被审计单位的销售发票出现错误，则注册会计师对后者的容忍度较低。这是因为，被审计单位即使没有对客户的信用限额进行定期检查，其销售收入和应收账款的账面金额也不一定发生错报；但如果销售发票出现错误，通常会导致被审计单位确认的销售收入和其他相关账户金额出现错报。

3. 得出总体结论

在实务中，注册会计师使用统计抽样方法时通常使用公式、表格或计算机程序直接计算在确定的信赖过度风险水平下可能发生的偏差率上限，即估计的总体偏差率与抽样风险允许限度之和。

（1）使用统计公式评价样本结果。表 12-7 列示了在控制测试中常用的风险系数。假定本例中，注册会计师对 56 个项目实施了既定的审计程序，且未发现偏差，则在既定的可接受信赖过度风险下，根据样本结果计算总体最大偏差率如下：

表 12-7　　　　　　　　　　　　　控制测试中常用的风险系数表

样本中发现偏差的数量	信赖过度风险	
	5%	10%
0	3.0	2.3
1	4.8	3.9
2	6.3	5.3
3	7.8	6.7
4	9.2	8.0
5	10.5	9.3
6	11.9	10.6
7	13.2	11.8
8	14.5	13.0
9	15.7	14.2
10	17.0	15.4

总体偏差率上限（MDR）$= \dfrac{R}{n} \times 100\% = \dfrac{风险系数}{样本量} \times 100\% = \dfrac{2.3}{56} \times 100\% = 4.1\%$

其中的风险系数根据可接受的信赖过度风险为 10%，且偏差数量为 0，在表 12-7 中查得为 2.3。

这意味着，如果样本量为 56 且无一例偏差，总体实际偏差率超过 4.1% 的风险为 10%，即有 90% 的把握保证总体实际偏差率不超过 4.1%。由于注册会计师确定的可容忍偏差率为 7%，因此可以得出结论，总体的实际偏差率超过可容忍偏差率的风险很小，总体可以接受。也就是说，样本结果证实注册会计师对控制运行有效性的估计和评估的重大错报风险水平是适当的。

如果在 56 个样本中有 2 个偏差，则在既定的可接受信赖过度风险下，按照公式计算的总体偏差率上限如下：

总体偏差率上限（MDR）$= \dfrac{R}{n} \times 100\% = \dfrac{风险系数}{样本量} \times 100\% = \dfrac{5.3}{56} \times 100\% = 9.5\%$

这意味着，如果样本量为 56 且有 2 个偏差，总体实际偏差率超过 9.5% 的风险为 10%。在可容忍偏差率为 7% 的情况下，注册会计师可以作出结论，总体的实际偏差率超过可容忍偏差率的风险很大，因而不能接受总体。也就是说，样本结果不支持注册会计师对控制运行有效性的估计和评估的重大错报风险水平。注册会计师应当扩大控制测试范围，以证实初步评估结果，或提高重大错报风险评估水平，并增加实质性程序的数量，或者对影响重大错报风险评估水平的其他控制进行测试，以支持计划的重大错报风险评估水平。

（2）使用样本结果评价表。注册会计师也可以使用样本结果评价表评价统计抽样的结果。表 12-8 和表 12-9 分别列示了可接受的信赖过度风险为 5% 和 10% 时的总体偏差率上限。

本例中，注册会计师应当选择可接受的信赖过度风险为 10% 的表（即表 12-9）评价样本结果。样本规模为 56，注册会计师可以选择样本规模为 55 的那一行。当样本中未发现偏差时，应选择偏差数为 0 的那一列，两者交叉处的 4.1% 即为总体的偏差率上限，与利用公式计算的结果 4.1% 相等。此时，由于总体偏差率上限小于本例中的可容忍偏差率 7%，总体可以接受。也就是说，样本结果证实注册会计师对控制运行有效性的估计和评估的重大错报风险水平是适当的。

当样本中发现两个偏差时，应选择偏差数为 2 的那一列，两者交叉处的 9.4% 即为总体的偏差率上限，与利用公式计算的结果 9.5% 相近。此时，总体偏差率上限大于可容忍偏差率，因此不能接受总体。也就是说，样本结果不支持注册会计师对控制运行有效性的估计和评估的重大错报风险水平。注册会计师应当扩大控制测试范围，以证实初步评估结果，或提高重大错报风险评估水平，并增加实质性程序的数量，或者对影响重大错报风险评估水平的其他控制进行测试，以支持计划的重大错报风险评估水平。

二、在控制测试中使用非统计抽样

在控制测试中使用非统计抽样时，抽样的基本流程和主要步骤与使用统计抽样时相同。注册会计师首先必须确定测试目标和审计程序，然后根据测试目标定义总体、抽样单

表 12-8 　　控制测试中统计抽样结果评价——信赖过度风险为 5%时的偏差率上限

样本规模	实际发现的偏差数										
	0	1	2	3	4	5	6	7	8	9	10
25	11.3	17.6	*	*	*	*	*	*	*	*	*
30	9.5	14.9	19.6	*	*	*	*	*	*	*	*
35	8.3	12.9	17.0	*	*	*	*	*	*	*	*
40	7.3	11.4	15.0	18.3	*	*	*	*	*	*	*
45	6.5	10.2	13.4	16.4	19.2	*	*	*	*	*	*
50	5.9	9.2	12.1	14.8	17.4	19.9	*	*	*	*	*
55	5.4	8.4	11.1	13.5	15.9	18.2	*	*	*	*	*
60	4.9	7.7	10.2	12.5	14.7	16.8	18.8	*	*	*	*
65	4.6	7.1	9.4	11.5	13.6	15.5	17.4	19.3	*	*	*
70	4.2	6.6	8.8	10.8	12.6	14.5	16.3	18.0	19.7	*	*
75	4.0	6.2	8.2	10.1	11.8	13.6	15.2	16.9	18.5	20.0	*
80	3.7	5.8	7.7	9.5	11.1	12.7	14.3	15.9	17.4	18.9	*
90	3.3	5.2	6.9	8.4	9.9	11.4	12.8	14.2	15.5	16.8	18.2
100	3.0	4.7	6.2	7.6	9.0	10.3	11.5	12.8	14.0	15.2	16.4
125	2.4	3.8	5.0	6.1	7.2	8.3	9.3	10.3	11.3	12.3	13.2
150	2.0	3.2	4.2	5.1	6.0	6.9	7.8	8.6	9.5	10.3	11.1
200	1.5	2.4	3.2	3.9	4.6	5.2	5.9	6.5	7.2	7.8	8.4

注：①*表示超过 20%。

②本表以百分比表示偏差率上限；本表假设总体足够大。

资料来源　AICPA Audit and Accounting Guide：Audit Sampling（2005）.

表 12-9　　　控制测试中统计抽样结果评价——信赖过度风险为 10%时的偏差率上限

样本规模	实际发现的偏差数										
	0	1	2	3	4	5	6	7	8	9	10
20	10.9	18.1	*	*	*	*	*	*	*	*	*
25	8.8	14.7	19.9	*	*	*	*	*	*	*	*
30	7.4	12.4	16.8	*	*	*	*	*	*	*	*
35	6.4	10.7	14.5	18.1	*	*	*	*	*	*	*
40	5.6	9.4	12.8	16.0	19.0	*	*	*	*	*	*
45	5.0	8.4	11.4	14.3	17.0	19.7	*	*	*	*	*
50	4.6	7.6	10.3	12.9	15.4	17.8	*	*	*	*	*
55	4.1	6.9	9.4	11.8	14.1	16.3	18.4	*	*	*	*
60	3.8	6.4	8.7	10.8	12.9	15.0	16.9	18.9	*	*	*
70	3.3	5.5	7.5	9.3	11.1	12.9	14.6	16.3	17.9	19.6	*
80	2.9	4.8	6.6	8.2	9.8	11.3	12.8	14.3	15.8	17.2	18.6
90	2.6	4.3	5.9	7.3	8.7	10.1	11.5	12.8	14.1	15.4	16.6
100	2.3	3.9	5.3	6.6	7.9	9.1	10.3	11.5	12.7	13.9	15.0
120	2.0	3.3	4.4	5.5	6.6	7.6	8.7	9.7	10.7	11.6	12.6
160	1.5	2.5	3.3	4.2	5.0	5.8	6.5	7.3	8.0	8.8	9.5
200	1.2	2.0	2.7	3.4	4.0	4.6	5.3	5.9	6.5	7.1	7.6

注：①*表示超过 20%。

②本表以百分比表示偏差率上限；本表假设总体足够大。

资料来源　AICPA Audit and Accounting Guide：Audit Sampling（2005）.

元、偏差和测试期间。通常注册会计师还应识别与拟测试控制相关的交易和账户及其认定，为之后的实质性程序作准备。例如，注册会计师的测试目标是确认"采购订购单需经总经理签字确认"这一控制在被审计期间是否运行有效，将总体定义为 2008 年发生的所有采购（以 2008 年签订的所有采购订购单为代表），将抽样单元定义为每份采购订购单，将偏差定义为"采购订购单上没有总经理或其授权人的签字"。

注册会计师应当根据对被审计单位的初步了解，运用职业判断确定样本规模。在非统计抽样中，注册会计师也必须考虑可接受抽样风险、可容忍偏差率、预计总体偏差率以及总体规模等，但可以不对其量化，而只进行定性的估计。

在控制测试中，影响注册会计师可以接受的信赖过度风险的因素包括：

（1）该控制所针对的风险的重要性；

（2）控制环境的评估结果；

（3）针对风险的控制程序的重要性；

（4）证明该控制能够防止、发现和修正认定层次重大错报风险的审计证据的相关性和可靠性；

（5）在与某认定有关的其他控制的测试中获取的证据的范围；

（6）控制的叠加程度；

（7）对控制的观察和询问所获得的答复可能不能准确反映该控制得以持续适当运行的风险。

此外，控制实施的相关期间越长（年或季度），需要测试的样本越多，因为注册会计师需要对整个期间控制的有效性获取证据。控制程序越复杂，需要测试的样本越多。样本规模还取决于所测试的控制的类型，通常对人工控制实施的测试要多过自动化控制，因为人工控制更容易发生错误和偶然的失败；而针对计算机系统的信息技术一般控制只要有效发挥作用，曾经测试过的自动化控制一般都能保持可靠运行。如果所测试的控制包含人工监督和参与（如：偏差报告、分析、评估、数据输入、信息匹配等），则通常比自动化控制需要测试更多的样本。

在控制测试中使用非统计抽样时，注册会计师可以根据表 12-10 确定所需的样本规模。表 12-10 是在预计没有控制偏差的情况下对人工控制进行测试的最低样本数量。考虑到前述因素，注册会计师往往可能需要测试比表中所列更多的样本。例如，对全年共发生 500 次的采购批准控制，如果初步评估控制运行有效，注册会计师至少要测试 25 个样本。如果 25 个样本中没有发现偏差，样本结果支持初步风险评估结果。如果 25 个样本中发现了偏差，样本结果不支持初步风险评估结果；此时注册会计师可以得出控制无效的结论，或考虑扩大样本量（通常是再检查 25 个样本）。如果拟测试的控制是针对相关认定的唯一控制，注册会计师应考虑更大的样本量。

表 12-10   **人工控制最低样本规模表**

控制执行频率	控制发生总次数（次）	最低样本数量（个）
1次/年度	1	1
1次/季度	4	2
1次/月度	12	3
1次/周	52	5
1次/日	250	20
每日数次	大于250	25

有些控制可能执行次数很多，但不是每天都执行。例如，如果某公司实施一种按月执行的控制，该控制针对多个事项（某人每月对该公司的所有 50 个银行账户编制银行存款余额调节表）。在此情况下，首先把信息换算成对应的控制发生总次数，也就是 12 个月乘以 50 个即 600 个，然后从表格中选择对应的行。此时，600 是个大规模的抽样总体，应采用"每日数次"这一行来确定样本规模。

【实例12-5】（单选题）在审计应付账款项目时，注册会计师发现甲公司有25家供应商，在甲公司的内部控制中规定了要在每个月月末向供应商寄发对账单，核对本企业账簿记录中的记载是否正确。A注册会计师决定采用非统计抽样方法对甲公司这项控制的执行情况进行测试，那么A注册会计师应参照（　　）的控制执行频率来确定样本规模。

　　A.每月1次　　　　B.每周1次　　　　C.每日1次　　　　D.每日数次

　　分析：D。注册会计师进行抽样的控制总体规模为300（25×12），大于250，应参照每日数次的控制执行频率来确定样本规模，故选项D正确。

在确定被审计单位自动控制的测试范围时，如果支持其运行的信息技术一般控制有效，注册会计师测试一次应用程序控制便可能足以获得对控制有效运行的较高的保证水平。

在非统计抽样方法中，注册会计师可以使用随机数表或计算机辅助审计技术选样、系统选样，也可以使用随意选样。非统计抽样只要求选出的样本具有代表性，并不要求必须是随机样本。

与统计抽样相同，在非统计抽样中也应当对选取的样本项目实施审计程序，并对发现的偏差进行定性分析。在非统计抽样中，注册会计师同样将样本的偏差率作为总体偏差率的最佳估计。但在非统计抽样中，抽样风险无法直接计量。注册会计师通常将样本偏差率（即估计的总体偏差率）与可容忍偏差率相比较，以判断总体是否可以接受。

假设被审计单位2017年发生了500笔采购交易，注册会计师初步评估该控制运行有效，那么所需的样本数量至少是25个。如果在25个样本中没有发现偏差，那么控制测试的样本结果支持计划的控制运行有效性和重大错报风险的评估水平。如果在25个样本中发现了1个偏差，注册会计师有两种处理办法：其一，认为控制没有有效运行，控制测试样本结果不支持计划的控制运行有效性和重大错报风险的评估水平，因而提高重大错报风险评估水平，增加对相关账户的实质性程序；其二，再测试25个样本，如果其中没有再发现偏差，可以得出样本结果支持控制运行有效性和重大错报风险的初步评估结果，反之则证明控制无效。

第四节　实质性程序中常用的抽样方法

一、在细节测试中使用非统计抽样

（一）样本设计阶段

实施细节测试时，注册会计师在样本设计阶段必须完成的工作包括四个环节：确定测试目标、定义总体、定义抽样单元以及界定错报。

1.明确测试目标

在细节测试中，抽样通常用来为有关财务报表金额的一项或多项认定提供特定水平的合理保证（如应收账款的存在性）。因而细节测试旨在对各类交易、账户余额、列报的相关认定进行测试，尤其是对存在或发生、计价认定的测试。注册会计师实施审计程序的目标就是确定相关认定是否存在重大错报。通过在账户余额中选取项目进行测试，注册会计师可以检查出那些虚构项目、余额中不应包含的项目（分类错误的项目）以及估价错误的项目。

2. 定义总体

（1）考虑总体的适当性和完整性。注册会计师应确信抽样总体适合于特定的审计目标。例如，注册会计师如果对已记录的项目进行抽样，就无法发现由于某些项目被隐瞒而导致的金额低估。为发现这类低估错报，注册会计师应从包含被隐瞒项目的来源选取样本。例如，注册会计师可能对随后的现金支付进行抽样，以测试由隐瞒采购所导致的应付账款账面金额低估；或者对装运单据进行抽样，以发现由已装运但未确认为销售的交易所导致的低估销售收入问题。

注册会计师实际上是从代表总体的实物中选取样本项目。如果注册会计师将总体定义为特定日期的所有应收账款余额，那么代表总体的实物则可能就是该日的应收账款明细账。注册会计师要考虑代表总体的实物是否包括了所有总体项目。

（2）识别单个重大项目（超过可容忍错报应该单独测试的项目）和极不重要的项目。在细节测试中计划抽样时，注册会计师应当运用职业经验，判断某账户余额或交易类型中是否存在及存在哪些应该单独测试而不能放在抽样总体中的项目。某一项目可能由于存在特别风险或者金额较大而应被视为单个重大项目。注册会计师应当对单个重大项目逐一实施检查，以将抽样风险控制在合理的范围。单个重大项目包括哪些潜在错报可能超过可容忍错报的所有单个项目，以及异常的余额或交易。注册会计师进行单独测试的所有项目都不构成抽样总体。增加单独测试的账户可以减少样本规模。因此单独测试的账户越多，拟抽样的剩余总体越小，可容忍错报占抽样总体的比例越高。

如果主要关注高估，注册会计师会发现总体中有些项目加总起来是不重要的，或者被认为代表较低的固有风险，可以从抽样计划中剔除这些项目，以集中精力于与审计相关度更高的项目，必要时可以对固有风险很低的项目实施分析程序。

3. 定义抽样单元

在细节测试中，注册会计师应根据审计目标和所实施审计程序的性质，定义抽样单元。抽样单元可能是一个账户余额、一笔交易或交易中的一个记录（如销售发票中的单个项目），甚至是每个货币单元。例如，如果抽样的目标是测试应收账款是否存在，注册会计师可能选择各应收账款明细账余额、发票或发票上的单个项目作为抽样单元。选择的标准是，如何定义抽样单元能使审计抽样实现最佳的效率和效果。

注册会计师定义抽样单元时也应考虑实施计划的审计程序或替代程序的难易程度。如果将抽样单元界定为客户明细账余额，当某客户没有回函证实该余额时，注册会计师可能需要对构成该余额的每一笔交易进行测试。因此，如果将抽样单元界定为构成应收账款余额的每笔交易，审计抽样的效率可能更高。

4. 界定错报

在细节测试中，误差是指错报，注册会计师应根据审计目标，确定什么构成错报。例如，在对应收账款存在性的细节测试中（如函证），客户在函证日之前支付、被审计单位在函证日之后不久收到的款项不构成误差。而且，被审计单位在不同客户之间误登明细账也不影响应收账款总账余额。即使在不同客户之间误登明细账可能对审计的其他方面（如对舞弊的可能性或坏账准备的适当性的评估）产生重要影响，注册会计师在评价应收账款函证程序的样本结果时也不宜将其判定为误差。在审计抽样中，注册会计师应根据审计目标界定错报。如果错报定义为账面金额与注册会计师审定金额之间的差异，不符合相关特征的差异就不是错报。例如，在登记明细账时发生的差错如果不导致账户余额合计数发生错误，就不属于错报。注册会计师还要将被审计单位自己发现并已在适当期间予以更正的错报排除在外。

（二）选取样本阶段

1. 确定样本规模

（1）影响样本规模的因素。如果在细节测试中使用非统计抽样，注册会计师在确定适当的样本规模时，即使注册会计师无法明确地量化这些因素也需要考虑相关的影响因素，如总体变异性、可接受抽样风险、可容忍错报、预计总体错报以及总体规模等。

①总体变异性。总体项目的某一特征（如金额）经常存在重大的变异性。在细节测试中确定适当的样本规模时，注册会计师应考虑特征的变异性。注册会计师通常根据项目账面金额的变异性估计总体项目审定金额的变异性。衡量这种变异或分散程度的指标是标准差。注册会计师在使用非统计抽样时，不需量化期望的总体标准差，但要用"大"或"小"等定性指标来估计总体的变异性。通常总体项目的变异性越低，样本规模越小。

②可接受抽样风险。细节测试中的抽样风险分为两类：误受风险和误拒风险。在细节测试中使用非统计抽样方法时，注册会计师主要关注误受风险。

在确定可接受的误受风险水平时，注册会计师需要考虑下列因素：

a. 注册会计师愿意接受的审计风险水平；

b. 评估的重大错报风险水平；

c. 针对同一审计目标（财务报表认定）的其他实质性程序的检查风险，包括分析程序。

在实务中，注册会计师愿意承担的审计风险通常为 5%~10%。当审计风险既定时，如果注册会计师将重大错报风险评估为低水平，就可以在实质性程序中接受较高的误受风险。当可接受的误受风险增加时，实质性程序所需的样本规模降低。相反，如果注册会计师评估的重大错报风险水平较高，可接受的误受风险降低，所需的样本规模就增加。

注册会计师对其他实质性程序的依赖程度对样本规模的影响与此类似，其他实质性程序包括与同一审计目标相关的分析程序。

在细节测试中，误拒风险与审计的效率有关，如果注册会计师决定接受一个较高的误拒风险，所需的样本规模降低。在设计样本时，与控制测试中对信赖不足风险的关注相比，注册会计师在细节测试中对误拒风险的关注程度通常更高。如果控制测试中的样本结果不支持计划的重大错报风险评估水平，注册会计师可以实施其他的控制测试以支持计划的重大错报风险评估水平，或根据测试结果提高重大错报风险评估水平。由于替代审计程序比较容易获得，因此，对控制信赖不足给注册会计师和被审计单位造成的不便通常相对较小。但是，如果在某类交易或账户余额的账面金额可能不存在重大错报时根据样本结果得出存在重大错报的结论，注册会计师采用替代方法可能花费的成本高得多。通常，注册会计师需要与被审计单位的人员进一步讨论，并实施额外的审计程序。

③可容忍错报。可容忍错报与注册会计师计划的重要性水平有关。某账户的可容忍错

报实际上就是该账户的重要性水平。对特定的账户余额或交易类型而言，当误受风险一定时，如果注册会计师确定的可容忍错报降低，为实现审计目标所需的样本规模就增加。

④预计总体错报。在确定细节测试所需的样本规模时，注册会计师还需要考虑预计在账户余额或交易中存在的错报金额和频率。预计总体错报的规模或频率降低，所需的样本规模也降低。相反，预计总体错报的规模或频率增加，所需的样本规模也增加。

注册会计师在运用职业判断确定预计错报额时，应当考虑被审计单位的经营状况、以前年度对账户余额或交易类型进行测试的结果、初始样本的结果、相关实质性程序的结果以及相关控制测试的结果等因素。

⑤总体规模。总体中的项目数量在细节测试中对样本规模的影响很小。因此，按总体的固定百分比确定样本规模通常缺乏效率。

（2）利用模型确定样本规模。注册会计师在细节测试中可以用来确定样本规模的模型如下：

$$样本规模=\frac{总体账面金额}{可容忍错报}\times保证系数$$

本模型只用于说明计划抽样时考虑的各种因素对样本规模的影响，它不能代替职业判断。注册会计师使用本模型时，需要在下列方面运用职业判断：

①评估重大错报风险；

②确定可容忍错报；

③估计预计总体错报；

④评估其他实质性程序未能发现重大错报的风险；

⑤剔除百分之百检查的项目后估计总体的账面金额；

⑥调整确定样本规模。

对本模型计算的样本规模进行适当调整后，注册会计师可以确定非统计抽样所需的适当样本规模。注册会计师应考虑到，本模型基于具有高度统计效率和高度分层的抽样方法，因此应根据非统计抽样中分层程度等因素对样本规模进行调整，以体现非统计抽样方法和所使用的统计抽样方法的差异。

使用本模型时确定样本规模的步骤如下：

①考虑重大错报风险，将其评估为最高、高、中和低四个等级。

②确定可容忍错报。

③评估用于测试相同认定的其他实质性程序（如分析程序）未能发现该认定中重大错报的风险。

a.最高——没有实施其他实质性程序测试相同认定；

b.高——预计用于测试相同认定的其他实质性程序不能有效地发现该认定中的重大错报；

c.中——预计用于测试相同认定的其他实质性程序发现该认定中重大错报的有效程度适中；

d.低——预计用于测试相同认定的其他实质性程序能有效地发现该认定中的重大错报。

④剔除百分之百检查的所有项目后估计总体账面金额。

⑤从表 12-11 中选择适当的保证系数，并使用下列公式估计样本规模：

表 12-11 　　　　　　　　　　　　**保证系数表**

评估的重大错报风险	其他实质性程序未能发现重大错报的风险			
	最高	高	中	低
最高	3.0	2.7	2.3	2.0
高	2.7	2.4	2.0	1.6
中	2.3	2.1	1.6	1.2
低	2.0	1.6	1.2	1.0

$$样本规模 = \frac{总体账面金额}{可容忍错报} \times 保证系数$$

⑥调整估计的样本规模，以反映非统计方法与本模型使用的统计方法在效率上的差异。

在实务中，如果样本不是以有效的统计方式选取，注册会计师调整样本规模的幅度通常在 10% ~ 50%。

2.选取样本并对其实施审计程序

在非统计抽样方法中，注册会计师可以使用随机数表或计算机辅助审计技术选样、系统选样，也可以使用随意选样。注册会计师应当仔细选取样本，以使样本能够代表抽样总体的特征。在选取样本之前，注册会计师通常先识别单个重大项目。然后，从剩余项目中选取样本，或者对剩余项目分层，并将样本规模相应分配给各层。注册会计师从每一层中选取样本，但选取的方法应当能使样本具有代表性。注册会计师应对选取的每一个样本实施计划的审计程序。

分层使具有相同特征的个体样本被包含在一个层中，从而降低了样本个体的可变性，同时，对于既定的抽样风险，样本规模能够最小化。因此，必须对总体分层进行评估，否则可能会因为样本太小而不能有效控制抽样风险。利用总体金额来评估是否应对总体进行分层的方法通常非常简便。为了进行评估，注册会计师通常应按照金额升序或降序的方式对总体项目进行排序，将总体分为金额大约相等的两个部分。如果各部分中存在明显不成比例的项目数，那么应对其进行分层。

例如，审计抽样的总体为 22 000 000 元，含 1 500 个项目，被分为 11 200 000 元和 10 800 000 元两个金额大约相等的部分。如果两部分分别有 300 个和 1 200 个项目，则需要对其进行分层。如果一个含有项目数为 570 个，而另一个为 630 个，那么不需要分层。

如果总体还需要分层，那么注册会计师也可能考虑用三层对总体进行评估。评估的过程仍然相同，只是需要把金额分成大约相同的三部分。如果三个部分中的项目数量明显不成比例，则应使用三层而不是两层。大多数审计项目没有必要分三层以上。

（三）评价样本结果阶段

1.考虑错报的性质和产生原因

除了评价错报的频率和金额之外，注册会计师还要对错报进行定性分析，分析错报的性质和产生原因，判断其对财务报表重大错报的影响。

2. 推断总体错报

当实施细节测试时，注册会计师应当根据样本中发现的错报推断总体错报。在非统计抽样中，根据样本中发现的错报金额推断总体错报金额的方法有多种，注册会计师可以从中选择其一。下面介绍两种常用的方法。

第一种方法是比率法，即用样本中的错报金额除以该样本中包含的账面金额占总体账面金额的比例。例如，注册会计师选取的样本可能包含了应收账款账户账面金额的10%。如果注册会计师在样本中发现了100元的错报，其对总体错报的最佳估计为1 000元（100÷10%）。这种方法不需使用总体规模。比率估计法在错报金额与抽样单元金额相关时最为适用，是大多数审计抽样中注册会计师首选的总体推断方法。

第二种方法是差异法，即计算样本中所有项目审定金额和账面金额的平均差异，并推断至总体的全部项目。例如，注册会计师选取的非统计抽样样本为100个项目。如果注册会计师在样本中发现的错报为200元，样本项目审定金额和账面金额的平均差异则为2元（200÷100）。然后注册会计师可以用总体规模（5 000）乘以样本项目的平均差异（2元），以估计总体的错报金额。注册会计师估计的总体错报则为10 000元（5 000×2）。差异估计法通常更适用于错报金额与抽样单元本身而不是与其金额相关的情况。

如果注册会计师在设计样本时将进行抽样的项目分为几组，则要在每组分别推断错报，然后将各组推断的金额加总，计算估计总体错报。注册会计师还要将在进行百分之百检查的个别重大项目中发现的所有错报与推断的错报金额汇总。

3. 考虑抽样风险并得出总体结论

注册会计师应当将推断的总体错报金额与百分之百检查的项目中所发现的错报加总，并要求被审计单位调整已经发现的错报。依据被审计单位已更正的错报对推断的总体错报金额进行调整后，注册会计师要将其与该类交易或账户余额的可容忍错报相比较，并适当考虑抽样风险，以评价样本结果。如果推断的错报总额低于账户余额或交易类型的可容忍错报，注册会计师要考虑即使总体的实际错报金额超过可容忍错报，仍可能出现这一情况的风险。例如，如果1 000 000元的某账户余额的可容忍错报为50 000元，根据适当的样本推断的总体错报为10 000元，由于推断的总体错报远远低于可容忍错报，注册会计师可能合理确信，总体实际错报金额超过可容忍错报的抽样风险很低，因而可以接受。另一方面，如果推断的错报金额接近或超过可容忍错报，注册会计师通常得出总体实际错报超过可容忍错报的结论。

在非统计抽样中，注册会计师运用其经验和职业判断进行这种评价。但是，当推断的错报与可容忍错报的差距既不很小又不很大时，注册会计师应当仔细考虑，实际错报超过可容忍错报的风险是否高得无法接受。

如果样本结果不支持总体账面金额，且注册会计师认为账面金额可能存在错报，注册会计师在评价财务报表整体是否存在重大错报时，应当将错报与其他审计证据一起考虑。通常，注册会计师会建议被审计单位对错报进行调查，且在必要时调整账面记录。

（四）记录抽样程序

注册会计师要记录所实施的审计程序，以形成审计工作底稿。在实质性程序中使用审计抽样时，注册会计师通常记录下列内容：

（1）测试目标和对与此目标相关的其他审计程序的描述；

（2）总体和抽样单元的定义，包括注册会计师如何确定总体的完整性；

（3）错报的定义；

（4）误受风险、误拒风险和可容忍错报；

（5）使用的审计抽样方法；

（6）选样方法；

（7）描述抽样程序的实施，以及样本中发现的错报清单；

（8）对样本的评价和总体结论摘要。

对样本的评价和总体结论摘要可能包含根据样本中发现的错报推断总体，对注册会计师如何考虑抽样风险的解释，以及关于总体的最终结论。工作底稿也可记录注册会计师对错报的性质方面的考虑。

（五）非统计抽样示例

假设某会计师事务所的注册会计师拟通过函证测试 ABC 公司 2015 年 12 月 31 日应收账款余额的存在认定。ABC 公司 2015 年 12 月 31 日应收账款账户剔除贷方余额账户和零余额账户后的借方余额共计 2 410 000 元，由 1 651 个借方账户组成。

注册会计师初步确定的被审计单位财务报表层次重要性水平为 280 000 元。注册会计师以此为基础，根据被审计单位特点、风险评估结果和内部控制运行有效性等因素，确定可容忍错报水平为 140 000 元。

注册会计师将总体定义为 2015 年 12 月 31 日剔除贷方余额账户和零余额账户以及剔除单个重大项目和极不重要项目之后的应收账款余额，代表总体的实物是 2015 年 12 月 31 日剔除单个重大项目和极不重要项目之后的应收账款借方余额明细账账户。注册会计师定义的抽样单元是每个应收账款明细账账户。

注册会计师将重大项目定义为账面金额在 140 000 元以上的所有应收账款明细账账户，并决定对其进行单独测试；将极不重要项目定义为账面金额在 1 000 元以下的所有应收账款明细账账户，并决定对其不实施审计程序。剔除重大项目和极不重要项目后抽样总体变成 2 200 000 元，包括 1 500 个账户（见表 12-12）。

表 12-12   抽样总体

项目分类	项目数量（个）	总金额（元）
重大项目	1	200 000
极不重要项目	150	10 000
抽样总体	1 500	2 200 000
合计	1 651	2 410 000

注册会计师将错报界定为被审计单位不能合理解释并提供相应依据的、应收账款账面金额与注册会计师实施抽样所获得的审计证据所支持的金额之间的差异（高估）。错报不包括明细账户之间的误记、在途款项，以及被审计单位已经修改的差异。

注册会计师将应收账款存在认定的重大错报风险水平评估为"中"，且由于没有对应收账款的存在认定实施与函证目标相同的其他实质性程序而将"其他实质性程序的检查风险"评估为"最高"。根据表 12-11 得到的保证系数为 2.3。

注册会计师根据下列算式估计样本规模：

2 200 000÷140 000×2.3=36（个）

注册会计师将抽样总体分成金额大致相等的两层，发现两层分别包含的项目数量相差很大，因此决定分层。注册会计师将 36 个样本平均分配到这两个账面金额大致相等的层，每层 18 个样本。因此，注册会计师从第一层 300 个账户中选取 18 个，从第二层 1 200 个账户中也选取 18 个。样本分层情况见表 12-13。

表 12-13　　　　　　　　　　样本分层表

层	层账面总额（元）	层账户数量（个）	层样本规模（个）
第一层	1 120 000	300	18
第二层	1 080 000	1 200	18
合计	2 200 000	1 500	36

注册会计师向 37 个客户寄发了询证函，包括 1 个重大项目和 36 个选出的样本。重大项目中存在的错报为 1 034 元。36 个样本中发现的错报见表 12-14。

表 12-14　　　　　　　　　　样本错报汇总表

层	层样本账面总额（元）	层样本错报额（元）	层样本错报数量（个）	层错报额（元）
第一层	124 900	2 400	2	21 521
第二层	30 500	550	1	19 475
合计	155 400	2 950	3	40 996

注：层错报额=层样本错报额÷层样本账面总额×层账面总额。

注册会计师利用比率法推断的总体错报额为 40 996 元，加上重大项目中发现的错报 1 034 元，计算出错报总额为 42 030 元。注册会计师将推断的错报总额 42 030 元与可容忍错报 140 000 元比较，认为应收账款借方账面余额发生的错报超过可容忍错报的风险很少，因此总体可以接受。也就是说，即使在其推断的错报上加上合理的抽样风险允许限度，也不会出现一个超过可容忍错报的总额。注册会计师调查了错报的性质和原因，确定它们是由笔误所导致的，因此不代表额外的审计风险。

注册会计师得出结论，样本结果支持应收账款账面余额。但是，注册会计师还应将根据样本结果推断的错报与其他已知和可能的错报汇总，以评价财务报表整体是否可能存在重大错报。

二、传统变量抽样

注册会计师在细节测试中使用的统计抽样方法主要包括传统变量抽样和概率比例规模抽样法（以下简称 PPS 抽样）。两种统计抽样方法的区别主要体现在确定样本规模和推断总体两个方面。

（一）传统变量抽样的具体方法

传统变量抽样在确定样本规模时需要量化可接受的抽样风险、可容忍错报、预计总体错报等影响因素，并代入专门的统计公式中计算所需的样本数量。根据推断总体的方法不同，传统变量抽样又可以分为三种具体的方法：均值估计抽样、差额估计抽样和比率估计抽样。

1. 均值估计抽样

均值估计抽样是指通过抽样审查确定样本的平均值，再根据样本平均值推断总体的平均值和总值的一种变量抽样方法。使用这种方法时，注册会计师先计算样本中所有项目审定金额的平均值，然后用这个样本平均值乘以总体规模，得出总体金额的估计值。总体估计金额和总体账面金额之间的差额就是推断的总体错报。例如，注册会计师从总体规模为1 000个项目、账面金额为1 000 000元的存货项目中选择了200个项目作为样本。在确定了正确的采购价格并重新计算了价格与数量的乘积之后，注册会计师将200个样本项目的审定金额加总后除以200，确定样本项目的平均审定金额为980元。然后计算估计的存货余额为980 000元（980×1 000），推断的总体错报就是20 000元（1 000 000-980 000）。

2. 差额估计抽样

差额估计抽样是以样本实际金额与账面金额的平均差额来估计总体实际金额与账面金额的平均差额，然后再以这个平均差额乘以总体规模，从而求出总体的实际金额与账面金额的差额（即总体错报）的一种方法。差额估计抽样的计算公式如下：

$$平均错报 = \frac{样本实际金额 - 账面金额}{样本规模}$$

推断的总体错报=平均错报×总体规模

使用这种方法时，注册会计师先计算样本项目的平均错报，然后根据这个样本平均错报推断总体。例如，注册会计师从总体规模为1 000个存货项目中选取了200个项目进行检查。总体的账面金额总额为1 040 000元。注册会计师逐一比较200个样本项目的审定金额和账面金额并计算账面金额（208 000元）和审定金额（196 000元）之间的差异，用差额12 000元除以样本项目个数200，得到样本平均错报60元。然后注册会计师用这个平均错报乘以总体规模，计算出总体错报为60 000元（60×1 000）。

3. 比率估计抽样

比率估计抽样是指以样本的实际金额与账面金额之间的比率关系来估计总体实际金额与账面金额之间的比率关系，然后再以这个比率去乘总体的账面金额，从而求出估计的总体实际金额的一种抽样方法。比率估计抽样的计算公式如下：

$$比率 = \frac{样本审定金额}{样本账面金额}$$

估计的总体实际金额=总体账面金额×比率

推断的总体错报=估计的总体实际金额-总体账面金额

如果上例中注册会计师使用比率估计抽样，样本审定金额与样本账面金额的比例则为0.94（196 000÷208 000）。注册会计师用总体的账面金额乘以该比例0.94，得到估计的存货余额为977 600元（1 040 000×0.94）。推断的总体错报则为62 400元（1 040 000-977 600）。

如果未对总体进行分层，注册会计师通常不使用均值估计抽样，因为此时所需的样本规模可能太大，以至于对一般的审计而言不符合成本效益原则。比率估计抽样和差额估计抽样都要求样本项目存在错报。如果样本项目的审定金额和账面金额之间没有差异，这两种方法使用的公式所隐含的机理就会导致错误的结论。如果注册会计师决定使用统计抽样，且预计只发现少量差异，就不应使用比率估计抽样和差额估计抽样，而应考虑使用其他的替代方法，如均值估计抽样或 PPS 抽样。

设计传统变量抽样所需的数学计算，包括样本规模的计算，对于手工应用来说显得复杂且困难。注册会计师在使用传统变量抽样时通常运用计算机程序确定样本规模，一般不需懂得这些方法所用的数学公式。注册会计师在确定样本规模时要考虑可容忍错报和误受风险，有时也需要考虑误拒风险。

（二）传统变量抽样示例

下面以 XYZ 公司审计中的积极函证为例，来说明差额估计抽样的运用。XYZ 公司的背景资料如下：在账龄试算表中总共列示了 4 000 笔应收账款，账面价值合计为 600 000 元。注册会计师认为该公司的内部控制存在薄弱环节，并预期审计中还将会在账面金额中发现大量的小额错报。其总资产为 2 500 000 元，税前净收益为 400 000 元。由于财务报表的使用者有限，并且 XYZ 公司的财务状况良好，因此可接受的审计风险较高，分析程序的结果表明没有重大问题。在整个讨论过程中，均假定所有的函证都有答复或都已执行了有效的替代程序。因此，样本规模就是寄出的积极函证的数量。

注册会计师对 XYZ 公司进行审计测试的目标是确定在考虑坏账准备之前的应收账款是否存在重大错报。由于应收账款数目较大，决定采用审计抽样。XYZ 公司应收账款的总体容量为 4 000 笔。注册会计师确定的可容忍错报额为 21 000 元。

在 XYZ 公司应收账款审计中，注册会计师要确定两类风险：

一类是可接受的误受风险，是指在应收账款实际错报额超过 21 000 元时，认为应收账款金额正确的风险。它受可接受的审计风险、控制测试和交易实质性程序的结果、分析程序和应收账款在财务报表中的相对重要性等方面的影响。在 XYZ 公司审计中，采用 10%的可接受的误受风险。

另一类是可接受的误拒风险，是指在应收账款实际上没有发生重大错报时，注册会计师认为应收账款不正确而拒绝接受的风险。它受重新抽样所要追加的成本影响。由于进行第二次函证的成本很高，因此采用 25%的可接受的误拒风险。对于那些增加样本规模的成本不是很高的审计测试，通常采用较高的可接受的误拒风险。

注册会计师根据以前年度的审计测试结果，确定 XYZ 公司的预计总体错报为 1 500 元（高估）。

由于在确定初始样本规模时，需要预先估计总体中个别错报的变动程度，它是以总体标准差来衡量的，因此注册会计师根据以前年度的审计测试结果，估计 XYZ 公司的总体标准差为 20 元。

现在，XYZ 公司的初始样本规模可用下列公式计算：

$$n=\left[\frac{SD^*(Z_A+Z_R)N}{TM-E^*}\right]^2$$

式中：n——初始样本规模；

SD*——预先估计的标准差；

Z_A——可接受的误受风险的置信系数（见表 12-15）；

Z_R——可接受的误拒风险的置信系数（见表 12-15）；

N——总体规模；

TM——总体可容忍错报（重要性）；

E*——预计总体错报。

表 12-15   置信度、可接受的误受风险、可接受的误拒风险的置信系数表

置信度（%）	可接受的误受风险（%）	可接受的误拒风险（%）	置信系数
99	0.5	1	2.58
95	2.5	5	1.96
90	5	10	1.64
80	10	20	1.28
75	12.5	25	1.15
70	15	30	1.04
60	20	40	0.84
50	25	50	0.67
40	30	60	0.52
30	35	70	0.39
20	40	80	0.25
10	45	90	0.13
0	50	100	0

将该公式应用于 XYZ 公司，得：

$$n=\left[\frac{20\times(1.28+1.15)\times4\ 000}{21\ 000-1\ 500}\right]^2=(9.97)^2=100$$

注册会计师运用前面所讨论的选样方法之一随机选取了 100 个样本项目进行函证。表 12-16 列示了注册会计师计算总体错报界限的过程。

计算的总体错报界限等于错报总额的点估计值加减抽样风险允许限度。在本例中，计算的总体错报上限为 19 840 元，表示总体高估超过 19 840 元的风险是 10%，计算的总体错报下限为-1 760 元，表示总体低估超过 1 760 元的风险是 10%。由于错报的双边置信区间完全落入了正负可容忍错报范围内，那么账面价值没有重大错报的假设就可以接受。因此，应收账款的账面价值是可以接受的。

三、PPS 抽样

细节测试中运用的两种统计抽样方法，即传统变量抽样和 PPS 抽样，都能为注册会计师实现审计目标提供充分的证据。但在有些情况下，PPS 抽样比传统变量抽样更实用。

表 12-16　　　　　　　　　　　**总体错报界限的计算表**

步骤	统计公式	以XYZ公司为例
1. 取得一样本容量为 n 的随机样本	n=样本规模	从包含4 000个账户的账龄试算表中随机选取100笔应收账款
2. 确定样本中的每项错报值		75个账户经客户证实,其余25个账户采用替代程序验证。在调整了时间性差异和顾客的错误后,确定了下列12个项目是客户的错误（带括号的为低估错报） 1. 12.75　2. (69.46)　3. 85.28 4. 100.00　5. (27.30)　6. 41.06 7. (0.87)　8. 24.32　9. 36.59 10. (102.16)　11. 54.71　12. 71.56 合计：226.48
3. 计算错报总额的点估计值	$\bar{e}=\dfrac{\sum e_j}{n}$ $\hat{E}=N\bar{e}$或$N\dfrac{\sum e_j}{n}$ 式中： $\bar{e}$——样本中的平均错报额； $\sum$——合计； e_j——样本中的个别错报； n——样本规模； $\hat{E}$——错报总额的点估计值； N——总体容量	$\bar{e}=226.48\div100=2.26$ $\hat{E}=4\ 000\times2.26=9\ 040$（元） 或$\hat{E}=4\ 000\times(226.48\div100)=9\ 040$（元）
4. 根据样本计算错报的总体标准差	$SD=\sqrt{\dfrac{\sum(e_j)^2-n(\bar{e})^2}{n-1}}$ 式中： SD——标准差； e_j——样本中的个别错报； n——样本规模； $\bar{e}$——样本中的平均错报额	e_j　　四舍五入至整元　　$(e_j)^2$ 1.　　13　　169 2.　　(69)　　4 761 3.　　85　　7 225 4.　　100　　10 000 5.　　(27)　　729 6.　　41　　1 681 7.　　(1)　　1 8.　　24　　576 9.　　37　　1 369 10.　　(102)　　10 404 11.　　55　　3 025 12.　　72　　5 184 　　　228　　45 124 $SD=\sqrt{\dfrac{45\ 124-100\times(2.26)^2}{99}}\approx21.2$

步骤	统计公式	以XYZ公司为例
5. 计算期望置信度的总体错报总额估计值的抽样风险允许限度	$CSR=NZ_A\dfrac{SD}{\sqrt{n}}\sqrt{\dfrac{N-n}{N}}$ 式中： CSR——计算的抽样风险允许限度； N——总体容量； Z_A——可接受的误受风险的置信系数（见表12-17）； SD——总体标准差； n——样本规模； $\sqrt{\dfrac{N-n}{N}}$——有限修正系数	$CSR=4\ 000\times1.28\times\dfrac{21.2}{\sqrt{100}}\times\sqrt{\dfrac{4\ 000-100}{4\ 000}}$ $=4\ 000\times1.28\times\dfrac{21.2}{10}\times0.99$ $=4\ 000\times1.28\times2.12\times0.99$ $\approx10\ 800$
6. 计算期望置信度的总体错报界限	$UCL=\hat{E}+CSR$ $LCL=\hat{E}-CSR$ 式中： UCL——计算的总体错报上限； LCL——计算的总体错报下限； $\hat{E}$——错报总额的点估计值； CSR——期望置信度上计算的抽样风险允许限度	$UCL=9\ 040+10\ 800=19\ 840$ $LCL=9\ 040-10\ 800=-1\ 760$

（一）PPS 抽样的概念

PPS 抽样是一种运用属性抽样原理对货币金额而不是对发生率得出结论的统计抽样方法。PPS 抽样以货币单元作为抽样单元，有时也被称为金额加权抽样、货币单元抽样、累计货币金额抽样以及综合属性变量抽样等。在该方法下总体中的每个货币单元被选中的机会相同，所以总体中某一项目被选中的概率等于该项目的金额与总体金额的比率。项目金额越大，被选中的概率就越大。但实际上注册会计师并不是对总体中的货币单元实施检查，而是对包含被选取货币单元的余额或交易实施检查。注册会计师检查的余额或交易被称为逻辑单元或实物单元。PPS 抽样有助于注册会计师将审计重点放在较大的余额或交易上。此抽样方法之所以得名，是因为总体中每一余额或交易被选取的概率与其账面金额（规模）成比例。

注册会计师进行 PPS 抽样必须满足两个条件：第一，总体的错报率很低（低于10%），且总体规模在 2 000 个以上。这是 PPS 抽样使用的泊松分布的要求。第二，总体中任一项目的错报不能超过该项目的账面金额。这就是说，如果某账户的账面金额是 100元，其错报金额不能超过 100 元。

（二）PPS 抽样的优缺点

除了具备统计抽样的一般优点之外，PPS 抽样还具有一些特殊之处。了解 PPS 抽样的优点和不足有助于注册会计师确定在测试中是否使用 PPS 抽样。

PPS 抽样的优点包括下列方面：

（1）PPS 抽样一般比传统变量抽样更易于使用。由于 PPS 抽样以属性抽样原理为基础，注册会计师可以很方便地计算样本规模，手工或使用量表评价样本结果。样本的选取可以在计算机程序或计算器的协助下进行。

（2）PPS 抽样可以如同大海捞针一样发现极少量的大额错报，原因在于它通过将少量的大额实物单元拆成数量众多、金额很小的货币单元，从而赋予大额项目更多的被选入样本的机会。

（3）PPS 抽样的样本规模不需考虑被审计金额的预计变异性。传统变量抽样的样本规模是在总体项目共有特征的变异性或标准差的基础上计算的。PPS 抽样在确定所需的样本规模时不需要直接考虑货币金额的标准差。

（4）PPS 抽样中项目被选取的概率与其货币金额大小成比例，因而生成的样本自动分层。如果使用传统变量抽样，注册会计师通常需要对总体进行分层，以减小样本规模。在 PPS 抽样中，如果项目金额超过选样间距，PPS 系统选样自动识别所有单个重大项目。

（5）如果注册会计师预计错报不存在或很小，PPS 抽样的样本规模通常比传统变量抽样方法更小。

（6）PPS 抽样的样本更容易设计，且可在能够获得完整的总体之前开始选取样本。

PPS 抽样的缺点包括下列方面：

（1）PPS 抽样要求总体每一实物单元的错报金额不能超出其账面金额。

（2）在 PPS 抽样中，被低估的实物单元被选取的概率更低。PPS 抽样不适用于测试低估。如果注册会计师在 PPS 抽样的样本中发现低估，在评价样本时需要特别考虑。

（3）对零余额或负余额的选取需要在设计时特别考虑。例如，如果准备对应收账款进行抽样，注册会计师可能需要将贷方余额分离出去，作为一个单独的总体。如果检查零余额的项目对审计目标非常重要，注册会计师需要单独对其进行测试，因为零余额在 PPS 抽样中不会被选取。

（4）当总体中错报数量增加时，PPS 抽样所需的样本规模也会增加。在这些情况下，PPS 抽样的样本规模可能大于传统变量抽样所需的规模。

（5）当发现错报时，如果风险水平一定，PPS 抽样在评价样本时可能高估抽样风险的影响，从而导致注册会计师更可能拒绝一个可接受的总体账面金额。

（6）在 PPS 抽样中注册会计师通常需要逐个累计总体金额。但如果相关的会计数据以电子形式储存，就不会额外增加大量的审计成本。

（三）PPS 中确定样本规模的方法

1.公式法

在 PPS 抽样中，注册会计师根据下列公式计算样本规模：

$$样本规模（n）= \frac{总体账面价值 \times 风险系数}{可容忍错报 - 预计总体错报 \times 扩张系数}$$

　　因此，注册会计师确定样本规模时必须事先确定下列因素：总体账面价值、误受风险的风险系数、可容忍错报、预计总体错报以及扩张系数。其中，风险系数代表注册会计师愿意接受的误受风险。PPS 抽样中的抽样风险就是指误受风险，注册会计师通过确定抽样计划中使用的抽样风险水平来控制误受风险。在确定可接受的误受风险时，注册会计师需要使用审计风险模型，即：

$$误受风险 = \frac{审计风险}{控制风险 \times 分析程序风险}$$

　　不同水平的误受风险对应的风险系数可从表 12-17 中查找。根据表 12-17 中"高估错报数量"为 0 的那一行，即可确定误受风险的风险系数。例如，如果所需的误受风险为 10%，注册会计师从表 12-17 中查得的风险系数为 2.31。

表 12-17　　　　　　　　　　　PPS 抽样风险系数表（适用于高估）

高估错报数量	误受风险								
	1%	5%	10%	15%	20%	25%	30%	37%	50%
0	4.61	3.00	2.31	1.90	1.61	1.39	1.21	1.00	0.70
1	6.64	4.75	3.89	3.38	3.00	2.70	2.44	2.14	1.68
2	8.41	6.30	5.33	4.72	4.28	3.93	3.62	3.25	2.68
3	10.05	7.76	6.69	6.02	5.52	5.11	4.77	4.34	3.68
4	11.61	9.16	8.00	7.27	6.73	6.28	5.90	5.43	4.68
5	13.11	10.52	9.28	8.50	7.91	7.43	7.01	6.49	5.68
6	14.57	11.85	10.54	9.71	9.08	8.56	8.12	7.56	6.67
7	16.00	13.15	11.78	10.90	10.24	9.69	9.21	8.63	7.67
8	17.41	14.44	13.00	12.08	11.38	10.81	10.31	9.68	8.67
9	18.79	15.71	14.21	13.25	12.52	11.92	11.39	10.74	9.67
10	20.15	16.97	15.41	14.42	13.66	13.02	12.47	11.79	10.67
11	21.49	18.21	16.60	15.57	14.78	14.13	13.55	12.84	11.67
12	22.83	19.45	17.79	16.72	15.90	15.22	14.63	13.89	12.67
13	24.14	20.67	18.96	17.86	17.02	16.32	15.70	14.93	13.67
14	25.45	21.89	20.13	19.00	18.13	17.40	16.77	15.97	14.67
15	26.75	23.10	21.30	20.13	19.24	18.49	17.84	17.02	15.67
16	28.03	24.31	22.46	21.26	20.34	19.58	18.90	18.06	16.67
17	29.31	25.50	23.61	22.39	21.44	20.66	19.97	19.10	17.67
18	30.59	26.70	24.76	23.51	22.54	21.74	21.03	20.14	18.67
19	31.85	27.88	25.91	24.63	23.64	22.81	22.09	21.18	19.67
20	33.11	29.07	27.05	25.74	24.73	23.89	23.15	22.22	20.67

此外，注册会计师通过估计预计总体错报而间接地控制误拒风险。如果注册会计师低估了预计总体错报，样本规模就会太小，从而需要进行额外测试。在 PPS 抽样中，注册会计师不需要特别控制误拒风险。

如果注册会计师预计总体中存在错报，在使用公式法计算样本规模时必须对可容忍错报进行调整，即从可容忍错报中减去预计错报的影响。预计错报的影响等于预计错报与适当的扩张系数的乘积。表 12-18 列示了一些常用的误受风险所对应的扩张系数。例如，如果误受风险为 20%，扩张系数就是 1.3。

表 12-18   预计总体错报的扩张系数表

	误受风险								
	1%	5%	10%	15%	20%	25%	30%	37%	50%
扩张系数	1.9	1.6	1.5	1.4	1.3	1.25	1.2	1.15	1.0

例如，如果总体账面价值是 500 000 元，误受风险是 5%，可容忍错报是 25 000 元，预计总体错报是 6 250 元，样本规模就是：

$$n = \frac{500\,000 \times 3.00}{25\,000 - 6\,250 \times 1.6} = 100$$

其中，风险系数根据表 12-17 中"高估错报数量为 0"确定为 3.00。

2. 查表法

由于 PPS 抽样以属性抽样原理为基础，注册会计师也可以直接使用控制测试的统计抽样样本量表（参见本章第三节）。这比使用扩张系数近似值所计算的样本规模更加准确。注册会计师将可容忍错报和预计总体错报额从绝对数形式转化为相对数形式，即转化为占总体账面金额的百分比，并使用表中相应比例所对应的样本规模。例如，注册会计师为一个账面金额为 500 000 元的总体设计 PPS 抽样，且确定的可容忍错报为 15 000 元，预计总体错报为 2 500 元。注册会计师计算出可容忍错报占账面金额的比例为 3%（15 000÷500 000×100%），预计错报占账面金额的比例为 0.5%（2 500÷500 000×100%）。当可容忍误差率为 3%，预计误差率为 0.5% 时，5% 的信赖过度风险对应的样本规模为 157 个。然后，注册会计师确定选样间距为 3 185 元（500 000÷157）。如果注册会计师计算的预计错报比例和可容忍错报比例在表中没有出现，通常用插入法推算所需的样本规模。然后，注册会计师用账面金额除以样本规模计算选样间距。

（四）PPS 中的样本选取

1. 概述

PPS 抽样是属性抽样的变种，它可以得出关于总体中错报总额的结论。与一般的属性抽样关注实物单元（如发票或收据）不同，PPS 抽样关注总体的货币单元。假设注册会计师对一个 100 000 元的应收账款总体进行抽样，该总体包含 5 000 个明细账账户。注册会计师将 100 000 个货币单元视为总体并从中抽取样本，而不是将 5 000 个不同的实物单元作为总体。虽然 PPS 抽样以货币单元作为抽样单元，但注册会计师却不是对具体货币单元进行审计，而必须针对实物单元（或称逻辑单元）实施审计测试。货币单元只是起一个类似钩子的作用，从而带出与之相关联的一个实物单元。要找到与被选中的特定货币单元相联系的实物单元，注册会计师必须逐项累计总体中的项目。

例如，在表 12-19 中，注册会计师要在 1～7 376（具体金额）的总体项目中随机选取样本。但是，为了执行审计程序，注册会计师必须找出 1～12（逻辑单元）的总体项目。如果注册会计师选取的随机数是 3 014，则与该数相联系的逻辑单元就是项目 6，因为 3 014 位于 2 963～3 105。

表 12-19　　　　　　　　　　　　　**应收账款总体表**　　　　　　　　　　金额单位：元

总体项目（实物单元）	账面金额	累计合计数	相关的货币单元
1	357	357	1～357
2	1 281	1 638	358～1 638
3	60	1 698	1 639～1 698
4	573	2 271	1 699～2 271
5	691	2 962	2 272～2 962
6	143	3 105	2 963～3 105
7	1 425	4 530	3 106～4 530
8	278	4 808	4 531～4 808
9	942	5 750	4 809～5 750
10	826	6 576	5 751～6 576
11	404	6 980	6 577～6 980
12	396	7 376	6 981～7 376

这种选样方法导致项目被选取的概率与其规模成正比例。也就是说，金额为 100 元的项目被选中的机会是金额为 10 元的项目的 10 倍，因其包含的可抽取的货币单元是后者的 10 倍。总体而言，样本中的大额项目比小额项目多。从这点上看，PPS 抽样与分层类似，都是更侧重于记录金额更大的项目。

2. 选样方法

PPS 样本可以通过运用计算机软件、随机数表等随机数法或系统选样法来获取。

（1）随机数法。表 12-19 列示了一个应收账款总体，其中包括累计合计数，现以该表来说明如何使用计算机软件产生的随机数选取样本。

假设注册会计师想要从表 12-19 的总体中，选取一个含有 4 个账户的 PPS 样本。由于规定以单位金额为抽样单位，则总体容量就是 7 376 个，因此需要计算机程序随机生成 4 个数字。假定计算机程序随机生成的 4 个数字是：6 586 个、1 756、850、6 499，则包含这些随机数的总体实物单元项目需由累计合计数栏来确定。它们分别是项目 11（6 577～6 980 的货币金额）、项目 4（包含 1 699～2 271 的货币金额）、项目 2（包含 358～1 638 的货币金额）和项目 10（包含 5 751～6 576 的货币金额）。注册会计师将对这些实物单元项目进行审计，并将各实物单元项目的审计结果应用到它们各自包含的随机货币金额上。

PPS 抽样允许某一实物单元在样本中出现多次。也就是说，在前例中，如果随机数是 6 586、1 756、856 和 6 599，则样本项目就是 11、4、2 和 11。项目 11 尽管只审计一次，但在统计上仍视为 2 个样本项目，样本中的项目总数也仍然是 4 个，因为样本涉及 4 个货币单元。

（2）系统选样法。系统选样首先要将总体分为若干个由同样的货币单元构成的组，并从每一组中选择一个逻辑单元（即实物单元）。每组的货币单元数量就是选样间距。

在使用系统选样方法时，注册会计师在 1 和选样间距（包含该选样间距）之间选择一个随机数，这个数字就是随机起点。然后注册会计师计算总体中逻辑单元的累计账面金额。选取的第一个逻辑单元就是包含与随机起点相对应的货币单元的那个项目。然后注册会计师每隔 n（n 代表选样间距）个货币单元依次选取所需的抽样单元（即货币单元），并选择包含这些抽样单元的所有逻辑单元（即实物单元）。例如，如果注册会计师使用的选样间距为 5 000 个，他在 1 个和 5 000 个之间（含 5 000）选择一个随机数作为随机起点，假设是第 2 000 个货币单元。然后依次是第 7 000 个（2 000+5 000）货币单元，第 12 000 个（7 000+5 000）货币单元，以及其后整个抽样总体中每间隔 n 个（本例中为 5 000 个）的货币单元被选取。注册会计师然后对包含第 2 000 个、第 7 000 个、第 12 000 个、……货币单元的逻辑单元实施检查。

由于每个货币单元被选取的机会相等，逻辑单元所含的货币单元越多（即账面金额越大），被选中的机会越大。相反，较小的逻辑单元被选中的机会也较小。在 PPS 系统选样法下，金额等于或高于选样间距的所有逻辑单元肯定会被选中。而规模只有选样间距的一半的逻辑单元被选中的概率为 50%。

如果某逻辑单元的账面金额超过选样间距，它可能不止一次地被选中。如果出现这种情况，注册会计师忽略重复的选择，而且在评价样本结果时只考虑一次该逻辑单元。由于账面金额超过选样间距的逻辑单元可能被选中不止一次，实际检查的逻辑单元数量可能小于计算的样本规模。评价样本结果时对此要加以考虑，即将这些逻辑单元作为单个重大项目，其中发现的错报不需推断。

3.PPS 选样可能存在的问题

PPS 抽样的样本选取会出现两个问题，一个问题是：在选样时，账面余额为零的总体项目存在没有被选中的机会，尽管这些项目可能含有错报。另外，严重低估的小余额项目被选入样本的机会也很小。对此，如果注册会计师关注这些余额为零或较小的项目，那么解决这一问题的方法是对它们进行专门的审计测试。

另一个问题是：PPS 抽样选取的样本中无法包括负余额，如应收账款的贷方余额等。在进行选样时，可以先不考虑这些负余额，而后用其他方法去测试它们。另一种替代方法就是将它们视同为正余额，加入到所要测试的货币金额总数中，但这样做会使分析过程变得复杂。

（五）PPS 中的推断总体

使用 PPS 抽样时，注册会计师应根据样本结果推断总体错报，并计算抽样风险允许限度。如果样本中没有发现错报，推断的总体错报就是零，抽样风险允许限度小于或等于设计样本时使用的可容忍错报。在这种情况下，注册会计师通常不需进行额外的计算就可得出结论，在既定的误受风险下，总体账面金额高估不超过可容忍错报。如果样本中发现了错报，注册会计师需要计算推断的错报和抽样风险允许限度。

1. 错报比例

如果在实物单元中发现了错报，注册会计师要计算该实物单元的错报比例（用 t 表示），即用该实物单元中的错报金额除以该实物单元的账面金额。

$$t = \frac{错报金额}{账面金额}$$

式中，t 代表该实物单元包含的每一个货币单元中存在的错报金额，它也为注册会计师提供了与所抽取的货币单元中存在的错报有关的信息。例如，如果某客户账户余额的账面金额是 100 元，其中有 40 元是高估（即审定金额为 60 元），那么该账户余额的错报比例是：

$$t = \frac{40}{100} = 0.40$$

注册会计师可以说该账户余额中的每一货币单元都存在 0.40 元的错报。在 PPS 抽样中，注册会计师在推断总体错报时需要使用样本中存在错报的货币单元的错报比例这一数据（t）。注册会计师首先将错报分为高估错报和低估错报两组，然后两组分别按降序排列错报比例。例如，如果两组错报的错报比例分别为 0.37 和 0.42，不管错报的金额如何，将 0.42 作为 t_1，将 0.37 作为 t_2。

2. 推断总体

完成排序后，注册会计师使用泊松分布评价特定抽样风险水平下货币单元的抽样结果。注册会计师应当计算在一定的保证水平下总体中的错报上限，并判断总体是否存在重大错报。在会计总体中，错报就是泊松分布中的事件，而内部控制系统就是泊松分布中的过程。通过泊松分布可以计算出，对于特定的风险水平，在组成样本的 n 个抽样单元中有 x 个发生了某事件时，总体中任一规模为 n 的样本发生该事件的最大频率（用 MF_x 表示），即任意 n 个项目最多发生 MF_x 次该事件。因此，泊松分布可以告诉注册会计师，在一定的风险水平下，如果样本中发现了 x 个错报，任一规模为 n 的样本中可能存在的最大错报（MF_x）是多少，或者说任意 n 个样本项目最多发生 MF_x 个错报。表 12-17 中的风险系数就是规模为 n 的样本在特定误受风险水平下的最大错报数量（MF_x）。注册会计师用 MF_x 除以样本规模 n，得到的就是每个项目的错报最大发生率，并用其推断总体。

表 12-20 从表 12-17 中选取了几个数字，以举例说明当样本规模为 50 个时，在不同的抽样风险水平下一定的错报数量所对应的错报最大发生率。表 12-20 表示，如果在 50 个样本中没有发现错报，当误受风险为 5% 时，任意 50 个样本项目中存在的错报不超过 3.00 个（从表 12-17 中查得），每个项目发生错报的比率不超过 6.0%（3.00÷50×100%）；当误受风险为 10% 时，任意 50 个样本项目中存在的错报不超过 2.31 个（从表 12-17 中查得），每个项目发生错报的比率不超过 4.62%（2.31÷50×100%）。如果在 50 个样本中发现了 1 个错报，那么当误受风险为 5% 时，任意 50 个样本项目中存在的错报不超过 4.75 个（从表 12-17 中查得），每个项目发生错报的比率不超过 9.5%（4.75÷50×100%）；当误受风险为 10% 时，任意 50 个样本项目中存在的错报不超过 3.89 个（从表 12-17 中查得），

每个项目发生错报的比率不超过 7.78%（3.89÷50×100%）。

表 12-20 **错报最大发生率表**

发现错报的数量	风险水平（误受风险）	错报最大发生率（MF$_x$/50）×100%
0	5%	6.0%（3.00÷50×100%）
0	10%	4.62%（2.31÷50×100%）
1	5%	9.5%（4.75÷50×100%）
1	10%	7.78%（3.89÷50×100%）

错报最大发生率并不能直接提供总体中可能存在的错报金额的信息，注册会计师还需要将错报发生率转换为金额。假设某总体包含 N 个抽样单元，如果在 n 个抽样单元组成的样本中发现了 x 个错报，那么计算的既定风险水平下每个抽样单元存在错报的最大比率就是 MF$_x$/n。

注册会计师可以推断，总体中存在高估错报的抽样单元的数量不超过：

总体高估错报的最大数量（MNM）= $N \cdot \dfrac{MF_x}{n}$

如果这些抽样单元中的错报金额最大是 X，那么估计总体高估错报最大金额是：

总体高估错报的最大金额（MDM）= $N \cdot \dfrac{MF_x}{n} \cdot X$

对 PPS 样本而言，账面金额（BV）就是总体中包含的项目（货币单元）数量，每一货币单元可能发生的最大高估错报是 1 元（即 PPS 抽样要求任一项目错报金额不能超过账面金额）。既然 N=BV，X=1，则估计的总体高估错报上限是：

总体高估错报上限（UML）= $\text{Max MDM} = BV \cdot \dfrac{MF_x}{n} \cdot 1$

但是，这样计算出来的总体高估错报上限假设总体中每一错报的错报比例均为 100%（即实际金额为 0），而在许多抽样中，并非所有错报的错报比例都是 100%。为了提高预计总体错报上限的准确度，注册会计师可以利用从样本中发现的其他信息和泊松分布中 MF$_x$ 累积增加的特点，对上述总体高估错报上限的点估计值进行修正。

首先，如果样本中没有发现错报，注册会计师估计的总体错报上限（当没有错报时称为"基本界限"）是：

基本界限 = $BV \cdot \dfrac{MF_0}{n} \cdot 1$

"基本界限"表示，不管样本结果如何，注册会计师在给定的风险水平下估计的总体错报上限总是不会低于这个"基本界限"。在预计总体错报为 0 时，"基本界限"实际上等于可容忍错报。如果在样本中发现了 1 个错报，估计的总体错报上限就会大于这个"基本界限"。实际上，由于发现了 1 个错报而增加的总体错报上限点估计值是：

发现 1 个错报所增加的错报上限 = $BV \cdot \dfrac{MF_1 - MF_0}{n} \cdot 1$

此时总体错报上限的点估计值等于基本界限与样本中发现 1 个错报所增加的错报上限之和，即：

总体错报上限$= BV \cdot \dfrac{MF_1}{n} \cdot 1 = BV \cdot \dfrac{MF_0}{n} \cdot 1 + BV \cdot \dfrac{MF_1 - MF_0}{n} \cdot 1$

如果在样本中发现了 2 个错报，总体错报上限的点估计值就等于基本界限加上发现第 1 个错报的额外影响再加上发现第 2 个错报的额外影响，即：

总体错报上限$= BV \cdot \dfrac{MF_2}{n} \cdot 1$

$\qquad\qquad = BV \cdot \dfrac{MF_0}{n} \cdot 1 + BV \cdot \dfrac{MF_1 - MF_0}{n} \cdot 1 + BV \cdot \dfrac{MF_2 - MF_1}{n} \cdot 1$

当假设每个货币单元的高估错报金额是 1 元时，泊松分布 MF 值的累积性质对在基本界限上增加的部分并不重要。但是，如果 PPS 样本中的额外信息（如错报比例 t）也加以使用的话，这种累积性质就非常重要。注册会计师可以利用按相对大小排序的高估错报比例（t）来估计总体高估错报上限。由于高估错报不超过 1 元，基本界限仍然同上。但是，如果发现 1 个错报的错报比例是 t，发现这个错报的额外影响就是：

发现 1 个错报所增加的错报上限$= BV \cdot \dfrac{MF_1 - MF_0}{n} \cdot t$

如果发现了 2 个错报，它们的排序会影响其对总体错报上限点估计值的额外影响。令 t_1 表示排在第一（从高到低）的错报比例，t_2 表示排在第二的错报比例，那么：

第 1 个错报的影响$= BV \cdot \dfrac{MF_1 - MF_0}{n} \cdot t_1$

第 2 个错报的影响$= BV \cdot \dfrac{MF_2 - MF_1}{n} \cdot t_2$

使用错报比例 t 计算的总体错报上限点估计值将是特定风险水平下最保守的估计值，即：

总体错报上限$= BV \cdot \dfrac{MF_0}{n} \cdot 1 + BV \cdot \dfrac{MF_1 - MF_0}{n} \cdot t_1 + BV \cdot \dfrac{MF_2 - MF_1}{n} \cdot t_2$

为了举例说明这种评价方法，假设应收账款账面金额为 100 000 元。如果规模为 100 个的样本中包含 2 个高估错报，且 $t_1 = 0.8$，$t_2 = 0.5$，误受风险为 5% 时的总体错报上限点估计值是：

总体错报上限$= 100\,000 \times \dfrac{3.00}{100} \times 1 + 100\,000 \times \dfrac{4.75 - 3.00}{100} \times 0.8 + 100\,000 \times \dfrac{6.30 - 4.75}{100} \times 0.5$

$\qquad\qquad = 5\,175$（元）

用 t_1 计算的第 1 个错报的影响是 1 400 元（100 000×1.75/100×0.8）；用 t_2 计算的第 2 个错报的影响是 775 元（100 000×1.55/100×0.5）。

推断总体错报计算如表 12–21 所示。

表 12–21   推断错报计算表

错报序号	错报比例（t）	抽样间隔	推断错报
1	0.8	1 000元	800元
2	0.5	1 000元	500元
推断错报合计			1 300元

总体错报上限点估计值中包含了这部分推断错报。

如果在样本中既发现了高估错报又发现了低估错报，注册会计师可以根据发现的低估错报调整总体错报上限点估计值。

调整的总体错报上限=总体错报上限-低估错报最佳估计值

$$=总体错报上限-\frac{低估错报的错报比例合计}{样本规模}×总体账面金额$$

但是，如果在测试高估错报时在样本中发现了大量低估错报，注册会计师应当引起注意，考虑是否使用其他抽样方法单独进行低估测试。

【实例12-6】（简答题）注册会计师负责审计甲公司2016年度财务报表。在针对销售费用的发生认定实施细节测试时，注册会计师决定采用传统变量抽样方法实施统计抽样，相关事项如下：

（1）注册会计师将抽样单元界定为销售费用总额中的每个货币单元。

（2）注册会计师将总体分成两层，使每层的均值大致相等。

（3）A注册会计师在确定样本规模时不考虑销售费用账户的可容忍错报。

（4）A注册会计师采用系统选样的方式选取样本项目进行检查。

（5）在对选中的一个样本项目进行检查时，A注册会计师发现所附发票丢失，于是另选一个样本项目代替。

（6）甲公司2016年度销售费用账面金额合计为75 000 000元。注册会计师决定采用传统变量抽样方法中的差额估计抽样方法，确定的总体规模为4 000个，样本规模为200个，样本账面金额合计为4 000 000元，样本审定金额合计为3 600 000元。

要求：

（1）针对上述事项1至事项5，逐项指出注册会计师的做法是否适当，如果不适当，简要说明理由。

（2）在不考虑上述事项1至事项5的情况下，针对上述事项6，计算销售费用错报金额的点估计值。

分析：

（1）注册会计师做法的适当性及其原因见表12-22。

表12-22　　　　　　　　　　　**注册会计师做法的适当性及其原因**

事项	是否适当	原因
事项1	否	在PPS抽样中抽样单元是货币单元，而在传统变量抽样中应以每一笔交易作为抽样单元
事项2	是	
事项3	否	在确定样本规模时，需要考虑可容忍错报、总体变异性、可接受的抽样风险、预计总体错报和总体规模等
事项4	是	
事项5	否	发票丢失应当视为一项错报

（2）样本错报金额=4 000 000-3 600 000=400 000（元）

样本中的平均错报额=400 000÷200=2 000（元）
错报总额的点估计值=4 000×2 000=8 000 000（元）

问题与案例

一、思考题

1. 什么是抽样风险？在非统计抽样、PPS 抽样、属性抽样和变量抽样中均存在抽样风险吗？请解释其原因。

2. 影响可接受的误受风险的主要审计因素有哪些？

二、行动学习讨论

把学生分成若干组（每组最好是 10 人以内），要求他们利用头脑风暴的方法，对以下问题提出不同的看法，尽量多地列示在行动学习讨论的白板上。

讨论问题：审计抽样测试经常遇到的问题有哪些？

讨论与板书要求：①每个人都要发言，但每次只能一人发言；②追求数量、追求创意；③有人发言时不许质疑、不许批评、不许打断；④板书要按发言人的原话列示。

三、案例讨论

审计抽样

晋美会计师事务所的甲、乙注册会计师接受委派，对 A 公司 2011 年度财务报表进行审计。确定财务报表可容忍错报为 10 000 元。在实质性程序中甲和乙注册会计师运用统计抽样，发现一些样本存在误差，在分析样本误差时遵循了以下程序：

1. 对某项目无法或没有执行替代审计程序，则视该项目为一项误差。

2. 某些样本误差项目具有共同的特征，作为一个整体，实施相应的审计程序，并根据审计结果，进行单独的评价。

3. 在分析抽样中所发现的误差时，还应考虑误差的质的方面，包括误差的性质、原因及其对其他相关审计工作的影响。

要求：

1. 根据样本误差推断总体错报上限如果小于、大于或等于可容忍错报，甲和乙注册会计师应如何处理？

2. 甲、乙注册会计师在分析样本误差时履行的程序是否合适？

关键词汇

审计抽样　Audit Sampling

抽样单位　Sampling Unit

总体　Population

代表性样本　Representative Sample

初始样本规模　Initial Sample Size

统计抽样　Statistical Sampling

非统计抽样　Non-statistical Sampling

概率选样　　Probabilistic Sample Selecton

非概率选样　　Non-probabilistic Sample Selecton

任意选样　　Haphazard Sample Selection

简单随机选样　　Random Sample

系统选样　　Systematic Sample Selection

属性抽样　　Attributes Sampling

变量抽样　　Variable Sampling

分层抽样　　Stratified Sampling

发生率　　Occurrence Rate

偏差率　　Exception Rate

偏差率上限　　Upper Exception Rate（UER）

可容忍偏差率　　Tolerable Exception Rate（TER）

估计总体偏差率　　Estimated Population Exception Rate（EPER）

样本偏差率　　Sample Exception Rate（SER）

放回或不放回　　Replacement & Non-replacement

非抽样风险　　Non-sampling Risk

抽样风险　　Sampling Risk

可接受的误受风险　　Acceptable Risk of Incorrect Acceptance（ARIA）

点估计　　Point Estimate

第十三章　审计报告与沟通

学习目标

    1. 了解审计报告的历史沿革、审计报告的作用；

    2. 掌握审计报告与财务报表的关系；

    3. 掌握审计报告内容的基本要素；

    4. 熟悉不同情况下审计报告的编制；

    5. 了解与管理层和治理层沟通的其他审计结果。

引例：楼兰编制的审计报告

    楼兰是昆仑会计师事务所的注册会计师，她作为项目经理审计了天山公司 2016 年 12 月 31 日的资产负债表和该年度的利润表、现金流量表。2017 年 2 月 24 日结束外勤工作后，她在一个星期后为天山公司 2016 年度财务报表拟定了无保留意见的审计报告。

    但楼兰的工作底稿还揭示了如下信息：

    1. 2016 年天山公司将营业收入的会计政策由分期收款法改为完工百分比法。天山公司认为采用完工百分比法能够更加合理地反映它的经营成果。在比较财务报表中，天山公司追溯调整了上一年度的报表数据，并在报表附注中对该会计政策变更的性质和影响作了披露。楼兰赞同天山公司的变更理由，并对它的调整和披露表示满意。

    2. 楼兰没有办法对应收账款进行函证，但她执行了替代的审计程序。楼兰认为这些替代的审计程序能够提供充分适当的审计证据。

    3. 天山公司是一起诉讼中的被告，目前此案正在审理中，判决的结果难以估计。如果判决结果有利于原告，天山公司就有可能被判支付一笔大额的赔款。为了筹集此赔款，天山公司会出售一些经营用固定资产，该或有事项的性质和可能的影响已在报表附注中作了充分披露。

    4. 天山公司在 2016 年 4 月 1 日借入了一笔金额高达 1 000 万元的长期借款，该笔借款合同禁止天山公司在未来 5 年内发放股利。天山公司拒绝在财务报表附注中对该限制性规定作出披露。

    楼兰工作底稿中哪些事项需要包括在审计报告中？哪些不需要？楼兰编制的审计报告有问题吗？

第一节　审计报告概述

一、审计报告的沿革

    （一）第一份"查账报告书"

    1921 年英国的"南海公司"以虚假的会计信息诱骗投资人，其股票价格一时扶摇直上，但最终破产倒闭，使股东和债权人损失惨重。英国议会聘请会计师查尔斯·斯耐尔（Charles Snell）对"南海公司"进行审计，斯耐尔以"会计师"的名义提出了"查账报告书"，从此宣告注册会计师的诞生。这一份"查账报告书"主要是基于股东的需要，从查错防弊、保护企业资产安全和完整的角度提出会计师的意见。

（二）非标准审计报告

20世纪初，英国会计师将审计实务传入美国，由于缺乏统一的标准和实务，审计报告没有标准用语，内容、格式、审计意见的表达方式均全部掌握在会计师自己手中，而且由于崇尚实务而轻视理论研究，会计师对会计报表的鉴证大多依赖会计师个人权威进行，会计师也普遍高估自己，经常出具描述性的长式报告，且在报告中出现"我们证明""我们保证""全面而正确"等过于绝对化的用词。

随着金融资本对产业资本的更广泛的渗透，企业规模扩展，经济活动日益复杂，企业与银行的利益关系更加密切，注册会计师审计的对象由会计账目扩大到资产负债表。注册会计师基于股东和债权人的需要，从判断企业信用状况角度提出审计意见，这时，注册会计师逐步认识到，过于自信的审计报告，不仅可能误导报告使用者，而且夸大了审计的作用，这样会不必要地增加审计人员的责任。于是，注册会计师开始探索短文式的标准化的审计报告。

（三）标准审计报告的确立和发展

1929—1933年经济危机后，社会各界普遍认为缺乏正确而可靠的财务报表是导致这场危机的重要原因之一，因此，纽约证券交易所（NYSE）与美国注册会计师协会（AIA）合作推荐了一份首次被称为"标准报告"的报告，力求审计报告的语言统一，以实现两点：①使不同会计师事务所出具的报告具有可比性，以减少报告措辞的多样性所产生误解的可能性；②使保留意见的审计报告容易区分和辨认。

适应于审计报告使用者的标准审计报告几经修正。目前，标准审计报告的主要特征是：①审计报告用语、内容和形式日益标准化、规范化；②审计报告的种类也逐步多样化，如无保留意见、保留意见、否定意见和无法表示意见；③在意见段使用"在所有重大方面""公允地反映"等措辞，强调审计意见只能是一种有一定根据的主观意见和看法，不可能证明或保证被审计单位会计报表绝对正确、真实、可信。

（四）审计报告的进一步完善

尽管目前许多国家的审计报告采用具有以上特征的标准审计报告，但理论和现实中仍存在不同的观点，主要是：①建议在审计报告的意见段中删除"公允性"一词，因为它缺乏明确的解释，太具有主观性，不同的审计报告使用者对此有不同的解释。②建议回归类似于长式审计报告，取消所有标准化措辞，因为审计报告针对每一项审计而言都具有创新性，而标准化的审计报告令人乏味，会使使用者失去兴趣阅读，容易导致报告使用者忽视审计报告中发生的细微变化。③1978年科恩报告建议，审计人员的报告应当充分、灵活地反映报告使用者需要的信息，因此，审计人员报告应当包括对不同信息发表不同担保程度的意见。④1995年，AICPA的财务报告特别委员会通过调查和论证的方式对企业财务报告和审计报告提出了一系列的改进建议。该委员会首先建立一个企业报告模型，从调查用户的信息需求入手得出用户认为对其投资决策最重要的一组信息，综合模型的信息共分五类十个要素，且绝大多数信息客观上能够验证，因此，要求审计人员介入。最后该委员会还给出了一份对综合模型中信息进行审计报告的范例，该报告要求审计人员涉及历史财务报表以外的信息，而且传统审计报告应包括对不同信息的不同担保程度的意见。⑤2006

年，国际审计与鉴证准则理事会（IAASB）与美国注册会计师协会（AICPA）联合提议，委托研究人员就审计报告使用者对审计工作和审计报告的理解开展研究，2011 年 5 月发布《增强审计报告的价值：探索变革的途径》，提出了增进审计报告的沟通价值和透明度、降低期望差距、满足报告使用者深入了解财务报表和审计工作的审计报告改进模式。

2008 年，美国财政部审计职业咨询委员会（ACAP）建议上市公司会计监管委员会（PCAOB）启动一项准则制定工作，改进审计报告模式。2015 年 1 月 15 日国际审计与鉴证准则理事会（IAASB）发布了新制定（修订）的审计报告相关审计准则文本，适用于会计期间截止日为 2016 年 12 月 15 日及之后的财务报表审计工作。审计报告最大的修订在于，审计师可以报告以下额外信息：审计师认为存在的关键业务、运营和审计风险；审计师对关键假设的看法以及这些假设可能结果的具体位置；所采用会计政策的适当性，包括与行业惯例不一致的地方；对财务报表产生重大影响的会计政策变更；重大非常规交易；在对资产和负债进行计量时所采用的方法和作出的判断等。此次改革的目的是加强审计报告对投资者和其他财务报表使用者的效用，为其决策提供更多有用信息。

（五）沿革的启示

从以上关于审计报告的沿革中我们不难看到：第一，审计报告的产生和发展都是审计需求推动的，随着审计需求者由股东和债权人变为社会公众，审计报告更具有公共产品的性质，因此，为了便于会计信息的对比和报告的广泛阅读，政府应当适当干预审计报告的供给，要求规范审计报告格式、内容和表达。第二，审计报告的格式与内容的变化源自注册会计师职能和社会公众期望的博弈。在修正审计报告被歪曲理解和运用的理论和实践中，审计报告不断完善和发展。注册会计师只有在尽最大可能满足社会公众利益的前提下，按照自己的职能特征，即审计报告不可能证明或保证被审计单位会计报表是绝对正确、真实、可信的，但必须向社会公众保证注册会计师谨慎执业，获取的证据可以为其意见的发表提供合理依据，这样才能不断缩小其与公众期望之间的差距。第三，简式规范的审计报告能够满足公众对公司信息的需求，但简式规范的审计报告不能满足公司或其他机构特殊的信息披露及其监管者及其他信息的使用者的会计信息需求的特殊要求，因此，未来的审计报告尚需要进一步的修改和完善。未来的审计报告要求审计人员涉及历史财务报表以外的信息，包括对不同信息的不同担保程度的意见。

二、审计报告与财务报表

审计报告是审计师根据审计准则的规定，在实施审计工作的基础上对被审计单位财务报表发表审计意见的书面文件。财务报表是对企业财务状况、经营成果和现金流量的结构化表述。

治理层对财务报告过程的监督职责主要有：审核或监督企业的重大会计政策、审核或监督企业财务报告和披露程序、审核或监督与财务报告相关的企业内部控制、组织和领导企业内部审计、审核和批准企业的财务报告以及相关信息披露、聘任和解聘负责企业外部审计的审计师并与其进行沟通等。

在被审计单位治理层的监督下，按照适用的会计准则和相关会计制度的规定编制财务报表是被审计单位管理层的责任。管理层对编制财务报表的责任具体包括：①选择适用的会计准则和相关会计制度；②选择和运用恰当的会计政策；③根据企业的具体情况，作出合理的会计估计。

在治理层的监督下，管理层作为会计工作的行为人，对编制财务报表负有直接责任。而审计师应当在审计报告中清楚地表达对财务报表的意见，并对出具的审计报告负责。

财务报表的编制和财务报表审计是财务信息生成链条上的不同环节，各司其职，财务报表审计不能减轻被审计单位治理层和管理层的责任。各方面利益人对财务报表和审计报告的责任如图 13-1 所示。

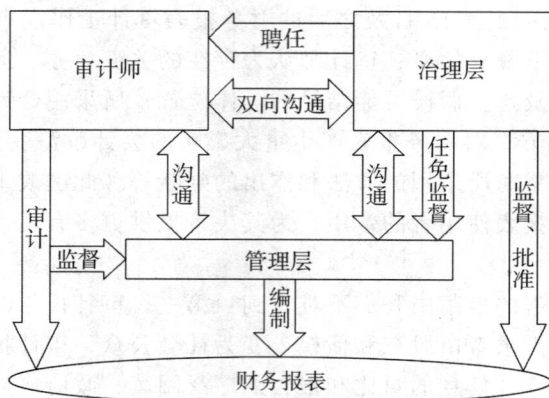

图 13-1　各方面利益人对财务报表和审计报告的责任

尽管审计报告与财务报表是性质不同的两种报告文件，但审计报告与财务报表通常要同时呈送委托人或正式对外公布，已审计的财务报表由于审计报告的鉴证作用会增强其可信性。

【实例 13-1】（单选题）下列关于财务报表审计的说法中，错误的是（　　）。

A．审计可以有效满足财务报表预期使用者的要求

B．审计的目的是增加财务报表预期使用者对财务报表的信赖程度

C．财务报表审计的基础是注册会计师的独立性和专业性

D．审计涉及为财务报表预期使用者利用相关信息提供建议

分析：D。审计的目的是改善财务报表的质量或内涵，增强预期使用者对财务报表的信赖程度，即以合理保证的方式提高财务报表的质量，而不涉及为如何利用信息提供建议，选项 D 错误。

三、审计报告的作用

注册会计师签发的审计报告，主要具有鉴证、保护和证明三方面的作用。

（一）鉴证作用

注册会计师签发的审计报告，是以独立的第三方身份，对被审计单位会计报表合法性、公允性发表意见，作出客观的鉴证。注册会计师签发的审计报告具有法定证明效力，所起到的经济鉴证作用，已为政府及其各部门和社会各界所认可。审计报告既可以为政府有关部门了解、掌握企业的财务状况和经营成果提供重要依据，也可以为企业的投资者和债权人正确进行投资和贷款决策提供主要依据。企业的财务状况和经营成果的主要依据是

企业提供的会计报表。会计报表是否合法、公允，主要依据注册会计师的审计报告作出判断。

（二）保护作用

注册会计师签发的审计报告，可以通过出具不同类型审计意见，以提高或降低会计报表信息使用者对会计报表的信赖程度，从而在一定程度上对被审计单位的财产、债权人和股东的权益及企业利害关系人的利益起到保护作用。投资者通过查阅被投资企业的会计报表和注册会计师的审计报告，更真实地了解被投资企业的经营情况，可以减小其投资风险。债权人通过查阅被投资企业的会计报表和注册会计师的审计报告，更真实地了解被投资企业的财务状况，可以减小其贷款风险。

（三）证明作用

注册会计师签发的审计报告，是对注册会计师审计任务完成情况及其结果所做的总结，它可以对审计工作质量、审计人员审计责任及其履行情况起到证明作用。通过审计报告，可以证明注册会计师在审计过程中是否实施了必要的审计程序，是否遵循了应有的规范，是否以审计工作底稿为依据发表审计意见，发表的审计意见是否与被审计单位的实际情况相一致，审计工作质量是否符合要求等，从而可以证明注册会计师审计责任的履行情况。

四、审计报告的分类

1. 按照审计报告的性质分类

按照审计报告的性质，其可分为标准审计报告和非标准审计报告。标准审计报告是指格式和措辞基本统一的审计报告，一般适用于对外公布。非标准审计报告是指格式和措辞不统一，可以根据具体审计项目的问题来决定的审计报告，一般适用于非对外公布。

2. 按照审计报告使用的目的分类

按照审计报告使用的目的，其可分为公布目的的审计报告和非公布目的的审计报告。公布目的的审计报告，一般是用于对企业股东、投资者、债权人等非特定利益关系者公布的附送会计报表的审计报告。非公布目的的审计报告，一般是用于经营管理、合并或业务转让、融资等特定目的而实施的审计报告。

3. 按照审计报告的详简程度分类

按照审计报告的详简程度，其可分为详式审计报告和简式审计报告。详式审计报告又称长式审计报告，是指对审计对象所有重要事项都要做详细说明和分析的审计报告。详式审计报告一般适用于非公布目的，它具有非标准审计报告的特点，主要用来帮助企业改善经营管理服务。简式审计报告又称短式审计报告，是指注册会计师对应公布的会计报表进行审计后所编制的简明扼要的审计报告。简式审计报告所反映的内容是非特定多数的利害关系人共同认为必要的审计事项，它具有记载法规或审计准则所规定的特征，属于标准审计报告，一般适用于公布目的。

第二节　编制审计报告

一、审计意见的形成

在对财务报表形成审计意见时，审计师应当根据已获取的审计证据，评价是否已对财务报表整体不存在重大错报获取合理保证，审计师对财务报表形成意见的决策图如图13-2所示。

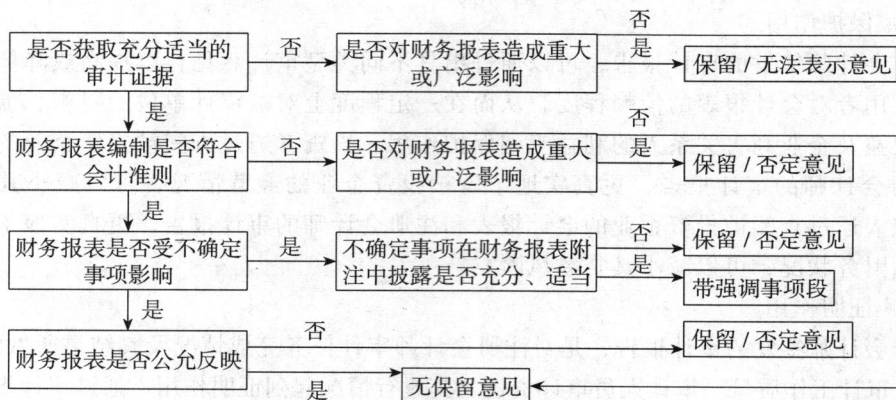

图 13-2 审计师对财务报表形成意见的决策图

（一）评价财务报表合法性

在评价财务报表是否按照适用的财务报告编制基础编制时，审计师应当考虑下列内容：

（1）选择和运用的会计政策是否符合适用的财务报告编制基础，并适合于被审计单位的具体情况。会计政策是被审计单位在会计确认、计量和报告中采用的原则、基础和会计处理方法。审计师在考虑被审计单位选用的会计政策是否适当时，应当关注重要事项。重要事项包括重要项目的会计政策和行业惯例、重大和异常交易的会计处理方法、在新领域和缺乏权威性标准或共识的领域采用重要会计政策产生的影响、会计政策的变更等。

（2）管理层作出的会计估计是否合理。会计估计通常是指被审计单位以最近可利用的信息为基础对结果不确定的交易或事项所作的判断。由于会计估计的主观性、复杂性和不确定性，管理层作出的会计估计发生重大错报的可能性较大。因此，审计师应当判断管理层作出的会计估计是否合理，确定会计估计的重大错报风险是否是特别风险，是否采取了有效的措施予以应对。

（3）财务报表反映的信息是否具有相关性、可靠性、可比性和可理解性。财务报表反映的信息应当符合信息质量特征，具有相关性、可靠性、可比性和可理解性。审计师应当根据《企业会计准则——基本准则》的规定，考虑财务报表反映的信息是否符合信息质量特征。

（4）财务报表是否作出充分披露，使财务报表使用者能够理解重大交易和事项对被审计单位财务状况、经营成果和现金流量的影响。

（5）财务报表是否充分披露了选择和运用的重要会计政策。

（6）财务报表使用的术语（包括每一财务报表的标题）是否适当。

另外，在评价时，注册会计师应当考虑被审计单位会计实务的质量，包括表明管理层的判断可能出现偏向的迹象。

（二）评价财务报表公允性应当考虑的内容

在评价财务报表是否作出公允反映时，审计师应当考虑下列内容：

（1）经管理层调整后的财务报表，是否与审计师对被审计单位及其环境的了解一致。在完成审计工作后，如果财务报表存在重大错报，审计师应当要求管理层进行调整。管理层作出调整或拒绝调整后，审计师可以确定已审计财务报表是否还存在重大错报，并形成恰当的审计意见。为了进一步确定已审计财务报表是否符合被审计单位的实际情况，审计师尚需对财务报表作出总体复核，并判断是否与其对被审计单位及其环境的了解一致。

（2）财务报表的列报、结构和内容是否合理。企业会计准则和相关会计制度中对财务报表的列报、结构和内容作了规定。审计师应当根据《企业会计准则第 30 号——财务报表列报》及其指南，考虑财务报表的列报、结构和内容是否合理。

（3）财务报表是否真实地反映了交易和事项的经济实质。在审计结束或临近结束时，审计师实施分析程序有助于验证在审计过程中形成的结论，并协助形成财务报表是否公允反映的整体结论。

二、审计报告的基本要素

审计报告应当采用书面形式，包括下列要素：

（一）标题

审计报告的标题应统一规范为"审计报告"。

（二）收件人

审计报告的收件人是指注册会计师按照业务约定书的要求致送审计报告的对象。在某些国家或地区，法律法规或业务约定条款可能指定审计报告致送的对象。审计报告应当载明收件人的全称。

注册会计师应当与委托人在业务约定书中约定致送审计报告的对象，以防止在此问题上发生分歧或审计报告被委托人滥用。针对整套通用目的财务报表出具的审计报告，审计报告的致送对象通常为被审计单位的全体股东或治理层。

（三）审计意见段

审计报告的第一部分应当包含审计意见，并以"审计意见"作为标题。

1. 审计意见的内容

审计意见说明财务报表在所有重大方面按照适用的财务报告编制基础的规定编制，公允反映了财务报表旨在反映的事项。

财务报表审计的目标是注册会计师通过执行审计工作，对财务报表的下列方面发表审计意见：

（1）财务报表是否按照适用的会计准则和相关会计制度的规定编制；

（2）财务报表是否在所有重大方面公允反映了被审计单位的财务状况、经营成果和现金流量。

审计意见涵盖由适用的财务报告编制基础所确定的整套财务报表，包括：①指出被审计单位的名称；②说明财务报表已经审计；③指出构成整套财务报表的每一财务报表的名称；④提及财务报表附注，包括重大会计政策和会计估计；⑤指明构成整套财务报表的每一财务报表的日期或涵盖的期间。在某些国家或地区，额外的信息也可能被认为是财务报表的必要组成部分。

如果在审计意见中提及的适用的财务报告框架不是企业会计准则，而是国际财务报告准则、国际公共部门会计准则或者其他国家或地区的财务报告准则，注册会计师应当在审计意见段中指明国际财务报告准则或国际公共部门会计准则，或者财务报告准则所属的国家或地区。

在某些情况下，财务报表可能声明按照两个财务报告编制基础（如某一国家或地区的财务报告编制基础和国际财务报告准则）编制。在这种情况下，这两个编制基础都是适用的财务报告编制基础。在对财务报表形成审计意见时，需要在审计意见中提及这两个编制基础：

（1）如果财务报表分别符合每个编制基础，注册会计师需要发表两个意见：一个意见是，财务报表按照其中一个适用的财务报告编制基础（如×国财务报告编制基础）编制；另一个意见是，财务报表按照另一个适用的财务报告编制基础（如国际财务报告准则）编制。这两个意见可以分别表述，也可以在一个句子中表述（例如，财务报表在所有重大方面按照×国财务报告编制基础和国际财务报告准则的规定编制，公允反映了［……］）。

（2）如果财务报表符合其中一个编制基础（如×国财务报告编制基础）而没有符合另一个编制基础（如国际财务报告准则），注册会计师需要对财务报表按照其中一个编制基础（如×国财务报告编制基础）编制发表无保留意见，而按照《中国注册会计师审计准则第1502号——在审计报告中发表非无保留意见》的规定，对财务报表按照另一个编制基础（如国际财务报告准则）编制发表非无保留意见。

2. 无保留意见和非无保留意见

无保留意见是指注册会计师认为财务报表在所有重大方面按照适用的财务报告编制基础编制并实现公允反映时发表的审计意见。如果对财务报表发表无保留意见，除非法律法规另有规定，审计意见应当使用"我们认为，后附的财务报表在所有重大方面按照［适用的财务报告编制基础（如企业会计准则等）］的规定编制，公允反映了［……］"的措辞。

非无保留意见，是指保留意见、否定意见或无法表示意见。当存在下列情形之一时，注册会计师应当考虑发表非无保留意见：

（1）根据获取的审计证据，得出财务报表整体存在重大错报的结论；

（2）无法获取充分、适当的审计证据，不能得出财务报表整体不存在重大错报的结论。

（四）形成审计意见的基础

形成审计意见的基础部分应当紧接在审计意见部分之后，包括下列方面：

1. 说明注册会计师按照审计准则的规定执行了审计工作。

2. 提及审计报告中用于描述审计准则规定的注册会计师责任的部分。

3. 声明注册会计师按照与审计相关的职业道德要求独立于被审计单位，并履行了职业道德方面的其他责任。声明中应当指明适用的职业道德要求，如中国注册会计师职业道德守则。

4. 说明注册会计师是否相信获取的审计证据是充分、适当的，为发表审计意见提供了基础。

（五）管理层对财务报表的责任段

管理层对财务报表的责任段应当说明管理层负责下列方面：

1. 按照适用的财务报告编制基础的规定编制财务报表，使其实现公允反映，并设计、执行和维护必要的内部控制，以使财务报表不存在由于舞弊或错误导致的重大错报。

2. 评估被审计单位的持续经营能力和使用持续经营假设是否适当，并披露与持续经营相关的事项（如适用）。对管理层评估责任的说明应当包括描述在何种情况下使用持续经营假设是适当的。

在审计报告中指明管理层的责任，有利于区分管理层和注册会计师的责任，降低财务报表使用者误解注册会计师责任的可能性。在某些国家和地区，审计报告提及的可能是治理层对财务报表的责任。

（六）注册会计师对财务报表审计的责任段

注册会计师对财务报表审计的责任段应当包括下列内容：

（1）说明注册会计师的目标是对财务报表整体是否不存在由于舞弊或错误导致的重大错报获取合理保证，并出具包含审计意见的审计报告。合理保证是高水平的保证，但并不能保证按照审计准则执行的审计在某一重大错报存在时总能发现。在说明错报可能由于舞弊或错误导致时，注册会计师应当从下列两种做法中选取一种：

①描述如果合理预期错报单独或汇总起来可能影响财务报表使用者依据财务报表作出的经济决策，则通常认为错报是重大的；

②根据适用的财务报告编制基础，提供关于重要性的定义或描述。

（2）说明在按照审计准则执行审计工作的过程中，注册会计师运用职业判断，并保持职业怀疑；对于上市实体财务报表审计，指出注册会计师就已遵守与独立性相关的职业道德要求向治理层提供声明，并与治理层沟通可能被合理认为影响注册会计师独立性的所有关系和其他事项，以及相关的防范措施（如适用）。

（3）通过说明注册会计师的责任，对审计工作进行描述。这些责任包括：

①识别和评估由于舞弊或错误导致的财务报表重大错报风险，设计和实施审计程序以应对这些风险，并获取充分、适当的审计证据，作为发表审计意见的基础。由于舞弊可能涉及串通、伪造、故意遗漏、虚假陈述或凌驾于内部控制之上，未能发现由于舞弊导致的重大错报的风险高于未能发现由于错误导致的重大错报的风险。

②了解与审计相关的内部控制，以设计恰当的审计程序，但目的并非对内部控制的有效性发表意见。当注册会计师有责任在财务报表审计的同时对内部控制的有效性发表意见时，应当略去上述"目的并非对内部控制的有效性发表意见"的表述。

③评价管理层选用会计政策的恰当性和作出会计估计及相关披露的合理性。

④对管理层使用持续经营假设的恰当性得出结论。同时，根据获取的审计证据，就可能导致对被审计单位持续经营能力产生重大疑虑的事项或情况是否存在重大不确定性得出结论。如果注册会计师得出结论认为存在重大不确定性，审计准则要求注册会计师在审计报告中提请报表使用者关注财务报表中的相关披露；如果披露不充分，注册会计师应当发表非无保留意见。注册会计师的结论基于截至审计报告日可获得的信息。然而，未来的事项或情况可能导致被审计单位不能持续经营。

⑤评价财务报表的总体列报、结构和内容（包括披露），并评价财务报表是否公允反映相关交易和事项。

（4）说明注册会计师与治理层就计划的审计范围、时间安排和重大审计发现等事项进行沟通，包括沟通注册会计师在审计中识别的值得关注的内部控制缺陷。

（5）对于上市实体财务报表审计，以及决定按照《中国注册会计师审计准则第1504号——在审计报告中沟通关键审计事项》的规定沟通关键审计事项的其他情况，说明注册会计师从与治理层沟通过的事项中确定哪些事项对本期财务报表审计最为重要，因而构成关键审计事项。注册会计师应当在审计报告中描述这些事项，除非法律法规禁止公开披露这些事项，或在极少数情形下，注册会计师合理预期在审计报告中沟通某事项造成的负面后果超过在公众利益方面产生的益处，因而确定不应在审计报告中沟通该事项。

注册会计师在集团审计业务中的责任是：

第一，注册会计师的责任是就集团中实体或业务活动的财务信息获取充分、适当的审计证据，以对合并财务报表发表审计意见；

第二，注册会计师负责指导、监督和执行集团审计；

第三，注册会计师对审计意见承担全部责任。

（七）按照相关法律法规的要求报告的事项（如适用）

注册会计师可能承担报告其他事项的额外责任，这些责任是对审计准则规定的注册会计师责任的补充。例如，如果注册会计师在财务报表审计中注意到某些事项，可能被要求对这些事项予以报告。此外，注册会计师可能被要求实施额外的规定程序并予以报告，或对特定事项（如会计账簿和记录的适当性、财务报告内部控制或其他信息）发表意见。

在某些情况下，相关法律法规可能要求或允许注册会计师将对这些其他责任的报告作为对财务报表出具的审计报告的一部分。在另外一些情况下，相关法律法规可能要求或允许注册会计师在单独出具的报告中进行报告。

仅当其他报告责任和审计准则规定的报告责任涉及同一事项，并且审计报告的措辞能够将其他报告责任与审计准则规定的责任予以清楚地区分时，才允许将其合并列示。为清楚地区分，可能有必要在审计报告中指出其他报告责任的来源并说明这些责任超出了审计准则规定的责任。否则，在审计报告中将其他报告责任单独作为一部分，并冠以"按照相关法律法规的要求报告的事项"或与其内容相称的其他标题。

（八）注册会计师的签名和盖章

审计报告应当由项目合伙人和另一名负责该项目的注册会计师签名和盖章。注册会计师应当在对上市实体整套通用目的财务报表出具的审计报告中注明项目合伙人，甚至可能决定在审计报告中包含项目合伙人姓名之外的信息，以进一步识别项目合伙人，进一步增强对审计报告使用者的透明度。

（九）报告日期

审计报告应当注明报告日期。审计报告的日期不应早于注册会计师获取充分、适当的审计证据（包括管理层认可对财务报表的责任且已批准财务报表的证据），并在此基础上对财务报表形成审计意见的日期。

注册会计师在确定审计报告日期时，应当考虑：

（1）应当实施的审计程序已经完成。由于注册会计师的意见针对的是财务报表，而管理层对财务报表负责，所以除非注册会计师已经有证据表明整套财务报表（包括相关附注）得以编制且管理层表示对此负责，否则注册会计师不能得出已经收集到充分、适当的审计证据的结论。

（2）应当提请被审计单位调整的事项已经提出，被审计单位已经作出调整或拒绝作出调整。

（3）构成整套财务报表的所有报表（包括相关附注）已编制完成。

（4）被审计单位的董事会、管理层或类似机构已经认可其对财务报表负责，也就是管理层已经正式签署财务报表。就股份有限公司来说，管理层签署财务报表通常包括：董事长在财务报表上签名并盖章；主管财务的公司负责人（通常是公司总经理）在财务报表上签名并盖章；财务部门负责人在财务报表上签名并盖章；董事会会议已批准财务报表并可以对外公布。

在实务中，注册会计师在正式签署审计报告前，通常把审计报告草稿和已审计财务报表草稿一同提交给管理层。如果管理层批准并签署已审计财务报表，注册会计师即可签署审计报告。具体来讲，审计报告日不应当早于财务报表的批准日和管理层声明书日。财务报表的批准日期是经认可的有权机构（如董事会）确定构成整套财务报表的所有报表（包括相关附注）已经编制完成，并声称对此负责的日期。在审计报告日期晚于财务报表的批准日时，注册会计师应当获取自管理层声明书日到审计报告日期之间的进一步审计证据，如补充的管理层声明书。

【实例13-2】（单选题）下列有关审计报告日的说法中，错误的是（　　　）。

A．审计报告日不应早于管理层书面声明的日期

B．审计报告日可以晚于管理层签署已审计财务报表的日期

C．审计报告日应当是注册会计师获取充分、适当的审计证据并在此基础上对财务报表形成审计意见的日期

D．在特殊情况下，注册会计师可以出具双重日期的审计报告

分析：C。审计报告日不应早于注册会计师获取充分、适当的审计证据并在此基础上对财务报表形成审计意见的日期，这些审计证据包括管理层书面声明、管理层签署已审计财务报表，故选项C错误。

三、审计报告类型

审计报告分为无保留意见的审计报告、带强调事项段（或其他事项段）的无保留意见的审计报告、非无保留意见的审计报告。

（一）对上市实体财务报表出具的审计报告

【背景信息1】

1.对上市实体整套财务报表进行审计。该审计不属于集团审计（即不适用《中国注册会计师审计准则第1401号——对集团财务报表审计的特殊考虑》）。

2.管理层按照企业会计准则编制财务报表。

3.审计业务约定条款体现了《中国注册会计师审计准则第1111号——就审计业务约

定条款达成一致意见》中关于管理层对财务报表责任的描述。

4.基于获取的审计证据，注册会计师认为发表无保留意见是恰当的。

5.适用的相关职业道德要求为中国注册会计师职业道德守则。

6.基于获取的审计证据，根据《中国注册会计师审计准则第 1324 号——持续经营》，注册会计师认为可能导致对被审计单位持续经营能力产生重大疑虑的事项或情况不存在重大不确定性。

7.已按照《中国注册会计师审计准则第 1504 号——在审计报告中沟通关键审计事项》的规定沟通了关键审计事项。

8.注册会计师在审计报告日前已获取所有其他信息，且未识别出信息存在重大错报。

9.负责监督财务报表的人员与负责编制财务报表的人员不同。

10.除财务报表审计外，注册会计师还承担法律法规要求的其他报告责任，且注册会计师决定在审计报告中履行其他报告责任。

【参考格式 1】

审计报告

ABC 股份有限公司全体股东：

一、对财务报表出具的审计报告

【注：如果审计报告中不包含"按照相关法律法规的要求报告的事项"部分，则不需要加入此标题。】

（一）审计意见

我们审计了 ABC 股份有限公司（以下简称 ABC 公司）财务报表，包括 20×1 年 12 月 31 日的资产负债表，20×1 年度的利润表、现金流量表、股东权益变动表以及相关财务报表附注。

我们认为，后附的财务报表在所有重大方面按照企业会计准则的规定编制，公允反映了 ABC 公司 20×1 年 12 月 31 日的财务状况以及 20×1 年度的经营成果和现金流量。

（二）形成审计意见的基础

我们按照中国注册会计师审计准则的规定执行了审计工作。审计报告的"注册会计师对财务报表审计的责任"部分进一步阐述了我们在这些准则下的责任。按照中国注册会计师职业道德守则，我们独立于 ABC 公司，并履行了职业道德方面的其他责任。我们相信，我们获取的审计证据是充分、适当的，为发表审计意见提供了基础。

（三）关键审计事项

关键审计事项是我们根据职业判断，认为对本期财务报表审计最为重要的事项。这些事项的应对以对财务报表整体进行审计并形成审计意见为背景，我们不对这些事项单独发表意见。

［按照《中国注册会计师审计准则第 1504 号——在审计报告中沟通关键审计事项》的规定描述每一关键审计事项。］

（四）其他信息

［按照《中国注册会计师审计准则第 1521 号——注册会计师对其他信息的责任》以及《〈中国注册会计师审计准则第 1521 号——注册会计师对其他信息的责任〉应用指南》

的规定报告。]

（五）管理层和治理层对财务报表的责任

ABC 公司管理层（以下简称管理层）负责按照企业会计准则的规定编制财务报表，使其实现公允反映，并设计、执行和维护必要的内部控制，以使财务报表不存在由于舞弊或错误导致的重大错报。

在编制财务报表时，管理层负责评估 ABC 公司的持续经营能力，披露与持续经营相关的事项（如适用），并运用持续经营假设，除非管理层计划清算 ABC 公司、终止运营或别无其他现实的选择。

治理层负责监督 ABC 公司的财务报告过程。

（六）注册会计师对财务报表审计的责任

我们的目标是对财务报表整体是否不存在由于舞弊或错误导致的重大错报获取合理保证，并出具包含审计意见的审计报告。合理保证是高水平的保证，但并不能保证按照审计准则执行的审计在某一重大错报存在时总能发现。错报可能由于舞弊或错误导致，如果合理预期错报单独或汇总起来可能影响财务报表使用者依据财务报表作出的经济决策，则通常认为错报是重大的。

在按照审计准则执行审计工作的过程中，我们运用职业判断，并保持职业怀疑。同时，我们也执行以下工作：

1. 识别和评估由于舞弊或错误导致的财务报表重大错报风险，设计和实施审计程序以应对这些风险，并获取充分、适当的审计证据，作为发表审计意见的基础。由于舞弊可能涉及串通、伪造、故意遗漏、虚假陈述或凌驾于内部控制之上，未能发现由于舞弊导致的重大错报的风险高于未能发现由于错误导致的重大错报的风险。

2. 了解与审计相关的内部控制，以设计恰当的审计程序，但目的并非对内部控制的有效性发表意见。【注：如果注册会计师结合财务报表审计对内部控制的有效性发表意见，应当删除"但目的并非对内部控制的有效性发表意见"的措辞。】

3. 评价管理层选用会计政策的恰当性和作出会计估计及相关披露的合理性。

4. 对管理层使用持续经营假设的恰当性得出结论。同时，根据获取的审计证据，就可能导致对 ABC 公司持续经营能力产生重大疑虑的事项或情况是否存在重大不确定性得出结论。如果我们得出结论认为存在重大不确定性，审计准则要求我们在审计报告中提请报表使用者注意财务报表中的相关披露；如果披露不充分，我们应当发表非无保留意见。我们的结论基于截至审计报告日可获得的信息。然而，未来的事项或情况可能导致 ABC 公司不能持续经营。

5. 评价财务报表的总体列报、结构和内容（包括披露），并评价财务报表是否公允反映相关交易和事项。

我们与治理层就计划的审计范围、时间安排和重大审计发现等事项进行沟通，包括沟通我们在审计中识别出的值得关注的内部控制缺陷。

我们还就已遵守与独立性相关的职业道德要求向治理层提供声明，并与治理层沟通可能被合理认为影响我们独立性的所有关系和其他事项，以及相关的防范措施（如适用）。

从与治理层沟通过的事项中，我们确定哪些事项对本期财务报表审计最为重要，因而构成关键审计事项。我们在审计报告中描述这些事项，除非法律法规禁止公开披露这些事项，或在极少数情形下，如果合理预期在审计报告中沟通某事项造成的负面后果超过在公众利益方面产生的益处，我们确定不应在审计报告中沟通该事项。

二、按照相关法律法规的要求报告的事项

〔本部分的格式和内容，取决于法律法规对其他报告责任性质的规定。本部分应当说明相关法律法规规定的事项（其他报告责任），除非其他报告责任涉及的事项与审计准则规定的报告责任涉及的事项相同。如果涉及相同的事项，其他报告责任可以在审计准则规定的同一报告要素部分列示。

当其他报告责任和审计准则规定的报告责任涉及同一事项，并且审计报告中的措辞能够将其他报告责任与审计准则规定的责任（如存在差异）予以清楚地区分时，可以将两者合并列示（即包含在"对财务报表出具的审计报告"部分中，并使用适当的副标题）。〕

××会计师事务所	中国注册会计师：×××（项目合伙人）
（盖章）	（签名并盖章）
	中国注册会计师：×××
	（签名并盖章）
中国××市	20×2 年×月×日

（二）对上市实体合并财务报表出具的审计报告

【背景信息 2】

1. 对上市实体整套合并财务报表进行审计。该审计属于集团审计，被审计单位拥有多个子公司（即适用《中国注册会计师审计准则第 1401 号——对集团财务报表审计的特殊考虑》）。

2. 管理层按照××财务报告编制基础编制合并财务报表，该编制基础允许被审计单位只列报合并财务报表。

3. 审计业务约定条款体现了《中国注册会计师审计准则第 1111 号——就审计业务约定条款达成一致意见》中关于管理层对合并财务报表责任的描述。

4. 基于获取的审计证据，注册会计师认为发表无保留意见是恰当的。

5. 适用的相关职业道德要求为中国注册会计师职业道德守则。

6. 基于获取的审计证据，根据《中国注册会计师审计准则第 1324 号——持续经营》，注册会计师认为可能导致对被审计单位持续经营能力产生重大疑虑的事项或情况不存在重大不确定性。

7. 已按照《中国注册会计师审计准则第 1504 号——在审计报告中沟通关键审计事项》的规定沟通了关键审计事项。

8. 注册会计师在审计报告日前已获取所有其他信息，且未识别出信息存在重大错报。

9. 负责监督合并财务报表的人员与负责编制合并财务报表的人员不同。

10. 除合并财务报表审计外，注册会计师还承担法律法规要求的其他报告责任，且注册会计师决定在审计报告中履行其他报告责任。

【参考格式 2】

审计报告

ABC 股份有限公司全体股东：

一、对合并财务报表出具的审计报告

【注：如果审计报告中不包含"按照相关法律法规的要求报告的事项"部分，则不需要加入此标题。】

（一）审计意见

我们审计了 ABC 股份有限公司及其子公司（以下简称 ABC 集团）合并财务报表，包括 20×1 年 12 月 31 日的合并资产负债表，20×1 年度的合并利润表、合并现金流量表、合并股东权益变动表以及相关合并财务报表附注。

我们认为，后附的合并财务报表在所有重大方面按照××财务报告编制基础的规定编制，公允反映了 ABC 集团 20×1 年 12 月 31 日的合并财务状况以及 20×1 年度的合并经营成果和合并现金流量。

（二）形成审计意见的基础

我们按照中国注册会计师审计准则的规定执行了审计工作。审计报告的"注册会计师对合并财务报表审计的责任"部分进一步阐述了我们在这些准则下的责任。按照中国注册会计师职业道德守则，我们独立于 ABC 集团，并履行了职业道德方面的其他责任。我们相信，我们获取的审计证据是充分、适当的，为发表审计意见提供了基础。

（三）关键审计事项

关键审计事项是我们根据职业判断，认为对本期合并财务报表审计最为重要的事项。这些事项的应对以对合并财务报表整体进行审计并形成审计意见为背景，我们不对这些事项单独发表意见。

［按照《中国注册会计师审计准则第 1504 号——在审计报告中沟通关键审计事项》的规定描述每一关键审计事项。］

（四）其他信息

［同参考格式 1。］

（五）管理层和治理层对合并财务报表的责任

ABC 集团管理层（以下简称管理层）负责按照××财务报告编制基础的规定编制合并财务报表，使其实现公允反映，并设计、执行和维护必要的内部控制，以使合并财务报表不存在由于舞弊或错误导致的重大错报。

在编制合并财务报表时，管理层负责评估 ABC 集团的持续经营能力，披露与持续经营相关的事项（如适用），并运用持续经营假设，除非管理层计划清算 ABC 集团、终止运营或别无其他现实的选择。

治理层负责监督 ABC 集团的财务报告过程。

（六）注册会计师对合并财务报表审计的责任

我们的目标是对合并财务报表整体是否不存在由于舞弊或错误导致的重大错报获取合理保证，并出具包含审计意见的审计报告。合理保证是高水平的保证，但并不能保证按照审计准则执行的审计在某一重大错报存在时总能发现。错报可能由于舞弊或错误导致，如果合理预期错报单独或汇总起来可能影响财务报表使用者依据合并财务报表作出的经济决策，则通常认为错报是重大的。

在按照审计准则执行审计工作的过程中，我们运用职业判断，并保持职业怀疑。同时，我们也执行以下工作：

1. 识别和评估由于舞弊或错误导致的合并财务报表重大错报风险，设计和实施审计程序以应对这些风险，并获取充分、适当的审计证据，作为发表审计意见的基础。由于舞弊可能涉及串通、伪造、故意遗漏、虚假陈述或凌驾于内部控制之上，未能发现由于舞弊导致的重大错报的风险高于未能发现由于错误导致的重大错报的风险。

2. 了解与审计相关的内部控制，以设计恰当的审计程序，但目的并非对内部控制的有效性发表意见。【注：如果注册会计师结合财务报表审计对内部控制的有效性发表意见，应当删除"但目的并非对内部控制的有效性发表意见"的措辞。】

3. 评价管理层选用会计政策的恰当性和作出会计估计及相关披露的合理性。

4. 对管理层使用持续经营假设的恰当性得出结论。同时，根据获取的审计证据，就可能导致对 ABC 集团持续经营能力产生重大疑虑的事项或情况是否存在重大不确定性得出结论。如果我们得出结论认为存在重大不确定性，审计准则要求我们在审计报告中提请报表使用者注意合并财务报表中的相关披露；如果披露不充分，我们应当发表非无保留意见。我们的结论基于截至审计报告日可获得的信息。然而，未来的事项或情况可能导致 ABC 集团不能持续经营。

5. 评价合并财务报表的总体列报、结构和内容（包括披露），并评价合并财务报表是否公允反映相关交易和事项。

6. 就 ABC 集团中实体或业务活动的财务信息获取充分、适当的审计证据，以对合并财务报表发表审计意见。我们负责指导、监督和执行集团审计，并对审计意见承担全部责任。

我们与治理层就计划的审计范围、时间安排和重大审计发现等事项进行沟通，包括沟通我们在审计中识别出的值得关注的内部控制缺陷。

我们还就已遵守与独立性相关的职业道德要求向治理层提供声明，并与治理层沟通可能被合理认为影响我们独立性的所有关系和其他事项，以及相关的防范措施（如适用）。

从与治理层沟通过的事项中，我们确定哪些事项对本期合并财务报表审计最为重要，因而构成关键审计事项。我们在审计报告中描述这些事项，除非法律法规禁止公开披露这些事项，或在极少数情形下，如果合理预期在审计报告中沟通某事项造成的负面后果超过在公众利益方面产生的益处，我们确定不应在审计报告中沟通该事项。

二、按照相关法律法规的要求报告的事项

［本部分的格式和内容，取决于法律法规对其他报告责任性质的规定。本部分应当说明相关法律法规规定的事项（其他报告责任），除非其他报告责任涉及的事项与审计准则规定的报告责任涉及的事项相同。如果涉及相同的事项，其他报告责任可以在审计准则规定的同一报告要素部分列示。

当其他报告责任和审计准则规定的报告责任涉及同一事项，并且审计报告中的措辞能够将其他报告责任与审计准则规定的责任（如存在差异）予以清楚地区分时，可以将两者合并列示（即包含在"对合并财务报表出具的审计报告"部分中，并使用适当的副标题）。]

××会计师事务所   中国注册会计师：×××（项目合伙人）

（盖章）   （签名并盖章）

                                中国注册会计师：×××

                                   （签名并盖章）

中国××市   20×2 年×月×日

（三）对非上市实体财务报表出具的审计报告

【背景信息 3】

1. 对非上市实体整套财务报表进行审计。该审计不属于集团审计（即不适用《中国注册会计师审计准则第 1401 号——对集团财务报表审计的特殊考虑》）；

2. 管理层按照企业会计准则编制财务报表；

3. 审计业务约定条款体现了《中国注册会计师审计准则第 1111 号——就审计业务约定条款达成一致意见》中关于管理层对财务报表责任的描述；

4. 基于获取的审计证据，注册会计师认为发表无保留意见是恰当的；

5. 适用的相关职业道德要求为中国注册会计师职业道德守则；

6. 基于获取的审计证据，根据《中国注册会计师审计准则第 1324 号——持续经营》，注册会计师认为可能导致对被审计单位持续经营能力产生重大疑虑的事项或情况不存在重大不确定性；

7. 注册会计师未被要求，并且也决定不沟通关键审计事项；

8. 注册会计师在审计报告日前已获取所有其他信息，且未识别出信息存在重大错报；

9. 负责监督财务报表的人员与负责编制财务报表的人员不同；

10. 除财务报表审计外，注册会计师不承担法律法规要求的其他报告责任。

【参考格式 3】

审计报告

ABC 股份有限公司全体股东：

一、审计意见

我们审计了 ABC 股份有限公司（以下简称 ABC 公司）财务报表，包括 20×1 年 12 月 31 日的资产负债表，20×1 年度的利润表、现金流量表、股东权益变动表以及相关财务报表附注。

我们认为，后附的财务报表在所有重大方面按照企业会计准则的规定编制，公允反映了 ABC 公司 20×1 年 12 月 31 日的财务状况以及 20×1 年度的经营成果和现金流量。

二、形成审计意见的基础

我们按照中国注册会计师审计准则的规定执行了审计工作。审计报告的"注册会计师对财务报表审计的责任"部分进一步阐述了我们在这些准则下的责任。按照中国注册会计师职业道德守则，我们独立于 ABC 公司，并履行了职业道德方面的其他责任。我们相信，我们获取的审计证据是充分、适当的，为发表审计意见提供了基础。

三、其他信息

［按照《中国注册会计师审计准则第 1521 号——注册会计师对其他信息的责任》和〈中国注册会计师审计准则第 1521 号——注册会计师对其他信息的责任〉应用指南》的规定报告］

四、管理层和治理层对财务报表的责任

ABC 公司管理层（以下简称管理层）负责按照企业会计准则的规定编制财务报表，使其实现公允反映，并设计、执行和维护必要的内部控制，以使财务报表不存在由于舞弊或错误导致的重大错报。

在编制财务报表时，管理层负责评估 ABC 公司的持续经营能力，披露与持续经营相关的事项（如适用），并运用持续经营假设，除非管理层计划清算 ABC 公司、终止运营或别无其他现实的选择。

治理层负责监督 ABC 公司的财务报告过程。

五、注册会计师对财务报表审计的责任

我们的目标是对财务报表整体是否不存在由于舞弊或错误导致的重大错报获取合理保证，并出具包含审计意见的审计报告。合理保证是高水平的保证，但并不能保证按照审计准则执行的审计在某一重大错报存在时总能发现。错报可能由于舞弊或错误导致，如果合理预期错报单独或汇总起来可能影响财务报表使用者依据财务报表作出的经济决策，则通常认为错报是重大的。

在按照审计准则执行审计工作的过程中，我们运用职业判断，并保持职业怀疑。同时，我们也执行以下工作：

1. 识别和评估由于舞弊或错误导致的财务报表重大错报风险，设计和实施审计程序以应对这些风险，并获取充分、适当的审计证据，作为发表审计意见的基础。由于舞弊可能涉及串通、伪造、故意遗漏、虚假陈述或凌驾于内部控制之上，未能发现由于舞弊导致的重大错报的风险高于未能发现由于错误导致的重大错报的风险。

2. 了解与审计相关的内部控制，以设计恰当的审计程序，但目的并非对内部控制的有效性发表意见。【注：如果注册会计师结合财务报表审计对内部控制的有效性发表意见，应当删除"但目的并非对内部控制的有效性发表意见"的措辞。】

3. 评价管理层选用会计政策的恰当性和作出会计估计及相关披露的合理性。

4. 对管理层使用持续经营假设的恰当性得出结论。同时，根据获取的审计证据，就可能导致对 ABC 公司持续经营能力产生重大疑虑的事项或情况是否存在重大不确定性得出结论。如果我们得出结论认为存在重大不确定性，审计准则要求我们在审计报告中提请报表使用者注意财务报表中的相关披露；如果披露不充分，我们应当发表非无保留意见。我们的结论基于截至审计报告日可获得的信息。然而，未来的事项或情况可能导致 ABC 公司不能持续经营。

5. 评价财务报表的总体列报、结构和内容（包括披露），并评价财务报表是否公允反映相关交易和事项。

我们与治理层就计划的审计范围、时间安排和重大审计发现等事项进行沟通，包括沟通我们在审计中识别出的值得关注的内部控制缺陷。

××会计师事务所	中国注册会计师：×××（项目合伙人）
（盖章）	（签名并盖章）
	中国注册会计师：×××
	（签名并盖章）
中国××市	20×2年×月×日

（四）由于财务报表存在重大错报而发表保留意见的审计报告

【背景信息4】

1.对上市实体整套财务报表进行审计。该审计不属于集团审计（即不适用《中国注册会计师审计准则第1401号——对集团财务报表审计的特殊考虑》）。

2.管理层按照企业会计准则编制财务报表。

3.审计业务约定条款体现了《中国注册会计师审计准则第1111号——就审计业务约定条款达成一致意见》中关于管理层对财务报表责任的描述。

4.存货存在错报，该错报对财务报表影响重大但不具有广泛性（即保留意见是恰当的）。

5.适用的相关职业道德要求为中国注册会计师职业道德守则。

6.基于获取的审计证据，根据《中国注册会计师审计准则第1324号——持续经营》，注册会计师认为可能导致对被审计单位持续经营能力产生重大疑虑的事项或情况不存在重大不确定性。

7.已按照《中国注册会计师审计准则第1504号——在审计报告中沟通关键审计事项》的规定沟通了关键审计事项。

8.注册会计师在审计报告日前已获取所有其他信息，且导致对财务报表发表保留意见的事项也影响了其他信息。

9.负责监督财务报表的人员与负责编制财务报表的人员不同。

10.除财务报表审计外，注册会计师还承担法律法规要求的其他报告责任，且注册会计师决定在审计报告中履行其他报告责任。

【参考格式4】

审计报告

ABC股份有限公司全体股东：

一、对财务报表出具的审计报告

【注：如果审计报告中不包含"按照相关法律法规的要求报告的事项"部分，则不需要加入此标题。】

（一）保留意见

我们审计了ABC股份有限公司（以下简称ABC公司）财务报表，包括20×1年12月31日的资产负债表，20×1年度的利润表、现金流量表、股东权益变动表以及相关财务报表附注。

我们认为，除"形成保留意见的基础"部分所述事项产生的影响外，后附的财务报表在所有重大方面按照企业会计准则的规定编制，公允反映了 ABC 公司 20×1 年 12 月 31 日的财务状况以及 20×1 年度的经营成果和现金流量。

（二）形成保留意见的基础

ABC 公司 20×1 年 12 月 31 日资产负债表中存货的列示金额为×元。ABC 公司管理层（以下简称管理层）根据成本对存货进行计量，而没有根据成本与可变现净值孰低的原则进行计量，这不符合企业会计准则的规定。ABC 公司的会计记录显示，如果管理层以成本与可变现净值孰低来计量存货，存货列示金额将减少×元。相应地，资产减值损失将增加×元，所得税、净利润和股东权益将分别减少×元、×元和×元。

我们按照中国注册会计师审计准则的规定执行了审计工作。审计报告的"注册会计师对财务报表审计的责任"部分进一步阐述了我们在这些准则下的责任。按照中国注册会计师职业道德守则，我们独立于 ABC 公司，并履行了职业道德方面的其他责任。我们相信，我们获取的审计证据是充分、适当的，为发表保留意见提供了基础。

（三）其他信息

［同参考格式 1。］

（四）关键审计事项

关键审计事项是我们根据职业判断，认为对本期财务报表审计最为重要的事项。这些事项的应对以对财务报表整体进行审计并形成审计意见为背景，我们不对这些事项单独发表意见。除"形成保留意见的基础"部分所述事项外，我们确定下列事项是需要在审计报告中沟通的关键审计事项。

［按照《中国注册会计师审计准则第 1504 号——在审计报告中沟通关键审计事项》的规定描述每一关键审计事项。］

（五）管理层和治理层对财务报表的责任

［同参考格式 1。］

（六）注册会计师对财务报表审计的责任

［同参考格式 1。］

二、按照相关法律法规的要求报告的事项

［同参考格式 1。］

××会计师事务所	中国注册会计师：×××（项目合伙人）
（盖章）	（签名并盖章）
	中国注册会计师：×××
	（签名并盖章）
中国××市	20×2 年×月×日

（五）当注册会计师确定存在重大不确定性，且财务报表由于未作出充分披露而存在重大错报时，发表保留意见的审计报告

【背景信息 5】

1. 对上市实体整套财务报表进行审计。该审计不属于集团审计（即不适用《中国注册会计师审计准则第 1401 号——对集团财务报表审计的特殊考虑》）。

2. 管理层按照企业会计准则编制财务报表。

3. 审计业务约定条款体现了《中国注册会计师审计准则第 1111 号——就审计业务约定条款达成一致意见》中关于管理层对财务报表责任的描述。

4. 基于获取的审计证据，注册会计师认为可能导致对被审计单位持续经营能力产生重大疑虑的事项或情况存在重大不确定性。财务报表附注×讨论了融资协议的规模、到期日和总安排，但财务报表未讨论其影响以及再融资的可获得性，也未将该情况界定为重大不确定性。

5. 适用的相关职业道德要求为中国注册会计师职业道德守则。

6. 财务报表由于未充分披露重大不确定性而存在重大错报。注册会计师认为未充分披露对财务报表的影响重大但不具有广泛性，因此发表保留意见。

7. 已按照《中国注册会计师审计准则第 1504 号——在审计报告中沟通关键审计事项》的规定沟通了关键审计事项。

8. 注册会计师在审计报告日前已获取所有其他信息，且导致对财务报表发表保留意见的事项也影响了其他信息。

9. 负责监督财务报表的人员与负责编制财务报表的人员不同。

10. 除财务报表审计外，注册会计师还承担法律法规要求的其他报告责任，且注册会计师决定在审计报告中履行其他报告责任。

【参考格式 5】

审计报告

ABC 股份有限公司全体股东：

一、对财务报表出具的审计报告

【注：如果审计报告中不包含"按照相关法律法规的要求报告的事项"部分，则不需要加入此标题。】

（一）保留意见

我们审计了 ABC 股份有限公司（以下简称 ABC 公司）财务报表，包括 20×1 年 12 月 31 日的资产负债表，20×1 年度的利润表、现金流量表、股东权益变动表以及相关财务报表附注。

我们认为，除"形成保留意见的基础"部分所述事项产生的影响外，后附的财务报表在所有重大方面按照企业会计准则的规定编制，公允反映了 ABC 公司 20×1 年 12 月 31 日的财务状况以及 20×1 年度的经营成果和现金流量。

（二）形成保留意见的基础

如财务报表附注×所述，ABC 公司融资协议期满，且未偿付余额将于 20×2 年 3 月 19 日到期。ABC 公司未能重新商定协议或获取替代性融资。这种情况表明存在可能导致对 ABC 公司持续经营能力产生重大疑虑的重大不确定性。财务报表对这一事项并未作出充分披露。

我们按照中国注册会计师审计准则的规定执行了审计工作。审计报告的"注册会计师对财务报表审计的责任"部分进一步阐述了我们在这些准则下的责任。按照中国注册会计师职业道德守则，我们独立于 ABC 公司，并履行了职业道德方面的其他责任。我们相信，我们获取的审计证据是充分、适当的，为发表保留意见提供了基础。

（三）关键审计事项

关键审计事项是我们根据职业判断，认为对本期财务报表审计最为重要的事项。这些事项的应对以对财务报表整体进行审计并形成审计意见为背景，我们不对这些事项单独发表意见。除"形成保留意见的基础"部分所述事项外，我们确定下列事项是需要在审计报告中沟通的关键审计事项。

［按照《中国注册会计师审计准则第 1504 号——在审计报告中沟通关键审计事项》的规定描述每一关键审计事项。］

（四）其他信息

［同参考格式 1，该参考格式中其他信息部分的最后一段需要进行改写，以描述导致注册会计师对财务报表发表保留意见并且也影响其他信息的事项。］

（五）管理层和治理层对财务报表的责任

［同参考格式 1。］

（六）注册会计师对财务报表审计的责任

［同参考格式 1。］

二、按照相关法律法规的要求报告的事项

［同参考格式 1。］

××会计师事务所   中国注册会计师：×××（项目合伙人）

（盖章）   （签名并盖章）

                                          中国注册会计师：×××

                                         （签名并盖章）

中国××市   20×2 年×月×日

（六）由于合并财务报表存在重大错报而发表否定意见的审计报告

【背景信息 6】

1. 对上市实体整套合并财务报表进行审计。该审计属于集团审计，被审计单位拥有多个子公司（即适用《中国注册会计师审计准则第 1401 号——对集团财务报表审计的特殊考虑》）。

2. 管理层按照××财务报告编制基础编制合并财务报表，该编制基础允许被审计单位只列报合并财务报表。

3. 审计业务约定条款体现了《中国注册会计师审计准则第 1111 号——就审计业务约定条款达成一致意见》中关于管理层对合并财务报表责任的描述。

4. 合并财务报表因未合并某一子公司而存在重大错报，该错报对合并财务报表影响重大且具有广泛性（即否定意见是恰当的），但量化该错报对合并财务报表的影响是不切实际的。

5. 适用的相关职业道德要求为中国注册会计师职业道德守则。

6. 基于获取的审计证据，根据《中国注册会计师审计准则第 1324 号——持续经营》，注册会计师认为可能导致对被审计单位持续经营能力产生重大疑虑的事项或情况不存在重大不确定性。

7. 适用《中国注册会计师审计准则第 1504 号——在审计报告中沟通关键审计事项》。然而，注册会计师认为，除形成否定意见的基础部分所述事项外，无其他关键审计事项。

8. 注册会计师在审计报告日前已获取所有其他信息，且导致对合并财务报表发表否定意见的事项也影响了其他信息。

9. 负责监督合并财务报表的人员与负责编制合并财务报表的人员不同。

10. 除合并财务报表审计外，注册会计师还承担法律法规要求的其他报告责任，且注册会计师决定在审计报告中履行其他报告责任。

【参考格式6】

审计报告

ABC 股份有限公司全体股东：

一、对合并财务报表出具的审计报告

【注：如果审计报告中不包含"按照相关法律法规的要求报告的事项"部分，则不需要加入此标题。】

（一）否定意见

我们审计了 ABC 股份有限公司及其子公司（以下简称 ABC 集团）合并财务报表，包括 20×1 年 12 月 31 日的合并资产负债表，20×1 年度的合并利润表、合并现金流量表、合并股东权益变动表以及相关合并财务报表附注。

我们认为，由于"形成否定意见的基础"部分所述事项的重要性，后附的合并财务报表没有在所有重大方面按照××财务报告编制基础的规定编制，未能公允反映 ABC 集团 20×1 年 12 月 31 日的合并财务状况以及 20×1 年度的合并经营成果和合并现金流量。

（二）形成否定意见的基础

如财务报表附注×所述，20×1 年 ABC 集团通过非同一控制下的企业合并获得对 XYZ 公司的控制权，因未能取得购买日 XYZ 公司某些重要资产和负债的公允价值，故未将 XYZ 公司纳入合并财务报表的范围。按照××财务报告编制基础的规定，该集团应将这一子公司纳入合并范围，并以暂估金额为基础核算该项收购。如果将 XYZ 公司纳入合并财务报表的范围，后附的 ABC 集团合并财务报表的多个报表项目将受到重大影响。但我们无法确定未将 XYZ 公司纳入合并范围对合并财务报表产生的影响。

我们按照中国注册会计师审计准则的规定执行了审计工作。审计报告的"注册会计师对合并财务报表审计的责任"部分进一步阐述了我们在这些准则下的责任。按照中国注册会计师职业道德守则，我们独立于 ABC 集团，并履行了职业道德方面的其他责任。我们相信，我们获取的审计证据是充分、适当的，为发表否定意见提供了基础。

（三）其他信息

[按照《中国注册会计师审计准则第 1521 号——注册会计师对其他信息的责任》的规定报告，见《〈中国注册会计师审计准则第 1521 号——注册会计师对其他信息的责任〉应用指南》附录 2 中的参考格式 7。该参考格式中其他信息部分的最后一段需要进行改写，以描述导致注册会计师对财务报表发表否定意见并且也影响其他信息的事项。]

（四）关键审计事项

除"形成否定意见的基础"部分所述事项外，我们认为，没有其他需要在我们的报告中沟通的关键审计事项。

（五）管理层和治理层对合并财务报表的责任

[同参考格式 2。]

（六）注册会计师对合并财务报表审计的责任

[同参考格式 2。]

二、按照相关法律法规的要求报告的事项

[同参考格式 2。]

××会计师事务所   中国注册会计师：×××（项目合伙人）

（盖章）   （签名并盖章）

                                 中国注册会计师：×××

                                       （签名并盖章）

中国××市   20×2 年×月×日

（七）当注册会计师确定存在重大不确定性，但财务报表遗漏了与重大不确定性相关的必要披露时，发表否定意见的审计报告

【背景信息 7】

1. 对非上市实体整套财务报表进行审计。该审计不属于集团审计（即不适用《中国注册会计师审计准则第 1401 号——对集团财务报表审计的特殊考虑》）。

2. 管理层按照企业会计准则编制财务报表。

3. 审计业务约定条款体现了《中国注册会计师审计准则第 1111 号——就审计业务约定条款达成一致意见》中关于管理层对财务报表责任的描述。

4. 适用的相关职业道德要求为中国注册会计师职业道德守则。

5. 基于获取的审计证据，注册会计师认为可能导致对被审计单位持续经营能力产生重大疑虑的事项或情况存在重大不确定性，且该公司正考虑申请破产。财务报表遗漏了与重大不确定性相关的必要披露。该漏报对财务报表的影响重大且具有广泛性，因此发表否定意见。

6. 注册会计师未被要求，并且也决定不沟通关键审计事项。

7. 注册会计师在审计报告日前已获取所有其他信息，且导致了对财务报表发表否定意见的事项也影响其他信息。

8. 负责监督财务报表的人员与负责编制财务报表的人员不同。

9. 除财务报表审计外，注册会计师还承担法律法规要求的其他报告责任，且注册会计师决定在审计报告中履行其他报告责任。

【参考格式 7】

审计报告

ABC 股份有限公司全体股东：

一、对财务报表出具的审计报告

【注：如果审计报告中不包含"按照相关法律法规的要求报告的事项"部分，则不需

要加入此标题。】

（一）否定意见

我们审计了 ABC 股份有限公司（以下简称 ABC 公司）财务报表，包括 20×1 年 12 月 31 日的资产负债表，20×1 年度的利润表、现金流量表、股东权益变动表以及相关财务报表附注。

我们认为，由于"形成否定意见的基础"部分所述事项的重要性，后附的财务报表没有在所有重大方面按照企业会计准则的规定编制，未能公允反映 ABC 公司 20×1 年 12 月 31 日的财务状况以及 20×1 年度的经营成果和现金流量。

（二）形成否定意见的基础

ABC 公司融资协议期满，且未偿付余额于 20×1 年 12 月 31 日到期。ABC 公司未能重新商定协议或获取替代性融资，正考虑申请破产。这种情况表明存在可能导致对 ABC 公司持续经营能力产生重大疑虑的重大不确定性。财务报表对这一事项并未作出充分披露。

我们按照中国注册会计师审计准则的规定执行了审计工作。审计报告的"注册会计师对财务报表审计的责任"部分进一步阐述了我们在这些准则下的责任。按照中国注册会计师职业道德守则，我们独立于 ABC 公司，并履行了职业道德方面的其他责任。我们相信，我们获取的审计证据是充分、适当的，为发表否定意见提供了基础。

（三）其他信息

［同参考格式 1，该参考格式中其他信息部分的最后一段需要进行改写，以描述导致注册会计师对财务报表发表否定意见并且也影响其他信息的事项。］

（四）管理层和治理层对财务报表的责任

［同参考格式 3。］

（五）注册会计师对财务报表审计的责任

［同参考格式 3。］

二、按照相关法律法规的要求报告的事项

［同参考格式 1。］

××会计师事务所   中国注册会计师：×××（项目合伙人）

（盖章）   （签名并盖章）

                              中国注册会计师：×××

                                 （签名并盖章）

中国××市   20×2 年×月×日

（八）由于注册会计师无法获取关于一家境外联营公司的充分、适当的审计证据而发表保留意见的审计报告

【背景信息 8】

1. 对上市实体整套合并财务报表进行审计。该审计属于集团审计，被审计单位拥有多个子公司（即适用《中国注册会计师审计准则第 1401 号——对集团财务报表审计的特殊考虑》）。

2.管理层按照××财务报告编制基础编制合并财务报表，该编制基础允许被审计单位只列报合并财务报表。

3.审计业务约定条款体现了《中国注册会计师审计准则第1111号——就审计业务约定条款达成一致意见》中关于管理层对合并财务报表责任的描述。

4.对一家境外联营公司，注册会计师无法获取充分、适当的审计证据，这一事项对合并财务报表可能产生的影响重大，但不具有广泛性（即保留意见是恰当的）。

5.适用的相关职业道德要求为中国注册会计师职业道德守则。

6.基于获取的审计证据，根据《中国注册会计师审计准则第1324号——持续经营》，注册会计师认为可能导致对被审计单位持续经营能力产生重大疑虑的事项或情况不存在重大不确定性。

7.已按照《中国注册会计师审计准则第1504号——在审计报告中沟通关键审计事项》的规定沟通了关键审计事项。

8.注册会计师在审计报告日前已获取所有其他信息，且导致对合并财务报表发表保留意见的事项也影响了其他信息。

9.负责监督合并财务报表的人员与负责编制合并财务报表的人员不同。

10.除合并财务报表审计外，注册会计师还承担法律法规要求的其他报告责任，且注册会计师决定在审计报告中履行其他报告责任。

【参考格式8】

审计报告

ABC股份有限公司全体股东：

一、对合并财务报表出具的审计报告

【注：如果审计报告中不包含"按照相关法律法规的要求报告的事项"部分，则不需要加入此标题。】

（一）保留意见

我们审计了ABC股份有限公司及其子公司（以下简称ABC集团）合并财务报表，包括20×1年12月31日的合并资产负债表，20×1年度的合并利润表、合并现金流量表、合并股东权益变动表以及相关合并财务报表附注。

我们认为，除"形成保留意见的基础"部分所述事项可能产生的影响外，后附的合并财务报表在所有重大方面按照××财务报告编制基础的规定编制，公允反映了ABC集团20×1年12月31日的合并财务状况以及20×1年度的合并经营成果和合并现金流量。

（二）形成保留意见的基础

如财务报表附注×所述，ABC集团于20×1年取得了境外XYZ公司30%的股权，因能够对XYZ公司施加重大影响，故采用权益法核算该项股权投资，于20×1年度确认对XYZ公司的投资收益×元，该项股权投资于20×1年12月31日合并资产负债表上反映的账面价值为×元。由于我们未被允许接触XYZ公司的财务信息、管理层和执行XYZ公司审计的注册会计师，我们无法就该项股权投资的账面价值以及ABC集团确认的20×1年度对XYZ公司的投资收益获取充分、适当的审计证据，也无法确定是否有必要对这些金额进行调整。

我们按照中国注册会计师审计准则的规定执行了审计工作。审计报告的"注册会计师对合并财务报表审计的责任"部分进一步阐述了我们在这些准则下的责任。按照中国注册会计师职业道德守则，我们独立于 ABC 集团，并履行了职业道德方面的其他责任。我们相信，我们获取的审计证据是充分、适当的，为发表保留意见提供了基础。

（三）其他信息

［同参考格式 2，该参考格式中其他信息部分的最后一段需要进行改写，以描述导致注册会计师对财务报表发表保留意见并且也影响其他信息的事项。］

（四）关键审计事项

关键审计事项是我们根据职业判断，认为对本期合并财务报表审计最为重要的事项。这些事项的应对以对合并财务报表整体进行审计并形成审计意见为背景，我们不对这些事项单独发表意见。除"形成保留意见的基础"部分所述事项外，我们确定下列事项是需要在审计报告中沟通的关键审计事项。

［按照《中国注册会计师审计准则第 1504 号——在审计报告中沟通关键审计事项》的规定描述每一关键审计事项。］

（五）管理层和治理层对合并财务报表的责任

［按照《中国注册会计师审计准则第 1501 号——对财务报表形成审计意见和出具审计报告》的规定报告，见《〈中国注册会计师审计准则第 1501 号——对财务报表形成审计意见和出具审计报告〉应用指南》参考格式 2。］

（六）注册会计师对合并财务报表审计的责任

［同参考格式 2。］

二、按照相关法律法规的要求报告的事项

［同参考格式 2。］

××会计师事务所　　　　　　　　　中国注册会计师：×××（项目合伙人）

（盖章）　　　　　　　　　　　　　　　（签名并盖章）

　　　　　　　　　　　　　　　　　　中国注册会计师：×××

　　　　　　　　　　　　　　　　　　　（签名并盖章）

中国××市　　　　　　　　　　　　　20×2 年×月×日

（九）由于注册会计师无法针对合并财务报表单一要素获取充分、适当的审计证据而发表无法表示意见的审计报告

【背景信息 9】

1. 对非上市实体整套合并财务报表进行审计。该审计属于集团审计，被审计单位拥有多个子公司（即适用《中国注册会计师审计准则第 1401 号——对集团财务报表审计的特殊考虑》）。

2. 管理层按照××财务报告编制基础编制合并财务报表，该编制基础允许被审计单位只列报合并财务报表。

3. 审计业务约定条款体现了《中国注册会计师审计准则第 1111 号——就审计业务约定条款达成一致意见》中关于管理层对合并财务报表责任的描述。

4. 对合并财务报表的某个要素，注册会计师无法获取充分、适当的审计证据。在本例中，对一家共同经营享有的利益份额占该被审计单位净资产的比例超过 90%，但注册会计师无法获取该共同经营财务信息的审计证据。这一事项对合并财务报表可能产生的影响被认为是重大的且具有广泛性（即无法表示意见是恰当的）。

5. 适用的相关职业道德要求为中国注册会计师职业道德守则。

6. 负责监督合并财务报表的人员与负责编制合并财务报表的人员不同。

7. 按照审计准则要求在注册会计师的责任部分作出有限的表述。

8. 除合并财务报表审计外，注册会计师还承担法律法规要求的其他报告责任，且注册会计师决定在审计报告中履行其他报告责任。

【参考格式 9】

审计报告

ABC 股份有限公司全体股东：

一、对合并财务报表出具的审计报告

【注：如果审计报告中不包含"按照相关法律法规的要求报告的事项"部分，则不需要加入此标题。】

（一）无法表示意见

我们接受委托，审计 ABC 股份有限公司及其子公司（以下简称 ABC 集团）合并财务报表，包括 20×1 年 12 月 31 日的合并资产负债表，20×1 年度的合并利润表、合并现金流量表、合并股东权益变动表以及相关合并财务报表附注。

我们不对后附的 ABC 集团合并财务报表发表审计意见。由于"形成无法表示意见的基础"部分所述事项的重要性，我们无法获取充分、适当的审计证据以作为对合并财务报表发表审计意见的基础。

（二）形成无法表示意见的基础

ABC 集团对共同经营 XYZ 公司享有的利益份额在该集团的合并资产负债表中的金额（资产扣除负债后的净影响）为×元，占该集团 20×1 年 12 月 31 日净资产的 90% 以上。我们未被允许接触 XYZ 公司的管理层和注册会计师，包括 XYZ 公司注册会计师的审计工作底稿。

因此，我们无法确定是否有必要对 XYZ 公司资产中 ABC 集团共同控制的比例份额、XYZ 公司负债中 ABC 集团共同承担的比例份额、XYZ 公司收入和费用中 ABC 集团的比例份额，以及合并现金流量表和合并股东权益变动表中的要素作出调整。

（三）管理层和治理层对合并财务报表的责任

［同参考格式 2。］

（四）注册会计师对合并财务报表审计的责任

我们的责任是按照中国注册会计师审计准则的规定，对 ABC 集团的合并财务报表执行审计工作，以出具审计报告。但由于"形成无法表示意见的基础"部分所述的事项，我们无法获取充分、适当的审计证据以作为发表审计意见的基础。

按照中国注册会计师职业道德守则，我们独立于 ABC 集团，并履行了职业道德方面的其他责任。

二、按照相关法律法规的要求报告的事项

[同参考格式 2。]

××会计师事务所 　　　　　　　　　中国注册会计师：×××（项目合伙人）

（盖章） 　　　　　　　　　　　　　　　　（签名并盖章）

　　　　　　　　　　　　　　　　　　中国注册会计师：×××

　　　　　　　　　　　　　　　　　　　　（签名并盖章）

中国××市 　　　　　　　　　　　　　20×2 年×月×日

（十）由于注册会计师无法针对财务报表多个要素获取充分、适当的审计证据而发表无法表示意见的审计报告

【背景信息 10】

1. 对非上市实体整套财务报表进行审计。该审计不属于集团审计（即不适用《中国注册会计师审计准则第 1401 号——对集团财务报表审计的特殊考虑》）。

2. 管理层按照企业会计准则编制财务报表。

3. 审计业务约定条款体现了《中国注册会计师审计准则第 1111 号——就审计业务约定条款达成一致意见》中关于管理层对财务报表责任的描述。

4. 对财务报表的多个要素，注册会计师无法获取充分、适当的审计证据。例如，对被审计单位的存货和应收账款，注册会计师无法获取审计证据，这一事项对财务报表可能产生的影响重大且具有广泛性。

5. 适用的相关职业道德要求为中国注册会计师职业道德守则。

6. 负责监督财务报表的人员与负责编制财务报表的人员不同。

7. 按照审计准则要求在注册会计师的责任部分作出有限的表述。

8. 除财务报表审计外，注册会计师还承担法律法规要求的其他报告责任，且注册会计师决定在审计报告中履行其他报告责任。

【参考格式 10】

审计报告

ABC 股份有限公司全体股东：

一、对财务报表出具的审计报告

【注：如果审计报告中不包含"按照相关法律法规的要求报告的事项"部分，则不需要加入此标题。】

（一）无法表示意见

我们接受委托，审计 ABC 股份有限公司（以下简称 ABC 公司）财务报表，包括 20×1 年 12 月 31 日的资产负债表，20×1 年度的利润表、现金流量表、股东权益变动表以及相关财务报表附注。

我们不对后附的 ABC 公司财务报表发表审计意见。由于"形成无法表示意见的基础"部分所述事项的重要性，我们无法获取充分、适当的审计证据以作为对财务报表发表审计意见的基础。

（二）形成无法表示意见的基础

我们于 20×2 年 1 月接受委托审计 ABC 公司财务报表，因而未能对 ABC 公司 20×1 年年初金额为×元的存货和年末金额为×元的存货实施监盘程序。此外，我们也无法实施替代审计程序获取充分、适当的审计证据。并且，ABC 公司于 20×1 年 9 月采用新的应收账款电算化系统，由于存在系统缺陷导致应收账款出现大量错误。截至报告日，ABC 公司管理层（以下简称管理层）仍在纠正系统缺陷并更正错误，我们也无法实施替代审计程序，以对截至 20×1 年 12 月 31 日的应收账款总额×元获取充分、适当的审计证据。因此，我们无法确定是否有必要对存货、应收账款以及财务报表其他项目作出调整，也无法确定应调整的金额。

（三）管理层和治理层对财务报表的责任

[同参考格式 3。]

（四）注册会计师对财务报表审计的责任

我们的责任是按照中国注册会计师审计准则的规定，对 ABC 公司的财务报表执行审计工作，以出具审计报告。但由于"形成无法表示意见的基础"部分所述的事项，我们无法获取充分、适当的审计证据以作为发表审计意见的基础。

按照中国注册会计师职业道德守则，我们独立于 ABC 公司，并履行了职业道德方面的其他责任。

二、按照相关法律法规的要求报告的事项

[同参考格式 1。]

××会计师事务所　　　　　　　　　　中国注册会计师：×××（项目合伙人）

（盖章）　　　　　　　　　　　　　　　　　（签名并盖章）

　　　　　　　　　　　　　　　　　　中国注册会计师：×××

　　　　　　　　　　　　　　　　　　　　（签名并盖章）

中国××市　　　　　　　　　　　　　　　　20×2 年×月×日

（十一）包含关键审计事项部分、强调事项段及其他事项段的审计报告

【背景信息 11】

1. 对上市实体整套财务报表进行审计。该审计不属于集团审计（即不适用《中国注册会计师审计准则第 1401 号——对集团财务报表审计的特殊考虑》）。

2. 管理层按照企业会计准则编制财务报表。

3. 审计业务约定条款体现了《中国注册会计师审计准则第 1111 号——就审计业务约定条款达成一致意见》中关于管理层对财务报表责任的描述。

4. 基于获取的审计证据，注册会计师认为发表无保留意见是恰当的。

5. 适用的相关职业道德要求为中国注册会计师职业道德守则。

6. 基于获取的审计证据，根据《中国注册会计师审计准则第 1324 号——持续经营》，注册会计师认为可能导致对被审计单位持续经营能力产生重大疑虑的事项或情况不存在重大不确定性。

7. 在财务报表日至审计报告日之间，被审计单位的生产设备发生了火灾，被审计单位

已将其作为期后事项披露。根据注册会计师的判断，该事项对财务报表使用者理解财务报表至关重要，但在本期财务报表审计中不是重点关注过的事项。

8. 已按照《中国注册会计师审计准则第 1504 号——在审计报告中沟通关键审计事项》的规定沟通了关键审计事项。

9. 注册会计师在审计报告日前已获取所有其他信息，且未识别出信息存在重大错报。

10. 已列报对应数据，且上期财务报表已由前任注册会计师审计。法律法规不禁止注册会计师提及前任注册会计师对对应数据出具的审计报告，并且注册会计师已决定提及。

11. 负责监督财务报表的人员与负责编制财务报表的人员不同。

12. 除财务报表审计外，注册会计师还承担法律法规要求的其他报告责任，且注册会计师决定在审计报告中履行其他报告责任。

【参考格式 11】

审计报告

ABC 股份有限公司全体股东：

一、对财务报表出具的审计报告

【注：如果审计报告中不包含"按照相关法律法规的要求报告的事项"部分，则不需要加入此标题。】

（一）审计意见

我们审计了 ABC 股份有限公司（以下简称 ABC 公司）财务报表，包括 20×1 年 12 月 31 日的资产负债表，20×1 年度的利润表、现金流量表、股东权益变动表以及相关财务报表附注。

我们认为，后附的财务报表在所有重大方面按照企业会计准则的规定编制，公允反映了 ABC 公司 20×1 年 12 月 31 日的财务状况以及 20×1 年度的经营成果和现金流量。

（二）形成审计意见的基础

我们按照中国注册会计师审计准则的规定执行了审计工作。审计报告的"注册会计师对财务报表审计的责任"部分进一步阐述了我们在这些准则下的责任。按照中国注册会计师职业道德守则，我们独立于 ABC 公司，并履行了职业道德方面的其他责任。我们相信，我们获取的审计证据是充分、适当的，为发表审计意见提供了基础。

（三）强调事项

我们提醒财务报表使用者关注，财务报表附注×描述了火灾对 ABC 公司的生产设备造成的影响。本段内容不影响已发表的审计意见。

（四）关键审计事项

关键审计事项是我们根据职业判断，认为对本期财务报表审计最为重要的事项。这些事项的应对以对财务报表整体进行审计并形成审计意见为背景，我们不对这些事项单独发表意见。

［按照《中国注册会计师审计准则第 1504 号——在审计报告中沟通关键审计事项》的规定描述每一关键审计事项。］

（五）其他事项

20×0 年 12 月 31 日的资产负债表，20×0 年度的利润表、现金流量表、股东权益变动表以及相关财务报表附注由其他会计师事务所审计，并于 20×1 年 3 月 31 日发表了无保留意见。

（六）其他信息

［同参考格式 1。］

（七）管理层和治理层对财务报表的责任

［同参考格式 1。］

（八）注册会计师对财务报表审计的责任

［同参考格式 1。］

二、按照相关法律法规的要求报告的事项

［同参考格式 1。］

××会计师事务所   中国注册会计师：×××（项目合伙人）

（盖章）   （签名并盖章）

                            中国注册会计师：×××

                               （签名并盖章）

中国××市   20×2 年×月×日

（十二）由于偏离适用的财务报告编制基础的规定导致的带强调事项段的保留意见审计报告

【背景信息 12】

1. 对非上市实体整套财务报表进行审计。该审计不属于集团审计（即不适用《中国注册会计师审计准则第 1401 号——对集团财务报表审计的特殊考虑》）。

2. 管理层按照企业会计准则编制财务报表。

3. 审计业务约定条款体现了《中国注册会计师审计准则第 1111 号——就审计业务约定条款达成一致意见》中关于管理层对财务报表责任的描述。

4. 由于偏离企业会计准则的规定导致发表保留意见。

5. 适用的相关职业道德要求为中国注册会计师职业道德守则。

6. 基于获取的审计证据，根据《中国注册会计师审计准则第 1324 号——持续经营》，注册会计师认为可能导致对被审计单位持续经营能力产生重大疑虑的事项或情况不存在重大不确定性。

7. 在财务报表日至审计报告日之间，被审计单位的生产设备发生了火灾，被审计单位已将其作为期后事项披露。根据注册会计师的判断，该事项对财务报表使用者理解财务报表至关重要，但在本期财务报表审计中不是重点关注过的事项。

8. 注册会计师未被要求，并且也决定不沟通关键审计事项。

9. 注册会计师在审计报告日前未获取任何其他信息。

10. 负责监督财务报表的人员与负责编制财务报表的人员不同。

11. 除财务报表审计外，注册会计师还承担法律法规要求的其他报告责任，且注册会计师决定在审计报告中履行其他报告责任。

【参考格式 12】

审计报告

ABC 股份有限公司全体股东：

一、对财务报表出具的审计报告

【注：如果审计报告中不包含"按照相关法律法规的要求报告的事项"部分，则不需要加入此标题。】

（一）保留意见

我们审计了 ABC 股份有限公司（以下简称 ABC 公司）财务报表，包括 20×1 年 12 月 31 日的资产负债表，20×1 年度的利润表、现金流量表、股东权益变动表以及相关财务报表附注。

我们认为，除"形成保留意见的基础"部分所述事项产生的影响外，后附的财务报表在所有重大方面按照企业会计准则的规定编制，公允反映了 ABC 公司 20×1 年 12 月 31 日的财务状况以及 20×1 年度的经营成果和现金流量。

（二）形成保留意见的基础

ABC 公司 20×1 年 12 月 31 日资产负债表中以公允价值计量且其变动计入当期损益的金融资产的列示金额为×元。ABC 公司管理层（以下简称管理层）根据成本对以公允价值计量且其变动计入当期损益的金融资产进行计量，而没有根据公允价值进行计量，这不符合企业会计准则的规定。ABC 公司的会计记录显示，如果管理层以公允价值来计量以公允价值计量且其变动计入当期损益的金融资产，ABC 公司 20×1 年度利润表中公允价值变动损益将减少×元，20×1 年 12 月 31 日资产负债表中以公允价值计量且其变动计入当期损益的金融资产列示金额将减少×元。相应地，所得税、净利润和股东权益将分别减少×元、×元和×元。

我们按照中国注册会计师审计准则的规定执行了审计工作。审计报告的"注册会计师对财务报表审计的责任"部分进一步阐述了我们在这些准则下的责任。按照中国注册会计师职业道德守则，我们独立于 ABC 公司，并履行了职业道德方面的其他责任。我们相信，我们获取的审计证据是充分、适当的，为发表保留意见提供了基础。

（三）强调事项——火灾的影响

我们提醒财务报表使用者关注，财务报表附注×描述了火灾对 ABC 公司的生产设备造成的影响。本段内容不影响已发表的审计意见。

（四）管理层和治理层对财务报表的责任

［同参考格式 3。］

（五）注册会计师对财务报表审计的责任

［同参考格式 3。］

二、按照相关法律法规的要求报告的事项

［同参考格式 1。］

××会计师事务所　　　　　　　　　　中国注册会计师：×××（项目合伙人）

（盖章）　　　　　　　　　　　　　　　　　（签名并盖章）

中国注册会计师：×××

（签名并盖章）

中国××市

20×2 年×月×日

四、选择审计报告类型的决策

（一）关键审计事项的决策与表述

关键审计事项是指注册会计师根据职业判断认为对本期财务报表审计最为重要的事项。关键审计事项可能涉及注册会计师评估的重大错报风险较高的领域或识别出的特别风险、财务报表中涉及管理层重大判断（包括被认为具有高度不确定性的会计估计）的领域、当期重大交易或事项对审计的影响。关键审计事项应当来自于"与治理层沟通过的事项"，将与治理层沟通过的事项作为确定关键审计事项的起点，选出在执行审计工作时重点关注过的事项，并在这些"重点关注过的事项"中选出最为重要的事项，作为关键审计事项。

但是，值得注意的是，关键审计事项不能替代构成导致非无保留意见的事项，也不能替代可能导致对被审计单位持续经营能力产生重大疑虑的事项或情况存在重大不确定性的情况。此外，关键审计事项的应对以对财务报表整体进行审计并形成审计意见为背景，注册会计师不对关键审计事项单独发表意见，在审计报告中沟通关键审计事项，也不是注册会计师就单一事项单独发表意见。注册会计师的目标是，确定关键审计事项，并在对财务报表形成审计意见后，以在审计报告中描述关键审计事项的方式沟通这些事项。

1. 关键审计事项决策框架

注册会计师对关键审计事项决策框架如图 13-3 所示。

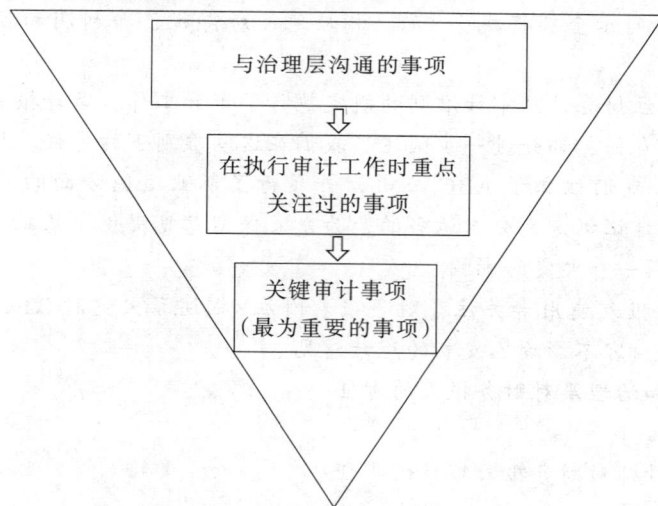

图 13-3　关键审计事项决策框架图

（1）以"与治理层沟通的事项"作为起点确定关键审计事项。

《中国注册会计师审计准则第 1151 号——与治理层的沟通》要求注册会计师与被审计单位治理层沟通审计过程中的重大发现，包括注册会计师对被审计单位会计实务（包括会计政策、会计估计和财务报表披露）重大方面的质量的看法，以及审计过程中遇到的重大困难等，以便于治理层履行其监督财务报告过程的职责，也便于注册会计师履行审计职责。在现行准则规范下，除非注册会计师针对这些事项发表无保留意见，否则这部分沟通事项将不在审计报告中披露。

（2）从"与治理层沟通的事项"中选取"在执行审计工作时重点关注过的事项"。

《中国注册会计师审计准则第1504号——在审计报告中沟通关键审计事项》规定，在确定哪些事项属于重点关注过的事项时，需要特别考虑以下三个方面：

①评估的重大错报风险较高的领域或识别出的特别风险。特别风险通常与重大的非常规交易和判断事项有关，通常是注册会计师重点关注过的事项。但须注意的是，并非所有的特别风险都一定是注册会计师重点关注过的。

②与财务报表中涉及重大管理层判断（包括被认为具有高度估计不确定性的会计估计）的领域相关的重大审计判断。通常情况下，涉及重大管理层判断的领域是注册会计师重点关注过的，一般也会被认定为特别风险。除此之外，对于那些虽然未被认定为特别风险但具有高度估计不确定性的会计估计，注册会计师也需要考虑是否是在执行审计工作时重点关注过的事项。这类会计估计通常较为复杂，且高度依赖管理层的判断，某些情况下还可能涉及管理层的专家和注册会计师的专家的参与，注册会计师还需要特别关注对财务报表有重大影响的会计政策以及会计政策变更，特别是被审计单位所采用的会计实务与行业内其他公司存在重大差异的情况。

③本期重大交易或事项对审计的影响。这些重大交易或事项往往也是管理层作出复杂判断的领域，这些事项可能会对注册会计师整体审计策略产生重大影响，也很有可能被认定为特别风险，例如关联方交易、在公司正常经营过程之外的重大或异常交易等。因此，注册会计师在确定需要重点关注的事项时要特别考虑该方面。

（3）从"在执行审计工作时重点关注过的事项"中确定"对本期财务报表审计最为重要的事项"，从而构成"关键审计事项"。

"最为重要的事项"并不意味着只有一项，其数量受被审计单位规模和复杂程度、业务和经营环境的性质，以及审计业务具体事实和情况的影响。注册会计师需要以被审计单位和审计工作为背景，综合考虑就相关事项与治理层沟通的性质和程度、该事项对预期使用者理解财务报表整体的重要程度、与该事项相关的会计政策的复杂程度或主观程度、与该事项相关的错报的性质和重要程度、为应对该事项需要付出的审计努力的性质和程度（包括利用专家的工作、向项目组以外的成员咨询等）、执业人员遇到的困难的性质和严重程度、与该事项相关的控制缺陷的严重程度、该事项是否涉及多项相联系的审计考虑等因素，确定这些事项的相对重要程度，以确定多少以及哪些事项是"最为重要的事项"。

2. 在审计报告中沟通关键审计事项

沟通关键审计事项，旨在通过提高已执行审计工作的透明度增加审计报告的沟通价值。沟通关键审计事项能够为财务报表预期使用者提供额外的信息，以帮助其了解注册会计师根据职业判断认为对本期财务报表审计最为重要的事项。沟通关键审计事项还能够帮助财务报表预期使用者了解被审计单位，以及已审计财务报表中涉及重大管理层判断的领域。

注册会计师应当在审计报告中单设一部分，以"关键审计事项"为标题，并在该部分使用恰当的子标题逐项描述关键审计事项。关键审计事项部分包括引言和对关键审计事项的逐项描述。

审计报告中，各关键审计事项的先后顺序由注册会计师作出判断，可以按照各事项的相对重要程度，或者按照相关事项在财务报表附注中的披露顺序。

（1）关键审计事项部分的引言。

关键审计事项部分的引言应当同时说明下列事项：

①关键审计事项是注册会计师根据职业判断，认为对本期财务报表审计最为重要的事项；

②关键审计事项的应对以对财务报表整体进行审计并形成审计意见为背景，注册会计师不对关键审计事项单独发表意见。

（2）关键审计事项。

在审计报告的关键审计事项部分逐项描述关键审计事项时，注册会计师应当分别索引至财务报表的相关披露（如有），并同时说明下列内容：

①该事项被认定为审计中最为重要的事项之一，因而被确定为关键审计事项的原因；

②该事项在审计中是如何应对的，可以包括审计应对措施或审计方法中与该事项最为相关或对评估的重大错报风险最有针对性的方面、对已实施审计程序的简要概述、指出实施审计程序的结果、对该事项作出的主要评论等。

注册会计师在描述关键审计事项时对审计程序的结果的说明，需注意避免被认为是就某个关键审计事项单独发表意见，并避免引起对财务报表整体审计意见的质疑。

另外，在审计报告中沟通关键审计事项不能代替管理层按照适用的财务报告编制基础在财务报表中作出的披露。

（3）不在审计报告中沟通某项关键审计事项的情形。

《中国注册会计师审计准则第 1504 号——在审计报告中沟通关键审计事项》对在特殊情况下不在审计报告中沟通关键审计事项的情形作出规范，例如：

①法律法规禁止公开披露某事项；

②在极少数情形下，如果合理预期在审计报告中沟通某事项造成的负面后果超过在公众利益方面产生的益处。如果被审计单位已公开披露与该事项有关的信息，则本情形不适用。

如果确定不在审计报告中沟通某项关键审计事项，注册会计师应当考虑取得有关法律建议，并考虑从管理层获取关于公开披露该事项为何不适当的书面声明，包括管理层对这种沟通可能带来的负面后果的严重程度的看法。

3. 关键审计事项与审计报告其他要素之间的关系

（1）导致发表非无保留意见的事项和与持续经营相关的重大不确定性优先于关键审计事项。

《中国注册会计师审计准则第 1504 号——在审计报告中沟通关键审计事项》强调，在审计报告中沟通关键审计事项不能代替：

①注册会计师按照《中国注册会计师审计准则第 1502 号——非标准审计报告》规定发表非无保留意见；

②当可能导致对被审计单位持续经营能力产生重大疑虑的事项或情况存在重大不确定性时，注册会计师按照《中国注册会计师审计准则第 1324 号——持续经营》的规定进行报告。

以上两种情况，就其性质而言都属于关键审计事项。但是，这些事项不得在审计报告的关键审计事项部分进行描述，而应当分别在形成保留（否定）意见的基础部分或与持续经营相关的重大不确定性部分进行描述，并在关键审计事项部分提及形成保留（否定）意见的基础部分或与持续经营相关的重大不确定性部分。

（2）关键审计事项优先于强调事项和其他事项。

根据《中国注册会计师审计准则第 1503 号——在审计报告中增加强调事项段和其他事项段》的规定，注册会计师在审计报告中增加强调事项段和其他事项段的前提条件是：当《中国注册会计师审计准则第 1504 号——在审计报告中沟通关键审计事项》适用时，该事项未被确定为在审计报告中沟通的关键审计事项。

如果某事项构成关键审计事项，除上述导致发表非无保留意见的事项和与持续经营相关的重大不确定性之外，应在关键审计事项部分描述，而不得在强调事项段或其他事项段描述。

4.关键审计事项在审计工作底稿中的记录

注册会计师应当在审计工作底稿中记录下列事项：

（1）注册会计师确定的在执行审计工作时重点关注过的事项，以及针对每一事项，是否将其确定为关键审计事项及理由；

（2）注册会计师确定不存在需要在审计报告中沟通的关键审计事项的理由，或者仅有的需要沟通的关键审计事项属于导致发表非无保留意见的事项和与持续经营相关的重大不确定性（如适用）；

（3）注册会计师确定不在审计报告中沟通某项关键审计事项的理由（如适用）。

【实例 13-3】（单选题）下列关于关键审计事项的表述中，不正确的是（　　）。

A.关键审计事项是注册会计师从"与治理层沟通的事项"中选出"在执行审计工作时重点关注过的事项"

B.因会计估计具有主观性，注册会计师在确定属于重点关注过的事项时，无须考虑被认为具有高度估计不确定性的会计估计

C.注册会计师在确定哪些事项属于重点关注过的事项时，需要特别考虑特别风险

D.重点关注过的事项通常影响注册会计师的总体审计策略以及对这些事项分配的审计资源和审计工作力度

分析：B。会计估计财务报表中复杂、重大的管理层判断领域，通常涉及困难、复杂的审计判断，并且可能同时需要管理层的专家和注册会计师的专家的参与。因此，注册会计师在确定的重点关注过的事项时需要特别考虑被认为具有高度不确定性的会计估计。

（二）在审计报告中增加强调事项段

强调事项段，是指审计报告中含有的一个段落，该段落提及已在财务报表中恰当列报或披露的事项，根据注册会计师的职业判断，该事项对财务报表使用者理解财务报表至关重要。

1. 需要增加强调事项段的情形

注册会计师在特定情况下在审计报告中增加强调事项段的情形包括：

（1）法律法规规定的财务报告编制基础是不可接受的，但其是基于法律法规作出的规定；

（2）提醒财务报表使用者关注财务报表按照特殊目的编制基础编制；

（3）注册会计师在审计报告日后知悉了某些事实（即期后事项），并且出具了新的或经修改的审计报告。

注册会计师可能认为需要增加强调事项段的情形举例如下：

（1）异常诉讼或监管行动的未来结果存在不确定性；

（2）在财务报表日至审计报告日之间发生的重大期后事项；

（3）在允许的情况下，提前应用对财务报表有重大影响的新会计准则；

（4）存在已经或持续对被审计单位财务状况产生重大影响的特大灾难。

2. 在审计报告中披露强调事项段的注意事项

在审计报告中增加强调事项段的前提条件是：①按照《中国注册会计师审计准则第1502号——非标准审计报告》的规定，该事项不会导致注册会计师发表非无保留意见；②当《中国注册会计师审计准则第1504号——在审计报告中沟通关键审计事项》适用时，该事项为未被确定为在审计报告中沟通的关键审计事项。

（1）强调事项段不同于关键审计事项。强调事项段用于提及已在财务报表中恰当列报或披露且注册会计师根据职业判断认为对财务报表使用者理解财务报表至关重要的事项。关键审计事项是注册会计师根据职业判断认为对本期财务报表审计最为重要的事项，选自注册会计师与治理层沟通过的事项。从强调事项段和关键审计事项的定义看，它们的侧重点有所不同，前者侧重于对财务报表使用者理解财务报表至关重要，后者侧重于注册会计师认为对本期财务报表审计最为重要。

①如果注册会计师确定某事项为关键审计事项，同时该事项对财务报表使用者理解财务报表至关重要，即亦符合强调事项段的标准，在这种情况下，注册会计师应当在审计报告的"关键审计事项"部分描述该事项，不得对该事项使用强调事项段。

②如果注册会计师确定某事项为关键审计事项，同时还确定存在其他的对财务报表使用者理解财务报表至关重要的事项，在这种情况下，注册会计师需要在审计报告"关键审计事项"部分和"强调事项"部分分别进行描述。

（2）在审计报告中包含强调事项段不影响审计意见。强调事项段不能代替下列情形：

①根据审计业务的具体情况，按照《中国注册会计师审计准则第1502号——在审计报告中发表非无保留意见》的规定发表非无保留意见。

②适用的财务报告编制基础要求管理层在财务报表中作出的披露，或为实现公允列报所需的其他披露。

③按照《中国注册会计师审计准则第1324号——持续经营》的规定，当可能导致对被审计单位持续经营能力产生重大疑虑的事项或情况存在重大不确定性时作出的报告。强调事项段不能替代"与持续经营相关的重大不确定性"段落，即当可能导致对被审计单位持续经营能力产生重大疑虑的事项或情况存在重大不确定性时，应按照《中国注册会计师

审计准则第 1324 号——持续经营》的要求增加"与持续经营相关的重大不确定性"段落，而非增加强调事项段。

3.强调事项段在审计报告中的位置

强调事项段在审计报告中的位置取决于拟沟通信息的性质，以及与按照《中国注册会计师审计准则 1501 号——对财务报表形成审计意见和出具审计报告》的规定需要报告的其他要素相比较，注册会计师针对该信息对财务报表预期使用者的相对重要程度的判断。

（1）当强调事项段与适用的财务报告编制基础相关时，包括当注册会计师确定法律法规规定的财务报告编制基础不可接受时，注册会计师可能认为有必要将强调事项段紧接在"形成审计意见的基础"部分之后，以为审计意见提供合适的背景信息。

（2）当审计报告中包含关键审计事项部分时，基于注册会计师对强调事项段中信息的相对重要程度的判断，强调事项段可以紧接在关键审计事项部分之前或之后。注册会计师可以在"强调事项"标题中增加进一步的背景信息，例如"强调事项——期后事项"，以将强调事项段和关键审计事项部分描述的每个事项予以区分。

（三）在审计报告中增加其他事项段

其他事项段，是指审计报告中含有的一个段落，该段落提及未在财务报表中列报或披露的事项，且根据注册会计师的职业判断，该事项与财务报表使用者理解审计工作、注册会计师的责任或审计报告相关。其他事项段不包括法律法规或其他职业准则（如中国注册会计师职业道德守则中与信息保密相关的规定）禁止注册会计师提供的信息。其他事项段也不包括要求管理层提供的信息。强调事项是已在财务报表中恰当列报或披露的事项，而其他事项是未在财务报表中列报或披露的事项。执业人员在实务中应分清两者区别，恰当使用强调事项段和其他事项段。

1.增加其他事项段的前提条件

在审计报告中增加其他事项段的前提条件是：（1）未被法律法规禁止；（2）当《中国注册会计师审计准则第 1504 号——在审计报告中沟通关键审计事项》适用时，该事项未被确定为在审计报告中沟通的关键审计事项。

如果某事项不符合关键审计事项的规定，而执业人员认为有必要沟通根据职业判断认为与财务报表使用者理解审计工作、注册会计师的责任或审计报告相关的事项，则应当增加其他事项段。

2.其他事项段在审计报告中的位置

其他事项段在审计报告中的位置取决于拟沟通信息的性质，以及与按照《中国注册会计师审计准则第 1501 号——对财务报表形成审计意见和出具审计报告》的规定需要报告的其他要素相比较，注册会计师针对该信息对财务报表预期使用者的相对重要程度的判断。

（1）当审计报告中包含关键审计事项部分，且其他事项段也被认为必要时，注册会计师可以在"其他事项"标题中增加进一步的背景信息，例如"其他事项——审计范围"，以将其他事项段和关键审计事项部分描述的每个事项予以区分。

（2）当增加其他事项段旨在提醒使用者关注与审计报告中提及的其他报告责任相关的事项时，该段落可以置于"按照相关法律法规的要求报告的事项"部分内。

（3）当其他事项段与注册会计师的责任或使用者理解审计报告相关时，可以单独作为一部分，置于"对财务报表出具的审计报告"和"按照相关法律法规的要求报告的事项"之后。

（四）保留/否定意见、保留/无法表示意见的区分

当存在下列情形之一时，注册会计师应当在审计报告中发表非无保留意见：

（1）根据获取的审计证据，得出财务报表整体存在重大错报的结论；

（2）无法获取充分、适当的审计证据，不能得出财务报表整体不存在重大错报的结论。

其中，当存在下列情形之一时，注册会计师应当发表保留意见：

（1）在获取充分、适当的审计证据后，注册会计师认为错报单独或汇总起来对财务报表影响重大，但不具有广泛性；

（2）注册会计师无法获取充分、适当的审计证据以作为形成审计意见的基础，但认为未发现的错报（如存在）对财务报表可能产生的影响重大，但不具有广泛性。

在获取充分、适当的审计证据后，如果认为错报单独或汇总起来对财务报表的影响重大且具有广泛性，注册会计师应当发表否定意见。

如果无法获取充分、适当的审计证据以作为形成审计意见的基础，但认为未发现的错报（如存在）对财务报表可能产生的影响重大且具有广泛性，注册会计师应当发表无法表示意见。在极少数情况下，可能存在多个不确定事项。尽管注册会计师对每个单独的不确定事项获取了充分、适当的审计证据，但由于不确定事项之间可能存在相互影响，以及可能对财务报表产生累积影响，注册会计师不可能对财务报表形成审计意见。在这种情况下，注册会计师应当发表无法表示意见。

由此可见，一项错报金额或审计范围受到限制的影响越具有广泛性，注册会计师出具否定意见或无法表示意见审计报告的可能性就越大。

广泛性，是描述错报影响的术语，用以说明错报对财务报表的影响，或者由于无法获取充分、适当的审计证据而未发现的错报（如存在）对财务报表可能产生的影响。根据注册会计师的判断，对财务报表的影响具有广泛性的情形包括下列方面：

（1）不限于对财务报表的特定要素、账户或项目产生影响；

（2）虽然仅对财务报表的特定要素、账户或项目产生影响，但这些要素、账户或项目是或可能是财务报表的主要组成部分；

（3）当与披露相关时，产生的影响对财务报表使用者理解财务报表至关重要。

（五）出具无法表示意见的审计报告

（1）无法表示意见不同于拒绝接受委托。无法表示意见是注册会计师实施了一定的审计程序后发表的一种审计报告类型。

（2）无法表示意见也不同于不愿发表意见。无法表示意见已经向报表使用者传递了财务报表存在重大的无法查证清楚的事项。

（3）无法表示意见区别于保留意见。虽然审计范围受限可能使注册会计师发表保留意见或无法表示意见，但范围受限是否影响对财务报表整体公允的判断区分了保留意见和无法表示意见。如果注册会计师认定整个财务报表是公允表达的，但由于某种事项的取证受到限制，则发表保留意见；如果范围受限影响财务报表整体公允性，注册会计师应当发表

无法表示意见。

（4）无法表示意见区别于否定意见。无法表示意见仅仅适用于注册会计师在审计过程中由于审计范围受到严重限制，无法判断财务报表反映的公允性；但要发表否定意见，注册会计师必须有足够的证据证实被审计单位财务报表不公允。

【实例13-4】（简答题）如果其他事项都已经解决，单独考虑以下事项时，请分别指出可以发表什么类型的审计报告意见，并简述理由。

（1）A公司2016年未审计财务报表利润为2 000元，注册会计师发现A公司虚假确认收入2 400万元，由于低于A公司2016年财务报表层次重要性水平2万元，A公司没有予以调整。

（2）B公司存货占资产总额的20%，存货放置在远郊仓库，由于风沙导致仓库倒塌，尚没有清理完毕，不能估计损失，也无法实施监盘程序。

（3）C公司将2016年1月份已经交付使用的固定资产占用的银行贷款利息继续资本化，2014年资本化利息共计8 000万元，占本年利润的15%。

（4）D公司2016年12月份由于股权变更，D公司的高管人员全部更换，注册会计师无法获取D公司2016年关于财务报表的管理层声明书。

（5）E公司在2014年、2015年和2016年已经连续3年亏损，且存在80 000万元将要到期的债务，E公司已经对此影响公司持续经营能力的事项和情况在会计报表中充分披露。

（6）注册会计师把F公司2016年年报计划重要性水平确定为100万元，分配到存货的重要性水平为30万元，利用存货计价测试发现存货多计40万元，推断总体误差为70万元。注册会计师建议调整，F公司没有接受调整建议。

（7）注册会计师把G公司2016年年报计划重要性水平确定为300万元，分配到存货的重要性水平为80万元，利用存货计价测试发现存货少计5万元，推断总体误差为40万元，期初已查出多计10万元也没有调整。注册会计师建议调整，G公司没有接受调整建议。

（8）注册会计师把H公司2016年年报计划重要性水平确定为100万元，分配到存货的重要性水平为40万元，利用存货计价测试发现存货少计35万元，推断总体误差为80万元，期初已查出多计30万元也没有调整。注册会计师建议调整，H公司没有接受调整建议。

（9）I公司2016年利润为1 000万元，报表中补贴收入为800万元，经注册会计师查证没有问题，予以确认。

分析：

具体分析结果见表13-1。

表13-1 针对各事项发表的审计报告意见类型及其原因

事项	审计报告意见类型	原因
1	否定意见	未更正错报虽低于报表层次重要性水平，但却使A公司盈亏逆转，影响广泛

事项	审计报告意见类型	原因
2	保留意见	无法实施监盘程序的存货占资产总额的20%，审计范围在一定范围内受到限制
3	保留意见	未更正重大错报8 000万元占本年利润的15%，影响达到一定范围
4	无法表示意见	无法获取管理层声明书意味着无人对财务报表承担责任，审计范围受到广泛影响
5	带强调事项段的无保留意见	影响持续经营能力的事项存在且已充分披露，不影响财务报表和审计意见类型，需要强调
6	保留意见	存货汇总错报没有超过报表层次重要性水平，但却超过存货重要性水平
7	无保留意见	存货汇总错报没有超过存货重要性水平，也没有超过报表层次重要性水平
8	否定意见	存货汇总错报超过报表层次重要性水平，也远远超过存货重要性水平
9	带强调事项段的无保留意见	补贴收入占利润比重大，既不影响财务报表也不影响审计报告意见类型，但需要提请报表使用者关注

五、关于审计报告的特殊处理

（一）关于其他事项或其他报告责任的处理

对通用目的财务报表审计业务出具的审计报告仅用于对财务报表的合法性和公允性发表意见。在某些情况下，如果审计业务委托人要求审计师就财务报表审计中发现的某些事项进行详细说明，如销售业务和应收账款管理中存在的问题、存货管理中存在的问题等，审计师应当在审计报告外出具专项报告来履行这种报告责任。如果法律或法规或有关政府监管部门要求审计师对被审计单位的其他情况发表意见，如中国证监会要求上市公司聘请审计师就其前次募集资金使用情况说明发表意见，就上市公司与关联方资金往来、对外担保情况的说明发表意见；国家外汇管理局要求外商投资企业报告其外汇收支情况表，并聘请审计师对该表编制的合规性发表意见等。审计师为了履行这种报告责任，应当在财务报表审计报告之外出具专项报告，并采用恰当的标题，以使这种专项报告明显区别于审计报告。如"前次募集资金使用情况审核报告""与关联方资金往来、对外担保情况审核报告""外汇收支情况表审核报告"等。

国际审计准则ISA700中提到在某些国家或地区允许审计师在审计报告中提及其他报告责任，此时，该其他报告责任应当在审计报告意见段后单列一段叙述。这样做有助于将其他报告责任同审计师对财务报表的责任和审计意见明确地区分开来。该段的形式和内容因其他报告责任的性质而异。在中国，2010年修订的审计报告准则规定，审计师可能承担报告其他事项的额外责任，这些责任是注册会计师按照审计准则对财务报表出具审计报告的责任的补充。在某些情况下，相关法律法规可能要求或允许审计师对财务报表出具的审计报告中报告这些其他责任。在另外一些情况下，相关法律法规可能要求或允许审计师在单独出具的报告中进行报告。如果审计师在审计报告中报告这些其他报告责任，这些报告责任需在审计报告中单独作为一部分予以说明，以便将审计师的财务报告责任明确区分。

（二）关于与财务报表一同披露列报的补充信息

被审计单位管理层可能会出于强制或自愿，在财务报表中附加一些信息。对于那些不能同财务报表进行明确区分的附加信息，审计师的审计意见经常将其涵盖。然而，在其他情况下，法律法规可能并不要求对附加信息进行审计，管理层也并不要求审计师将其纳入财务报表审计范围。当并不打算对附加信息进行审计时，审计师应当考虑该信息的表述方式是否容易被认为是涵盖在审计意见中的，如果是这样的话，就应当提请管理层改变信息的表述方式。审计师应当考虑在哪里披露该未审计信息，是否存在已审计附加信息，以及是否明确该信息未经审计。审计师应当提请管理层删除财务报表中所有对未审计附加信息或未审计附注的交叉索引以防止已审计和未审计信息不能明确区分。由于和已审计附注混合在一起的未审计附注往往会被错认为是已经审计的，审计师应当提请被审计单位将未审计信息移出财务报表，如果这样做不可能的话，至少应当提请被审计单位将未审计附注一起放在财务报表的末端，并明确标明未审计。

当审计师发现财务报表将在包含其他信息的文件中披露时，如果披露的形式允许，他应当考虑将已审计财务报表在整个财务报告中的页码表示出来。这样做有助于报告的阅读者明确区分审计意见中未涵盖的其他信息。

如果审计师认为被审计单位对未审计附加信息的披露方式不能够将其与已审计财务报表进行足够的区分，就应当在审计报告中表示该信息未经审计。

对附加信息未经审计并不能减轻审计师阅读该信息并发现与已审计财务报表重大不一致的责任，审计师应当确保能够将与财务报表一同披露的，但审计意见并未涵盖的附加信息同已审计财务报表明确区分开，并按照"含有已审计财务报表的文件中的其他信息"来处理信息。

第三节　与管理层和治理层沟通的其他审计结果

审计师除了签发附有财务报表的正式审计报告之外，还可以直接与客户的管理层或董事会进行内部交流。内部交流的意见并不向外部各方提供。最常见的三种内部交流形式是：①提交给审计委员会的报告；②作为财务报表审计一部分的内部控制报告；③管理层建议书。

一、提交给审计委员会的正式报告

上市公司通常设有审计委员会，负责监督财务报告编制过程。为取得理想效果，审计委员会成员不应担任公司的管理职务，应当由独立董事担任。审计师必须直接与客户的审计委员会（或类似机构）交流某些事项。直接与审计委员会交流的典型事项有：

（1）会计师事务所相对于客户管理层是独立的，而且客户管理层对此作出了认定；

（2）编制财务报表所使用的重要会计政策和程序的性质；

（3）管理层进行的重大会计估计；

（4）审计中发现的重大调整事项的性质和解决方案，包括管理层未纠正的非重大差异；

（5）审计师对应包括在基本财务报表中的补充信息的责任（如管理层的讨论和分析）；

（6）在会计问题、估计和审计证据范围方面与管理层意见分歧的性质和解决方案；

（7）管理层与其他审计师沟通的性质；

（8）在受聘之前与管理层讨论的主要问题，如执行审计业务期间遇到的困难，如拖延提供信息、丢失文件和记录、时间不合理、不能接触相关文件和记录、客户和员工没有提供预期的帮助。

如果公司受证券交易委员会监管，要求审计师不仅讨论组织会计选择的可接受性，而且还要讨论其质量问题。

交流的主要目的是保证审计委员会了解审计过程中遇到的问题。采用此方式，审计师可以直接与审计委员会交流与管理层存在的冲突以及在解决审计问题时遇到的困难。有些国家的监管者（如证监会）要求审计师在提出起草的审计报告时与审计委员会讨论盈余质量。同样，如果管理层威胁要解聘审计师或为寻求更合意的处理方式而聘用其他会计师事务所，当前的审计师可以向审计委员会求助。这种交流可能是口头的或书面的，但是必须记录在工作底稿中。这些交流可能在财务报表发布后进行，但需要及时进行交流。

二、作为财务报表审计一部分的内部控制事项的报告

即使审计师没有被要求对与财务报表相关的内部控制进行审计（例如私人公司、非营利组织等），审计师也有可能遇到需要同客户的审计委员会进行交流并与内部控制有关的事项。更具体地说，审计师应该向客户传达审计过程中发现的所有值得报告的事项的性质。值得报告的事项是指审计师在审计中发现的被审计单位内部控制中存在所有重要缺陷和重大缺陷，尽管审计师不需要作出计划以揭示所有可能值得报告的事项，但在执行审计程序尤其是进行风险评估和控制测试时，注册会计师可能会发现一些值得报告的事项。

审计师可以采用口头或书面的报告形式。如果采用口头交流形式，交流的内容应记录在工作底稿中。不过，准则制定者们更倾向于让审计师发表出具一份书面报告。报告应该指出它是基于审计而作出的，其中，审计的目的是对财务报告发表意见，而不是对内部控制提供增信。审计师应对值得报告的情况进行定义。此外，报告还应说明它只限在组织内部使用。如果审计师在审计期间没有注意到值得报告的事项，他就不需要签发报告表明没有发现值得报告的情况。

三、管理层建议书

审计师希望提请管理层或董事会关注与内部控制报告或财务报表不直接相关的其他问题。例如，在战略和流程分析过程中，审计师通过分析风险、控制和绩效指标可能识别出大量的客户需求，审计师常常通过管理层建议书的形式与客户交流这些事项。因为审计师并没有对管理层建议书中的建议获得报酬，使用这些建议不应被看做咨询服务。而且，对管理层的这些建议能在某种方式上提高公司的业绩。一般而言，这些问题涉及一些能提高公司运营效率或效果的方法，并且其范围很广，从生产经营和行政管理程序一直到战略策

略。审计师在交流问题时不必采取统一的格式，但管理层建议书中应明确指出其目的和使用限制，并表明管理层建议书并不对所述事项提供任何增信。

【实例13-5】（简答题）2017年2月18日，A+H股的上市公司晨鸣纸业公布了2016年度审计报告，瑞华会计师事务所按照新审计报告准则为晨鸣纸业出具了审计报告，这是资本市场上第一份按照新审计报告准则出具的审计报告。请对比晨鸣纸业2015年度和2016年度审计报告，指出按照新审计报告准则出具的审计报告与以往的简式审计报告有何不同，并说明在审计报告中增加关键审计事项部分应当注意的事项。

（一）晨鸣纸业2016年度审计报告正文

审计报告

瑞华审字〔2017〕37030002号

山东晨鸣纸业集团股份有限公司全体股东：

一、审计意见

我们审计了山东晨鸣纸业集团股份有限公司（以下简称"晨鸣纸业公司"）的财务报表，包括2016年12月31日合并及公司的资产负债表，2016年度合并及公司的利润表、合并及公司的现金流量表和合并及公司的股东权益变动表以及财务报表附注。

我们认为，后附的财务报表在所有重大方面按照企业会计准则的规定编制，公允反映了晨鸣纸业公司2016年12月31日合并及公司的财务状况以及2016年度合并及公司的经营成果和现金流量。

二、形成审计意见的基础

我们按照中国注册会计师审计准则的规定执行了审计工作。审计报告的"注册会计师对财务报表审计的责任"部分进一步阐述了我们在这些准则下的责任。按照中国注册会计师职业道德守则，我们独立于晨鸣纸业公司，并履行了职业道德方面的其他责任。我们相信，我们获取的审计证据是充分、适当的，为发表审计意见提供了基础。

三、关键审计事项

关键审计事项是根据我们的职业判断，认为对本期财务报表审计最为重要的事项。这些事项的应对以对财务报表整体进行审计并形成审计意见为背景，我们不对这些事项单独发表意见。

（一）以公允价值计价的消耗性生物资产

1. 事项描述

截至2016年12月31日，晨鸣纸业公司合并财务报表附注所示以公允价值计价的消耗性生物资产余额12 600.27万元，属于晨鸣纸业公司的特殊资产，且金额较大，为此我们确定消耗性生物资产的计量为关键审计事项。

根据晨鸣纸业公司的会计政策，消耗性生物资产在形成蓄积量以前按照成本进行初始计量，形成蓄积量以后按公允价值计量，公允价值变动计入当期损益。由于晨鸣纸业公司的消耗性生物资产没有活跃的市场可参考价格，所以晨鸣纸业公司采用估值技术确定已形成蓄积量的消耗性生物资产（下称"该类生物资产"）的公允价值（详见附注七、6"存货"所述）。

2. 审计应对

针对该类生物资产的公允价值计量问题，我们实施的审计程序主要包括：我们对晨鸣纸业公司与确定该类生物资产相关的控制进行了评估；对该类生物资产的估值方法进行了了解和评价，并与估值专家讨论了估值方法的具体运用；对在估值过程中运用的估值参数和折现率进行了考虑和评价。

（二）与可抵扣亏损相关的递延所得税资产

1. 事项描述

截至 2016 年 12 月 31 日，晨鸣纸业公司合并资产负债表中列示了 49 745.78 万元的递延所得税资产。其中 26 026.37 万元递延所得税资产与可抵扣亏损相关。在确认与可抵扣亏损相关的递延所得税资产时，晨鸣纸业公司管理层在很有可能有足够的应纳税利润来抵扣亏损的限度内，就所有未利用的税务亏损确认递延所得税资产。这需要晨鸣纸业公司管理层运用大量的判断来估计未来应纳税利润发生的时间和金额，结合纳税筹划策略，以决定应确认的递延所得税资产的金额。评估递延所得税资产能否在未来期间得以实现需要管理层作出重大判断，并且管理层的估计和假设具有不确定性。

2. 审计应对

在审计相关税务事项时，我们的审计团队包含了税务专家。在税务专家的支持下，我们实施的审计程序主要包括：我们对晨鸣纸业公司与税务事项相关的内部控制的设计与执行进行了评估；我们获取了与可抵扣亏损相关的所得税汇算清缴资料，并在税务专家协助下复核了可抵扣亏损金额；我们获取了经管理层批准的相关子公司未来期间的财务预测，评估其编制是否符合行业总体趋势及各该子公司自身情况，是否考虑了特殊情况的影响，并对其可实现性进行了评估；我们复核了递延所得税资产的确认是否以未来期间很可能取得用来抵扣可抵扣亏损的应纳税所得额为限。

（三）固定资产减值准备计提

1. 事项描述

截至 2016 年 12 月 31 日，晨鸣纸业公司合并附注列示固定资产减值准备 19 482.32 万元，在计提固定资产减值准备时，晨鸣纸业公司考虑固定资产处置时的市场价值及快速变现因素，并聘请专家对固定资产运用估值技术核定固定资产的减值。

2. 审计应对

在审计固定资产减值准备的过程中，我们实地勘察了相关固定资产，取得了相关资产资料，评估了晨鸣纸业公司的估值方法，并与估值专家讨论了估值方法运用的适当性。

基于获取的审计证据，我们得出审计结论，管理层对固定资产减值准备的计提是合理的，相关信息在财务报表附注七、13"固定资产"及附注七、21"资产减值准备明细"中所作出的披露是适当的。

四、其他信息

晨鸣纸业公司管理层对其他信息负责。其他信息包括年度报告中除财务报表和本审计报告以外的信息。

我们对财务报表发表的审计意见不涵盖其他信息，我们也不对其他信息发表任何形式的鉴证结论。

结合我们对财务报表的审计，我们的责任是阅读其他信息，在此过程中，考虑其他信息是否与财务报表或我们在审计过程中了解到的情况存在重大不一致或者似乎存在重大错报。

基于我们已经针对审计报告日前获取的其他信息执行的工作，如果我们确定该其他信息存在重大错报，我们应当报告该事实。在这方面，我们无任何事项需要报告。

五、管理层和治理层对财务报表的责任

晨鸣纸业公司管理层负责按照企业会计准则的规定编制财务报表，使其实现公允反映，并设计、执行和维护必要的内部控制，以使财务报表不存在由于舞弊或错误导致的重大错报。

在编制财务报表时，管理层负责评估公司的持续经营能力，披露与持续经营相关的事项（如适用），并运用持续经营假设，除非管理层计划清算晨鸣纸业公司、停止营运或别无其他现实的选择。治理层负责监督晨鸣纸业公司的财务报告过程。

六、注册会计师对财务报表审计的责任

我们的目标是对财务报表整体是否不存在由于舞弊或错误导致的重大错报获取合理保证，并出具包含审计意见的审计报告。合理保证是高水平的保证，但并不能保证按照审计准则执行的审计在某一重大错报存在时总能发现。错报可能由舞弊或错误所导致，如果合理预期错报单独或汇总起来可能影响财务报表使用者依据财务报表作出的经济决策，则通常认为错报是重大的。在按照审计准则执行审计的过程中，我们运用了职业判断，保持了职业怀疑。同时，我们也执行以下工作：

（1）识别和评估由于舞弊或错误导致的财务报表重大错报风险；设计和实施审计程序以应对这些风险，并获取充分、适当的审计证据，作为发表审计意见的基础。由于舞弊可能涉及串通、伪造、故意遗漏、虚假陈述或凌驾于内部控制之上，未能发现由于舞弊导致的重大错报的风险高于未能发现由于错误导致的重大错报的风险。

（2）了解与审计相关的内部控制，以设计恰当的审计程序。

（3）评价管理层选用会计政策的恰当性和作出会计估计及相关披露的合理性。

（4）对管理层使用持续经营假设的恰当性得出结论。同时，根据获取的审计证据，就可能导致对晨鸣纸业公司持续经营能力产生重大疑虑的事项或情况是否存在重大不确定性得出结论。如果我们得出结论认为存在重大不确定性，审计准则要求我们在审计报告中提请报表使用者注意财务报表中的相关披露；如果披露不充分，我们应当发表非无保留意见。我们的结论基于截至审计报告日可获得的信息。然而，未来的事项或情况可能导致晨鸣纸业公司不能持续经营。

（5）评价财务报表的总体列报、结构和内容（包括披露），并评价财务报表是否公允反映相关交易和事项。

（6）就晨鸣纸业公司中实体或业务活动的财务信息获取充分、适当的审计证据，以对财务报表发表意见。我们负责指导、监督和执行集团审计。我们对审计意见承担全部责任。我们与治理层就计划的审计范围、时间安排和重大审计发现等事项进行沟通，包括沟通我们在审计中识别出的值得关注的内部控制缺陷。

我们还就已遵守与独立性相关的职业道德要求向治理层提供声明，并与治理层沟通可能被合理认为影响我们独立性的所有关系和其他事项，以及相关的防范措施。

从与治理层沟通过的事项中，我们确定哪些事项对本期财务报表审计最为重要，因而构成关键审计事项。我们在审计报告中描述这些事项，除非法律法规禁止公开披露这些事项，或在极少数情形下，如果合理预期在审计报告中沟通某事项造成的负面后果超过在公众利益方面产生的益处，我们确定不应在审计报告中沟通该事项。

瑞华会计师事务所（特殊普通合伙）

中国注册会计师（项目合伙人）：×××

中国注册会计师：×××

二〇一七年二月十七日

（二）晨鸣纸业 2015 年度审计报告正文

审计报告

瑞华审字〔2016〕37020006 号

山东晨鸣纸业集团股份有限公司全体股东：

我们审计了后附的山东晨鸣纸业集团股份有限公司（以下简称"晨鸣纸业公司"）的财务报表，包括 2015 年 12 月 31 日合并及公司的资产负债表，2015 年度合并及公司的利润表、合并及公司的现金流量表和合并及公司的股东权益变动表以及财务报表附注。

一、管理层对财务报表的责任

编制和公允列报财务报表是晨鸣纸业公司管理层的责任。这种责任包括：（1）按照企业会计准则的规定编制财务报表，并使其实现公允反映；（2）设计、执行和维护必要的内部控制，以使财务报表不存在由于舞弊或错误导致的重大错报。

二、注册会计师的责任

我们的责任是在执行审计工作的基础上对财务报表发表审计意见。我们按照中国注册会计师审计准则的规定执行了审计工作。中国注册会计师审计准则要求我们遵守中国注册会计师职业道德守则，计划和执行审计工作以对财务报表是否不存在重大错报获取合理保证。审计工作涉及实施审计程序，以获取有关财务报表金额和披露的审计证据。选择的审计程序取决于注册会计师的判断，包括对由于舞弊或错误导致的财务报表重大错报风险的评估。在进行风险评估时，注册会计师考虑与财务报表编制和公允列报相关的内部控制，以设计恰当的审计程序。审计工作还包括评价管理层选用会计政策的恰当性和作出会计估计的合理性，以及评价财务报表的总体列报。

我们相信，我们获取的审计证据是充分、适当的，为发表审计意见提供了基础。

三、审计意见

我们认为，上述财务报表在所有重大方面按照企业会计准则的规定编制，公允反映了山东晨鸣纸业集团股份有限公司 2015 年 12 月 31 日合并及公司的财务状况以及 2015 年度合并及公司的经营成果和现金流量。

瑞华会计师事务所（特殊普通合伙）

中国注册会计师：×××

中国注册会计师：×××

二〇一六年三月三十日

分析：

1. 对比晨鸣纸业 2015 年度和 2016 年度审计报告，按照新审计报告准则出具的审计报告与以往的简式审计报告有诸多不同：

（1）审计意见段提前，意见突出。

（2）新增"形成审计意见的基础"段落，突出注册会计师在审计报告中独立于被审计单位，回应财务报表使用者对注册会计师独立性的关注。

（3）新增"关键审计事项"段落，增加了审计报告的沟通价值，为报表使用者提供了更多对决策有用的信息，并同时提高了审计工作的透明度。关键审计事项因被审计单位而异，取决于注册会计师的职业判断，具体事项从注册会计师与治理层沟通过的事项中选取。

（4）新增"其他信息"段落，旨在提高注册会计师对被审计单位年度报告中包含的其他信息的工作投入。

（5）由原先的"管理层对财务报表的责任"改为"管理层和治理层对财务报表的责任"，旨在进一步明确治理层的监督职能。

在"管理层和治理层对财务报表的责任"段落中，第一段管理层的责任的表述未发生变化，第二段为新增内容，其目的是让报表使用者明确评估企业持续经营能力是管理层的责任，治理层负有监督责任。

（6）修改注册会计师责任段的内容和措辞，使财务报表使用者能更准确理解审计的基本定位，理解"合理保证""重要性""风险导向审计"等审计核心概念以及注册会计师、治理层和管理层各自的职责，弥合"期望差距"。

2．在审计报告中增加关键审计事项部分应当注意的事项如下：

（1）关键审计事项不能代替管理层应当在报表中作出的披露。管理层不能因为注册会计师将部分事项视为关键审计事项而不再披露。

（2）关键审计事项不能代替注册会计师发表非无保留意见。注册会计师不能以增加关键审计事项的方式掩盖需要发表保留意见、否定意见或无法表示意见的情形。

（3）关键审计事项不能代替注册会计师对被审计单位持续经营能力产生重大疑虑或持续经营存在重大不确定性的情况所发表的审计意见。针对持续经营存在重大疑虑或重大不确定性的情形，注册会计师不能用关键审计事项替代应当发表的意见或应当增加的"与持续经营相关的重大不确定性"为标题的单独部分。

（4）在审计报告中增加关键审计事项并非注册会计师就单一事项单独发表意见。增加关键审计事项并不意味着CPA在针对这些具体事项发表审计意见。

总之，在审计报告中增加关键审计事项部分，并不改变审计的根本目标，不改变被审计单位管理层和治理层作为被审计单位信息披露者、注册会计师作为信息鉴证者的基本定位，不改变审计的基本方法和流程，而只是要求注册会计师将本期财务报表审计中最为重要的事项从审计的角度在审计报告中予以沟通。

问题与案例

一、思考题

1.简述审计报告的作用。

2.审计报告的基本要素有哪些？

3.审计报告包括哪几种类型？

4.如何决策披露关键事项？

5.与管理层和治理层沟通的其他审计结果有哪些？

二、行动学习讨论

把学生分成若干组（每组最好是10人以内），要求他们利用头脑风暴的方法，对以下问题提出不同的看法，尽量多地列示在行动学习讨论的白板上。

讨论问题：经常出现在非标准审计意见中的事项或情况有哪些？

讨论与板书要求：①每个人都要发言，但每次只能一人发言；②追求数量、追求创意；③有人发言时不许质疑、不许批评、不许打断；④板书要按发言人的原话列示。

三、案例讨论

天堑公司的审计报告

江苏会计师事务所 2017 年 1 月 1 日接受委托对天堑股份有限公司 2016 年度财务报表进行审计，派出注册会计师王红、李惠作为外勤主管具体负责，审计工作于 2017 年 3 月 27 日完成。其中部分会计报表重要性水平见表 13-2。

表 13-2　　　　　　　　　　部分会计报表重要性水平表

会计报表项目	重要性水平（万元）	会计报表项目	重要性水平（万元）
银行存款	12	长期借款	30
应收账款	30	股本	0
应收利息	8	盈余公积	0
坏账准备	0.50	主营业务收入	100
在建工程	30	主营业务成本	80
存货	70	管理费用	50
其中：库存商品	40	财务费用	15
固定资产	100	营业外支出	5
累计折旧	90		

情况一：

天堑公司在 2016 年度向其子公司以市场价格销售产品 5 000 万元，成本为 3 800 万元，天堑公司当年向其关联方的销售占到全部收入的 35%，天堑公司已在财务报表附注中进行了适当披露。

情况二：

天堑公司 2016 年 1 月购买乙材料 4 800 万元，由于采用乙材料生产的产品销售市场黯淡，天堑公司乙材料积压。该材料截至 2016 年 12 月 31 日的可变现净值为 4 758 万元，天堑公司在 2016 年未计提存货跌价准备金。这一做法虚增了 2016 年度的利润总额和资产。

情况三：

2016 年 12 月 31 日，天堑公司占资产总额 40%的存货，放置于远郊仓库。由于风沙导致仓库倒塌，存货损失尚未清理完毕，不仅无法估计损失，而且无法实施监盘程序。

情况四：

2016 年 3 月 1 日，天堑公司经批准从银行贷款 9 600 万元 2 年期、到期还本付息的长期借款，年利率为 6%，其中的 8 000 万元用于建造生产厂房（2016 年 12 月 31 日尚未完工），1 600 万元用于补充流动资金。天堑公司对长期借款作了相应会计处理，但未计提 2008 年的借款利息。注册会计师王红提出相应的审计调整建议，天堑公司拒绝接受。

要求：

1. 针对以上四种情况，假定天堃公司不存在其他问题，单独考虑以上每一种情况，如果天堃公司拒绝接受调整建议，指出注册会计师应当分别出具什么种类的审计报告，为什么？

2. 假定天堃公司不存在其他问题，综合考虑情况一和情况四，指出注册会计师应当出具什么种类的审计报告，并编写审计报告。

3. 假定天堃公司不存在其他问题，综合考虑情况二和情况三，指出注册会计师应当出具什么种类的审计报告，并编写具体的审计报告。

关键词汇

年度审计报告　Annual Auditor's Report

简式审计报告　Short form Auditor's Report

详式审计报告　Long form Auditor's Report

标准审计报告　Standard Auditor's Report

非标准审计报告　Modified Auditor's Report

审计意见　Auditor's Opinion

真实公允披露　True and Fair Presentation

适用的会计准则　Applicable Accounting Standards

适当的会计政策　Appropriate Accounting Policies

审计范围受限　The Limitation on the Audit Scope

审计意见类型　Types of Opinion

无保留意见　Unqualified Opinion

保留意见　Qualified Opinion

否定意见　Adverse Opinion

无法表示意见　Disclaimer of Opinion

和……一致，遵照　In Accordance with

整套通用目的的财务报表　A Complete Set of General Purpose Financial Statements

已审计财务报表　The audited Financial Statements

合并财务报表　Consolidated Financial Statements

资产负债表　Balance Sheet

利润表　Income Statement

股东权益变动表　Statement of Changes in Equity

现金流量表　Cash Flows

财务报表附注　Reference to Notes to the Financial Statements

终结审计和最后复核　Audit finalization and the Final Review

管理当局声明书　Management Representations

审计沟通　Audit Communication

所有重大方面公允表达　Be Presented Fairly，in all Material Respects

收件人　Addressee

引言段　Introductory Paragraph

管理层对财务报表的责任段　Paragraph of Management's Responsibility for the Financial Statements

注册会计师的责任段　Paragraph of Auditor's Responsibility

意见段　Opinion Paragraph

解释段　Explanatory Paragraph

强调事项段　Emphasis of Matter Paragraph

附录　Appendix

整合审计　Integrated Audit